Jürgen Ritsert

Schlüsselprobleme der Gesellschaftstheorie

Frankfurter Beiträge zur Soziologie
und Sozialpsychologie

Herausgegeben von
Rolf Haubl,
Katharina Liebsch,
Dieter Mans,
Margret Rottleuthner-Lutter

im Auftrag des Instituts für die Grundlagen der Gesellschaftswissenschaften

Jürgen Ritsert

Schlüsselprobleme der Gesellschaftstheorie

Individuum und Gesellschaft –
Soziale Ungleichheit – Modernisierung

VS VERLAG FÜR SOZIALWISSENSCHAFTEN

Bibliografische Information der Deutschen Nationalbibliothek
Die Deutsche Nationalbibliothek verzeichnet diese Publikation in der
Deutschen Nationalbibliografie; detaillierte bibliografische Daten sind im Internet über
<http://dnb.d-nb.de> abrufbar.

1. Auflage 2009

Alle Rechte vorbehalten
© VS Verlag für Sozialwissenschaften | GWV Fachverlage GmbH, Wiesbaden 2009

Lektorat: Frank Engelhardt

VS Verlag für Sozialwissenschaften ist Teil der Fachverlagsgruppe
Springer Science+Business Media.
www.vs-verlag.de

Das Werk einschließlich aller seiner Teile ist urheberrechtlich geschützt. Jede Verwertung außerhalb der engen Grenzen des Urheberrechtsgesetzes ist ohne Zustimmung des Verlags unzulässig und strafbar. Das gilt insbesondere für Vervielfältigungen, Übersetzungen, Mikroverfilmungen und die Einspeicherung und Verarbeitung in elektronischen Systemen.

Die Wiedergabe von Gebrauchsnamen, Handelsnamen, Warenbezeichnungen usw. in diesem Werk berechtigt auch ohne besondere Kennzeichnung nicht zu der Annahme, dass solche Namen im Sinne der Warenzeichen- und Markenschutz-Gesetzgebung als frei zu betrachten wären und daher von jedermann benutzt werden dürften.

Umschlaggestaltung: KünkelLopka Medienentwicklung, Heidelberg
Umschlagfoto: Felix Salomon-Pflug
Druck und buchbinderische Verarbeitung: Krips b.v., Meppel
Gedruckt auf säurefreiem und chlorfrei gebleichtem Papier
Printed in the Netherlands

ISBN 978-3-531-16446-5

Vorwort

In dem ersten Band der Frankfurter Beiträge zur Soziologie und Sozialpsychologie stellt Jürgen Ritsert **Drei Schlüsselprobleme der Gesellschaftstheorie** vor. Seine Auseinandersetzung mit den Themen Individuum und Gesellschaft, soziale Ungleichheit und Modernisierung repräsentiert die Programmatik der neuen Reihe in doppelter Weise: Ritsert hat an der Frankfurter Goethe-Universität Jahrzehnte als Professor für Soziologie gearbeitet und eindringlich die thematische Relevanz der Frankfurter Schule im Kontext soziologischer Theoriedebatten verdeutlicht. Sein Opus Magnum setzt vor allem mit Grundstrukturen soziologischen Argumentierens auseinander und ist auf diese Weise ein vorzüglicher Wegweiser durch das Dickicht soziologischer Theorien und ihrer Diskurse. Nicht nur Studierende der Soziologie werden von dieser Orientierung vielfältig profitieren.

Die Herausgeber, November 2008

Inhalt

Vorbemerkung 11

Hauptteil I: Individuum und Gesellschaft

Modell 1: Willensverhältnisse: Subjekt und Allgemeinheit. 15
            Teil A: Der gedankliche Aufstieg vom Individuum zur Gesellschaft. 15
            Teil B: Der Abstieg von der Gesellschaft zum Individuum. 30
Modell 2: Bewusstsein und Unbewusstsein 39
            Teil A: Das Problem des Narzissmus. 40
            Teil B: Das Realitätsprinzip und die Abwehrmechanismen des Ich. 46
Modell 3: Interaktion und die bedeutsamen Anderen 52
            Teil A: Naturgeschichte, Verhalten und die Genesis des Selbst. 52
            Teil B: Das Selbst und der generalisierte Andere 60
Modell 4: Individuelles Handeln und allgemeine Vergesellschaftungsprinzipien 72
            Teil A: Verhalten, Handeln und Handlungsverstehen. 72
            Teil B: Gemeinschaft und Gesellschaft. 80
Modell 5: Soziale Funktionen und das gesellschaftliche System. 86
            Teil A: Psychisches und soziales System. 87
            Teil B: Was sind die Elemente der Gesellschaft? 92
Modell 6: Rollen, Charaktermasken und der stumme Zwang der Verhältnisse 100
            Teil A: Person, Status und Rolle 100
            Teil B: Begriffsapparat und Menschenbild. 107
Modell 7: Milieuakrobaten 115
            Teil A: Das Multiplex-Ich. 116
            Teil B: Über Sprachspiele und soziale Lebensformen. 122
            Anhang I: Notizen zum Begriff des Modells. 132
            Anhang II: Die Serapionsbrüder. Eine literarische Glosse zur Ethnomethodologie. 136
            Anhang III: Habitūs. 138

Hauptteil II: Soziale Ungleichheit

- Modell 8: Gleichheit 146
  - Teil A: Zur deskriptiven Gleichheit in Logik und Gesellschaft. 146
  - Teil B: Zur Logik normativer Gleichheit. 149
  - Teil C: Zwei Beispiele 153
- Modell 9: Dimensionen sozialer Ungleichheit 160
  - Teil A: Reichtum, Macht und Ehre. 160
  - Teil B: Eigentum. 167
  - Teil C: Zwei Beispiele. 171
- Modell 10: Soziale Klassen 178
  - Teil A: Les Classes Sociaux. 178
  - Teil B: Hauptdimensionen des surplustheoretischen Klassenbegriffs. 191
  - Teil C: Zwei Beispiele. 197
- Modell 11: Soziale Schichten 214
  - Teil A: Dimensionen des Schichtbegriffes. 214
  - Teil B: Zwiebel- und Pyramidenforschung. 219
  - Teil C: Zwei Beispiele. 222
- Modell 12: Streifzüge durch Milieu 236
  - Teil A: Milieus und Lebensstile in der Alltagswelt. 236
  - Teil B: „Der Begriff Unterschicht ist diskriminierend und falsch." 244
- Modell 13: Der Geist und die ökonomischen Interessen 253
  - Teil A: Interessen, Subkulturen und Milieus. 253
  - Teil B: Geist und Interesse. 258
  - Anhang 263

Hauptteil III: Modernisierung

- Modell 14: Das Werden der Moderne. 277
  - Teil A: Die Moderne und der historische Fortschritt. .. 277
  - Teil B: Komponenten des Modernisierungsprozesses. .. 283
  - Teil C: Zwei Beispiele. 291
- Modell 15: Individuierung, Entsubjektivierung und die Dialektik der Aufklärung 302
  - Teil A: Über die Regression in der Progression. 302
  - Teil B: Individuierung und Entsubjektivierung. 309
  - Teil C: Zwei Beispiele: 318

Modell 16: Auf dem Weg in die Postmoderne und wieder heraus.................. 331
           Teil A: Über einige Merkmale postmodernen Denkens. 331
           Teil B: Über die Zerstreuung des Ich in alle Winde der
                     Postmoderne... 334
           Teil C: Ein Beispiel. 340
Modell 17: Die Resurrektion des Kapitalismus in der gegenwärtigen
           Gesellschaftskritik. 346
           Teil A: Einige Beispiele. 348
           Anhang: Einige Hauptdimensionen des Kapitalismusbegriffs. 370

Literaturverzeichnis 381

Anmerkungen 384

Vorbemerkung

Dieses Buch setzt einen besonderen Akzent auf thematische Schwerpunkte, die in der Geschichte der Soziologie und Sozialphilosophie eine durchgängige Rolle spielten und spielen. Es beschränkt sich jedoch weitgehend auf die Geschichte der modernen bürgerlichen Gesellschaft (zunächst) in Europa. Entgegen sonstigen Gepflogenheiten wird man in den verschiedenen Lagern der Gesellschaftstheoretiker ein vergleichsweise breites Einverständnis darüber feststellen können, dass in der so eingegrenzten Gesellschaftstheorie drei Bezugsprobleme immer wieder aufgegriffen wurden. Die Überschriften über diese Themenbereiche lauten:

1. Individuum und Gesellschaft.
2. Soziale Ungleichheit.
3. Modernisierung.

Ein zusätzlicher Akzent wird dadurch gesetzt, dass Informationen dazu vermittelt werden, wie sich einzelne sozialwissenschaftliche Schulen oder „Paradigmata", also bestimmte Denkweisen der Sozialwissenschaften mit diesen Fragestellungen auseinander setzen. Schließlich wird zur Vertiefung der Darstellung elementarer Auffassungen, die die ausgewählten Schulen zu jenen drei Bezugsproblemen vertreten, mit ebenfalls ausgewählten Passagen von *Klassikern* gearbeitet, welche die jeweilige Denkweise besonders nachhaltig auf den Weg gebracht oder den Problemstellungen eine entscheidende Wendung gegeben haben.

Das sog. „Strukturlernen" gilt als besonders hilfreich. Wenn man – so heißt es – die Grundstruktur eines Ansatzes oder eines Argumentationszusammenhanges verstanden hat, kann man die komplexen Ausarbeitungen, Variationen und Umarbeitung dieser Struktur bei ausgewählten Autoren samt deren oftmals nicht sonderlich eingängigen Sprache besser verstehen. Der Begriff „Grundstruktur" bezieht sich in seiner allgemeinsten Fassung auf die grundlegenden Annahmen über irgendwelche Elemente und ihre Relationen in einem Untersuchungsbereich. Deswegen stützt sich die Darstellung von Stellungnahmen von Vertretern der einzelnen Schulen der Soziologie und Sozialphilosophie zu jenen drei Bezugsproblemen auf „ didaktische Modelle". Bei diesen geht es um eine Skizze der für die jeweilige Schule charakteristischen Grundvorstellungen und Grundbegriffe, die sich auf das Verhältnis zwischen Individuum und Gesellschaft, auf die Struktur sozialer Ungleichheit sowie auf den Prozess der Modernisierung richten. Es soll auf diese Weise eine Art Vorbegriff vermittelt werden, der Hauptthesen und einige Grundbegriffe ordnet. Dieser Vorbegriff wird danach ein Stück weit durch die Interpretation und Kommentierung von Textpassagen bei einigen „Schulhäuptern" illustriert und weiter ausdifferenziert. Allerdings werden die einzelnen Schulen nicht immer wieder bei jedem Thema nacheinander abgeklappert. Es reicht oftmals aus, auf Ähnlichkeiten hinzuweisen, die einzelne Paradigmata trotz all ihrer Differenzen im Hinblick auf das exemplarisch vorangestellte „Modell" aufweisen. (Zu einem erweiterten Modellbegriff s. Anhang I).

Die Schulen, über die wir mit den genannten Einschränkungen Auskunft geben wollen, heißen (in alphabetischer Reihenfolge):

- Ethnomethodologie und Sprechakttheorie.
- Funktionalismus.
- Handlungstheorie
- Interaktionismus
- Kritische Theorie der Gesellschaft.
- Marxistische Gesellschaftstheorie.
- Strukturalismus.
- Systemtheorie.

Die Gliederung im ersten Hauptteil sieht so aus.

1. Willensverhältnisse: Subjekt und Allgemeinheit.
Dieses Modell liegt der gesamten Argumentation in diesem Text zugrunde. Es bestimmt die inhaltlichen und begrifflichen Voraussetzungen, die wir machen. Die Kategorien und Annahmen stammen vor allem aus Bezugstexten von I. Kant. Sie spielen zudem eine entscheidende Rolle in der Frankfurter Schule (*Kritische Theorie der Gesellschaft*).

2. Bewusstsein und Unbewusstsein.
Den Ausgangspunkt bilden in diesem Falle Grundbegriffe und elementare Thesen der Psychoanalyse. Auch diese Informationen beeinflussen die eigenen Auffassungen entscheidend. Illustriert wird dieser Ausgangspunkt insbesondere durch Textstellen bei S. Freud und Theodor W. Adorno.

3. Interaktion und die bedeutsamen Anderen.
Das entsprechende Modell bezieht sich auf die soziologische Schule des *symbolischen Interaktionismus*. Wir rekonstruieren es aus dem Werk von G. H. Mead.

4. Individuelles Handeln und allgemeine Vergesellschaftungsprinzipien.
Den Ausgangspunkt bildet das Handlungsmodell Max Webers. Es wird durch Passagen aus Werken von G. Simmel und F. Tönnies weiter ausgeführt.

5. Soziale Funktionen und das gesellschaftliche System.
Dieses Modell führt in einige Grundbegriffe funktionalistischer Gesellschaftstheorien ein. Vertieft wird es durch Darstellungen aus der Schule des Struktur-Funktionalismus (T. Parsons) sowie der Systemtheorie von N. Luhmann, die mitunter auch als „Äquivalenzfunktionalismus" bezeichnet wird.

6. Rollen, Charaktermasken und der stumme Zwang der Verhältnisse.
Hier werden die Begriffe „persona" und „Rolle" kurz erläutert. Das Individuum erscheint als „Rollenträger", der bestimmte Positionen (status) im sozialen System einnimmt. Das Bild des „homo sociologicus" (R. Dahrendorf) wird mit dem einer „Charaktermaske" (Marx) verglichen. Die Ergänzungen und Erweiterungen beziehen sich auf den sog. „marxistischen Strukturalismus" (L. Althusser).

7. Über Sprachspiele und soziale Lebensformen..
Das Modell bezieht sich auf eine „konstruktivistische" Grundannahme über das Verhältnis von Sprache und gesellschaftlichen Tatsachen. Die zu diskutierenden Passagen stammen aus den Schulen der Sprechakttheorie und der Ethnomethodologie.

Hauptteil I
Individuum und Gesellschaft.

Modell 1:
Willensverhältnisse: Subjekt und Allgemeinheit.

Absichtserklärung

Bei diesem Modell geht es um ein Schlüsselthema der kritischen Theorie: um Rationalität und Rationalitätskritik im Rahmen der Thematik „Individuum und Gesellschaft". Den Ausgangspunkt bildet also eine *Norm* – die Norm der Rationalität – und nicht etwa eine Skizze, wie die kritische Theorie das Verhältnis von Individuum und Gesellschaft im Einzelnen theoretisch behandelt. Diese *normative* Startrampe wird aus zwei Gründen gewählt: (a) Zum einen geht es darum, die eigenen von dieser Schule beeinflussten Erkenntnisinteressen und Maßstäbe zugängig zu machen. Sie werden ja zwangsläufig bei der Konstruktion der didaktischen Modelle verwendet. Es handelt sich also um Angaben über die eigenen Maßstäbe der Kritik an den ausgewählten Gesellschaftstheorien [1]ebenso wie an der Struktur der realen gesellschaftlichen Phänomene, womit sie sich befassen. (b) Zum anderen – so wird sich zeigen – spielt die Rationalitätsnorm des individuellen Handelns und/oder des gesellschaftlichen Lebenszusammenhanges in allen anderen Denkweisen durchweg eine unterschwellige oder obertönige Rolle.

Teil A
Der gedankliche Aufstieg vom Individuum zur Gesellschaft.

Gelegentlich, wenn auch vielleicht weniger oft als wir uns einbilden, unternehmen wir etwas „aus freien Stücken." Das heißt: Gelegentlich handeln wir „spontan", also aufgrund eines momentanen Entschlusses, so und nicht anders vorzugehen. Bei anderen Gelegenheiten ist unsere Handlung das Ergebnis „reiflicher Überlegung". Wir stecken uns ein Ziel und wägen sorgfältig die Gründe ab, die dafür sprechen irgendwelche technisch brauchbaren und/oder rechtlich-moralisch zulässigen Mittel einzusetzen, um unser Ziel unter den Rahmenbedingungen einer bestehenden Situation zu erreichen. Schnelle Entschlüsse oder geduldige Erwägungen sind zudem angesichts von Alternativen erforderlich, zwischen denen wir unter Umständen einigermaßen frei wählen können. All diese Möglichkeiten erleben wir als Ausdrucksformen unseres *freien Willens*.[2] Nicht, dass wir überall und jederzeit selbstbestimmt handeln könnten. Gar so häufig sind die Gelegenheiten dafür wirklich nicht. Aber wir haben in der Tat die Überzeugung, dass wir auch einiger *selbstbestimmter Handlungen* fähig sind, also über einen *freien Willen* verfügen. Deswegen machen wir beispielsweise andere Menschen für ihre Handlungen verantwortlich und verlangen Rechenschaft von ihnen. Derartige Vorwürfe machen jedoch nur Sinn, wenn es den Akteuren in der problematischen Situation tatsächlich möglich gewesen wäre, anders zu handeln, als sie es tatsächlich getan haben. Sie hätten, so unterstellen wir, einen anderen Kurs einschlagen können. Deswegen wird vor Gericht der Vorsatz zur bösen Tat strenger bestraft als etwa eine Aktion unter mildernden Umständen. Kurzum: Wir können einigen unserer Vorgehensweisen *selbst ein Gesetz* geben, selbst ein Ziel stecken, selbst unter Alternativen wählen, uns frei entscheiden. Im Griechischen bedeutet *autonomos* das selbst gegebene Gesetz und Willensfreiheit wird von daher auch als Ausdruck von *Autonomie* verstanden.

Die Alltagssprache kennt den Spruch: „Er hat mit Willen und im vollen Bewusstsein der fälligen Konsequenzen gehandelt." In der Tat werden Äußerungen des freien Willens vom *Bewusstsein,* genauer gesagt: vom *Selbstbewusstsein* als Wissen um sich selbst begleitet. Man weiß bei der einen oder anderen Gelegenheit um sich selbst als Urheber einer Handlung. Dieses Selbstbewusstsein äußern wir grammatisch in der ersten Person Singular. Bei tatsächlich selbstbestimmten Handlungen können wir ja sagen: „Ich", sonst niemand anderes hat dieses getan und jenes gelassen. Für diese Schaltstelle individuell freier Handlungen gibt es in der Philosophie, Psychologie, Soziologie und Sozialpsychologie verschiedene Grundbegriffe. Vor allem auf Hauptwörter wie die folgenden wird man bei der Lektüre soziologischer und sozialpsychologischer Texte immer wieder stoßen:

- Das Ich;
- Das Selbst:
- Die Ich-Identität
- Die Reflexion (als Ausdruck für die Einheit der Fähigkeiten des Selbstbewusstseins und der Selbstbestimmung).

Die erwähnten Alltagseindrücke von Willensfreiheit klingen vertraut, ja, nahezu selbstverständlich. Das sind sie aber beileibe nicht! Seit fast 3000 Jahren gibt es eine bis auf den heutigen Tag anhaltende und letztlich unentschiedene Diskussion darüber, ob wir tatsächlich über das Vermögen der Willensfreiheit verfügen oder nicht. Immer wieder sind Autoren aufgetreten, die auf dem Hintergrund des Welt- und Selbstverständnisses ihrer historischen Zeiten energisch die These vertreten haben, wir verfügten über *keinen* freien Willen. Unser Denken und Handeln gilt ihnen als durch irgendwelche Faktoren, Umstände und Vorgänge determiniert. So sagte etwa Heraklit von Ephesos (geb. ca. 540 v.u.Z.) kurz und bündig: „Alles geschieht nach dem Verhängnis."[3] Gegenwärtig gibt es einen Streit zwischen Neurobiologen und Hirnphysiologen auf der einen Seite, einer Reihe von Philosophen auf der Gegenseite darüber, ob unser alltagsweltlicher Eindruck, über *Reflexion* (s.o.) zu verfügen eine Illusion darstellt oder nicht. So stellt der amerikanische Sprachphilosoph John Searle in einer Schrift über Freiheit und Neurobiologie fest:

> „Ich denke, dass die meisten Neurobiologen meinen würden, dass das Gehirn wahrscheinlich so funktioniert, dass wir die Erfahrung von Willensfreiheit haben, dass es sich dabei aber um eine Illusion handelt; weil die neuronalen Prozesse kausal hinreichend sind, um nachfolgende Zustände des Hirns zu determinieren, unter der Annahme dass es keine äußeren Reizinputs oder Wirkungen vom restlichen Körper gibt."[4]

Die Freiheitsillusion hat sich nach diesem Verständnis als eine für die Evolution der Menschengattung nützliche Selbsttäuschung erwiesen. Es stellt sich dann allerdings die gute Frage unter anderen, warum das Hirn des Neurobiologen ihn gerade zur Wahl dieses Berufes und keines anderen sowie zur Verteidigung der Illusionstheorie der Freiheit mit (von ihm für gut gehaltenen logischen und empirischen) Gründen gegenüber Vertretern der Gegenposition kausal genötigt hat. Aber lassen wir das. Das erste der didaktischen Modelle geht von der Gegenposition zur Illusionstheorie der Freiheit aus und schreibt uns das Vermögen der Reflexion, damit Willensfreiheit und (ein mitunter illusionsloses) Selbstbewusstsein zu – egal, ob die Analyse vom Individuum „aufsteigend" oder von der Gesellschaft „absteigend" durchgeführt wird. Es geht dabei meistens nicht nur um die Bestimmung oder Selbstbestimmung unserer Willensäußerungen, sondern immer auch um ihre Vernunft oder Unvernunft. Schon diese ersten Schritte führen unmittelbar an den Fuß eines wahren Berges von logischen, empirischen, metaphysischen und rationalitätstheoretischen Problemen, welche die Geschichte der Sozialphilosophie von der Frühzeit bis in die Gegenwart hinein durchziehen. Einige davon, die nahezu in allen den später zu verhandelnden soziologischen

Theorien über das Verhältnis von Individuum und Gesellschaft eine je verschiedene Rolle spielen werden, seien hier einführend zusammengestellt:

Problem 1: Das Problem der Handlungsrationalität.[5]

Es gibt eine wahre Fülle verschiedener Arten des empirischen Handelns, wozu ein Individuum im Alltag fähig ist. Man kann arbeiten, ruhen, laufen ... und so geraume Zeit fort. „Arbeit", „Ruhe", „Lauf" sind Substantive, die vergleichbare Merkmale von Einzelhandlung zu einem Typus zusammenfassen. Selbstverständlich können auch historische Idealtypen im Sinne Max Webers Verwendung finden, wenn es beispielsweise um die Arbeit des mittelalterlichen Handwerkers in einer Hansestadt geht. Welcher Typus von Arbeit ist für das damalige Handwerk charakteristisch? Durch Typenbegriffe soll also die Unübersichtlichkeit ein Stück weit behoben werden. In diesem Sortiment finden sich auch Typologien, welche sich um Antworten auf spezielle Fragen bemühen. Dazu gehört nicht zuletzt die Frage, was es heißt, dass willentliche Aktionen eines einzelnen Menschen *vernünftig* oder *unvernünftig* sind. Dieses Problem wird schon seit alten Zeiten aufgeworfen und auf sehr verschiedene Weisen im Rahmen ganz verschiedener Vernunftvorstellungen beantwortet. Aristoteles beispielsweise unterscheidet auf eine historisch folgenreiche Weise im Bereich der *techné*, des kunstfertigen Tuns, *poiesis* und *praxis*. Die „Poiesis" mündet in der Herstellung eines Produktes aus, das nach dem Handlungsvollzug eine gewisse Zeit lang selbständig existiert. Bei der „Praxis" hingegen gibt es keine Objekte, die aufgrund der Erreichung bestimmter Ziele und Zwecke des Tuns gleichsam als handfester „Gegenstand" herauskommen, sondern das Ziel besteht (ähnlich einem Selbstzweck) im Vollzug der Handlung selbst. Wenn man ein Problem bearbeitet, so gibt es vielleicht ein Resultat, aber die Lösung besteht im Vollzug des gesamten Vorganges des Problemlösens. „Der Weg ist das Ziel" – lautet ein bekannter Spruch. Hinzu kommt bei Aristoteles noch der Begriff der *phronesis*. Damit ist zwar – ähnlich wie bei „poiesis" – eine Art des erfolgreichen Mitteleinsatzes gemeint. Aber genau an dieser Stelle ist ein wesentlicher historischer Punkt festzuhalten: Die Strategie der Zweck-Mittel-Koordination bei der praktischen Klugheit (*phronesis*) ist für ihn nur „gut" (und vernünftig!), wenn die sittliche Qualität der Ziele, wenn nicht sogar ein oberstes sittliches Ziel unser Tun und Lassen anleitet. Aristoteles – so könnte man etwas zugespitzt sagen – würde daher unser gegenwärtiges Verständnis von Technik und Rationalität nicht nur als irrational, sondern sogar als völlig unsittlich verwerfen. Denn wir gehen heute mit aller Selbstverständlichkeit davon aus, dass es *eine* Sache ist, Mittel so einzusetzen, dass die gesteckten Ziele erreicht werden (Zweckrationalität), eine *ganz andere* jedoch, zu befinden, ob die angestrebten Ziele und Zwecke ihrerseits „vernünftig" (z.B. moralisch) sind – wenn das überhaupt logisch möglich sein sollte.

Obwohl auch der Handlungstypologie von Immanuel Kant der Einfluss des „Lehrer des Abendlandes" (so wurde und wird Aristoteles nicht nur im europäischen Mittelalter genannt) weiterhin anzumerken ist, entspricht sie als Teil seiner praktischen Philosophie mehr dem Geist der Moderne. Kants Ethik befasst sich mit den *Maximen* individuellen Handelns sowie mit den *Imperativen* für unser Vorgehen. Was sind „Imperative", was sind „Maximen"? Unter einer „Maxime" versteht er „das subjektive Prinzip des Wollens" (GMS 2). Dabei handelt es sich gleichsam um den grundlegenden Kurs der Aktionen eines empirischen Subjekts, den es bewusst verfolgt. In gegenwärtigen Spiel- und Entscheidungstheorien kommt dem der Begriff der *Strategie* ein Stück weit nahe. Eine empirische Maxime entspräche damit der konkreten Strategie, die wir unter den Rahmenbedingungen einer gegebenen Situation sowie im Angesicht unserer Zielsetzung(en) entwerfen und verfolgen. Nur ein vernünftiges Wesen – sagt Kant – vermag aufgrund solcher Prinzipien, also aufgrund der „Vorstellung gewisser Gesetze" zu agieren. Etwas von Kant abweichend formuliert: Nur ein vernünftiges Wesen kann nach Abwägung guter Gründe sich von der Vorstellung davon leiten lassen, was in vergleichbaren Situation selbstbestimmt und mit regelmäßiger Aussicht auf Erfolg getan werden kann.[6] Kants ebenfalls sehr einfluss- und folgenreiche Handlungstypologie stützt sich auf einige Grundunterscheidungen zwischen den Maximen unseres Willens und den damit zusammenhängenden „Imperativen" für unser Tun und Lassen. Unter einem „Imperativ" versteht er ein „Gebot der Vernunft" (GMS 41), das sich an einen Willen richtet, welcher sich keineswegs grundsätzlich von der Vernunft, sondern oftmals vom Trieb, von Launen sowie von teilweise einander widersprechenden Neigungen leiten lässt. Diese subjektiven Neigungen, von denen die „Glückseligkeit" des Einzelnen abhängt, müssen nicht *zwangsläufig* zu unvernünftigen Aktionen und Reaktionen führen. Im Gegenteil: Allein das elementare Prinzip der Selbsterhaltung gebietet es schon, Mittel so einzusetzen, dass die individuellen Bedürfnisse befriedigt und damit der individuelle Nutzen sichergestellt wird. Doch Neigungen können auch in die „falsche Richtung" gehen. Doch woran bemisst sich in diesem Falle das Urteil über „Falschheit"? Woran bemisst man den Vernunftstatus von Maximen, denen die konkreten Menschen auf der Folie einer bunten Vielfalt von Strebungen folgen, die bei einzelnen Person sowie beim Vergleich der Personen untereinander so ganz verschieden, wenn nicht gegensätzlich ausfallen? Welche Imperative können für alle Menschen als Vernunftgebot und Verpflichtung verbindlich werden?

Man kann Imperative auch als Sollenssätze lesen. Sollenssätze benutzen wir als alltagssprachliche Normalform für moralische Imperative. „Du *sollst* nicht töten". Erlaubnisse stellen die Kehrseite der gleichen Medaille dar.

„Alle *Imperativen* nun gebieten entweder *hypothetisch* oder *kategorisch.* Jene (die hypothetischen Imperative – J.R.) stellen die praktische Notwendigkeit einer möglichen Handlung als Mittel, zu etwas anderem, was man will (oder doch möglich ist, dass man es wolle), zu gelangen vor" (GMS 41).

Bei den hypothetischen Imperativen als „praktische Regeln" stoßen wir auf die gleiche Norm für das Handeln, die schon Aristoteles untersucht hat: auf das Prinzip der *Zweckrationalität.* „Vernünftig" im Sinne von „zweckrational" ist eine Handlung, wenn sie die für Handlungsalternativen (Optionen) tatsächlich zur Verfügung stehenden Mittel unter den physischen, sozialen und normativen Rahmenbedingungen der Situation so einsetzt, dass die angestrebten Ziele und Zwecksetzungen tatsächlich erreicht werden. Jürgen Habermas spricht treffend von „erfolgsorientiertem Handeln". Imperative dieser Kategorie heißen „hypothetisch", weil sie einen Handlungskurs *unter der Voraussetzung der Ziele und Zwecke* des einzelnen Akteurs abstecken. *Wenn,* anders gesagt: *einmal vorausgesetzt,* dass du diese Ziele und Zwecke hast, ist es angesichts der Gegebenheiten deiner Situation „vernünftig" (erfolgversprechend) so oder vielleicht auch so vorzugehen. Darin drückt sich zugleich die für das moderne Rationalitätsverständnis kennzeichnende Trennung von Mitteln und Zwecken aus. Die Zwecke gelten – wie die „Präferenzen" in den Modellen der Nationalökonomie – als *vorgegeben.* Ob sie ihrerseits als vernünftig oder unvernünftig *begründet* werden können, ist äußerst strittig. Zweckrationalität steckt auch hinter der allenthalben geläufigen Norm der „Effizienz". Effizienz bedeutet ja den möglichst erfolgreichen Mitteleinsatz in Technik, Wirtschaft, Organisationen und vielen anderen Lebensbereichen. Inwieweit diese Norm den Realitäten entspricht, ist allerdings eine ganz andere Frage.

Kant unterscheidet nun zwei Grundformen der hypothetischen Imperative, die ich im Vergleich zu seiner eigenen Erläuterung mit kleinen Veränderungen so zusammenfasse:

1. *Imperative der Geschicklichkeit:* Das sind Gebote für den regelmäßigen und erfolgversprechenden Mitteleinsatz beim Umgang mit sachlichen Gegebenheiten, mit Materie, Dingen und Artefakten. In diesen Bereich fällt auch die aristotelische *techné* als *poiesis,* gewissermaßen die Produktherstellung durch Arbeit. Unser moderner Begriff der Technik hat dort ebenfalls seinen Platz.

2. *Imperative der Klugheit:* Das sind Gebote für den „vernünftigen" Umgang mit anderen Menschen. Da auch die Imperative der Klugheit eine Variante der Norm der Zweckrationalität darstellen, geht es dabei um strategisch und taktisch geschickte Umgangsformen mit Anderen. Die Aktionen, Reaktionen und Reaktionsmöglichkeiten der Gegenüber werden gleichsam wie Mittel behandelt und in ihren Konsequenzen für die eigenen Neigungen austariert und eingesetzt.

Sowohl Aristoteles` *poiesis* als auch die hypothetischen Imperative Kants finden wir in der berühmten Aufstellung von Typen des sozialen Handelns aus dem § 2 der „Soziologischen Grundbegriffe" Max Webers wieder:

> „Wie jedes Handeln kann auch das soziale Handeln bestimmt sein 1. zweckrational; durch Erwartungen des Verhaltens von Gegenständen der Außenwelt und von anderen Menschen und unter Benutzung dieser Erwartungen als >>Bedingungen<< oder als >>Mittel<< für rational, als Erfolg, erstrebte und abgewogene eigne Zwecke, – 2. *wertrational:* durch bewussten Glauben an den – ethischen, ästhetischen, religiösen oder wie immer auch sonst zu deutenden – unbedingten *Eigenwert* eines bestimmten Sichverhaltens rein als solchen und unabhängig vom Erfolg, – 3, *affektuell,* insbesondere *emotional;* durch Affekte und Gefühlslagen, – 4 *traditional;* durch eingelebte Gewohnheit" (WuG; 17).

Die Norm der Zweckrationalität des Handelns spielt offensichtlich bei allen drei Autoren eine entscheidende Rolle. Webers Unterscheidung zwischen den Erwartungen hinsichtlich des „Verhaltens von Gegenständen" und den Erwartungen hinsichtlich des Verhaltens anderer Menschen spiegelt zudem einiges von der Kantischen Unterscheidung zwischen Imperativen der Geschicklichkeit und Imperativen der Klugheit wider. Das wertrationale Handeln versteht Weber als nicht erfolgsorientiert. Bestimmten Handlungsvollzügen wird ein Eigenwert zuerkannt und sie werden um ihrer selbst vollzogen. Darin ist der Nachhall des aristotelischen Begriffs der *Praxis* als Selbstzweck zu vernehmen. Wenn man das traditionale Handeln – anders als Weber im § 2 – dem affektuellen Handeln vorordnet, ergibt sich bei ihm ein Rationalitätsgefälle: Ganz oben steht das Handeln, das sich von der Norm der *Zweckrationalität* leiten lässt. Dann kommen die um ihrer selbst willen unternomenen Veranstaltungen. An dritter Stelle stehen Aktionen, die überlieferten und „eingelebten" Sitten, Gebräuchen, Routinen und verinnerlichten Rezepten folgen. An letzter Stelle steht das von Trieben und Emotionen bewegte Tun und Lassen. Dieser Typ erweckt bei Weber den Eindruck des Übergangs zur Irrationalität. Allerdings wäre es sehr irreführend, würde man Handlungen, insoweit sie das Resultat von Affekten und Gefühlen darstellen, *grundsätzlich* als *irrational* abwerten. Wir alle erleben gelegentlich „rationale" Gefühle etwa in der Form der Zuneigung. Eine andere Frage ist, ob „rational" auch in solchen Fällen nichts anderes als „zweckrational" bedeutet?

Mit der Frage danach, ob *Zweckrationalität* und damit ihre Varianten wie technische Effizienz (etwa unserer Apparate), geschickter Umgang mit Sachen und kluger Umgang mit Personen tatsächlich die Grundnorm allen vernünftigen Handelns darstellt, geraten wir in eine prägende Streitzone zahlreicher Diskussionen über das Verhältnis von Individuum und Gesellschaft. Kann allein dasjenige Individuum als „rational" gelobt werden, welches effizient, klug und geschickt vorgeht? Eine klare Antwort lautet: Nein! Denn auch die Mafia arbeitet in ihrem Sektor angesichts ihrer Ziele und Zweck nicht selten recht effizient. Da heiligen die finsteren Zwecke die effizienten Mittel. Doch ein Aristoteliker würden diese bekannte Sprichwort ganz anders lesen: Ja, die Zwecke heiligen tatsächlich die Mittel. Das heißt jedoch: Wenn die Ziele und Zwecke selbst legitim, gerecht oder moralisch sind, darf man vorhandene Mittel zu ihrer Realisierung bedenkenlos einsetzen. Sonst nicht! Moderne erfolgsorientierte Menschen sehen das meistens ganz anders. Sie werden – wie zum Beispiel steuerflüchtige Spitzenmanager – das Prinzip des *maximalen individuellen Nutzens* bei gleichzeitig *unbedingter Effizienz* des Vorgehens als *letzte* Instanz hochhalten. Worauf es ihnen ausschließlich ankommt, ist der erfolgreiche Mitteleinsatz, der zum bestmöglichen Resultat unter Voraussetzung der jeweiligen Zuneigungen und Abneigungen des Individuums führt. Doch dazu gibt es eine Gegenposition, der wir uns hier durchweg anschließen werden: Das Prinzip der unbedingten Effizienz weist eine ganze Reihe ethischer Tücken auf. Niemand von uns braucht beispielsweise darüber belehrt zu werden, dass sich die barbarischsten Ziele durch effiziente Mitteleinsätze und Strategien durchsetzen lassen. So gesehen kommen Ethik und Politik beide nicht so ohne Weiteres um die Kernfrage herum, ob und wie sich Ziele und Zwecke selbst als vernünftig begründen oder als unvernünftig verwerfen lassen. Kein soziologischer Ansatz, der sich um eine genauere Verhältnisbestimmung von Individuum und Gesellschaft bemüht, kann sich Stellungnahmen zu dieser klassischen Frage aus der Gesamtgeschichte der Ethik entziehen. Man kann das Problem 1 daher auch so formulieren: Stellt Zweckrationalität mit ihren Varianten wie „Nützlichkeit", „erfolgreicher Mitteleinsatz", „optimaler Erfolg", „größtmögliche technische Effizienz" etc. tatsächlich die Basisnorm aller Vernunfturteile über Handlungen dar oder gibt es ein darüber hinausreichendes Vernunftprinzip, das gleichzeitig die Notwendigkeit und Unvermeidlichkeit erfolgsorientierten Handelns nicht leugnet? Kants Antwort lautet: „Ja!" Sie hängt entscheidend von seiner Lehre vom *kategorischen Imperativ* ab. Dieses Moralprinzip wiederum bezieht sich ausdrücklich auf das Problem des Verhältnisses zwischen der Vielfalt individuellen Neigungen und ihrer gesellschaftlichen Zusammenfassung.

Problem 2: „Das Ich, das Wir und das Wir, das Ich ist" (PhG 140).

Das Verhältnis von Individuum und Gesellschaft wird mitunter so dargestellt, als gäbe es zwischen Einzelheit (Individuum) und der Allgemeinheit (Gesellschaft) nur „äußerliche" Beziehungen, beispielsweise in der Form der Einflussnahme und der Einwirkungen. Doch schon der elementaren Logik und Grammatik lässt sich entnehmen, dass es einen *inneren* Zusammenhang zwischen den beiden Sphären gibt. Das kann man anhand eines einfachen sprachlogischen Tatbestandes illustrieren: Das Personalpronomen „ich" und Substantive wie „das Ich" oder „die Ich-Identität" zielen auf der einen Seite auf die unverwechselbare Eigenheit und Einzigartigkeit eines jeden Individuums. Denn überhaupt kein Einzelsachverhalt, kein Einzelwesen ist in jeder nur denkbaren Hinsicht mit irgendeinem anderen völlig gleich; denn sonst wären sie eins und nicht zwei. Deswegen sagt man sich gelegentlich ganz hartnäckig: „Ich" und sonst niemand anderes hat das Ereignis E herbeigeführt. Das Personalpronomen „ich" versteht sich als *principium individuationis*. D.h.: Es hebt ein unverwechselbares menschliches Einzelwesen hervor, dem man einen Namen geben kann. Dabei geht es allerdings um mehr als eine logisch-grammatische Operation. Es geht darüber hinaus um die Grundlage unserer Kompetenz des Selbstbewusstseins und der Selbstbestimmung (Reflexion). „Das Ich" als seelische Instanz *macht* grundsätzlich und vor allem aktiv („spontan") ständig einen Unterschied gegenüber jedem anderen Sachverhalt in der Welt. Wer nicht um etwas anderes, von sich Unterschiedenem weiß und damit umzugehen versteht, wer den Unterschied zwischen sich und etwas Anderem, zwischen Ich und Nicht-Ich nicht *machen* kann, der kann weder ein bewusstes Leben führen, noch willentlich etwas unternehmen. Doch dieses Prinzip der Individuierung (unverwechselbarer Einzelheit) erweist sich als ausgesprochen doppelbödig: Grundsätzlich versteht sich ja *jeder* bewusst lebende Mensch als dieser und kein anderer. Insofern ergibt sich andererseits der paradoxe Befund, dass das Individuierungsprinzip zugleich *allgemein* ist, von allen anderen Subjekten ebenfalls in Anspruch genommen wird. Die Einzelheit (das Ich) ist also gleichsam *immanent,* nicht nur äußerlich (etwa im Sinne von Abhängigkeit) auf gesellschaftliche Allgemeinheit bezogen. Insofern spricht Hegel mit Fug von einem „Ich, das Wir" und einem „Wir, das Ich" ist. (Der zweite Teil seiner Aussage wird später in unserer Darstellung eine wichtige Rolle spielen).

Problem 3: Über die Vergesellschaftung individueller Neigungen.

Die zuvor erwähnten schlichten logischen Befunde helfen dann nicht viel weiter, wenn es um empirischen Individuen sowie die Vernunft oder Unvernunft ihrer

Aktionen geht. Die naheliegende Frage lautet ja: Wie kommt dieses „Wir" zustande und – da es uns hier um Probleme mit der Norm der Rationalität geht – unter welchen Voraussetzungen kann der *allgemeine* gesellschaftliche Lebenszusammenhang seinerseits als „vernünftig" beurteilt werden? Die vom Individuum und seinen subjektiven Antrieben ausgehende Fragestellung lautet also: Wie soll ein „vernünftiger" Zusammenhang von Einzelhandlungen überhaupt zustande kommen? Wie soll ein vernünftiger Lebenszusammenhang vor allem dann aussehen, wenn man bedenkt, dass unsere Antriebe, Motive, Interessen, Einstellungen, Anschauungen so verschiedenartig, kontrovers und nicht selten so völlig gegensätzlich sind wie sie in der Wirklichkeit sind? Auf Fragen wie diese versucht Kant mit seiner Lehre vom kategorischen Imperativ eine Antwort zu geben.

Für ihn ist es klar: Sucht man nach allgemeinverbindlichen Grundlagen der Moral, dann kann man sie nicht einfach an irgendwelchen empirischen Maximen der Einzelnen festmachen. Denn dahinter stehen eben jene kulturell so vielfältigen, historisch unbestimmten, nur vage dem Individuum bewussten, oftmals völlig gegensätzlichen Neigungen (Präferenzen) der einzelnen Menschen.[7] Wie soll unter diesen Gegebenheiten eine allgemeinverbindliche Handlungsnorm aussehen? Die empirischen Neigungen der Einzelnen sind allerdings nicht einfach als negativ oder als Quell aller Negativitäten abzuwerten! Denn von der Erfüllung unserer Neigungen machen wir abhängig, was wir als unseren „Nutzen", unser „Glück" oder als psychische und/oder materielle „Kosten" unserer Lebensführung ansehen. Die individuelle „Glückseligkeit" – wie Kant im Anschluss an den klassischen Begriff der *eudaemonia* sagt – ist also keineswegs zu vernachlässigen. Aber ein völlig glücklicher Mensch, dessen konkreten Strebungen optimal erfüllt sind, muss nach Kant beileibe nicht automatisch ein „guter" Mensch im moralischen Sinn des Wortes sein (GMS 77). Er kann sein auf Nutzenmaximierung ausgerichtetes persönliches Glück beispielsweise auf Kosten der Unterdrückung anderer erreicht haben. Die Beziehungen zwischen den empirischen Individuen können zu allem Überfluss jenem Zustand mehr oder minder nahe kommen, welchen sich Thoma Hobbes (1588-1679) als den Naturzustand des Krieges aller gegen alle ausgemalt hat. D.h.: Jeder strebt dann als „rationaler Egoist" so rücksichtslos zweckrational nach seinem eigenen Nutzen, dass es zu gewaltförmigen Auseinandersetzungen zwischen den Konkurrenten kommen muss. Wie soll da ein „vernünftiger" Lebenszusammenhang der Akteure zustande kommen und was bedeutet in diesem Falle „vernünftig"? Das Gleiche wie Zweckrationalität? Ist wirklich nichts mehr und anderes als eine *effiziente* Organisation des Zusammenlebens von Akteuren gemeint, die alle mehr oder minder hemdsärmelig wie ein Neo-Liberaler an der Mehrung ihres Nutzens orientiert sind? Man kann daran anschließend zudem fragen: Wie soll eine Gesellschaft aussehen, die das Glücksstreben der Einzelnen nicht unterdrückt, aber das Zusammenleben weder in Gewaltverhältnissen noch in der Förderung all jener Privatinteressen aufgehen lässt, hinter denen die größte Macht steht? Derartige Fragen spielen in Immanuel Kants Texten zur praktischen Philosophie eine zentrale Rolle, obwohl Kantkritiker oftmals den Vorbehalt äußern, seine Ethik predige die rücksichtslose Trieb- und Bedürfnisunterdrückung zugunsten des strengen preußischen Pflichtbewusstseins. Man kann bei Kant aber durchaus auch auf Aussagen wie die folgende stoßen:

> „Glücklich zu sein, ist notwendig das Verlangen jedes vernünftigen, aber endlichen Wesens und also ein unvermeidlicher Bestimmungsgrund seines Begehrungsvermögens" (KpV 133).

An einer anderen Stelle sagt er sogar: „Seine eigene Glückseligkeit sichern, ist Pflicht ..." (GMS 25). Damit verschärft sich das Problem eher noch, wie sich die so verschiedenartigen, wenn nicht gegensätzlichen Facons, wonach ein jeder Mensch glücklich werden will, zu den allgemeinen Bedingungen eines vernünftigen gesellschaftlichen Zusammenlebens verhalten?

Ein erster Schritt zur Bearbeitung dieser Frage besteht bei Kant in seiner sog. *Maximenprobe*. Den Ausgangspunkt dieses Tests bildet irgendein Individuum, das beispielsweise ihm von anderen anvertrautes Geld aufbewahren und auftragsgemäß – vielleicht bei einer Stiftung in Lichtenstein – anlegen soll. Nehmen wir an, es sei seine Maxime, also der Handlungsentscheid und Handlungskurs dieses zweifelhaften Subjekts, anvertrautes Geld grundsätzlich zu unterschlagen. Kann dieser Broker wollen, dass seine Maxime ein *allgemeines Gesetz*, ein Handlungsgebot für alle Menschen wird? Diese Fragestellung mündet in einen Universalisierungstest aus. D.h.: Es wird ein Gedankenexperiment gemacht, bei dem eine persönliche Handlungsstrategie in den Rang eines universellen (überall und jederzeit verbindlichen) Gebots erhoben wird. Kann unser windiger Broker ernsthaft wollen, dass seine Neigung, Geld zu unterschlagen, zu einem allgemeinen Gesetz der Menschheit erhoben wird? Nein! Das würde schlicht und einfach seinen eigenen Interessen widersprechen. Denn angenommen, er käme nicht darum herum, auch mal Geld bei anderen zu deponieren, dann müsste er davon ausgehen, dass seine Moneten grundsätzlich in den Taschen anderer verschwinden. Sein Einverständnis mit dieser Maßnahme dürfte verschwindend gering sein. Auf diese Weise kann man gleichsam die *Gesellschaftsfähigkeit* konkreter empirischer Maximen testen.[8] Dabei lassen sich drei Arten von Maximen unterscheiden:

a. Es gibt in den Neigungen der einzelnen Personen verankerte Maximen; die harmlos sind und gar keinem Universalisierungstest unterzogen werden

müssen. Ob ich heute roten oder weißen Wein trinken soll, ist mein Problem und moralisch unerheblich (Non-Moralische Maximen).
- b. Es gibt empirische Maximen, die dem Universalisierungstest standhalten. Du sollst nicht töten. (Moralische Maximen).
- c. Es gibt schließlich empirische Maximen, die dem Universalisierungstest *nicht* standhalten (A-Moralische Maximen). Diese Teilmenge aller Maximen wird bei Kant durch eine berühmte, inzwischen fast sprichwörtliche Formel des kategorischen Imperativs abgegrenzt: „ *... handle nur nach derjenigen Maxime, durch die zugleich wollen kannst, dass sie ein allgemeines Gesetz werde*" (GMS 51).

Diese Version des kategorischen Imperativs zielt direkt auf die Ausgangsfrage wie Vergesellschaftung unter der Voraussetzung von Individuen zustande kommt, deren Glücksvorstellungen (das System ihrer individuellen Neigungen) und deren Glücksstreben so verschiedenartig, oftmals strikt gegensätzlich sind? Die Universalisierungsformel gibt dafür einen elementaren Anhaltspunkt. Ihr zufolge wägt ein nüchtern kalkulierender Akteur angesichts seiner gegebenen Maximen ab, ob er wollen kann, dass alle anderen das Gleiche tun, was er gerade vorhat. Wenn ihm diese Aussicht nicht passt, lässt er die Finger von a-moralischen Maximen und arrangiert sich klug abwägend mit den anderen. So gebaute Akteure halten sich beispielsweise an Regeln, weil ihnen sonst erhebliche Nachteile, Kosten, wenn nicht ein „Unglück" droht. Sie beachten somit äußerlich die Regeln der *Legalität*, obwohl sie nach Kriterien der *Moralität* (im Hinblick auf ihre tatsächlichen ethischen Gesinnungen) ziemlich finstere Gestalten darstellen können. Gemeinsinn kann es unter diesen Voraussetzungen durchaus geben. Er wäre jedoch allein aufgrund der taktischen und strategisch klugen Abwägung von Individualinteressen zu erwarten. Die gesellschaftliche Allgemeinheit stellte sich unter diesen Voraussetzungen als ein System von sozialen Beziehungen dar, das je mehr Unterstützung auf Seiten der Einzelnen findet, desto mehr Individuen es möglich ist, ihre individuellen Präferenzen zu verwirklichen. So gelesen scheinen sich auch die gesellschaftlichen Beziehungen zwischen den Akteuren ausschließlich an „Nutzen", „Nutzensteigerung", „Effizienz", „allgemeiner Wohlfahrt", also an der Norm der *Zweckrationalität* zu bemessen. Was Kants Ethik angeht, ist dieses Bild nicht nur irreführend, sondern schlicht und einfach falsch! Denn Kants gesamte praktische Philosophie stellt darauf ab, zwar der grundlegenden Bedeutung des zweckrationalen und nutzenorientierten Handelns (hypothetischer Imperative) Rechnung zu tragen, aber darüber hinaus zu zeigen, dass Sittlichkeit (Moralität) in einer Norm verankert ist, die über die unbedingte Effizienz *hinausweist*. Das macht eine weitere Formel des kategorischen Imperativs, die hier so genannte „Anerkennungsformel" klar. Sie lautet:

„Handle so, dass du die Menschheit sowohl in deiner Person, als in der Person eines jeden anderen, jederzeit zugleich als Zweck, niemals bloß als Mittel brauchest" (GMS 61).

Abgesehen vom Hinweis auf Pflichten gegenüber sich selbst (d.h.: Das Gebot, die Prinzipien der Humanität auch im Hinblick auf die eigene Person zu beachten) gebietet diese Formel, den anderen Menschen nicht einfach nur als Mittel für die eigenen Ziele und Zwecke zu benutzen, also ihn nicht bloß taktisch und strategisch zu instrumentalisieren, sondern als Selbstzweck zu behandeln. Das bedeutet zugleich, seine Würde zu respektieren. Denn die Würde eines Subjekts ist nach Kant ist in dessen *freien Willen* (in der Autonomie) verankert. Und den anderen nicht zu instrumentalisieren, bedeutet seine Selbständigkeit, mithin seinen freien Willen zu achten.

„*Autonomie* ist ... der Grund der Würde der menschlichen und jeder vernünftigen Natur" (GMS 69).

Also gebietet die zweite der zitierten Formeln des kategorische Imperativs (es gibt noch einige weitere, die hier nicht zu diskutieren sind), die anderen Subjekte nicht im Eigeninteresse zu manipulieren und zu instrumentalisieren, sondern immer zugleich deren Würde *anzuerkennen*. Dies wiederum bedeutet, ihren freien Willen zu fördern, zu unterstützen und nicht zu untergraben. Erst ein Individuum, das diese Gesinnung aufweist, verfügt über eine Moralität, die über die bloße Legalität seiner Haltungen hinausgeht. Wäre – entgegen der ernüchternden Tatsache des Zustandes der geschichtlichen Wirklichkeit – eine Gesellschaft so organisiert, dass anerkennende Haltungen grundsätzlich gefördert würden und tatsächlich die vorherrschende Wirklichkeit darstellten, dann könnte sie in einem erweiterten Sinn als „vernünftig" bezeichnet werden. Ein solcher Lebenszusammenhang käme jenem utopischen Zustand nahe, welchen Kant ein „Reich der Zwecke" nennt.

Problem 4: Die Verkehrung von Zweckrationalität zur instrumentellen Vernunft.

Die Wirklichkeit noch so „effizient" organisierter Gesellschaften der Gegenwart ist meilenweit von Kants Utopie eines „Reiches der Zwecke" entfernt. Gleichwohl kann man behaupten: Eine wirkliche historische Gesellschaft befindet sich in dem Maße auf dem Weg in die universalisierte Hemdärmeligkeit gnadenloser

Nutzenmaximierer, wenn nicht in das Reich der latenten und/oder manifesten Gewaltförmigkeit, gäbe es überhaupt keine anerkennenden Gesinnungen und Aktionen in der gesellschaftlichen Wirklichkeit mehr. Das wären Zustände, die – mit Max Horkheimer gesprochen – die vollständige Verkehrung von Zweckrationalität (subjektiver Vernunft) in *instrumentelle Vernunft* repräsentierten.

„Der Gedanke, dass ein Ziel um seiner selbst willen vernünftig sein kann …, ohne auf irgendeine Art subjektiven Gewinnens und Vorteils sich zu beziehen, ist der subjektiven Vernunft zutiefst fremd, selbst wo sie sich über die Rücksicht auf unmittelbar nützliche Werte erhebt und sich Reflexionen über die Gesellschaftsordnung, betrachtet als ein Ganzes, widmet."[9]

Unter Kantischen Voraussetzungen, die sich auch bei Horkheimer deutlich genug bemerkbar machen, ist eine vernünftige *Verallgemeinerung,* damit die Gesellschaftsfähigkeit einzelner Handlungsmaximen, in letzter Instanz von der Anerkennung des freien Willens der anderen als „Zweck an sich selbst" abhängig. Anerkennung als Vernunftprinzip bedeutet wechselseitig bestätigte *Autonomie* und rangiert höher als das Nutzenprinzip, damit höher als die Norm der Zweckrationalität, die gleichwohl ein lebensnotwendiges Kriterium von Handlungserfolg darstellt. Die Verkehrung von Zweckrationalität zur instrumentellen Vernunft dadurch, dass sich Handeln nur noch um den erfolgreichen Einsatz von Mitteln für jeden beliebigen und gleichgültig vorausgesetzten Zweck (damit nur um hypothetische Imperative) dreht, wird zu einem entscheidenden Motiv der in dieser Hinsicht an Kant (und Hegel) anschließenden kritischen Theorie der Gesellschaft, also der Frankfurter Schule, der man hier am Ort mühselig nachspüren kann.

„Diese Art von Vernunft kann *subjektive Vernunft* genannt werden. Sie hat es wesentlich mit Mitteln und Zwecken zu tun, mit der Angemessenheit von Verfahrensweisen an Ziele, die mehr oder minder hingenommen werden und sich vermeintlich von selbst verstehen."[10]

Diese kritischen Fragestellungen weisen auch eine besondere Relevanz für Demokratietheorien auf. Sie führen letztlich zum „Rousseau-Problem" der Demokratie zurück.

Problem 5: Das Rousseau-Problem des allgemeinen Willens.

Kein Mensch verhält sich im gesellschaftlichen Alltag ständig vernünftig. Kein Mensch handelt ständig und uneingeschränkt *zweckrational.* Die wirklich durchschlagenden Erfolge bei unserem erfolgsorientierten Handeln sind mitunter rar. Aber kein Mensch könnte überleben, würde ihm in der gesellschaftlichen Wirklichkeit ständig die Koordination von Mitteln und Zwecken völlig misslingen. Allerdings könnte kein Mensch auch nur ansatzweise gut, glücklich und friedlich leben, gäbe nicht wenigstens Ansätze zu einem „vernünftigen" gesellschaftlichen Zusammenhang freier Willensäußerungen der Einzelnen. Auf diese Problematik zielt der politisch folgenreiche Versuch von Jean Jacques Rousseau (1712-1778), eine Verhältnisbestimmung der *volonté de tous* zur *volonté générale* zu geben. Der „Wille aller" entspricht der kulturellen Vielfalt der Neigungen und den darauf gegründeten Lebensäußerungen der Individuen. Der „allgemeine Wille" hingegen besteht in der Zusammenfassung von Einzelwillen zu einem gemeinsamen Vorgehen. Demokratische Willensbildung lebt ja von der Verbindung verschiedenartiger Zielsetzungen gleichsam zu einer gemeinsamen Maxime. Insofern könnte man auch vom „Rousseau-Problem der Demokratie" sprechen.[11] Damit ist natürlich unmittelbar die Frage verbunden, wann der wie immer auch zusammengefasste Wille seinerseits als „vernünftig" gelten kann und wann nicht. Damit ist zudem die Frage verwoben, wie man sich die *Allgemeinheit* dieses Willens vorzustellen hat? Die Addition einzelner Willensäußerungen zu einem Durchschnittswollen wirft das Problem auf, dass Mehrheitsmeinungen – wie etwa die Diskussion über „Populismus" zeigt – nicht immer „vernünftig" sind. Aber woran misst man das? Wird Vernunft mit Zweckrationalität gleichgesetzt, scheint es eine einfache Lösung für das Problem zu geben, wie es zu einem vernünftigen Zusammenhang von Willensäußerungen der einzelnen Menschen kommen könnte. In diesem Falle bedeutete „Allgemeinheit des Willens" nichts mehr, aber auch nichts weniger, als dass eine Menge von Leuten zu besonderen Anlässen dauerhafter kooperieren oder bestimmte Auffassungen, auch Normen eine Zeit lang teilen, weil es ihren längerfristigen Interessen zweckdienlich ist. Doch die Geschichte hat immer wieder gezeigt, dass Menschen in der Lage sind, die finstersten Zwecke mit den barbarischsten Mitteln gemeinsam und äußerst erfolgreich durchzusetzen. Wie gesagt: Und selbst für wirklich solide Demokratien gilt, dass das Zustandekommen einer Mehrheit nicht gleichsam zwangsläufig bedeutet, dass eine „vernünftige" Maßnahme beschlossen wurde. Bei Hegel findet sich ein äußerst interessanter Ansatz zur Bearbeitung des Rousseau-Problems (WW 4; S. 232 ff.). Allgemein und vernünftig ist der freie Wille, der den freien Willen will. D.h.: Wenn alle (Allgemeinheit) autonomen Subjekte den freien Willen aller anderen Subjekte fördern und unterstützen, wenn also wechselseitige Anerkennung im Sinne des kategorischen Imperativs gegeben ist, dann ist der freie Wille allgemein und in einem Sinne „vernünftig", der über Zweckrationalität, Klugheit und Geschicklichkeit hinausreicht.

Teil B
Der Abstieg von der Gesellschaft zum Individuum.

Die Darstellung im Teil A dieser Modellskizze ist von einzelnen Menschen als Trägern des freien Willens ausgegangen, die einer heterogenen Vielfalt von Neigungen, Zielen und Zwecken nachjagen. Im Zentrum standen dabei normativ-kritische Fragen nach der *Rationalität* des *individuellen* Handelns (Handlungsrationalität). Von der bunten Mannigfaltigkeit der individuellen Präferenzen ausgehend stellte sich beim Blick auf die Gesellschaftsfähigkeit der Maximen der einzelnen Person das „Rousseau-Problem", das offensichtlich auch Kant beeindruckt hat. Es wirft nicht nur die demokratietheoretisch so relevante Frage nach der Zusammenfassung und gesellschaftlichen Verallgemeinerung der Einzelwillen der Staatsbürger (citoyens) auf, sondern auch das gleichermaßen politisch schwerwiegende Problem, ob und wann eine wie immer auch zustande gebrachte gesellschaftliche Synthesis der Einzelwillen ihrerseits als „vernünftig" bewertet werden kann (Systemrationalität). Wann können Strukturen, Prozesse und/oder Institutionen einer ganzen Gesellschaft, noch allgemeiner gefragt: Wann kann die Ordnung (Synthesis) und Entwicklung (Dynamis) einer Gesamtgesellschaft als „vernünftig" bezeichnet werden oder nicht? Unter welchen normativen Voraussetzungen kann man von einer ganzen Gesellschaft sagen, sie „gerecht", „rechtlich" oder „sittlich" oder – Gegensatz dazu – ungerecht und repressiv verfasst?

Problem 6: Die gesellschaftliche Totalität als Ausgangspunkt der Darstellung.

Mit all diesen Spielarten der Frage nach der Rationalität und Irrationalität der gesellschaftlichen Verhältnisse insgesamt bewegt man sich auf dem Niveau der „gesellschaftlichen Totalität" (Hegel, Adorno). Sie wird in der Tat von einer Reihe ansonsten ganz verschiedenartiger sozialwissenschaftlicher Denkweisen als Ausgangspunkt all ihrer ins Detail gehenden Erwägungen gewählt. Es handelt sich gleichsam um die oberste Stufe einer Sprossenleiter, von der dann Schritt für Schritt herunter gestiegen wird. Dieser Abstieg in Richtung auf inhaltlich reichhaltigere Bestimmungen wird auch „Konkretisierung" oder „Operationalisierung" genannt. Bei „Operationalisierungen" im Forschungsprozess soll allerdings primär die Ebene möglichst exakter Mess- und Beobachtungsverfahren erreicht werden. Der Weg führt mithin von allgemeinen Annahmen und Befunden über die Einheit und/oder Zerrissenheit der gesellschaftlichen Allgemeinheit und ihrer Entwicklung „herunter" in Richtung auf das Fühlen, Denken, Wollen und Handeln einzelner Menschen. Die beiden gegenläufigen Wege kreuzen und vereinigen sich selbstverständlich in den klassischen Texten. Niemand geht schnurstracks nur in die eine Richtung. Aber die Akzente können mehr auf der einen oder mehr auf der anderen Gangart liegen. Marx beispielsweise arbeitet in seinen „Grundrissen zur Kritik der politischen Ökonomie" ausdrücklich mit der Metapher des „Auf- und Absteigens" des gesellschaftstheoretischen Denkens.[12] Er hat sich dabei vielleicht an das Bild von René Descartes (1596-1650) erinnert, das dieser in seiner nachgelassenen Schrift „Regulae ad directionem ingenii" (Regeln zur Ausrichtung der Erkenntniskraft) zeichnet. Die fünfte seiner Regeln lautet:

> „Die ganze Methode besteht in der Ordnung und Disposition dessen, worauf sich der Blick des Geistes richten muss, damit wir eine bestimmte Wahrheit entdecken. Wir werden sie exakt befolgen, wenn wir die verwickelten und dunklen Sätze stufenweise auf die einfacheren zurückführen und sodann versuchen, von der Intuition der allereinfachsten aus auf denselben Stufen uns zu der Erkenntnis aller übrigen zu erheben."[13]

Aber auch die zweite und dritte Regel aus Descartes` „Discours" könnte als Vorbild gedient haben. Dort führt er bei seiner Zusammenstellung von Regeln des „richtigen Vernunftgebrauchs" aus, es käme einerseits darauf an (zweite Regel), komplexe Sachverhalte „in so viele Teile zu zerlegen als möglich und zur besseren Lösung wünschenswert" ist. Andererseits (dritte Regel) müssen man von den „einfachsten und fasslichsten Objekten" ausgehen, um „allmählich und gleichsam stufenweise bis zur Erkenntnis der kompliziertesten" aufzusteigen.[14]

Bei beiden, Marx und Descartes, geht es offensichtlich um Analyse und Synthese als Grundoperationen des Denkens. Denn allgemeine und vage Vorstellungen von Phänomenen sollen in einzelne und einfachere Elemente zerlegt werden (Analysis), durch deren Zusammenfassung (Synthese) sich ein genaueres und detailliertes Bild vom Ganzen ergibt. Von diesem genaueren Eindruck vom Ganzen ausgehend fällt aber auch neues Licht auf die Einzelheiten … usf. im sog. „hermeneutischen Zirkel der Interpretation". Im Falle von Marx findet sich der Startpunkt und Hauptakzent der Kritik der politischen Ökonomie in den „Grundrissen" eindeutig bei der gesellschaftlichen Totalität. Denn er schließt sich explizit der berühmten anthropologischen These von Aristoteles an, der Mensch sei ein auf das gesellschaftliche Zusammenleben mit Seinesgleichen angewiesenes Tier (*zoon politokon*).

> „Der Mensch ist im wörtlichsten Sinn ein ζωού πολίτικού, nicht nur ein geselliges Tier, sondern ein Tier, das nur in der Gesellschaft sich vereinzeln kann. Die Produktion des vereinzelten Einzelnen außerhalb der Gesellschaft – eine Rarität, die einem

durch Zufall in die Wildnis verschlagnen Zivilisierten wohl vorkommen kann, der in sich dynamisch schon die Gesellschaftskräfte besitzt – ist ein ebensolches Unding als Sprachentwicklung ohne *zusammen* lebende und zusammen sprechende Individuen."[15]

Der Mensch ist mithin ein Wesen, das sich nur *in Gesellschaft* vereinzeln kann. Diese Formulierung bringt die Fragestellungen beim sozialwissenschaftlichen Abstieg auf der cartesianischen Leiter auf den Punkt: Niemand kann sich den Einflüssen aus der natürlichen und sozialen Umwelt entziehen. Man darf es daher als eine solide Binsenweisheit ansehen, dass für das Dasein als einzelner Mensch und für die gesamte Biographie des Individuums Beziehungen zu bedeutsamen Anderen (wie nicht zuletzt den Mitgliedern seiner Familie und anderen Bezugspersonen oder Bezugsgruppen), darüber hinaus Beziehungen zu gesellschaftlichen Institutionen (wie z.B. die Schule) sowie in letzter Instanz zu gesamtgesellschaftlichen Strukturen (wie das jeweilige System der sozialen Ungleichheit) und Prozessen (wie etwa eine wirtschaftliche Konjunktur) allemal vorhanden und in zahlreichen Fällen geradezu lebensnotwendig sind. Für die Theoriebildung in den Sozialwissenschaften hat dies nach Marx die entschieden weniger triviale Konsequenz, dass „das Subjekt, die Gesellschaft, als Voraussetzung stets der Vorstellung vorschweben muss."[16] D.h.: Die sozialwissenschaftliche Analyse hat von der gesellschaftlichen Totalität auszugehen; denn „die Gesellschaft" stellt (zusammen mit der ohnehin vergesellschafteten Natur) den *Existenzgrund* des Individuums dar.

Problem 7: Gibt es die gesellschaftliche Totalität wirklich?

Nicht nur Marx, auch eine Reihe später zu behandelnder Klassiker bestehen darauf, dass „die Gesamtgesellschaft" oder „das soziale System" ein wirkliches und wirksames Gefüge darstellt. Den Ausgangspunkt ihrer auf der cartesianischen Leiter „absteigenden" Darstellung bilden also Einsichten in und Annahmen über den *wirklichen* geschichtlichen Zustand einer *Gesamtgesellschaft*. Die Kategorie „die Gesamtgesellschaft" wird allerdings als ein breit streuender Begriff verwendet. Wir sind es gewohnt, damit immer noch die Vorstellung eines modernen Nationalstaates wie Deutschland oder Frankreich zu verbinden. Aber Nationalstaaten stellen ein vergleichsweise spätes Produkt der Geschichte dar. Sie lösen in Europa Monarchien und Fürstentümer ab. Man muss bei Aussagen über die „Gesamtgesellschaft" von daher stets auf den inhaltlichen Umfang der Typenbegriffe achten, wodurch sie schon auf der Ausgangsstufe der cartesianischen Leiter erfasst werden sollen. Wenn beispielsweise „die Agrargesellschaft" als oberster Typenbegriff gewählt wird, um bestimmte Merkmale zusammenzufassen, die für ansonsten ganz verschiedene, wenn nicht gegensätzliche Gesellschaften gemeinsam kennzeichnend sind (und dabei muss keineswegs nur die Art der Landarbeit allein das Grundmerkmal bilden), so umspannt dieser Typenbegriff einen Zeitraum von mehreren tausend Jahren. Zu den „Agrargesellschaften" zählen bekanntlich Gesellschaftsformationen, die grundverschieden aussehen können. Der im Vergleich dazu inhaltlich weniger breite Typenbegriff „Feudalgesellschaft" bezeichnet eine Spielart der Agrargesellschaft im mittelalterlichen Europa. Diese unterscheidet sich in einer Reihe wichtiger Eigenschaften von der in anderen Hinsichten ähnlichen „Feudalgesellschaft" im alten Japan. Beide Gesellschaftsformationen wiederum weisen wirklich einschneidende Differenzen im Vergleich zur „antiken griechischen und römischen Sklavengesellschaft" auf, die andererseits natürlich ebenfalls zu den Agrargesellschaften zählen ist. Meistens wird der Typenbegriff der „Agrargesellschaft" als Kontrastfolie für den Typus der *modernen Industriegesellschaft* verwendet. Doch für die Industriegesellschaft sind selbst wieder ganz verschiedene Typenbegriffe im Umlauf: „Kapitalismus", „Moderne" oder „bürgerliche Gesellschaft" stellen dabei die Favoriten dar. Doch schon auf der obersten Sprosse der cartesianischen Leiter können Typenbegriffe auftauchen, die sich auf noch engere gesellschaftliche Lebenszusammenhänge als die mit „Industriegesellschaft" oder „Kapitalismus" gemeinten beziehen. So kann beispielsweise der „Kapitalismus des neunzehnten Jahrhunderts" den Ausgangspunkt der Untersuchung bilden oder es können – räumlich und zeitlich weiter eingegrenzt – der „Fordismus" oder der „Postfordismus" als Phasen der kapitalistischen Entwicklung die gleiche Rolle übernehmen. Beim Begriff der „Moderne" sieht das nicht anders aus. Man stößt beispielsweise auf Unterscheidungen wie etwa die zwischen „Moderne" und „Postmoderne" oder – bei Ulrich Beck – zwischen „klassischer Moderne" und „reflexiver Moderne."

Nochmals: Alle Autoren, die von der Stufe der Gesamtgesellschaft ausgehen sind sich bei all ihren sonstigen Verschiedenheiten darin einig, dass es so etwas wie die soziale Synthesis individueller Lebensäußerungen und sozialer Beziehungen zu einem Ganzen sowie Hauptlinien seiner Entwicklung (Dynamis) in der Wirklichkeit gibt. Es handelt sich bei „Gesellschaft" immer auch, aber nicht einfach nur um einen Allgemeinbegriff, sondern um eine „konkrete Totalität." Doch diese Annahme ist entschiedene weniger selbstverständlich, als sie bei der ersten Anhörung klingen mag. Es gibt in der Tat seit einiger Zeit Soziologen, die für eine von Adorno mit einer Mischung von Wehmut und Ironie so genannte „Soziologie ohne Gesellschaft" plädieren. Es handelt sich um Gesellschaftstheoretiker, welche die Vorstellung einer wirklich vorhandenen Gesamtgesellschaft (einer gesellschaftlichen Totalität) welchen Typs auch immer genau so wie weiland Maggie Thatcher als ein metaphysisches Hirngespinst ansehen. Die nähere

Beschreibung und Kritik dieser englischen Krankheit heben wir uns für später auf. Im Augenblick unterstellen wir schlicht und einfach, Frau Thatcher hätte unrecht. Wir unterstellen zudem, all jene von ihrer räumlichen und zeitlichen Spannbreite immer enger werdenden Typenbegriffe, welche man beim Abstieg auf der cartesianische Leiter erreichen kann, enthielten als methodische „Idealtypen" (Weber) zwar Pointierungen und Idealisierungen (s.o.) und insofern eine Reihe ausdrücklich kontrafaktischer Annahmen, bezögen sich jedoch auf etwas Faktisches, auf *wirkliche* Lebenszusammenhänge von Menschen. Diese Systeme und Teilsysteme, so wird zudem angenommen, weisen eigenständige Merkmale auf und können wie eine Art „zweiter Natur" ebenso eigensinnig auf das Leben von Individuen und Gruppen einwirken.[17]

Problem 8: Vereinzelung oder Individuierung?

Der von Marx verwendete Begriff der „Vereinzelung", ein Vorgang, der nur unter der existentiellen Voraussetzung der gesellschaftlichen Totalität stattfinden kann, weist oftmals auf die gesellschaftliche, beispielsweise durch den Stand der Wirtschaftsentwicklung bewirkte Isolierung und Vereinsamung von Individuen hin. An negativen Exempeln aus der Gegenwart wie etwa die Altersarmut bestimmter Gruppen der Bevölkerung kann man das leicht ablesen. Doch der Begriff der „Vereinzelung" kann stattdessen – positiv – auch auf den Prozess der „Individuierung" zielen. „Individuierung" bedeutet das Werden des Individuums zum *Subjekt* und wirft damit Probleme auf, womit sich sämtliche Theorien über das Verhältnis von Individuum und Gesellschaft so oder so auseinandersetzen müssen. Das Subjekt versteht sich als Träger der Reflexion, als ein Einzelwesen, das über die Kompetenzen des Wissens um sich selbst (Selbstbewusstsein; Ich – s.o.) und der Selbstbestimmung von Handlungen verfügt. Gibt es diese Kompetenz überhaupt und wie verhält sie sich zu den gesellschaftlichen Einwirkungen, Bedingungen und Zwängen, denen das individuelle Leben zweifellos ständig unterliegt? Die Aussage, das menschliche Individuum als politisches Tier könne sich nur in *Gesellschaft* „vereinzeln", zielt so gesehen auf Hegels „Wir, das Ich" ist – oder nicht.

Problem 9: Existenzgrund und Reflexionsgrund des Individuums.

Doch wie ausgeprägt und wie umfassend ist die gesellschaftliche „Einwirkung" und damit die „Abhängigkeit" des Individuums von gesellschaftlichen Phänomenen? Handelt es sich bei den Beziehungen zwischen Individuen ausschließlich um *Kausalrelationen,* so wie wir sie von der Wirkung der verschiedensten Kausalfaktoren aus der natürlichen Umwelt wie etwa vom Wetter her kennen? Oder ist beispielsweise der „Geltungsanspruch", den Imperative, ganz allgemein: kulturelle Normen, Regeln und Kriterien an unser Denken und Handeln stellen von anderer Wirkungsart als ein physikalischer Faktor? Bedeutet, aus einem guten oder schlechten *Grund* zu handeln, logisch etwas anderes als sich aufgrund einer *Ursache* (Einwirkung) auf eine bestimmte Weise zu verhalten? Gesellschaftstheorien unterscheiden sich auch je nachdem, welche Antwort sie auf Fragen dieses Kalibers geben. Die Art der Antworten bestimmen zudem die Umgangsformen mit dem Problem, das wir – im Rahmen der bislang gewählten rationalitätskritischen Perspektive – für den allgemeinen Dreh- und Angelpunkt zahlreicher Einzelaussagen über das Verhältnisbestimmung von Individuum und Gesellschaft halten: das einer Verhältnisbestimmung von Daseinsgrund und Reflexionsgrund des Individuums. Damit ist das Folgende gemeint: Gesamtgesellschaftliche Strukturen und Prozesse sind dem Individuum nicht nur biographisch vorgängig – das Individuum kann sich „nur in Gesellschaft vereinzeln" –, Strukturen und Prozesse auf gesamtgesellschaftlichem Niveau verkörpern überdies mehr oder minder zulängliche Bedingungen für die individuelle Existenz. Man denke nur an die nachhaltigen Einflüsse, die vom Wirtschaftskreislauf auf das Leben eines jeden Einzelnen so oder so ausgehen. Das ist nur ein Beispiel für die Kausalität sozialer Faktoren. Ob Normen nun ebenfalls zu den Kausalfaktoren zu rechnen sind oder nicht, eines ist gewiss: auch sie setzen unseren an sich vorhandenen Handlungsmöglichkeiten Grenzen und Schranken. Man denke beispielsweise an das System all jener allgemeinen Regeln, welche die sog. „Rechtsordnung" einer Gesellschaft ausmachen Nach Kant zielen Rechtsnormen auf eine Regulierung unserer „Freiheit der Willkür". Die „Freiheit der Willkür" ist nicht mit willkürlichen Gewaltmaßnahmen gleichzusetzen. Gemeint ist nur, dass wir an sich in der Lage sind, bei bestimmten Gelegenheiten frei nach eigenem Gutdünken zu handeln. Und das kann anderen ganz schön auf die Nerven gehen. Daher besteht das Grundproblem einer Rechtsordnung nach Kant darin, wie die „Freiheit der Willkür" des Einzelnen ohne Beeinträchtigung des freien Willens der anderen ausgeübt werden kann? Auf diese Frage hat er eine ebenso berühmte wie einflussreiche Antwort gegeben, die dem kategorischen Imperativ entspricht:

> „Eine jede Handlung ist recht, die oder nach deren Maxime die Freiheit der Willkür eines jeden mit jedermanns Freiheit nach einem allgemeinen Gesetze zusammen bestehen kann" (MS 337).

Oder – wie es einige Zeilen später heißt:

"Also ist das allgemeine Rechtsgesetz: handle äußerlich so, dass der freie Gebrauch deiner Willkür mit der Freiheit von jedermann nach einem allgemeinen Gesetz zusammen bestehen könne ..." (MS 338).

Das zweite Zitat spielt auf den Unterschied zwischen Legalität und Moralität an. *Rechtlich* geboten ist, äußerlich, beim manifesten Vollzug einer Handlung, Rücksicht auf den freien Willen anderer zu nehmen. Das kann jedoch mit einer „inneren" Haltung, mit einer Gesinnung des Einzelnen einhergehen, die *moralisch* zweifelhaft ist. Der entscheidende Punkt ist der, dass sowohl das Urteil über Rechtlichkeit als auch über Sittlichkeit menschlicher Beziehungen an der wechselseitigen *Anerkennung* (Bestätigung und Förderung) der *Autonomie* der Individuen als *Subjekte* gemessen wird. Dieser Maßstab ist darüber hinaus beim Urteil über Institutionen und Organisationen, letztlich über Strukturen und Prozesse der Gesellschaft anzuwenden.[18] Es handelt sich nach unserer Auffassung dabei um den allgemeinsten Maßstab, der für die *kritische Theorie* der Gesellschaft in der Tradition Theodor W. Adornos charakteristisch ist. Deswegen betont Adorno, von „einer Freiheit der Gattung oder einer Freiheit der Gesellschaft" könne nicht die Rede sein, wenn diese Freiheit nicht als Freiheit der Individuen innerhalb der Gesellschaft sich realisiert. „Das Individuum ist gewissermaßen der Prüfstein der Freiheit."[19]

Das Individuum ist der „Prüfstein der Freiheit"! D.h.: An der Anerkennung, der Unterstützung der Autonomie des Subjekts, an der Reflexion als Grundbestimmung individuellen Lebens, nicht *allein* am Nutzen des Individuums in der Form gesellschaftlicher Wohlfahrt, bemisst sich letztlich auch die „Qualität" allgemeiner gesellschaftlicher Existenzbedingungen.

All diese rechts- und moralphilosophischen Überlegungen machen jedoch nur unter der Voraussetzung Sinn, dass Menschen über einen freien Willen verfügen, also der *Selbstbestimmung* einzelner Handlungen fähig sind. Die Gegenposition dazu lautet, dass *alles* menschliche Fühlen, Denken und Handeln *bestimmt* ist. Bestimmt kann hier „streng determiniert" oder heißen, dass alle Lebensäußerungen die Wirkung von Ursachen aus Physik (Natur), Physis (biologische Natur des Organismus) und/oder der gesellschaftlichen Umwelt als „zweite Natur" darstellen.

Den normativen Gegenpol zur wechselseitigen *Anerkennung* der in ihrem freien Willen verankerten Würde der einzelnen Subjekte bildet die *Repression* als Ausdruck von Unrecht und Unmoral. „Repression" versteht sich dabei nicht nur als Ausdruck für Kausalität in der Form der Unterdrückung des freien Willens bestimmter Menschen durch das Vorteils- und Machtstreben anderer, sondern Repression gibt es auch im Sinne der autonomiezerstörenden Einflüsse, die von gesamtgesellschaftlichen Strukturen und Prozessen auszugehen pflegen.

Man denke an die Erscheinungsformen sozialer Ungleichheit, die für die Sozialstruktur einer Gesellschaft charakteristisch sind. Auch die kritische Theorie der Gesellschaft befasst sich natürlich mit der Bestimmung des Individuums durch Natur und Gesellschaft. Bei „Bestimmung", den natürlichen und gesellschaftlichen Kausalitäten, ist allerdings stets zu beachten, dass die entsprechen Wirkungen auf der einen Seite durch gesellschaftlichen *Zwang*, auf der anderen durch die notwendigen gesellschaftlichen *Bedingungen* des individuellen Lebens oder einem Mischungsverhältnis beider Faktorenbündel zustande kommen können. Das Verhältnis dieser Erscheinungsformen der Bestimmung zur Kompetenz der Selbstbestimmung des Individuums stellt das normative Schlüsselproblem der kritischen Theorie der Gesellschaft dar.

Texte und Textstellen zur Illustration und Vertiefung dieser Grundgedanken

Immanuel Kant: Grundlegung zu einer Metaphysik der Sitten, in: Werke in sechs Bänden (hrsg. von W. Weischedel), Darmstadt 1956, Band IV, S. 68 (Thema: Würde und Preis). Signum: GMS.

Immanuel Kant: Die Metaphysik der Sitten, Werke, Band IV, a.a.O.; S. 336-339. (Thema: Was ist Recht?). Signum: MS.

Max Horkheimer: Zum Begriff der Vernunft, in M. Horkheimer/Th. W. Adorno (Hrsg.): Sociologica II, Frankfurter Beiträge zur Soziologie Band 10, Frankfurt/M 1962, S. 193 ff.

Wichtige Bezugstexte

G. W. F. Hegel: Werke in zwanzig Bänden, Band 4: Nürnberger und Heidelberger Schriften (1808-1817), Frankfurt/M 1970, S. 232-240 (§§ 1-15). Diskussion des Rousseau-Problems der Demokratie und seine Bearbeitung durch Hegel (P5).

Problemstellungen für Diskussionen

Problem 1: Das Problem der Handlungsrationalität (P1).
Problem 2: „Das Ich, das Wir und das Wir, das Ich ist" (P2).
Problem 3: Über die Vergesellschaftung individueller Neigungen (P3).
Problem 4: Die Verkehrung von Zweckrationalität in instrumentelle Vernunft (P4).
Problem 5: Das Rousseau-Problem des allgemeinen Willens (P5).
Problem 6: Die gesellschaftliche Totalität als Ausgangspunkt der Darstellung (P6).
Problem 7: Gibt es die gesellschaftliche Totalität wirklich? (P7).
Problem 8: Vereinzelung oder Individuierung? (P8).
Problem 9: Existenzgrund und Reflexionsgrund (P9).

Vertiefender Kommentar

J. Ritsert: Bestimmung und Selbstbestimmung. Zur Idee der Freiheit, Hamburg 2007, S. 92-111.

Modell 2:
Bewusstsein und Unbewusstsein

Vorbemerkung

Das zuvor verhandelte, auf die Rationalitätsproblematik ausgerichtete didaktische Modell wurde schlicht und einfach zweipolig angelegt. Es drehte sich nur um die Pole *Individuum* und (*Gesamt-*)*Gesellschaft* und konzentrierte sich auf das Thema Rationalität und Irrationalität. Der ganze Zwischenbereich gesellschaftlicher Teilsysteme, Teilprozesse, Institutionen und Organisationen wurde nicht zum Thema gemacht. Das Individuum begegnete uns dabei letztlich nur als ein erwachsenes, mit Reflexion begabtes und in einem schwierigen Verhältnis zur Gesellschaft als Existenzgrund stehendes Subjekt. Seine Antriebe, Neigungen und Zielsetzungen wurden insoweit als „legitim" vorausgesetzt, wie sie nicht der Anerkennungsformel des kategorischen Imperativs von Kant widersprachen. In die Tiefen des Seelenlebens und damit in die Bereiche der Sozialpsychologie sind wir überhaupt nicht abgetaucht. Das Modell ist daher zwar zweipolig (Individuum und Gesellschaft) aber einseitig. Denn es hat die seelischen Bereiche des Vorbewussten (Routinen z.B.) und Unbewussten (noch) nicht berücksichtigt. Doch gerade was die Tradition der kritischen Theorie der Gesellschaft angeht, bedarf es in dieser Hinsicht einer entscheidenden Korrektur. Denn nicht nur die Werke von Kant, Hegel oder Marx, sondern auch die Psychoanalyse Sigmund Freuds (1856-1939) haben die Vertreter dieser Schule nachhaltig beeinflusst. Wir reichen also nun Informationen über das Freudsche Modell von Entwicklungsstadien des Individuums einerseits, seiner Theorie der seelischen Zwänge und Abwehrmechanismen andererseits nach. Das Bezugsthema wird festgehalten: Rationales Denken und Handeln gehören zu den Ichfunktionen. Sie sind Ausdruck des Vermögens der Reflexion. Doch gerade die Untersuchung von Ich-Funktionen führt letztlich auf die Probleme der inneren seelischen Verschränkung von Rationalität und Irrationalität, wofür die Adornosche These von der narzisstischen Regression des Ich und seine Zurücknahme ins Es ein Beispiel unter vielen anderen liefern.

Problem 10: Wie prägt sich die Gesellschaft (nach Freud) dem Seelenleben des Individuums ein?

Teil A
Das Problem des Narzissmus.

Theodor W. Adorno hat einmal kurz und bündig behauptet: „Jedes Menschenbild ist Ideologie außer dem negativen."[20] Selbstverständlich kann man kein negatives Menschenbild entwerfen, ohne nicht wenigstens über die Umrisse eines positiven als Kontrastfolie zu verfügen. So verhält es sich auch bei Adorno. Aber mit seinem Verdacht, jedes Menschenbild – außer dem negativen – sei Ideologie, berührt Adorno implizit ein Dilemma der philosophischen Anthropologie (philosophischen Menschenkunde). „Dilemmata" bedeuten ausweglose Situationen, worin es zwar zwei Optionen gibt, von denen jedoch keine der anderen theoretisch und/oder praktisch vorzuziehen ist. Zwar können beide Alternativen sowohl gleich gut als auch gleich schlecht sein, aber wenn man den Problemen am einen Horn des Dilemmas ausweichen will, wird man zwangsläufig vom anderen aufgespießt – und umgekehrt. Homerisch ausgedrückt: Man kann einfach nicht zwischen Scylla und Charybdis durchrudern. Der Psychoanalytiker Erich Fromm (1900-1980) hat in den 20er Jahren des vergangenen Jahrhunderts mit dem Institut für Sozialforschung in Frankfurt zusammengearbeitet. Die beiden Hörner des Dilemmas lassen sich recht gut mit Hilfe einiger seiner Argumente rekonstruieren: Natürlich gibt es charakteristische Eigenschaften der *species* Mensch, über deren Vorhandensein und Bedeutsamkeit sich niemand im Zweifel befindet: Der aufrechte Gang, Eigenheiten der Hirnstruktur, die besondere Sprachfertigkeit u.a.m. zählen dazu. Schwieriger wird es, wenn es um seelische Wesensmerkmale des Menschen geht. Da kann es nur allzu leicht geschehen, dass psychische Phänomene zur unveränderlichen „Natur" (sprich: zum ewigen „Wesen") des Menschen verklärt werden, die in Wahrheit historische und/oder kulturelle Besonderheiten von Exemplaren der *species homo sapiens* repräsentieren. So hat zum Beispiel der englische Ökonom und Moralphilosoph Adam Smith (1723-1790), der die Phase der entstehenden bürgerlichen Gesellschaft der Neuzeit vor Augen hatte, in der sich Austausch-, Markt- und Geldbeziehungen zwischen den Individuen immer weiter ausbreiteten, die These vertreten, für die Menschengattung insgesamt sei ein Hang oder Trieb zum Tauschen kennzeichnend. Auf diese Weise werden für Marktgänger der bürgerlichen Gesellschaft durchaus lebensnotwendige Haltungen und Anforderung zu einem allgemeinmenschlichen Wesensmerkmal hochstilisiert. Als besonders ideologisch erscheint die ausgeprägte Neigung stockkonservativer Theoretiker und Praktiker, unveränderliche Grundeigenschaften der Menschen vorauszusetzen, die – wie der Zufall so spielt – zu den Interessen und Einrichtungen ihres eigenen Lagers passen.

> „Alle autoritären Denker haben es sich leicht gemacht, indem sie die Existenz einer nach ihrer Meinung starren und unveränderlichen menschlichen Natur voraussetzen. Dies sollte beweisen, dass die auf dieser vorausgesetzten Natur des Menschen beruhenden ethischen Systeme und sozialen Einrichtungen notwendig und unwandelbar seien."[21]

Auf diese Weise kann man sich am *autoritären* Horn des anthropologischen Dilemmas stoßen. *Progressive* Denker und Politiker begrüßen nach Fromm hingegen

> „jene Forschungsergebnisse der Anthropologie und Psychologie …, welche im Gegensatz hierzu die unbegrenzte Wandelbarkeit der menschlichen Natur nachzuweisen scheinen."[22]

So gesehen gibt es gar keine feste und unveränderliche Menschennatur, keine Menge von psychischen Eigenschaften, welche man allen Menschen ein für allemal zuschreiben könnte. Das klingt ausgesprochen progressiv. Man muss im Extremfall nichts, was wir durch die Einflüsse der Natur oder die Gesellschaft geworden sind, einfach wie die eherne Macht des Schicksals hinnehmen. Wir können unsere Geschicke selbst in die Hand nehmen. Doch man kann schnell auch an der progressiven Spitze dieses Horns des Dilemmas hängen bleiben. Denn wäre das Wesen des Menschen tatsächlich als eine *tabula rasa,* als eine leere Tafel zu lesen, worauf die natürlichen und gesellschaftlichen Umstände ihre Markierungen eingraben, dann kann das nur allzu leicht in eine Theorie der vollständigen *Bestimmung* des Menschen umschlagen. Der Mensch wäre dann nicht mehr das, was er ist in einem gewissen Grade durch sich selbst (Selbstbestimmung), sondern immer nur durch die gegebenen „Verhältnisse" bestimmt. Damit können Vorstellungen verbunden sein, die Menschen seien unter die natürlichen sowie gesellschaftlichen Lebensbedingungen und Zwänge vollständig „subsumiert".

> „In diesem Falle wäre der Mensch nur eine Marionette irgendwelcher sozialer Übereinkommen, aber niemals ein aktives Wesen, das im Verlauf seiner Geschichte den Beweis erbracht hat, dass es immer wieder gegen den übermächtigen Druck sozialer und kultureller Verhältnisse ankämpfen will, die seiner Veranlagung nicht entsprechen."[23]

Das Dilemma der philosophischen Anthropologie besteht nach Fromm also darin, dass am einen Extrem historisch wandelbare Eigenschaften von Menschen zu etwas Ewigem und Allgemeinmenschlichen verfälscht werden können, während beim anderen Extrem mit der These von der uneingeschränkten historischen

Formbarkeit des Subjekts letztlich gar der Gedanke an selbstbestimmte Widerstände gegen die Verletzung elementarer und allgemeinmenschlicher („wesenhafter") Bedürfnisse und Eigenschaften des Individuums unterdrückt wird. Denn vom „progressiven" Horn des anthropologischen Dilemmas kann das „fortschrittliche" Denken selbst aus dem Grund aufgespießt werden, dass die Kritik des Marionettenmodells der Subjektivität einen ihrer entscheidenden Maßstäbe verliert.

> „Wäre der Mensch also nur ein Reflex kultureller Typen, dann könnte faktisch keine Sozialordnung vom Standpunkt des menschlichen Wohlergehens kritisiert oder beurteilt werden, weil es keine Konzeption des Menschen geben würde."[24]

Eine solche „positive" Konzeption des Menschen haben wir mit der Kantischen Lehre von der Würde des Subjekts kennen gelernt. Die Würde des Subjekts verlangt Anerkennung seiner Willensfreiheit. Aber die Kompetenzen zur Selbstbestimmung, das Selbstbewusstsein als Wissen um sich sowie das Bewusstsein als Wissen um Sachverhalte in der Welt bedeuten nur *eine* Seite des Seelenlebens der Menschen, die seinem Ich zugerechnet wird. Sigmund Freud hat einen äußerst folgenreichen Versuch gemacht, seelische Vorgänge, die vor der Schwelle des Bewusstseins ablaufen oder gar in den Tiefen des Unbewusstseins rumoren, der Erfahrung zugängig zu machen. Auch seine Theorie wurzelt in berühmten Grundannahmen über die „Natur" (das Wesen) des Menschen.

Zu diesen gehören vor allem Elemente seiner Triebtheorie, die Freud im Verlauf der Überarbeitung seiner Grundgedanken in der Unterscheidung zwischen *Eros* und *Thanatos* verankert hat. *Eros* bringt man am besten mit Begehren überhaupt zusammen. Er muss nicht unbedingt auf die für Freud Theorie der psychologischen Entwicklung sicherlich zentrale Sexualität reduziert werden. Der *Thanatos* bedeutet als Todestrieb (Destruktions- und Aggressionstrieb) den Gegensatz dazu – Auflösung statt Verschmelzung.[25]

> „Nach langem Zögern haben wir und entschlossen, nur zwei Grundtriebe anzunehmen, den *Eros* und den *Destruktionstrieb*. ... Das Ziel des ersten ist, immer größere Einheiten herzustellen und so zu erhalten, also Bindung, des Ziel des anderen im Gegenteil, Zusammenhänge aufzulösen, und so die Dinge zu zerstören" (AP 10 f.).

Ein weiteres Grundmerkmal der Freudschen Triebtheorie besteht in der Lehre von der „Besetzung" von Dingen und/oder Vorstellungen mit Triebenergie. *Libido* ist sein allseits bekannter Begriff für die Triebenergie des Eros, während für den Thanatos sich ein vergleichbarer Begriff nicht eingespielt hat. Es gibt allerdings den Vorschlag, die Zerstörungsenergie des Thanatos als *Destrudo* zu bezeichnen. Zu den Annahmen über Triebschicksale der Libido im Verlauf des individuellen Lebens gehört die These, ganz am Anfang der kindlichen Entwicklung sei die Libido noch in einem undifferenzierten „Ich-Es" gespeichert (AP 12). Das bedeutet vor allem, dass es noch keine wie immer auch rudimentäres Ich, letztlich keinen Vorschein von Reflexion und damit der Selbständigkeit des Subjekts gibt. Gleichzeitig lehrt Freud, wenn sich das Ich einmal aus dem Unbewussten (Es) ausdifferenziert hat, dann sei „der ganze verfügbare Betrag von Libido" darin aufgespeichert. Diesen Startpunkt der individuellen Biographie bezeichnet er als *primären Narzissmus* (AP 13). In dieser Phase wäre demnach die gesamte libidinöse Energie auf sich selbst gerichtet. Das entspricht der selbstverliebten Bespiegelung seiner selbst, wodurch der Narziss in der griechischen Mythologie zum Symbol grenzenloser Eitelkeit wurde. Freuds These, der Status des Kleinstkindes werde vom primären Narzissmus geprägt, wird inzwischen auch von Psychoanalytikern sehr kontrovers diskutiert. Bei Freud sieht es an verschiedenen Stellen so aus, als befände sich das Kleinstkind anfangs in einer rein symbiotischen Beziehung zur Mutter. Es sieht zudem so aus, als reagiere der Säugling auf der Basis seiner Triebe nur nach dem Prinzip organischer Lust und Unlust. So gesehen gibt es weder für uns als Beobachter der Szene, geschweige denn für den Säugling selbst eine rudimentäre Trennung zwischen dem Subjekt des Empfindens, Agierens und Reagierens und äußeren „Objekten" (einschließlich anderen Subjekten). Den Säugling beherrscht – in der Terminologie Freuds – ein „ozeanisches Gefühl." Damit erscheint das Kleinstkind „als *gänzlich* in sich versenkt, undifferenziert und eingetaucht in eine innere Erfahrungswelt."[26] Doch eine ganze Reihe psychoanalytisch orientierter Kinderpsychologinnen und Kinderpsychologen vertritt inzwischen die These vom sog. „kompetenten Säugling."[27] Sie halten es für empirisch eindeutig falsch, das Kleinstkind als ein Wesen anzusehen, das gleichsam wie eine triebbestimmte Lust-Unlust-Maschine agiert und reagiert. Denn schon das Kleinstkind *macht* einige Erfahrungen und verfügt über die Rudimente von Selbstbewusstsein im Sinne eines elementaren Selbstgefühls. Unter diesen Voraussetzungen ist also schon beim Säugling der Vorschein der Reflexion vorhanden, setzt er schon Gesten, die sich an seine Umwelt richten, wenn er natürlich noch lange nicht über eine entwickelte Sprache (wie bei entsprechenden Anregungen etwa nach dem 5. Lebensjahr) und schon gar nicht über „die Reflexion" des bewusst lebenden Erwachsenen verfügt. Ohnehin kann man in *keinem* Stadium der persönlichen Entwicklung des Individuums von einem uneingeschränkten, „absoluten" Selbstbewusstsein ausgehen. Kein Mensch ist sich selbst uneingeschränkt verfügbar. Bei jeder Selbstreflexion prallen wir auf für den Willen Unverfügbares in uns selbst: Von festsitzenden inneren Spuren unserer äußeren Abhängigkeit von für uns bedeutsamen Anderen und Bezugsgruppen über unsere „innere Natur" beispielsweise in der Form körperlicher Ansprüche und Möglichkeiten, nach der psychoanalytischen Theorie jedoch vor allem auf die nicht unmittelbar zur reflexiven Verfügung stehenden Impulse des eigenen Es (Unbewussten), schließlich auf die Konsequenzen des in diesen Bereich Verdrängten.

In Freuds „Abriss der Psychoanalyse" kommen zur Beschreibung des Ausgangszustandes der psycho-sexuellen Entwicklung noch die Pinselstriche eines Bildes hinzu, das einige seiner Kritiker mit „die Amöbensage" betitelt haben.[28] Damit ist folgende Lesart Freudscher Überlegungen gemeint: Nach der Theorie des primären Narzissmus ist der gesamte Betrag an libidinöser Energie im Ich aufgespeichert. (AP 13). Dieser Zustand hält solange an, bis die sog. „Objektbesetzung" beginnt. Narzisstische Libido wird in „Objektlibido" umgesetzt. Freud veranschaulicht diesen Vorgang anhand einer Metapher:

> „Über das ganze Leben bleibt das Ich das große Reservoir, aus dem Libidobesetzungen an Objekt ausgeschickt und in das sie auch wieder zurückgezogen werden, wie ein Protoplasmakörper (die Amöbe – J.R.) mit seinen Pseudopodien verfährt" (AP 15).

Die Libido kann sich also von einem Objekt wieder lösen und zu einem anderen übergehen. Sie kann aber auch an andere Objekte, die mit libidinöser Energie besetzt wurden, ein Leben lang gebunden bleiben. Eine wichtige Ergänzung dieses Bildes besteht darin, dass nicht nur Objekte (Dinge und andere Personen), sondern auch ihre Repräsentationen (also Vorstellungen, Symbolisierungen) libidinös besetzt werden können. Die Diskussion über die tatsächliche Erscheinungsform des narzisstischen Ausgangszustandes in psychoanalytischen Begriffen ist also noch längst nicht abgeschlossen. Das gilt noch mehr für die weiteren Phasen der von Freud so genannten „psychosexuellen Entwicklung" des Kindes. Er arbeitet dabei mit einer Hypothese, die in seiner Zeit besonderen Anstoß erregte:

> „Es hat sich gezeigt, dass es im frühen Kindesalter Anzeichen von körperlicher Tätigkeit gibt, die nur ein altes Vorurteil den Namen sexuelle verweigern konnte und die mit psychischen Phänomenen verbunden sind, die wir späteren im erwachsenen Liebesleben finden, wie etwa die Fixierung an bestimmte Objekte, Eifersucht usw." (AP 15 f.).

Diese Lebensäußerungen erfahren nach Freuds Lehre bis etwa zum 5. Lebensjahr eine Steigerung, wonach eine Pause erfolgt, die er die „Latenzphase" bis zur Pubertät nennt. Von den Ereignissen in der Frühphase der Libido nimmt er an, dass sie bis auf einige Reste dem Vergessen, der „infantilen Amnesie" zum Opfer fallen (AP 16). Freud schlägt ein berühmtes und folgenreiches Stufenschema der frühkindlichen psychosexuellen Entwicklung vor. In allen sozialwissenschaftlichen Ansätzen, deren Charaktertypologien mehr oder minder nachdrücklich von der Psychoanalyse beeinflusst werden, spielt es eine Rolle:

1. *Orale Phase*: „Das erste Organ, das als erogene Zone auftritt und einen libidinösen Anspruch an die Seele stellt, ist von der Geburt an der Mund" (AP 16). Strebungen und Befriedigungen, die sich aus der Nahrungsaufnahme ergeben, bereiten Lust oder Unlust. Dahinter steckt zweifellos auch das elementare Prinzip der Selbsterhaltung durch Ernährung, Essen und Trinken. Aber Freud erkennt darin mehr als dies: Das Daumenlutschen etwa weise auf Lustgewinne unabhängig von der Ernährung hin und könne daher in einem ganz allgemeine Sinn als „sexuell" bezeichnet werden (AP 17).
2. *Sadistisch-Anale Phase:* Freud gibt ihr diesen Namen, weil „hier die Befriedigung in der Aggression und in der Funktion der Exkretion gesucht wird. Wir begründen das Recht, die aggressiven Strebungen unter der Libido anzuführen, auf die Auffassung, dass der Sadismus eine Triebmischung von rein libidinösen und rein destruktiven Strebungen ist, eine Mischung, die von da an nicht aufhören wird" (AP 17). Die Körperausscheidungen erregen zu dieser Zeit das höchste Interesse des Kindes. Die Lust am Spielen in und mit schlammigen Stoffen gilt als Indiz dafür.
3. *Phallische Phase*: Sie ist der späteren Sexualität der erwachsenen „genitalen Phase" bereits „recht ähnlich" (AP 17).

Ab der dritten Phase beginnt nicht nur die Latenzzeit, sondern es trennen sich nach Freud auch die Triebschicksale der Geschlechter. Beim Knaben mündet sie nach der Auffassung der orthodoxen Interpretation in den *Ödipuskomplex* aus. Ob er wirklich eintritt, ob er unabdingbar eintritt, ob er in allen Kulturen tatsächlich vorzufinden ist, das sind äußerst kontroverse Streitfragen selbst unter Psychoanalytikern, in die wir uns hier Gott sei Dank nicht einmischen müssen. Hier sollte die Aufmerksamkeit nur auf die andere große Streitzone gerichtet werden: auf die erwähnte Kontroverse über die Erscheinungsform des *primären Narzissmus*. Es geht darum, ob man schon in den frühesten Phasen der kindlichen Entwicklung vom rudimentären Vorschein der Reflexion reden kann, oder ob das Kleinstkind nichts mehr als eine vom Lust-Unlustprinzip gesteuerte Triebmaschine darstellt. Nach dieser Sichtweise würde der Säugling im „ozeanischen Gefühl" versinken, so dass im Extremfall nicht einmal von einem „unmittelbaren einfachen Selbstgefühl" (Hegel) die Rede sein könnte.[29] Nach unserer Auffassung hat die psychoanalytisch orientierte Kinderpsychologie das orthodoxe Bild zu Recht revidiert.

Teil B
Das Realitätsprinzip und die Abwehrmechanismen des Ich.

Kritiker von Freud haben immer wieder – wiederum nicht zu Unrecht – darauf hingewiesen, dass sein Wissenschaftsideal dem entspricht, was heutzutage „Szientismus" genannt wird. Der Szientismus, von dem die positivistische Denkweise nur eine Spielart darstellt, sieht sein Vorbild in den Strategien der Theoriebildung sowie in den Forschungsmethoden der mathematisch exakten *Naturwissenschaften*. Dazu gehört unter vielem anderen auch der Primat der Kausalanalyse. Der Zusammenhang zwischen psychischen Tatbeständen, Ereignissen und Prozessen wird als ein *kausaler* begriffen und dargestellt. Was Freud angeht, der sicherlich in vielen Hinsichten szientistisch dachte und formulierte, gerät man mit dieser Feststellung allerdings auch an einige Grenzen. Denn man kann beispielsweise Freuds Verfahren der Traumdeutung nicht einfach als „Kausalanalyse" beschreiben, sondern es geht dabei um die Analyse von latentem *Sinn* und damit um eine besondere Spielart der Textinterpretation (Hermeneutik). Letztendlich entspricht auch die direkte Verkoppelung von Analyse als Feststellung des seelischen Zustandes einer beobachteten Person und Versuchen, sie durch eine Gesprächstherapie zu heilen, wahrlich nicht den üblichen szientistischen Auffassungen vom Verhältnis zwischen Theorie und Praxis.[30] Es handelt sich um einen auf Heilung zielenden Dialog. Insofern ist immer etwas Vorsicht am Platz, wenn Freud beispielsweise von den „Gesetzen" spricht, die das Unbewusste beherrschen. Es handelt sich dabei um tiefenpsychologische Prozesse, bei denen es fragwürdig erscheint, sie einfach mit Naturgesetzen der Physik gleichzusetzen.

Die Gesamtheit der Vorgänge im Es bezeichnet Freud als den „Primärprozess" (AP 30). Das Ich ist ursprünglich ein Teil des Es. Doch es entwickelt nach und nach Eigengesetzlichkeiten, zu denen etwa das Denken und das Sprachvermögen gehören. Zudem übt es Kontrollfunktionen aus, die in drei Richtungen gehen: (a) Zum einen stellt das Ich nach Freud die Instanz der *Realitätsprüfung* dar. Dazu gehört selbstverständlich die bewusste Wahrnehmung (Bewusstsein) und das Wissen um sich (Selbstbewusstsein), dazu gehört aber auch das praktische *Realitätsprinzip*. Den Kern des Realitätsprinzips wiederum bildet die erfolgreiche Handlung, wobei der Erfolg sich am Kriterium der Zweckrationalität bemisst. (b) Zum anderen muss das Ich nach Innen mit den eher anarchischen Triebansprüchen des vom *Lustprinzip* beherrschten Es zurechtkommen, sie zügeln und in (gesellschaftlich) akzeptable Bahnen lenken. (c) Schließlich muss es auch noch mit den Gewissenansprüchen des Über-Ichs fertig werden, dem sich die normativen Erwartungen mehr oder minder fest eingeprägt haben, welche Bezugsgruppen und andere gesellschaftliche Einrichtungen und Instanzen an das gesellige Tier richten. Damit besteht die Topographie des menschlichen Seelenlebens nach Freud aus *Es, Ich* und *Über-Ich*. Auf diese Weise erscheinen die drei elementaren Bereiche der Psyche gleichsam als „Seelenprovinzen". Aber auch bei dieser Metapher ist einige Vorsicht am Platz. Das Es verkörpert den unbewussten und triebhaften Untergrund des „Primär*prozesses*". Das „Ich" fasst letztlich die *Kompetenzen* zusammen, die wir „Reflexion" genannt haben. „Das Über-Ich" könnte man vielleicht – über seine Erscheinungsform als Gewissen hinaus – als zusammenfassenden Ausdruck für all das lesen, was sich dem Individuum aufgrund gesellschaftlicher Einflüsse als gebotener oder selbstverständlicher *Stil der Lebensführung* eingeprägt hat. So verstanden rückt das „Über-Ich" nahe an den in Soziologie und Sozialpsychologie gebräuchlichen Begriff des „Sozialcharakters" heran. Das arme Ich wird offensichtlich von drei Seiten aus hart bedrängt: von der inneren und äußeren Natur (damit von der ersten und zweiten Natur), vom Es und vom Über-Ich. Was dabei herauskommen kann, darüber hegt Freud keine Illusionen:

> „Nach unserer Voraussetzung hat das Ich die Aufgabe, den Ansprüchen seiner drei Abhängigkeiten von der Realität, dem Es und dem Über-Ich zu genügen und dabei seine Organisation aufrecht zu erhalten, seine Selbständigkeit zu behaupten. Die Bedingung der in Rede stehenden Krankheitszustände kann nur eine relative oder absolute Schwächung des Ich sein, die ihm die Erfüllung seiner Aufgaben unmöglich macht. Die schwerste Aufgabe an das Ich ist wahrscheinlich die Niederhaltung der Triebansprüche des Es, wofür es große Aufwände an Gegenbesetzungen zu unterhalten hat. Es kann aber auch der Anspruch des Über-Ichs so stark und unerbittlich werden, dass das Ich seinen anderen Aufgaben wie gelähmt gegenübersteht" (AP 41).

In dem Maße, wie das Ich zwischen diesen drei Mühlsteinen zerrieben wird, kommt es zu „Krankheitszuständen". Angst ist für das Ich ein wichtiges Anzeichen sowohl von objektiven Gefahrensituationen als auch Ausdruck seiner Überforderung im Dreieck der oftmals völlig gegensätzlichen Ansprüche von Realität, Es und Über-Ich. Bei der Abwehr von gefährlichen Impulsen des Es bedient sich das Ich verschiedener Strategien. Eine ganze Reihe von ihnen rufen pathologische Wirkungen hervor und weichen von den rationalen Funktionen des Ich wie sie das erfolgskontrollierte Handeln charakterisieren ab. Freuds Tochter Anna hat die verschiedenen Abwehrmechanismen des Ich untersucht und die wichtigsten in folgender Typologie zusammengezogen:[31]

1. *Verdrängung:* Die Verdrängung besteht darin, dass das Ich aus dem Es stammende unerwünschte Impulse vom Zugang zum Bewusstsein ausgesperrt, gleichsam zurückdrängt. Auch „Abkömmlingen dieses Impulses wie Erinnerungen, Emotionen, Begehrungen oder wunscherfüllenden Phantasien" wird der Zugang verweigert.[32]
2. *Reaktionsbildung*: Bei einem Paar von ambivalenten Haltungen wie Liebe und Hass wird der eine Pol durch Übersteigerung des anderen im Unbewussten gehalten.
3. *Isolierung*: Eine Phantasie, die mit einem Wunsch oder einer wichtigen Erinnerung aus der Vergangenheit verbunden ist, gelangt zwar zu Bewusstsein, aber der mit ihr u.U. verbundene schmerzhaften Emotion wird der Zugang zum Bewusstsein verweigert. Eine andere Form der Isolierung besteht darin, dass ein Gedanke von allen Assoziationen zu anderen abgeschnitten wird.[33]
4. *Verleugnung*: Ein unangenehmer Aspekt der Wirklichkeit wird so umgedeutet, dass er den eigenen Wünschen und Ansprüchen zu entsprechen scheint.
5. *Projektion*: Jemand schreibt eigene als unzulässig erlebte Wünsche oder Impulse einem anderen zu und tadelt oder verfolgt sie dann bei diesem. Verschwörungstheorien oder Verfolgungswahn liefern Beispiele dafür.
6. *Wendung gegen das Selbst*: Triebimpulse, die sich nicht gegen andere richten können, werden auf die eigene Person umgeleitet.
7. *Identifikation mit dem Aggressor*: Man arrangiert sich mit der Übermacht angreifender anderer Personen oder Gruppen, indem man sich mit ihnen psychisch gleichsetzt und so scheinbar an ihrer Stärke Anteil hat.
8. *Regression*: Wenn bestimmte Triebansprüche auf einer höheren Stufe der psychosexuellen Entwicklung frustriert werden, kann das Individuum mit seinen Wünschen auf eine frühere Phase zurückfallen – auf die anale beispielsweise. Nach Adorno gehört dies zu den vielfältigen Merkmalen des von ihm in Zusammenarbeit mit Psychoanalytikern während der Emigration nach den USA untersuchten „autoritären Charakters."[34]

Eine inzwischen geradezu sprichwörtlich gewordene Umgangsform des Ich mit bedrängenden inneren und äußeren Umständen bezeichnet Freud als *Rationalisierung*. Während die Bewahrung der Selbständigkeit des Ich (Autonomie als „Ich-Stärke"), die gelingende Realitätsprüfung sowie erfolgreiche Aktionen nach den Maximen des Rationalitätsprinzips Ausdruck des Vernunftvermögens der Individuen sind, bedeutet „Rationalisierung" eine Verkehrung der Vernunft. Es handelt sich um sprachliche Äußerungen, hinter denen „in Wahrheit" gesellschaftlich nicht zugelassene oder irrationale Impulse, Wünsche, Hoffnungen, Absichten etc. stehen. Sie werden anderen und vor allem sich selbst gegenüber mit rationalen Scheinargumenten so erläutert und rechtfertigt, dass sie dem äußeren Anschein nach geltenden Regeln des Denkens und Handelns entsprechen. Man macht sich und anderen etwas passend Erscheinendes vor. Ein allseits bekanntes Beispiel für Rationalisierungen liefert die Öffentlichkeitsarbeit von Verbänden, hinter deren lobpreisenden und gelegentlich von Adressaten unbesehen hingenommenen Verlautbarungen das ökonomische Interesse und das hemdsärmelige Vorteilsstreben stehen.

Obwohl *Sublimierung* von Freud ebenfalls als ein Vorgang der Triebumformung durch das Ich dargestellt wird, wird dieser im allgemeinen als ein nicht so problematischer Abwehrmechanismus angesehen, sondern zu den normalen Ich-Funktionen gerechnet. Durch Sublimierung werden gesellschaftlich nicht lizensierte Triebansprüche in gebilligte Formen gebracht. Es handelt sich gleichsam um Ersatzhandlungen für Aktionen, auf denen Tabus lasten. „Sublimierung" spielt in Sigmund Freuds Theorie der Kunst eine besondere Rolle.

Die Abwehrmechanismen sind oftmals der Grund psychischer Leiden; gegen sie richtet sich die psychoanalytische Therapie mit ihrer allerabstraktesten Maxime: „Wo Es war, muss Ich sein!" Den Bezugspunkt der abwehrenden Operationen des Ich bildet hier in erster Linie das Es. Wenn wir die Konsequenzen der Naturbasis des individuellen Lebens – etwa in der Form körperlicher Erkrankungen u.a.m. – für einen Augenblick einklammern, dann machen sich die innerseelischen Konsequenzen der Existenz des Einzelnen in Gesellschaft mit anderen allenthalben positiv oder negativ bemerkbar. Im Über-Ich manifestieren sie sich in der als Formierung oftmals sehr fest sitzender positiver und/oder negativer Züge des Sozialcharakters sowie in der Struktur seines Gewissens oder seiner Gewissenlosigkeit, worin sich die Orientierung des Individuums an Normen, Regeln und Kriterien – oder nicht – widerspiegelt. Sie macht sich generell in der Form von Bedingungen und Zwängen bemerkbar, womit das Ich bei der „Realitätsprüfung" umgehen muss. In diesem Falle handelt es sich um „äußere" Einflüsse auf das Ich. Aber äußere gesellschaftliche Zwänge erfassen das Ich oftmals auch „im Inneren". Nicht nur *die Aktionsmöglichkeiten* der Ich-Instanz werden unterdrückt, *es selbst* wird unter Druck ausgehöhlt. Der sog. „sekundäre Narzissmus" stellt eine Erscheinungsform dieses selbstzerstörerischen, weil das Selbst zerstörenden Vorgangs dar. Adorno beschreibt ihn folgendermaßen: Das Ich ist auf der einen Seite Träger des *bewussten Seins* (Bewusstseins und Selbstbewusstseins), insofern repräsentiert es die Welt. Es ist nach Freud jedoch andererseits ein Stück Libido und insofern ein Abkömmling des *Unbewusstseins*. Es ist gleichsam Ich und Nicht-Ich in einem. Wegen dieser inneren Gegenläufigkeit bezeichnet Adorno es als „dialektisch" (SP 70). Eine weitere Gegenläufigkeit besteht darin,

> „dass das Ich sowohl als Bewusstsein der Gegensatz zu Verdrängung sein soll, wie als selbst unbewusstes die verdrängende Instanz" (ebd.).

Je nach dem Grad der Irrationalität der Gesellschaft kann das Ich daran gehindert sein, seine rationalen Funktionen zu erfüllen.

> „Um in der Realität sich behaupten zu können, muss das Ich diese erkennen und bewusst fungieren. Damit aber das Individuum die ihm aufgezwungenen, vielfach unsinnigen Verzichte zuwege bringt, muss das Ich unbewusste Verbote aufrichten und selber weithin sich im Unbewussten halten" (SP 71).

Adorno sieht überdies das Ich als permanent überfordert an; denn die Kontrolle der libidinösen Bedürfnisse und die Strategien der Selbsterhaltung (im Doppelsinn! – J.R.) innerhalb der verkehrten gesellschaftlichen Realität sind nicht so ohne weiteres auf den berühmten einen Nenner zu bringen. „Es verfügt keineswegs über jene Festigkeit und Sicherheit, auf die es dem Es gegenüber pocht" (ebd.). Wo das Ich mit dem aus dem Dreieck von Natur, äußeren gesellschaftlichen Existenzbedingungen und Zwängen sowie dem Über-Ich nicht standhalten kann, wird es regredieren und sich im Extremfall in das Unbewusste zurücknehmen.

> „Wo dem Ich sein Eigenes, Differenziertes misslingt, wird es regredieren, zumal auf die ihm nächstverwandte, von Freud so genannte Ichlibido, oder zumindest seine bewussten Funktionen mit unbewussten verschmelzen" (ebd.).

Die Ichlibido bezeichnet die Selbstliebe, den Narzissmus, worauf das Ich sekundär zurückfällt. Objektlibido wird in Ichlibido umgewandelt. Gesellschaftlicher Zwang schlägt sich nach all dem also nicht nur im Über-Ich nieder, sondern er erfasst das Ich in seiner inneren Zusammensetzung selbst. Auch das ist eine schwerwiegende Antwort auf das Problem 10 unserer Liste, auf die Frage also, auf welchen Wegen sich die Gesellschaft dem Seelenleben des Einzelnen einprägt.

Texte und Textstellen zur Illustration und Vertiefung dieser Grundgedanken

S. Freud: Abriss der Psychoanalyse (diverse Ausgaben und Auflagen). Erster Teil: Die Natur des Psychischen. AP

Th. W. Adorno: Zum Verhältnis von Soziologie und Psychologie, in ders.: Soziologische Schriften I, Frankfurt/M 1979, S. 67-75. SP

Wichtige Bezugstexte

S. Freud: Massenpsychologie und Ich-Analyse (in diversen Ausgaben und Auflagen).

Problemstellungen für Diskussionen

Ergänzend: *Problem 10*: Wie prägt sich die Gesellschaft dem Seelenleben des Individuums ein?

Vertiefender Kommentar

J. Ritsert: Charakterdeformationen. Über die Entsubjektivierung der Subjekte. In ders.: Vorlesung über „Sozialcharaktere in der Geschichte der bürgerlichen Gesellschaft", Kapitel V (SS 2004 und WS 2004/2005). Download über die Internetseite www.ritsert-online.de (Datei Socar VI).

Modell 3:
Interaktion und die bedeutsamen Anderen

Vorbemerkung

Die beiden ersten „Modelle" fassten ausgewählte Themen und Thesen zusammen, die für die kritische Theorie der Gesellschaft, also die „Frankfurter Schule der Soziologie" charakteristisch sind. Doch Diskussionen wie die über rationales und irrationales Handeln spielen auch in anderen Schulen der Soziologie eine gewichtige Rolle (Modell 1). Das gilt ganz besonders für das Thema der Formierung des Sozialcharakters (Modell 2). Es steht in nahezu allen Arbeiten zur Sozialpsychologie im Mittelpunkt. Wir haben es im Anschluss an Passagen bei Freud erläutert, die ihrerseits eine zentrale Bedeutung nicht zuletzt für das Denken Th. W. Adornos haben. Die beiden ersten Modelle dienten überdies dem Zwecke, Grundlagen des eigenen Standpunktes zugängig zu machen. Wir erweitern diese Informationen nun in Bereiche hinein, die von anderen Denkweisen der Soziologie abgesteckt werden.

Das nun anstehende Modell 3 fasst Grundannahmen und Grundbegriffe der soziologischen Schule des *Interaktionismus* zusammen. Als dessen Begründer gilt der amerikanische Philosoph und Sozialpsychologe George Herbert Mead (1863-1931). Sein Hauptwerk heißt: „Geist, Identität und Gesellschaft" (Frankfurt/M 1968). Insbesondere aus dieser Schrift lässt sich ein Argumentationszusammenhang in der Form zweier „Modelle" extrapolieren, die genauere Angaben darüber machen, was es heißt, dass sich die Gesellschaft dem individuellen Seelenleben einprägt (*Probleme 2, 9 und 10*). Sie enthalten zudem eine eindrucksvolle und schulenbildende Darstellung des Zustandekommens und der Entwicklung des Sozialcharakters und der Ich-Identität sowie der Beziehung dieser beiden seelischen Instanzen zueinander.

Teil A
Naturgeschichte, Verhalten und die Genesis des Selbst.

Nach Meads eigener Auskunft will er seine Theorie „vom Standpunkt eines Sozialbehavioristen" aus entwickeln.[35] „Behaviorismus bedeutet „Verhaltenstheorie." Die Vertreter der klassischen Verhaltenstheorie gehen davon aus, dass sich geistige, seelische Vorgänge nicht mit den Sinnen oder unter Einsatz irgendwelcher Verfahren und Geräte systematisch *beobachten* ließen. Deswegen müssten

Aussagen über das „Innerseelische" – von Freuds Unbewusstsein gar nicht zu reden – als völlig unwissenschaftlich verworfen werden. Wenn die Psychologie intersubjektiv überprüfbare Einsichten in unsere Seelen liefern will, dann kann sie das auch nicht auf Wegen der sog. „Introspektion", mit einem privilegierten Blick auf das eigene seelische Innenleben leisten. Wie soll das von anderen überprüft werden? Sie muss daher letztlich alle Aussagen über „die Seele" auf Aussagen über äußerliches menschliches Verhalten reduzieren können. In den wirklich orthodoxen Fällen ist damit die Reduktion auf beobachtbare Bewegungen des Körpers in Raum und Zeit gemeint. Dieses strenge Wissenschaftsverständnis teilt Mead ausdrücklich *nicht*. Sein „Sozialbehaviorismus" will (a) das Verhalten des Individuums aus dem Zusammenhang der Interaktion mit anderen Individuen erklären und nicht umgekehrt. Er wählt also den Abstieg auf der cartesianischen Leiter von gesellschaftlichen Faktoren in Richtung auf das Individuum. (s.o. S. 23 ff.). Dem entspricht das Soziale am Behaviorismus. (b) Behavioristisch ist der Ansatz Mead aber auch in der Hinsicht, dass er von beobachtbaren Reiz-Reaktionsbeziehungen zwischen Organismen *ausgeht*. Von da aus soll jedoch der Weg der Analyse nach „innen", in Richtung auf innerpsychische Vorgänge gegangen werden. Mead hebt also hervor, dass sein Ansatz die „innere Erfahrung des Individuums" erreichen und berücksichtigen will (GIG 46). So gesehen geht Meads Theorie „von außen", von Mustern des beobachtbaren Verhaltens von Individuen „nach innen", also in Richtung auf nur innerlich erfahrbare Bewusstseinsvorgänge. Das Unbewusste spielt bei ihm allerdings so gut wie keine Rolle! Allenfalls in der Form von Trieben und Neigungen, die uns antreiben, geht dieser Bereich in die Theoriebildung ein.

Es ist gut möglich, Meads Strategien der Theoriebildung auf zwei Hauptachsen abzutragen. Einmal kann man den Gang der Darstellung so wiedergeben, dass er von der Naturgeschichte lebendiger Organismen bis zum Selbst (der Reflexion) des menschlichen Individuums *absteigt*. Danach führt der Weg von der Ich-Identität ausgehend „aufsteigend" zurück nicht nur zur Gesamtgesellschaft, sondern zur Universalgeschichte.[36] Zum anderen lassen sich Argumente von Mead unmittelbar auf das Problem 9, das Verhältnis von Daseinsgrund und Existenzgrund beziehen: Mead betrachtet die Entwicklungsgeschichte des organischen Lebens im Lichte der Evolutionstheorie Darwins. Dabei versteht er die Naturgeschichte der Arten als den *Daseinsgrund* des menschlichen Geistes (mind).

„Die erste Bedingung für Bewusstsein ist Leben."[37]

Unter „Geist" kann man zunächst einmal ganz allgemein sämtliche Weisen der Kenntnisnahme und Erinnerung von außen kommender Eindrücke (vom elementaren Empfinden und Fühlen bis zur gezielten Wahrnehmung), Formen des Wissens um sich selbst, die im ganz elementaren Gefühl eines eigenen Zustandes bestehen können, sowie Reaktionsmöglichkeiten des Organismus verstanden werden, die *nicht* an das starre Instinktauslöserschema von Reiz und einer zwangsläufigen Reaktion gebunden sind. (Der Organismus verfügt gleichsam über Reaktionsoptionen). In einem spezifischeren Sinn kann unter dem menschlichen „Geist" hingegen die *Reflexion* verstanden werden. Die geschichtliche Entwicklung des organischen Lebens wird vom *Prinzip der Selbsterhaltung* angetrieben. Dieses nimmt nicht nur im Darwinismus eine zentrale Stellung ein, sondern wird schon in Texten der antiken Sozialphilosophie als *principium sese conservare* verhandelt.[38] Ebenfalls wie schon bei einigen Autoren der antiken Sozialphilosophie gelten auch für Behavioristen und den Sozialbehavioristen Mead *Lust und Unlust* als die treibende Kraft an Selbsterhaltung interessierter Organismen. Freud sieht ja das Unbewusste ebenfalls vom als „Lustprinzip" beherrscht an (s.o.). Bei Mead bilden in der Naturgeschichte des Werdens des Geistes vor allem die *Interaktionen* zwischen Organismen eine entscheidende Rolle. Interaktionen beschreibt er wie der Behaviorismus vorzugsweise in Kategorien von Reiz und Reaktion. So verstandene Interaktionen bilden für ihn die Grundlage der Entstehung des Geistes und seiner Vorformen in der Geschichte der Arten. Beim Menschen als politisches Tier gelten dementsprechend *gesellschaftliche* Interaktionen als die entscheidende Voraussetzung für die Entwicklung der Reflexion. *Vorformen* der Reflexion verfolgt Mead – ähnlich wie schon G. W. F. Hegel – bis weit in die Geschichte der Arten von Lebewesen zurück. So rechnet er *Abstraktion* und aktive *Selektivität* zu Bewusstseinsäußerungen, die schon weit unterhalb der Entwicklungsstufe des menschlichen Selbstbewusstseins beobachtet werden können. „Abstraktion" bedeutet das Absehen von allem, „was in der Beziehung des Organismus zum Objekt für dieses Handeln keine Bedeutung hat" (GA I; 304). „Selektivität" findet schon auf elementarer Lebensstufe dann statt, wenn ein Organismus über mehr als eine Möglichkeit verfügt, auf einen bestimmten Reiz zu reagieren (Optionen). Wegen der Fähigkeit zur Selektivität zeigt sich ein Vorschein von Geist schon dann, wenn die Versuche des Organismus, sich seiner Umwelt anzupassen, zu Veränderungen in dieser Umwelt führen, die ihrerseits zu Veränderungen des agierenden Organismus beitragen. Es handelt sich also um eine Art ökologischer Rückkoppelungsschleife, um einen seiner Form nach *selbstbezüglichen* Vorgang. Doch Selbstbezüglichkeit als Beziehung auf sich stellt zugleich ein Grundmerkmal von Selbstbewusstsein, des Wissens um sich selbst dar.

Zu den Verbindungslinien zwischen der Philosophie Meads und der Schule des amerikanischen Pragmatismus (Dewey, James, Pierce) gehört die zentrale Stellung, die er dem Begriff des *Problems* zuweist. Probleme verstehen sich als

Hindernisse auf dem Weg zu einem Ziel, wobei es kein Verfahren, keinen Algorithmus gibt, der – anders als bei einfachen Rechenaufgaben – die Erreichung des Zieles garantieren würde. Versuch und Irrtum bei der Reaktion auf Reizen bedeuten die grundlegende Vorgehensweise bei der Problembearbeitung. Handlungsprobleme ergeben sich Mead dann für einen Organismus, wenn irgendwelche Faktoren wirksam werden, die ihn veranlassen oder zwingen, von seinem bislang eingespielten Verhalten (z.B. von seinen Routinen und Rezepten) abzuweichen.

„Die Situation, aus der heraus sich die Schwierigkeit, das Problem ergibt, ist eine Situation mangelnder Anpassung zwischen dem Individuum und seiner Welt. Die Reaktion befriedigt (dann) nicht die Bedürfnisse, die dem Reiz seine Macht über den Organismus gaben."[39]

Das Problem besteht in diesem Falle gleichsam in der Störung eines die Selbsterhaltung tragenden Ablaufs, den Mead auch „ongoing activity" nennt. Von daher unterstützt und verwendet er das pragmatistische Kriterium für die Stichhaltigkeit von Wissensinhalten.

„Das Erfolgskriterium des Wissensprozesses, das heißt das Wahrheitskriterium finden wir in der Entdeckung oder Konstruktion solcher Objekte, die unsere konfligierenden und blockierten Aktivitäten vermitteln und es ermöglichen, das das Verhalten weitergeht."[40]

„Es stimmt, wenn`s klappt", so könnte man diese Maxime etwas flapsig zusammenfassen.

Anders als es wirklich strenge Behavioristen annehmen, konditioniert der Mensch nach Mead nur in vergleichsweise wenigen Fällen – wie etwa beim Kniereflex – eine ganz bestimmte Reaktion auf einen ganz bestimmten Reiz. Das heißt natürlich nicht, dass er völlig unbestimmt durchs Leben ginge. Sein Denken und Handeln unterliegt vielfältigen Bedingungen und Zwängen, die der inneren und äußeren Natur sowie der Gesellschaft entstammen. Mead will zeigen, wie sich die Funktionen des Selbst, damit die Selbständigkeit des Einzelnen aus dieser Naturbasis seines Lebens und gesellschaftlichen Verhältnissen heraus entwickeln kann. Die Grundstruktur seiner Argumente lässt sich anhand zweier Interaktionsmodelle beschreiben, welche die Interaktion von Organismen auf unterschiedlichen Niveaus ihrer naturgeschichtlichen Entwicklung umreißen. Zu ihren abstrakten und vereinfachten Annahmen gehört die Ausgangsannahme nur zweier Organismen, die interagieren. Die Konkretisierung in Richtung auf mehr Interaktionspartner ist jedoch jederzeit möglich. Das *Modell I* setzt zwei lebendige Naturwesen voraus, die bei der Befriedigung ihrer Bedürfnisse (Neigungen) voneinander abhängig sind. Angenommen nun, die gemeinsame Situation der Organismen E(go) und A(lter) werde aus irgendeinem Grunde problematisch. Dadurch wird die „ongoing activity" der beiden gestört. Nun erfahre E aufgrund der Veränderung der gemeinsamen Lage eine „Deprivation", weswegen er mit einer veränderten Haltung sowie der Aktion a* reagiert. Diese habe ihren Reiz für A – und zwar einen unangenehmen. A wird seinerseits mit einem Verhalten b* reagieren, das für E nicht sonderlich erfreulich ist. Unter diesen allgemeinen Voraussetzungen gibt es zwei elementare Möglichkeiten für E und A in der gemeinsamen Situation zu agieren und zu reagieren: (1.) Es entsteht ein Konflikt, der immer weiter eskaliert. Es kommt zum Abbruch der Beziehungen oder gar zur gewaltsamen Überwältigung des einen durch den anderen. (2.) Sie bemühen sich auf dem Wege von Versuch und Irrtum darum, eine stabile Beziehung zueinander herzustellen und aufrechtzuerhalten. Mead spricht im letzteren Falle ganz allgemein von *accomodation* oder *adaption*. Es spielt sich eine dauerhafte Beziehung (ongoing activity) nach dem Prinzip von Versuch und Irrtum ein. Seine Ausführungen konzentrieren sich im Wesentlichen auf die zweite Möglichkeit, also auf Prozesse der wechselseitigen Anpassung. Es bedarf jedoch einer ganzen Szene, um diesen Endzustand zu erreichen. Unter einer „Szene" ist in diesem Falle eine Sequenz von Interaktionen zu verstehen, die nach dem Prinzip von Versuch und Irrtum ablaufen und schließlich in einem Endzustand ausmünden, mit dem die beiden Organismen zusammen leben können. Die elementaren Entwicklungsstadien dieser Szene sehen so aus:

Interaktionsmodell I

- Eine Situation, worin das Verhalten der beiden Organismen bislang aufeinander abgestimmt war (accomodation) wird aus irgendwelchen Ursachen und Gründen problematisch. D.h.: Die „ongoing activity" von E und A wird gestört.
- E wählt eine neue oder veränderte Aktion a*, die für A eine *Deprivation* (Unlust) bedeutet. An dieser Stelle notiert Mead schon eine Keimzelle aller Sprachen; denn a* lässt sich als *Geste* deuten. D.h.: E setzt durch sein Verhalten eine lautliche oder nicht-lautliche Geste, die zu einem Reiz für A wird.
- Da A – so nehmen wir an – den Reiz, der von E ausgeht, nicht als besonders reizvoll ansieht, reagiert er mit einer Handlung b*, die nun ihrerseits E Unannehmlichkeiten bereitet.
- Er reagiert mit einer Aktion c*, die A weiterhin Unannehmlichkeiten bereitet, so dass dieser noch säuerlicher reagiert usf. Der Konflikt verschärft sich

und führt dazu, dass einer den anderen überwältigt, unterdrückt oder dass mindestens der eine von ihnen „aus dem Felde geht." Wenn sich ihre Beziehung jedoch nicht im Antagonismus auflösen soll, steht ihnen vor allem der Weg offen, sich durch Versuch und Irrtum aneinander anzupassen.

- Bei beiden Grunderscheinungsformen der Sequenz stellt die *Geste* eine Verhaltensäußerung der Organismen dar, die beim anderen eine Veränderung von dessen bisherigen Einstellungen (Haltungen) hervorruft. Er reagiert (etwas) anders als bislang, was nun gleichermaßen zu Einstellungsänderungen beim ersten Organismus führt – und so weiter bis zum entweder bitteren oder vergleichsweise harmonisch aufeinander abgestimmten Endverhalten. Mead liebt das Hundebeispiel als Illustration seiner Vorstellung von elementaren Gesten: Der eine Hund knurrt und fletscht seine Dentalapparatur. „Eben die Tatsache, dass der Hund zum Angriff auf einen anderen bereit ist (das zeigt sein Verhalten, das zeigt die von ihm gesetzte Geste an – J.R.), wird zu einem Reiz für diesen anderen, seine eigene Position oder seine eigene Haltung zu ändern (Selektivität – J.R.). Kaum tritt dies ein, löst die veränderte Haltung des zweiten Hundes beim ersten wiederum eine veränderte Haltung aus" (GIG 81 f.) – und so weiter in einem Hin und Her, das szenisch als ein „Austausch von Gesten" beschrieben werden kann. Unter diesen Voraussetzungen schlägt Mead folgende Definition für eine Geste vor: Eine Geste bedeutet das Verhalten eines Organismus, das „in einem anderen eine Reaktion auslöst und in so immer weiter" bis zu einem jener beiden möglichen Endpunkt der Szene (GIG 53).
- Mead unterscheidet lautliche von nicht-lautlichen, also körpersprachlichen Gesten. Beide haben beim harmonischeren Verlauf der Szene die Funktion, „Reaktionen der anderen hervorzurufen, die selbst wiederum Reize für eine neuerliche Anpassung werden, bis die endgültige gesellschaftliche Handlung zustande kommt" (GIG 83).
- Die „endgültige Handlung" bezeichnet somit das Resultat einer Sequenz von Interaktionen, sie bezeichnet die endgültige Abstimmung (das unterschwellige Übereinkommen nach einem Prozess von Versuch und Irrtum) am Ende des ganzen Hin und Her von Gesten.
- So einfach dieses Modell auch ist, es enthält einen entscheidenden sprachtheoretischen Grundgedanken Meads: Gesten liefern den naturgeschichtlichen Rohstoff für Symbole und damit letztlich für die uns vertraute Sprache.

Interaktionsmodell II

- Ein elaborierteres Interaktionsmodell von Mead baut auf diesem Rohstoff auf und erläutert seine Transformation in „signifikante Symbole". Doch was sind Symbole im Unterschied zu Gesten und wie kommen sie zustande?
- Unter „signifikanten Symbolen" versteht Mead zunächst ganz allgemein Gesten, die naturgeschichtlich „auf den höheren Entwicklungsstufen der Menschen" zu finden sind (GIG 115). Signifikante Symbole bedeuten Gesten, „die einen Sinn haben" (ebd.). Aber was heißt nun „Sinn"?
- Darauf hält der Sozialbehaviorismus Meads folgende Antwort bereit: *Sinnhaltige* Gesten, das sind *signifikante Symbole*, setzen sich auf der abstraktesten Ebene des zweiten Interaktionsmodells aus drei Elementen zusammen. Das sind: Aktor E, Aktor A sowie die Gesten, die sie in einer Szene austauschen. Es gibt zudem drei Grundrelationen zwischen diesen drei Momenten, die dem allgemeinen Sinnbegriff Sinn verleihen:

  Relation 1: Die Beziehung zwischen Gesten und Aktor E.
  Relation 2: Die Beziehung zwischen Gesten und Aktor A.
  Relation 3: Die Beziehungen zwischen Gesten und allen folgenden Phasen der Interaktion zwischen E und A bis hin zu ihrer „endgültigen Handlung" (vgl. GIG 121).

- Während „Sinn" in der Sprachtheorie normalerweise als ein Begriff verwendet wird, der sich auf das inhaltliche Merkmalsspektrum bezieht, das ein Begriff abdeckt oder darauf, welche inhaltliche Information in einer Aussage enthalten ist (ihr sog. „propositionaler Gehalt"), stellt „Sinn" bei Mead offensichtlich einen szenischen Begriff dar. D.h.: „Sinn" bezieht sich bei ihm auf das Relationsgefüge zwischen den Gesten, welche die Akteure auf dem Weg zum clash oder zur accomodation austauschen. Daher ist es seine These, der Sinn läge „in der dreiseitigen Beziehung zwischen der Geste eines Individuums, einer Reaktion auf diese Geste durch ein zweites Individuum und der Vollendung der jeweiligen Handlung, die durch die Geste des ersten Individuums eingeleitet wurde" (ebd.).
- Diese Grundthese Meads scheint sich auf den ersten Blick nur auf *Handlungssinn* und nicht auf den *Wort-* und/oder *Aussagensinn,* also weniger auf *sprachlichen Sinn* zu beziehen. Aber sein Modell bezieht ausdrücklich Hauptfunktionen der menschlichen Sprache mit ein. Das kann man sich auf stark abkürzenden Wegen vielleicht so klar machen:
- Die vom Versuch-Irrtum-Prinzip geleiteten Beziehungen zwischen Reiz und Reaktion wie sie das Modells I voraussetzt, legen zunächst auch die Grund-

struktur von Modell II fest. Auch in diesem Falle kann die „endgültige Handlung" in einem Konflikt ausmünden oder zur „Anpassung an die Reaktion des anderen" führen, „so dass die ganze Tätigkeit fortgesetzt" bzw. bei Bedarf ohne besonderen Ärger wiederholt werden kann (GIG 114). Angenommen nun, E und A setzten im Verlauf ihrer Versuchsreihe immer mehr Gesten, die vom jeweiligen Gegenüber zunehmend als „positiv" wahrgenommen würden. Auf diese Weise kann nach all dem Hin und Her unter Umständen eine für beide bequeme endgültige Handlung, das aufeinander abgestimmte (wenn auch nicht zwangsläufig gleichgewichtige!) Finale ihrer Szene erreicht werden.

- Damit stoßen wir auf eine *erste* zentrale Funktion signifikanter Symbole. Sie reduzieren Komplexität! Denn bei ihren nächsten Begegnungen müssen E und A zur Verwirklichung ihrer Ziele nicht noch einmal den gesamten Prozess der wechselseitigen Anpassung durch Versuch und Irrtum durchlaufen. Das Setzen der positiven Geste reicht aus, um das beiden Akteuren bequeme Resultat zu erzielen.
- Eine *zweite* Funktion besteht darin, dass die Gesten als *Anzeichen* (Symbol im engeren Sinn) dienen. Die Gesten liefern einen Anhaltspunkt dafür, welche endgültige Handlung zu erwarten ist, wenn sie tatsächlich gesetzt werden. Sie steuern also die Selektivität der beiden Akteure.
- Eine *dritte* wichtige Funktion von signifikanten Symbolen besteht in der *Generalisierung* ihres Gebrauchs. Da E und A über ein solides Gedächtnis verfügen, können sie bei ihrer nächsten Begegnung diejenigen Gesten aus ihrem Repertoire auswählen, welche zuvor zum passenden Finale geführt haben.
- Eine *vierte* Funktion zeigt sich in ihrem *Geltungscharakter*. Darunter ist ihre normative Kraft zu verstehen. Denn wenn sich E und A wieder begegnen und einer von beiden die an sich immer gegebene Möglichkeit ergreift, von den eingespielten Gesten abzuweichen (Kontingenz), dann muss er mit negativen Sanktionen seines enttäuschten Gegenübers rechnen. Von der erzielten endgültigen Handlung lässt sich nicht so ohne Weiteres und nach Belieben abweichen. Die normative Dimension signifikanter Symbole zeigt sich zudem darin, dass sie – bei bewusster Abweichung – Sanktionen des Anderen *erwarten* lassen, der seinerseits normativ *erwartet*, dass sein Gegenüber bei der Stange bleibt.
- Eine *fünfte* Funktion signifikanter Symbole besteht in ihrer *Generalisierung*. Signifikante Symbole sind in verschiedene Handlungszusammenhänge und vergleichbare Situationen übertragbar. Mead spricht in diesem Falle vom „Prinzip der Universalität" (GIG 122 ff.).

- Eine *sechste* Funktion besteht in ihrer *innovativen* und *konstitutiven* Kraft. Die menschliche Sprache, so sagt Mead, spiegelt nicht einfach vorab Gegebenes wieder, sondern macht immer auch „die Existenz oder das Auftreten dieser Situationen oder Objekte erst möglich, da sie Teil jenes Mechanismus ist, durch den diese Situation oder Objekte geschaffen werden" (GIG 117). Thesen wie diese spielen in der soziologischen Schule des Interaktionismus eine herausragende Rolle. Man kann das Gemeinte am einfachsten anhand des sog. „Thomas Theorems" klar machen. Der amerikanische Soziologe W. I. Thomas (1863-1947) hat die These aufgestellt: „Wenn Menschen eine Situation als real definieren, dann ist sie real in ihren Konsequenzen." Wenn Menschen meinen, da gäbe es eine politische Massenveranstaltung, werden sie sich ganz anders verhalten als dann, wenn sie die Menschenversammlung als einen Aufstand definieren. Hinzu kommt, dass die Gesten die beiden Akteure *nicht* so streng verkoppelt sind wie ein Reiz, der nur eine Reaktion kausal hervorruft. Bei einer Interaktion auf dem Boden signifikanter Symbole wird nie die gleiche Situation auf völlig identische Weise wiederhergestellt. Insofern gibt es stets die Möglichkeit der Veränderung sowohl der Situation als auch der Sprache als System signifikanter Symbole selbst. Symbolische Interaktion bedeutet also sprachlich geregelte Interaktion bzw. Sprache als Handeln. An Sinn orientiertes Verhalten heißt „Handeln".

Teil B
Das Selbst und der generalisierte Andere.

Zum klassischen Behaviorismus gehört das Konzept des *reinforcement*. „Reinforcement" bedeutet „Verstärkung". Gemeint sind *positive* Reaktionen, welche die eigene Aktion aus der Umwelt oder bei anderen Organismen herauskitzelt. Dadurch werden die Einstellungen, die hinter der eigenen Handlung stehen sowie ihre „Lustbilanz" verstärkt. Dieser verhaltenstheoretische Grundgedanke beeinflusst auch Meads Lehre von der Entstehung des *Sozialcharakters* des Individuums. Sein Grundbegriff für den Sozialcharakter ist das „Me".[41] Der Struktur des Interaktionsmodells II gemäß bildet sich der Sozialcharakter dadurch heraus, dass E unter dem Eindruck und dem Einfluss für ihn bedeutsamer anderer Personen auf bestimmte Handlungsoptionen verzichtet (Selektivität) und bei positiver Verstärkung seiner Neigungen und Maximen bei der gewählten Aktion bleibt. Durch Verstärkung verfestigen sich bei ihm zudem flüchtige Dispositionen zu festeren Haltungen, eben zu Aspekten seines Sozialcharakters.

Erste Zwischenbemerkung zu einigen Grundbegriffen der Interaktionsanalyse:

Das Wort „Charakter" passt ausgezeichnet zu Meads Analyse des „Me". Denn im Griechischen ist darunter der Prägestock zu verstehen, wodurch den Münzen ihre Bilder und Aufschriften eingeprägt werden. Die einzelnen Haltungen wiederum können sich zu einem komplexen, oftmals äußerst widersprüchlichen *Gesamthabitus* fügen. Das Wort „Habitus" bezieht sich im Latein einerseits auf die äußere Erscheinung und das äußere Gehabe eines Menschen, meint aber auch Befindlichkeiten und innere Haltungen bzw. Einstellungen. Einstellungen wiederum verstehen sich nicht nur als festere Merkmale der Personen, sondern auch als *Handlungsdispositionen*. Dispositionen sind Möglichkeiten des Handelns, latente oder manifeste Kompetenzen des Organismus. Sie bestehen in der latenten oder manifesten Fähigkeit, in einer bestimmten Weise in der Situation zu agieren und zu reagieren. Einen entscheidenden Einfluss auf die Bildung des Sozialcharakters üben Beziehungen zu von Mead so genannten „bedeutsamen Anderen" (significant others) aus. Darunter sind vor allem Bezugspersonen und Bezugsgruppen zu verstehen. Der Begriff „Sozialcharakter" ist so gesehen Ausdruck vor allem des Grades gesellschaftlichen Bestimmtseins des menschlichen Individuums. „Wir sind, was wir sind, durch unser Verhältnis zu anderen" (GIG 430). Viele Interaktionstheoretiker vertreten die wissenschaftstheoretische These, symbolische Interaktionen zwischen Menschen wiesen einen anderen Charakter als die reine Kausalität auf, mit der eine Billardkugel auf den Stoß mit dem Queue reagiert. Der Philosoph J. G. Fichte (1762-1814) sagt dementsprechend, bei vernunftbegabten Wesen wirke das eine Subjekt auf das andere „nicht wie auf bloße Sachen" ein, auf dass sie „einander durch physische Kraft für ihr Zwecke modifizieren."[42] Diese Aussage Fichtes hängt allerdings eng mit Kants Maxime des kategorischen Imperativs zusammen, den anderen nicht einfach nur wie eine Sache und ein Mittel für den eigenen Zweck zu behandeln (s.o. S. 18 ff.). Wir werden sehen, dass dieses ethische Prinzip auch bei G. M. Mead eine gewisse Rolle spielt. Aber vorerst soll nur festgehalten werden, dass der Meadsche Sozialbehaviorismus Reiz-Reaktions-Verhältnisse – anders als ein wirklich strenger Behaviorismus – *nicht* als reine Kausalverhältnisse (Kausalität als Wechselwirkung) behandelt, sondern mit seinem zweiten Modell als ein Verhalten beschreibt, das sich an *Sinn* in Gestalt eines Systems signifikanter Symbole, damit an Sprache orientiert.

Der Sozialcharakter formiert sich unter dem Eindruck der symbolischen Interaktionen mit bedeutsamen Anderen. Aber selbst wenn Interaktionen nicht nach der Kausalität von Billardbällen ablaufen, ist der Sozialcharakter dennoch Ausdruck des Einflusses und der Einwirkung anderer Menschen – und damit ein Ausdruck des *Bestimmtseins* des Individuums durch sein soziales Umfeld. Wo aber ist seine Selbständigkeit abgeblieben? Sie wird bei Mead mit dem Begriff des „I", sprich: des Ichs, der Ich-Identität, des Selbst zum Thema. Es gibt in seinem Werk verschiedene Anläufe zur Analyse jenes Selbstverhältnisses, welches das Ich als *Wissen um sich selbst* und praktische *Bestimmung seiner selbst* repräsentiert.[43] Allein schon durch die Unterscheidung von „I" und „Me" kreist die Analyse von Mead auf ihre Weise um das Verhältnis von *Bestimmtsein* und *Selbstbestimmung*.

Nehmen wir im Einklang mit unserem Alltagsverständnis ungebrochen weiter an, wir seien zumindest gelegentlich der Selbstbestimmung von Lebensäußerungen fähig, dann stößt man bei Meads Überlegungen zu diesem Thema auf zwei Mengen von Aussagen, die einander schlicht zu widersprechen scheinen. So sagt er auf der einen Seite beispielsweise, die Ich-Identität sei „im Grunde eine gesellschaftliche Struktur" und „erwachse aus der gesellschaftlichen Erfahrung" (GIG 182). Damit wäre in letzter Instanz auch das Ich – wie der Sozialcharakter – gesellschaftlich bestimmt. Worin besteht dann aber der Unterschied zwischen Sozialcharakter und Ich-Identität? Auf der anderen Seite behauptet er:

> „Wir sind durch die Gemeinschaft nicht einfach gebunden ... Wir verändern ständig in einigen Aspekten unser gesellschaftliches System, und wir können das intelligent tun, weil wir denken können" (GIG 211).

Damit wären wir selbstbestimmter, nicht nur gesellschaftlich bestimmter Handlungen fähig. Dieser Widerspruch ist Ausdruck eines weiteren durchgängigen Problems der meisten Diskussionen über das Verhältnis zwischen Individuum und Gesellschaft:

Problem 11: Wie kann man das Ich als Prinzip der Selbständigkeit des Individuums ansehen, wenn es doch gleichzeitig natürliche (z.B. hirnphysiologische) und/oder gesellschaftliche Bedingungen für seine Entstehung, seine Entwicklung und seinen Bestand gibt?

Die logische Struktur all jener Antworten, welche eine Lösung des Problems versprechen ist komplex und kann hier nicht ausgeführt werden.[44] Wir müssen schlicht und einfach mit Aussagen von Mead wie der weiterarbeiten, der Mensch vollstrecke „nicht einfach bestimmte Reaktionen auf bestimmte Reize, sonst wäre er an diese gebunden" (GIG 164). Das ist er für ihn jedoch an solchen Stellen offensichtlich nicht! Deswegen können „I" und „Me" auch nicht gleichgesetzt werden! Denn das „I" lässt sich als Prinzip der Autonomie verstehen. Damit stellt sich jedoch die Frage nach dem Verhältnis von Ich-Identität und Sozialcharakter. Wie immer diese Relation im Einzelnen auch sonst noch aussehen mag, sie stellt ein innerseelisches Selbstverhältnis eines Subjekts dar. Wenn man sich gewisser Züge seines Sozialcharakters bewusst wird, bezieht man sich immer noch auf sich selbst. Daher bietet es sich eigentlich an, den Begriff „das Selbst" (self) als Ausdruck für die *Zusammenhänge* von „I" und „Me" zu verwenden. Dabei schreibt Mead dem Ich eine aktive, selbstgestaltende Rolle zu:

> „Das >>Ich<< reagiert auf die Identität (auf den Sozialcharakter! – J.R.), die (der) sich durch die Übername der Haltungen anderer entwickelt. Indem wir diese Haltungen übernehmen, führen wir den Sozialcharakter (das „Me" – J.R.) ein und reagieren darauf als ein >>Ich<<" (GIG 217 f.).[45]
> „Das Ich ist die Reaktion des Organismus auf die Haltungen anderer, der Sozialcharakter ist die organisierte Gruppe von Haltungen anderer, die man selbst einnimmt. Die Haltungen der anderen bilden den organisierten Sozialcharakter, und man reagiert darauf als ein „Ich" (GIG 218).

Wo diese Formen der Selbstveränderung und damit das autonome Ich herkommen, diese gute Frage führt letztlich in die philosophische Sumpflandschaft des Vorhandenseins oder nicht Vorhandenseins unseres freien Willens und damit der Autonomie als Rationalitätsprinzip (s.o.). Freiheitsbeweise sind philosophisch leider außerordentlich schwierig und außerordentlich umstritten. Auch sie müssen wir hier ausklammern.[46]

Die Beziehung zwischen Ich-Identität und Sozialcharakter kann sich nach Mead sogar bis zum Gegensatz zuspitzen – so wie wir ihn von Freud als innere Gegenläufigkeit im Verhältnis von Ich und Über-Ich kennen (ebd.). Mead trägt dem Unbewussten vergleichsweise wenig Rechnung. In dem Maße jedoch wie das Ich sich aktiv gestaltend auf den eigenen Sozialcharakter des Individuums richtet, verändern sich nicht nur Inhalte des „Me", sondern die gesamte Konstellation von Ich-Identität und Sozialcharakter selbst. Doch auf der anderen Seite stehen Sozialcharakter und Ich-Identität bei aller möglichen Gegensätzlichkeit für Mead in einem unauflösbaren Zusammenhang zueinander.

> „Es würde kein Ich in dem von uns gemeinten Sinn geben, gäbe es keinen Sozialcharakter, und es gäbe keinen Sozialcharakter ohne Reaktion in der Form des Ich" (GIG 225).

Vom Verhältnis von „I" und „Me" lässt sich daher sagen, es weise die logisch merkwürdige Struktur eines (möglichen) Gegensatzes in der Einheit und der Einheitlichkeit im Gegensatz auf. „Das Selbst" lässt sich als diejenige Kategorie verwenden, welche die Menge der Beziehungen übergreift, die zwischen Ich-Identität und Sozialcharakter bestehen. Es bedeutet ein Selbstverhältnis des Individuums. Es vertritt den Endpunkt des „absteigenden Gangs" der Darstellung und dieser impliziert eine Reihe von Antworten auf die zehnte Problemstellung (P 10), auf die Frage also, wie sich dem Individuum gesellschaftliche Bestimmungen einprägen. Die elementaren Schritte dieses „Abstiegs" auf der cartesianischen Leiter sehen zusammengefasst so aus: Den Ausgangspunkt bilden die allgemeine Naturgeschichte der Arten sowie die Entwicklung historischer Formen menschlicher Vergesellschaftung. Vermittelt über Interaktionen mit bedeutsamen Anderen schlagen sich gesellschaftliche Ereignisse und Prozesse in der Seele des Einzelnen nieder. Angenommen nun, es komme auf der systemischen (gesamtgesellschaftlichen) Ebene zu irgendwelchen Problemen. Angenommen sie hätten den allgemeinen Rang von Systemproblemen der Totalität, also gesamtgesellschaftlicher Krisen. Diese wirken sich natürlich auch auf der konkreten Ebene der Interaktionen eines Subjekts aus. Es kommt also zugleich zu mehr oder minder schwerwiegenden Interaktionskrisen und individuellen Handlungsproblemen, welche die „ongoing activity" stören. Da sich der Sozialcharakter der Interaktion mit bedeutsamen Anderen verdankt und auch das Ich sich nur unter gesellschaftlichen Rahmenbedingungen entwickeln kann, werden die gesellschaftlich bedingten Handlungsprobleme zum Anstoß für die Veränderung einzelner Habitus oder gar des ganzen Sozialcharakters. Wenn sich jedoch etwas an der Charakterstruktur ändert, dann berührt das selbstverständlich auch die Relation(en) zwischen „I" und „Me", also das Selbst. Es gibt nicht nur einen Anlass für die Veränderung dieser Beziehungen, sondern auch für die Art der Einflussnahme des Ich auf Momente des Sozialcharakters. In einem Wort: Es kommt zur *Selbst*veränderung.

> „Die gesellschaftlichen Konflikte zwischen den einzelnen Mitgliedern der jeweiligen menschlichen Gesellschaft, zu deren Auflösung bewusste und intelligente Rekonstruktionen und Modifikationen dieser Gesellschaft durch eben diese Mitglieder notwendig sind, bringen ebensolche Rekonstruktionen oder Modifikationen in der eigenen Identität oder Persönlichkeit der einzelnen Menschen mit sich" (GIG 357).

Auf seine besondere Weise beschreibt Mead mit dem Selbst offensichtlich ebenfalls ein „Ich, das Wir" und ein „Wir, das Ich ist" (P2). Doch damit verfügen wir nur über das halbe Bild. Der Gang der Darstellung von „außen", von der Geschichte und der Gesellschaft nach „innen, also in die innere Verfassung des Subjekts in der Form der komplexen Konstellation von „I" und „Me" muss um die Kehrseite der gleichen Medaille ergänzt werden. Vervollständigt wird das Bild erst durch den Aufstieg auf der cartesianischen Leiter von der unteren Sprosse des Selbst zurück zur Gesamtgesellschaft und zur Geschichte.

Zweite Zwischenbemerkung zu Grundbegriffen der Interaktionsanalyse:

Wenn auch nicht durchweg im Einklang mit dem Sprachgebrauch Meads, lassen sich nun einige Standardbegriffe seiner Auffassung vom Reflexionsgrund der individuellen Existenz zusammenfassend bestimmen: *Das Selbst* (self) kann – wie gesagt – als Ausdruck für den gegensätzlich-einheitlichen Zusammenhang von Sozialcharakter und Ich-Identität verwendet werden. Die Ich-Identität, *das Ich* („I"), steht für die individuelle Kompetenz der Reflexion. (Aber auch die Sichselbstgleichheit im Verlauf der individuellen Lebensgeschichte kann damit gemeint sein). Die *Reflexion* bedeutet unsere (umstrittene) Fähigkeit zu selbstbewussten und selbstbestimmten (willensfreien) Lebensäußerungen und bedeutet den Reflexionsgrund im engeren Sinne. Unter der Voraussetzung des Reflexionsvermögens sind wir das, was wir sind und im Verlauf unserer Lebensgeschichte werden, immer auch ein Stück weit durch uns selbst. Die Pflichten gegenüber sich selbst, die Kant in der Anerkennungsformel des Kategorischen Imperativs erwähnt (s. Modell 1), weisen auf Grade der Verantwortlichkeit für die eigene Biographie hin. *Bedeutsame Andere* kann man sich am besten als Bezugspersonen und Bezugsgruppen vergegenwärtigen. *Interaktion* ist nicht einfach gleich einer wechselseitigen kausalen Einwirkung der Individuen, sondern versteht sich als *symbolische* Interaktion. In letzter Instanz bedeutet symbolische Interaktion eine von der Sprache geleitete praktische Beziehung auf andere Akteure (Sprechhandeln).

Das Selbst (in der Form einer Konstellation von I und Me) bildet den Ausgangspunkt des Weges, der als *Aufstieg* auf den Sprossen der cartesianischen Leiter nun von innen nach außen, schließlich bis hin zur Gesamtgesellschaft und zur Geschichte führt. Er kann in groben Umrissen so nachgezeichnet werden: Den Startpunkt soll wieder Sozialcharakter (Me) bilden. Seine Grundmerkmale dürften deutlich geworden sein:

a. Zum einen setzt er sich aus dem zusammen, was wir unter dem Eindruck und der Einwirkung bedeutsamer Anderer sind, mit denen wir interagieren. Auch die Wirkungen unserer allgemeinen sozialen Existenzbedingungen prägen sich uns selbstverständlich ein.
b. Diese Einprägungen verstehen sich von der Innenseite her gesehen als Dispositionen zum Umgang mit Personen und Sachen. Zu den einschlägigen Grundbegriffen, die dafür verwendet werden, gehören „Einstellung", „Attitude", „Haltung, „Habitus" oder „Kompetenz".
c. Dem Sozialcharakter prägen sich aber auch Ergebnisse jener Selbstbeziehung ein, die sich in der Form der Reorganisation des gesamten Habitus oder bestimmter Charakterzüge ergeben, wenn sich das „I" aktiv auf das

„Me" bezieht. Mead spricht in diesem Zusammenhang ausdrücklich von „Selbstveränderung".

Der Sozialcharakter ist nicht zuletzt an ein System von Interaktionen mit bedeutsamen Anderen gekoppelt. Daher tangiert jede Veränderung des Selbst jenes System von wechselseitigen Beziehungen der Individuen „draußen", welches den Sozialcharakter geprägt hat. Damit verändert sich aber auch die Konstellation von Ich und Sozialcharakter „drinnen". Es kommt zur Selbstveränderung. Unter Umständen kommt es auch zu einer Veränderung des Selbst dadurch, dass das Individuum bewusst und aktiv seine Einstellungen ändert. Auch die Veränderung von dieser Seite (des I) her, wirkt sich auf den Interaktionszusammenhang „draußen" aus. Es verändern sich also Aspekte der äußeren Interaktionsszene und womöglich sogar die „endgültige Handlung". Zumindest offenbaren sich neue Seiten an der bisher gewohnten Situation. Derartige Implikationen des Modells II von Mead sind in die Kerngedanken der soziologischen Schule des *symbolischen Interaktionismus* eingegangen. Es gilt – anders als bei den Behavioristen – als selbstverständlich, dass sich die Akteure bei ihren alltäglichen Interaktionen an Symbolen (Sinn) orientieren. Den Kern ihres Handelns bildet das Sprechhandeln. Darüber hinaus bedeutet die Orientierung an einer Sprache immer zugleich Reproduktion einer gemeinsamen – wenn auch alles andere als homogenen – alltäglichen Lebenswelt. Das betont Mead ausdrücklich:

> „Man kann eine Sprache nicht als reine Abstraktion übermitteln, man übermittelt bis zu einem gewissen Grad auch das hinter ihr stehende Leben" (GIG 331).

Genau das Gleiche meint der Sprachphilosoph Ludwig Wittgenstein (1889-1951) mit seiner berühmten Aussage, mit einem Sprachspiel lernten wir immer auch die dahinter stehende Lebensform. Sprache bedeutet mithin mehr als die reine Lautgabe und Information. Praktische Bezüge zu Personen und Sachen sind in sie so eingebaut wie etwa bei einer Bitte, die nicht allein kundtut was jemand will, sondern auch einen Adressaten zu einem bestimmten Tun anregen soll.

Das Fazit aus diesem ersten Schritt nach „außen" lautet: Jede Wiederherstellung einer vergleichbaren Situation enthält das Potential zur Veränderung zumindest einiger ihrer Aspekte. Allein schon deswegen, weil die Akteure im Prinzip immer auch anders handeln können und allgemeine (abstrakte) Sinnbestandteile nur in den seltensten Fällen so in einer konkreten Situation gebrauchen können, dass überhaupt keine Schwierigkeiten bei der Deutung der Situation auftauchen. Es ist sogar immer möglich, dass das Individuum nicht „die eigene Identität anpasst", sondern „den Kampf aufnimmt" und am Ende gar situationssprengende Konflikte auslöst (GIG 237).

Um die nächsten Schritte auf dem Weg von den inneren Konsequenzen äußerer gesellschaftlichen Beziehungen und damit vom Reflexionsgrund „aufsteigend" zum Daseinsgrund abschreiten zu können, muss allerdings eine der schärfsten Idealisierungen aufgehoben werden, welche für die Modelle I und II charakteristisch sind. Beide Modelle gehen ja von nur zwei „Organismen" bzw. Subjekten aus. Beide Modelle wollen zudem auf ihre Weise zeigen, wie aus der Interaktion zweier Agenten ein System normativ bindender Symbole (und damit Sprache) gleichsam aus einer uninterpretierten Ausgangssituation entsteht. Doch in der gesellschaftlichen Wirklichkeit finden wir die Muttersprache und spezielle Sprachspiele als Systeme signifikanter Symbole immer schon vor. Wir lernen und übernehmen sie im Verlauf unserer Kindheit samt den dahinter stehenden „Lebensformen". Bei der Formierung des Sozialcharakters verhält es sich daher wie mit Freuds „Über-Ich": Biographisch vorgegebene Gruppenmeinungen bis hin zu den abstraktesten und allgemeinsten Anschauungen und Wertideen einer Kultur werden verinnerlicht, tragen zur Formierung des Sozialcharakters bei und beeinflussen daher das Spannungsverhältnis zwischen „I" und „Me". Die schon organisierten Haltungen der Anderen bestehen aus „allgemeinen, systematischen Mustern des gesellschaftlichen oder Gruppenverhaltens." Der Einzelne muss sie in Fällen nicht nur strategisch berücksichtigen, sondern auch tief verinnerlichen, um mit bedeutsamen Anderen in seiner Lebenswelt routiniert zurechtzukommen. Mead spricht an dieser Stelle vom „generalisierten Anderen" (*generalized other*). Denn für ihn ist es eine Tatsache, dass das Individuum die Haltungen vieler anderer „zu einer einzigen Haltung oder zu einer einzigen Position kristallisiert, die als die des verallgemeinerten Anderen bezeichnet werden kann" (GIG 130) – so inhomogen und widersprüchlich diese „einzige Haltung" auch ausfällt. Wir gehen davon aus, dass zur *Außenseite* des „verallgemeinerten Anderen" letztlich der gesamte gesellschaftliche Kontext gehört, worin sich das Selbst und damit eine je spezifische Konstellation von „I" und „Me" herausbilden. Je nach dem Grad der bewussten, vorbewussten oder unbewussten Orientierung an allgemeinen Ideen seiner Kultur entspricht das Individuum den Erwartungen des „verallgemeinerten Anderen" – jetzt im Sinne sämtlicher Erwartungen an sein Handeln, die von außen kommen.

Bei der Untersuchung der „aufsteigenden" Frage, wie sich Selbstveränderung auf eben diesen sozialen Kontext auswirkt, vertritt G. H. Mead eine These, die auf eine eigentümliche Weise an das berühmte Schmetterlingstheorem der Chaosphysiker erinnert: Er verfolgt die Konsequenzen kleiner Erschütterungen eines bestehenden Spannungsverhältnisses zwischen „I" und „Me" bis in die allgemeine gesellschaftliche Strukturen und Prozesse hinein – selbst wenn diese Resonanzen normalerweise keine größere Rolle spielen als ein winziges Korn im Sandberg oder im Sandsturm. Die Schmetterlingsmetapher beschreibt recht gut einem wichtigen Schritt Meads auf dem Weg von innen nach außen: Angenommen irgendwelche systemische Krisen wirkten sich in der Form von Problemen eines Interaktionszusammenhanges aus. Damit verstärken sich die Anstöße zur Reorganisation von Systemen signifikanter Symbole und das heißt auch der Interaktionszusammenhänge, die von ihnen gesteuert werden. Der von signifikanten Symbolen geleiteten Interaktion verdankt sich aber auch die Entstehung einiger Charakterzüge des Individuums; sie geraten also (unter Umständen) ebenfalls unter einen Druck zur Veränderung. Für das Individuum ergeben sich deswegen innere Konsequenzen der Interaktions- und Handlungskrisen, worauf es (unter Umständen) nach jenem Modell der Selbstveränderung „als Ich" reagiert.

> Denn das Ich „ist die Reaktion des Einzelnen auf die Haltungen der Gemeinschaft, so wie diese in der Erfahrung aufscheint" (GIG 240).

So weit nochmals der Weg von außen nach innen. Doch mit jeder Selbstveränderung ergeben sich „draußen" Konsequenzen für die bestehenden Interaktionszusammenhänge, die sich dadurch – wie geringfügig auch immer – verändern können. Die Veränderung von Interaktionssystemen kann jedoch (wie der Einfluss des Schmetterlingsfluges in China Konsequenzen für das Klima an einem ganz anderen Ort) Folgen für einen ganzen Lebenszusammenhang haben. Mead benutzt natürlich nicht genau diese Metapher, aber seine Aussagen zielen in diese Richtung: Weil sich das Verhältnis von „I" und „Me" im sozialen Kontext formiert hat, können die Menschen, so sagt er,

> „ihre Identität (ihr Selbst! – J.R.) oder Persönlichkeit nicht rekonstruieren, (Selbstveränderung – J.R.), ohne auch in gewissem Umfang die jeweilige gesellschaftliche Ordnung zu rekonstruieren, worin sie eingebettet sind" (GIG 357 f.)

Auf diesem Hintergrund wird auch die zunächst maßlos überzogen klingende Behauptung Meads nachvollziehbar, dass „Selbstkritik immer gesellschaftliche Kritik" sei – nach dem Sandkornprinzip versteht sich (GIG 302).

Der Begriff „generalisierter Anderer" umfasst bei ihm viele verschiedene gesellschaftlichen Phänomene auf unterschiedlichem Stufen der Konkretion. Es kann sich um gruppenspezifische, aber auch um allgemeine Werthaltungen und Situationsdeutungen des kulturellen Überbaus handeln. Es können gruppenspezifische Erwartungen, normative und/oder antizipatorische gemeint sein. Es können genau so gut generelle „Kulturwertideen" (Weber) gemeint sein. Überdies wird diese Kategorie nicht grundsätzlich nur „Ideen", verinnerlichten geistigsprachlichen Phänomen vorbehalten. In letzter Instanz reicht der Begriff des „generalisierten Anderen" sogar bis hin zu Vorstellungen von Gesamtgesellschaft und Geschichte. Es gibt zweifellos die Notwendigkeit, aber auch die Möglichkeit, diese sehr breit angelegte Kategorie zu spezifizieren. Eine Frage, die in diesem Zusammenhang nahe liegt, ist die Frage nach Meads Vorstellungen von der Sozialstruktur einer ganzen Gesellschaft als Ungleichheitsstruktur, womit das Problem von Macht und Herrschaft unmittelbar verwoben ist. Auf seinem Weg auf der cartesianischen Sprossenleiter nach oben greift Mead diese Fragestellung in der Tat ausdrücklich auf. (Weswegen es – unter anderem – absolut unsinnig ist, ihn nur als Sozialpsychologen zu interpretieren und zu allem Überfluss noch seine bedeutenden Beiträge zur Philosophie zu vernachlässigen).[47] Sicherlich liegt der Hauptakzent seiner interaktionstheoretischen Überlegungen auf Prozessen der wechselseitigen Anpassung (*accomodation*), aber er verliert deswegen Gewalt, Macht und Herrschaft keineswegs völlig aus dem Auge: Schon auf der Stufe des Interaktionsmodells I gibt es nach Mead bei den Naturwesen einen „hostile instinct", eine Art Aggressionstrieb. Im extremen Falle reduziert sich Selbsterhaltung auf die nackte Selbstbehauptung gegenüber Angreifern. Auf der Stufe des Interaktionsmodells II entspricht diesem Extrem die reine Gewaltanwendung durch Personen und Gruppen (Repression).

> „Im Augenblick des Kampfes oder des heftigen Zorns kann der Einzelne oder die Gemeinschaft versuchen den jeweiligen Feind einfach zu vernichten" (GIG 332).[48]

Aber selbst ein totalitärer Staatsapparat kommt nicht ganz ohne die Transformation von blanker Machtandrohung und Machtanwendung in Herrschaft aus. Das heißt: Er ist immer auch auf die psychische (sozialcharakterologische) Einbindung der Unterworfenen in die herrschenden Verhältnisse angewiesen. Herrschaft muss sich auf den Glauben an ihre Legitimität sowie auf die Übernahme hegemonialer Legenden auf Seiten der Beherrschten selbst stützen (vgl. GIG 332). Mead glaubt jedoch, in der Geschichte der Menschheit einen Trend erkennen zu können, der Schritt für Schritt vom Extrem des Kampfes auf Leben und Tod wegführt. Anfänglich dominieren nach seiner Auffassung historisch die Strategien der nackten Selbstbehauptung in Verbindung mit einer Haltung, die auf die Vernichtung oder Unterwerfung der anderen zielt. Dann etablieren sich festere (organisierte) Herrschaftsformen, bis Herrschaft in funktionale Autorität überführt wird. Bei funktionaler Autorität leitet sich die Überlegenheit einer Person über die andere – im Unterschied zur Überlegenheit des „Grobians" – aus ihrer sachlichen Leistungsfähigkeit ab. Es entstehen womöglich breitere gesellschaftliche Lebenszusammenhänge, worin die Sachautorität vorherrscht (vgl. GIG 336).

Verbindungslinien zum Rationalitätsverständnis wie wir es bei Kant und in der kritischen Theorie der Gesellschaft kennengelernt haben, ergeben sich mit der Annahme einer historischen Entwicklungsstufe der Menschheit bei Mead, die sogar über das Stadium vorherrschender funktionaler Autorität hinausweist.

"Hier wird eine Gesellschaft angenommen, in der der Einzelne nur in dem Maße Bürger bleiben kann, wie er die Rechte aller anderen Mitglieder der Gemeinschaft anerkennt" (GIG 335).

Das erinnert deutlich genug an Kants Rechtsprinzip (s.o. S. 17 ff.). Auch Meads Verständnis von Demokratie reicht ebenfalls über die Idee einer friedfertigen Kooperation der Individuen im Rahmen reiner Sachautorität hinaus.

"Demokratie in dem hier relevanten Sinn aber ist eine Haltung, die von der Art der Identität abhängt, die sich in Verbindung mit der universalen Beziehung der Brüderlichkeit entwickelt, gleichgültig wie diese erreicht wurde" (GIG 333; vgl. auch 358).

Diese Formulierung erinnert nicht nur an Kants wechselseitiger Achtung der Würde des Subjekts, sondern auch an seine Idee der "Weltbürgerlichkeit".[49] Diese würde bei Mead gleichermaßen "die ganze Menschheit" umfassen, wobei darin "alle durch die Mittel der Kommunikation Beziehungen zueinander aufnehmen können. Sie können andere Wesen als Mitglieder oder sogar als Brüder erkennen" und anerkennen (GIG 330). Es gibt sogar einige ziemlich gradlinige Verbindungen der Meadschen Vorstellungen von der Entwicklung des Menschengeschlechts zur Anerkennungsformel des Kategorischen Imperativs. Sie zeichnen sich mit seinen fragmentarischen Anmerkungen zur Ethik ab. Denn er spricht ausdrücklich von "Universalisierung" und meint damit allem Anschein nach mehr als eine rein formale Maximenprobe (vgl. o. S. 18 f.). Seine Überlegungen nähern sich durchaus der Kantischen Lehre von der wechselseitigen Anerkennung des freien Willens der Subjekte an. Daher bemisst sich auch bei Mead die Vernünftigkeit oder Unvernünftigkeit gesellschaftlicher Verhältnisse daran, inwieweit sie "durch ihre mehr oder weniger starre und bewegliche Fortschrittsfeindlichkeit unsere Individualität", die Reflexion zerstören (GIG 308). Mead ist darüber hinaus der Meinung, die Sprache selbst enthielte eine die Universalisierung und Anerkennungsverhältnisse unterstützende Kraft. Denn, so lehrt er, das "logische Universum" könne allein schon durch "die Verwendung der gleichen signifikanten Symbole" eine Gemeinschaft stiften (GIG 330). Sprachen trennten nicht nur, sondern trügen – wie es das Interaktionsmodell II zeigt – das Potential zur Vergemeinschaftung in sich. Auf seine Weise deutet Mead vielleicht schon das an, was bei Jürgen Habermas später als verständigungsorientiertes Sprechhandeln im Detail analysiert wird.

Mead ist auf seinem Weg zurück zum Existenzgrund des Individuums letztlich wieder bei der Geschichte angelangt, deren Entwicklungstendenzen und

Entwicklungsmöglichkeiten er mit Blick auf die Chancen zur Bestätigung und/ oder Bedrohung der Autonomie des Subjekts bewertet. Geschichte erscheint nach dem „Aufstieg" auf der cartesianischen Leiter daher nicht länger als die reine Naturgeschichte, von der das Interaktionsmodell I ausgegangen ist, sondern als Dynamik menschlicher Fortschrittsmöglichkeiten. Leben bedeutet für ihn an diesem Ende mehr als die Sicherstellung der Existenz nach klugen und geschickten Maximen der Selbsterhaltung und Selbstbehauptung. Menschliches Leben könnte vernünftiges Zusammenleben sein, wobei sich Vernunft am Anerkennungsprinzip bemisst.

> „Je mehr wir uns (nicht bloß strategisch und taktisch – J.R.) für andere Personen interessieren, desto mehr interessieren wir uns für das Leben im Allgemeinen" (GIG 435).

Texte und Textstellen zur Illustration und Vertiefung dieser Grundgedanken

....

Wichtige Bezugstexte

G. H. Mead: Geist, Identität und Gesellschaft, Frankfurt/M 1968, S. 115 ff. (Sinnbegriff), S. 157 ff. (Symbolbegriff), S. 236 ff. („I" und „Me"), S. 328 ff. (Demokratiebegriff). GIG

H. Blumer: Der methodologische Standort des symbolischen Interaktionismus, in: Arbeitsgruppe Bielefelder Soziologen (Hg.): Alltagswissen, Interaktion und gesellschaftliche Wirklichkeit 1, Reinbek bei Hamburg 1973, S. 80 ff.

Problemstellungen für Diskussionen

Ergänzend: *Problem 11*: Wie kann man das Ich als Prinzip der Selbständigkeit des Individuums ansehen, wenn es doch gleichzeitig natürliche (z.B. hirnphysiologische) und/oder gesellschaftliche Bedingungen für seine Entstehung, seine Entwicklung und seinen Bestand gibt? (Dieses Problem wird nur erwähnt, nicht bearbeitet!).

Vertiefender Kommentar

Eine Kurzfassung der Interaktionsmodelle von Mead findet sich in AG Soziologie: Denkweise und Grundbegriffe der Soziologie, 15. Auflage von 2004, Kapitel 3, S. 45 ff.

Ausführlicher: J. Ritsert: Soziologie des Individuums. Eine Einführung, Darmstadt 2001, Kapitel IV, S. 89 ff.

Modell 4:
Individuelles Handeln und allgemeine Vergesellschaftungsprinzipien

Vorbemerkung

Die Schriften von Max Weber (1864-1920) haben zweifellos weltweit einen herausragenden Einfluss auf die Entwicklung der Soziologie als Wissenschaft ausgeübt. 1922 wurde das Hauptwerk Webers von seiner Frau Marianne posthum veröffentlicht: „Wirtschaft und Gesellschaft. Grundriss der verstehenden Soziologie."[50] Ohne jede Übertreibung kann man sagen, dass der erste Teil dieses voluminösen Werkes (die „soziologische Kategorienlehre") und daraus wieder der § 1 („Soziologische Grundbegriffe") zu den Kenntnissen gehört, worüber sämtliche Studierenden der Soziologie recht bald verfügen sollten.[51] Die soziologischen Grundbegriffe Webers liefern dem folgenden Modell in der Tat den Leitfaden. Es empfiehlt sich, den Originaltext der Grundbegriffe begleitend zu lesen. An den passenden Stellen werden überdies einige Passagen von Georg Simmel (1858-1918) und Ferdinand Tönnies (1855-1936) herangezogen. Es handelt sich um Klassiker annähernd der gleichen Generation wie Max Weber.

Teil A
Verhalten, Handeln und Handlungsverstehen.

Obwohl G. H. Mead in verschiedenen Hinsichten ausdrücklich auf Kernvorstellungen der Schule des Behaviorismus zurückgreift, macht er einen Unterschied zwischen Verhalten und Handeln. Dieser beeinflusst die Unterscheidung zwischen Interaktionsmodell I und Interaktionsmodell II. Denn Ersteres geht von beobachtbaren Gesten als Reiz-Reaktionsverhältnissen zwischen Organismen aus, Letzteres befasst sich mit menschlichen Akteuren, die sich an signifikanten Symbolen (Sinn), letztlich an einer entwickelten Sprache orientierten. Von Weber werden die Grenzlinien ähnlich gezogen. Im § 1 (der Grundbegriffe) erklärt er die Soziologie zu einer Wissenschaft, die „soziales Handeln deutend verstehen", aber auch in seinen Abläufen und Wirkungen „ursächlich erklären" will. Den berühmten Unterschied zwischen *Verstehen* und *kausaler Erklärung,* der in der sozialwissenschaftlichen Methodenlehre und Wissenschaftstheorie heiß umstritten ist, vorerst beiseite schiebend, wird die Soziologie von Weber offensichtlich auf die Untersuchung *sozialen Handelns* festgelegt (Handlungstheorie). *Handeln* liegt ganz allgemein vor, wenn die Akteure mit ihrem *Verhalten* – ob es sich nun um äußerliches oder innerliches Tun, Unterlassen und Dulden handelt – einen *subjektiven Sinn* verbinden. Unter „Verhalten" darf man vielleicht beobachtbare Lebensäußerungen der Agenten verstehen. Jedenfalls ist es der (subjektive) *Sinn*, woran Weber die Unterscheidung zwischen Verhalten und Handeln festmacht. *Soziales Handeln,* so sagt er, zeichnet sich dadurch aus, dass der *Sinn*, woran sich Mensch E bei seinem Handeln orientiert, auf das Handeln anderer Akteure bezogen ist. Jetzt hängt natürlich alles an der Kategorie des *Sinns*, die man ohne jede Übertreibung ebenso wie „Wert" als ein Schmerzenskind der Sozialwissenschaften bezeichnen kann.[52] Sie wird allenthalben verwendet – nur selten allerdings auf eine geklärte und einverständige Art und Weise. Die folgende Zwischenbemerkung kann nur einen schmalen Pfad in die Sumpflandschaft der Diskussionen über „Sinn" weisen.

Zwischenbemerkung 1: Notizen zum Sinnbegriff:

Ich schlage eine elementare Unterscheidung zwischen

a. Linguistischem Sinn.
b. Aktorsinn
c. Aktionssinn vor.

Ad a: Der sprachliche Sinn besteht vor allem im *Inhalt* (semantischen Gehalt) von Begriffen, Aussagen sowie ganzer Sprachspiele. Die allgemeinen oder besonderen Eigenschaften, die ein Begriff zu einer mengenlogischen Klasse zusammenfasst, gehören als sein „Intension" (Begriffsinhalt) ebenso zu seinem Sinn wie die Menge der Sachverhalte, worauf er sich bezieht (Extension; Begriffsumfang). Sätze haben Sinn in der Form ihres sog. „propositionalen Gehaltes" (Aussagengehaltes).[53] Man kann aber auch Sprache als Handeln (Sprechhandeln) untersuchen und feststellen, welche praktische Beziehung zu einem Adressaten in eine Aussage eingelassen ist. Bei der Bitte sieht diese ganz anders aus als beim Befehl.

Ad b: Das entspricht Webers „subjektivem Sinn".[54] Da Weber auch vom „subjektiv vermeinten Sinn" spricht, handelt es sich wahrscheinlich um den Sinn, woran der Akteur selbst mehr oder minder klar und bewusst orientiert ist. Als Beispiele dafür kommen *Motive* in ihrer Spannbreite von Bedürfnissen über Wünsche, Absichten, Pläne und Strategien (Maximen) bis hin zu den Zielen und

Zwecken in Frage, denen der Handelnde mit Willen und Bewusstsein nachjagt. Aber auch das, was die symbolischen Interaktionisten „Situationsdeutung" (*definition of the situation*) nennen, kann als Exempel dienen. Situationsdeutungen umfassen die Informations- und Wissensbestände, Weltanschauungen, Perspektiven, normativen Bindungen (Weber: „Wertideen" wie ästhetische, ethische und linguistische Normen, Regeln und Kriterien sowie Handlungsgründe), worauf ein Akteur selbst zurückgreift. Das Spektrum ist also sehr breit.

Ad c: Unter dem Aktionssinn ist der Sinn zu verstehen, den eine Handlung selbst hat. Aktorsinn und Aktionssinn können sich unterscheiden. Ein schlauer Beobachter der Handlung kann bei passender Gelegenheit behaupten, die Aktion eines Handelnden hätte „in Wahrheit" einen ganz anderen Sinn als sich der Agent einbildet. Psychotherapeuten leben von dieser Differenz. Da meint einer er sorge für Hygiene, wenn er andauernd seine Hände wäscht, dabei wird er von einem Waschzwang geplagt.

Es macht Sinn, den Schlusssatz des § 1 der Weberschen Grundbegriffe etwas zu ergänzen: Das soziale Handeln ist nicht nur am Verhalten anderer, sondern weitaus mehr am *Sinn* der Handlungen anderer orientiert. Man kann zum Beispiel nicht nur erwarten, was ein Anderer vermutlich tun *wird* (antizipatorische Erwartung), sondern auch, was er tun *soll* (normative Erwartung). Im zweiten Fall wird unterstellt, dass er sich an Wertideen als Sinnkomponenten orientiert. Man kann sogar Erwartungen hinsichtlich seiner Erwartungen uns gegenüber hegen (Erwartungs-Erwartungen).

Im § 2 von WuG führt Weber seine berühmten vier Idealtypen sozialen Handelns ein. Dass Idealtypen nichts mit Idealen oder Utopien zu haben, sondern ein Ergebnis von Schritten der Abstraktion, Pointierungen und Idealisierung darstellen, das historisch Einzigartiges und Unverwechselbares erfassen soll, wurde schon erwähnt (s.o. S. 6 f.). Die vier „reinen Typen" sozialen Handels bei Weber sehen so aus:

a. *Zweckrationales Handeln.* Zweckrational handelt ein Akteur, wenn er die ihm zugängigen Mittel unter den materiellen und normativen Rahmenbedingungen seiner Situation so einsetzt, das er seine Ziele und Zwecke erreicht. Zweckrationalität kann zudem eine Norm sein, woran er sich selbst orientiert (Weber: „subjektive Zweckrationalität") oder woran Beobachter sein Handeln als effizient oder ineffizient messen (Weber: „Objektive Richtigkeitsrationalität").

b. *Wertrationales Handeln:* Wertrational handelt derjenige Akteur, welcher an den Eigenwert eine bestimmten Aktion glaubt und sie wegen ihres inneren

Wertes ohne Rücksicht auf Verluste und Nebenfolgen vollzieht. Fundamentalisten und Fanatiker liefern extreme Beispiele für diesen Typus.

c. *Traditionales Handeln:*[55] In diesem Falle ist der Aktorsinn fest in überlieferten und eingespielten Sitten und Gebräuchen, Routinen und Rezepten verankert. Das traditionale Handeln gerät in die Nähe des reinen Verhaltens, wenn es nicht mehr als „ein dumpfes, in der Richtung der einmal eingelebten Einstellung ablaufendes Reagieren auf gewohnte Reize" darstellt (WuG 17).

d. *Affektuelle Handeln:* Es besteht darin, den eigenen Gefühlen einen freien Lauf zu lassen und seinen Affekten nachzugeben. Die berühmten Handlungen „aus dem Bauch" und nicht aus dem Kopf heraus, gehören dazu. Hier gerät Handeln sowohl an die Schranken des bewussten Vorgehens als auch in den Grenzbereich der Irrationalität.

So angeordnet bildet diese Typologie eine gewisse Hierarchie, die von Vernunft als Zweckrationalität bis in den Bereich der Irrationalität führt.

Zwischenbemerkung 2: Eine Notiz zur Operation des Verstehens:

Webers Handlungstypologie erleichtert zumindest ein Stück weit das Verstehen seines schwierigen Begriffs des „Verstehens". Es macht nach meiner Auffassung Sinn, vier elementare Erscheinungsformen der Verstehensoperation zu unterscheiden: (1.) *Das rationale Handlungsverstehen.* Für Weber hat die „zweckrationale Deutung" einer Handlung das Höchstmaß an Evidenz. D.h.: Wir verstehen eine Handlung vergleichsweise klar und deutlich, wenn wir über kluges und geschicktes Wissen darüber verfügen, welche Mittel für welche Zwecke (den größtmöglichen) Erfolg versprechen. Sehen wir jemanden, der die fraglichen Mittel einsetzt, so verstehen wir nicht nur *analytisch*, was er macht, sondern wir können sein Vorgehen auch *normativ* als „rational" (zweckrational) beurteilen. (2.) *Das Motivationsverstehen.* Behavioristen haben sicherlich recht, wenn sie sagen, es sei ungemein schwierig, dahinter zu kommen, was in den Köpfen anderer Leute so vor sich geht. Trotzdem schreiben wir unseren Mitmenschen angesichts ihrer Taten und Untaten aufgrund irgendwelcher Anhaltspunkte bestimmte Motive zu, die sie bewegt haben müssen. Auch *Gründe* von Handlungen glauben wir, verstehen zu können. Welche Überlegungen haben den Akteur dazu bewegt, so und nichts anders vorzugehen? (3.) *Regelverstehen.* Diese Form des Verstehens ist mindestens so praktikabel wie das rationale Handlungsverstehen. Wenn ich mich auf praktische Regeln verstehe, verstehe ich den Sinn bestimmter Maßnahmen. Wenn ich die Regeln der Mathematik beherrsche, kann ich die komplexe Gleichung 1 + 1 elegant lösen. Wenn ich mich auf Regeln der Interaktion (also auf eine Sprachspiel-Lebensform) verstehe, kann ich leicht verstehen, dass es sich bei einer bestimmten Geste um einen „Gruß" und nicht um eine „Drohung" handelt. (4.) *Das Kontextverstehen.* Ein einzelnes Ereignis kann oftmals dadurch verstanden werden, dass wir es wie ein Puzzlestück in einen Zusammenhang mit anderen Bestandteilen der Situation einpassen. Wir können einen bunt bedruckten Zettel nur dann als „Scheck" und nicht als „Rohmaterial für Konfetti" deuten, wenn wir über eine ganze Menge von Informationen über Zusammenhänge im derzeit maroden Bankensystem verfügen.

Der § 3 der Weberschen Grundbegriffe befasst sich mit *sozialen Beziehungen,* also Handlungszusammenhängen. Soziales Handeln bedeutet für ihn ein Verhalten mehrer Personen, das seinem Sinngehalt nach „aufeinander eingestellt" und sich an diesem „aufeinander eingestellten" Sinngehalt orientiert. „Aufeinander eingestellt" sind Handlungen, bei denen einer weiß, was er von anderen als Aktionen und Reaktionen zu erwarten hat. Wir *erwarten* von jemandem zum Einen ein bestimmtes Handeln, weil wir bei ihm die Beachtung bestimmter Normen, Regeln, Kriterien voraussetzen (*normative Erwartungen).* Wir *erwarten* aber von Anderen zum Zweiten bestimmte Verhaltensmuster, weil es in der gesellschaftlichen Wirklichkeit „tatsächliche Regelmäßigkeiten" in der Form „bei zahlreichen Handelnden verbreitete(r) Abläufe" gibt (§ 4 WuG). In diesem Falle handelt es sich um *antizipatorische Erwartungen,* also um eine Art von Alltagsprognosen hinsichtlich des Vorgehens anderer Personen. Wir stützen uns dabei auf mehr oder minder fundierte Kenntnisse über bislang (meistens oder immer wieder) bestätigte *Regelmäßigkeiten* des Vorgehens anderer Akteure in vergleichbaren Situationen. Ohne solche sich in Raum und Zeit wiederholende Ereignisse könnten wir nicht nur keine Vorhersagen dieser Art machen, sondern es würde auch das Chaos regieren. Soziale Regelmäßigkeiten (Typen von Abläufen) können die Konsequenz der Orientierung zahlreicher Handelnder an Regeln sein. Alle Europäer außer den Briten fahren wegen eines Gebots der StVO auf der rechten Fahrbahn. Aber nicht alle Regelmäßigkeiten bilden die Konsequenz von Wertideen wie Regeln! Es gibt selbstverständlich regelmäßig erfahrbare Handlungsmuster von Menschen, die sich der Wirkung bestimmter Ursachen verdanken. Einflüsse klimatischer Existenzbedingungen oder der Nahrungsproduktion etwa fallen in diesen Bereich. Es gibt schließlich auch sich wiederholende Ereignisse in Raum und Zeit, die zwar der Praxis zahlloser Menschen entstammen, aber auf deren Willen und Bewusstsein dennoch nicht zurückführbare Ereignisse darstellen, die in Raum und Zeit sich regelmäßig wiederholen. Soziale Prozesse wie der Wirtschaftskreislauf bilden das Paradebeispiel dafür. Soziale Regelmäßigkeiten haben so gut wie nie den Rang von universellen Naturgesetzen, an die der Anspruch gestellt wird, einen Zusammenhang von Ereignissen darzustellen, der überall und jederzeit ohne Ausnahme (oder wenigstens mit einer hohen Wahrscheinlichkeit) zu erwarten ist. Der Kreislauf des Kapitals beispielsweise setzt den historischen Kapitalismus voraus. Er wirkt gleichwohl auf das Leben eines jeden von uns ein und kann daher die Basis für *kausale Erklärungen* bestimmter Aktionen im Weberschen Sinne liefern, während wir aufgrund der entsprechenden Regelorientierung *verstehen*, warum die Kontinentaleuropäer auf ihren Fahrbahnen rechts und nicht – wie es die Ägypter gelegentlich tun – kreuz und quer fahren. So oder so – würden wir uns bei unseren Alltagsprognosen grundsätzlich irren, könnten wir den Alltag bestimmt nicht überstehen! Soziale Beziehungen stellen schließlich auch in der Hinsicht ihrem Sinngehalt nach „aufeinander gegenseitig *eingestellte*" Handlungen dar, dass wir Erwartungen darüber hegen, welche Erwartungen andere Menschen uns gegenüber hegen (Erwartungs-Erwartungen). In dem Maße wir uns erfolgreich an Erwartungserwartungen orientieren können, stabilisiert sich der Zusammenhalt einer Gruppe.

Zwischenbemerkung 3: Georg Simmels Begriff der Soziologie.

Der § 1 der Grundbegriffe Max Webers legt Soziologie als Theorie sozialen Handelns fest. Georg Simmel hat einen ähnlichen Versuch gemacht, den Untersuchungsbereich der Soziologie abzustecken. Soziologie ist zumindest dem Namen nach die Wissenschaft von der Gesellschaft. Aber was ist Gesellschaft? Simmel schlägt eine Definition vor, von der er glaubt, dass sie allgemein genug sei, um jeden Streit zu vermeiden. Gesellschaft existiert für ihn, „wo mehrere Individuen in Wechselwirkung treten" (So 4). Wechselwirkung stellte demnach die Grundstruktur aller sozialen Beziehungen dar. Doch die besondere Perspektive, welche die Soziologie auf „Gesellschaft" als einen Untersuchungsbereich richtet, womit sich auch andere geisteswissenschaftliche Disziplinen beschäftigen, besteht für ihn darin, dass sie *Formen* der Wechselwirkungen zwischen Menschen studiert. Psychologie und Sozialpsychologie sind Wissenschaften, die sich mit den *Inhalten* menschlichen Handelns befassen. Darunter sind nach Simmel all die vielfältigen Motive, „Triebe und Zwecke" (So 4) zu verstehen, die uns antreiben. Beispiele für *Formen* der Interaktion sind Freundschaft, Konkurrenz, Konflikt etc. Hinter den gleichen Formen können verschiedene Antriebe (Inhalte) stehen – und umgekehrt. Simmel gilt als der Begründer der „formalen Soziologie". „Wechselwirkung" ist ein Kausalbegriff. Wie verhält es sich dann aber mit dem *Sinn* sozialer Beziehungen? Diese dann doch zu akademischen Kontroversen führende Frage an die formale Soziologie umkurven wir; denn Simmel ergänzt seine Definition durch die These, jede gesellschaftliche Wechselwirkung sei als ein *Tausch* zu betrachten (PdG 59). Damit beginnen jedoch neue Schwierigkeiten. Denn wird Tausch mit Interaktion und Interaktion mit Wechselwirkung gleichgesetzt, dann deckt sich diese Kategorie mit dem Konzept der „sozialen Beziehungen". Sie sagt dann nichts Spezifisches oder Zusätzliches aus. „Tausch" wird von Simmel allerdings auch um Sinne von „Reziprozität" verhandelt. Beim Austausch als Reziprozität wird eine Wohltat gewährt, die zu einer quantitativ nicht genau spezifizierten, insofern diffusen Gegenleistung verpflichtet. Das Gastgeschenk als Gabe liefert ein Beispiel dafür. Doch in Simmels großen Werk „Philosophie des Geldes" wird der Tausch natürlich immer wieder als ökonomischer Austausch auf Märkten verhandelt: Ware gegen Geld, Geld gegen Ware. Festzuhalten ist auf jeden Fall, dass Simmel unter dem Tausch als Reziprozität und/oder ökonomischen Tausch das Grundprinzip menschlicher Vergesellschaftung versteht.

Die „aufeinander eingestellten" Aktionen und Reaktionen, von denen Max Weber im § 3 spricht, entsprechen offensichtlich der „accomodation" bei Mead. Sie bezeichnen damit auch die von Simmel so genannte „soziale Synthesis". Soziale Integration meint „Ordnung", womit allerdings ganz neutral nur „Zusammenhang" und nichts á la „law and order" gemeint sein ist. Erwartungen machen einen Kernbestandteil sozialer Beziehungen aus. Selbstverständlich kann man auch erhebliche Unannehmlichkeiten auf Seiten der anderen erwarten und daraufhin die Steigerung sozialer Konflikte voraussagen. Weber geht allerdings im § 4 zu „sozialen Ordnungen" über. Unter einer *Ordnung* versteht er organisierte soziale Beziehungen, wobei „Organisation" sich ganz allgemein auf irgendeine dauerhaftes Gefüge dieser Relationen bezieht. Der Fortbestand von gesellschaftlichen Organisationen im Zeitablauf, soziale Synthesis, wird nach Weber maßgeblich gefördert, wenn sich die Handlungen der Einzelnen in einer sozialen Beziehung „an der *Vorstellung* vom Bestehen einer *legitimen Ordnung*" orientieren (§ 5 WuG). Die *Geltung* (die Akzeptanz) einer Ordnung hängt daher entscheidend von der Wahrscheinlichkeit (Chance) ab, dass die in die entsprechenden sozialen Beziehungen involvierten Personen diese für *legitim* halten.[56] Eine Ordnung „gilt" (ist in Kraft), wenn die Handelnden sie für legitim halten und legitim ist sie, wenn tatsächlich die Wahrscheinlichkeit besteht, dass sie die Akteure als rechtmäßig und anerkennungswürdig, verbindlich, wenn nicht verpflichtend ansehen. Die Geltung einer Ordnung hängt mithin maßgeblich vom „Legitimitätsglauben" von Akteuren und nicht einfach nur von der Androhung von Zwangsmaßnahmen ab. Dieser Glaube kann innerlich „affektuell" durch Gefühle, durch den Glauben an absolut verpflichtende Werte gestützt oder im religiösen Glauben verankert sein. Aber auch die Einschätzung von Folgen mangelnder Achtung vor der Ordnung für die eigene Interessenlage (Zweckrationalität) kann die Anerkennung der Ordnung stützen (§ 6). Eine stabile Geltung setzt allerdings voraus, dass die Handelnden nicht nur aus blanker Gewohnheit, „dumpf eingelebter Sitte" (Weber), sondern *zusätzlich* aus einem Gefühl oder Bewusstsein der Verpflichtung heraus agieren. Kluges Taktieren allein reicht nicht als sozialer Kitt aus (§ 5).

Einen herausragenden Einfluss hat Webers Theorie der Legitimität von *Herrschaftsordnungen* ausgeübt. Bei Weber bedeutet Herrschaft letztlich *legitime Machtausübung*. „Macht" wiederum definiert er im § 16 der Grundbegriffe als die Chance, „innerhalb einer sozialen Beziehung den eigenen Willen auch gegen Widerstand durchzusetzen, gleichviel worauf diese Chance beruht". Diese Definition muss man von anderen in der sozialwissenschaftlichen Literatur abgrenzen, wo der Machtbegriff so sehr verallgemeinert wird, dass er mit menschlichen Fähigkeiten (Kompetenzen) überhaupt zusammenfällt. Es steht in meiner Macht x zu tun und y zu lassen. „Herrschaft" hingegen bedeutet bei Weber *legitimierte* Macht. Im Unterschied zu blanken Machtverhältnissen ist den Machthabern in einer Herrschaftsordnung gelungen, ihre Macht in geltendes Recht einzukleiden und den Gehorsam der Mägde und Knechte in Pflicht umzuwandeln.[57] Den Beherrschten erscheint die geltende Herrschaftsordnung als rechtens (legitim) und ihr Gehorsam als Pflicht. Im Mittelalter verstehen die den Oberherren unterworfenen Menschen sich selbst als Untertanen einer Monarchie, wobei die Kirche den Gläubigen einbläut, der König sei von Gottes Gnaden eingesetzt worden und der Gehorsam gegenüber den adligen Autoritäten sei Christenpflicht. Vo daher definiert Weber:

> „*Herrschaft* soll heißen die Chance, für einen Befehl bestimmten Inhalts bei angebbaren Personen Gehorsam zu finden" (§ 16).

Er unterscheidet seine drei berühmten „reinen Typen der Herrschaft" anhand der Gründe, die den Legitimitätsglauben, den Glauben an die Legende der Herren bei den Knechten und Mägden tragen.

Legale Herrschaft: Dabei handelt es sich um Herrschaft kraft Satzung. Es wird nicht in erster Linie Personen, sondern Regeln gehorcht, die festlegen, was wem erlaubt, geboten und verboten ist. Auch die Herren sollten sich eigentlich daran halten. Diese Regeln legen zudem diejenigen ihrerseits an Regeln gebundenen Agenturen und Stäbe fest, welchen in bestimmten Situationen zu gehorchen ist. Die bürokratische Herrschaft wird von Weber intensiv als Prototyp legaler Herrschaft studiert.

Traditionelle Herrschaft: Dieser Herrschaftstypus stützt sich auf den Glauben bei den Beherrschten, die aus der Tradition stammenden, wenn nicht von jeher vorhandenen Ordnungen und Herrengewalten seien heilig und dürften nicht angetastet werden. Patriarchalische Herrschaft liefert das Paradebeispiel dafür.

Charismatische Herrschaft: Im Falle der charismatischen Herrschaft wurzelt der Glaube an Verbindlichkeit und Vorbildlichkeit der Herrschaft in den emotionalen Bindungen der Mägde und Knechte an die Person des Herrn und an seine außeralltäglichen Gnadengaben, an sein Charisma. Das Charisma kann durch magische Fähigkeiten, Offenbarungen, Heldentum, durch die Macht des Geistes und der Rede u.a.m. bedingt sein.

Teil B
Gemeinschaft und Gesellschaft.

Weber ist bei der Anordnung seiner soziologischen Grundbegriffe von dem Verhalten und dem Handeln eines einzelnen Akteurs ausgegangen und in den §§ 5-7 zu „Ordnungen" aufgestiegen. Ordnungen können soziale Gebilde wie eine Universität, Herrschaftsordnungen wie eine Bürokratie, aber auch Regelsysteme wie etwa ein Rechtssystem, eine Satzung etc. sein. Auch Weber gelangt auf den letzten Sprossen seines Aufstiegs danach im § 10 bei der gesamtgesellschaftlichen Ordnung, bei Strukturen und Prozessen der Totalität an. Dort greift er eine berühmte Unterscheidung auf, die sein Zeitgenosse Ferdinand Tönnies (1855-1936) in die sozialwissenschaftliche Diskussion eingebracht hat: die Unterscheidung zwischen *Gemeinschaft* und *Gesellschaft*. Weber verwendet allerdings im § 10 die Begriffe *Vergemeinschaftung* und *Vergesellschaftung*. Tönnies' Begriffspaar entstammt seinem 1887 erschienen Hauptwerk.[58] Zunächst einmal steht es unter dem Eindruck der Umwälzung des mittelalterlichen Feudalismus (Absolutismus) mit seiner auf Grundbesitz und Standesehre gestützten Adelskultur in Richtung auf die moderne bürgerliche Gesellschaft. Nicht nur Romantikern erscheint das mittelalterliche Leben von persönlichen Abhängigkeiten und direkten, gemeinschaftlichen Beziehungen – wie z.B. in einer Zunftordnung – geprägt. Demgegenüber setzten sich in der Moderne immer mehr die anonymen Relationen zwischen Marktgängern durch. Die Begriffe „Gemeinschaft" und „Gesellschaft" enthalten bei Tönnies jedoch vor allem Grundvorstellungen von den Prinzipien sozialer Integration (Synthesis). Nach seiner Auffassung sorgen in Gemeinschaften Zusammengehörigkeitsgefühle sowie gemeinsame Anschauungen und Werthaltungen für den Zusammenhalt einer Gruppe. Zweckverbände, die die Interessen ihrer Mitglieder nüchtern kalkulierend vertreten, stellen nach Tönnies hingegen keine Gemeinschaften dar. Bei Gemeinschaften herrschen also

Ereignisse und Eigenschaften wie Nachbarschaftskontakt, Verwandtschaft, Freundschaft, Liebe, Intimität, Solidarität, mithin Beziehungsmuster vor, die nicht in erster Linie deswegen Unterstützung finden, weil sie dem eigenen Vorteil dienen, sondern weil die Einzelnen ihre Einbeziehung in die *communio* um ihrer selbst willen schätzen.[59]

Gesellschaften wurzeln demgegenüber in planvollen, sachlich überlegten und zweckrational entworfenen Strategien der Assoziation der Individuen. Für die moderne bürgerliche Gesellschaft heißt dies, dass sie sich nicht mehr so sehr auf überlieferte und unbefragt hingenommene Wertideen der Tradition gründet (*status*), sondern sich wegen ihrer zunehmenden inneren Differenzierung (Binnenkomplexität) auf abstrakte Prozesse der sozialen Synthesis wie vor allem Tausch (auf Märkten), Verträge (*contract*), Bürokratie und abstrakte Rechtsregeln stützen muss. Der Übergang vom Feudalismus zum Kapitalismus wird von daher auch in der Formel *from status to contract* zusammengefasst. Das Bürgertum hat das Prinzip der Zweckrationalität (als unbedingte Effizienz) nicht erfunden. Zweckrational erfolgreich handelt jeder überlebensfähige Urmensch in seiner Umgebung. Aber – das gehört zu Webers einflussreicher Theorie der „okzidentalen Rationalisierung" – in der bürgerlichen Gesellschaft breiten sich die Tendenzen zur Zweckrationalisierung (Effizienzsteigerung) in alle Lebensbereichen aus – nicht nur im Bereich der industriellen Produktion, sondern bis in Kulturproduktionen wie Musikstücke hinein. Weber setzt bei seiner Verwendung des Tönniesschen Begriffspaares ebenfalls bei den verschiedenen Prinzipien sozialer Synthesis an.

> „>>Vergemeinschaftung<< soll eine soziale Beziehung heißen, wenn und soweit die Einstellung des sozialen Handelns – im Einzelfall oder im Durchschnitt oder im reinen Typus – auf subjektiv *gefühlter* (affektueller oder traditionaler) *Zusammengehörigkeit* der Beteiligten beruht" (§ 9).

Den Kern dieser Definition kennen wir vom „Gemeinschaftsgefühl" her. Es kann sich dabei um tief sitzende Affekte und Emotionen handeln, welche die Bindung an eine andere Person oder Gruppe tragen. Es können aber auch Bindungen an tradierten Wertideen sein, welche das Gefühl der Zusammengehörigkeit der Gruppenmitglieder stiften. Bei Weber sind es offensichtlich Muster des traditionalen und des affektuellen Handelns, welche im Falle von Gemeinschaften vorherrschen. Er betont ausdrücklich, dass nicht jede beliebige Gemeinsamkeit der Eigenschaften, der Situation oder des Verhaltens von Menschen als gemeinschaftsbildend zu deuten ist. „Z.B. bedeutet die Gemeinsamkeit von solchem biologischen Erbgut, welches als >>Rassen<<-Merkmal<< angesehen wird, an sich natürlich noch keinerlei Vergemeinschaftung der dadurch Ausgezeichneten" (WuG 30).

> „>>Vergesellschaftung<< soll eine soziale Beziehung heißen, wenn und soweit die Einstellung des sozialen Handelns auf rational (wert- oder zweckrational) motiviertem *Interessenausgleich* oder auf ebenso motivierter Interessen*verbindung* beruht.

Die Einstellung sich vergesellschaftender Akteure ist entweder wertrational oder zweckrational darauf ausgerichtet, ihre Einzel- und/oder Gruppeninteressen möglichst erfolgreich zu realisieren. Sie folgen klug und geschickt einer Vielfalt hypothetischer Imperative bzw. treten als Nutzenmaximierer, als gewitzte Marktgänger auf, wie sie als durch den *homo oeconomicus* als dem Modellathleten der Nationalökonomie verkörpert werden. Soziale Integration läuft in diesem Falle vor allem über Kontraktbeziehungen, über „rationale Vereinbarung(en) durch gegenseitige Zusage" (ebd.), die in der Moderne durch rechtlich bindende Verträge dokumentiert und gesichert wird. Der ökonomische Tausch impliziert ja ebenfalls Kontrakte (Kaufvertrag etc.).

Weber sagt, „der Kampf" bedeute normalerweise den radikalsten Gegensatz zu einer Vergemeinschaftung. In diesem Falle zielt der Begriff des „Kampfes" offensichtlich auf Gewaltmaßnahmen, die selbstverständlich jederzeit auch in einer Gemeinschaft auftreten können. Aber Webers Kampfbegriff deckt ein breiteres Spektrum ab. Machtandrohung und gewaltsame Machtanwendung stellen nur den einen Extrempunkt dieser Bandbreite dar.[60]

> „*Kampf* soll eine soziale Beziehung insoweit heißen, als das Handeln an der Absicht einer Durchsetzung des eignen Willens gegen Widerstand des oder der Partner orientiert ist. >>Friedliche<< Kampfmittel sollen solche heißen, welche nicht in aktueller physischer Gewaltsamkeit bestehen. Der >>friedliche<< Kampf soll >>Konkurrenz<< heißen, wenn er als formal friedliche Bewerbung um eigne Verfügungsgewalt über Chancen geführt wird, die auch andre begehren" (§ 8).

Es gibt also friedliche Formen der produktiven Auseinandersetzung wie zum Beispiel bei geregelten Wettbewerben. Bei der „Konkurrenz", wo und wie immer sie stattfindet, herrschen im idealen Falle von jeder Repression freie und unter fairen Bedingungen stattfindende Versuche vor, Chancen zu nutzen, die auch andere begehren. Wie Simmel und Adorno hebt auch Weber den Tausch (und damit die Preiskonkurrenz) als *das* vergesellschaftende Prinzip der Moderne hervor:

> Die Beteiligung an einem Markt „stiftet Vergesellschaftung zwischen den einzelnen Tauschpartnern, die gegenseitig ihr Verhalten aneinander orientieren müssen. Aber darüber hinaus entsteht Vergesellschaftung nur, soweit etwa einige Beteiligte zum Zweck erfolgreicheren Preiskampfes, oder: sie alle zu Zwecken der Reglung und Sicherung des Verkehrs, Vereinbarungen treffen. (Der Markt und die auf ihm ruhende

Verkehrswirtschaft ist im Übrigen der wichtigste Typus der gegenseitigen Beeinflussung des Handelns durch nackte *Interessenlage*, wie sie der modernen Wirtschaft charakteristisch ist)" (WuG 31).

Damit zeichnen sich zugleich erst Verbindungslinien zu Webers Theorie der sozialen Ungleichheit ab. Denn *eine* der Hauptdimensionen seines Klassenbegriffs macht die Formierung von Klassenlagen von den Chancen abhängig, die für Akteure auf Märkten gegeben sind.[61] (Auf Theorien sozialer Ungleichheit werden wir erst im zweiten Hauptteil dieses Gesamtprojektes eingehen). In den „Soziologischen Grundbegriffen", nach Erreichung der Totalität (als Einheit von Vergemeinschaftung und Vergesellschaftung) führt Weber allerdings im § 10 eine Kategorie ein, welche sich auf Aktionen, Ereignisse und Prozesse bezieht, die eine *bestimmte* Erscheinungsform sozialer Unterschiede und sozialer Ungleichheit herbeiführen. Es handelt sich um die Kategorie der „Schließung", die zugleich eine bestimmte Art der Verbindung von Vergemeinschaftung und Vergesellschaftung repräsentiert.

„Eine soziale Beziehung (gleichviel ob Vergemeinschaftung oder Vergesellschaftung) soll nach außen >>*offen*<< heißen, wenn und insoweit die Teilnahme an dem an ihrem Sinngehalt orientierten gegenseitigen sozialen Handeln, welche sie konstituiert, nach ihren geltenden Ordnungen niemand verwehrt wird, der dazu tatsächlich in der Lage und geneigt ist. Dagegen nach außen >>*geschlossen*<< dann, insoweit und in dem Grade, als ihr Sinngehalt oder ihre geltenden Ordnungen, die Teilnahme ausschließen oder beschränken oder an Bedingungen knüpfen" (§ 10).

Den Bezugspunkt dieser etwas nach Juristendeutsch klingenden und von Weber selbst als „mühselig" bezeichneten Begriffsbestimmung (vgl. WuG 32) bildet ein System sozialer Beziehungen, also von Handlungen, die sich am Verhalten, am Handeln sowie am Sinn der Handlungen anderer Subjekte orientieren. Diese Handlungszusammenhänge stellen eine soziale Ordnung dar (§ 5-7). Soziale Ordnungen – so haben wir gesehen – können als soziale Gebilde (Einrichtungen, Organisationen), aber auch als ein Regelwerk (beispielsweise des Rechts) verstanden werden. Wenn die Ordnung so verfasst ist, dass niemandem der Zugang verwehrt wird, der dazu in der Lage oder willens ist, dann gilt der entsprechende Zusammenhang von sozialen Beziehungen als nach außen „offen". Insoweit und in dem Grade wie dieser Zugang verwehrt, beschränkt oder an bestimmte Bedingungen geknüpft wird, gilt die Ordnung als „geschlossen". Es gibt verschiedene Grundstrategien der Schließung, die Weber im Anschluss an seine Typologie sozialen Handelns aus dem § 2 sortiert:

Rationale Schließung: Wenn sich die Beteiligten von einer sozialen Ordnung die Propagierung oder Verbesserung ihrer Lebenschancen versprechen, werden sie offene Ordnungen bevorzugen. Wenn sie ihre Lebenschancen gegen den Zugriff anderer zweckrational kalkulierend absichern wollen, werden sie im Extremfall die vollständige soziale Schließung, das Monopol anstreben (WuG 31). „Zweckrational typisch geschlossen sind ökonomische *Verbände* mit monopolistischem oder plutokratischen Charakter" (WuG 32).

Wertrationale Schließung: Strikte Glaubensgemeinschaften liefern Weber das Beispiel für wertrational (relativ) geschlossene Beziehungsgefüge.

Traditionale Schließung: Dabei handelt es sich meist um Gemeinschaften, deren Zugehörigkeit sich auf Herkunft aus einer Sippe und/oder Familie stützt.

Affektuelle Schließung: Deren Prinzip ist die Intimität, sind Zuneigung und Liebe.

Es wäre ein Kurzschluss, von Schließung direkt auf Unterdrückung zu schließen. Der Zugang zu einer Ordnung kann (unter der Voraussetzung gleicher Startchancen) als gerecht angesehenen Bedingungen wie etwa die Leistung geknüpft sein (Meriten). Es gibt also gesellschaftlich anerkannte Kriterien für Mitgliedschaft in einer Ordnung und nicht alle davon müssen zwangsläufig von Machtinteressen und Unterdrückungsversuchen zeugen. Im Gegenteil: Einfache Unterschiede, die in bestimmten Merkmalen bestehen, können zu Kriterien für den Zugang zu einem System sozialer Beziehungen werden. Wer mit dem Presslufthammer entschieden besser umgehen kann als mit einem feinen Drillbohrer, sollte besser nicht Zahnarzt werden (technisches Geschick). Auf der anderen Seite bedeutet „Schließung", also die Verwehrung oder Kontingentierung des Zugangs zu einer Ordnung in der Tat einen entscheidenden Mechanismus der Formierung sozialer Ungleichheit. Schließung heißt nun *Exklusivität*. Die feinen Leute, nach Pierre Bourdieu (1930-2002) mit dem Management feiner Unterschiede beschäftigt, wollen den Plebs von vornehmen Kreisen fernhalten. „Unter sich" bleiben zu wollen, mag noch vergleichsweise harmlos sein. Aber auch bei *Exklusivität* geht es in wahrlich nicht so seltenen Fällen schlicht auch um die Wahrung unverdienter, wenn nicht machtgestützter Privilegien, damit um soziale Ungleichheit. Für Herrschaftsordnungen gilt das *per definitionem*.

Texte und Textstellen zur Illustration und Vertiefung dieser Grundgedanken

....

Wichtige Bezugstexte

Max Weber: Soziologische Grundbegriffe, §§ 1-10 des ersten Kapitels des ersten Teil von „Wirtschaft und Gesellschaft" S. 3 ff.). Zitiert nach den §§ von WuG.

Max Weber: Die drei reinen Typen der legitimen Herrschaft, in der Ausgabe M. Weber: Soziologie. Weltgeschichtliche Analysen. Politik, Stuttgart, div. Auflagen seit 1956, S. 151 ff.

G. Simmel: Soziologie. Untersuchungen über die Formen der Vergesellschaftung, Frankfurt/M 1992, S. 13-41. Zitiert als SO.

Problemstellungen für Diskussionen

Webers Methode des Verstehens (WuG 4-15)/Simmels Formbegriff.

Vertiefender Kommentar

Kurzer Überblick über die Soziologie Max Webers in AG Soziologie: Denkweisen und Grundbegriffe der Soziologie, 15. Auflage, Frankfurt/New York 2004, Kapitel 8, S. 161 ff.

Vertiefend zu Weber: J. Ritsert: Was ist Gesellschaft? Kapitel 2: Die Vergesellschaftung des Handelns durch *Sinn*. (Datei Gesell 2 der Vorlesung „Was ist Gesellschaft"/ Download von der homepage www.ritsert-online.de möglich).

Zu Simmel: J. Ritsert: Gesellschaft. Ein unergründlicher Grundbegriff der Soziologie, Frankfurt/New York 200, S. 35 ff. Zu Simmels Formbegriff auch Datei Gesell 4, S. 92-97.

Modell 5:
Soziale Funktionen und das gesellschaftliche System.

Vorbemerkung

Man kann sich heute kaum noch vorstellen, welchen Einfluss die Theorie des amerikanischen Soziologen Talcott Parsons (1902-1979) nach dem Zweiten Weltkrieg weltweit an den Akademien westlicher Länder ausgeübt hat. Einer seiner schärfsten Kritiker, sein Kollege Alvin Gouldner (1920-1980) merkt trotz all seiner erheblichen Vorbehalte gegenüber dieser Theorie an:

> „ ... es war PARSONS, der stärker als jeder andere heute lebende Theoretiker die Schulsoziologen beeinflusste und ihre Aufmerksamkeit erregt, und das nicht nur in den USA, sondern in der ganzen Welt."[62]

Parsons übernimmt von bestimmten Vertretern der Biologie und Kulturanthropologie eine Strategie wissenschaftlicher Erklärung, die als „Funktionalismus" bezeichnet wird. Diese Schule arbeitet teilweise mit Analogien zu lebenden Organismen. Bei diesen kann man fragen, welche *Funktion* ein bestimmtes Organ erfüllt, welchen Zweck es letztlich im Hinblick auf das allgemeinste Lebensziel der Selbsterhaltung erfüllt. „Ziel" heißt im Griechischen *telos,* so dass auch über die Möglichkeit oder Unmöglichkeit „teleologischer Erklärungen" gestritten wird. Gestritten wird darüber bis auf den heutigen Tag deswegen, weil es eine Reihe von Autoren gibt, welche die These vertreten, Kausalanalysen stellten den einzig haltbaren Typus wissenschaftlicher Erklärungen dar. Funktionale Aussagen seien nichts als verkappte Kausalerklärungen. Parsons sieht sich bei seinem methodischen Vorgehen allerdings auch durch die Kybernetik bestätigt, in der gezeigt werde, wie ein komplexes System einen Zielwert (Sollwert) reguliere und aufrechterhalte. Beim Organismus besteht der allgemeinste Sollwert im „Leben" bzw. in der „Selbsterhaltung". Kritiker des Funktionalismus erkennen auch in diesen Zusammenhängen nichts anderes als Kausalerklärungen.

Man kann sich leicht vorstellen, wie sehr sich diese Auseinandersetzungen verschärfen müssen, wenn die Vorbilder aus der Biologie und Kybernetik auf die Sozialwissenschaften übertragen werden. Wie soll zum Beispiel „der" Sollwert genau aussehen, der für den Bestand einer ganzen Kultur maßgebend ist? Welchen Beitrag leisten bestimmte *Strukturen* des Gesellschaftssystems zu seiner Stabilisierung oder Destabilisierung?[63] Die Diskussion über die Logik funktionaler Erklärungen und ihr Verhältnis zu Kausalanalysen dauert an. Kann der beobachtende Kulturanthropologe tatsächlich auf den logischen Sonderwegen einer funktionalen Analyse feststellen, dass es die *manifeste* Funktion des Regentanzes der Hopi-Indianer ist, die Götter zu einem Regenguss zu veranlassen, während seine *latente* (tatsächliche), den hüpfenden Akteuren gar nicht bewusste Funktion darin besteht, die Gruppensolidarität zu stärken?[64] All diese komplexen methodologischen Fragen können wir hier nur erwähnen, nicht behandeln. Es geht allein um die Frage, wie sich das Verhältnis von Individuum und Gesellschaft bei Funktionalisten wie Talcott Parsons und parsonskritischen Systemtheoretikern wie Niklas Luhmann darstellt.

Teil A
Psychisches und soziales System.

Eines der Hauptwerke von Talcott Parsons heißt „The Social System". Die Gesellschaft wird damit umbenannt und ganz allgemein als „soziales System" bezeichnet. Der Grund dafür liegt in einem weitreichenden Anspruch der Systemtheorie, nicht nur einen möglichst abstrakten Jargon, sondern ein theoretisches Bezugssystem zur Verfügung zu stellen, das von mehreren Disziplinen, sowohl von natur- als auch sozialwissenschaftlichen, bei der Beschreibung und Erklärung der verschiedenartigsten Sachverhalte verwendet werden kann. Doch auch der allumfassende Systembegriff ist nicht ganz so einfach zu gebrauchen wie er klingt. Vergleichsweise einfach klingt immerhin die ganz formale Definition, derzufolge ein System sich aus einer Menge von Elementen (und deren Eigenschaften) zusammensetzt, zwischen denen Relationen bestehen.[65] Das Gefüge der Relationen (verschiedener Art) macht die *Struktur* des Systems aus. Zur „Struktur" des Gesamtsystems gehören natürlich seine Gliederungsprinzipien z.B. in Teilsysteme. Im Falle der Gesellschaft gehören auch soziale Einrichtungen und Abläufe dazu. Doch selbst damit steckt man schon mitten in Kontroversen. N. Luhmann (1927-1998) bemängelt an der formalen Definition von „System" vor allem, dass sie eine entscheidende Voraussetzung aller Systembildung auslasse: die „Leitdifferenz von System und Umwelt".[66] Das heißt: Systeme entstehen und bestehen nur durch die Ziehung und Aufrechterhaltung einer Grenze zwischen dem jeweiligen System und seiner Umwelt. Deswegen besteht ein entscheidender Schritt der systemtheoretischen Theoriebildung darin, die „Differenz von *Ganzem und Teil* durch die Differenz von *System und Umwelt*" zu ersetzen – das gilt auch und gerade für die Gesellschaftstheorie. Gleichzeitig muss jedes System mit (unter Umständen) der wachsenden Komplexität der Umwelt und je mehr es sich entwickelt, zudem mit seiner eigenen wachsenden

Binnenkomplexität fertig werden. Ganz allgemein betrachtet: Systembildung erfordert Reduktion von Komplexität.

Bei unserem Körper legt die Außenhaut die Grenze fühlbar fest und die Aufrechterhaltung und Regulierung einer in einem bestimmten Bereich stabilen Körpertemperatur (Homöostasis) stellt eine Bedingung seiner Bestandserhaltung, einen „Sollwert" des Körpersystems dar. Wie aber sieht die „Außenhaut" der Gesellschaft oder eines gesellschaftlichen Teilsystems aus und was hat man unter den für den Fortbestand des sozialen Systems (oder eines seiner Teilsysteme) maßgeblichen „Bezugsproblemen" bzw. „Sollwerten" zu verstehen? Parsons allgemeine, also über den Bereich der Gesellschaftslehre hinausreichende Systemtheorie, geht davon aus, ein jedes System – egal von welcher Art es ist – müsse vier Funktionen erfüllen. Wie er auf die Idee gekommen ist, dass die Erfüllung von genau vier Funktionen zur Systembildung überhaupt führe, können wir hier nicht ausführen.[67] Sie sollen schlicht und einfach nur aufgezählt werden, da sie das Vier-Funktionen-Schema, eine Vierfeldertafel bilden, die allen Leuten, die jemals was von Parsons gehört haben, geläufig ist.[68] Er glaubt, damit die Bedingungen der menschlichen Existenz sortieren und analysieren zu können.[69]

Funktion 1: *Adaption*. Anpassungsproblem haben alle Systeme beim Umgang und Austausch mit ihrer Umwelt, zu der auch andere Systeme gehören. Es handelt sich um einen grenzüberschreitenden Verkehr, der meist mit „input und output" bezeichnet wird. Das eine System bedarf der „inputs" von Elementen und Leistungen aus der Umwelt (Sauerstoff), gibt aber seinerseits „outputs" an diese ab (Kohlendyoxid). Anpassung zielt also auf Strategien, die geeignet sind, mit der Umwelt durch den Austausch von Stoffen, Energien und Informationen zurechtzukommen. **A** steht als Kürzel für diese Funktion.

Funktion 2: *Goal-attainment*. Damit ist Zielverwirklichung, erfolgreiche Zielstrebigkeit gemeint. Das System muss Ressourcen mobilisieren, um seine Ziele und Zwecke zu erreichen. Die Zweckrationalität lässt wieder einmal grüßen. Der Buchstabe **G** fasst diese Funktion zusammen.

Funktion 3: *Integration*. Es geht um das möglichst reibungslose Zusammenspiel der einzelnen Bestandteile eines Systems, sowie um Kontrollen und Regulierungen dieses Zusammenspiels. Hormone leisten das im Körper, Trainer unter Umständen beim Fußball-Team. Dazu fällt einem mühelos der Buchstaben **I** als Abkürzung ein.

Funktion 4: *Latent Pattern Maintenance*. „Latente Mustererhaltung"? Oh Gott! Vielleicht geht „latente Strukturerhaltung" als Übersetzung durch? Denn es geht um das Problem, grundlegende, oftmals nur unterschwellig wirksame Organisationsformen aufrechtzuerhalten. Vermittlung von Wertideen in Erziehungsprozessen wäre ein Beispiel dafür. Der Buchstabe **L** steht für diese Funktion.

Liest man die Anfangsbuchstaben der Funktionsbegriffe in der angegebenen Reihenfolge, dann entsteht das Wort „AGIL", weswegen die Vierfeldertafel von Parsons auch das „AGIL-Schema" genannt wird. Doch was hat diese agile Vierfelderwirtschaft mit der Gesellschaftstheorie im Allgemeinen und vor allem mit unserem Thema, dem Verhältnis von Individuum und Gesellschaft im Besonderen zu tun? Einiges! Jedenfalls für alle diejenigen, welche das Werk von Talcott Parsons aufnehmen – wie Richard Münch in Deutschland – oder kritisch transformieren wie der Systemtheoretiker Niklas Luhmann! Allerdings teilt heute kaum noch irgendjemand den Einteilungseros Parsons`, der von dem Babuschka-Prinzip russischer Puppen beeindruckt zu sein scheint. Das AGIL-Schema als Vierfeldertafel sieht so aus:

A	G
L	I

Parsons geht nun beim Theoriebau so vor, dass jedes Feld wieder nach dem AGIL-Prinzip unterteilt wird, wodurch eine Vierfeldertafel in den einzelnen Quadranten entsteht, deren Schubkästen wieder viergeteilt werden können und so immer weiter in Richtung auf immer tiefere Feingliederungen. – eben nach dem Babuschka-Prinzip. Auch das Verhältnis von Individuum und Gesellschaft muss also irgendwie als Verhältnis jener 4 Felder gefasst werden. Die Frage umkurvend, in welcher einzelnen Schachtel eines höheren (allgemeineren) Schemas die Tafel steckt, die Individuum und die Gesellschaft enthält, sieht sie als „allgemeines Handlungssystem" so aus:

Allgemeines Handlungssystem

A *Verhaltenssystem*	**G** *Persönlichkeitssystem*
L *Kultursystem*	**I** *Sozialsystem*

Die Gesellschaft steckt also in der I-Box, das Individuum in der G-Box. Diese beiden Bestandteile des Handlungssystems sind offensichtlich nicht von in ihrem Verhältnis zum „Kultursystem" und zum „Verhaltenssystem" zu lösen. Warum die Zuordnung ausgerechnet zu G und I? Das Verhaltenssystem besteht aus den Reiz-Reaktionsbeziehungen des Organismus zur Umwelt. Es steuert also die Verhaltensanpassung an die Gegebenheiten (**A**). Das Persönlichkeitssystem verwaltet den Bezirk der individuellen Zielstrebigkeit eines Handlungssystems. In diesem Bereich werden die motivationalen und informativen Eingaben koordiniert und auf Ziele ausgerichtet – also **G**! Das Sozialsystem, die Gesellschaft, dreht sich um das Problem der *Integration der Einzelhandlungen* – mithin **I**. Und das Kultursystem liefert den sozialen Kitt. Denn es leistet Spannungsminderung durch die Anbindung der Akteure an gemeinsame Kulturwertideen. Letztlich sichert nur die Verinnerlichung von Werten Strukturerhaltung – **L**. Die meisten Kritiker von Parsons haben bemängelt, dass er eigentlich keine „Theorie", sondern nur einen ungemein verschachtelten Turm von Begriffen gebastelt habe. Wie dem auch sein mag. Zwei folgenreiche Ergebnisse seiner Bemühungen sollten wir festhalten:

- Das Verhältnis von Individuum und Gesellschaft wird nicht als Verhältnis eines umfassenden Ganzen zu seinen Elementen gedacht, sondern in Relationen zwischen einzelnen *Systemen* aufgelöst, die je verschiedene Funktionen zu erfüllen haben.
- Anhand Parsons` Konstruktion der *conditio humana* lässt sich recht gut illustrieren, was unter einer „inneren Parteinahme einer Theorie" verstanden werden könnte. Parteinahme muss nicht zwangsläufig etwas mit verfälschender Parteilichkeit zu tun haben! Auf diesen wichtigen Punkt möchte ich noch kurz eingehen:

Dass im AGIL-Schema das Kultursystem, also ein zu verinnerlichendes System fundamentaler Wertideen für die Erhaltung gesellschaftlicher Strukturen maßgebend ist, stellt jenen Grundgedanken dar, welchen Talcott Parsons – mit Abwandlungen – in all seinen Veröffentlichungen durchgehalten hat. Ihm steht damit letztlich doch so etwas wie ein oberster Sollwert jeder Vergesellschaftung vor Augen: *Soziale Integration* (soziale Ordnung als Zusammenhalt des gesamten Handlungssystems über die bloße I-Funktion in der entsprechenden Handlungsbox hinausgehend). Schon in seinem ersten großen Werk über die Struktur sozialen Handelns setzt er sich dementsprechend mit dem vom ihm sog. „Hobbesian Problem of Order" auseinander.[70] Unter Anspielung auf den englischen Philosophen und Staatstheoretiker Thomas Hobbes (1588-1679) legt er die Soziologie auf die Grundfragestellung fest, wie eine Gesellschaft überhaupt zusammenhalten könne, in der die Menschen nur nach ihrem individuellen Vorteil streben und im Extremfall sogar bereit sind, ihre Interessen mit Gewalt durchzusetzen? Auch moderne Spiel- und Entscheidungstheoretiker wie z.B. D. R. Hofstadter fragen sich immer noch und immer wieder: Können „rationale Egoisten", *homunculi oeconomici* überhaupt kooperieren?[71] Schließlich erwähnt auch Luhmann die Frage: „Wie ist soziale Ordnung möglich?" als die Leitproblematik der Soziologie, als den „allgemeinste(n) semantischen Bezugspunkt, über den die Disziplin verfügt".[72] Simmels Frage: „Wie ist Gesellschaft möglich?" zielt natürlich in die gleiche Richtung, in die Richtung auf „soziale Synthesis". Aber dieses oberste Bezugsproblem erscheint als sehr einseitig, wenn man die Unterscheidung zwischen Soziologie als Ordnungswissenschaft und Soziologie als Befreiungswissenschaft berücksichtigt, die Heinz Steinert vorgeschlagen hat:

> „Es hat immer ein Nachdenken über Gesellschaft unter dem Aspekt der *Ordnung* und eines unter dem Aspekt der *Befreiung* gegeben."[73]

Für die Gesellschaftslehre als Befreiungswissenschaft lautet der „allgemeinste semantische Bezugspunkt": Wie ist Befreiung von Gewalt, Macht, Ausbeutung, Unterdrückung, kurzum: von *Repression* möglich? Wie lässt sich die Achtung der Würde des anderen Subjekts sicherstellen? Das sind wahrlich keine Problemstellungen, die Talcott Parsons besonders intensiv beschäftigt hätten. Im Gegenteil: Ihm ist von allen möglichen Seiten immer wieder der Vorwurf gemacht worden, seine Gesellschaftstheorie ergreife immanent für den amerikanischen Konservativismus Partei und sei an der Rechtfertigung des damaligen Status der kapitalistischen Gesellschaft (des *status quo*) interessiert.

> „Der Konservatismus des Funktionalismus findet, wie der jeder Gesellschaftstheorie, seinen tiefsten Ausdruck darin, dass er geradezu fasziniert ist vom Problem der sozialen *Ordnung*."[74]

Darin besteht die innere Parteinahme der Theorie in ihrer allgemeinsten Hinsicht. Diese Faszination vorausgesetzt, bleibt allerdings immer noch die Frage, wie soziale Ordnung eigentlich zustande kommt? Durch einen Gesellschaftsvertrag, wie sich das nicht nur Jean Jacques Rousseau, sondern viele Kontrakttheoretiker in der Geschichte der Sozialphilosophie vorgestellt haben? Die Antwort von Talcott Parsons sieht anders aus: Für ihn besteht der Kitt, der eine Gesellschaft letztlich zusammenhält und damit den Zusammenhalt des sozialen Ganzen stiftet im System „letzter Werte" (*ultimate values*). Parsons spricht auch von gemeinsamen Wertideen (*common values),* was man heutzutage ganz gut mit dem im gegenwärtigen politischen Jargon auftauchenden Begriff der „Leitkultur" übersetzen könnte. Parsons Wertbegriff ist alles andere als klar. Aber zu den Wertideen nach seinem (ähnlich auch nach Max Webers) Verständnis gehören mit Sicherheit Grundnormen (des Rechts und der Ethik), Basisregeln des Umgangs mit Sachen und Personen (Prinzipien der Geschicklichkeit und Klugheit), oberste Kriterien für Urteile darüber, was logisch, ästhetisch oder moralisch „gut" oder „schlecht" ist. Aber auch Wissensbestände (A. Schütz` *stock of knowledge at hand*), Kernvorstellungen von Weltanschauungen, fundamentale religiöse Glaubensbestände, all das also, was sich bei Marx im Überbau wiederfindet, wird man dazu rechnen müssen. Auf diesem Hintergrund hat Parsons durchweg an jener vergleichsweise einfachen Schlüsselthese festgehalten: In dem Maße wie ein System gemeinsamer kultureller Wertideen von möglichst viel Leuten möglichst stabil *verinnerlicht* wird – Freuds Über-Ich-Bildung lässt grüßen –, kann eine Gesellschaft als stabil integriert gelten. Natürlich ist es auch Parsons geläufig, dass die einzelnen Menschen und Gruppen oftmals ihre je spezifischen Interessen mit mehr oder minder großer Rücksichtslosigkeit verfolgen. Dadurch entstehen „Dysfunktionen", auf Deutsch: Soziale Konflikte und Tendenzen zur Desintegration des sozialen Systems. Die allgemeinen Werte übernehmen gegensteuernde Funktionen. Topographisch gesprochen steigen „von unten" Triebimpulse, Strebungen und Interessen in den verschachtelten Schachteln der *conditio humana* auf, „von oben" müssen sie stufenweise in einer „kybernetischen Kontrollhierarchie" vom „telischen System" (das ist der Wertehimmel) domestiziert und reguliert werden. Der Akzent der Theorie von Talcott Parsons liegt eindeutig auf sozialer Integration durch Konformität der Individuen mit kulturell allgemeinen Werten. Die Begriffsapparatur, nicht einfach nur der Autor, setzt einen Schwerpunkt auf *Integration* und entschieden weniger auf *Konflikt*.[75]

Teil B
Was sind die Elemente der Gesellschaft?

Das klingt nach einer ausgesprochen blöden Frage. Was anderes als der konkrete Einzelmensch soll das „Element" einer Gesellschaft sein? Über diese nur scheinbar naheliegende Behauptung hat sich Niklas Luhmann immer wieder aufgeregt. So behauptet er, die gesamte Tradition des Nachdenkens über Gesellschaft und Vergesellschaftung sei davon ausgegangen, „dass die Gesellschaft aus Individuen besteht" (GdG 19). So wird Georg Simmel deswegen heftig getadelt, weil er das Individuum „als dasjenige *Element* nehme, aus dem Gesellschaften bestehen" (GuS 252 f.). Was Simmel angeht, ist diese Aussage allerdings schlicht und einfach falsch. Denn Simmel legt großen Wert auf den Nachweis, dass das Individuum zugleich innerhalb und außerhalb der Gesellschaft steht.[76] In seinem letzten großen Werk über „Die Gesellschaft der Gesellschaft" hat Luhmann eine Liste von Grundannahmen zusammengestellt, die als Erscheinungsformen „alteuropäischen Denkens" – wie so vieles andere auch – von der Systemtheorie hinter sich gelassen würden: Diese Annahmen sind nach seiner Auffassung:

„(1) dass eine Gesellschaft aus konkreten Menschen und aus Beziehungen zwischen Menschen bestehe. (Darin steckt ein Stück Abgrenzung von Handlungstheorien wie der Max Webers – J.R.)

(2) dass Gesellschaft folglich durch Konsens der Menschen, durch Übereinstimmungen ihrer Meinungen und Komplementarität ihrer Zwecksetzungen konstituiert und integriert werde. (Darin steckt die Abgrenzung gegen Parsons` Theorie der sozialen Integration durch gemeinsame Werte, überdies gegenüber Vertragstheorien und ethischen Sozialtheorien wie die Kants oder die Diskurstheorie von Jürgen Habermas – J.R.).

(3) dass Gesellschaften regionale, territorial begrenzte Einheiten seien, so dass Brasilien eine andere Gesellschaft ist als Thailand, die USA eine andere als die Russland, aber dann wohl auch Uruguay eine andere als Paraguay. (Wir befinden uns auf dem Weg zur Weltgesellschaft, was heute „Globalisierung" heißt).

(4) und dass deshalb Gesellschaften wie Gruppen von Menschen oder wie Territorien von außen beobachtet werden kann." (Demgegenüber müsse man beispielsweise die Soziologie als einen Kommunikationsprozess begreifen, wodurch Selbstbeobachtung der Gesellschaft möglich wird). (GdG 24 f.).

Der systemtheoretische Grundgedanke entspricht durchaus noch dem von Talcott Parsons: Das Individuum wird nicht als Element der übergreifenden Menge „Gesellschaft" gedacht, sondern als ein eigenes System, das – entsprechend der Leitdifferenz der Systemtheorie – in einem System-Umwelt-Verhältnis zu anderen Systemen, nicht zuletzt zum „Gesellschaftssystem" steht. Es steht im „Unterschied zu allen sozialen Systemen, die sich in der Gesellschaft im Vollzug gesellschaftlicher Operationen bilden" (GdG 13). Im Unterschied also auch zu „Interaktionssystemen, Organisationssystemen oder sozialen Bewegungen, die allesamt voraussetzen, dass sich ein Gesellschaftssystem bereits konstituiert hat" (GdG 13). Aber die vom Sozialsystem abgegrenzten „psychischen Systeme" müssen weiterhin miteinander zu recht kommen. Bei Mead entspricht dem die Frage nach den Bedingungen der Möglichkeit von „accomodation"; bei Talcott Parsons` dreht sich Vieles um das „Hobbesian Problem of Order". Nicht viel anders fragt sich aber auch Luhmann:

> „Wie ist es möglich, dass sie trotzdem in geordnete Beziehungen treten können, und zwar hinreichend erwartbar, hinreichend enttäuschungssicher, hinreichend, gemessen an den je eigenen Lebenserfordernissen?" (GuS)

Meads Antwort hängt an seiner Lehre vom „Sinn", der an die Entstehung und Verwendung von signifikanten Symbolen gebunden ist. Parsons spricht von „Orientierungen". Für Luhmann kommt dem „Sinn" ebenfalls eine zentrale Bedeutung bei der Bearbeitung und der sozialwissenschaftlichen Beobachtung dieses Bezugsproblems zu. Nur darf man sich erneut – um Gottes Willen! – „Sinn" nicht so konkret wie beim Meadschen „Sinn" von Gesten oder gar in der Erscheinungsform von Max Webers „Handlungssinn" ausmalen! Dem Luhmannschen Sinnbegriff Sinn abzugewinnen, bedeutet zwar eine schwierige (und sicherlich sinnvolle) Aufgabe für sich.[77] Doch wie breit der Sinnhorizont des Luhmannschen Sinnbegriffs sich am Ende auch erweisen mag, ein Kerngedanke zeichnet ihn auf jeden Fall aus: Sinn kommt da ins Spiel, wo eine Operation stattfindet (das kann, muss aber nicht nur eine Handlung oder Wahrnehmung sein), der auch andere Möglichkeiten des Operierens offen stehen oder zur Verfügung gestanden haben. Die Operation steht also in einem Verweisungszusammenhang mit einem engeren oder breiteren Spektrum anderer Möglichkeiten (z.B. anderer Möglichkeiten zum Umgang mit dem gleichen Bezugsproblem).

Schon Parsons hat das Individuum als „Persönlichkeitssystem" beschrieben. Doch auch dieses ist nicht mit irgendeinem handfesten, wenn nicht handgreiflichen Mitmenschen zu verwechseln! Parsons versteht unter Persönlichkeitssystem das Individuum als ein Wesen, das – von Trieben und Bedürfnissen im Einklang mit dem Lustprinzip der Freudschen Theorie motiviert – nach Mitteln und Wegen zu ihrer Befriedigung sucht. „Ein Persönlichkeitssystem stellt ein System von Orientierungen hinsichtlich Handlungen dar, welche in der physikalisch-emotionalen Bedürfnisdisposition verankert sind."[78]

Bei Luhmann sieht das mit konkreten Personen und Subjekten etwas anders aus. Er nennt sie „psychische Systeme" und ordnet sie auf folgende Weise ein:

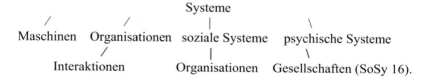

Ganz oben stehen all die Sachverhalte, „die Merkmale aufweisen, die es rechtfertigen, den Systembegriff anzuwenden", alle Forschungsgegenstände der allgemeinen Systemtheorie also. Soziale Systeme (Gesellschaft als alle Formen der Vergesellschaftung umfassendes Sozialsystem überhaupt) werden dem Individuum in seiner Erscheinungsform als „psychischen Systems" gegenübergestellt. Soziale Systeme im Allgemeinen enthalten strukturierte Interaktionen, konkrete Organisationen (wie eine Bürokratie) und historisch konkrete Gesellschaften.

Ein ebenso charakteristischer wie maßgebender Grundgedanke der Systemtheorie Luhmanns besteht in seinem Befund, dass es Systeme mit der Fähigkeit gibt, „Beziehungen zu sich selbst herzustellen und diese Beziehungen zu differenzieren gegen Beziehungen zu ihrer Umwelt" (SoSy 31). Es handelt sich also um *selbstreferentielle* oder *autopoietische Systeme*. Sie setzen einen Prozess oder Prozesse voraus, welche ihre eigenen Elemente reproduzieren. So werden Waren mittels Waren in einem Reproduktionskreislauf wieder hergestellt. Ohne die Aufrechterhaltung der Differenz zur Umwelt bzw. zu anderen Systemen in der Umwelt wäre Autopoiesis allerdings nicht möglich (SoSy 35 f.). Die Differenzierung eines Systems, seine Untergliederung in Teilsysteme bedeutet die Etablierung von Innen-Außen-Differenzen innerhalb des Systems selbst, wobei die Teilssysteme ihrerseits selbstreferentiell operieren können.[79] Wenn wir diesen Sprachgebrauch ohne Murren ebenso hinnehmen wie die Auslagerung des lebendigen Einzelnen in verschiedene Systembezirke, für die eindrucksvolle Namen wie „biophysisches System" (die Körperseite des Subjekts S), „physikalisches System" (die Mechanik seines Skelettes etwa) und nicht zuletzt „Persönlichkeitssystem" oder „psychisches System" zur Verfügung stehen, stellt sich immer noch die Frage nach den Elementen des sozialen Systems – wenn schon Nachbar Schmidt keines sein kann. Was ist ein soziales Element?

> „Element ist ... jeweils das, was für ein System als nicht weiter auflösbare Einheit fungiert (obwohl es, mikroskopisch betrachtet, ein hochkomplex Zusammengesetztes ist). >>Nicht weiter auflösbar<< heißt zugleich: dass ein System sich nur durch die Relationierung seiner Elemente konstituieren und ändern kann, nicht aber durch deren Auflösung und Reorganisation ... Elemente sind Elemente nur für die Systeme, die sie als Einheit verwenden, und sie sind es nur durch diese Systeme" (SoSy 43).

Ein Element eines Systems ist also das, was das System selbst als Element beobachtet und behandelt. In Werken der späteren Phase hat Luhmann die These vertreten, das Gesellschaftssystem setze sich aus *Kommunikationen* zusammen. Richtig überraschend klingt diese Auskunft, wenn man sich klar macht, dass Luhmann sich entschieden dagegen wendet, darunter so etwas wie Gespräche zwischen Menschen oder den sprachlichen Austausch von Informationen zu verstehen. Das ist ihm viel zu konkret.[80] Wie sehen dann aber hinlänglich abstrakt bestimmte „Kommunikationen" als Elemente des sozialen Systems aus?

> „Von Kommunikation kann man, wie immer die technische Ausstattung des Prozesses aussehen mag, nur sprechen, wen die Änderung des Zustandes von Komplex A mit einer Änderung des Zustandes von Komplex B korrespondiert, obwohl beide Komplexe andere Möglichkeiten der Zustandsbestimmung hätten" (SoSy 66).

Man kann natürlich von „Kommunikation" ganz anders als systemtheoretisch sprechen. Aber auf dem planmäßig hochabstraktifizierten Niveau dieses Ansatzes kann man den „Kommunikationsbegriff" uns psychischen Systemen vielleicht so näher bringen: Irgendein Bezirk A in einem System erfährt irgendeine Zustandsänderung, die den Bereich B beeinflusst. Im Verhältnis von A zu B besteht „Kontingenz". D.h.: B ist nicht gezwungen, auf eine bestimmte Weise zu reagieren. B verfügt also über „Selektivität". Wenn A und B tatsächlich „korrespondieren", aufeinander abgestimmt operieren, geschieht dies, obwohl sie an sich über Möglichkeiten verfügen, anders zu agieren und zu reagieren (Kontingenz). Wenn dieses Bild an die abstrakte Struktur des Meadschen Interaktionsmodells erinnern sollte (Modell 2), dann trügt dieser Eindruck nicht.

Man könnte „Kommunikation" im systemtheoretischen Sinn vielleicht auch so deuten: Im „Komplex" A hat eine Reduktion von Komplexität stattgefunden. A und B „korrespondieren" zugleich in dem Sinn, dass die Reduktionsleistung im Komplex A (mit Hilfe sog. „generalisierter Medien" wie Sprache oder Geld) an den Komplex B auf die Weise übertragen wird, dass die ursprüngliche Reduktionsleistung von B nicht erneut erbracht werden muss. Um ein fürchterlich konkretes Beispiel zu wählen: Eine Manufaktur erstellt ein Produkt. Durch Bezahlung geht es an einen Käufer über, der es nicht selbst herstellen muss. Das ist trivial, aber richtig.

Bei Mead begegnen uns A und B als „Organismen", Lebewesen. Wenn sie über eine differenzierte Sprache verfügen, dann treten sie als menschliche Akteure auf. Bei Luhmann – so haben wir gesehen – stellt das soziale System *kein* allgemeines Handlungssystem im üblichen, sondern ein Kommunikationssystem im beschriebenen Sinn dar. Allerdings spitzt er diese einschneidende Differenz nicht zu einem wirklich strikten Gegensatz zu:

> „Denn die Auffassung, dass soziale Systeme nicht aus Individuen bestehen und auch nicht durch körperliche oder psychische Prozesse erzeugt werden, besagt natürlich nicht, dass es in der Welt sozialer Systeme keine Individuen gäbe. Im Gegenteil: eine Theorie selbstreferentieller autopoietischer Sozialsysteme provoziert geradezu die Frage nach der selbstreferentiellen Autopoiesis psychischer Systeme und mit ihr die Frage, wie psychische Systeme ihre Selbstreproduktion von Moment zu Moment, den >>Strom<< ihres >>Bewusstseinslebens<<, so einrichten können, dass ihre Geschlossenheit mit einer Umwelt sozialer Systeme kompatibel ist" (SoSy 348).

Mit dieser und vielen ähnlichen Formulierungen scheint es geschafft, das alteuropäische Problem des Verhältnisses von Individuum und Gesellschaft in das Sprachspiel von „psychischem System" und „sozialem System" zu übersetzen. Beide Systeme sind der Reproduktion (Autopoiesis) fähig. Die logische Struktur dieses Prozesses entspricht der Beziehung auf sich selbst ist (Selbstreferenz). Da die physische Selbsterhaltung in das „Körpersystem" fällt, könnte die Selbstreferenz des „psychischen System" in der Beziehung auf sich selbst als Selbstbewusstsein und Selbstbestimmung, also der Reflexion bestehen (s.o. Modell 1). Zumindest treten die einzelnen Personen systemtheoretisch als „getrennt lebende Wesen, Substanzen, Individuen, Systeme mit je eigenem Bewusstsein, also (mit) je verschiedenem Vorstellungshaushalt" auf (GuS 208).

„Je eigenes Bewusstsein"? Darf man darunter tatsächlich die *Reflexion* verstehen, die das Individuum zum „Subjekt" und nicht ausschließlich zum *subiectum*, zu einem äußeren Bedingungen und Herrengewalten schlechthin Unterworfenen macht? Die Auskunft dazu bei Luhmann fällt eigentümlich ambivalent aus.

Die eine Seite: Auf der einen Seite der Ambivalenz tritt er mit aller Entschiedenheit gegen die Subjektphilosophie und deren humanistisches Menschenbild an. Dabei darf sein „Antihumanismus" *nicht* als Plädoyer für ethische Unmenschlichkeit verstanden werden, sondern als Spruch zugunsten der systemtheoretischen Darstellung des Verhältnisses von Individuum (psychisches System) und Gesellschaft (soziales System). Das Plädoyer lässt jeden Versuch des Anschlusses an Kants praktische Philosophie (Modell 1) als äußerst problematisch erscheinen.

„Die Systemtheorie bricht mit dem Ausgangspunkt (von Kant – J.R.) und hat daher keine Verwendung für den Subjektbegriff" (SoSy 51).

Deswegen distanziert sich Luhmann ganz energisch von Grundannahmen der kritischen Theorie, wobei ihm insbesondere Adorno als ein alteuropäischer Denker vorkommt, den die Systemtheorie rasant hinter sich gelassen habe:

„Eine kritische Theorie der Gesellschaft, die sich die Anspruchsstellen des Subjekts zu eigen macht, operiert vielleicht unter den Zwängen einer Problem- und Denkgeschichte, deren Optionen ihr nicht mehr gegenwärtig, nicht mehr verfügbar sind" (GuS 244; vgl. auch GdG 32).

Was die Frankfurter da (unter anderem) besonders falsch machen, ist, die Vernunft oder Unvernunft einer ganzen Gesellschaft befreiungswissenschaftlich daran zu messen wollen, ob sie der Förderung autonomer Subjektivität dienlich ist oder vor allem durch Repression bedroht wird. So kann man das soziale System nach Luhmann nicht betrachten und kritisieren; denn es wird von eigensinnigen „Sachproblemen" regiert. Es ist überdies viel zu komplex, um es an Gleichheitsvorstellung zu messen.

„Die Vorstellung, dass gerade die Geselligkeit unter Gleichen der Realisation des Menschen als Menschen dienen könne, erweist sich schließlich als Illusion, die bezeichnet ist für die moderne, von Sachforderungen beherrschte Gesellschaft" (GuS 255).

Systemprobleme (wie z.B. ökonomische Krisen) sind in der Tat von anderer Art als individuelle oder gruppenspezifische Handlungsprobleme. Systemprobleme entstehen in zahllosen Fällen ungeplant und ungewollt, obwohl sie selbstverständlich Handlungen von zahllosen Akteuren zu ihrer Voraussetzung haben. Sie werden überdies mit Hilfe von Mechanismen gesteuert, die ebenfalls keinen wirklich gestaltenden Plan erkennen lassen und wie die „Macht des Schicksals" erlebt werden. Andererseits ist das Wort „Sachproblem" oftmals Ausdruck einer ausgesprochen massiven Ideologie. Insbesondere diejenigen, welche davon profitieren, erheben gern Ereignisse und Abläufe, die von Menschen gemacht sind und unterstützt werden, zu eisernen Naturgesetzen, denen sich der Wille zu unterwerfen habe. Ideologiekritik dieser Art setzt allerdings klassische Maßstäbe der Vernunft, Moral und Willensfreiheit voraus, die Luhmann in Zweifel zu ziehen scheint.

Die andere Seite: Doch auf der anderen Seite der Ambivalenz greift er verblüffenderweise seinerseits gelegentlich auf ethische Prinzipien zurück, wie sie in der Tradition von Kant von der kritischen Theorie weiterentwickelt wurden.

„Als Moral eines sozialen Systems wollen wir die Gesamtheit der Bedingungen bezeichnen, nach denen in diesem System über Achtung und Missachtung entschieden wird" (SoSy 319).

Achtung und Missachtung? Kann „Achtung" – wie bei Kant – als Unterstützung und Förderung des freien Willens anderer, also als eine über zweckrationale Strategien wechselseitiger Anpassung hinausreichende Norm gelesen werden? Dann ginge es in der Tat um die Frage, „was die Menschen persönlich voneinander halten und wie sie wechselseitig die Komplexität und die Entscheidungsfreiheit (!) des jeweils andern in die eigene Selbstauffassung einbauen" (SoSy 323). Denn „in der Interaktion zwischen Menschen (wird) das Problem wechselseitiger Achtung laufend neu reproduziert" (SoSy 325).

In diesen Wein muss man allerdings einen kräftigen Schuss Essig gießen. Denn Luhmann betrachte Moral normalerweise rein funktional. Dann ist es nicht die Frage, was „Achtung" (der Würde des anderen Subjekts) wohl bedeutet, sondern welche Funktion der „binäre Code" von Achtung und Missachtung im Moralsystem, einem Subsystem des Sozialsystems wohl habe.[81] Ohnehin könnte „Achtung" auch nichts mehr als den Respekt vor dem sozialen Status (Ansehen, Prestige) von anderen bedeuten und auch in dieser Hinsicht weit vom Anerkennungskonzept der Ethik entfernt sein.

„Moralische Kommunikation zeichnet sich vor anderen Kommunikationsweisen nicht dadurch aus, dass sie auf eine bestimmte Sorte von Regeln oder Maximen Prinzipien Bezug nimmt, die sich als moralische (oder: sittliche) von anderen, zum Beispiel von rechtlichen unterscheiden ... Moral ist, anders gesagt, nicht etwa angewandte Ethik. Vielmehr gewinnt sie ihr Medium durch Bezugnahme auf Bedingungen, unter denen Menschen sich selbst und andere achten bzw. missachten" (GdG 397).

Die Moral von der Geschicht`: Mit der der Tradition des gesellschaftskritischen Humanismus hat Luhmann tatsächlich nicht so arg viel im Sinn. Es geht ihm darum, im Stile einer veränderten funktionalen Analyse dadurch für Aufklärung zu sorgen, dass man zeigt, welche funktional äquivalenten Ereignisse und Mechanismen geeignet sind, das gleich sachliche Systemproblem zu bearbeiten, wenn nicht zu lösen.[82] Eine so direkte Rechtfertigung des *status quo* wie des Öfteren bei Talcott Parsons gibt es bei ihm eigentlich nicht. Der Maßstäbe für funktional tauglichere Äquivalente dürfte allerdings der der Effizienz sein und bleiben.

Texte und Textstellen zur Illustration und Vertiefung dieser Grundgedanken

....

Wichtige Bezugstexte

N. Luhmann: Soziale Systeme. Grundriss einer allgemeinen Theorie, Frankfurt/M 1984, S. 15-60. SoSy
J. Ritsert: Was sind die Elemente der Gesellschaft? In ders.: Gesellschaft. Ein unergründlicher Grundbegriff der Soziologie, Frankfurt/M 2000, Kapitel 6, S. 69 ff.

Problemstellungen für Diskussionen

Zum Verhältnis von Sozialsystem und Persönlichkeitssystem.
Luhmanns Kritik an der Frankfurter Schule. Textstellen dazu: (a) Aus N. Luhmann: Gesellschaftsstruktur und Semantik, Band 2, Frankfurt/M 1981, S. 216 f. (Gegen „ethische Sozialtheorien"), S. 244. GuS.
(b) Aus N. Luhmann: Die Gesellschaft der Gesellschaft, Frankfurt/M 1997, S. 30-32. GdG.

Vertiefender Kommentar

AG Soziologie: Denkweisen und Grundbegriffe der Soziologie, Frankfurt/M 2004, Kapitel 7, S. 132 ff.

Modell 6:
Rollen, Charaktermasken und der stumme Zwang der Verhältnisse

Teil A
Person, Status und Rolle

Unsere Mitmenschen nehmen wir wie jeden anderen Festkörper in einer handfesten und konsistenten Gestalt wahr. Ihr „Verhalten" als Bewegung von Körpern in Raum und Zeit wird von strengeren Behavioristen als das einzig wirklich wissenschaftlich beobachtbare Phänomen ausgezeichnet. Systemtheoretiker sprechen vom „Körpersystem", das jedoch vom „Persönlichkeitssystem" des gleichen handfesten Zeitgenossen zu unterscheiden sei. Im Begriff „Persönlichkeitssystem" steckt die lateinische Vokabel *persona*. „Persona" bedeutet ursprünglich die wie ein Schalltrichter wirkende Bronzemaske, die antike Schauspieler vor dem Gesicht trugen. Mundwinkel entscheiden über Tragödie und Komödie. Marx hat daher die äußerst glückliche Übersetzung „Charaktermaske" für diesen Begriff gewählt. Schaut man sich die Kategorie der „Person" in verschiedenen Texten der klassischen Philosophie genauer an, dann stellt sich ihr Gebrauch als alles andere denn einheitlich heraus. Von kontroversen Verwendungsweisen dieser Vokabel in Soziologie und Sozialpsychologie ganz abgesehen. Um nur zwei Beispiele zu wählen: Bei Kant gilt die Person als zurechnungsfähiges Individuum.

> „*Person* ist dasjenige Subjekt, dessen Handlungen einer *Zurechnung* fähig sind. Die *moralische* Persönlichkeit ist also nichts anders, als die Freiheit eines vernünftigen Wesens unter moralischen Gesetzen ..." (MS 329).

Das hört sich aber so an, als würde das Wort „Person" gleichbedeutend mit dem Begriff „Subjekt" verwendet, worunter wir durchweg das Individuum als Träger der *Reflexion* und damit als „Wesen unter moralischen Gesetzen" verstanden haben. Obwohl „subiectum" seinerseits das Zusatzproblem aufwirft, dass im Latein damit nicht nur das Zugrundeliegende, sondern auch das Unterworfene gemeint sein kann, bleibt es hier bei der auf Selbstbewusstsein und Selbstbestimmung (Freiheit) zielenden Lesart. In Hegels „Grundlinien der Philosophie des Rechts" scheint es im § 35 ebenfalls zu einer Gleichsetzung von „Subjekt" und „Person" zu kommen. Doch später im § 105 sagt er, die „Reflexion des Willens in sich" (Selbstbestimmung!) gehöre zum Werden der „*Person* zum *Subjekte*". Damit sind die beiden Kategorien nun doch nicht als gleichbedeutend zu lesen. Unter Einbeziehung der verschiedensten Texte aus den Sozialwissenschaften könnte man sich allein schon mit Versuchen zur Verhältnisbestimmung dieser beiden Grundbegriffe ausgesprochen langfristig beschäftigen. Kurzfristig liefert vielleicht ein Schema Anhaltspunkte für den hier bevorzugten Sprachgebrauch:

Eine Tafel subjekttheoretischer Grundbegriffe

Aktorstandpunkt		**Beobachterstandpunkt**
	A: Selbstbestimmung	
Innenbetrachtung	*Temporal*	*Außenbetrachtung*
„Ich", „Selbst", „Spontaneität" *Subjekt* = der Einzelne als Träger der *Reflexion* (Selbstbewusstsein + Selbstbetimmung)	*Ich-Identität* als biographische Sichselbstgleichheit	Ein Individuum (Namensträger) als *verantwortlicher* Akteur
	B: Bestimmtsein	
Innenbetrachtung	*Temporal*	*Außenbetrachtung*
Charakter *Habitus* *Sozialcharakter*	Sozialisation als Charakterbildung	*Person* *Charaktermaske* *Rolle* *Position* *Status*

Vor dem Hintergrund dieser Tafel müsste sich auch ein anders gearteter Sprachgebrauch anderer Autoren abheben. Den Ausgangspunkt der Aufstellung bilden zwei verschiedene Blickwinkel auf ein Individuum: seine gemeinhin „Aktorstandpunkt" genannte Selbstbeobachtung sowie der theoretische Standpunkt eines äußeren Beobachters individuellen Handelns (Beobachterstandpunkt). Für den Aktorstandpunkt ist die Innenbetrachtung, für den Beobachterstandpunkt die Außendarstellung charakteristisch. D.h.: Einerseits kann sich das Individuum selbst auf der Zeitachse betrachten, andererseits können seine Lebensäußerungen

Gegenstand einer äußeren Betrachtung werden. Der Begriff der „Ich-Identität", der oft mit „das Ich" synonym verwendet wird, passt besonders gut zu Untersuchungen des Lebenslaufes des Einzelnen. Sowohl vom Aktorstandpunkt als auch vom Beobachterstandpunkt geht es dabei um das Problem der Sichselbstgleichheit (Identität) des Einzelnen in der biographischen Zeit. Mit dieser Frage hat sich schon Platon in seinem „Symposion" (Gastmahl) auseinandergesetzt:

> „Denn auch jedes einzelne lebende Wesen wird, solange es lebt als dasselbe angesehen und bezeichnet: z.b. ein Mensch gilt von Kindesbeinen an bis in sein Alter als der gleiche. Aber obgleich er denselben Namen führt, bleibt er doch niemals in sich selbst gleich, sondern einerseits erneuert er sich immer, andererseits verliert er anderes: an Haaren; Fleisch, Knochen, Blut und seinem ganzen körperlichen Organismus. Und das gilt nicht nur vom Leibe, sondern ebenso von der Seele; Charakterzüge, Gewohnheiten, Meinungen, Begierden, Freuden und Leiden, Befürchtungen; alles das bleibt sich in jedem einzelnen niemals gleich, sondern das eine entsteht, das andere vergeht."[83]

Worin könnte angesichts dieses ständigen Wandels dann aber die Identität des Subjekts in der Zeit bestehen? Man kann ein anderer Mensch werden, aber so paradox das klingen mag, ist es nicht doch zugleich der *gleiche* Mensch, der ein anderer wird? Eine weitere schöne Frage ergibt sich, wenn man das Individuum von der Beobachterperspektive aus als mit der Reflexion begabt ansieht und damit als verantwortlichen Akteur behandelt. Kann das Individuum „etwas aus sich selbst machen" und somit seine Biographie ein Stück weit selbst gestalten? Fragen dieses Kalibers bewegen sich im Bereich A der Tafel. Sie gehen von einem Potential zur Selbstbestimmung aus.

Im Bereich B geht es um Formen des *Bestimmtseins* durch die innere und äußere Natur – nicht zuletzt durch die gesellschaftlichen Verhältnisse. Alles was sich dem Individuum aufgrund von Einwirkungen, die aus diesen Gegebenheiten hervorgehen einprägt, kann – im Einklang mit der Herkunft des Charakterbegriffs aus dem griechischen Münzprägewesen – der *Charakter* genannt werden. Diejenigen Anteile der Charakterstruktur, die sich *gesellschaftlichen* Einflüssen verdanken, machen den *Sozialcharakter* aus (Meads „Me"). *Habitus* sollen hier – etwas anders als bei P. Bourdieu – als Dispositionen zum Handeln und Einstellungen gegenüber Dingen oder Personen verstanden werden. Habitus können flüchtig sein oder dauerhaftere Bestandteile des Charakters oder Sozialcharakters darstellen. Der Sozialisationsprozess des Individuums wiederum kann als Vorgang der Charakterbildung und zugleich als Förderung oder Beeinträchtigung der Reflexion gelesen werden. Vom Beobachterstandpunkt können all jene Handlungen, welche sich der Charakterstruktur des betreffenden Individuums zurechnen lassen, als Lebensäußerungen des Individuums als *Person* gelten. Beobachtet werden kann auch das Verhalten des Individuums in seiner sozialen *Rolle*.

In der Tafel subjekttheoretischer Kategorien taucht auch derjenige Grundbegriff auf, welcher bei Parsons das Element des sozialen Systems bezeichnet. Es handelt sich um die Kategorie der *sozialen Rolle*. Sie hat sich in den Gesellschaftswissenschaften so weitgehend durchgesetzt, dass inzwischen von der *Rollentheorie* als einem eigenständigen Ansatz die Rede ist. Doch gar so selbstverständlich ist das mit der Rollentheorie nicht. Denn stellt man schärfere Ansprüche an eine Theorie, verlangt man von ihr beispielsweise, Zusammenhangsvermutungen aufzustellen, die sich empirisch überprüfen lassen, dann erscheint die Rollentheorie eher als ein System von Begriffen denn als eine systematische Theorie. Schon deswegen belassen wir es hier bei der Wiedergabe einige ihrer wesentlichsten *Begriffe*.

In „The Social System" behandelt Parsons (und mit ihm manch anderer) „Rolle" gleichsam als die Schnittstelle zwischen dem auf verschiedene Systeme („Körpersystem"; „Natursystem", „Persönlichkeitssystem") aufgeteilten handfesten Individuum und der Gesellschaft. „Rolle" dient nicht zuletzt als Vermittlungsbegriff zwischen Sozialsystem und Persönlichkeitssystem. Als Persönlichkeitssystem mit seinen Orientierungen und Antrieben gehört das Individuum – wie wir gesehen haben – zur Umwelt des sozialen Systems. Als *Rollenträger* wird es in die gesellschaftlichen Verhältnisse einbezogen. Manche Interpreten sagen, von Parsons werde die *Status-Rolle* als Element der Gesellschaft behandelt. Der Begriff des „Status" ist dabei allerdings doppeldeutig: Zum einen zielt er auf die tatsächliche, vom Beobachterstandpunkt aus registrierte „Position" einer Gruppe von Individuen, d.h.: auf ihre Funktionsstelle in einem System gesellschaftlicher Zwecktätigkeiten (Arbeit). Der eine stellt Schuhe her, der andere Schränke (Berufspositionen). Zum anderen bedeutet „Status" aber auch die Stellung einer Menge von Individuen in einer Hierarchie der Ehre und des Ansehens, also des gesellschaftlichen Prestiges. In zahlreichen Fällen wird unter „Status" daher die Lage einer Gruppe im gesellschaftlichen Schichtsystem verstanden. Bei Vorschlägen zur Einteilung einer Gesellschaft in Schichten steht fast durchweg das gestufte Prestige im Mittelpunkt.

Es ist seit langem üblich, bei rollentheoretischen Grundbegriffen einen Unterschied zwischen *Position* und *Rolle* zu machen. Die Auskunft, dass „Position" die gesellschaftliche Stellung eines Individuums bedeutet, ist sicherlich nicht sehr erhellend. Informativer und üblich ist es, die Position im Rückgriff auf eine Menge von *Erwartungen* zu beschreiben, die an eine bestimmte Gruppe von Menschen gerichtet werden. Eine Position soll damit in dem „Bündel" der Erwartungen bestehen, die ein bestimmtes Muster des Verhaltens abstecken. Die Lehrerposition verlangt x, y, z … Aber auch die *Rolle* wird meistens über geltende Erwartungen definiert. Worin soll dann aber die Differenz zwischen „Position" und „Rolle" bestehen, wenn man sich nicht auf die ziemlich erläuterungsbedürftige Auskunft zurückziehen will, die Position bedeute den „statischen" Aspekt eines Rollenssystem, während „Rolle" den dynamischen bezeichne? Nun, man kann die „Position" als Bündel der Erwartungen begreifen, die sich an jeden beliebigen Inhaber einer bestimmten Position richten. Die Rolle besteht hingegen in der konkreten Art und Weise wie ein bestimmter Positionsinhaber die entsprechende Rolle ausfüllt.

Es ist üblich, jene drei Hauptarten von Erwartungen anzuführen, die oben schon als Bestandteile des *Sinn*reservoirs einer Gesellschaft erwähnt wurden:

- Antizipatorische Erwartungen.
- Normative Erwartungen.
- Erwartungs-Erwartungen.

Antizipatorische Erwartungen bedeuten bedingte Prognosen, d.h.: mehr oder minder verlässliche Vorhersagen, was die Mitglieder der Gruppe G tun werden. Der Geiger im Orchester wird aller Wahrscheinlichkeit nach sein Instrument nicht in das Publikum schleudern. Gestützt auf Kenntnisse über alltagsweltlich bedeutsame Erwartungen kann die Rollensoziologie durchaus einen bestimmten Typ von Vorhersagen wagen.

Normative Erwartungen. Das sind Erwartungen dahingehend, was die Mitglieder einer bestimmten Gruppe tun sollten. Die Geiger im Orchester *sollten* möglichst fehlerfrei konzertieren. Es handelt sich mithin um Gebote und Verbote.

Erwartungs-Erwartungen gehören zu den Kunststücken, die wir alltagsweltlich Tag für Tag vollbringen. Wir erwarten nicht nur, was ein anderer tun wird oder tun soll, sondern hegen auch oftmals erstaunlich genau zutreffende Erwartungen darüber was er seinerseits von uns erwartet – auf beiden Seiten gilt das sowohl normativ als auch antizipatorisch.

Je nach der Stärke der *Sanktionen,* die bei einem Verstoß gegen Erwartungen ihrerseits zu erwarten sind, unterscheidet R. Dahrendorf drei Grundtypen normativer Erwartungen:

- Muss-Erwartungen.
- Soll-Erwartungen.
- Kann-Erwartungen

Musserwartungen entsprechen streng normativen Erwartungen (zwingenden Anforderungen), hinter denen kodifizierte Normen sowie – wie Max Weber es ausdrückt – „Erzwingungsstäbe" wie der Justizapparat stehen. Verstöße gegen fundamentale ethische und rechtliche Gebote sind normalerweise mit harten Strafen bewehrt. (Formale Normen).

Sollerwartungen bedeuten Gebote, bei denen eine Abweichung ebenfalls nachdrückliche Sanktionen im Gefolge haben kann. Aber es handelt sich eher um informelle Normen, die etwa zu eingespielten Sitten und Gebräuchen gehören. Man kann sicher auch Regeln und Kriterien hinzurechnen, die in einer Gesellschaft für selbstverständlich gehalten werden und zum Beispiel unsere Routinen bestimmen. Eine Abweichung davon pflegt normalerweise höchst unangenehme und lästige Sanktionen bedeutsamer Anderer wie zum Beispiel Empörung oder Beschimpfung im Gefolge zu haben.

Kannerwartungen zielen auf ein Tun, das über das Normalmass hinausgeht. Es wird z.B. erwartet, dass jemand mehr als die Abspulung seiner Routinen leistet. Wenn einer über das übliche Maß hinaus engagiert ist, kann er mit *positiven Sanktionen* etwa in der Form der Steigerung seines Ansehens rechnen.

Aber wo kommen die Erwartungen her und wer verteilt die negativen und/oder positiven Sanktionen? Eine rollentheoretische Standardantwort lautet: Die *Bezugsgruppen* sind es! Zu den Bezugsgruppen einer Lehrerin oder eines Lehrers zählen Schüler, Eltern, Kollegen und die Schulleitung als wesentliche Bezugsgruppen, von denen ganz schön anstrengende Erwartungen ausgehen können. Die Erwartungen dieser Gruppen decken und überschneiden sich teilweise; es gehen aber auch gruppenspezifische Erwartungen von ihnen aus, welche *Rollensegmente* der jeweiligen Rolle (Lehrer) festlegen. Wenn sich die segmentären Erwartungen der spezifischen Gruppen widersprechen, dann hat der Rollenträger ein echtes Problem, nämlich einen *Intrarollenkonflikt* zu erwarten. Wenn sich die Anforderungen in der einen Rolle (Autobahnbenutzer) mit der in einer anderen (Rennsportfreak) reiben, dann ist ein *Interrollenkonflikt* zu erwarten (antizipieren). Aber wo beziehen die Mitglieder der Bezugsgruppen ihre Erwartungen her? Da gibt es bekanntlich viele verschiedene Quellen. Von der frühkindlichen Erziehung bis zum Abschluss von Bildungsprozessen, damit also aus verzweifelten Versuchen von Eltern und anderen Erziehern die von ihnen akzeptierten Normen ihrer „Kultur" zu übertragen. Selbstverständlich aus den Informationsmedien der verschiedensten Art – wenn mit dem Holzhammer philosophiert werden soll beispielsweise aus der „BILD-Zeitung". Kurzum: Erwartungen und Erwartungserwartungen werden aus dem Sinnreservoir einer Gesellschaft geschöpft.

Marx würde diese Sichtweise – wie es dann in der Tat Autoren wie Adorno – später auch getan haben – als einseitig auf den Überbau fixiert, wenn nicht als ideologisch betrachten. Als einseitig erweist sie sich auf jeden Fall, wenn man sich an die Überlegungen erinnert, die in Marx Ausführungen zur *Charaktermaske* aufgehoben sind. Gleich im Vorwort zur ersten Auflage des „Kapitals" schreibt er:

> „Zur Vermeidung möglicher Missverständnisse ein Wort. Die Gestalten von Kapitalist und Grundeigentümer zeichne ich keineswegs in rosigem Licht. Aber es handelt sich hier um die Personen nur, soweit sie Personifikation ökonomischer Kategorien sind, Träger von bestimmten Klassenverhältnissen und Interessen." (MEW 23/Vorw. 1. Aufl.)

Die Mitglieder der entwickelten Geldwirtschaft des Kapitalismus müssen allesamt in der Rolle des Marktgängers auftreten. Und das heißt: Sie müssen kaufen und verkaufen. Damit stehen sich grundsätzlich mindestens „zwei Personen in denselben ökonomischen Charaktermasken, ein Käufer und Verkäufer" gegenüber (MEW 23112). Beim Auftritt in ökonomischen Charaktermasken handelt es sich jedoch nicht um genau das Gleiche wie beim Rollenspiel aufgrund von normativen Erwartungen, die Bezugsgruppen hegen. „Bei Strafe des Untergangs" (Marx) sind Arbeitnehmer heutzutage gezwungen, ihre Arbeitskraft zu verkaufen. Die Arbeitskraft wiederum wird auf verschiedenen Funktionsstellen im hoch differenzierten „Reproduktionsprozess" des Kapitals verausgabt. Vom Beobachterstandpunkt aus betrachtet handelt es sich bei diesen ökonomischen Positionen um Muster von Zwecktätigkeiten, die – wenn auch nicht in jedem einzelnen Fall – verrichtet werden *müssen*, soll der Wirtschaftskreislauf so wie er ist bzw. auf erweiterter Stufenleiter weiter laufen. Dem können sich selbst die Herren des Wirtschaftssystems nicht entziehen. Wenn sie keine ausreichenden Erträge – heute insbesondere „shareholder value" – erzielen, frisst sie die Konkurrenz oder die nächste herbei schwirrende Heuschrecke auf. Auch sie unterliegen ein gutes Stück weit dem „stummen Zwang der Verhältnisse" (Marx). Wir alle treten einander gezwungermaßen als „Träger ökonomischer Verhältnisse" (vgl. MEW 23;60) gegenüber. Natürlich gibt es auch jede Menge normativer Erwartungen, die sich explizit an Menschen bei der Verrichtung ihrer ökonomischen Zwecktätigkeiten richten. Nicht zuletzt heutzutage die Norm unbedingter Effizienz.

Teil B
Begriffsapparat und Menschenbild.

Es versteht sich ganz von selbst, dass jede Aussage, die sich auf das Verhältnis von Individuum und Gesellschaft bezieht, mit irgendeinem Menschenbild imprägniert ist. Aristoteles betrachtet den Menschen als ein auf das Zusammenleben mit seinesgleichen in der Polis angewiesenes Tier (zoon politikon). Hobbes beschreibt den Menschen im Ausgang von einem wenig paradiesischen Urzustand, worin jeder Einzelne dem anderen ein Wolf ist. Zur Vergesellschaftung motiviert sie ihr blankes Eigeninteresse. Sie schließen angesichts der lebensbedrohenden Situation im Naturzustand erst einen Friedensvertrag, danach einen Staatsvertrag, um soziale Ordnung herzustellen und aufrechtzuerhalten. Kant malt sich hingegen ein „Reich der Zwecke" als Utopie aus, derzufolge jeder Einzelne den freien Willen des anderen fördern und damit seine Menschenwürde achten würde. Adorno, der sich keine Utopien „auspinseln" wollte, sagt einmal, die Fatalitäten beschädigten menschlichen Einzellebens hingen zentral mit dem Tausch als Vergesellschaftungsprinzip zusammen ... und so könnte man zahllose weitere Beispiele ansammeln. Was die Rollentheorie angeht, gibt es sogar eine ausdrückliche Auseinandersetzung über das Menschenbild, das sie impliziert. Den entscheidenden Anstoß dazu gab im Jahre 1958 eine kleine Schrift von Ralf Dahrendorf mit dem Titel „Homo Sociologicus. Ein Versuch zur Geschichte, Bedeutung und Kritik der Kategorie der sozialen Rolle." Dahrendorf fragt sich darin, wie wir uns angesichts der wissenschaftlichen Kunstfigur des *homo sociologicus* vorkommen müssen, den eine auf dem Rollenbegriff aufgebaute Soziologie in die Welt gesetzt hat? Ziemlich bescheiden – so lautet seine Auskunft. Er meint, sowohl die Ökonomen mit ihrem *homo oeconomicus* als auch die Soziologen mit dem rollentheoretisch beschriebenen *homo sociologicus* hätten „sich im Allgemeinen dem Widerspruch zwischen ihrem künstlichen und dem wirklichen Menschen nicht gestellt" (HS 9). Diesen wirklichen Menschen bezeichnet er gern – anders als Parsons und Luhmann – als den „ganzen Menschen" unserer Alltagswelt.

> „Wie verhält sich der Mensch unserer Alltagserfahrung zu den gläsernen Menschen der Sozialwissenschaften?" (ebd.).

Beide Wesen bekommen es mit dem Problem zu tun, dass der Wille des Einzelnen oftmals auf gesellschaftliche Tatsachen stößt, die ihm so hart entgegenstehen wie die Mauer dem anrennenden Kopf. Dahrendorf spricht daher auch – in Anspielung wohl auf E. Durkheims Lehre von den *faits sociaux* – von der „ärgerlichen Tatsache der Gesellschaft." Insoweit nun die Soziologie den Menschen als

Träger einer sozialen Rolle ausmalt, erscheint er wie jemand, der einen vorgegeben Part (Erwartungen bilden sein Skript) spielt, weil er von Sanktionen bedroht wird, wenn er aus der Rolle fällt. Genau an dieser Stelle überschneidet sich das Menschenbild des *homo sociologicus* mit dem des *homo oeconomicus*. Der Rollenspieler wägt – insoweit er die passenden Reaktionen nicht als *common values* verinnerlicht hat – angesichts drohender Sanktionen klug (zweckrational) ab, ob es ihm etwas bringt, den Sanktionen zu entsprechen oder nicht. Der *homo oeconomicus* stellt ein Modellwesen der Spiel- und Entscheidungstheorie bzw. der Nationalökonomie dar, das seine gesamte Lebensweise auf die zweckrationale Abwägung der Vor- oder Nachteile abstellt, die ihm seine Aktionen versprechen oder androhen. Er denkt in Kategorien von Nutzen und Kosten oder – wie es bei Talcott Parsons heißt – von Gratifikation und Deprivation. Seine Lebensmaxime im mathematischen Modell der Nationalökonomie ist die Maximierung seines Nutzens. Er versucht mit Hilfe zweckrational abgewogener Handlungen (*rational choice*) sowie auf der Folie seiner Präferenzen aus einer Situation nicht nur *etwas* für sich herauszuholen (*satisfycing*), sondern das Beste daraus zu machen (Maximierungsregel). In dieser Hinsicht tritt der soziologische Mensch etwas schlapper auf als der ökonomische.

> „Gesellschaft ist ein notwendiger Interaktionszusammenhang von Akteuren, die ihr eigenes Wohlergehen optimieren wollen."[84]

Der soziologische Rollenmensch sitzt auf Positionen, die man – wie die des Lehrers – unabhängig von der konkreten Verfassung irgendeines Inhabers vom Beobachterstandpunkt aus als „objektiv gegeben" betrachten kann. Die gleiche Position kann ja von ganz verschiedenen Leuten eingenommen werden, die andererseits auf der gleichen Position ihre Rolle ganz unterschiedlich auslegen und vorspielen. Erving Goffman (1922-1982) hat von daher die Rollentheorie zum „dramaturgischen Ansatz" der Soziologie ausgebaut. Seine Grundannahme lautet: „Wir alle spielen Theater"[85] Wir agieren ständig als Selbstdarsteller auf der Bühne des alltäglichen Lebens. Dabei finden die Auftritte in unseren Alltagsszenen in einem Rahmen statt, den Goffman so beschreibt:

> „Die Menschen haben eine Auffassung von dem, was (in einer Situation – J.R.) vor sich geht; auf diese stimmen sie ihre Handlung ab, und gewöhnlich finden sie sie durch den Gang der Dinge bestätigt. Diese Organisationsprämissen – die im Bewusstsein und im Handeln vorhanden sind – nenne ich den Rahmen des Handelns."[86]

Wir alle sind immer zugleich Selbstdarsteller, die anderen in den Szenen eine Fassade präsentieren wollen, welche für diese akzeptabel erscheint und zugleich möglichst zum Bild von sich selbst passt. Offenkundig setzt sich hiermit weitgehend so etwas wie Meads Vorstellung von Interaktion mit der Zielrichtung auf *accomodation* durch. Diesen Eindruck erweckt das das Bild des Menschen als Rollenträger nach Dahrendorf auf eine besonders nachhaltige Weise. Das kann man an Definitionen für „Rolle" ablesen, wie sie in der sozialwissenschaftlichen Literatur üblich sind:

> „Soziale Rollen sind Bündel von Erwartungen, die sich in einer gegebenen Gesellschaft an das Verhalten der Träger von Positionen knüpfen" (HS 22).

Normative Erwartungen stellen gleichsam Schablonen für ein gesellschaftlich akzeptables Vorgehen in einer konkreten Position dar, denen sich das Individuum fügen muss, will es nicht mit *negativen Sanktionen* rechnen. *Positive Sanktionen* kann es mithin nur von der Anpassung an die Vorgaben erwarten. Damit zeichnen sich die Umrisse eines Menschenbildes ab, das dem Anschein nach nicht nur den Konformismus favorisiert, sondern auch Anpassung als eine Funktion von Zwangsandrohungen und Zwängen erscheinen lässt. Deswegen fragt sich Dahrendorf ganz dramatisch:

> „Ist *homo sociologicus* der sich gänzlich entfremdete Mensch, in die Hand von Mächten gegeben, die Menschenwerk sind, und doch ohne Chance, diesen Mächten zu entweichen?" (HS 29).

Aus diesen Worten spricht mehr als ein Charakteristikum allein der Rollentheorie. Es handelt sich vielmehr um eine nachgerade klassische, sich in der Soziologie bis auf den heutigen Tag auswirkende Einseitigkeit der Perspektive auf gesellschaftliche Tatsachen bzw. die Tatsache der Gesellschaft. Die Gesellschaft wird gleichsam *nur* von der Seite der Zwänge aus betrachtet, die sie auf die Reflexion der Einzelnen ausüben kann. Um kein Missverständnis zu erzeugen: Es gibt selbstverständlich nicht nur vielfältige Erscheinungsformen von *Repression* – ob sie nun von anonymen Institutionen, Strukturen und Prozessen oder von Aktionen der Herrengewalten ausgeht. Es ist auch wahrlich eher die Norm, dass die Reflexion des Individuums in den historisch jeweils bestehenden gesellschaftlichen Verhältnissen zurückgedrängt wird als dass sie befördert würde. So weit so ungut. Aber wäre die „Tatsache der Gesellschaft" tatsächlich als nichts anderes denn ein Zwangsapparat zu betrachten, würde sie nicht auch Wirkungen verursachen, die das individuelle Leben ökonomisch und kulturell tragen, dann könnten sich selbst Systeme der reinen Repression (wie etwa die blanke Despotie) wohl kaum mit einiger Aussicht auf Dauer etablieren. Selbst Terrorsysteme wie das der Nazis oder der Stalinisten waren auf einen scharfen Schuss manipulierter Zustimmung und damit auf mehr als Angst, nämlich auf Versatzstücke des

„Legitimitätsglaubens" (Weber) der Unterdrückten angewiesen. Wie Theodor Adorno einmal klipp und klar geschrieben hat:

> „Ohne allen Gedanken an Freiheit wäre organisierte Gesellschaft theoretisch kaum zu begründen."[87]

Dahrendorf sagt den Rollentheoretikern im Kern nach, sie hätten das komplizierte Verhältnis zwischen individueller Selbständigkeit einerseits, gesellschaftlichen Bedingungen und/oder Zwängen andererseits auf eine sehr schlichte Dichotomie heruntergeschraubt:

> „Das Problem der Freiheit des Menschen als gesellschaftlichen Wesens ist ein Problem des Gleichgewichts zwischen rollenbestimmten Verhalten und Autonomie und die Analyse des *homo sociologicus* scheint zumindest in diesem Punkt das dialektische Paradox von Freiheit und Notwendigkeit zu bewähren" (HS 29).

In Aussagen wie diesen steckt zugleich eine ebenso problematische wie klassische Freiheitsvorstellung radikal liberalistischen Denkens: Alles, was mit überindividuellen sozialen Gebilden (Institutionen und Organisationen), vor allem mit staatlichen Einrichtungen und Maßnahmen zu tun hat, steht von vornherein unter dem Generalverdacht einer freiheitsgefährdenden Zwangsapparatur.

Nach Dahrendorf propagiert die Rollentheorie mit dem *homo sociologicus* ein dichotomisiertes Menschenbild: Auf der einen Seite erscheint das Individuum als mit der Reflexion begabtes, also durchaus auch des selbständigen Handelns fähiges Wesen. Es ist zu „freien", autonome Handlungen in der Form rationaler Abwägungen von Vorteilen und Nachteilen sowie eines strategisch klugen Verhaltens zu Anderen in der Lage. Auf der anderen Seite muss es als Rollenträger agieren. Nach dieser Seite hin unterliegt es jedoch durchweg nichts als gesellschaftlichen Zwängen, denen es vor allem in der Form all jener Erwartungen ausgesetzt ist, welche von sanktionsbewehrten Bezugsgruppen ausgehen (HS 32 und 34).[88]

Einiges deutet darauf hin, dass Dahrendorf nicht nur seinen Eindruck von der Rollentheorie vermittelt, sondern sein eigenes Menschenbild wiedergibt, wenn er – im Gegensatz vor allem zu Aristoteles Lehre vom Menschen als einem auf Gesellschaft mit seinesgleichen angewiesenes Lebewesen – die gesellschaftliche Existenz der Menschen mit aller Selbstverständlichkeit als *grundsätzlich* entfremdet beschreibt. Seiner eigenen (damaligen) Auffassung entspricht wohl die These:

„Für Gesellschaft und Soziologie ist der Prozess der Sozialisierung stets ein Prozess der Entpersönlichung, in dem die absolute Individualität und Freiheit des Einzelnen in der Kontrolle und Allgemeinheit sozialer Rollen aufgehoben wird" (HS 41).

Kein Wunder, dass im Rahmen dieses Menschenbildes *Selbstbestimmung* im Sinne Kants bestenfalls als eine Restgröße erscheinen muss, die beim Individuum nach Abzug aller Zwänge übrig bleibt, die dem *Bestimmtsein* durch gesellschaftliche Faktoren zuzurechnen sind. Autonomie und gesellschaftlicher Einfluss auf das individuelle Leben werden nicht nur in die syntaktische Form einer Dichotomie bzw. einer strengen Disjunktion (= ausschließendes Entweder-Oder) gebracht, sondern „Autonomie" erweckt auch den Eindruck einer Residualgröße. Damit werden natürlich auch Ich-Identität und Sozialcharakter dichotomisiert. Unter diesen syntaktischen Rahmenbedingungen stellt Dahrendorf Fragen wie die:

„Beginnt der Mensch Schmidt, wo seine Rollen enden? Lebt er in seinen Rollen? Oder gehört ihm eine Welt, in der Rollen und Positionen so wenig existieren wie Neutronen und Protonen in der Welt der Hausfrau, die den Tisch für das Abendessen deckt? Das ist das drängende Paradox des *homo sociologicus*, dessen Erörterung uns an die Grenzen der Soziologie und der philosophischen Kritik führt" (S 58).

Diese von ihm als „Paradoxie" bezeichneten Dichotomien erinnern Dahrendorf an den Dichter Robert Musil, der gesehen habe, dass der Mensch *mehr* darstelle als „nur die Summe seiner Charaktere". Das ihm als Charakterzüge Eingeprägte lasse ihm „einen kleinen Spielraum der Freiheit, den er, so er will und kann („vielleicht"), für ihm ganz Eigenes in Anspruch nehmen kann" (HS 59). „Freiheit" bedeutet – so gesehen – letztlich die *negative Freiheit,* die Freiheit von allen Bindungen an die Gesellschaft. Damit zeichnet sich eine libertäre Vorstellung von Freiheit ab, die sich deutlich von der Kantischen unterscheidet.[89] Denn bei Kant – so haben wir gesehen (Modell 1) – bedeutet „Freiheit" den freien Willen, der den freien Willen will. Das ist der freie Willen, der den der anderen Mitglieder der Gesellschaft fördert und damit ihre Würde als Subjekt anerkennt. Das legt dem Handelnden jedoch – etwa als Ergebnis der Maximenprobe – Verpflichtungen auf, die Erwartungen an ein *vernünftiges* Handeln entsprechen. Solche normativen Erwartungen stellen keine Quelle von Repression dar, sondern bedeuten z.B. Bedingungen der Zügelung von Aggressivität.

„Jede, auch die unmenschlichste Bewegung wird für den soziologisch geschulten Journalisten und seine Leser zu einer ´notwendigen` Konsequenz angebbarer Ursachen und Konstellationen" (HS 66).

Dieses Menschenbild, das die Lebensäußerungen des Einzelnen als nichts denn ein Resultat äußerer Einwirkungen aus der Natur und/oder der Gesellschaft erscheinen lässt, nenne ich das „Subsumtionsmodell der Subjektivität". Eine seiner strengsten und eine zeitlang folgenreichsten Ausprägungen hat es in der französischen Schule des *Strukturalismus* und da wiederum bei dem marxistischen Theoretiker Louis Althusser (1918-1990) erfahren.[90] Das Denken und Handeln des Einzelnen erscheint bei ihm als eine Funktion der ihm vorgeordneten gesellschaftlichen Strukturen. Dieser Gedanke wird vor allem auf dem Hintergrund einer Theorie von sprachlichen Diskursen entwickelt, die nicht in ihrem Verhältnis zu einem subjektiven Urheber, sondern als Formationsregeln betrachtet werden, die einem Individuum gleichsam einen bestimmten Platz anweisen. Bestimmte Stilprinzipien einer Redeart setzen z.B. jemanden als „Vortragenden" und nicht als „Vorsänger" ein. Sie setzen ihn mithin in einer bestimmten linguistischen Rolle in einer bestimmten Position ein. Was muss jemand genau tun, um für andere als Redner und nicht als Prophet zu erscheinen? Die Formationsregeln des Diskurses weisen ihm einen bestimmten Platz in der allgemeinen Redepraxis zu.

> „Eine Formulierung als Aussage zu beschreiben, besteht nicht darin, die Beziehungen zwischen dem Autor und dem, was er gesagt hat (oder hat sagen wollen oder, ohne es zu wollen, gesagt hat) zu analysieren, sondern darin, zu bestimmen, welche Position jedes Individuum einnehmen muss, um ihr Subjekt zu sein", schärfer gesagt: um als ihr Subjekt zu gelten, das „Urheberschaft" reklamieren kann.[91]

Auf die Gesellschaft übertragen erscheinen die „Strukturen" einer Gesellschaft als diejenige Instanz, welche das „Subjekte" als eine „determinierte Funktion" ihrer Wirkungen auftreten lassen.[92]

> „Die Individuen repräsentieren Positionen innerhalb eines Systems."[93]

Als eine „determinierte Funktion" wäre das Individuum vollkommen *bestimmt* und das Gefühl, das wir alle so haben, gelegentlich tatsächlich etwas aus freiem Stücken veranlassen zu können und für das Ergebnis selbstbestimmter Aktionen verantwortlich zu sein, die blanke Illusion. Genau diese These vertritt Louis Althusser in seiner Theorie der „ideologischen Staatsapparate". Ideologische Staatsapparate versteht er als Institutionen und Organisationen der kapitalistischen Klassengesellschaft, die als Medium der Verpflanzung kulturhegemonialer Sinngehalte in die Köpfe der Menschen dienen. Das Erziehungssystem liefert ein zentrales Beispiel dafür. Als kulturhegemoniale Sinngehalte kann man Anschauungen und Einschätzungen verstehen, welche am ehesten der Position herrschender Klassen bequem sind, aber zugleich als „Herrschaftslegenden" (Ideologien) in das Alltagsbewusstsein beherrschter Gruppierungen eingegangen sind.

Wie immer sich Althusser auch den Transformationsprozess von allgemeinen kapitalistischen Strukturen und Prozessen sowie des Staatsapparates[94] in das Bewusstsein von Menschen der Alltagswelt vorstellt, den Kern aller Ideologisierung macht für ihn die Fiktion des autonomen Subjekts aus. Man kann bei Texten von Althusser die Bemühung um die *clara et distincta ratio* des René Descartes leicht bekümmert vermissen, aber man liegt wahrscheinlich mit folgender Vermutung über die Schlüsselthese von Althusser nicht ganz falsch: Ideologien im Allgemeinen schreibt er Strukturen und Funktionen zu, die sie „in der gesamten Geschichte" ausüben, insoweit diese eine Geschichte von Klassenkämpfen (Klassengesellschaften) darstellt.[95] Und zu dieser Funktion gehört vor allem, die menschlichen Individuen „als Subjekte anzurufen". D.h.: Es ist nach Althusser „die Funktion jeder Ideologie ... (sie wird durch diese Funktion definiert) die konkreten Individuen als Subjekte zu ′konstituieren′"[96] Ich lese diese Aussage ganz einfach so, dass es die Funktion von Ideologien in Klassengesellschaften sei, den Individuen die Illusion einzupflanzen, sie seinen „Subjekte", verfügten mithin über die Reflexion und damit auch über die Fähigkeit zu selbstbestimmten Handlungen. Diese Freiheitsillusion wird den Einzelnen als imaginäres Sinnsystem eingeprägt, damit sie umso besser in der Gesellschaft auf ihren jeweiligen Funktionsstellen funktionieren. Verblüffenderweise erinnert dies an einen berühmten Aphorismus aus Adornos „Minima Moralia."

> „Allgemein ist das Individuum nicht bloß das biologische Substrat, sondern zugleich die Reflexionsform des gesellschaftlichen Prozesses und sein Bewusstsein von sich selbst als einem an sich Seienden jener Schein, dessen es zur Steigerung der Leistungsfähigkeit bedarf, während der Individuierte in der modernen Wirtschaft als bloßer Agent des Wertgesetzes fungiert" (Minima Moralia: Aphorismus 147).

Das klingt ebenfalls nach einem lupenreinen *Subsumtionsmodell der Subjektivität*. Doch abgesehen davon, dass das illusionäre Bewusstsein, ein „an sich seiendes Subjekt" zu sein, bei dem Dialektiker Adorno oftmals mit der modernen Ideologie des Individualismus in Verbindung gebracht wird und nicht auf das Vermögen der Reflexion zielt, ist bei ihm stets die Kehrseite der Medaille mitzulesen. Er kümmert sich im Aphorismus 97 nicht nur um Möglichkeiten, „jener Fatalität ein Ende zu machen, welche die Menschen individuiert, einzig, um sie in ihrer Vereinzelung vollkommen brechen zu können", sondern fasst den Maßstab seiner kritischen Theorie einmal in dem knappen Satz zusammen:

> „Das Individuum ist gewissermaßen der Prüfstein der Freiheit."[97]

Das Individuum liefert den Maßstab – aber weder als vorgesellschaftliches Wesen, das sich erst im Nachherein durch Vertrag oder Tausch vergesellschaftet, noch als ein nüchtern kalkulierender Liberalist, der die Vorteile oder Nachteile von Erwartungsloyalität abwägt.

„ ... frei dürfte man jede Handlung nennen, die durchsichtig bezogen ist auf die Freiheit des Ganzen."[98]

Texte und Textstellen zur Illustration und Vertiefung dieser Grundgedanken

....

Wichtige Bezugstexte

R. Dahrendorf: Homo Sociologicus. Ein Versuch zur Geschichte, Bedeutung und Kritik der sozialen Rolle, Köln und Opladen 1961 (Neuausgabe im VS Verlag). Zitiert als HS.
Erving Goffman: Rollendistanz, in (z.B.) ders.: Spaß am Spiel/Rollendistanz, München/Zürich 1983.

Problemstellungen für Diskussionen

Implizite Menschenbilder in Theorien des Verhältnisses von Individuum und Gesellschaft

Vertiefender Kommentar

AG Soziologie: Denkweisen und Grundbegriffe der Soziologie, 15. Auflage, Kapitel 2, S 23 ff.
Zum *homo oeconomicus* ebd., Kapitel 5, S. 88 ff.
J. Ritsert: Sozialphilosophie und Gesellschaftstheorie, Kapitel 2, Münster 2004, S. 31 ff.

Modell 7:
Milieuakrobaten

Vorbemerkung

Als es sehr vielen Menschen der Bundesrepublik vor der letzten wirtschaftlichen Krise dem Anschein nach noch so richtig gut ging, haben Spaßvögel wie Guido Westerwelle den Typenbegriff „Spaßgesellschaft" in das öffentliche Bewusstsein injiziert. Auch in der theoretischen Soziologie gehört es zu einem von alters her erhobenen vornehmen Ton, sich einen Typenbegriff für die bestehenden Verhältnisse auszudenken, worauf bislang möglichst noch kein auf den akademischen Reputationsmärkten konkurrierender Nebendenker gekommen ist. So einen griffigen Begriff hat sich Gerhard Schule zu Beginn der 90er Jahre für die damals noch recht muntere „Konsumgesellschaft" ausgedacht, den Begriff der *Erlebnisgesellschaft*.[99] Darin geht es nicht um Handlungserfolg im Sinne klassischer Zielstrebigkeit pflichtbewusster Menschen, ihre vorherrschende „Erlebnisrationalität" bedeutet eine andere Orientierung. Der Lebensplan zielt auf die Handlungen in Situationen so, dass eine Steigerung des Wohlgefühls herausschaut. Erlebnisrationalität besteht also in der „Funktionalisierung der äußeren Umstände für das Innenleben."[100] Die Wellness-Welle ist nur ein kleines Symptom dafür.

Nicht nur in Schulzes Buch, sondern auch in einer Reihe anderer Texte, die sich mit der Befasstheit der Bundesrepublik Deutschland befassen, spielt in diesem Zusammenhang die Kategorie des *Milieus* eine Schlüsselrolle.

> „Soziale Milieus seien ... definiert als Personengruppen, die sich durch gruppenspezifische Existenzformen und erhöhte Binnenkommunikation voneinander abheben."[101]

Der Ausdruck „erhöhte Binnenkommunikation" erinnert ein wenig an E. Durkheims Begriff der „sozialen Dichte". Die Mitglieder der betreffenden Gruppe verkehren nicht nur häufiger miteinander als mit anderen Zeitgenossen, sie weisen auch Gemeinsamkeiten ihrer materiellen Situation sowie bestimmter kultureller Orientierungen auf. Milieutheorien der Gegenwart sind meist mit der „Pluralisierungsthese" verwoben. Diese besagt u.a., dass die Gesellschaft als ganze nicht mehr in Großgruppen und Strata aufgeteilt, sondern in eine bunte Vielfalt von Milieus zersprengt ist, die sich durch eine ebenso bunte Mannigfaltigkeit von Stilen der Lebensführung, der Situationsdeutungen und Wertschätzungen ihrer Insassen voneinander abheben, manchmal sogar explizit abgrenzen. Von

Schulze wird die Pluralisierungsthese ausdrücklich als Theorem der „Milieusegmentierung" Deutschlands und anderer westlicher Länder vertreten. So enthält für ihn beispielsweise der Schichtbegriff Voraussetzungen, „die bei der Milieusegmentierung der Bundesrepublik Deutschland gerade fraglich ist: eine verhaltensrelevante und sozial wahrgenommene hierarchische Anordnung", die – so muss man wohl ergänzen – für das gesellschaftliche Ganze charakteristisch ist. Dass der Begriff des Milieus nicht bloß für *ein* Milieu gilt, sondern als Kategorie in Aussagen über die Gesamtverfassung der Gesellschaft verwendet wird, dass die Milieus auf den Ungleichheitsdimensionen Macht, Ehre und Ansehen nicht gleich gelagert sind, scheint nicht sonderlich zu stören. Folgerichtig werden auch die Konsequenzen diskutiert, die diese angebliche oder tatsächliche Entwicklung des Ungleichheitssystems für das Verhältnis von Individuum und Gesellschaft, insbesondere für die Charakterformierung hat.

Teil A
Das Multiplex-Ich.

Alltagssprachlich rechnen wir zum „Milieu" einer Gruppe sowohl die sie umgebende Situationen, worin sie sich bewegt, als auch bestimmte Gedanken- und Handlungsmuster. Charakteristisch für die entsprechende Gruppe sind sowohl bestimmte „objektive" Mittel und Möglichkeiten für das gemeinsame oder individuelle Handeln, als auch mehr oder minder große Übereinstimmungen in der Mentalität sowie in Stilen der Lebensführung. Zur Mentalität einer Gruppe wiederum gehören sowohl gemeinsame (wenn auch selten homogene) Anschauungen als auch charakteristische Wertideen. In bestimmten Milieus muss man beispielsweise einen „guten Geschmack" beweisen, wodurch sich der Gourmet auf seine Weise, der Kunstliebhaber auf seine andere für Gesinnungsgenossen ausweist. Offensichtlich hat der Begriff des „Milieus" einiges mit Tönnies' Begriff der „Gemeinschaft" gemein (vgl. o. S. 71 ff.). Dieser Eindruck entsteht besonders dann, wenn unter „Milieu" in erster Linie eine spezifische *Gruppe* von Menschen verstanden wird

> „Zentral ist der Begriff des *Milieus*. Er bezeichnet zunächst, im Sinne Emile Durkheims, soziale Gruppen, die aufgrund gemeinsamer Beziehungen (der Verwandtschaft, der Nachbarschaft oder der Arbeit), einen >>Korpus moralischer Regeln<< entwickeln. Diese Regeln des sozialen Umgangs bilden sich auch ... in sozialen Klassen, Ständen und Schichten heraus. Sie verfestigen sich zu *Traditionslinien der Mentalität*, d.h. der inneren Einstellungen zur Welt (Geiger), oder, umfassender, des

Habitus (Bourdieu), d.h. der ganzen körperlichen wie mentalen, inneren wie äußeren >>Haltung<< eines Menschen."[102]

Für die Insassen eines Milieus ist also auch ein vergleichbarer Habitus kennzeichnend. Es gibt die eine Möglichkeit, den Begriff des Habitus einfach mit der überlieferten Kategorie des „Sozialcharakters" gleichzusetzen. Eine andere, häufiger anzutreffende Wortwahl besteht darin, Habitus als *Bestandteile* des Sozialcharakters zu behandeln. Der Sozialcharakter einer Person, die sich in bestimmten Milieus bewegt, setzt sich so gesehen aus verschiedenen Habitus zusammen. Diese Habitus gehören zu den subjektiven Bestimmungen, aufgrund deren das jeweilige Milieu von Gruppenmitgliedern interpretiert, reproduziert und transformiert wird. Kein Sozialcharakter, auch kein im zweiten Sinn verstandener Habitus ist einheitlich im Sinne von „homogen". Von daher kann die innere Widersprüchlichkeit und Zerrissenheit eines Sozialcharakters auch in der Form von Gegensätzen selbst wieder in sich inhomogener Habitus dargestellt werden.

Solche einfachen terminologischen Vorschläge können durchaus hilfreich sein, wenn es um die kulturkritische Einschätzungen des Zeitgeistes und der Zeitläufte der Gegenwart geht. Zwar ist diese Tendenz derzeit wieder am Abflauen, aber eine zeitlang war es postmodern, die Aktualität westlicher Gesellschaften als *Postmoderne* zu begreifen. Und für Theoretiker der Postmoderne ist – wenn es um die aktuellen Erscheinungsformen gesamtgesellschaftlicher Ungleichheit geht – die Pluralisierungsthese samt dem Theorem der „Milieusegmentierung" charakteristisch. Natürlich gab es schon in der Antike und im Ständesystem des Mittelalters ganz verschiedene Milieus und Habitus. Der frühe Bourgeois weist einen anderen Sozialcharakter auf als der „Seigneur". Der bourgeoise Stil der Lebensführung unterscheidet sich ziemlich deutlich von dem des Blut- oder Schwertadligen, wobei der Klerus nochmals einen Verein für sich bildet. Damals gab es allerdings eine hierarchische Gliederung des gesamten gesellschaftlichen Lebens nach Ständen (Adel, Klerus, Bürger, Bauern und Bettler). Doch genau an dieser Stelle sehen oder verkünden postmodern denkende Sozialwissenschaftlerinnen und Sozialwissenschaftler für die westlichen Gesellschaften was ganz Neues: Die ehemals nach Klassen, Ständen und Schichten gegliederte Gesamtgesellschaft der entwickelten Marktwirtschaften, so heißt es, ist heutzutage in eine bunte Mannigfaltigkeit von Milieus zersprengt.

Wie sehen Sozialcharaktere im Lichte dieser terminologischen Vorschläge und jener Eindrücke von der postmodernen Lebenswelt aus? Auch da können sich wieder einmal die Vorschläge je nach dem akademischen Milieu, worin sie gemacht werden, ganz erheblich voneinander unterscheiden. Herrman Veith beispielsweise beschreibt die erlebnishungrigen Zeitgenossen als Personen mit

„polyzentrischer Identität" (SMM 305 ff.). „Polyzentrisch"? Das soll heißen: Der postmoderne Mensch ruht nicht mehr in sich und stützt sich nicht mehr auf das feste und biographisch durchgängige Ich, das etwa für den *homo faber* charakteristisch war, sondern seine Ich-Identität ist – wenn man das Wort „polyzentrisch" wortwörtlich liest – in alle Winde zerstreut. Er muss wie ein Akrobat mit vielen Bällen in vielen verschiedenen Milieus jonglieren.

Unbestreitbar ist natürlich, dass sich in der funktional differenzierten Gesellschaft der Gegenwart die Zahl der Milieus vervielfältigt hat, womit der Einzelne bei seinen Strategien der Lebensführung zurecht kommen muss. Das kann jedoch durchaus auch einen positiven Effekt haben, den schon Georg Simmel an der zunehmenden Arbeitsteilung in der modernen Gesellschaft abgelesen hat. Je mehr sich das System der Marktwirtschaft ausdehnt, so argumentiert er, desto weniger sind wir direkt von bestimmten anderen Personen so unmittelbar abhängig, wie es der Knecht vom Herrn war. Das Geld eröffnet – so man es hat – einen Zugang zu unbestimmt vielen Möglichkeiten. Und mit dem Geld trägt man gleichsam ein unbestimmtes Potential der Beziehung zu den verschiedensten anderen Menschen mit sich in der Tasche herum. Das eröffnet Freiheitsspielräume für den Einzelnen.

> „Der Grundherr, der ein Quantum Bier oder Geflügel oder Honig von seinem Bauern fordern darf, legt dadurch die Tätigkeit desselben in einer bestimmten Richtung fest; sobald er nur Geldzins erhebt, ist der Bauer insoweit völlig frei, ob er Bienenzucht, Viehzucht oder was sonst treiben will."[103]

Simmel zeigt im Detail, wie diese (wie immer unter den Rahmenbedingungen fortbestehender Herrschaft prekären) Freiheitsspielräume individualisiertere Lebensäußerungen möglich machen. Obwohl moderne Menschen im Rahmen der Geldwirtschaft von immer mehr anonym bleibenden anderen Akteuren (Zuarbeitern und Zulieferanten etwa) *abhängig* werden, sind sie jedoch „von jedem *bestimmten* Elemente dieser Gesellschaft außerordentlich unabhängig, weil seine Bedeutung für uns in die einseitige Sachlichkeit seiner Leistung übergegangen ist ..."[104] Ähnliches – wenn auch nicht im Lichte einer Analyse von Geldfunktionen – stellen Beobachter der postmodernen Lebenswelt erneut fest. Denn als eine Folge der „Milieusegmentierung" ergibt sich für sie, dass „mit dem potentiellen Zuwachs sozialer Handlungsmöglichkeiten eine Steigerung des Bewusstseins ein individuelles Selbst zu sein, verbunden ist" (SMM 305). Diese Aussage weist allerdings einen doppelten Boden auf. Sie lässt sich nämlich auf zweierlei Weisen lesen: (1) Zum einen könnte sie so gedacht sein, dass die *Reflexion* des Individuums (als Einheit der Kompetenzen des Selbstbewusstseins und der Selbstbestimmung) gestärkt und gesteigert wird. Das Selbstbewusstsein wird gesteigert. (2) Sie könnte aber auch darauf abstellen, dass sich der *Individualis-*

mus als Kernlegende (Schlüsselideologie) des kulturellen und politischen Zeitgeistes der Gegenwart noch weiter ausbreitet.

Man kann umstandslos behaupten, dass die erste Lesart normalerweise im strikten *Gegensatz* zu den manifesten Aussagen von Milieutheoretikern über den postmodernen Sozialcharakters steht. So geht etwa H. Veith wie viele andere bei dessen Beschreibung von der „Konstruktion eines nicht mehr identitätsfixierten Selbst", oder wie er sagt: von einem „multiplexen" oder „polyreferentiellen Selbst" aus (SMM 306). Welches Selbst ist damit gemeint? Der Sozialcharakter? Das Ich in seinem unbestreitbaren historischen Bestimmtsein, worin es andererseits jedoch nicht vollständig aufgeht? Die Kompetenz der Reflexion überhaupt, so dass sich das gute alte Ich postmodern letztlich in alle Winde zerstreut? Man hat ziemlich freie Hand bei der Wahl der Antwort, weil die Wissenschaft der Logik – um es zurückhaltend auszudrücken – von postmodernen Denkern ebenfalls sehr stark „flexibilisiert" wird. In die Richtung eines etwas zerstreuten Ich scheinen grundsätzlich Aussagen wie die folgende zu weisen:

> „In der virtuellen Welt der Computerkommunikation werden nicht nur die Konstitutionsprinzipien der postmodernen Kultur sichtbar, sondern auch Ich-Leistungen transparent, die wesentlich an der Konstruktion eines nicht mehr identitätsfixierten Selbst beteiligt sind. Das Individuum wird zur flexiblen Kommunikation ... in ständig wechselnden Bezugssystemen ... genötigt" (SMM 306).

Der Einzelne muss mit wechselnden Identitäten in wechselnden Milieus jonglieren. Wir werden sofort wieder mit den immergleichen Fragen an derartige Passagen konfrontiert: Klar, das Ich ist nicht der Geschichte und der Verfassung der jeweils gegebenen gesellschaftlichen Verhältnisse enthoben. Es gibt Ich-Stärke und gesellschaftlich induzierte Ich-Schwäche. Dieser Befund ist schon der klassischen Narzissmustheorie geläufig (s.o. Modell 2). Insofern macht es tatsächlich Sinn, von veränderten Ich-Leistungen zu reden. Aber was ist ein *nicht* mehr „identitätsfixiertes Selbst"? Rein sprachlich sicherlich eine *contradictio in adjecto*. Als Konsequenz aus den vorausgesetzten Aussagen über die Sozialstruktur der gegenwärtigen Gesellschaft verstanden dokumentiert sie – um beim Latein zu bleiben – nicht selten ein blankes *non sequitur*. Das ist eine Schlussfolgerung, die aus explizit erwähnten Voraussetzungen nicht so ohne Weiteres folgt. Der Interpret derselben muss über stillschweigende Prämissen und fehlende Zwischenglieder der Ableitung in der Vorlage spekulieren. Bei den vorliegenden Textstellen sieht dieses Problem so aus: Der Befund, dass die Individuen der Gegenwart „zur flexiblen Kommunikation ... in ständig wechselnden Bezugssystemen" genötigt sind, ist weitgehend unstritten. Doch daraus folgt logisch ohne weitere Zwischenglieder der Ableitung ganz und gar nicht, dass sich die Ich-Identität der Individuen mit der wechselnden Akrobatik in wechselnden

Milieus schlechthin verflüchtigen müsse. Im Gegenteil: Es könnte an sich ja geradezu ein Zeichen von Ich-Stärke sein, vielfältige Bezüge erfolgreich zu managen. Zahlreiche postmoderne Darstellungen des „nicht mehr identitätsfixierten Selbst" erwecken jedoch in der Tat eher den Eindruck einer Ich-Identität, die wie altes Backwerk zerbröselt.

> „In postmodernen Gesellschaften sind soziale Beziehungen nicht nur auf Präsenz und Kontinuität, sondern auch wechselnde Aktivitäten und Unterbrechungen angelegt. In dem Maße, wie sich das Spektrum gesellschaftlicher Kontakte erweitert, verliert das Selbst die Sicherheit der Einheit. Stattdessen wird die mannigfaltige Bezogenheit auf Andere zum Ausgangspunkt selbstreflexiv angelegter Vergewisserungen. Konzepte wie >>Identität<< und >>Wahrheit<< lösen sich unter dem Eindruck der Polyreferentialität auf" (SMM 309).

Bei Äußerungen wie dieser drängt sich gleich wieder verwunderte Nachfrage auf: Warum soll das Selbst automatisch seine „Sicherheit der Einheit" verlieren, wenn sich das „Spektrum gesellschaftlicher Kontakte" erweitert? Warum soll die Reflexion allein deswegen planiert werden, weil die „Milieusegmentierung" voranschreitet? Ohne weitere Aufbereitung ist diese Argumentation alles andere denn schlüssig. Gleichwohl ist eine erstaunlich breite Übereinkunft postmoderner Denker in der These zu registrieren, dass sich das Selbst (die Reflexion?) *genau wegen der Pluralisierung der Milieus und Lebensstile* seinerseits in die Vielfalt von „Identitäten" verflüchtigt. Die Grundvermutung besteht also darin, die Ich-Identität müsse sich *wegen* der „Polyreferentialität", also wegen der Notwendigkeit der Orientierung in den vielen verschiedenartigen Milieus auflösen. Wie stark sich in der Milieumannigfaltigkeit der bloße *Schein* von Vielfalt (ähnlich wie bei den mannigfaltigen TV-Kanälen, auf denen man das Gleiche auswählen kann) ausdrückt, diese Frage lasse ich hier völlig offen. So oder so, man könnte sogar gesellschaftspolitisch energisch für „Polyreferentialität" eintreten, weil die „Erweiterung gesellschaftlicher Kontakte" für sich genommen genau so gut zu den Voraussetzungen für eine Flexibilisierung des Ich als Reflexion gezählt werden kann. Dass die „mannigfaltige Bezogenheit auf andere zum Ausgangspunkt selbstreflexiv angelegter Vergewisserungen" wird, lässt sich dann am Ende doch so lesen, dass die Reflexion gestärkt wird. Das Ich könnte seinerseits an Flexibilität gewinnen und seine Funktionen könnten facettenreicher ausfallen. Damit ist allerdings eine andere Form der „Flexibilität" des Individuums gemeint als sie Richard Sennett bei seiner Kapitalismuskritik vor Augen hat. Die Betriebsherren verstehen darunter vor allem die Verfügbarkeit von Arbeitskräften an wechselnden Orten mit je nach Bedarf variierendem Zeiteinsatz. Die „atmende Fabrik" soll je nach der Ertragslage ständig Menschen ein- oder ausatmen können. Diejenigen, welche von Situationen wie diesen profitieren wollen, müssen bestimmte Charakterzüge aufweisen.

> „Die Fähigkeit, sich von der eigenen Vergangenheit zu lösen und Fragmentierung zu akzeptieren, ist der herausragende Charakterzug der flexiblen Persönlichkeit, wie sie in Davos an den Menschen abzulesen ist, die im neuen Kapitalismus wirklich zuhause sind. Doch diese Eigenschaften kennzeichnen die Sieger. Auf den Charakter jener, die keine Macht haben, wirkt sich das neue Regime ganz anders aus."[105]

Die genuine Flexibilität des Ich besteht demgegenüber darin, sich nicht vollends in die Mannigfaltigkeit der Erwartungen aus den vielfältigen Milieus zu verlieren. Wenn solche Thesen wie die zu lesen sind, mit der Milieusegmentierung löse sich die „Identität" zusammen mit dem Kriterium der „Wahrheit" auf, ist ohnehin meistens der Sozialcharakter und nicht die Reflexion gemeint (SMM 309). Das zuletzt ausgewählte Zitat zeigt sehr deutlich, wie stark der Bedarf nach Auskunft über stillschweigende Annahmen sein kann. Denn die These ist nur unter Einbeziehung zusätzlicher Annahmen ansatzweise stichhaltig. Nämlich nur dann, wenn unter „Identität" entweder ein starres Ich oder ein Sozialcharakter verstanden wird, der so rigide wie etwa der „autoritäre Charakter" ist. So gebaute Personen werden durch Wesen mit „multipler Identität", also mit einer flexibleren Ausprägung des Sozialcharakters ersetzt.

Selbstverständlich setzt sich ein postmodernisierter Sozialcharakter aus einer ganzen Reihe zeitgenössischer Habitus zusammen. Hermann Veith hat eine Reihe in diese Richtung gehender Befunde und Vermutungen in einer seiner Tabellen aufgelistet (vgl. SMM 315). Sie sollen den „Multiplex-Sozialcharakter" des postmodernen Menschen beschreiben.

- In der *kognitiven Dimension* sei er „relativistisch", „pragmatisch", „polyzentriert" „ästhetisch".
- In der *normativen Dimension* gilt er als „informativ", „tolerant", „fit", „spielerisch".
- In der *affektiven Dimension* erscheint er als „empfindsam", „flexibel", „zweifelnd", „phantasierend".
- In der *motivationalen Dimension* schließlich stellt er sich als „technologisch", „strategisch", „expressiv" und „explorativ" dar (SMM 315).

Wie passend oder unpassend diese Liste auch immer sein mag, der Autor stellt ausdrücklich fest, dass Kategorien wie die der „multiplen Identität" (die ohnehin in der klinischen Psychologie zuhause sind), „zur Beschreibung postmoderner Identitätsformen äußerst missverständlich sind" (SMM 312). Das ist wahr! Es wird zudem der Trost gespendet, dass die „die Menschen im normalen Alltagsleben auch weiterhin gezwungen sind, als individuelle Akteure Verantwortung für ihr Handeln zu übernehmen, so dass zumindest in der gleichen Erfahrung die Einheit des Selbst weiterhin vorkommt" (SMM 312 f.). Dass die Einzelnen *gezwungen* seien, Verantwortung zu übernehmen klingt nach dem alten Sponti-Spruch: „Seid spontan!" Verantwortlichkeit, die dadurch entsteht, dass aus freien Stücken gehandelt wird, erscheint als Funktion gesellschaftlicher Zwänge. Ähnlich ambivalent ist die trostreiche Anmerkung, dass „ zumindest die Einheit des Selbst" in der Alltagserfahrung weiterhin vorkommt. Doch diese *consolatio philosopiae* könnte man ja auch á la Althusser lesen. D.h.: Die Menschen der Alltagswelt hängen der Illusion an, hin und wieder mal als Subjekte agieren zu können.

Ich denke, diese kleine Analyse von Vermutungen über den Zusammenhang von Individuum und Gesellschaft als Verhältnis von „Milieusegmentierung" und Identitätszerstreuung in der Postmoderne hat ausgereicht, um zu zeigen, welche Schwierigkeiten für die Einschätzung kulturkritischer Diagnosen sich allein schon durch den changierenden Gebrauch von Kategorien und die postmoderne Ambivalenz grundlegender Thesen ergibt.

Teil B
Über Sprachspiele und soziale Lebensformen.

In einer Reihe von Theorien über das Verhältnis von Individuum und Gesellschaft werden allgemeinen gesellschaftlichen Lebenszusammenhängen in Raum und Zeit eigenständige (irreduzible) Merkmale und Wirkungsmöglichkeiten zugeschrieben. Darin steckt die sozialontologische Annahme, dass sie sich bei Erklärungen weder empirisch noch logisch auf das Denken und Handeln von *Individuen* zurückführen lassen. Es wird ihnen also eine eigensinnige („emergente") Wirklichkeit (Daseinsweise) und Wirksamkeit zugeschrieben. Der Verlauf der wirtschaftlichen Konjunktur etwa lässt sich nicht restlos auf den Willen und die Pläne einzelner Personen oder Gruppen zurückführen, geschweige denn wirklich erfolgreich von ihnen beeinflussen. Undurchsichtige Konjunkturzyklen haben tiefe Einschnitte in das individuelle Leben zur Folge. Die Kehrseite der Medaille ist, dass derartige Abläufe gern zu einem Naturgesetz oder zur „Macht des Schicksals" verdinglicht werden. Denn es ist andererseits ja so, dass es einen Wirtschaftskreislauf mit schwankender Konjunktur nur deswegen gibt, weil zahllose Individuen auf bestimmte und kontroverse Weisen denken und handeln. Gesellschaftliche Strukturen und Prozesse entstammen nicht dem Willen der Götter. Sie sind hausgemacht. Zu den Diskussionen über das Verhältnis von

Individuum und Gesellschaft gehören daher durchweg bestimmte Annahmen über das Verhältnis überindividueller sozialer Gebilde, Strukturen und Prozesse – letztlich der ganzen Gesellschaft X – zu individuellen und/oder gruppenspezifischen Lebensäußerungen. E. Durkheim fordert zum Beispiel, die Soziologie müsse soziale Tatsachen wie *Dinge* (comme des choses) behandeln.

> „Die erste und grundlegende Regel (der soziologischen Methode – J.R.) besteht darin, die soziologischen Tatbestände wie Dinge zu betrachten."[106]

Durkheims Dingbegriff ist schwierig.[107] Er kann nicht einfach mit physikalischer Gegenständlichkeit gleichgesetzt werden. Ihm geht es vielmehr darum, zu klären, warum und auf welche Weise uns gesellschaftliche Gegebenheiten, beispielsweise Institutionen, so hart *entgegenstehen* können wie eine Wand. Eine damit zusammenhängende Frage lautet beispielsweise, ob diese „Gegenständlichkeit" nicht durchweg aufgrund der Geltungsansprüche von Normen als Sinnstrukturen erklärt werden kann, die mit Sanktionen bewehrt sind. Die drohenden Sanktionen machen die „Härte" aus. Auch der Verstoß gegen die Normen der Sprache kann ja zu erheblichen Unannehmlichkeiten führen, wie sie Mead in Angesicht negativer Reaktionen auf Abweichungen vom eingespielten System signifikanter Symbole erwähnt. Aber sind alle gesellschaftlichen Beziehungen nichts als das Ergebnis der Funktionsweise von Sinn und Sprache? Es gibt bis auf den heutigen Tag eine intensive Diskussion über das Verhältnis von Sprache und Gesellschaft. Ich kann darauf nur mit einem Kommentar zu zwei elementaren Theoremen eingehen, die sich als äußerst folgenreich für die soziologische Theorie- und Schulenbildung erwiesen haben.

Theorem 1:
Mit der Sprache lernen wir Individuen immer auch das dahinter stehende gesellschaftliche Leben (Mead GIG 331). Mit einem Sprachspiel lernen wir die damit verwobene Lebensform sagt auch Ludwig Wittgenstein. Wenn wir eine Sprache lernen, lernen wir allesamt kulturelle Umgangsformen mit Dingen und Personen

Auf ein zweites Theorem stoßen wir in mannigfaltigen Abwandlungen vor allem bei all jenen Autoren (z.B. bei J. Habermas), welche sich an der von Wittgenstein entscheidend vorbereiteten *Sprechakttheorie* orientieren. Das zweite Theorem hängt also an Prämissen der Sprechakttheorie. Sie können kurz so angedeutet werden: Einer ihrer prominentesten Vertreter ist der amerikanische Sprachphilosoph John R. Searle. Sprechakttheoretiker gehen von dem augenfälligen Sachverhalt aus, dass man die Sprache auf die verschiedensten Weisen für die verschiedensten Zwecke benutzen kann. Beim Sprechen sagen wir nicht einfach nur etwas über Gegebenheiten und ihre Merkmale aus, wir geben nicht nur einen über irgendetwas informierenden Laut, sondern wir wollen mit der Lautgabe durchweg praktisch etwas erreichen, anstellen oder anrichten – wie gesagt: selbst beim Monolog oder bei der Beschwörung stummer Dinge. Sprache stellt stets auch eine Form des Handelns im Verhältnis zu den Adressaten der Rede oder der Schrift dar. Sprechen bedeutet *action,* Sprechhandeln. John Searle hat eine übersichtliche Typologie für Sprechakte vorgeschlagen:

1. *Assertive* Sprechakte. Die *assertio* bedeutet im Latein eigentlich eine triftige Aussage oder verbindliche Zusicherung. Hier werden darunter jedoch Aussagen verstanden, die mit einem Wahrheitsanspruch verbunden sind. Sie können also die Wahrheitswerte „wahr" oder „falsch", „treffend" oder „unzutreffend" annehmen. Sie werfen damit das Problem der Referenz auf. Searles Beispiele dafür sind Feststellungen, Beschreibungen, Klassifikationen und Erklärungen.
2. *Direktive* Sprechakte. Dadurch wird anderen die Richtung für ihr Handeln vorgegeben. Sie werden gebeten, aufgefordert, verbal gezwungen, etwas Bestimmtes zu tun. Beispiele dafür sind Bitten, Anordnungen und Befehle.
3. *Kommissive* Sprechakte binden den Sprecher selbst. Er legt sich mit seinen Verlautbarungen darauf fest, eine bestimmte Handlung auszuführen. Beispiele dafür sind Versprechen, Gelöbnisse, Zusicherungen, Verträge oder Garantien.
4. *Expressive* Sprechakte drücken die „Aufrichtigkeitsbedingungen des Sprechakts" (Searle) aus. Beispiele dafür sind Entschuldigungen, Dank, Willkommensgrüsse, Anteilnahmen oder Gratulationen.
5. *Deklarative* Sprechakte schließlich erklären, dass etwas der Fall ist, wobei die Erklärung selbst mit zu den Bedingungen des Herbeiführens des entsprechenden Sachverhaltes gehört. „Hiermit erkläre ich euch zu Mann und Frau!" – „Sie sind entlassen!"[108]

Searle hat zudem eine wichtige Unterscheidung zwischen zwei Grundformen von Regeln für Sprachspiele vorgeschlagen:

a. *Direktive* (er sagt: „regulative") *Regeln* steuern eine schon bestehende gesellschaftliche Praxis. Die Regeln der StVO lenken die Autos in Kontinentaleuropa auf die rechte Fahrbahn.
b. *Konstitutive Regeln:* Sie setzen eine bestimmte soziale Praxis überhaupt erst in die Welt. Die Stellung „Matt" im Schachspiel gäbe es nicht, gäbe es nicht bestimmte Regeln zur Bewegung von Spielfiguren. Die spezifische Inter-

pretation einer Szene durch die Akteure macht sie zu dieser und keiner anderen.

In derartigen Voraussetzungen wurzelt ein zweites Theorem, das für eine Reihe sprachphilosophisch motivierter Soziologien der Gegenwart charakteristisch ist. Es erhebt alle sprachlichen Regeln in den Rang konstitutiver Regeln. Die Sprache setzt mithin alle *sozialen* Tatsachen in die Welt. Daraus ergibt sich eine Perspektive auf das Verhältnis von Sprache und Gesellschaft, die ich als „die konstruktivistische Kernvorstellung" bezeichnen möchte. Sie sieht in einer besonders kurzen Kurzfassung so aus:

Theorem 2:
Alle sozialen Tatsachen sind das Ergebnis von Denk- und oder
Sprachaktivitäten.

Methodologisch wird mit diesem Theorem oftmals der Anspruch verbunden, sämtliche gesellschaftliche Phänomene auf „Tatsachen des Bewusstseinslebens" zurückzuverfolgen oder sie – was inzwischen weitaus häufiger zum Programm erhoben wurde – eben in „der Sprache", im „Diskurs", im „Text" usf. zu verankern.[109] Die damit verbundenen Ansprüche werfen allerdings ein weiteres in jüngster Zeit äußerst kontrovers diskutiertes Problem auf:

Problem 12: In welchem Verhältnis stehen Sprache und Lebensform nun genau zueinander?

Ist ein Sprachspiel tatsächlich *gleich* einer Lebensform (Idealismus)? Gehört das Sprachspiel zum Überbau einer gesellschaftlichen Lebensform, die nicht in Sprache aufgehende Merkmale und Wirkungsmöglichkeiten aufweist und womöglich in *basalen* und nicht-linguistischen Prozessen (Organisationsprinzipien der Gesellschaft) verankert ist (Materialismus)? Oder ist das Sprachspiel *Teil* einer Lebensform, die jedoch über sprachliche Texte hinausreichende und auf die linguistische Praxis nicht reduzierbare (emergente) Eigenschaften aufweist (Realismus)? Nicht selten kommt es vor, dass alle drei Fragen vom gleichen Autor im gleichen Text unverdrossen bejaht werden. Doch wirklich radikale und entschlossene Konstruktivisten und Ethnomethodologen müssten eigentlich die erste Position vertreten. Das wird ihnen in der Tat nachgesagt, wenn ihre Position als „Sprachidealismus" oder „Sprachspielimperialismus" kritisiert wird. Denn in der Tat sieht es oft so aus, als setzten sie soziale (durchaus auch: physikalische) Tatsachen *gleich* der Redepraxis irgendwelcher Sprachspieler.

„Der Sprachidealismus ist die Lehre, dass nur das existiert, worüber gesprochen wird."[110]

Demnach wäre alles Sein (sogar von Naturphänomenen) „radikal nichts anders ... als eine Wirkung der Sprache ..."[111] Diese Position kann sich bis zur Zuneigung zum *Ramses-Prinzip* zuspitzen: Mit diesen Wort möchte ich eine konstruktivistische Auffassung bezeichnen, die einem Artikel des französischen Soziologen Bruno Latour in der Monatszeitschrift „La Recherche" zu entnehmen ist.[112] Latour lieferte darin einen Kommentar zu einem klinischen Befund französischer Naturwissenschaftler ab, die bei einer Untersuchung der Mumie Ramses II. feststellten, dass dieser Pharao an Tuberkulose gestorben ist. Latour soll sich einem Gerücht zufolge ernsthaft gefragt haben: Wie konnte Ramses an einem Bazillus sterben, der erst 1882 von Robert Koch in den wissenschaftlichen *Diskurs* eingebracht wurde? Es handele sich damit doch um ein wissenschaftssprachliches soziales Konstrukt der Neuzeit. In dieser Zuspitzung riecht das natürlich nach sehr starkem Tobak. Gleichwohl findet man bei einigen Vertretern der Schule der Ethnomethodologie in den Sozialwissenschaften hin und wieder *Realitätsvorstellungen,* deren Neigung zum Ramses-Prinzip sehr ausgeprägt ist: Das Wort „Ethnomethodologie" setzt sich aus zwei griechischen Vokabeln zusammen: Aus „ethnos", das Volk, der Stamm und „methodos" als (systematischer) Weg zum Ziel. Untersuchungsgegenstand der ethnomethodologischen Forschung sind Sprechhandlungen in unserer Kultur, mit deren Hilfe wir Tag für Tag eben jene sozialen Situationen immer wieder (mit Veränderungen) herstellen (reproduzieren), welche wir gleichzeitig mit den Mitteln unserer Sprache interpretieren (müssen), um den Erwartungen Anderer entsprechend handeln zu können. Ethnomethodologen studieren Handlungsmuster in ihrer eigenen Kultur gleichsam so, wie Ethnologen das Handeln von Mitgliedern wilder Stämme untersuchen. Sie versuchen das alltagsweltliche Tun und Lassen dadurch zu verstehen, dass sie die oftmals stillschweigend benutzten Regeln der sprachlichen Interaktion aufspüren und dabei lernen, welche Regeln die Art der Situation, in der gesprochen wird, gleichzeitig praktisch herstellen, aufrechterhalten und anderen als ordnungsgemäß (regelgerecht) ausweisen. Die Methoden werden mithin vom Aktorstandpunkt aus rekonstruiert und dem wissenschaftlichen Beobachter wird dabei ausdrücklich die Haltung der „ethnomethodologischen Indifferenz" empfohlen. Er mische sich, bitte sehr, nicht in die untersuchten Abläufe ein und fälle auch keine Urteile über gut und schlecht![113] „Methoden" bedeuten in diesem Fall also Schritte beim Handeln, deren sich die *Akteure* in der Alltagswelt selbst bedienen, um eben die Situation in der Lebenswelt, um die es gerade geht, immer wieder neu aufzubauen.

Eine zusammenfassende Aussage des Gründungsvaters der ethnomethodologischen Schule (Garfinkel) beschreibt diesen Ansatz:

> „Ethnomethodologische Untersuchungen analysieren Alltagsaktivitäten als Methoden der Gesellschaftsmitglieder, mit deren Hilfe sie eben diese Aktivitäten sichtbar, vernünftig und mitteilbar für alle praktischen Zwecke, d.h. als Organisationsformen von üblichen Alltagsaktivitäten nachvollziehbar machen."[114]

Das heißt: Gegenstand der ethnomethodologischen Forschung sind Alltagsaktivitäten der Menschen der Kultur, welcher der Sozialforscher selbst angehört. Mit Hilfe dieser Methoden machen sie die regelkonstituierten Aktivitäten für andere „sichtbar", sprich: nachvollziehbar. „Verstehen" weist hier offensichtlich den Charakter des *Regelverstehens* auf Seiten aller Beteiligten hin. Dadurch erscheinen sie als „Organisationsformen von üblichen Alltagsaktivitäten" für andere, so dass diese anderen Teilnehmer sich aussichtsreich in der gemeinsamen Situation bewegen können. Die Aktionen werden als „vernünftig" dargestellt. Im Einklang mit dem Prinzip der „ethnomethodologischen Indifferenz" heißt das ausdrücklich *nicht*, dass sie vom Beobachterstandpunkt beispielsweise als „vernünftig" im Sinne von „zweckrational" ausgewiesen werden. „Vernünftig" bedeutet hier wohl so viel wie: von den anderen als „regelgerecht" erfahrbar.

Auf das Ramses-Prinzip stoßen wir dann, wenn es um die Frage geht, wo nun „die Gesellschaft" bei der symbolischen Interaktion der Individuen abgeblieben ist. In diesem Punkte wirkt die dunkle Beschreibung von Alltagsaktivitäten als „accounting practices" durch H. Garfinkel sehr erhellend. Das Wort „accounting practices" ist kaum übersetzbar. „Darstellungsstrategien" stellt eine Möglichkeit dar. Nach meiner Auffassung zeichnen sich bei Garfinkel drei Hauptbedeutungen dieses Begriffs ab:

1. Die alltagsweltlichen Verfahren stellen eine Lebensform dar, sie *sind* sie. Die Muster der gesellschaftlichen Lebenswelt sind allein *in und durch Sprache* (Sprechhandlungen) das, was sie sind. Dem entspricht das lupenreine Ramses-Prinzip.
2. Die Alltagsaktivitäten stellen die Lebensformen in alltagsweltlichen Sprachäußerungen dar, *sie machen sie für andere erfahrbar.*
3. Die Sprechhandlungen machen die Lebensformen als „sinnvoll" erfahrbar. „Sinnvoll" bedeutet jedoch nicht „vernünftig" gemessen an politischen und/oder ethischen Maßstäben, die vom Beobachterstandpunkt aus angewandt werden, sondern „üblich", „nachvollziehbar", „wiederholbar", „normal" für die Akteure selbst.
4. Gelegentlich wird „to account" von Ethnomethodologen auch im Sinne von „Rechenschaft ablegen" verwendet. Auch in diesem Falle muss nicht vor

dem hohen Richterstuhl einer allgemein menschlichen Moral Zeugnis abgelegt werden, sondern die Aktion muss als „regelgerecht", den Normen, Regeln und Kriterien einer Lebensform entsprechend ausgewiesen werden.

Welches über den Punkt 1 hinausgehende Gesellschaftsbild ist damit verwoben? Besonders klare Antworten dazu finden sich in der klassischen Schrift zur Ethnomethodologie von H. Mehan und H. Wood über die „Realität der Ethnomethodologie."[115] Diese Überschrift wurde wohl bewusst doppeldeutig gewählt. Es geht um die Wirklichkeit der Ethnomethodologie einerseits, um das Bild von der gesellschaftlichen Wirklichkeit, das diese Schule zeichnet, andererseits. Sie nennen 5 Hauptzüge dieser doppelten Realität.

1. Realität als reflexive Tätigkeit

Es gibt Auffassungen, woran wir festhalten, mag kommen, was da will. So gibt es beispielsweise universelle und felsenfeste Grundsätze der Mathematik oder der Logik (Axiome). Aber welche Garantien – so fragt sich der Ethnomethodologe – haben wir überhaupt z.B. für unsere felsenfeste Alltagsauffassung davon, dass ein Objekt, das wir an einem anderen Ort als vermutet wiederfinden, nicht zwischenzeitlich verschwunden und dann dort wieder aufgetaucht ist, sondern die ganze Zeit präsent war und „das gleiche Objekt", Kant würde sagen: die gleiche *Substanz* geblieben ist? (REM 12). Es hätte ja zwischendurch ja einfach mal wegfliegen können. Wie ist das Festhalten an solchen „unkorrigierbaren Aussagen" zu verstehen? Bei all solchen felsenfesten Ansichten interpretieren wir sämtliche Befunde, die ihnen zu widersprechen scheinen, in einem ganz „normal" erscheinenden Verfahren einfach weg! Mehan und Wood sprechen in diesem Falle von der „reflexiven Absicherung" von Realitäten. Wenn beispielsweise jemand unseren Erwartungen an die Erwiderung eines Grußes nicht entspricht, dann setzt das nicht die gesellschaftliche Institution des Grüßens außer kraft, sondern man sucht auch nach Erklärungen, die sie nicht grundsätzlich in Frage stellt: „Er hat mich nicht gesehen". Oder: „Das ist einfach ein Stoffel!" Die Institution wird reflexiv abgesichert (Reflexivität vom Typus I) und gleichzeitig in einem Sprachspiel als diese spezielle Sprachspiel/Lebensform bestätigt und reproduziert (Reflexivität vom Typus II)! Das gilt für die Ethnomethodologie selbst. Sie stellt ebenfalls eine Sprachspiel/Lebensform dar, welche die Reflexivität der Sprachspiele lehrt und ihre zentrale Lehre reflexiv absichert. (Reflexivität der Reflexivität). Dieser Befund kann seinerseits wieder reflexiv abgesichert werden ... usw *ad infinitum*. Deswegen, so sagen die Autoren ganz freimütig, erinnert ihre Lehre irgendwie an eine Art Paranoia (REM 152-158).

2. Realität als ein kohärenter Corpus des Wissens

Reflexive Absicherungen kennen auch andere Schulen der Wissenschaften, wenn sie beispielsweise wie die Ökonomen mit der berühmten *Ceteris-Paribus-Klausel* arbeiten: Aussagen über gesetzmäßige Zusammenhänge gelten immer nur unter dem Vorbehalt „sonst gleichbleibender Randbedingungen", und man kann jederzeit argumentieren, nicht die Gesetzesvermutung sei problematisch, sondern die Randbedingungen seien nicht hinlänglich durchschaut worden oder wären nicht gleich geblieben. Nach diesem Zug passen die problematischen Ausgangsvorstellungen dann doch wieder zusammen. Reflexiv abgesicherte Annahmen bilden nach ethnomethodologischer Auffassung einen alltagsweltlichen Wissensbestand, der für die Akteure selbst „stimmig" ist, es ihnen erlaubt, dem Geschehen in der Welt Sinn und Bedeutung zuzuweisen sowie diesen Definitionen der Situation (der „Realität") entsprechend zu handeln. Der „Stimmigkeit" des Zusammenhangs alltagsweltlicher Wissensbestände in der Form spezifischer Sprachspiele wird also durch Strategien der reflexiven Absicherung hergestellt.

3. Realität als interaktive Tätigkeit

Gesellschaftliche Realitäten werden durch die ständige Interaktion zwischen Personen hervorgebracht. Die Akteure gehen ihre Beziehungen mit anderen vor allem im Rahmen von Typisierungen und Stereotypisierungen der Situationen sowie der Gegenstände und der Gegenüber darin ein. In den einzelnen Szenen der Interaktion werden diese festen Situationsdeutungen und *labels* immer wieder neu angewendet, aber immer auch modifiziert. Konkret wird die Bedeutung einer Sprechhandlung jedoch erst im Kontext endloser Szenenfolgen. Dieser Sachverhalt kommt mit der *Indexikalität der Sprechakte* besonders klar zum Vorschein: Äußerungen wie: „Hier ist was los", sind an sich außerordentlich vieldeutig. Die Adressaten können sie nachzuvollziehen, wenn sie den sozialen Kontext durchschauen, worin sie geäußert werden. Die Äußerung: „Hier ist was los" hat eine andere Bedeutung, wenn sie auf einer Party geäußert wird als dann, wenn man sie während einer politischen Demonstration hört.

4. Die Brüchigkeit der Realitäten

„Eine jede Realität hängt (1) von dem unaufhörlichen reflexiven Gebrauch (2) eines Corpus des Wissens in (3) Interaktionen ab" (REM 23). Diese Aussage bezeichnet den Kern der Auffassung von der gesellschaftlichen Realität bei Autoren wie Mehan und Wood. Die soziale Wirklichkeit ist auch für sie nicht krisenfrei. Die Brüchigkeit eingespielter Situationsdeutungen haben die Ethnomethodologen mit ihren berühmt-berüchtigten Krisenexperimenten (*breaching experiments*) aufgedeckt. Wenn jemand in einer Interaktion den Erwartungen der Gegenüber zuwider handelt, beispielsweise beim Schachspiel den Springer munter wie eine Dame zieht, dann wird das Realitätsverständnis der Partnerin erschüttert. Sie reagiert ausgesprochen sauer – bis hin zu einer Interaktionskrise, worin die Dame (des Schachspiels!) plötzlich die Funktion eines Wurfgeschosses übernimmt. Krisenexperimente können durchaus geeignet sein, die tiefsitzenden Selbstverständlichkeiten unserer alltagsweltlichen Definitionen der Situation zu erschüttern und dadurch überhaupt erst aus der Schattenzone des Vorbewusstseins herauszuheben. Plötzlich erscheinen die unkorrigierbaren Annahmen des Weltverständnisses doch als sehr fragil. Entweder wird danach ihre erneute reflexive Absicherung versucht oder gewohnte „Realitäten" brechen zusammen.

5. Die Durchlässigkeit der Realitäten

Setzen wir die Wittgensteinschen Sprachspiel/Lebensformen mit den „Realitäten" gleich, von denen Autoren wie Mehan und Wood sprechen, dann gibt es in einer Gesellschaft eine bunte Vielfalt von „Realitäten". Mitunter sind sie radikal voneinander unterschieden und erscheinen als unvereinbar (inkommensurabel). Schaffen wir es dann überhaupt noch, von einer „Realität" in die andere überzuwechseln oder zu verstehen, was in einer anderen vorgeht? Erscheint uns eine andere Realität ohnehin nicht immer nur im Lichte der Voraussetzungen der eigenen? Die Möglichkeit, sich in eine völlig fremde Kultur einzuleben, deutet auf eine gewisse Durchlässigkeit der Realitäten hin. Aber die Übergänge zwischen den Realitäten setzen einschneidende Brüche zwischen vielfältigen „Selbstverständlichkeiten" voraus – auch da schon, wo man im Alltag „andere Gewohnheiten" und Habitus entwickeln muss.

Mehan und Wood gehen in aller Entschiedenheit davon aus, dass es keine Realität gibt, die anderen überlegen wäre – auch nicht die Realität der Wissenschaft oder der Experten für irgendetwas. „Es ist meine Überzeugung, dass jede Realität gleichermaßen real ist. Keine einzelne Realität enthält mehr an Wahrheit als eine andere" (Mehan/Wood 31). Das sind für den Konstruktivismus insgesamt charakteristische Aussagen, die insbesondere bei Naturwissenschaftlern die reine Empörung hervorgerufen haben. Denn zum Beispiel die Realität der Alchemisten wäre demzufolge nicht „wahrer" als die der modernen Chemiker. Die einschlägige Relativismusdiskussion in der Wissenschaftstheorie zeichnet sich ab. Man könnte auch die von zahlreichen Geisteswissenschaftlern der jüngeren Vergangenheit als besonders progressiv bewertete Schule des „Dekonstruktivismus" erinnern. Die selbstverständliche Realität des Diskurses der Chemie wird „sozial dekonstruiert".

Ethnomethodologie, Konstruktivismus und Dekonstruktivismus stellen Schulen – viele Kritiker sagen: theoretische Moden – dar, die durch ihre Strategien der Erschütterung von Selbstverständlichkeiten durchaus etwas Befreiendes an sich haben (können). Denn viele reflexiv abgesicherte Tabus (Dogmen) selbst der Naturwissenschaften wurden erschüttert. Aber am Ende kommt dann gern so etwas wie bei der Hippie-Protest-Kleidung heraus: die Industrie macht sie zur offiziellen Mode und bei den einschlägigen „Ismen" zwingt nicht selten der Konkurrenzkampf an den Akademien die Beteiligten dazu, einen Aufbruch zu ganz neuen Ufern verkünden, der auf dem Markt als Ismus verkauft werden muss. In Wahrheit steckt – wie immer – eine ganze Menge historisch Vorgedachtes drin. Was davon zu halten ist, stellt eine andere Frage, nicht zuletzt eine Frage des Vergessens von in der Geschichte (partiell) schon Bedachtem dar.

Texte und Textstellen zur Illustration und Vertiefung dieser Grundgedanken

....

Wichtige Bezugstexte

H. Veith: Das Selbstverständnis des modernen Menschen, Frankfurt/New York 2001, S. 305-316. Zitiert als SMM.
H. Mehan/H. Wood: The Reality of Ethnomethodology, Kapitel 2: „Five Features of Reality", New York/London/Sydney/Toronto 1975, S. 8 ff. Zitiert als REM.
AGF (Arbeitsgemeinschaft für Fernsehforschung): Die Sinus-Milieus® im Fernsehpanel, Frankfurt/M 2002.

Problemstellungen für Diskussionen

Die Serapionsbrüder. Ethnomethodologie in der romantischen Literatur. Dazu ANHANG II zu diesem Modell.

Vertiefender Kommentar

AG Soziologie: Denkweisen und Grundbegriffe der Soziologie, Kapitel 4: „Die eigenen Stammesgenossen als Wilde", a.a.O.; S. 70 ff.
J. Ritsert: Gesellschaft. Einführung in den Grundbegriff der Soziologie, Frankfurt/New York 1988, Kapitel 4: „Die Gesellschaft: ein Sprachspiel?", Frankfurt/New York 1988, S. 69 ff. sowie die Seiten 116-138.

Anhang I
Notizen zum Begriff des Modells.

Was ist ein Modell? Eine wirklich eindeutige Antwort auf diese Frage gibt es selbst in Schriften zur Logik, Mathematik und Wissenschaftstheorie nicht. Ja, nicht einmal die Lektüre des entsprechenden Stichworts bei „Wikipedia" wird einem das Gefühl vermitteln können, auf wirklich sicherem Boden der Begriffsverwendung zu stehen. Die Überschriften über die Kapitel hier enthalten den Begriff „Modell". Überdies werden in den einzelnen Teilen „Modelle" des Autors X oder Y verhandelt. Der Modellbegriff wird in Wissenschaft und Alltag alles andere den einheitlich verwendet. Wenn man über ihn nachdenkt, muss man sich mit einer kleinen Menge vergleichsweise einverständiger Angaben über Merkmale von „Modellen" und ihren Verwendungsweisen zufrieden geben. Sie seien kurz erwähnt: Alltagssprachlich verwenden wir den Begriff des „Modells" gelegentlich dann, wenn es um etwas Beispielhaftes oder Vorbildliches geht. In Modellschulen soll es angeblich vernünftiger zugehen als wir es sonst gewohnt sind. Der Modellathlet stellt wie das *model* seinen körperlichen Bauplan als Paradebeispiel aus. Selbst in diesem Sprachgebrauch ist der Nachhall eines über Jahrtausende nachhallenden Grundbegriffes der Philosophie zu vernehmen, des Platonischen Begriffs der *Idee*. Die Idee bedeutet eine ewige und perfekte Grundform, von der alles uns in unseren Sinnen konkret Begegnende dieser Gattung nur einen unvollkommenen Abdruck liefert. Ein anderer Begriff, der schon in der Antike für das Wesentliche und Vorbildliche verwendet wurde, ist der des *paradeigmas*. Daher kommt der inzwischen modische Ausdruck „Paradigma" für die charakteristischen Grundannahmen der jeweiligen sozialwissenschaftlichen Denkweise. Manche Autoren sagen „Paradigma" und meinen damit eine ganze Theorie, die zum Vorbild für die weitere Forschung geworden ist. Manchmal wird „Paradigma" auch mit „Modell" als Vorbild gleichgesetzt. Doch vergleichsweise geläufig sind engere Verwendungsweisen des Modellbegriffs:

Man kann zwei Grundbestandteile unterscheiden, woraus Modelle gemeinhin gebastelt werden: wirkliche Stoffe, Dinge und Materialien einerseits, Zeichen, Symbole und ihre Verknüpfungsregeln, also sprachliches Material andererseits. Von daher kann man auf eine gebräuchliche Unterscheidung zwischen *technischen* und *linguistischen* (bzw. kognitiven) *Modellen* zurückgreifen. Technische Modelle kennen wir vor allem als maßstabsgetreue Nachbauten größerer Exemplare. Es gibt Leute, die lassen *Modelleisenbahnen* entgleisen. Das Modell kann auch als technischer Prototyp konstruiert werden. Der Prototyp wird zum möglichen Vorbild für die Exemplare der späteren Serienfertigung und geistert beispielsweise als Erlkönig der Autoindustrie durch tiefe nordische Nächte und eisige Winde. In den Geisteswissenschaften bekommen wir es natürlich in erster Linie mit linguistischen Modellen zu tun. Ohne dass die Grenzlinien genau zu markieren wären, lässt sich eine grobe Unterscheidung zwischen zwei Hauptarten linguistischer Modelle, nämlich zwischen *inhaltlichen* und *formalen Modellen* treffen. Bei inhaltlichen Modellen liegt im Allgemeinen ein Original vor. Es wird auf einen Originalbereich Bezug genommen, von dessen „wesentlichen" Merkmalen ein „brauchbares" Abbild geliefert werden soll. Bei diesem Abbild handelt es sich jedoch nicht um ein Duplikat, sondern es wird zum Modell dadurch, dass im Vergleich zum Original vielfältige Abstraktionen, auch Variationen (z.B. Vereinfachungen) vorgenommen werden. Bei der Konstruktion eines linguistischen Modells können zudem gedankliche „Pointierungen" und/oder „Idealisierungen" eine wichtige Rolle spielen. Bei der „Pointierung" baut man Merkmale in das Gedankenmodell ein, die in der gedachten Ausprägung (z.B. Stärke) bislang noch nicht beobachtet wurden oder beobachtet werden konnten. „Idealisierungen" bestehen aus „kontrafaktischen Annahmen". Man kann sich Merkmale von Sachverhalten denken, die dem gegenwärtigen Stand unseres Wissens schlicht widersprechen. Als *science fiction* kann man sich etwa Flugmaschinen ausmalen, die mit Überlichtgeschwindigkeit durch die Galaxis brausen. Dieser Gedanke widerspricht sämtlichen Thesen der Einsteinschen Relativitätstheorie. Dennoch kann es pragmatisch sinnvoll sein, Idealisierungen zu verwenden. Die Nationalökonomen beispielsweise halten es bei ihrem Theoriebau für nützlich, mit der sehr realitätsfernen Annahme zu arbeiten, ein idealisierter Marktgänger verfüge wie ein überweltlicher Auktionator über die sog. „vollständige Markttransparenz" (den totalen Durchblick) und über eine „unendliche Reaktionsgeschwindigkeit" bei Preisänderungen. Was als „wesentlich" gilt und wovon abstrahiert wird, was zudem bei einem inhaltlichen Modell „pragmatisch tauglich" heißt, darüber entscheiden die Interessen der jeweiligen Modellbauer. Wegen des Verfahrens der „Pointierung" und „Idealisierung" gibt es Verbindungslinien dieses Modellsbegriffs zur Lehre von den *Idealtypen* bei dem soziologischen Klassiker Marx Weber. Abstraktion, Pointierung und Idealisierung stellen in der Tat die entscheidenden Kompositionstechniken eines Idealtypus nach Max Weber dar. Doch anders als bei „Modellen", die auf wesentliche und durchgängig vorhandene (allgemeine) Merkmale und Zusammenhänge des Untersuchungsbereichs erfassen sollen, zielt Max Weber mit seinen Idealtypen auf die Herausarbeitung des Einmaligen und Einzigartigen historischer Phänomene. Was sind beispielsweise die *spezifischen* Merkmale der mittelalterlichen Stadt?

Formale Modelle findet man vor allem im Bereich der Logik und Mathematik. Das Grundmerkmal eines formalen Modells besteht darin, dass irgendwelche Zeichen (Symbole) nach irgendwelchen Regeln verknüpft werden. Normalerweise werden bei formalen Modellen Buchstaben oder Zahlen verwendet, wie wir sie von mathematischen Gleichungen her kennen: a + b = c. Das Pluszeichen bedeutet die Operation der Addition zweier algebraischen Ausdrücke, c die Summe. Dem Summenzeichen entspricht in der Logik die *Konjunktion*: a · b. Das Zeichen „ · " ist in diesem Falle nicht wie in der Mathematik als „mal", sondern als „und" zu lesen. a und b stellen dabei zwei Behauptungen dar, die durch den logischen „Junktor" *und* verbunden werden. Nur – so sagen die Regeln der Logik –, wenn sowohl die Behauptung a als auch die Behauptung b wahr sind, ist auch die Konjunktion (a · b) wahr. In der Mathematik werden so hoch abstrakte Zeichenverbindungen auch „Kalküle" genannt.

Für *inhaltliche Modelle* gilt: Je nachdem, wie die Erkenntnisinteressen und/oder die praktischen Interessen des Konstrukteurs aussehen, lassen sich verschiedene Modelle vom gleichen Original ausgehend basteln. Wenn der Anspruch eines „sachgerechten" Modellbaus erhoben wird, sollte das Modell vor allem „Strukturisomorphie" mit dem Original aufweisen – es sei denn, man fragt sich bei der Modellkonstruktion z.B. kontrafaktisch: Was wäre, wenn das Merkmal M im Originalbereich völlig entgegengesetzt aussähe? „Strukturisomorphie" bedeutet, dass das Gefüge der Relationen zwischen Elementen, das durch das Modell abstrakt wiedergegeben wird, tatsächlich im Originalbereich aufzufinden ist, Wenn in der Wirklichkeit sämtliche Beziehungen von a ausgehend verlaufen, dann sollte das Modell dieser Beziehung (es sei denn es gäbe dafür besondere Gründe wie bei einem Gedankenexperiment) die Relationen nicht von b ausgehend repräsentieren.

Für *formale Modelle* gilt: Es gibt vielfältige Möglichkeiten das gleiche abstrakte Modell inhaltlich konkreter auszuführen und aufzufüllen. Angenommen, wir wählen „XuY" als ein ganz elementares formales Modell. Es besteht nur aus zwei Elementen X, Y und einer Relation u. Angenommen wir interpretieren es überdies als „X ist eine Ursache von Y" (und nicht umgekehrt). Dann kann sich selbstverständlich ganz Verschiedenes als die Ursache von etwas Anderem herausstellen. „Fusel ist eine Ursache von Kopfschmerzen" bedeutet – wie man nach mehrwöchigem Kopfzerbrechen oder aufgrund eigener Beschwerden feststellen kann – inhaltlich eine Feststellung aus einem anderen Untersuchungsbereich als die Aussage: „Der Kolbenfresser ist eine Ursache des Motorschadens." Es gibt also viele verschiedene Möglichkeiten für die inhaltliche Interpretation des gleichen formalen Modells bzw. des gleichen mathematischen Kalküls. (In eine mathematische Formel können ja ebenfalls verschiedene Zahlenwerte eingesetzt werden). Es liegt zudem wohl auf der Hand, dass die Interpretation eines formalen Modells auf ganz verschiedenen Stufen der Konkretion halt machen kann. Wie konkret die Auslegung („Operationalisierung") des jeweiligen abstrakten Modells sein soll, das hängt wiederum von den theoretischen und praktischen Interessen des Modellbauers ab. Auch in diesem Falle wird Strukturisomorphie angestrebt – es sei denn, man arbeitet aus anzugebenden Gründen gezielt mit einigen kontrafaktischen Annahmen.

Bei den „Modellen", die in den vorliegenden Vorträgen auftauchen, handelt sich um Versuche, einen Zusammenhang zwischen Begriffen, Thesen und Argumenten so darzustellen, dass er als Grundlage für die Interpretation und Kommentierung von verschiedenen Abwandlungen und/oder weiterer Konkretisierungen der jeweiligen „Ausgangsmodelle" durch bestimmte Autoren verwendet werden kann. Unsere interpretationsleitenden Modelle bewegen sich allerdings auf einer Stufe, die weit unterhalb der Struktur formal-abstrakter Kalküle liegt, obwohl wir gelegentlich auch auf die logischen Ordnungsprinzipien und Probleme einiger Argumentationszusammenhänge eingehen werden. Es ging in diesem ersten Hauptabschnitt unseres Projektes vor allem um die durch einen gewissen, manchmal recht hohen Grad der Abstraktion vereinfachte Darstellung der logischen und semantischen (inhaltlichen) „Grundstruktur" einer auf das Verhältnis von Individuum und Gesellschaft gerichteten Argumentation. Insofern versuchen wir uns an einer Unterart inhaltlicher Modelle, an *didaktischen Modellen*. Nicht selten wird darunter das „Exemplarische" und darunter wieder das Exempel verstanden, das den Zugang zu etwas Undurchsichtigerem erleichtern soll. Didaktische Modelle sind jedoch allgemeiner als das einzelne Beispiel! Sie werden von dem Interesse geleitet, den Vergleich verschiedener Ausführungsmöglichkeiten des Modells übersichtlicher zu machen und das Verständnis komplexer Fachsprachen zu erleichtern. Dabei hatte das erste Modell die Funktion, die Erkenntnisinteressen deutlich zu machen, die unseren Interpretationen zugrunde liegt. Es stellte zudem eine Reihe theoretischer Fragestellungen zusammen, die wir bei der Textlektüre immer wieder einmal aufgegriffen haben.

Anhang II
Die Serapionsbrüder.
Eine literarische Glosse zur Ethnomethodologie.[116]

Text: E.T.A. Hoffmann: Die Serapionsbrüder, in: Werke in fünf Bänden, Köln 1965, Band 4, S. 9 ff.

In der Literatur der deutschen Romantik gibt es ein wunderschönes Beispiel für jene alltagsweltlich und wissenschaftlich bedeutsame Strategie, welche Ethnomethodologen als *Reflexivität* beschreiben: Bei der Suche nach Kalenderheiligen stößt man am 21.3. auf den Serapionstag, so genannt nach dem heilig gesprochenen Bischof von Thumis in Ägypten, der ca. 362 gestorben ist. E. T. A. Hoffman lässt an diesem Tag einige Freunde zusammen kommen, die sich Geschichten erzählen. Die erste dieser Geschichten handelt von einem Anachoreten (Einsiedler), der im Walde bei Bamberg haust und sich „Serapion" nennt. Der Erzähler hat gehört, dass es sich bei diesem Menschen um den ehemaligen Grafen P** handelt, der vom Wahnsinn gepackt wurde und sich seitdem einbildet, er sei jener Serapion, welcher unter dem römischen Kaiser Decius das Martyrium erlitt. Graf P** gilt als harmlos und wird im Allgemeinen in Ruhe gelassen. Doch der Erzähler berichtet von seinem Entschluss, dem Einsiedler zu helfen und ihn wieder in das „normale" Leben zurückzuführen. Er schlägt sich daher im finsteren Bamberger Wald zu dem Anachoreten durch, um mit vernünftigen Argumenten und unter Berufung auf offensichtliche Gegebenheiten der „Wirklichkeit", also unter Rückgriff auf Logik, Erkenntnistheorie und empirischen Analyse auf ihn einzureden. Der Pseudo-Serapion müsse doch einsehen, dass sein Namensgeber schon seit Jahrhunderten tot ist, dass ein Wald etwas ganz anderes ist als eine Wüste, worin besagter Serapion lebte – und was sich sonst noch so alles als Vernunftgrund anführen lässt. „Nun glaubte ich, den Hauptschlag führen zu müssen, ich sprang auf, ich fasste Serapions beide Hände, ich rief mit starker Stimme: >Graf P**<, erwachen sie aus dem verderblichen Traum, der Sie bestrickt, werfen Sie diese gehässigen Kleider ab, geben Sie sich Ihrer Familie, die um Sie trauert, der Welt, die die gerechtesten Ansprüche an Sie macht, wieder!" Dass diese Kurztherapie nicht fruchtete, überrascht niemanden. Aber Serapions Reaktion ist – wie es heute bei solchen Gelegenheiten heißt – ausgesprochen *cool*. Den Erzähler hält er für einen der eher harmloseren Versucher, weil er sich der Mittel von Vernunft und Argument bedienen will. Denn gegen alles, was der Amateurtherapeut seinem Patienten vorträgt, ob er nun auf die längst vergangenen Zeiten oder auf den Unterschied zwischen einer Wüste und einem Wald hinweist, kann der Anachoret ein Argument vorbringen. Warum soll er beispielsweise den gleichen Zeitbegriff haben wie sein Plagegeist? Am Ende ihres nicht ganz herrschaftsfreien Diskurses beruft sich der Erzähler auf die systematische Beobachtung, die einem doch lehre, was der Fall ist. Serapion brauche doch nur wenige Stunden, um nach Bamberg zu wandern. Dort könne er sehen, dass diese Stadt in Deutschland und ganz gewiss nicht in der Wüste Ägyptens liegt! Darauf antwortet der Einsiedler mit heiterer Gelassenheit: „Wenn ich nun behauptete, dass eben Sie, von einem heillosen Wahnsinn befangen, die Thebaische Wüste für ein Wäldchen und das ferne, feine Alexandrien für die süddeutsche Stadt B*** hielten, was würden Sie sagen können?" Wenig bis gar nichts würde er sagen können! Serapion hat sich in seiner Weltsicht, in seiner ganz speziellen, handlungsleitenden Sinnprovinz eingerichtet und begegnet jedem Versuch, sie zu erschüttern mit pfiffigen Strategien der reflexiven Absicherung! Gleichwohl: Irgendwie können Versucher und Einsiedler doch miteinander! Sie beherrschen das Deutsche als gemeinsame Muttersprache und können erstaunlich einverständig über Bamberg und Alexandria reden, obwohl sie diese Metropolen an verschiedenen Orten lokalisieren. Sie wissen zudem *gemeinsam* um den Unterschied zwischen Wäldern und Wüsten. Dennoch wird immer wieder festgestellt, dass eine Reihe von entschlossen klingenden Anhängern des linguistischen Paradigmas nicht nur lehrt, dass alles was ist, in und durch Sprache ist (Sprachidealismus bzw. Sprachspielimperialismus), sondern dass die einzelnen Sprachspiel-Lebensformen auch völlig gegeneinander abgedichtete Sinnprovinzen darstellen (Inkommensurabilitätsthese).

Wenn man nicht vom Willen zur Bekehrung von Anachoreten durchdrungen ist und sich zudem damit abfinden kann, dass noch der besten Begründung die Überzeugung des Adressaten keineswegs mit logischer Notwendigkeit folgen muss, dann kann man sich mit dem *Diderot-Prinzip* trösten. Der französische Aufklärungsphilosoph Denis Diderot (1713-1784) soll nämlich gesagt haben, wenn jemand darauf besteht, er sei ein „Cembalo, das solo spielt", gibt es kein Mittel, ihn von diesem Irrtum zu überzeugen. Mag er halt weiterklimpern.

Anhang III
Habitūs.

Was die Milieuforschung in westlichen Ländern überhaupt angeht, hat der Habitusbegriff Pierre Bourdieus (1930-2002) besonders nachhaltige Eindrücke hinterlassen. Diese Kategorie ersetzt oftmals den Begriff des Sozialcharakters.[117] Was die deutschsprachige Milieutheorie und Milieuforschung der jüngeren Vergangenheit angeht, haben zudem die Arbeiten des Heidelberger „Sinus Instituts" für Markt- und Meinungsforschung einen entscheidenden Einfluss ausgeübt.[118] Was hierzulande unter einem „Milieu" verstanden und diskutiert wird, steht oftmals unter dem Eindruck der Typologien dieses Instituts. Zur Beschreibung der dort entwickelten Milieutypen gehören jedoch ebenfalls „Grundorientierungen", also Pendants zu Habitus. „Habitus" verlangt im Latein im Plural ein langes uuu… und liest sich in dieser Sprache zudem als ein Begriff, der auf das äußere Erscheinungsbild einer Person zielt, wozu sowohl ihre Kleidung als auch ihre Manieren gehören. Das Befinden, die Stimmung und der Lebensstil des Einzelnen werden von den Römern ebenfalls als „habitus" bezeichnet. Insoweit Gesinnungen, Haltungen und Einstellungen in diesen Begriff aufgenommen werden, kann er logisch wie ein Dispositionsbegriff behandelt werden.[119] Dispositionsbegriffe bezeichnen eine (im Augenblick noch nicht) verwirklichte *Möglichkeit* der Aktion oder Reaktion. Der Zucker in der Dose stellt ein Granulat dar, *an sich* ist er jedoch in Wasser löslich. Er enthält in seinem gewohnten Aggregatzustand das *Potential* zu dieser bestimmten Reaktion. Also lässt sich der Habitus – ähnlich wie bei Mead – auch als Reaktionspotential von Menschen auf bestimmte Anzeichen in sozialen Situationen eines bestimmten Typs verstehen. Jemand fährt einen dicken Mercedes als Ego-Prothese herum und macht damit einen großen Unterschied zum gemeinen Volk deutlich, das die Strassen mit irgendwelchen japanischen Keksdosen bevölkert. Bourdieu interessieren vor allem die feinen Unterschiede, welche die Leute Tag für Tag managen, um sich von anderen abzuheben und abzugrenzen.

Meads und Bourdieus Überlegungen gehen nicht allenthalben in die gleiche Richtung. So rückt Bourdieu gruppenspezifisch gemanagte Differenzen in der Außendarstellung von Menschen in den Mittelpunkt, während Meads Modelle den Schwerpunkt auf ihre symbolisch vermittelten Übereinkünfte bei der Definition von Situationen setzen, die durch Probehandlungen in Interaktionen erzielt werden (oder nicht). Ein besonders deutlicher Unterschied zwischen Mead und Bourdieu besteht jedoch darin, dass letzterer bei der Darstellung des Zusammenhangs zwischen Habitus und Sozialstruktur – oder wie er stattdessen sagt: „des sozialen Feldes" – weiterhin auf kritisch reflektierte Kategorien von Klassen- und Kapitaltheorien der sozialen Ungleichheit zurückgreift. Die Spuren der Klassentheorie von Marx sind Bourdieus Werk noch deutlich genug anzumerken. Das gilt teilweise auch für seinen Kapitalbegriff, der darin eine herausragende Rolle spielt. Er bestimmt maßgeblich seine Aussagen über den Zusammenhang zwischen sozialen Feldern und Habitus. Wie im Falle von Mead lassen sich die Begriffe und Aussagen von Bourdieu als ein Modell im ganz am Anfang skizzierten Sinne zusammenfügen. Es erscheint mir möglich, es – in knapper Form – so wiederzugeben, dass es die Grundstruktur eines Kreislaufes (Reproduktionskreislaufes) annimmt:

Den *Ausgangspunkt* des Kreislaufes bilden Aussagen und Vermutungen über Grundmerkmale der Sozialstruktur gegenwärtiger Gesellschaften, des „sozialen Feldes" in seiner historischen Formation. Bourdieus Habitus-Theorie unterscheidet sich von der postmoderner Milieutheoretiker grundlegend darin, dass er letztlich das Gegenteil der These von der Milieusegmentierung vertritt. Dass die Gesellschaft der Gegenwart komplex und hoch differenziert ist, weiß auch er. Auch dass es vielfältige Milieus und Szenen gibt, weiß ein französischer Intellektueller ganz bestimmt. Aber er geht davon aus, dass die Erscheinungsformen sozialer Ungleichheit in modernen Gesellschaften weiterhin in Kategorien einer wenn auch einschneidend revidierten Klassenanalyse beschrieben werden können. Zentral ist für ihn die Untersuchung der Rolle, welche die verschiedenen Arten von *Kapitalien* in der Gesellschaft spielen. Es gibt dabei deutliche Unterschiede im Vergleich zum Kapitalbegriff von Marx, es gibt aber auch erhebliche Schwierigkeiten, Bourdieus genaueres Verständnis von „Kapital" auszuloten.[120] Gelegentlich scheint er „Kapital" ganz allgemein mit der Möglichkeit einer Person oder einer Gruppe von Personen gleichzusetzen, Macht zur Förderung des eigenen Vorteils auszuüben. Sie können aufgrund ihrer Machtposition mehr für sich aus einer Situation herausschlagen als andere. Noch allgemeiner sehen die Verwendungsweisen des Kapitalbegriffs aus, wenn „Kapital" als eine Menge gesellschaftlicher Ressourcen der verschiedensten Art erscheint, deren Einsatz zu Überschüssen führen kann. Diese Überschüsse können verteilt und/oder von einzelnen Gruppen zum Nachteil anderer Gruppierungen appropriiert werden. Bourdieu denkt dabei ausdrücklich *nicht* nur an *materielle* Produkte wie Produktionsmittel oder an Geldkapital! „Kapital" wird schließlich auch als Vermögen im Sinne der lateinischen Vokabel *facultas* gelesen. Damit sind nicht allein Geldvermögen, sondern auch das Können oder die Kompetenz von Individuen und Gruppen gemeint. Es steht in meinem Vermögen, ich bin dazu in der Lage, x zu tun und y zu lassen. Über all das hinaus rechnet Bourdieu verhaltenslenkende Normen und Regeln, sowie allgemeine Wissensbestände und Fertigkeiten, die als Kultur tradiert werden, zum Kapital. Dieses breite Spektrum teilt er in drei Kapitalarten ein:

1. Das *ökonomische Kapital*. Darunter versteht er Güter und Leistungen, die sich auf Märkten zu (mehr) Geld machen lassen. Der Überschuss entspricht in diesem Falle dem wirtschaftlichen Profit.
2. Das *soziale Kapital*. Eine Person verfügt nach Bourdieu über soziales Kapital, wenn sie aus den Interaktionszusammenhängen mit (mindestens) einer anderen Gruppe im Vergleich zu dieser einen „Gewinn" z.B. in der Form höherer gesellschaftlicher Akzeptanz und gesteigerten sozialen Prestiges einstreichen kann. Wer aus einer „guten Familie" stammt, genießt bei verschiedenen Gelegenheiten Vorteile. „Gewinn" meint in diesem Falle wohl „Privileg durch höheres Ansehen".
3. Das *kulturelle Kapital*. Dieser Kapitaltypus findet das besondere Interesse von Bourdieu. Es gibt ihn nach seiner Auffassung in der Form (3a) des *inkorporierten Kapitals*. Dazu gehören vor allem die kulturellen Wissensbestände, Normen, Kriterien und Regeln, die im Verlauf von Bildungs- und Ausbildungsprozessen von den einzelnen Menschen verinnerlicht werden (müssen). Das (3b) *objektivierte Kapital* setzt sich aus all jenen Formen und Inhalten der geistigen Produktion zusammen, welche in Wort, Schrift und als Artefakte (z.B. als Kunstwerke) historisch übertragen werden. Seine Aneignung durch den Einzelnen in Bildungsprozessen setzt bei diesem ein inkorporiertes Kapital immer schon voraus. (3c) Das *institutionelle Kapital* schließlich dient der gesellschaftlich allgemeinen Akzeptanz des inkorporierten Kapitals, das sich die einzelne Person angeeignet hat. Diese Institutionalisierung geschieht vor allem durch Titel und Zeugnisse. Beim kulturellen Kapital im Allgemeinen scheint der „Gewinn" ebenfalls dem jeweiligen Mehrwert an gesellschaftlichem Ansehen und tatsächlichem Einfluss zu entsprechen, den es herbeiführt.

Die Ausgangsphase des Bourdieuschen Reproduktionsmodells beschreibt also gesellschaftliche Kapitalien im sozialen Feld, die von den Individuen und Gruppen in ihrer jeweiligen Klassenlage angeeignet und eingesetzt werden (müssen). Diese Lage wird in Kategorien beschrieben, die der Analyse einer Gesellschaft als ganzer dienen und betrifft allgemeine gesellschaftliche Existenzbedingungen ebenso wie strukturelle Zwänge. Bourdieu will von daher zeigen, dass hinter den mehr oder minder feinen Unterschieden, welche die Mitglieder bestimmter Gruppierungen Tag für Tag machen und aufrechterhalten, strukturelle soziale Ungleichheiten und Zwänge stehen.

Die zweite Phase des Kreislaufs besteht in der *Formierung von Habitus* im Zuge der Aneignung von Kapitalien. Damit steht ein Habitus an der Nahtstelle zwischen Individuum und Gesellschaft! Er prägt sich dem Individuum unter den Bedingungen und Zwängen seiner „objektiven" (Klassen-)Lage in der Sozialstruktur als Disposition ein, Gegebenheiten einer Situation so und nicht anders zu *erleben,* zu *bewerten* und/oder zu *behandeln.* Habitus stellen Potentiale (Kompetenzen) zu einer Praxis (Performanz) dar. Die im Habitus begründeten Muster des Erlebens, der Bewertung und der Handlungsbereitschaft bleiben zu einem erheblichen Teil im Vor- und Unbewussten. Besonders das Bewusstsein von ihrer geschichtlich-gesellschaftlichen Herkunft und ihrer historischen Funktion ist begrenzt. Man kann am Habitus Reaktionspotentiale auf vielfältige Anzeichen und Auslöser in der Situation ablesen.

Im Begriff des Habitus verschränken sich also die meisten all jener Eigenschaften des Individuums, welche andere Autoren bei der Beschreibung einzelner Züge des Sozialcharakters erwähnen – vorausgesetzt man schränkt den Einzugsbereich des Habitusbegriffs nicht auf das äußere Erscheinungsbild und die beobachteten Manieren einer Person ein. Die Habitus erscheinen bei Bourdieu als Ergebnis der gesellschaftlichen *Bestimmung* des Menschen. Sie werden als Wirkungen gesellschaftlicher Ursachen begriffen, die sich dem Individuum als Charakterzüge einprägen. Bourdieu spricht von Funktionsgesetzen im sozialen Raum als Ursprungsort derartiger Einwirkungen. Es wird ihm gelegentlich sogar der Vorwurf einer deterministischen Sichtweise gemacht, die an das schlichte Kausalmodell des Verhältnisses von Basis und Überbau bei orthodoxen Marxisten erinnere, die alle Ideen als eine Wirkung ökonomischer Kausalfaktoren deuten. Doch es gibt bei ihm einige Stellen, an denen auch er die Konsequenzen des *Bestimmtseins* des Individuums in ein Verhältnis zu den Möglichkeiten seiner *Selbstbestimmung* bringen will. In diesem Zusammenhang erwähnt er die aktiven, erfinderischen und schöpferischen Seiten eines Habitus.[121]

Das Prinzip der *Selbstbestimmung,* das die Ich-Identität auszeichnet, kommt in Bourdieus Überlegungen in der Tat in der dritten Phase seines Kreislaufmodells noch deutlicher zum Vorschein. In dieser geht es um die alltägliche Praxis der Menschen sowie um den Sinn, woran diese orientiert ist. Im Zentrum der Forschungen Bourdieus bleiben die feinen Unterschiede, die wir alle aufgrund unserer Orientierung an „kulturellen Kapitalien" als Sinnreservoirs Tag für Tag managen. Doch nicht auf die Details dieser speziellen Lehre vom exklusiven Lebensstil kommt es hier an, sondern nur auf die *aktive* Rolle der Alltagsagenten bei der Verwendung ideeller und materieller Ressourcen als „Kapital". Die Aneignung des kulturellen Kapitals – um nur von diesem zu reden – bedingt nicht einfach die Aktionen und Reaktionen des Einzelnen gleichsam reflexartig, sondern kultureller Sinn muss von den Handelnden allemal interpretiert und bei einer Reihe von Gelegenheiten überlegt angewendet werden. Bei jeder schlichten alltagsweltlichen Interaktion kommt – wie auch die soziologische Schule des Interaktionismus im Anschluss an G. H. Mead ausdrücklich lehrt – daher stets ein Potential zur wie immer auch geringfügigen Veränderung des Sinnes, woran die Handlungen der Beteiligten orientiert sind, zum Zuge. Es besteht ein Potential zur Sinn- und Bedeutungsveränderung aufgrund „spontaner" Interpretationsleistungen und Aktivitäten.

Damit schließt sich zugleich der Bogen des Kreislaufmodelles. Ähnlich wie bei Meads Theorem von der Selbstveränderung als mikrologische Form der Gesellschaftsveränderung können sich die kleinen Abwandlungen von Szenen des Alltagshandelns als leicht gekräuselte Wellen in breitere Bereiche menschlicher Beziehungen hinein ausbreiten. Vielleicht ist der Flügelschlag des Schmetterlings in China im gesellschaftlichen Ganzen anderswo zu vernehmen? Die kleinen Korrekturen im Alltag führen auf solchen und natürlich auch auf gezielteren Wegen bis hin zu jenen sozialstrukturellen Lebensbedingungen und Lebensumständen zurück, worin der Einzelne lebt und deren Wirkungen sich seiner Charakterstruktur einprägen. Auch von daher wäre ein kleiner Schub zur Selbstveränderung allgemeinerer Lebensbedingungen in Richtung auf das Gute oder zum Schlechten jederzeit zu erwarten. Kurzum: Insoweit sich Veränderung der Kapitalien im Zuge ihres alltagsweltlichen Einsatzes ergeben, bewirken sie nicht nur die Aufrechterhaltung und Wiederherstellung des gesellschaftlich existierenden Kapitalstocks (des gesellschaftlichen Sinnreservoirs) während seines Gebrauchs, sondern auch dessen wie immer auch geringfügige Transformation. Damit verändern sich aber auch die gesellschaftlichen Formationsbedingungen von Habitus. Infolgedessen fänden – ähnlich den Konsequenzen, die gesellschaftliche Veränderungen für die Konstellation von I und Me bei Mead haben – nicht nur Veränderungen des Verhältnisses von Habitus und Spontaneität, sondern auch Rearrangements der davon abhängigen Beziehungen zu anderen statt – und so weiter im Kreislauf der Reproduktion der Kapitalien im Kontext, Feld.

Bourdieu hat vielen Milieutheoretikern der Postmoderne griffige Begriffe und suggestive Thesen an die Hand gegeben. Er selbst ist vom postmodernen Denkstil natürlich meilenweit entfernt. Das Ethymem, der Fehlschluss von der Milieudifferenzierung auf das Verschwinden von Ungleichheitslagen auf gesamtgesellschaftlichem Niveau wie sie als Klassen und Schichten bekannt sind, kann man ihm wahrlich nicht vorhalten – was immer von seiner Art und Weise zu halten sein mag, Klassenanalyse zu betreiben.

Hauptteil II
Soziale Ungleichheit.

Ein Hinweis zuvor

Im Teil II beschäftigt sich dieses Unternehmen mit dem Schwerpunktthema „Soziale Ungleichheit". Wie beim vorangegangen Themenbereich „Individuum und Gesellschaft" werden einzelne sozialwissenschaftliche Schulen oder „Paradigmata", also bestimmte Denkweisen der Sozialwissenschaften, die sich damit befassen, erwähnt und einige ihrer Annahmen skizziert. Weiterhin werden zur Vertiefung der Informationen und Kommentare ausgewählte Passagen von *Klassikern* herangezogen, welche die jeweilige Denkweise besonders nachhaltig auf den Weg gebracht oder Problemstellungen eine entscheidende Wendung gegeben haben. Doch diesmal bilden *Grundbegriffe* der Ungleichheitsdiskussion den Ausgangspunkt, die in der Geschichte der Soziologie eine besondere Rolle gespielt haben und teilweise auch heute noch spielen. Ungleichheitstheoretische Kategorien werden – in diesem Punkt wieder parallel zum Vorgehen in der ersten Runde – möglichst knapp anhand von „Modellen" skizziert. Unter (didaktischen) „Modellen" verstehen wir sehr allgemeine Figuren der Argumentation eines bestimmten Typs, die dem Verständnis des jeweiligen Begriffs dienen sollen. Sie werden diesmal durch zusätzliche „Beispiele" etwas konkreter ausgeführt, die sich auf einflussreiche Argumente von Klassikern beziehen. Insofern tauchen auch die Standpunkte verschiedener soziologischer Schulen wieder auf.

Die Begriffe, die wir zu einem modellartigen Zusammenhang von Kategorien und Thesen zusammenfassen wollen, sind:

- Gleichheit.
- Unterschied und Ungleichheit.
- Ehre, Macht und Ansehen.
- Überschuss und Surplus.
- Klasse.
- Schicht.
- Milieu.

Bei der Behandlung dieser Kategorien werden vor allem die folgenden Schulen (Paradigmata) berücksichtig, aber nicht als solche ausdrücklich verhandelt:

- Funktionalismus.
- Handlungstheorie.
- Kapitalismustheorie(n)
- Kritische Theorie der Gesellschaft.
- Theorien der alltäglichen Lebenswelt.
- Systemtheorie.

Die Gliederung der Vorträge in diesem Teil sieht so aus:

1. Gleichheit und Ungleichheit.
Hier sollen die Implikationen des Begriffs der „Gleichheit" in der Logik sowie die Schwierigkeiten bei seiner Verwendung als Grundbegriff der Ungleichheitskritik und Ungleichheitsforschung verdeutlicht werden. Als Beispiele werden das Verhältnis von Gleichheit und Gerechtigkeit in der „Nikomachischen Ethik" von Aristoteles sowie der Begriff der „komplexen Gleichheit" bei Michael Walzer herangezogen.

2. Reichtum, Macht und Ehre.
Diese drei Begriffe erfassen nach unseren Thesen die Hauptdimensionen der Struktur sozialer Diskrepanzen (gesamtgesellschaftlich relevanter sozialer Ungleichheiten). Daran werden oftmals Grundbegriffe von *Eigentumstheorien* festgemacht. Wichtig ist vor allem die Unterscheidung zwischen „Aneignung" und „Appropriation". Die Beispiele beziehen sich auf die Fragen nach dem Ursprung sozialer Ungleichheit einerseits bei Jean Jacques Rousseau, andererseits bei John Locke.

3. Überschuss und Surplus.
In diesem Falle geht es zentral um die Frage nach gesellschaftlichem „Reichtum" und die Appropriation des Überschusses (oder von Teilen des Überschusses über eine vorhergehende Wirtschaftsperiode) als *Surplus*. Die Beispiele beziehen sich auf Probleme der Klassentheorie.

4. Klasse.
Hier geht es um den surplustheoretischen Klassenbegriff. Das Basis-Überbau-Problem wird im Lichte einer klassentheoretischen Verhältnisbestimmung von Reichtum, Ehre und Macht erwähnt. Als Beispiele dienen Passagen bei Karl Marx und Max Weber.

5. *Schicht.*
Wie unterscheidet sich der Schichtbegriff vom Klassenbegriff? Als Beispiel dient die funktionalistische Schichtungstheorie von Davis und Moore.

6. *Milieu.*
In der Gegenwart dominiert immer noch der Milieubegriff als Schlüsselkategorie der Ungleichheitsforschung. Wir werden ihn anhand von Milieutypologien für die Bundesrepublik studieren.

Wir empfehlen *dringend* die begleitende Lektüre des elementaren Einführungsbuches „AG Soziologie: Denkweisen und Grundbegriffe der Soziologie" (Campus Verlag, 15. Auflage, Frankfurt/New York 2004). Darin werden nicht nur einige (nicht alle!) der oben erwähnten Schulen der Soziologie kurz zusammengefasst, sondern es wird auch immer wieder einmal auf Textstellen aus diesem Buch verwiesen. Es steht nicht im Internet, sondern nur in Buchhandlungen oder in der Bibliothek! Man sollte also ein Stück weit den guten alten Brauch des Bücherlesens pflegen.

Die Modelle werden im Anschluss an den Hauptteil I fortlaufend nummeriert

Modell 8: Gleichheit

Vorbemerkung.

Die Feststellung, dass eine jede Diskussion über (soziale) *Ungleichheit* logisch zwangsläufig eine Vorstellung davon voraussetzt, worin *Gleichheit* bestehe, wird nur äußerst begrenzte Verwunderung erregen. Ähnlich sinnfällig ist wohl auch die Einsicht, dass Rücksicht auf die verschiedenen Bedeutungsschichten des Adjektivs „gleich" für das Verständnis ungleichheitstheoretischer Aussagen hilfreich sein könnte. Dementsprechend werden zunächst einige Hinweise auf die Stellung des Substantivs „Gleichheit" bzw. des Adjektivs „gleich" in der Wissenschaft der Logik gegeben. Danach werden einige abstrakte Dimensionen des gesellschaftstheoretischen Gleichheits- und Ungleichheitsbegriffes erwähnt.

Teil A
Zur deskriptiven Gleichheit in Logik und Gesellschaft.

Gerade wenn es um Ungleichheitstheorien geht, sollte man gleich (alsbald) den Unterschied zwischen einem deskriptiven (beschreibenden) und einem normativen (moralisch-politisch gebietenden) Gleichheitsbegriff berücksichtigen. Der beschreibende Gleichheitsbegriff taucht z.B. in Urteilen darüber auf, in welchen Hinsichten Sachverhalte einander gleich sind, wann sie beispielsweise die gleiche Farbe tragen. Es handelt sich in diesem Falle um Tatsachenaussagen (Ist-Sätze) bzw. um Vermutungen über tatsächliche Eigenschaften, welche verschiedene Sachverhalte gleichermaßen aufweisen. Der normative Gleichheitsbegriff hingegen empfiehlt, ja gebietet unter Umständen die Herstellung von irgendwelchen gleichen Merkmalen, beispielsweise die Herstellung von Chancengleichheit (Soll-Sätze). Ohne hier auf das logisch schwierige Verhältnis zwischen Tatsachenaussagen (Ist-Sätzen) und Werturteilen (Soll-Sätzen) eingehen zu können, sowohl mit den beschreibenden als auch mit den wertenden Vorstellungen von Egalität sind Bestimmungen elementarer Logik verwoben. Die (scheinbar) trivialste Vorstellung von „Gleichheit" steckt in einem Grundsatz der formalen Logik, im sog. „Satz der Identität":

„(α) Der einfache Satz ist der *Satz der Identität, a = a*. Er ist gegen seine Materie gleichgültig. Sein Inhalt hat keine Bestimmung, oder er hat keinen Gehalt, und die Form ist somit die unterschiedslose Sichselbstgleichheit" (Hegel WW 4; 18).

Der Satz der Identität stellt eine weitgehend bestimmungslose (hoch abstrakte) logische Formel dar, an deren Variablenstellen ganz verschiedene inhaltliche Sachverhalte und Merkmale eingesetzt werden können. Insofern hat er keinen konkreteren Gehalt, sondern wird mit Hilfe der tautologischen Formel A = A ausgedrückt. Doch selbst diese ist nicht völlig leer. Sie drückt durchaus etwas Bestimmtes aus: Jeder Sachverhalt A ist mit sich selbst *gleich* (A=A), ohne dass an dem A irgendwelche Unterschiede im Vergleich mit etwas Anderem registriert werden. Deswegen spricht Hegel an dieser Stelle vom Prinzip der „unterschiedslosen Sichselbstgleichheit". Er zeigt dann jedoch in anderen Teilen seiner Logik, dass diese unterschiedslose Sichselbst*gleichheit* in Wahrheit nicht einmal auf dieser formalen Ausgangsebene wirklich ohne immanenten *Unterschied* ausgesprochen werden kann. Denn um die Sichselbstgleichheit formal darstellen zu können, muss man A zweimal erwähnen: *A gleich A*. Damit wird schon eine Unterscheidung des A von sich selbst vorgenommen!

Unmittelbar verwoben mit dem Satz der Identität ist der „Satz der gleichgültigen Verschiedenheit" in der Logik.

„(β) Der *Satz der gleichgültigen Verschiedenheit* setzt die unbestimmte Unterschiedenheit überhaupt und sagt aus, dass es nicht zwei Dinge gebe, welche einander vollkommen gleich sind" (Hegel ebd.).

Das ist – so merkwürdig das klingen mag – ein für politische Gleichheitsdiskussionen außerordentlich bedeutsamer Grundsatz. Es kann keine zwei Sachverhalte geben, die in jeder denkbaren Hinsicht *Einunddasselbe*, also strikt gleich im Sinne von *identisch* sind. Denn wären A und B in *allen* Merkmalen vollständig *gleich*, dann würde es sich nur um einen Sachverhalt handeln. So grauenvolle Massenmörder wie Pol Pot in Kambodscha sind wohl tatsächlich davon ausgegangen, sie könnten die Bevölkerung in völlig gleiche agrarische Lebensbedingungen zurückzwingen.

Eine weitere logische Grundoperation bedeutet für uns ebenfalls eine alltagssprachlich und alltagspraktisch völlig selbstverständliche Operation der Egalisierung: die Gleichsetzung von Unterschiedenem. Wir setzen etwa bestimmte Mengen von Äpfeln und Glühbirnen hinsichtlich ihres Gewichts oder ihres Preises *gleich*. In diesem Falle wird von Vergleichbarkeit (Kommensurabilität) mindestens in einer Hinsicht (Dimension) ausgegangen. Wir erkennen zwei oder mehr Sachverhalte hinsichtlich der Ausprägung (mindestens) eines Merkmales als *gleich* oder wir setzen sie gleich, indem wir etwa von bestimmten Dingen die *gleiche* Menge abwiegen. Das Gewicht bedeutet in diesem Falle die Vergleichsdimension (Messachse). All diese für den deskriptiven Gleichheitsbegriff ebenso wichtigen wie elementaren logischen Operationen kommen selbstverständlich auch dann ins Sprachspiel, wenn es um die Gleichheit von menschlichen Personen oder Gruppen geht. Auch bei dieser Gelegenheit kümmern und bekümmern wir uns um Merkmale, in denen sie *gleich* (das kann nun allerdings auch: „einander sehr ähnlich" heißen), wenn nicht völlig identisch sind (wenn absolute Identität in auch nur einer Hinsicht möglich wäre).

Im Bereich der Gesellschaft bezieht sich der deskriptive Begriff der Gleichheit auf Merkmale, worin Menschen tatsächlich übereinstimmen. Es geht um Eigenschaften, die bei ihnen faktisch *identisch* oder wenigstens einander sehr ähnlich sind. Der Gegenbegriff dazu ist natürlich „Unterschied". Menschen *unterscheiden* sich nicht nur in zahllosen Hinsichten, sondern können einander grundsätzlich nicht in allen denkbaren Hinsichten gleich sein oder gleichgemacht werden. Man kann daher Menschen immer nur *in gewissen Hinsichten* als gleich erkennen und behandeln! Denn – so sagt ja der „Satz der gleichgültigen Verschiedenheit" – es kann keine zwei Dinge geben, die einander in jeder denkbaren Hinsicht *völlig gleich* sind. Nicht alle der vielfältigen zwischen den Menschen zwangsläufig bestehenden Unterschiede sind oder werden *sozial relevant*. „Sozial relevant" lässt sich ganz allgemein so verstehen, dass es eine (wie immer auch kleine oder große) Gruppe von Menschen gibt, deren Denken und Handeln sich an bestimmten Merkmalen anderer Personen ausrichtet. Die Akteure können sich dabei an Attributen orientieren, in denen sie mit anderen übereinstimmen und/oder an Eigenschaften, worin sie sich voneinander abheben. Es gibt demgegenüber natürlich auch viele sozial irrelevante Merkmalsunterschiede oder Merkmalsübereinstimmungen. So ist es vergleichsweise selten, dass sich Mitmenschen bei ihrer Beziehung zu bedeutsamen Anderen beispielsweise am Neigungswinkel von deren Ohren orientieren. Diese aerodynamisch womöglich wichtige Eigenschaft erweist sich bei intensiverer Nachforschung als ausgesprochen *sozial irrelevant*. Bei Merkmalen wie vor allem Geschlecht, Hautfarbe oder ethnische Herkunft sieht das bekanntlich völlig anders aus. Doch selbst in diesem Falle kann man sich *rein logisch* denken, dass es in der Gesellschaft harmlose und unproblematische Fälle der praktischen Orientierung an diesen Merkmalen gibt. Aufgrund ihrer Hautfarbe weiß man beispielsweise in groben Zügen, aus welcher Region bestimmte Personen oder ihre Vorfahren stammen. Diese Tatsachenfeststellung ist an sich völlig harmlos. Mithin sind sogar solche Eigenschaften nicht zwangsläufig oder an sich *ungleichheitsrelevant*! D.h.: Sie müssen nicht *notwendigerweise* zum Aufhänger für Diskriminierungen werden, wobei es allerdings eine betrübliche Tatsache ist, dass dies gerade bei Geschlecht, Hautfarbe und ethnischer Herkunft empirisch außerordentlich häufig der Fall ist.

Warum dem so ist, bedeutet eine Frage an die Soziologie und Sozialpsychologie der Vorurteilsbildung. Den Kern des deskriptiven Begriffs der gesellschaftlichen Gleichheit bilden nach all dem sozial relevante Merkmale, worin alle Menschen oder bestimmte Gruppen von Menschen *faktisch* übereinstimmen – alle in der Sterblichkeit, bestimmte Gruppen unter ihnen in der Altersklasse, im Geschlecht usf.

Teil B
Zur Logik normativer Gleichheit.

Mangelnde Rücksicht auf Trivialitäten kann in der Praxis ungemein folgenreich sein. Der schlichte Sachverhalt, dass Menschen immer nur in bestimmten Hinsichten als *gleich* angesehen, bewertet und behandelt werden können, ist zweifellos aller Beachtung wert; gerade wenn es um moralische und/oder politische Gleichheitsnormen oder Gleichheitspostulate geht. Wenn etwa die Forderung nach „Chancengleichheit" beim Wettlauf erhoben wird, dann kann dahinter das Bild einer von allen gleichermaßen zu beachtenden Startlinie stehen, von der aus allesamt gleichzeitig losrennen müssen, aber je nach ihrer Schnelligkeit oder Ausdauer früher oder später – wenn überhaupt – ankommen. Das Resultat ist also alles andere als gleich und die Voraussetzungen der einzelnen Teilnehmer (Talente) sind normalerweise ebenfalls weit entfernt davon, gleich zu sein.

Den Gegenbegriff zum deskriptiven Begriff der Gleichheit liefert die beschreibende Kategorie „Unterschied". Es gibt zahllose faktische Unterschiede zwischen Menschen, die in anderen Hinsichten gleich sind. Es gibt darunter eine Reihe von Unterschieden zwischen den einzelnen Personen, die niemanden (oder nur vergleichsweise wenige Zeitgenossen) ernsthaft stören, so dass jeder nach seiner Facon selig werden kann. Niemand oder keine gesellschaftliche Sitte fordert meines Wissens hierzulande, dass alle Welt den Rotwein gleichermaßen dem Weißwein vorzuziehen habe. Einige Eigenheiten gelten sowieso als „Privatsache". Es gibt jedoch eine Fülle anderer Unterschiede zwischen den Menschen, worauf die eine oder andere Person bzw. die eine oder andere Gruppe reagiert. Es kommt zu davon angeregten oder angestoßenen Interaktionen. Dabei kann es sich um nichts Schlimmeres als um *sozial relevante Unterschiede* handeln. Mehr noch: Die Reaktionen darauf können ausgesprochen *positiv* ausfallen. In diesem Falle will niemand, dass die relevanten Unterschiede zugunsten von Gleichheit in irgendeiner Hinsicht beseitigt werden. Das sieht beim *normativ-ethischen* Begriff der Gleichheit völlig anders aus. Dieser fordert, dass menschliche Individuen in bestimmten Hinsichten gleich *sein* oder gleich behandelt werden *sollen*.

Gleichheit wird zum moralischen und/oder politischen Gebot. Geboten werden – das haben uns jene elementaren Regeln der Logik gelehrt – kann Gleichheit nur im Hinblick auf ganz bestimmte Eigenschaften von Individuen. In welchen Hinsichten, das ist eine ebenso gute wie kontrovers behandelte Frage, die wir an dieser Stelle taktisch umkurven wollen. Denken Sie einfach mal an „gleiches" Wahlrecht (für wen?). Der *per definitionem* normative Gegenbegriff der „sozialen Ungleichheit" betrifft also diejenige Teilmenge sozial relevanter Unterschiede, welche *negativ bewertet* werden und beseitigt werden *sollten*. Sie werden verurteilt und mitunter scharf bekämpft. Auch da stellen sich sofort wieder gute Anschlussfragen wie die folgenden: Anhand welcher Maßstäbe lassen sie sich derart negativ bewerten? Wie weit ist der Geltungsbereich dieser Maßstäbe? Kann es sich nur um Standards einer raum-zeitlich begrenzten Kultur oder Subkultur handeln oder gibt es Hinsichten, in denen *alle Menschen überall, jederzeit und ausnahmslos* als gleich behandelt werden sollten? (Menschenrechte!). Was diese Maßstabsprobleme angeht, kann ich nur auf Antwortversuche hinweisen, die ich an anderen Stellen skizziert habe.[122]

In der öffentlichen Diskussion stößt man immer wieder auf einen sehr einfachen Begriff von normativer Gleichheit, die sich im einen oder anderen Fall sogar praktisch herbeiführen lässt: Jedes noch so phonstarke Kind soll die gleichen Anteile am Geburtstagskuchen bekommen, jeder Mensch die gleichen Rechte unabhängig von sozial relevanten Merkmalsunterschieden wie Geschlecht, Hautfarbe oder ethnischer Herkunft genießen können. Jeder soll gleiche Startchancen vorfinden. Gleiche Leistungen sollen gleich bezahlt werden usf. (Mit diesen Gleichheitspostulaten sind meistens Gerechtigkeitsvorstellungen verbunden). Doch selbst mit solchen uns sehr vertrauten und elementaren Gleichheitsforderungen sind erhebliche Probleme verbunden. Sie zeigen sich in elementarer Form schon bei der Grundunterscheidung zwischen

a. Einfacher Gleichheit und
b. Komplexer Gleichheit

Ad a: Einfache Gleichheit:[123]

Auf die Frage, was nun konkret erreicht werden soll, wenn „Gleichheit" eingefordert wird, scheint es eine ebenso einfache wie weit verbreitete Antwort zu geben: Na, jede(r) soll von dem begehrten Gut genau den gleichen Anteil erhalten, unter vergleichbaren Rahmenbedingungen die exakt gleichen Vorteile genießen oder Belastungen ertragen. Die Torte vom Dienst auf der Kinderparty wird – wenn es gerecht zugehen soll – tatsächlich nicht nach der Phonstärke der

Anspruchsanmeldungen, sondern zu genau gleichen Teilen aufgeteilt. Tortengleichheit wird von Michael Walzer „einfache Gleichheit" und von Douglas Rae „einfache individuenbezogene Gleichheit" genannt.[124] Die Bezugsgruppe von einfacher Gleichheit kann alle Menschen umfassen oder eine bestimmte, wie immer auch näher bestimmte Gruppe von Menschen bedeuten. Im letzteren Fall hat eine einheitliche Kategorie von Menschen und jede einzelne Person, die dazu gehört, genau die gleichen Rechte und Pflichten wie eine jede andere, genießt eine jede Person genau die gleichen Vorteile oder erträgt genau die gleichen Belastungen wie jede andere. Das syntaktische Grundmuster der einfachen Gleichheit ist das Pro-Kopf-Prinzip der exakten arithmetischen Gleichverteilung. Wenn – wie bei der Menschenrechtsdiskussion – alle Menschen in die Kategorie der gleich zu behandelnden Personen fallen, spricht Rae von „einschließender Gleichheit", wenn nur eine bestimmte, von anderen unterschiedene Kategorie von Menschen die arithmetische Gleichbehandlung erfahren soll, dann handelt es sich um „ausschließende Gleichheit". Es erscheint uns beispielsweise nicht als eine Verletzung des Gleichheitsgebots, wenn in der Menge der Bedürftigen jeder den gleichen Zuschuss erhält, den jedoch Reiche nicht empfangen sollten. Verfolgen Sie einfach mal die gegenwärtige Diskussion um die Gesundheitsreform. Je mannigfaltiger, differenzierter und womöglich gegensätzlicher die Merkmale sind, welche die Zugehörigkeit zu einer Kategorie von Menschen festlegen, welche in einer bestimmten (unter vielfältig denkbaren anderen!) Hinsichten völlige Gleichbehandlung erfahren sollen, desto komplexer fällt schon die einfache Gleichheit aus. Das Gleichheitsproblem verschärft sich zudem noch dadurch, dass Gesellschaften Vorteile und Nachteile als legitim akzeptieren, weil sie „verdient" sind. Dieser Grundgedanke findet sich schon in Aristoteles` Lehre von der Würdigkeit (*axia*) einer Person. Es wird heutzutage beispielsweise nicht als ungerecht empfunden, wenn jemand aufgrund ausgewiesener Fähigkeiten ein höheres Ansehen genießt als andere. Denn die Einflusschancen aufgrund von Sachautorität sind nicht einfach im gleichen Topf zu verkochen wie die Machtphantasien des autoritären Charakters. Und zum bösen Ende muss man noch damit leben, dass sich selbst da nicht alles (z.B. physisch) in gleiche Teile aufteilen lässt, wo arithmetische Gleichheit geboten erscheint.

Ad b: Komplexe Gleichheit.

Douglas Rae fasst die komplexe Gleichheit in zwei Kategorien zusammen:[125]

(b1) Die *segmentale Gleichheit*: In diesem Fall wird eine Menge von Individuen anhand bestimmter Merkmale in Teilmengen untergegliedert. Die Gruppe der

Staatsbürger eines Landes wird bei Parlamentswahlen beispielsweise in die Gruppe der Wahlberechtigten und Nicht-Wahlberechtigten eingeteilt. Die Stimmberechtigten können alle gleichermaßen eine Stimme (nach den Prinzipien der Tortengleichheit) abgeben. Das Gebot der Gleichbehandlung, Gleichbeteiligung und/oder Gleichverteilung gilt also nur für die Mitglieder einer Teilmenge der Gesamtpopulation. Zwischen den einzelnen Segmenten bestehen Unterschiede, die zu Ungleichheiten zugespitzt sein können.

(b2): Die *blockbezogene Gleichheit*: Sowohl bei der einfachen Gleichheit als auch bei der segmentalen stellen einzelne Personen den Bezugspunkt für Ansprüche und Zuteilungen dar. Bestimmte Personen mit bestimmten Eigenschaften sollen gleich behandelt werden. Bei der blockbezogenen Gleichheit beziehen sich Gleichheitsforderungen und Gleichheitsmaßnahmen auf *Kategorien en bloc* – innerhalb der Kategorien können hingegen Unterschiede und Ungleichheiten bestehen. Gleichheit muss nur zwischen den einzelnen Blöcken herrschen. Ein Beispiel dafür liefert die Diskussion über die Löhne für Frauenarbeit. Frauen werden bei gleicher Leistung gegenüber Männern bei der Bezahlung meistens benachteiligt. Das Gebot der Gleichstellung bezieht sich auf die beiden Blöcke „Frauen" und „Männer", ohne dass damit im allgemeinen die Forderung einhergeht, die Personen innerhalb der beiden Blöcke unabhängig von ihrer Leistung völlig gleich zu entlohnen.

Sowohl bei der einfachen, als auch bei der segmentalen und blockbezogenen Gleichheit ist und bleibt es das Problem, auszumachen, wann (und warum) Differenzierungen und Hierarchisierungen Ausdruck sozial relevanter und als legitim anerkannter *Unterschiede* anzusehen sind, wann (und warum) hingegen als Ausdruck *sozialer Ungleichheit*. Und wenn diese Differenz festgestellt sein sollte, werden die Gegebenheiten dadurch noch weiter komplizierter, dass die Legitimität von Unterschieden vom *Aktorstandpunkt* aus betrachtet anders aussehen kann als vom *Beobachterstandpunkt* aus. Der Beobachter kann behaupten, dass das, was – wie im Falle der Unterschiede der Bezahlung aufgrund des Geschlechts – von manchen Beteiligten als ein „legitimer" Unterschied verteidigt wird, in Wahrheit doch eine soziale Ungleichheit darstellt. Dann allerdings muss der Beobachter Maßstäbe reklamieren können, die den empirisch geltenden Regeln, Normen und Kriterien der Akteure selbst so übergeordnet sind wie das Naturrecht dem positiven Recht.

Angesichts dieser kleinen Auswahl aus den Komplexitäten von „Gleichheit" als Norm kann man einen pessimistische klingen Befund von Michael Walzer ein gutes Stück weit nachvollziehen: „Gleichheit, wörtlich verstanden, ist ein Ideal, das seinen Verrat vorprogrammiert."[126]

Teil C
Zwei Beispiele

Beispiel 1: Aristoteles

Text: Aristoteles: Nikomachische Ethik. Buch V, Kapitel 1-9.

In Aristoteles um 330 v.u.Z. entstandener, mitunter als die älteste wissenschaftliche Ethik bezeichnete Schrift zur Moralphilosophie findet sich ein Abschnitt über Gerechtigkeit und Gleichheit, dessen Folgen über die Jahrtausende hinweg überhaupt nicht zu unterschätzen sind.[127] Wenn heutzutage beispielsweise um die „gerechte" Verteilung von Vorteilen und Belastungen politisch gerangelt wird, kann man vielen Begriffen und Maßstäben den gleichsam selbstverständlichen Nachhall von Überlegungen des Aristoteles vernehmen. Aristoteles Gerechtigkeitsidee wird entscheidend von seiner Lehre vom „mittleren Maß" (*meson*) als Prinzip der Ethik bestimmt. Das mittlere Maß hat nichts mit jener Geringschätzigkeit von Leistungen zu tun, welche wir heutzutage als „Mittelmaß" bewerten. Aristoteles zielt vielmehr auf Ausgeglichenheit, auf Ausgewogenheit zwischen zwei Extremen. Dementsprechend fragt er sich, „welche Art von Mitte die Gerechtigkeit ist und zu welchen Extremen das Gerechte ein Mittleres bildet" (V1). Aristoteles ist sich wie jeder moderne Gerechtigkeitstheoretiker völlig darüber im Klaren, dass „Gerechtigkeit" und „Ungerechtigkeit" normative Begriffe darstellen, die mehrdeutig und strittig sind (V2). Grob gesehen erweist sich nach seiner Auffassung diejenige Person und/oder diejenige Handlung als gerecht, welche (a) die Gesetze achtet und (b) nicht gegen das Prinzip der gleichmäßigen (gleichen) Verteilung, also gegen Gebote der Gleichheit verstößt (V2+V5). Darin steckt die uns geläufige Unterscheidung zwischen *Regelgerechtigkeit* und *Verteilungsgerechtigkeit*. Darin stecken überdies Probleme mit der Idee der Gerechtigkeit von einem Kaliber, das alle Versuche, Gerechtigkeit herbeizuführen, bis auf den heutigen Tag belastet. „Wer die Gesetze missachtet ist ungerecht ..." (V3). Regelgerechtigkeit schön und gut – aber *welchen* Regeln muss eine Handlung entsprechen, damit sie sich als „gerecht" bewerten lässt? Den Regeln des attischen Stadtstaates? Den Regeln und Gesetzen aller nicht-despotisch verfassten Staaten? – usf. Aber die besonderen Regeln und Gesetze einer historisch bestimmten Gesellschaft oder Epoche selbst können im Kern ungerecht sein. Es gibt auch heute noch mehr als genug Unrechtsstaaten. Eine Kritik an ihnen muss auf Prinzipien zurückgreifen können, die sich als „vernünftiger" bezeichnen lassen als die kritisierten und daher nicht mit den in einer spezifischen Kultur oder Subkultur tatsächlich geltenden Regeln zusammenfallen können. Deswegen macht schon Aristoteles den über die Jahrtausende hinweg kontrovers diskutierten Vorschlag, zwischen für alle Menschen zu allen Zeiten und allen Orten geltenden Naturrechtsnormen und dem historisch jeweils geltenden Gesetzesrecht (positives Recht) zu unterscheiden.

> „Das Polisrecht ist teils Natur-, teils Gesetzesrecht. Das Naturrecht hat überall dieselbe Kraft der Geltung und ist unabhängig von Zustimmung (der Menschen)" (V10).

Ungerechte Personen und Handlungen verletzen nach Aristoteles Gebote der Gleichheit. „Es steht fest, dass der Ungerechte die Gleichheit verletzt und dass die ungerechte Tat Ungleichheit bedeutet" (V6). Die Gleichheit bedeutet Ausgewogenheit, das mittlere Maß zwischen den Extremen (ebd.). Von daher muss nach Aristoteles das Gerechte insofern ein „Mittleres von etwas sein, nämlich zwischen dem Zuviel und Zuwenig liegen" (ebd.). Aber was ist dabei unter „Gleichheit" zu verstehen? Ist damit nur die Tortengleichheit gemeint, bei der niemand im buchstäblichen Sinn zuviel oder zuwenig abbekommt? In diesem Falle scheinen die Proportionen zu stimmen – wenn man von dem wahrlich schwergewichtigen Problem absieht, dass sich manche Dinge und Leistungen mit dem besten Willen schon rein technisch nicht in exakt gleiche Teile zerstückeln lassen. Die einfache Gleichheit entspricht der auch heute noch so genannten *arithmetischen Gleichheit*. Etwas wird in genau gleiche Teile eingeteilt. Davon ist die *geometrische Gleichheit* zu unterscheiden. In letzterem Falle erfolgt eine Auf- und Zuteilung nach den Verdiensten, den Meriten einer Person (*axia* bei Aristoteles). Heute gilt – zumindest der Rhetorik nach – die Leistung als ein entscheidendes Prinzip der Verteilung von Vor- und Nachteilen (vor allem von Entgelten). Damit taucht schon wieder ein Problem auf, an dem immer noch so zäh zu kauen ist wie zu alten Zeiten. Welche der vielen umlaufenden Ansprüche auf Meriten liefern „in Wahrheit" eine *gerechte* Grundlage für proportionale Zuteilung je nach dem Grad des entsprechenden Verdienstes? Gleicher Lohn für gleiche Leistung. Dazu gehört zwangsläufig der Nachsatz: Ungleicher Lohn für *ungleiche* Leistung. Dieser gilt gleichwohl nicht als ungerecht.

Beispiel 2: Michael Walzer

Text: Michael Walzer: Sphären der Gerechtigkeit. Ein Plädoyer für Pluralität und Gerechtigkeit, Frankfurt/New York 1992, S. 46-58.

Als noch undurchdringlicher erweist sich das Dickicht der Gleichheitsdiskussion, wenn man sich auf den Weg macht, die „komplexe Gleichheit" zu durchforsten will. M. Walzer setzt sie nicht einfach mit der geometrischen Gleichheit gleich, sondern für ihn besteht „komplexe Gleichheit" dann, wenn die bestehenden Einflusschancen einer Person in dem einen Lebensbereich *keine* Privilegien in anderen gesellschaftlichen Sphären eröffnen.

> „So kann Bürger X Bürger Y bei der Besetzung eines politischen Amts vorgezogen werden mit dem Effekt, dass die beiden in der Sphäre der Politik nicht gleich sind (nach Kriterien der einfachen Gleichheit – J.R.). Doch werden sie generell solange nicht ungleich sein, wie das Amt von X diesem keine Vorteile über Y in anderen Bereichen verschafft, also etwa eine bessere medizinische Versorgung, Zugang zu besseren Schulen für seine Kinder, größere unternehmerische Chancen usw." (SG 49).

Es gibt verschiedene Lebenssphären in einer so hoch differenzierteren Gesellschaft wie der unseren, worin ganz verschiedene Güter begehrt und unterschiedliche Ziele verfolgt werden. Innerhalb der jeweiligen Sphäre spielen normalerweise besondere Talente einer Person eine zentrale Rolle. Je nach ihrem Vermögen – als Kompetenz! – kann sie in der entsprechenden Sphäre Vorteile gegenüber Konkurrenten gewinnen und beanspruchen. So gesehen sind die Sphäreninsassen *ungleich* – an Maßstäben der *einfachen Gleichheit* gemessen! Innerhalb der Sphäre kann es insofern durchaus gerecht zugehen, dass – wenn es sich dabei um ein „vernünftiges" Verteilungsprinzip (wie nach heutiger Auffassung „die Leistung") handelt – genau proportional nach dem Verdienst (*meritum*) verteilt und zugeteilt wird. Diese Konstruktion erinnert deutlich an die „blockbezogene Gleichheit" von Rae (s.o.). Ungleichheit und Ungerechtigkeit setzen sich nach der Auffassung von Walzer in dem Maße durch, wie es Personen *wegen* ihrer besonderen Stellung in der einen Sphäre möglich ist, Privilegien in anderen zu erzielen. Das ist dann beispielsweise der Fall, wenn es dem Oligopolisten in der Wirtschaftssphäre – man denke an die Energieindustrie unseres Landes – gelingt, den eigenen Willen und die eigenen Interessen in der politischen Sphäre durchzusetzen. Auf diese Weise entsteht „Dominanz und Vorherrschaft" (SG 49). Den Extremfall dieser ungerechten, weil verschiedene Sphären übergreifender Vorherrschaft stellt die Tyrannei dar, wie wir sie heute von totalitären oder fundamentalistischen Systemen her kennen. Das Prinzip der Verteilungsgerechtigkeit als Sphärengerechtigkeit fasst Walzer in einer allgemeinen Formel zusammen:

„Kein soziales Gut X sollte ungeachtet seiner Bedeutung an Männer und Frauen, die im Besitz eines anderen Gutes Y sind, einzig und allein deshalb verteilt werden, weil sie dieses Y besitzen" (SG 50).

Erneut kommt das zähe Problem hoch, ob es Ungleichheiten gibt, die – egal, ob sie auf eine Sphäre beschränkt sind oder nicht – als an sich „ungerecht" beurteilt werden können (Naturrechtsproblematik). Es ist ja ohne Weiteres denkbar, dass ein komplexes soziales System sich im Sinne Walzers als weitgehend „sphärengerecht" herausstellt, aber Güter nicht erkennbar einem Standard gemäß verteilt, der – woran gemessen? – als *an sich* gerecht gelten kann. In einem Abschnitt über „Distributionsprinzipien" (SG 51 ff.) greift Walzer derartige Problematiken auf. Er nennt drei dieser Verteilungsgrundsätze:

a. Der freie Austausch.
b. Das Verdienst.
c. Das Bedürfnis.

Das *Prinzip des freien Austauschs* erinnert stark an Aristoteles' Lehre vom „proportionalen Vergelten" in der „Nikomachischen Ethik" (V 8 ff.). Damit ist keine Vergeltung im Sinne des biblischen Spruches „Auge um Auge, Zahn um Zahn" gemeint, sondern der Austausch von Gleichem gegen Gleiches, eines wertvollen Gutes oder einer wertvollen Leistung gegen etwas Gleichwertiges (Äquivalenzprinzip). Diese Art des Austausches ist für Aristoteles grundsätzlich gerecht. Ungerecht wäre, wenn jemand mehr aus einer Transaktion herausschlägt als ein anderer. Maßlosigkeit wird verurteilt.

„So ist dann das Gerechte die Mitte zwischen Gewinn und Verlust – wenn man diese beiden Begriffe so gebrauchen will –, und zwar in der Sphäre des Unwillentlichen. Es bedeutet, dass man vorher und nachher das gleiche hat" (V 7).

Das Äquivalenzprinzip gilt ihm als Bedingung für einen gerechten Zusammenschluss von Menschen zu einem Gemeinwesen. „Denn proportionale Vergeltung ist es, die Zusammenhalt des Gemeinwesens gewährleistet" (V 8).
Bei Walzer wird an die moderne marktwirtschaftliche Version dieser utopischen Vorstellung erinnert. Der Ideologie der „vollständigen Konkurrenz" auf völlig „freien" – das heißt oftmals: völlig unregulierten – Märkten, so lautet ein Gerücht, müssten Verhältnisse entsprechen, in „denen (es) keine dominanten Güter und keine Monopole" gibt. Dominante Güter sind solche, die es – wie immer ihre Herkunftssphäre aussieht – gestatten, Macht und Einfluss in den verschiedensten anderen Sphären auszuüben, also sich über das Prinzip der Gleichheit zwischen den Sphären hinwegzusetzen (vgl. SG 51). Das Geld liefert das

Paradebeispiel dafür. Die Wirklichkeit ist von dieser Vorstellung so weit entfernt wie das System der faktischen Tauschhandlungen von Aristoteles' Äquivalenzprinzip.

Das Verdienst entspricht unseren Meriten, deren terminologischer Ursprung bei der lateinischen Vokabel *meritus* zu suchen ist. Darunter verstanden die alten Römer nicht zuletzt das, was einem gebührt, was einem gerechterweise zusteht. Damals gebührte den Adligen nach ihrer Ansicht Ehre aufgrund ihrer Herkunft als *meritum*. Das Problem dabei ist, dass es die verschiedensten Arten „von individuellem Verdienst, Gratifikationen und Sanktionen, Lohn und Strafe" gibt (SG 53). Man braucht nur daran zu erinnern, wie vielfältig die Aktivitäten sind, die heutzutage in Begriffen wie „Leistung" oder gar „Höchstleistung" zusammengezogen werden und die Grundlage für Belohnungen bzw. im Falle von kriminellen Großtaten für Bestrafungen werden.

Das Bedürfnis als Verteilungsprinzip erinnert sofort an Marx' Spruch aus der seiner „Kritik des Gothaer Programms":

„Jeder nach seinen Fähigkeiten, jedem nach seinen Bedürfnissen."[128]

Walzer weist darauf hin, dass zwischen dem ersten und dem zweiten Teil dieser berühmten Formel ein Spannungsverhältnis besteht. Es geht um die Verteilung des gesellschaftlichen Reichtums – nach Abzug der notwendigen Aufwendungen für Bedingungen des Zusammenlebens – an die Mitglieder der Gesellschaft. Einerseits sind die Positionen, worauf für die Gesellschaft notwendige Zwecktätigkeiten zu verrichten sind, mit den einzelnen Personen je nach ihren vorhandenen Talenten zu besetzen. Wie ist jedoch zu entlohnen, wenn Talente zwar vorhanden, aber nicht in der gleichen Qualität ausgeprägt sind? Mit dem zweiten Teil des Marxschen Verteilungsprinzips verquicken sich zahlreiche andere Probleme: Wie sieht eine etwaige Menge menschlicher Grundbedürfnisse aus, die auf jeden Fall befriedigt werden müssen, damit es „gerecht" zugeht? (Vgl. die gegenwärtige Diskussion über Mindestlöhne). Was ist mit extravaganten Bedürfnissen? Was ist mit dem ständigen historischen Wandel menschlicher Bedürfnisse? – und vieles Anderes dieses Kalibers mehr.

Man muss ob dieser Schwierigkeiten nicht resignieren. Wohl aber tut man in der Praxis gut daran, sich zu erinnern, dass Bemühungen, Gerechtigkeit und Gleichheit herbeizuführen, ständige Versuche, Irrtümer und Kontroversen und selten jene einfache und einverständige Auflösung des Problems im Gefolge haben, deren man sich bei der Tortengleichheit erfreuen kann – wenn ihr Prinzip wie auf der Kinderparty wirklich mal vergleichsweise umstandslos angewandt werden kann.

Texte und Textstellen zur Illustration und Vertiefung dieser Grundgedanken

....

Wichtige Bezugstexte

G. W. F. Hegel: Werke in zwanzig Bänden, Band 4, Frankfurt/M 1970, S. 18 (§§ 38-41), zitiert als WW 4.
Aristoteles: Nikomachische Ethik, Buch V, Kapitel1 bis 15. (div. Editionen).
M. Walzer; Sphären der Gerechtigkeit. Ein Plädoyer für Pluralität und Gleichheit, Frankfurt/New York 1992. Zitiert als SG.

Problemstellungen für die Diskussion

Logische und soziale Hauptdimensionen des Gleichheitsbegriffes (Tafel 1).
Praktische Schwierigkeiten mit der Gerechtigkeitsalgebra.

Kommentar

J. Ritsert: Gerechtigkeit und Gleichheit, Münster 1997, Kapitel 4.1. (Dimensionen) und 4.3. (Gerechtigkeitsalgebra).

Zusammenfassende Übersichten

TAFEL 1

Gleichheit

Deskriptive Gleichheitsbegriffe		*Normative Gleichheitsbegriffe*
Logisch		*Logisch*
Tatsachenaussagen		Sollsätze (Wertungen)
- Logische Gleichheit. - Merkmalsgleichheit. - Kommensurabilität.		
Sozial		*Sozial*
	Unterschied	
- Merkmalsgleichheit	Merkmalsunterschiede	
- Sozial relevante Merkmalsgleichheit.		- Sozial relevante Übereinstimmungen als Gebot.
	Sozial relevante Unterschiede	Soziale Ungleichheit als Negativum. (Maßstabsproblem!).
		Gebote einfacher Gleichheit, komplexer Gleichheit.

Modell 9:
Dimensionen sozialer Ungleichheit

Teil A
Reichtum, Macht und Ehre.

Soziale Ungleichheit wirkt sich auf allen Ebenen des gesellschaftlichen Mit- und Gegeneinanderlebens aus. Ihr Spektrum reicht von ungleichheitsrelevanten Erscheinungsformen des Selbstverständnisses und der Lebensführung einer einzelnen Person über Ungleichheit in Paarbeziehungen, in Gruppenrelationen, als Muster sozialer Ungleichheit, die in Institutionen, Organisationen, abstrakte Regelsysteme und kollektive Orientierungen eingebaut sind, bis letztendlich hin zu Strukturen sozialer Ungleichheit auf gesamtgesellschaftlichem Niveau. In all diesen einzelnen und besonderen Fällen ist und bleibt es eine zentrale Frage, welche sozial relevanten Unterschiede aus welchen Gründen zum Aufhänger für ungleiche Behandlung und/oder Einschätzung werden – die schwierige Frage nach den Maßstäben, wonach sich sozial relevante Unterschiede als *Negativum* bewerten lassen, eingeschlossen. Bedenkt man dieses vom Einzelnen bis zum gesellschaftlichen Ganzen aufsteigende Spektrum von Möglichkeiten, mit sozialer Ungleichheit in einer Gesellschaft konfrontiert zu werden, dann macht es sicherlich Sinn, von „sozialen Ungleichheiten" im Plural zu sprechen. Wir werden uns im Folgenden jedoch nur auf der Ebene der gesellschaftlichen Allgemeinheit aufhalten. Es geht um diejenigen Merkmale und Kriterien, welche das Urteil erlauben, eine ganze Gesellschaft sei in ganz bestimmten Hinsichten *ungleich* verfasst. Auf gesamtgesellschaftlichem Niveau auftretende soziale Ungleichheiten bezeichnen wir als *soziale Diskrepanzen*. Für Ungleichheitstheorien stellt sich damit zwangsläufig die Ausgangsfrage: In welchen Hinsichten (auf welchen Untersuchungsdimensionen) kann man soziale Diskrepanzen sozialwissenschaftlich erfassen, darstellen, vielleicht sogar kritisieren? Was die dazu vorgeschlagenen Antworten in Philosophie und Sozialwissenschaft angeht, kann man auf ein ganz erstaunliches Phänomen stoßen: Viele der Antwortvorschläge stimmen – bei aller Verschiedenartigkeit der Schulzugehörigkeit ihrer Urheber und trotz aller Variationen im Detail – in den Auffassungen über die Hauptdimensionen einer wissenschaftlichen Ungleichheitsanalyse weitgehend überein!

> „*Materieller Wohlstand, Macht und Prestige* sind Dimensionen sozialer Ungleichheit, die sich – freilich in sehr unterschiedlichen konkreten Erscheinungen – in allen bekannten Gesellschaften fanden und finden."[129]

Das ist eine Feststellung, die geraume Zeit zuvor Kant in seiner Metaphysik der Sitten auf vergleichbare Weise trifft:

> „Macht, Reichtum und Ehre, selbst Gesundheit, und das ganze Wohlbefinden und Zufriedenheit mit seinem Zustande, unter dem Namen der *Glückseligkeit,* machen Mut und hierdurch öfters auch Übermut ..." (MS BA 1,2).

Der Übermut von Herren, bei denen sich Macht, Reichtum und Ehre ballen, ist ein historisch sattsam bekanntes Phänomen. Sehr einleuchtend ist auch die Annahme, auf den Achsen *Reichtum* (materieller Wohlstand), *Macht* und *Ansehen* (Ehre) ließen sich die Strukturen sozialer Ungleichheit in nahezu allen bisher in der Geschichte bekannten Gesellschaften abtragen – wie ausgeprägt die Differenzen im geschichtlichen Detail auch sein mögen. In überlieferten Darstellungen von Strukturen gesamtgesellschaftlicher Ungleichheit, also von sozialen Diskrepanzen, tauchen diese drei Hauptdimensionen in der Tat schon ganz früh auf. So zum Beispiel in der römischen Antike: Der sagenhafte König *Servius Tullius* (gest. ca. 535 v. Chr.) soll der Urheber einer Reform des römischen Militärwesens, einer sog. „Zenturienreform" gewesen sein. Dazu mussten die alten Römer in Klassen eingeteilt werden. „Klasse" spielt dabei zum einen seine Rolle als ein harmloser mengenlogischer Begriff, der den „Größenklassen" der modernen Bevölkerungsstatistik entspricht. Je nach der Größe ihres Landbesitzes (gemessen in *iugera*) oder ihres Geldvermögens (gemessen in *as*) wurden die Römer in bestimmte mengenlogische „Klassen" eingeteilt. Eine wichtige Rolle spielte dabei die Frage, ob sie sich eine bestimmte Bewaffnung leisten konnten oder nicht. Aber es handelte sich in erster Linie um Vermögensklassen (Reichtum), wobei die Zuordnung der einzelnen Personen mit einer Einschätzung ihrer militärischen Tauglichkeit gekoppelt war. Doch damit wird nur eine Seite dieser klassischen Einteilung berührt. Abgesehen davon, dass das römische Wort *classis* vorzugsweise die Flotte und eine Kriegstrompete (*classicum*) bezeichnen konnte, wird es damals schon für die Hierarchie *sozialer Klassen* so verwendet, wie wir es immer noch von Klassenanalysen her gewohnt sind. Denn es zeigt sich bei genauerem Hinsehen, dass es *drei* Hauptdimensionen sind, auf denen die römischen Bürger eingeordnet und wonach sie explizit und implizit abgestuft werden. Sie entsprechen haargenau dem *Vermögen (Reichtum), dem Ansehen und der politischen Macht.* Ganz oben in der Hierarchie stehen die Edlen, welche über ein bestimmtes Vermögen in der damaligen Währung *as* (mindestens 100000 as) und/oder über eine bestimmte Größenordnung des Besitzes an Grund und Boden – das war damals natürlich *das* für eine klassische Agrargesellschaft entscheidende Produktionsmittel! – verfügten. Ganz am unteren Ende der fünf- oder sechsstufigen Skala standen die *Proletarii*. Das sind die auch *capite censi* genannten, also diejenigen, welche nichts als die Häupter ihrer Lieben zu zählen hatten. Das Einteilungsprinzip der Ehre kommt allein schon dadurch zum Vorschein, dass die Adligen die *angesehenste* Gruppierung darstellen. Sie sahen sich selbst mit einer besonderen Würde ausgestattet. Die Gliederung der Gesellschaft nach Graden des Ansehens je nach Herkunft spielt bei den römischen Bürgern zweifellos eine wichtige Rolle bei der Einschätzung der Lage der eigenen und/oder einer fremden Gruppierung. Dass die *Macht* bei Adelsgruppen (in anderer Hinsicht aber z.B. auch bei Priestern) lag und – von den Akteuren selbst – als dort verankert angesehen wurde, liegt auf der Hand. Die Proletarier verkörpern die heute sog. „underdogs" der damaligen Zeit. Sie gelten nicht nur als arm, sie sind arm, verachtet und weitgehend einflusslos. Am Rückgriff auf Reichtum, Ehre und Macht als ganz abstrakte Achsen zur Erfassung sozialer Ungleichheit hat sich seit damals nichts Entscheidendes geändert. Schauen wir uns diese drei Achsen kurz einmal an:

Reichtum

Im Begriff „des Reichtums" stecken natürlich vielfältige Vorstellungen davon, was den Wohlstand einer ganzen Nation ausmache. Dem entsprechen heute Begriffe wie das „das Bruttosozialprodukt der Bundesrepublik Deutschland". Man kann auch mit der – sicher sehr abstrakten – Vorstellung der „gesellschaftlichen Gesamtarbeit" als Quell des Reichtums der Nation arbeiten. Sie ließe sich auf verschiedene Weisen näher kennzeichnen. So kann damit zum einen die Gesamtmenge sämtlicher Arbeitskräfte in allen Branchen („Gesamtarbeitskraft") gemeint sein. Zu denken ist zweitens auch an die insgesamt für alle legitimen Zwecktätigkeiten zur Verfügung stehende Arbeits*zeit* („Gesamtarbeitszeit"). Ein weitere Illustration liefert der (schwer zu ermittelnde) Gesamtstand an Fertigkeiten, die von Arbeitskräften erwartet werden, welche auf den Funktionsstellen legitimer Tätigkeitsbereiche eingesetzt werden („Bildungs- und Ausbildungsstand" der Republik nach PISA) oder … Die wie immer auch interpretierte „Gesamtarbeit" wird selbstverständlich im Zusammenwirken mit Produktionsmitteln (wie z.B. Technologien) und im Rahmen von Produktionsbedingungen (wie z.B. der Infrastruktur) verausgabt. Gleichgültig, welche der Erläuterungsmöglichkeiten gewählt wird, schon mit diesem abstrakten Ausgangspunkt der Betrachtung zeichnet sich eines das schwerwiegendsten Probleme ab, die auf dem Niveau des sozialen Systems zu bearbeiten sind (Systemprobleme): Wie geschieht die Verteilung der jeweils zur Verfügung stehenden „Gesamtarbeit" auf die einzelnen Funktionsstellen? Dieses Problem stellt sich natürlich auch im Hinblick auf die „Talente" (Produktivkräfte der Arbeit), die für die Verrichtungen auf einer Funktionsstelle jeweils erforderlich sind. Die Zwecktätigkeit auf solchen Stellen kann *Arbeit* heißen, die Zusammenarbeit aller und ihr Ergebnis als Gesamtprozess lassen sich als *die Produktion* verstehen. (Gemäß dieser allgemeinen Terminologie sind nicht alle Arbeiten Zwecktätigkeiten für den unmittelbaren Lebensunterhalt). Die zu einem Prozess der Produktion und Reproduktion wie immer knirschend zusammenlaufenden Arbeiten für den Lebensunterhalt sind und waren jedoch immer schon – im Verbund mit Produktionsmitteln und Produktionsbedingungen – die Quelle des ökonomischen Reichtums (des Bruttosozialprodukts) einer Gesellschaft. (Die Frage nach dem Vorhandensein, der Art und der Hervorbringen nicht unmittelbar mit der Sicherstellung des Lebensunterhaltes verbundener Güter klammern wir ebenso wie die nach der notwendigen „Qualität" von Gütern ein). Für die späteren Zwecke dieser Darstellung soll nur ein Unterschied zwischen der Produktion des gesamten gesellschaftlichen Reichtums und Produktions*überschüssen* festgehalten werden. (Wenn man so will: Zwischen Brutto- und Nettosozialprodukt). Einmal – kontrafaktisch! – angenommen, ein Teil des gesellschaftlichen Reichtums werde benutzt, um sämtliche Bedingungen zur Produktion des gesellschaftlichen Reichtums wenigstens auf dem gleichen Niveau zu halten wie in den Wirtschaftsperioden zuvor (so z.B. durch Ersatzinvestition oder Sicherung des bisherigen Bildungsniveaus etc.), dann kann alles, was diese Grenzlinie überschreitet als Überschussanteil des gesellschaftlichen Reichtums behandelt werden (Nettosozialprodukt). Er kann an sich für Neuinvestionen und damit für die Ausdehnung des Produktionsergebnisses über den Ertrag vorhergehender Wirtschaftsperioden hinaus verwendet werden (Akkumulation). Das ist nur ein kleiner Vorschlag zur Verständigung über das Selbstverständliche. Aber er erfüllt immerhin den Zweck, auf eine gar nicht so seltene übersehene Grundunterscheidung aufmerksam zu machen: auf die Unterscheidung zwischen (allgemein) *Reichtum als Gesamtproduktionsergebnis* oder (spezifischer) als *Überschuss über vorhergehende Wirtschaftsperioden* auf der einen Seite und *Reichtum als materielles Privileg* oder *appropriierter Surplus* auf der anderen Seite! „Surplus" – so werden wir noch sehen – stellt einen bestimmte Varianten der Klassentheorie kennzeichnenden Schlüsselbegriff dar! Er bezieht sich auf die wie immer auch bedingten Chancen von Gruppierungen, sich Besitztümer, Arbeitsleistungen und/oder Arbeitsergebnisse der Mitglieder anderer Personen und/oder Kollektive zu deren Lasten und Schaden aneignen zu können. Diese Chance und Praxis, sich etwas auf Kosten anderer zu eigen zu machen, wird auch *Appropriation* genannt. Ihre Extremform besteht in der gewalttätigen Beraubung (*privatio*). Durch *appropriatio* und/oder *privatio* entsteht ein nicht selten von den Betroffenen selbst als ungerecht empfundenes oder von Beobachtern mit Hilfe kritischer Normen (s.o.) als ungerecht kritisiertes Gefälle zwischen armen und reichen Leuten. Die lateinischen Begriffe zeigen schon mit aller Deutlichkeit, dass zur genaueren Bestimmung der problematischen Phänomene zwangsläufig auf die Dimension der *Macht,* letztlich aber auch auf die der *Ehre* zurückzugreifen ist.

„Reichtum" ist natürlich eine Kategorie, die auch beim Blick auf Individuen sinnvoll ist. Dann geht es um die Verfügungschancen des Einzelnen über von ihm begehrte Güter und Dienste bzw. um deren Besitz. In unserer „modernen" Gesellschaft liefern Geldeinkommen und Geldvermögen selbstverständlich seit Langem schon den „üblichen" Anhaltspunkt für Armut oder Reichtum.

„Appropriation" ist eine jener Kategorien, welche den inneren Zusammenhang zwischen Ungleichheits- und Eigentumstheorien klar machen. Darin steckt ja die Praxis, sich etwas – im Extremfall gewaltförmig – zueigen zu machen. Im bald folgenden Teil B werden einige dieser inneren Verbindungslinien nachgezogen.

Ehre

Der Begriff der „Ehre" scheint zunächst auf Zeiten zurück zu verweisen, in denen der Adel empfindlich auf die Kränkung seiner „Ehre" reagierte und daher häufig mit dem Fehdehandschuh um sich warf. In Darstellungen des mittelalterlichen Systems sozialer Diskrepanzen stößt man häufig auf die Gliederung der damaligen Sozialstruktur als *Ständeordnung.* Als entscheidendes Prinzip der Einteilung wird die *Standesehre* herangezogen, die zweifellos als ein Dreh- und Angelpunkt des Selbst- und Gesellschaftsbildes der damaligen Menschen anzusehen ist. Adel, Klerus (Kirchenadel), Bürger, Bauern und Bettler werden also in der mittelalterlichen Gesellschaft nach Kriterien der Standes*ehre* in eine angeblich von Gott so gewollte Hierarchie eingeordnet. „Ehre" hatte damals weniger mit der Wertschätzung für eine Leistung, sondern entschieden mehr mit der Herkunft zu tun. Der Blutadel berief sich auf die Abstammung einer „edlen" Familie. Dass sich die meisten Kirchenfürsten aus dem Adel als *crème de la crème* rekrutierten ist ebenfalls allseits bekannt. Die reichen Kaufleute genügte ihr Reichtum nicht, um zu höherem gesellschaftlichen Ansehen zu gelangen, sie mussten (und konnten sich immer häufiger) in den Adelsstand einkaufen, um am Prestige der edlen Leute teilzuhaben. Die Fälle, in denen jemand Prestige aufgrund einer besonderen Leistung erwarb, waren eher die Ausnahme als die Regel. Zu unseren Zeiten sind es demgegenüber in letzter Instanz das *Berufsprestige* und die berufliche *Leistung,* die nachhaltig über die Stellung von Einzelpersonen und Gruppen in der Hierarchie gesellschaftlichen Ansehens entscheiden (sollen). Das verdiente oder unverdiente Geldvermögen, das direkt mit der Berufstätigkeit zusammenhängen kann, gilt gemeinhin als ein weiterer Indikator für die herausragende Stellung von Menschen in der Statushierarchie. Für sämtliche Beispiele gilt: Die Bewertungen des Prestiges, welche die Individuen selbst vornehmen, wurzeln in *Normen der Kultur*. Orientiert an Kulturwertideen bewerten die Menschen die gesellschaftliche Stellung anderer Menschen und handeln entsprechend. (Ökonomischer) Reichtum ist *per definitionem* im Wirtschaftsprozess (im Unterbau), Prestige in Kulturnormen (im Überbau) verankert.

Macht

Es empfiehlt sich nach unserer Auffassung beim Machtbegriff zwei elementare Verwendungsweisen dieser Kategorie zu unterscheiden, die in der Literatur leider recht häufig in ein und demselben Topf verkocht werden. In einer ganzen Reihe von Fällen wird „Macht" schlicht, einfach und harmlos im Sinne von „Können" oder „Kompetenz" gebraucht. Es steht in meiner „Macht", dies zu tun und jenes zu unterlassen. Wenn jemand von uns über keine „Macht" in diesem harmlosen Sinne verfügte, wäre er oder sie ganz übel dran. Deutlich anders sieht es beim politischen Machtbegriff aus. Die berühmteste und einflussreichste Definition von politischer Macht findet sich bei Max Weber:

> „*Macht* bedeutet jede Chance, innerhalb einer sozialen Beziehung den eigenen Willen auch (im Extremfall gewaltförmig – J.R.) gegen Widerstreben durchzusetzen, gleichviel worauf diese Chance beruht."[130]

Dieser Machbegriff ist an Willensverhältnissen zwischen Personen und Gruppen festgemacht. Es gibt aber auch „Macht" in Form des Zwangs, der von „anonymen" gesellschaftlichen Strukturen und Prozessen ausgehen kann. In diesem Falle handelt es sich um Einwirkungen, die den freien Willen des Einzelnen „unnötig" einschränken oder letztlich doch auf eine den Herren bequeme Weise unterdrücken. Marx spricht in diesem Zusammenhang vom „stummen Zwang der Verhältnisse".

Weber trifft eine berühmte Unterscheidung zwischen „Macht" von „Herrschaft":

> „*Herrschaft* soll heißen die Chance, für einen Befehl bestimmten Inhalts bei angebbaren Personen Gehorsam zu finden …"[131]

Herrschaft bedeutet legitimierte Macht. Gehorsam finden können die Herren unter anderem deswegen, weil die Knechte an die „Legitimität" der Herrschaft glauben, alldieweil sie (a) von Gott gegeben ist oder weil (b) herrschende Persönlichkeiten ein Charisma ausstrahlen oder weil (c) die Herrengewalten durch anerkannte Verfahren wie etwa eine Abstimmung eingesetzt wurden.

Ein entscheidendes Problem besteht darin, wie die drei Dimensionen, *Reichtum*, *Macht* und *Ehre* zu gewichten sind und wie die Grundbeziehungen zwischen ihnen aussehen. Man kann die elementare Struktur von Ungleichheitstheorien nicht zuletzt dadurch voneinander abheben, wie sie mit diesem Problem umgehen. Wichtige und häufig vorzufindende Möglichkeiten sehen so aus:

a. Alle drei Dimensionen werden als völlig *gleichrangig* eingeschätzt (Pluralismusthese).
b. Es wird *eine* Dimension als *grundlegend* hervorgehoben, worauf die beiden anderen aufbauen (Basis-Überbau-Theoreme).

Was die Frage umfassender Typen angeht, denen sich die ansonsten empirisch höchst verschiedenartigen konkreten Beziehungen zwischen den drei Variablen zuordnen gehören, lassen sich vor allem folgende Standpunkte betonen:

(α) *Alle* Einzelbeziehungen entsprechen dem Typus der *Kausalität*. (Kausalismus und Relationenmonismus).
(β) Es gibt verschiedene Grundtypen der Relationierung der konkreten Relationen zwischen Macht-, Reichtums- und Prestigephänomenen
Zum Beispiel: Grund-Folge-Relationen, funktionale Beziehungen oder dialektische Vermittlungsverhältnisse. (Relationenpluralismus).

Man kann sich mögliche Kombinationen von (a) oder (b) mit (α) oder (β) leicht selbst ausrechnen. Um nur ein Beispiel dafür zu nennen, wie diese überkomplexe Algebra funktioniert: Wenn bei (b) der ökonomische Produktionsprozess als die „Basis" der Gesellschaft und zugleich eine (davon ausgehende) lineare Kausalität als Grundtypus der Relationierung der einzelnen Relationen angenommen wird, dann dürfen wir den orthodox marxistischen *Ökonomismus* als inzwischen arg zerzausten Bekannten begrüßen.

Teil B
Eigentum.

> „Ich unterscheide in der menschlichen Gattung zwei Arten von Ungleichheit: die eine, die ich natürlich oder physisch nenne, weil sei durch die Natur begründet wird, und die im Unterschied der Lebensalter, der Gesundheit, der Kräfte des Körpers und der Eigenschaften des Geistes oder der Seele besteht; und die andere, die man die moralische oder politische Ungleichheit nennen kann, weil sie von einer Art Konvention abhängt und durch die Zustimmung der Menschen begründet oder zumindest autorisiert wird. Die letztere besteht in den unterschiedlichen Privilegien, die einige zu Nachteil anderer genießen – wie reicher, geehrter, mächtiger als sie zu sein oder sich sogar Gehorsam bei ihnen zu verschaffen."

Das ist ein außerordentlich vielsagendes Zitat aus Jean Jacques Rousseaus Diskurs über den Ursprung der Ungleichheit unter den Menschen.[132] Es greift zum einen auf die aus der griechischen Antike stammende Unterscheidung zwischen *physis* und *nomos* zurück. Diese Differenzbestimmung trennt – grob betrachtet – erstens das, was von Natur (*physis*) so ist, wie es ist von dem, was die Menschen per Gesetz, Regel oder sonstige Konventionen (*nomos*) in die Welt gesetzt haben. Zumindest implizit wird zweitens jedoch auch auf die wichtige Unterscheidung zwischen *sozial relevanten Tatsachen* und *sozialen Ungleichheiten* angespielt, die wir eingangs eingeführt haben. Rousseau erwähnt ja „natürliche", aber für Art und Ablauf sozialer Interaktionen so wichtige Eigenschaften wie Alter, Gesundheitszustand. Körperkräfte und Talente der Individuen. Damit konfrontiert er drittens die von ihm sog. „politische Ungleichheit", die von Menschen „gemacht" ist und sich darin ausdrückt dass es einzelnen Personen und/oder umfassenden menschlichen Gruppierungen wie etwa dem Rokoko-Adel seiner Zeit möglich ist, sich Vorteile zu Lasten und zum Schaden anderer zu verschaffen und diese auf Dauer abzusichern. Manchmal geschieht dies mit Zustimmung der Benachteiligten selbst, also aufgrund ihres Legitimitätsglaubens an die bestehende Herrschaftsordnung. Schließlich taucht im Zitat auch die Triade *Reichtum, Ehre und Macht* als Achsenkreuz zur Beschreibung und Analyse der Vorteile auf, welche die Herren genießen. Allerdings erweckt auch das Rousseau-Zitat einen Eindruck, der in ähnlicher Form bei der Lektüre gegenwärtiger Texte entstehen kann, welche die soziale Ungleichheit im Achsenkreuz von Reichtum, Ehre und Macht interpretieren. Der Eindruck besteht darin, dass die Triade sich *per definitionem* aus moralisch und politisch *negativ* zu bewertenden Größen zusammensetzt. Dass die Dinge so klar und einfach nicht liegen, kann man sich leicht am Begriff des *Eigentums* klar machen, der unauflösbar mit der Kategorie des Reichtums verschmolzen ist: Ähnlich wie bei der Unterscheidung zwischen einem *deskriptiven* und einem *normativen* Gleichheitsbegriff (s.o. Tafel 1) kann man auch von einem rein deskriptiven Eigentumsbegriff ausgehen. „Eigentum" im allgemeinsten Sinn besteht in den tatsächlich festzustellenden Chancen und Praxen eines Individuums und/oder eines Kollektivs, sich begehrte Sachen, Produkte und Leistungen (anderer) *zueigen zu machen*. Die wirklich vorhandenen Chancen (Möglichkeiten oder Unmöglichkeiten) sowie die tatsächliche Praxis, sich irgendetwas zueigen zu machen, verweisen auf *Eigentumsbildung im allgemeinen*. Die Muster der Eigentumsbildung und Gegenstände des Eigentums können historisch sehr verschieden aussehen (Grundeigentum versus Geldeigentum etwa). Wir befassen uns im Folgenden nur mit dem persönlichen Eigentum. Unter dieser Voraussetzung geht es um die Chancen des Individuums, sich Güter und Dienste zueigen machen zu können, die – gemessen an den durch die gegebenen „Neigungen" bestimmten Vorstellungen von „Glück" und „Zufriedenheit" – sein „gutes Leben" definieren. Diese Praxis besteht in Prozessen der *Aneignung* des Lebensnotwendigen und – je nach den gesellschaftlichen Verhältnissen – über das Lebensnotwendige (z.B. Existenzminimum) hinausreichender Mengen und Arten von Gütern und Diensten. So gelesen erweist sich „Eigentum" als ein *normativ-analytischer* Begriff. Denn es geht zwar um die *faktischen* Praxen der Aneignung, aber diese wird zugleich auf die *normative* Vorstellung von der Sicherstellung des Lebensunterhaltes auf dem historisch jeweils möglichen Niveau bezogen. Es gab schon in der Antike das Gebot: *Suum cuique tribue!* Jedem werde das Seine zuteil, womit das für den Lebensunterhalt des Individuums Notwendige als Mindestmaß gemeint ist. *Aneignung* stellt – so gelesen – offensichtlich eine Kategorie mit deutlich *positiven* Akzenten dar!

Die Praxen der *Aneignung* münden im faktischen *Besitz aus*. Damit ist die Menge der Güter und Dienste gemeint, worüber jemand *tatsächlich* verfügen kann. Einen positiven Akzent erhält diese Kategorie dann, wenn es sich um all das handelt, was den Lebensunterhalt des Einzelnen sicher stellt. Allerdings bedeutet die tatsächliche Verfügung über X noch kein Eigentum. Denn der Besitz und/oder Besitzanspruch kann umstritten sein.

> „Der Besitz wird zum *Eigentum* oder rechtlich, insofern von allen anderen anerkannt wird, dass die Sache, die ich zur meinen gemacht habe (= Aneignung – J.R.) mein sei, wie ich ebenso den Besitz der anderen als den ihrigen anerkenne" (Hegel WW 4; 237).

Eigentum im Sinn des Resultats einer anerkannten Praxis der Aneignung versteht sich von daher als gesellschaftlich *anerkannter Besitz!* Darin steckt natürlich das positiv bestimmte ethisch-politische Prinzip der Anerkennung.

Die daran anschließenden Fragen des kollektiven (z.B. staatlichen) Eigentums klammere ich ebenfalls aus. Zum „Reichtum" einer einzelnen Person gehört also ihr anerkannter und unbestrittener Besitz an Geld, Gütern und zugängigen Dienstleistungen, in diesem Sinne ihr „legitimes Eigentum".

Doch damit wurde natürlich die eine, meistens nur stillschweigend mitschwingende *positive* Seite des Eigentumsdiskurses angedeutet. Viel geläufiger sind uns natürlich die *negativen* Einschätzungen von „Reichtum" als Quelle von unverdientem Privileg und ungerechter Durchsetzungschancen. In diesem Falle bietet sich *Appropriation* als negativer eigentumstheoretischer Gegenbegriff zu *Aneignung* an.[133] Unter „Appropriation" soll also eine andere Praxis verstanden werden als diejenige, welche es den Individuen möglich macht, sich das Lebensnotwendige insbesondere durch Arbeit (heutzutage: vor allem durch den Verkauf von Arbeitskraft gegen Lohn auf Märkten) zueignen zu machen. Gemeint ist die sich durch die gesamte Geschichte der Menschheit ziehende Praxis, dass eine Gruppe oder ein Kollektiv (z.B. eine Klasse) tatsächlich über die auf Gewalt und Macht gestützte Chance verfügt, sich Produkte und Leistungen anderer gegen deren Willen und Widerstand zueignen zu machen, sie also zu „approprieren".[134] Die Fron liefert ein handfestes Beispiel dafür. Appropriationsstrategien und Appropriationstechniken bilden den allgemeinen Entstehungsort von sozialem Unrecht und sozialer Ungleichheit, insoweit sie von Prozessen der Eigentumsbildung abhängig sind. Dem entspricht das Resultat des *exklusiven Besitzes*. Dabei handelt es sich um ein System von Besitztümern und/oder Besitzansprüchen, das zu Lasten und zum Schaden anderer (*laesio*) appropriiert, gehalten und abgesichert werden kann. Militärische Besetzung von begehrten Ländereien dokumentiert so etwas im großen Stile. Exklusiver Besitz beruht auf einer in der allerletzten Instanz gewaltgestützten Einschränkung nicht nur der Aneignungschancen anderer Gruppen, sondern auch auf deren Ausschluss von einem Anteil ihrer eigenen Produkte und Leistungen. Die Mehrwerttheorie von Marx geht selbstverständlich in diesen Elementargedanken zurück. Das Resultat machtgestützter Appropriation ist der *exklusive Besitz*.

Ideologisch legitimierter Besitz stellt den Traum aller Herren bis auf den heutigen Tag dar. Ihre Privilegien erweisen sich als umso sicherer, je mehr es ihnen gelingt, Herrschaftslegenden zu verbreiten, die von den Knechten selbst geglaubt werden. Je tiefer sie verinnerlicht werden – umso besser für die Herren. Den Gläubigen lehrte die Religion an die Majestät von Gottes Gnaden zu glauben. Natürlich klingt dieses historische Beispiel wenig nach einer Verschwörungstheorie im Stil der klassischen Priestertrugtheorie:

> „Die Völker kannten nur eine priesterliche und theologische Moral, die den veränderlichen Absichten und Interessen der Priester entsprach. Diese ersetzten Wahrheiten durch Meinungen und Träumereien, Tugenden durch Andachtsübungen, Vernunft durch fromme Verblendung, Geselligkeit durch Fanatismus. Infolge des Vertrauens, das die Völker den Dienern der Gottheit entgegen brachten, entstanden in

jedem Staat notwendig zwei voneinander verschiedene Autoritäten, die ständig miteinander im Krieg lagen: der Priester bekämpfte den Herrscher mit der furchtbaren Waffe der Weltanschauung; sie war im allgemeinen stark genug, die Throne zu erschüttern. Der Herrscher gelangte erst zur Ruhe, wenn er, seinen Priestern demütig ergeben und ihren Unterweisungen folgend, ihren Wahnsinn unterstützte."[135]

Doch strategisch so direkte Abwägungen wie beim Priestertrug muss es gar nicht geben, um eine Herrschaftsordnung im Bewusstsein der Beherrschten selbst zu verankern. Eine Rechtsordnung beispielsweise kann den meisten Beteiligten als ziemlich gerecht und akzeptabel erscheinen und sogar die Herren müssen sich ihr weitgehend beugen. Dennoch kann in die Regeln ein latenter „Bias" eingebaut sein, so dass das Regelwerk den Interessen der Herren eher entgegen kommt als denen der Knechte. Regeln, Kriterien und Normen einer Kultur, die niemand direkt „geplant" hat, „anonyme" Strukturen und Prozesse des gesellschaftlichen Ganzen können mithin so verfasst sein, dass sie eher den Interessen der Herren als denen der Mägde und Knechte entgegenkommen – selbst wenn die ersteren über zwingende Regeln so herzzerreissend jammern wie heutzutage die Spitzenfunktionäre der Arbeitgeberverbände angesichts der sie fürchterlich benachteiligenden Politik kleiner und großer Koalitionen. Insofern gibt es Kulturwertideen sowie überindividuelle Strukturen und Prozesse, die gleichsam von ihrer „Konstitution" her den Interessen von Appropriateuren entgegen kommen. In diesem Falle könnte man von *institutionell sanktionierter Appropriation* sprechen.[136] Ideologisch legitimierter Besitz ist die Ausdrucksform sämtlicher Erscheinungsformen von *Benachteiligungen* bis hin zur blanken *Ausbeutung*.

Wir haben das Spannungsverhältnis zwischen positiven und negativen Akzenten, die mit eigentumstheoretischen Grundbegriffen verwoben sind, ausführlicher anhand der Dimension des Reichtums nachgezeichnet. Aber diese Spannung tritt auch bei den beiden anderen Kategorien Ehre und Macht auf. Als normativ doppeldeutig erweist sich die Kategorie des „Ansehens" allein schon deswegen, weil Prestige sowohl Ausdruck einer verdienten *Reputation* als auch den Aufhänger für *Diskriminierungen* bilden kann, die bis zur blanken Verachtung der „underdogs" als Abschaum reichen. Anerkannte Sachautorität stellt ein Beispiel für die eine Seite der Medaille, Verachtung der „Minderwertigen" ihre Kehrseite dar.

Auch dem Machtbegriff kann man die in der sozialwissenschaftlichen Literatur oftmals unaufgelöste Doppeldeutigkeit von positiven und negativen Bestimmungen anmerken. Wir haben schon gesehen: In der einen Hinsicht wird Macht schlicht und einfach mit Können oder Kompetenz gleichgesetzt. Es steht in der Macht einer Person, irgendetwas zu veranlassen. Dieser Tatbestand kann unter Umständen durchaus positiv zu bewerten sein. Letztendlich gilt: Wenn wir über gar keine Macht verfügten, wenigstens einige unserer Ziele zu erreichen und einige unserer Bedürfnisse zu befriedigen, wären wir wirklich übel dran. Max Webers Begriff der Macht zielt unter einer bestimmten Voraussetzung genau in die entgegengesetzte Richtung: Wenn jemand Macht gegenüber anderen Menschen ausübt *und unter der Voraussetzung*, dass er den freien Willen anderer ohne größere Bedenken missachtet, wird Macht zur klaren Erscheinungsform eines Willens zur *Repression*. Legitimierte Macht bedeutet Herrschaft. Doch Herrschaft als Kulturhegemonie der Herren kann auf dem Legendenglauben, auf jenen Inhalten der Rechtfertigung der Legitimität einer Herrschaftsordnung beruhen, die den Knechten akzeptabel erscheinen, den Interessen der Herren jedoch (geplant oder ungeplant) bequem sind. Hinzu kommt überflüssiger Druck, welcher von „anonymen" Strukturen und Prozessen einer „unvernünftig" verfassten Gesellschaft ausgeht. Der stumme Zwang der Verhältnisse stellt ebenfalls eine Form der Repression dar.

Auf all diese negativen Bestimmungen zielt Ungleichheitskritik – immer unter der Voraussetzung, sie könne auf Kriterien für „vernünftige" Handlungen, Interaktionen, Organisationen, allgemeine Strukturen und Prozesse zurückgreifen.[137] Ungleichheitskritik zielt beim Reichtum auf *Benachteiligung und Ausbeutung*, bei der Ehre auf *Diskriminierung*, bei der Macht auf *Repression* des freien Willens.

Teil C: Zwei Beispiele

Beispiel 3: Jean Jacques Rousseau und die Okkupationstheorie des Eigentums.

Im Jahre 1750 veranstaltete die Akademie von Dijon ein Preisausschreiben. Prämiert sollte derjenige werden, welcher nach Ansicht der Preisrichter die klarste und überzeugendste Antwort auf die Frage liefert, ob die Wiederherstellung (*rétablissement*) der Künste und der Wissenschaften zur Läuterung der Sitten der Menschheit beigetragen habe? Ausgezeichnet wurde die Schrift eines bislang wenig bekannten Autors, der eine ebenso überraschende wie unorthodoxe Antwort auf die Preisfrage gab: Jean-Jacques Rousseau. In seinem ersten Diskurs über die „Künste und Wissenschaften" beantwortet dieser die Preisfrage eindeutig negativ: „In dem Maß, in dem unsere Wissenschaften und Künste zur Vollkommenheit fortschritten, sind unsere Seelen verderbt worden" (DU 15). Der Aufstieg von Wissenschaft und Kunst habe nicht zur Läuterung der Sitten, sondern eher zu ihrem Verfall beigetragen, den man deutlich an der gezierten Adelskultur des Rokoko zu seiner Zeit ablesen könne. 1754 schrieb die gelehrte Gesellschaft von Dijon einen weiteren *prix de morale* aus. Die Konkurrenten sollten die Frage beantworten: „Was ist der Ursprung der Ungleichheit unter den

Menschen und ob sie durch das natürliche Gesetz autorisiert wird?" Rousseau, den seine erste Preisschrift schlagartig berühmt gemacht hatte, reichte diesmal einen „Diskurs über den Ursprung und die Grundlagen der Ungleichheit unter den Menschen" (1755) ein. Den Preis strich diesmal jedoch ein gewisser Abbé Talbert ein, der im Einklang mit den Prämissen der orthodoxen Kirchenlehre davon ausging, Gott habe zwar die Menschen ursprünglich alle als *gleich* geschaffen, aber im Gefolge des Sündenfalls und der Vertreibung von Adam und Eva aus dem Paradies sei die soziale Ungleichheit in die Welt gekommen. Rousseaus erhebt in seinen Thesen zum Ursprung der Ungleichheit unter den Menschen demgegenüber das *Eigentum* zum Dreh- und Angelpunkt der Darstellung. Rousseaus Thesen über den Ursprung der Ungleichheit unter den Menschen stellen – an strengen Kriterien der Wissenschaftstheorie der Gegenwart gemessen – sicherlich keine „Theorie" dar. Die Kernvorstellung seiner Aussagen über den Ursprung der Ungleichheit unter den Menschen liefert genau genommen ein berühmtes Gleichnis, eine *Parabel*.

> „Der erste, der ein Stück Land eingezäunt hatte und es sich einfallen ließ zu sagen: *dies ist mein* und der Leute fand, die einfältig genug waren, ihm zu glauben, war der wahre Gründer der bürgerlichen Gesellschaft. Wie viele Verbrechen, Kriege, Morde, wie viel Not und Elend und wie viele Schrecken hätte derjenige dem Menschengeschlecht erspart, der die Pfähle herausgerissen oder den Graben zugeschüttet und seinen Mitmenschen zugerufen hätte: 'Hütet euch, auf diesen Betrüger zu hören; ihr seid verloren, wenn ihr vergesst, dass die Früchte allen gehören und die Erde niemandem'" (DU 173)

Wer eine herrenlose Sache (*res nullius*) aufgreift, in diesem Falle: ein Stück herrenloses Land einhegt und zum Seinen erklärt, nimmt es in Besitz (*occupatio*). Wem es ihm darüber hinaus gelingt, die anderen mit Machtmitteln vom Zugang zu dem Areal abzuhalten, begründet *exklusiven Besitz*. Wer jedoch obendrein pfiffig genug ist, andere Menschen dazu zu bringen, seine exklusiven Besitzansprüche zu akzeptieren, verfügt über machtgestütztes *Eigentum*. Nach Rousseau kann er als der wahre Begründer der Staatsgesellschaft (*societas civilis*) samt ihrem System strukturell verankerter Appropriationschancen gelten. Die Parabel setzt zudem voraus, dass im Naturzustand der Menschheit *soziale Gleichheit* geherrscht habe. Niemand verfügte über Grundbesitz.

Rousseaus Parabel enthält eine klassische, bis weit in die Antike zurück reichende Schlüsselmetapher der abendländischen Eigentumstheorie. Es handelt sich um das Bild der legitimen *Besetzung* von herrenlosem Grund und Boden durch Personen und Gruppen. Grund und Boden bedeutete ja das entscheidende Produktionsinstrument aller Agrargesellschaften in der Geschichte der Menschheit. Rousseau vertritt in seinem Diskurs über den Ursprung der Ungleichheit unter den Menschen noch eine Variante in der langen Tradition der abendländischen *Okkupationstheorie* der Eigentumsbildung. Den ökonomischen Interessen der Mitglieder von Agrargesellschaften entsprechend bildet die ursprüngliche physische Inbesitznahme von Grund und Boden (*occupatio sive aquisitio originaria*) den Kernprozess jeder Bildung legitimen Eigentums.[138] Rechtmäßiger Eigentümer ist an sich, wer herrenloses Gut (*res nullius*) und/oder freies Land besetzt. Er setzt sich im buchstäblichen Sinne darauf. Aber die *faktische* physische Inbesitznahme als solche stiftet nicht unmittelbar *normative* Rechtsansprüche auf Bedingungen des Lebens. Deswegen unterscheidet beispielsweise das römische Recht die *possessio* (physische Verfügungschance) vom *dominium* (als sanktionierte Verfügungschance), wobei beim *dominium* die Anerkennung durch die anderen hinzukommt. Von der *occupatio* als Kategorie in der Reihe der „positiven" Eigentumsbegriffe ist die *ursurpatio* zu unterscheiden. Von Natur aus, sagt Cicero, gibt es keinen exklusiven Besitz.[139] Dahinter steckt in letzter Instanz Macht. Die Ursurpatoren treten nicht zuletzt als gewaltbereite Appropriateure von Grund und Boden auf, der den Mitgliedern eines anderen Gemeinwesens als ihr legitimes Eigentum gilt. Dass die ursprüngliche Besetzung herrenloses Gut, insbesondere des Bodens, als der Grundvorgang aller Eigentumsbildung anzusehen ist, dieser Gedanken wird zu Beginn der Moderne selbst noch von Kant intensiv diskutiert: „Die ursprüngliche Erwerbung eines äußeren Gegenstandes der Willkür heißt *Bemächtigung* (occupatio) und kann nicht anders, als an körperlichen Dingen (Substanzen) stattfinden."[140] Wenn es kein herrenloses Land mehr gibt, wächst sich die Sache allerdings zu einem Nullsummen-Spiel aus.

Rousseaus Parabel stellt offensichtlich eine Spielart der Okkupationstheorie des Eigentums dar, zielt jedoch kritisch auf die Appropriation von Grund und Boden und dessen Transformation in exklusiven Besitz, schließlich auf die Umformung des exklusiven Besitzes in ideologisch legitimiertes Eigentum. Der pfiffige Herr schafft es, die ihm bequemen Besitzverhältnisse so zu rationalisieren, dass für Knechte und Mägde alles mit rechen Dingen zugeht. Für Rousseau bedeutet die Appropriation von Grund und Boden die Quelle aller sozialen Ungleichheit und das *ideologisch legitimierte* Eigentum die Quelle aller gesellschaftlichen Übel.

„ ... alle diese Übel sind die erste Wirkung des Eigentums und das untrennbare Gefolge der entstehenden Ungleichheit" (DU 209).

Beispiel 4: John Locke und die Arbeitstheorie des Eigentums.

Die Okkupationstheorie des Eigentums wird mit der entstehenden bürgerlichen Gesellschaft der Neuzeit von der Arbeitstheorie des Eigentums abgelöst. Deren einflussreichste Version stammt von John Locke (1632-1704). Nach Locke ist dem Individuum „von Natur" aus (d.h.: seinem Wesen entsprechend) eine Freiheitssphäre einzuräumen, die vor den Eingriffen anderer sicher sein muss. Dazu gehört auch die Unantastbarkeit des Lebens, die Unverletzlichkeit des Einzelnen an Haupt und Gliedern.[141] Eigentumstheoretisch betrachtet bedeutet dies, dass das Individuum und sonst niemand anderes über sich selbst verfügt. Also stellen auch „die *Arbeit* des Körpers und das *Werk* der Hände" Vermögen (*facultates*) dar, welche dem Individuum uneingeschränkt zukommen. Unantastbar sind schließlich auch die äußeren Besitztümer, die sich das Individuum zueigen gemacht hat. Im Begriff des *Eigentums* (*proprietas*) laufen bei Locke demnach drei Bedeutungsschichten zusammen:

1. Die Unverletzlichkeit des Lebens und des Körpers der Person.
2. Eine garantierte Freiheitssphäre im Sinne der Handlungsfreiheit.
3. Äußerliche Besitztümer (*assets*).

Die politische Stoßrichtung dieser Gebote in der damaligen Zeit ist klar: Sie zielen auf Machtansprüche der absoluten Monarchie. Aber wie sind die Eigentumsansprüche des Einzelnen gegen die absoluten Besitzansprüche des Monarchen zu begründen? An dieser Stelle trägt auch Locke eine berühmte und folgenreiche Parabel vor: Wenn jemand „die *Arbeit* des Körpers und das *Werk* der Hände" in Gang setzt, seine Arbeit also mit äußeren Stoffen und Dingen „mischt", dann macht er sich die Dingwelt nach Locke *rechtmäßig* zueigen. Durch Bearbeitung entsteht gleichsam auf direktem Wege – ohne den Umweg über ausdrückliche Anerkennung – *legitimes Eigentum*. Denn der Arbeiter fügt dem äußerlichen – an sich allen Menschen zur Verfügung stehenden! – Stoff etwas Eigenes hinzu.

> „Da er es dem gemeinsamen Zustand, in den es die Natur gesetzt hat, entzogen hat, ist ihm (dem Naturstoff – J.R.) durch seine *Arbeit* etwas hinzugefügt worden, was das gemeinsame (im Naturzustand bestehende – J.R.) Recht der anderen Menschen ausschließt. Denn da diese *Arbeit* das unbestreitbare Eigentum des Arbeiters ist, kann niemand außer ihm ein Recht auf etwas haben, was einmal mit seiner Arbeit verbunden ist. Zumindest nicht dort, wo genug und ebenso Gutes den anderen gemeinsam verbleibt" (ST § 27).

Auf diese Weise macht das Individuum das Natursubstrat zu seinem persönlichen *Eigentum* (ebd.). Diese Argumentation enthält – gelinde ausgedrückt – einen schwierigen logischen Übergang von der *tatsächlichen* Verfügung über Naturstoff bei der Bearbeitung zum (anerkannten) Recht auf Besitztümer (*legitimes Eigentum*). Der Grundgedanke wird sehr klar formuliert:

> „Diese *Arbeit* bewirkte einen Unterschied zwischen ihnen (Naturprodukten – J.R.) und dem gemeinsamen Besitz (im Naturzustand – J.R.). Sie fügte ihnen etwas hinzu, was mehr war, als die Natur, die gemeinsame Mutter von allem, ihnen gegeben hatte, und somit gelangte er zu seinem persönlichen Recht auf sie" (ST § 28).

> „Aus all dem wird folgendes ersichtlich: Obwohl die Dinge der Natur allen zur gemeinsamen Nutzung gegeben werden, lag dennoch *die große Grundlage des Eigentums* tief im Wesen des Menschen (weil er der Herr seiner selbst ist und *Eigentümer seiner eigenen Person* und ihrer Handlungen oder *Arbeit*)" (ST § 44).

„Somit"? Durch Arbeit gelangt das Individuum „somit" zu einem persönlichen Recht auf Stoffe und Dinge? Auf so geraden – die Eigenschaften des (noch) nicht anerkannten Besitzes und Besitzanspruches überspringenden – Wegen kann man logisch nicht von der *tatsächlichen Praxis des Bearbeitens* auf *normative Rechtsprinzipien* legitimer Verfügung über das Bearbeitete schließen.

> „Das Grad, das mein Pferd gefressen, der Torf, den mein Knecht gestochen, und das Erz, das ich an irgendeiner Stelle gegraben, wo ich mit anderen gemeinsam ein recht dazu habe, werden ohne die Anweisung und Zustimmung von irgendjemandem mein *Eigentum*" (ST § 28).

Abgesehen davon, dass hier unter der Hand der *Knecht* als Arbeiter auftaucht, also ein bestimmtes Herrschaftsverhältnis wie eine allgemein menschliche Selbstverständlichkeit behandelt wird, abgesehen auch von dem naturrechtlichen Grundgedanken John Lockes, dass *ursprünglich*, im Ausgangszustand der Menschheitsentwicklung, Gemeineigentum gegeben war, wird im Zitat aus dem § 28 sogar ausdrücklich darauf hingewiesen, dass legitimes Eigentum keiner „Zustimmung", also keiner Anerkennung von Seiten „irgendjemandes" bedarf! So einfach kann inzwischen niemand mehr vom Tatsächlichen auf das Normative schließen. Doch auch wenn der Schluss von der faktischen Bearbeitung auf einen zwangsläufigen Rechtsanspruch ganz offensichtlich nicht folgerichtig ist, zeigt sich in der politischen Philosophie des John Locke sehr klar die Ablösung der klassischen Okkupationstheorie des Eigentums durch die neuzeitliche Arbeitstheorie. Bearbeitung von Stoff und Ding statt Okkupation von Grund und

Boden wird nun zur Kernvorstellung der Eigentumstheorien in der neuzeitlichen bürgerlichen Gesellschaft.[142]

Tafel 2

Eigentum
↓
Eigentumsbildung überhaupt als Ausdruck für die Chancen und Praxen, sich faktisch etwas zueigen machen und behalten zu können.

Positive Eigentumsbestimmungen	*Negative Eigentumsbestimmungen*
↓	↓
Aneignung: Gutes Leben, Glück.	*Appropriation.* Macht, Gewalt, Repression.
Besitz. Meum, tuum, suum.	*Exklusiver Besitz.* Laesio.
Eigentum als anerkannter Besitz (Verrechtlichung). Legitimes Eigentum.	*Eigentum als ideologisch legitimierter Besitz.* Herrschaftslegenden.
Gesellschaftliche Bedingungen der Aneignung. Strukturell verankerte Aneignungschancen.	*Durch gesamtgesellschaftliche Institutionen und Prozesse unterstützte und durch Herrschaftslegenden legitimierte Appropriationschancen.*

Texte und Textstellen zur Illustration und Vertiefung dieser Grundgedanken

....

Wichtige Bezugstexte

M. Weber: Die drei reinen Typen der Herrschaft, in ders.: Soziologie. Weltgeschichtliche Analysen. Politik, Stuttgart 1956 (ff.), S. 151 ff.
Jean Jacques Rousseau: Diskurs über die Ungleichheit (Edition Meier). Paderborn/München/Wien/Zürich 1984, Zweiter Teil, S. 173 ff. Zitiert als DU.
John Locke: Zwei Abhandlungen über die Regierung (hrsg. und eingel. v. W. Euchner), Frankfurt/M 1977, §§ 4-7, §§ 25-45. Die zweite Abhandlung (Second Treatise on Government) wird als ST mit Paragraphenangabe zitiert.

Problemstellungen für Diskussionen

Zum Verhältnis von Reichtum, Macht, Ehre und Eigentum.

Vertiefender Kommentar

J. Ritsert: Soziale Diskrepanzen. Konzepte und Kategorien einer Theorie der sozialen Ungleichheit, Teil 1: Genesis, Studientexte zur Sozialwissenschaft, Band 8/I, Frankfurt/M 1994, S. 70-97.
J. Ritsert: Sozialphilosophie und Gesellschaftstheorie, Münster 2004, S. 69-84.

Modell 10:
Soziale Klassen

Vorbemerkung

Klasse und *Schicht* stellen zweifellos zwei Grundbegriffe von Theorien sozialer Ungleichheit dar, die im Verlauf der Geschichte von Gruppen und Schulen, die sich weder theoretisch noch politisch grün waren oder sind auf alles andere denn einheitliche Weise verwendet wurden oder werden. Auch nur der Versuch, „den" Klassenbegriff in der Geschichte des Nachdenkens über die europäische Gesellschaft seit dem beginnenden 19. Jahrhundert deutlich zu machen, würde jeden Rahmen sprengen. Wir schließen uns hier an ein – auch nicht wirklich homogenes – Verständnis von „sozialer Klasse" an, das sich im Rahmen einer Variante der sog. „Surplustheorie" der Klassenbildung bewegt. Unter „Surplus" – so wurde oben schon bei den Hinweisen auf „Reichtum" als Hauptdimension zur Analyse und Kritik sozialer Ungleichheit erwähnt – wird derjenige Teil des gesellschaftlichen Produktionsüberschuss verstanden, den (mindestens) eine Gruppe von „Herren" zu Lasten und zum Schaden (mindestens) einer Gruppe von Mägden/Knechten machtgestützt appropriieren kann. Wenn sich mit den Vorteilen der Herren noch ein Legitimitätsglauben bei den Knechten verbindet, handelt es sich um Klassen*herrschaft*. Beim Schichtbegriff liegen die Dinge nicht sehr viel anders. Einerseits wird er von verschiedenen Autoren eingeführt, um bestimmte Varianten des Klassenbegriffs als „veraltet" abzulösen, andererseits gibt es ebenfalls recht verschiedenartige Ansätze zu einer Theorie sozialer Schichten. Gleichwohl waren „Klasse" und/oder „Schicht" in der Geschichte der Soziologie lange Zeit die gebräuchlichsten Kategorien zur Bestimmung sozialer Diskrepanzen. Doch in der jüngeren Vergangenheit wurde immer nachdrücklicher empfohlen, die Begriffe *Milieu* und *Lebensstil* an ihre Stelle treten zu lassen. Die folgenden Modelle werden sich auf die elementaren Merkmalsdimensionen dieser klassischen Grundbegriffe der Ungleichheitstheorie konzentrieren.

Teil A
Les Classes Sociaux.

Die Wurzeln des klassischen Klassenbegriffs kann man bis in die mythische Vorgeschichte des Abendlandes zurückverfolgen. Es wurde oben schon auf den sagenhaften König Servius Tullius als Reformer des Stadtstaates Rom hingewiesen. Aber nicht nur bei den alten Römern gab es Einteilungen nach Größenklassen ihres Einkommens. Natürlich kennt die amtliche Einkommens- und Vermögensstatistik der Bundesrepublik das alles in methodisch viel entwickelteren Formen. Doch bei *sozialen* Klassen handelt es sich selbstverständlich um entschieden mehr als nur um gestufte Einteilungsprinzipien zur Beschreibung der Vermögensstruktur einer Gesellschaft. Soziale Klassen treten durchgängig in der Geschichte auf – so sehr sich ihre konkreten Ausprägungen im historischen Detail auch voneinander abheben mögen. Sie stellen eine Erscheinungsform sozialer Diskrepanzen dar, die sich bei sämtlichen *Zivilisationen* in der Geschichte der Menschheit feststellen lässt. Als soziale Diskrepanzen bilden sie besondere Konstellationen von Reichtum, Ehre und Macht. Aber wie sehen die spezifisch *klassenförmigen* Konstellationen der drei Ungleichheitsdimensionen etwas näher betrachtet aus? Auf diese Frage gibt es eine Fülle verschiedenartiger Antworten in der Geschichte der Sozialphilosophie und Gesellschaftstheorie, die sich zwar allesamt als Spielarten von Ungleichheitstheorien als „Klassentheorien" miteinander vergleichen lassen, deren Unterschiede jedoch erheblich sein können und deren Vertreter in heftigem Clinch miteinander zu liegen pflegen. Wir werden eine – wenn man ein sehr allgemeines Niveau der Darstellung wählt – Art und Weise, soziale Klassen zu kategorisieren und zu analysieren erwähnen, die man als „Surplustheorie der Klassenherrschaft" bezeichnen kann. Je weiter sich in einer Gesellschaft ein umfassender, ausdifferenzierter und einigermaßen kontinuierlicher Wirtschaftskreislauf (ökonomischer Reproduktionskreislauf) herausbildet, umso mehr stützt sich die Surplustheorie der Klassenherrschaft darüber hinaus auf einen *reproduktionstheoretischen Klassenbegriff*. Was es mit „Surplus", „Reproduktionskreislauf" und „Klasse" auf sich hat, das soll nun kurz anhand eines Beispiels aus den Zeiten des Übergangs vom Feudalismus (Absolutismus) zur modernen bürgerlichen Gesellschaft skizziert werden. Es bezieht sich auf die Theorie des Arztes und Sozialphilosophen François Quesnay (1694-1774). Diese offenbart zudem sehr schön den Zusammenhang zwischen Klassentheorie und historischer Situation.[143]

Quesnay zählt zu den frühesten Vertretern des *modernen* reproduktionstheoretischen Klassenbegriffs. Die Dogmengeschichte der Volkswirtschaftslehre reklamiert ihn als Entdecker des ökonomischen Geld- und Güterkreislaufs. Quesnay, Sohn eines Landarbeiters, erhielt seit seinem 16. Lebensjahr eine Ausbildung als *medicin chirurgien*. Dieser Berufsstand ist weder mit dem quacksalberischen Bader, noch mit dem akademischen *medicus*, auch nicht dem „Chirurg" im modernen Sinne gleichzusetzen. Man darf sich den *chirurgien* vielleicht als eine Art praktischen Wundarzt oder Heilkundigen vorstellen. 1743 ließ sich Quesnay in Paris als Mediziner nieder und wurde alsbald durch eine Reihe heilkundlerischer Schriften bekannt. Sein Ruf verdichtete sich soweit, dass er zum

Arzt am Hofe Louis XV aufrückte. Selbst eine Kurzbiographie darf natürlich nicht den Hinweis verabsäumen, dass er dort vorwiegend als Leibarzt der Madame de Pompadour werktätig wurde. Ob von Hause aus, ob der unmittelbaren Kontakte mit der großen Politik des absolutistischen Staates in Frankreich wegen, Quesnay war ein politischer Kopf. Er nutzte die Freiheiten seines Amtes als Leibarzt zu intensiven Studien über die Verhältnisse seiner Zeit. Die Zeiten damals waren die des absolutistischen Regimes. Dieses hatte mit Louis XIV, dem *roi soleil*, einen Höhepunkt erreicht, welchen die anderen europäischen Monarchen und Fürsten nicht nur beim Bau Versailles ähnlicher Schlösser zu erreichen suchten. Der Charakter des ursprünglichen Feudalsystems hatte sich entscheidend geändert: „Die zentralisierten Monarchien Frankreichs, Englands und Spaniens repräsentierten einen entscheidenden Bruch mit der pyramidalen, parzellierten Souveränität der mittelalterlichen Gesellschaftsstrukturen mit ihren Ständen und Lebenssystemen" (EAS 17). Stehende Heere, Verwaltungsinstitutionen, allgemeine Steuern als Abgaben an den Staat, ein Justizsystem mit Gerichtshöfen (die *parlements* des absolutistischen Staates in Frankreich sind vor allem Institutionen der Gerichtsbarkeit gewesen!), Ansätze zu überregionalen Marktbeziehungen und -ordnungen, Förderung des Außenhandels, Zentralisierung oder ständige Bemühung um Zentralisierung der politischen Macht beim Hof (Monarchen), ständige Kämpfe um territoriale Zugewinne, all das zählt zu den Eigenheiten der absolutistischen Staats- und Gesellschaftsordnung. Schon im Verlauf der zweiten Phase des mittelalterlichen Feudalismus hatten sich die ökonomische Stellung und der Einfluss des Stadtbürgers (*bourgeois*) von ehemals finsteren Zeiten erholt. Im absolutistischen Staat, auch im *ancien régime* Frankreichs, wurde der Aufstieg der reichen Bourgeoisie und des für ihre Existenz entscheidenden Waren- und Geldverkehrs kaum unterbrochen. Das hat einige Autoren zur Beschreibung der absolutistischen Verhältnisse in Kategorien eines Vor- und Frühkapitalismus angeregt. Perry Anderson entnimmt seinen Forschungen Einwände gegen dieses Vorgehen und diese Einschätzung, Einwände, die mir völlig stichhaltig erscheinen. Er kommt zu dem Ergebnis: „ ... der absolutistische Staat war niemals ein Schiedsrichter zwischen Aristokratie und Bourgeoisie und noch weniger ein Werkzeug der entstehenden Bourgeoisie gegen die Aristokratie: er war der neue politische Rückenschild einer bedrohten Nobilität ..." (EAS 21). In ihrem Verhältnis zu den Bauern verfolgen Adel und Klerus alte feudale Ausbeutungsstrategien mit teilweise neuen Mitteln. Das Grundeigentum und der agrarische Surplus blieben der Fixstern, worum sich alles drehte – auch wenn die *Geldform* dieses Surplus als Grundrente eine zunehmende Bedeutung gewann. Allerdings mussten sich Adel und Klerus auf einen Antagonismus mit einer für sie lästigen Gruppe einstellen, auf die Auseinandersetzung „mit der handeltreibenden Bourgeoisie, die sich in den mittelalterlichen Städten entwickelt hatte."

(EAS 23) In Frankreich waren die Hürden für diese Entwicklung entschieden höher als in England, aber immer mehr Adelige begannen sich auch dort mit der „Kapitalisierung" von Grund und Boden, mit seiner Ausnutzung unter (geld-)ertragswirtschaftlichen Gesichtspunkten vertraut zu machen. Umgekehrt trieb die feudale Basis des gesamten Systems viele reiche „Bourgeois" nicht nur zur Jagd nach dem Adelstitel, sondern auch zu Anstrengungen, sich durch den Erwerb von Grund und Boden einen festen sozialen Standort zu verschaffen. Kurz: Die absolutistische Ordnung bedeutete die in manchen Hinsichten einschneidende, nicht aber grundsätzliche Transformation der feudalen Produktionsweise:

> „Es handelt sich um einen Staat, der in der sozialen Suprematie der Aristokratie gründete und dessen Handlungsspielraum von den Imperativen des Grundeigentums eingeschränkt wurde. Der Adel konnte der Monarchie von seiner Macht abgeben und gestatten, dass sich die Bourgeoisie bereicherte: die Massen waren doch noch von ihm abhängig. Eine 'politische' Beeinträchtigung der Adelsklasse hat es im absolutistischen Staat nie gegeben... Die Herrschaft des absolutistischen Staates war die des Feudaladels in der Zeit des Übergangs zum Kapitalismus." (EAS 52)

François Quesnay hat deutliche Symptome einer Agonie der absolutistischen Ordnung vor Augen, die mit der französischen Revolution von 1789 zum Exitus führt. Die vielfältigen Krisen und Systemprobleme des französischen Absolutismus weisen vor allem eine Erscheinungsform auf, die sämtlichen Klassen der damaligen Zeit sinnfällig war: die chronische Finanzkrise des *ancien régime*! Politisch versucht der absolutistische Staat eine Art Balanceakt. Er privilegierte den Adel und den Klerus. So lastete z.B. die direkte Steuer der *taille* vor allem auf den Bauern, während Adel und Klerus davon recht weitgehend entlastet, wenn nicht ganz befreit waren. Die anderen direkten Steuern, die sich das Regime ausdachte, belasteten ebenfalls die landarbeitende Klasse entschieden mehr als (wenn überhaupt) die Privilegierten. Hinzu kam noch ein verwickeltes System von indirekten Abgaben, die von Steuerpächtern eingetrieben wurden: Salzsteuer (*gabelle*), Verbrauchssteuern (*aides*), städtische Akzisen (*octroi*), Binnen- und Außenzölle (*traites*) bereicherten das Sortiment und erhöhten die Erbitterung der Betroffenen. Gleichzeitig blieb es die ständige Bemühung des absolutistischen Staates, den nachdrücklich privilegierten Schwert- und Blutadel von den Hebeln des zentralistischen Apparates fernzuhalten. Louis XIV, dem dies recht gut gelungen war, ließ den Adel in Versailles in würdigem Rahmen tanzen, singen, spielen und intrigieren. Auf der anderen Seite unterstützte die Monarchie durchaus Tendenzen zur Refeudalisierung reich gewordener Bürger: Bodenkauf, Ämterkauf, Adelsbriefe brachten Geld in die Kasse und machten den Bürger zum Edelmann. Möglichkeiten, hinlänglich reich zu werden, um sich in Landbesitz einkaufen zu können, gab es durchaus. Die Geschichte des *ancien régime* ist ohnehin nicht einfach die eines ständigen ökonomischen Niedergangs, der immer rasanter wurde. Es gab zwischenzeitliche Aufschwünge, die z.B. zwischen 1758 und 1770 so eindrucksvoll erschienen, dass man vom *l'age d'dor* unter Louis XV redete. Doch auch diese Hochzeiten brachten das Symptom der chronischen Finanzkrise nicht zum Verschwinden. Soboul spricht daher lakonisch vom „Defizit als chronische(r) Krankheit der Monarchie und Hauptanlass der Revolution." (GFR 75) Die Finanzmisère wurzelte jedoch tief in den (wie immer auch veränderten) Produktions- und Aneignungsformen des agrarischen Surplus und den oftmals direkt darauf bezogenen sozialen Konflikten.[144] Die Wurzeln des Übels waren den Zeitgenossen, nicht zuletzt F. Quesnay, sehr wohl bekannt: Dass bestimmte wirtschaftspolitische Maßnahmen im absolutistischen Staat eben *die* landwirtschaftliche Produktion zu ersticken drohten, worum sich andererseits das ganze feudalistische Getriebe drehte, führte schon vor Quesnay zum Widerstand in Schriften und Taten. Einen Zielpunkt mancher Scharfschüsse bildete der Maßnahmenkatalog des Merkantilismus, der in Frankreich als Colbertismus bis zur großen Revolution nachwirkte. Jean Baptiste Colbert (1619-1683), Oberintendant der Finanzen, Fabriken und Bauwerke (schließlich auch Marineminister) unter Louis XIV betrieb eine (vergleichsweise erfolgreiche) merkantilistische Politik. Dem Gott Merkur gemäß, der dem Merkantilismus den Namen gab, sollten Handel und Gewerbe (insbesondere das Gewerbe für Luxusgüter) zu Lasten der Landwirtschaft gestützt und gefördert werden. Eine Grundanschauung merkantilistischer Politiker hat Montaigne so zusammengefasst: *Le profit de l'un est domage de l'autre* (Der Profit des einen bedeutet den Schaden des anderen). Der „Eine" und der „Andere" das sind die absolutistischen Staaten und der von Montaigne beschriebene Teufelskreis wird heutzutage ein „Null-Summen-Spiel" genannt. (Die Auszahlungen, die die einen im Spiel erhalten, müssen alle anderen exakt verlieren). Die erstrebten staatlichen Vorteile wurden am Besitz und Zufluss von Edelmetallen gemessen. Getreu der merkantilistischen Grundthese versuchten die einzelnen Zentralgewalten daher außenpolitisch, den Zufluss von Edelmetallen durch die Förderung der Exporte und Erschwerung der Importe (Schutzzölle, Monopole etc.) abzusichern. Innenpolitisch entsprach dem die Bevorzugung von Handel und Gewerbe im Vergleich zur Landwirtschaft. Im Inneren wurde überdies das Bevölkerungswachstum als eine entscheidende Bedingung der Entwicklung von Handel und Gewerbe angesehen. Einige Historiker vertreten die Auffassung, der eigentliche Colbertismus habe seine Schattenseiten erst so recht mit Colberts Nachfolger: Francois Michel Louvois (Le Tellier 1641-1691) offenbart. Seit dessen Zeiten spitzte sich der Niedergang der Landwirtschaft in der Tat zu. Scharfe Kritik an dieser Politik und ihren Folgen übte alsbald der Marschall und Festungsbauer Vauban (1633-1707). Er schlug eine einheitliche *dime royale* vor, die er sich als Naturalabgabe der Bauern an den Staat vorstellte. Taille, gabelle etc., etc. sollten wegfallen. Zu den vielen nachfolgenden Kritikern des Merkantilismus gehörte auch Richard Cantillon (ca. 1680-1734), dessen Werk Quesnay eine Reihe von Anstößen entnehmen konnte; so z.B. die Idee einer „natürlichen Ordnung" (*ordre naturel*) des Wirtschaftsablaufes und den Grundsatz von der Zentralstellung der landwirtschaftlichen Produktion.

Sehr viel weniger beeindruckt ist Quesnay von der sich etwa ab der Mitte des 18 Jh. in Salons und bei gebildeten Bürgern ausbreitenden Aufmerksamkeit und Begeisterung für Landleben und Landwirtschaft. Schäferidyllen der Adelskultur bedeuteten die eine Seite des Phänomens, wachsende Zahlen agronomischen Schrifttums und Gründungen sogenannter „agrarischer Gesellschaften" die andere. Agrarische Schriften und Gesellschaften nahmen die krisenträchtige Struktur der französischen Landwirtschaft zur Kenntnis und suchten nach technischen Mitteln, dieser Säule der feudalen Produktion zur Hilfe zu kommen. Insbesondere von den Ansichten und der Effektivität der „agrarischen Gesellschaften" (Societés de l'Agriculture) hielt Quesnay wenig. Doch kann man die agrarischen neben vielen anderen Gesellschaften zu dem breiten Strom der Worte, Schriften, Taten rechnen, welche sich zur Aufklärungsbewegung (*les lumières*) verbreiterten. Für eines der Hauptwerke dieser Aufklärungsliteratur, für die Enzyklopädie von Diderot und d'Alembert verfasste Quesnay (anonym) vier Artikel. Der erste erschien unter dem Titel „Evidence" im Januar 1756. Es belegt die metaphysischen und erkenntnistheoretischen Grundauffassungen Quesnays, die er schon in seinem physiologischen „Essai physique sur l'économie animale" abgesteckt hatte. Die anderen drei Artikel, wovon nur „Fermiers" (Pächter) noch in der Enzyklopädie veröffentlicht wurde, tragen Überschriften, welche sich sehr gut als Ausdrücke für schwerwiegende Systemprobleme des *ancien régime* lesen lassen: *Pächter* (Probleme der Struktur landwirtschaftlicher Betriebe), *Steuern* und *Bevölkerung*. An derartige Motive des Aufklärungsdenkens schließt Quesnay mit seinem reproduktionstheoretischen Klassenmodell an: an die Lehre von der Ordnung. *Ordre* liest sich bei Quesnay als eine Kategorie, die seine Überlegungen an das für die Aufklärung insgesamt prägende Thema der menschlichen *Naturrechte* anschließt. In der Naturrechtslehre der damaligen Zeit verschränken sich oftmals zwei Motive: Einerseits wird die Idee unverletzlicher und unveräußerlicher Rechte vertreten, welche allen Menschen „von Natur" aus (natura = Wesen!) zukommen. Andererseits kann damit der Gedanke an eine „wesenhafte" Ordnung menschlicher Verhältnisse und Beziehungen verbunden sein, die u.U. von Gott gewollt ist und deren Verletzung oder Verfehlung Krise, Elend und Not im Gefolge haben muss. Folgende Ordnungen spielen bei Quesnay eine Schlüsselrolle: Der *ordre immuable* (= die umwandelbare Ordnung) als die Ordnung aller Dinge und Abläufe nach unveränderlichen physischen und/oder moralischen Prinzipien, welche in Gott ihren Urheber und Vollstrecker haben. Wie die platonischen Wesenheiten sind die von Gott geschaffenen und aufeinander abgestimmten Ordnungen vollkommen und ewig (*immuable*). Die Menschen können allerdings Kraft ihrer Vernunft Einsicht in diese idealen Ordnungen und Entwicklungen gewinnen. Aufgrund der Willensfreiheit können sie ihre irdischen Regelungen der idealen Verfassung entweder annähern oder diese verfehlen.

Der *ordre de la nature* bedeutet die gesetzmäßigen Zusammenhänge in der physischen Natur (*lois physiques*). Der Naturordnung nach Gesetzen (der Kausalität) untersteht auch der Mensch als Sinnenwesen (physischer Organismus). Die Naturgesetze als solche sind jedoch weder gut noch schlecht; sie bestehen und wirken. „Von diesem Standpunkt gesehen, stellt sich uns die Natur als indifferent dar, denn sie ist die gleiche Ursache (cause physique) des Guten und des Bösen."[145] Das heißt jedoch nicht, sie sei dem menschlichen Eingriff entzogen.

Der *ordre naturel* (bzw. positif) meint die Ordnung der menschlichen Affairen, also die *Gesellschaft*. Quesnay gehört zu jenen Autoren der Aufklärungsphilosophie, welche Vergesellschaftung als einen Prozess begreifen, der einerseits von willensfreien (wenn auch nicht *nur* willensfreien) Handlungen vieler Menschen hervorgerufen wird, zum anderen jedoch Merkmale und Muster einer Ordnung (Organisation) aufweist, die sich logisch und/oder erklärungstheoretisch keineswegs restlos auf Handeln, Willen und Bewusstsein der Individuen zurückführen lässt. In diesem Sinne ist die Ordnung „naturel" und „positif" (= gesetzt; von „ponere") zugleich. Der ordre naturel meint also keine Naturordnung, sondern die Organisation (Synthesis) der Gesellschaft als Prozess und durch Prozess! Mehr noch: Auch wenn Quesnay die soziale Organisation auf den gottgewollten *ordre immuable* bezieht, so ist Gesellschaft für ihn keineswegs einfach nur das Produkt eines göttlichen Ordnungswillens, dem die Menschen bloß unterworfen sind, sondern im Kern Produkt ihrer „liberté morale." Ja, Quesnay setzt die Verlaufsgestalt der Vergesellschaftung schon dem Staatsapparat voraus. Staat und Gesellschaft werden nicht länger mehr identifiziert, sondern – was Hegel dann in aller Schärfe durchspielen wird – die Prinzipien der Vergesellschaftung liegen der staatlichen Ordnung zugrunde. Also kann der monarchische Staat nur schweren Schaden erleiden, wenn er den Bedingungen des *ordre naturel* entgegenhandelt.

Die entscheidenden Anstöße für die polit-ökonomischen Schriften seiner zweiten Werkphase erhält Quesnay nicht zuletzt im Angesicht der großen Systemprobleme des *ancien régime*. Das belegen die Enzyklopädieartikel und seine damit zusammenhängende berühmteste Leistung: der *tableau économique*. Diese Tafel ist von Hause aus eine Graphik, welche die Zirkulation von landwirtschaftlichen Produkten (und von Geld) in Form eines Zick-Zack-Diagramms vorführt. Über die eigentlichen Erläuterungen (insbesondere zur 3. Ausgabe) hinausgehend, bleibt der „Auszug aus den königlichen Haushaltsregeln des Herrn Sully" (Extrait des économies royales de M.d. Sulli) ausschlaggebend für das Verständnis des Tableau. An diesem Auszug zeigt es sich, dass Quesnay in die französische Geschichte zurückblickt, um gesellschaftliche Zustände auszumachen, die wenigstens ein Stück an den „ordre immuable" heranrücken. Er findet sie in den Reformbestrebungen des Maximilien des Béthune, Herzog von Sully (1569-1641), der als Minister unter Henri IV (1553-1610) eine Neuerung des Steuersystems versuchte, die Landwirtschaft förderte und zugleich neue Gewerbe wie die Seidenraupenzucht in Südfrankreich unterstützte. Die Stoßrichtung dieser Quesnayschen Utopie aus der Vergangenheit liegt in seiner Wendung gegen den Colbertismus. Das Tableau Économique, „ein höchst genialer Einfall."[146], stellt aber zugleich einen der wichtigsten Ausgangspunkte und ein sehr überschaubares Exempel für den reproduktionstheoretischen Klassenbegriff dar, das Marx später dann in seiner Theorie des Kapitals entfaltet. Das ursprüngliche Zick-Zack-Diagramm des Tableaus beschreibt einen wirtschaftlichen Kreislauf. Um im Kreislaufbild zu bleiben: Wirtschaftliche Größen durchlaufen zumindest während eines begrenzten Zeitraumes die gleichen (oder wenigstens eine vergleichbare) Bahn, wobei diese Bewegung im Falle Quesnays (wie bei fast allen späteren Nationalökonomen) einen Ausgangs-Rückkehrpunkt aufweist. Die „Kreisbahn" kann durch Stadien, Phasen, Durchlaufstellen, Formwandlungen ... der wirtschaftlichen Größen charakterisiert werden. Den Ausgangspunkt und Rückkehrpunkt der Bewegung sämtlicher ökonomischer Größen, die in den Kreislauf eingehen, besteht bei Quesnay gleichsam im Idealtypus eines einzelnen landwirtschaftlichen Pachtbetriebes, der eine bestimmte Menge agrarischer Produkte hervorbringt. Heute würde man sagen: Die Eigenschaften der vielen unterschiedlichen landwirtschaftlichen Betriebe in der damaligen Wirklichkeit werden zu einem Typus „des" Agrarbetriebes im Allgemeinen zusammengezogen, wovon die Kreisbewegung ihren Ausgang nimmt und wohin sie zurückführt. Der Prozesstyp, der auf diese Weise vorausgesetzt wird, ist also der einer „in sich zurückgehenden Bewegung" (Hegel). *Produktion* (P) bedeutet unter diesen Voraussetzungen bei Quesnay die agrarische Erzeugung in einem und durch einen Pachtbetrieb. Warum legt er solchen Wert auf den *Pacht*betrieb als Schaltstelle der Bewegung? Im 18 Jh. wird die Leibeigenschaft der Bauern in Frankreich sehr weitgehend, wenn auch nicht vollständig, zurückgedrängt. Die Bauernklasse ist sogar in einem beachtenswerten Ausmaß im Besitz von Grund und Boden. Doch dieser Besitz ist sehr weitgehend parzelliert und die Adeligen und Geadelten verfügen weiterhin über erhebliche Areale des nationalen Bodens.[147] In den beiden Jahrhunderten davor hatte sich jedoch gleichzeitig ein Prozess der Konzentration von Grundbesitz in den Händen von altstämmigen und/oder neustämmigen „Seigneurs" abgespielt, die ihren Boden oftmals in Pacht gaben. Die

„fermiers" verkörpern weitgehend Pächter von agrarischen Großgütern. Es bleibt jedoch sehr zweifelhaft, ob sie in Frankreich damals wirklich (von regionalen Besonderheiten abgesehen) ins Gewicht fielen. Quesnay sieht sie eher im Schwinden als auf dem Vormarsch. In der Tat waren Pächter, welche Grund und Boden unter dem Gesichtspunkt der Ertragssteigerung und Einkommensmehrung bewirtschafteten, eher in englischen als in französischen Verhältnissen zu finden. Quesnay beschreibt das Idealbild dieser „wirklichen Landwirte" einmal so: Man müsse auf den reichen Pächter sehen, der den Anbau im Großen betreibt, der lenkt und leitet, der befiehlt und anweist; der die Ausgaben erhöht, um die Profite zu steigern, indem er jedes Mittel ausnutzt, und jeden persönlichen Vorteil wahrnimmt, zum Wohl aller wirkt; der die Landbevölkerung nutzbringend beschäftigt; der in der Lage ist, für den Absatz seines Korns, für den An- und Verkauf seines Viehs sich günstige Zeiten auszusuchen und sie abzuwarten. Die Gelder der Pächter sind es, welche das Land fruchtbar machen, welche das Vieh mehren, welche die Menschen auf das Land locken und sie dort sesshaft machen; ihnen entsprießen die Kraft und der blühende Wohlstand der Nation.

Wo es Pächter gibt, muss es jedoch Grundeigentümer geben. Die Fermier bewirtschaften daher in vielen Fällen die Herrengüter (domaines; réserves) großer Seigneurs. Dafür zahlen sie eine feste Pacht (ferme) in Gestalt von Geld und/oder Naturalabgaben. Haus, Hof und Land wird ihnen vom Grundherrn überlassen, während sie für alle anderen Investitionen aufzukommen haben. Sie mussten also ziemlich zahlungskräftig sein und bildeten somit im Vergleich zur übrigen Landbevölkerung eine deutlich privilegierte Fraktion der Bauernklasse. (Den Streit, ob sie schon als „Agrar-Kapitalisten" bezeichnet werden können, klammern wir aus). Außer der Institution der Halb-Pacht (métayage) war noch die Rolle des Generalpächters (fermier général) zu vergeben, der mehrere Güter eines Seigneurs bewirtschaftete.

Quesnays Kritik am Colbertismus verleitet ihn keineswegs dazu, Gewerbe und Handel zu unterschätzen. Es gibt in Frankreich des 19. Jh. erste bescheidene Ansätze zur industriellen Entwicklung. Doch die älteren Formen des Handwerks (bis fast 1770 gilt noch die alte Zunftordnung), des ländlichen Hausgewerbes und der Manufaktur beherrschen den Fertigungsbereich bis ca. 1830. H. Sée vertritt die Ansicht, im 18. Jh. sei vor allem der Handel „zum Schrittmacher der wirtschaftlichen Entwicklung" in Frankreich geworden.[148] Unter diesen Rahmenbedingungen führt Quesnay bei seiner Darstellung des Prozesses ökonomischer Reproduktionen der Gesellschaft drei große Funktionsgruppen (*classes*) an:

1. die classe productive,
2. die classe propriétère sowie
3. die classe stérile.

In der sozialen Wirklichkeit entsprechen dem die Pächter (= 1), die Grundherren (= 2) sowie die Händler und Manufakturisten (= 3). Die ökonomische Tafel – also das Kreislauf- oder Reproduktionsmodell Quesnays – liefert in seinem Kern die Darstellung der Bedingungen und Phasen eines Prozesses RP, der die Wiederholbarkeit der Produktion P sicherstellt. P bedeutet bei Quesnay *agrarische Produktion im Pachtbetrieb*. Nach seiner Ansicht kann nur die *Natur* (in der Form von Grund und Boden) als die wahre und ursprüngliche Produzentin des gesellschaftlichen Reichtums, als Spenderin eines „don naturel" gelten. Die *Arbeit* im Agrarbetrieb übernimmt hingegen bloß die Rolle der Geburtshelferin für Naturkräfte. Von diesen Prämissen ausgehend, hat die an Quesnay anschließende Schule den Namen der *Physiokratie* (Naturherrschaft) erhalten. Die ökonomische Tafel rückt also den Pachtbetrieb (und damit die *classe productive*) als Ausgangs- und Rückkehrpunkt des Reproduktionsprozesses RP ins Zentrum. Damit offenbart sich mit Quesnays Zeitdiagnose prägende Reproduktionsproblem der damaligen Gesellschaft: Wie haben die Vorschüsse (*avances anuelles*) der produktiven Klasse im Agrarbetrieb auszusehen, wie müssen die Abgaben an und die Bezüge von anderen Klassen (und zwischen anderen Klassen) ausfallen, damit die Produktion P wenigstens auf dem gleichen Niveau (als stationärer Kreislauf) wiederholt werden kann wie bisher?

Dadurch, dass das Modell Beziehungen zwischen den drei Klassen aufspannt, bedeutet „Reproduktion" schon in der elementaren Darstellungsform der Tableau Économique mehr als die Wiederholung der Produktion P. Sie gibt darüber hinaus Bedingungen der ständigen oder wenigstens zeitweisen Wiederherstellung des Beziehungsgefüges zwischen den Klassen, der Produktionsverhältnisse, letztlich einer gesamten Produktionsweise an. So wie er es entwickelt erweist sich Quesnays Kreislaufmodell in einem doppelten Sinn als stationär: Einmal klammert es die Möglichkeit des Ausdehnens oder Schrumpfens des Reproduktions-Zusammenhanges aus. Zum Zweiten sieht es von Bedingungen strukturell tiefgreifender Veränderungen der Produktionsweise ab. Quesnay ist wahrlich kein Prophet der französischen Revolution! Aber das heißt noch lange nicht, er verführe bloß affirmativ oder apologetisch. Nicht nur macht er revolutionäre und damals undurchsetzbare Vorschläge wie die zur Einführung einer Einheitssteuer (*impôt unique*), das krisenträchtige System seiner Gegenwart ist für ihn überdies von einer beachtenswerten Annäherung an den *ordre immuable* weit entfernt. Bei aller Schärfe seiner Kritik und Dringlichkeit seiner Reformvorschläge bewegt sich sein Denken allerdings in den Rahmenbedingungen des

Grundeigentums und einer Monarchie, deren Willkür durch die Rücksicht auf den *ordre naturel* gezügelt werden soll. Die Grundzüge des Tableaus lassen sich so zusammenfassen:

(1) Quesnays Modell hat den *Surplus* zum Dreh- und Angelpunkt. Gesellschaftliche Überschüsse werden von ihm als *produit net* bezeichnet. Dieser entstammt – den Prinzipien des physiokratischen Denkens entsprechend – allein den Kräften des Bodens. Produktivität bedeutet damit Naturproduktivität. Zur historischen Formbestimmtheit des agrarischen Überschusses bei Quesnay gehört zudem die Abhängigkeit der zusätzlichen Erträge von den Bedingungen der Bewirtschaftung eines idealtypisierten Pachtbetriebes. Dieser bildet den Ausgangs- und Rückkehrpunkt des gesamtgesellschaftlichen Reproduktions-Prozesses RP. Der von der produktiven Klasse vermögender Pächter unterhaltene landwirtschaftliche Betrieb bedeutet somit die maßgebliche Institution der gesellschaftlichen Produktion P. Doch diese Produktion findet im Rahmen eines kernstrukturellen Produktionsverhältnisses statt. Es kann als „das Grundeigentums-Verhältnis" bezeichnet werden. Gemeint ist ein Herrschaftsverhältnis zwischen der *classe productive* der Pächter und der *classe propriétère* der Seigneurs. Die Grundherren verfügen über eine Stellung im Zusammenhang von Reichtum, Macht und Ehre ihrer Gesellschaft, die es ihnen erlaubt, den Überschuss als Pacht – das ist die zentrale historische Erscheinungsform des *Surplus* – zu appropriieren. Kategorien wie „Seigneur" verweisen nicht nur auf materielle Privilegien und geballte politische Macht, sondern selbstverständlich auch auf die hohe Rangstellung in der Hierarchie des gesellschaftlichen Ansehens. Quesnay reflektiert zu seiner Zeit jedoch schon auf Erscheinungsformen einer Grundherrengewalt, die nicht mehr – wie gegenüber dem Fronbauer – persönlich und direkt ausgeübt wird, sondern schon durch Markt und Tausch vermittelt ist! Denn die Seigneurs erscheinen nicht allein als Pacht-*Herren* im kernstrukturellen Grundeigentumsverhältnis auf der Bühne, sondern treten auch als Nachfrager auf. Sie kaufen Luxuswaren bei den Händlern bzw. Manufakturisten, also bei der *classe stérile* ein. Diese wird deswegen als „steril" bezeichnet, weil sie nach den Grundannahmen der Physiokratie Stoffe nur umwandeln, aber keine (zusätzlichen) Werte durch ihre besondere Art der Zwecktätigkeit schaffen kann. Physische Überschüsse und damit mehr Werte können nur aus den Bodenkräften kommen!

(2). Quesnay entwirft ein vergleichsweise einfaches stationäres Kreislaufmodell. Es versteht auf seine Weise schon *soziale Lagen* als Funktionsstellen von Gruppen in diesem in diesem Kreislauf. Produktive Arbeit wird nur bei der Agrikultur geleistet, Tätigkeiten in der Verteilungssphäre (Markt, Austausch) sind zwar ebenfalls unabdingbar, schaffen aber keine zusätzlichen Werte. Demgegenüber werden die Zwecktätigkeiten der Herren wohl in erster Linie an ihrer Rolle als Konsumenten agrarischer Produkte und Luxuswaren festgemacht. All diese sozialen Lagen stellen insofern und insoweit *Klassen*lagen dar, wie der Reproduktionsprozess auf die Erzeugung und Aneignung der Überschüsse durch Herrengewalten ausgerichtet ist. Der *produit net* geht – so als entspräche dies der göttlichen Weltordnung – an die Klasse der Grundherren (Seigneurs) und bedeutet somit ideologisch legitimiertes Eigentum.

(3) Eine Analyse von *Klassen* setzt entschieden mehr als nur die Untersuchung von Funktionsstellen in einem auf den Surplus zentrierten Reproduktionskreislauf voraus. Um eine Analyse von *Klassen* handelt es sich erst (3a) dann, wenn die spezifischen Strategien der Appropriation des Surplus im *gesamten* Bezugssystem von Reichtum, Macht und Ehre lokalisiert sind. (3b) Um eine Analyse von *Klassen* handelt es sich zudem erst dann, wenn zugleich Aussagen über das Verhältnis des ökonomischen Kreislaufes als Basis mit „Ideen" als Bestimmungen des kognitiven und normativen Überbaus bei Personen, Gruppen, letztlich einer ganzen Kultur in einen systematischen Zusammenhang gebracht worden sind. Das ist natürlich noch kein so ausgeprägtes Thema bei Quesnay.

(4) Quesnays Untersuchung ist gleichwohl deswegen äußerst lehrreich, weil sie ein hervorragendes Beispiel für den Zusammenhang zwischen einem Ideensystem (der Physiokratie!) und der historischen Wirklichkeit mit ihren ökonomischen Krisen liefert. So bringt seine Tafel beispielsweise den schwierigen Unterschied zwischen der *inneren Parteinahme einer Theorie* und den ausdrücklichen Wertungen, wenn nicht Parteilichkeiten ihrer Urheber geradezu exemplarisch zum Vorschein: Quesnays politisch-ökonomische Schriften werden von ihm ausdrücklich als staats- und wirtschaftspolitische Traktate mit Empfehlungen verfasst, denen die monarchische Regierung folgen *sollte*. Sie deuten an, was praktisch zu tun sei, um mit bestimmten System-Problemen des *ancien régime* fertig zu werden. Quesnay unterstützt politisch ausdrücklich die Monarchie – wenn auch nicht in der Form, wie sie zu seiner Zeit am Werke ist –, und er hält das Grundeigentumsverhältnis weitgehend für selbstverständlich, wenn nicht gottgewollt. Besonders kritisch ist seine Haltung gegenüber dem Colbertismus. Aber selbst wenn Quesnay in seinen Schriften niemals auch nur einen Satz geschrieben hätte, der seine Empfehlungen, Wertungen und Parteilichkeiten explizit ausspricht, würde die Semantik (die inhaltliche Ausprägung) seines Tableaus – vielleicht völlig unangängig von den Absichten des Urhebers – immer noch implizite Parteinahmen der Theorie selbst offenbaren. Denn es gab (4a) damals außerhalb der sozialphilosophischen Diskurse der Aufklärung bei verschiedenen (nicht zuletzt aus dem Herrschaftsapparat stammenden) Gruppierungen bestimm-

te Vorstellungen, Ziele, Motive, Strategien, kurz: *Interessen*, welche agronomische und agrarische Probleme in den Vordergrund rückten und bestimmte Maßnahmen zu ihrer Bewältigung durchzusetzen versuchten. Diesen kommt der *tableau* entgegen. Solche Parteinahmen führen selbstverständlich zu handfesten Konflikten im Angesicht gegenläufiger Interessen anderer Gruppierungen (wie die Colbertisten) mit Rang und Einfluss. Allein mit seiner Lehre vom Primat der Produktivkraft Natur und mit der Zentrierung seiner Überlegungen auf den Pachtbetrieb ist der Tableau also immanent an Sinngehalte angeschlossen, welche mit der Semantik bestimmter Artikulationsweisen oder Durchsetzungsstrategien *spezifischer* auf die Landwirtschaft zielender Interessen der damaligen Zeit vereinbar sind. Anderen Deutungsmustern in damaligen politischen Diskursen setzt er sich damit *immanent* entgegen. (4b) Mit der Idealtypisierung des Pachtbetriebes (wodurch eigentlich eine Fraktion der Landwirte, die der Pächter zum Träger produktiver Tätigkeiten erhoben wird) rückt das Modell überdies bestimmte Formen der Organisation der materiellen Produktion in den Vordergrund. So, wie sich Quesnay diese vorstellt, waren sie im Frankreich seiner Zeit nur ansatzweise und nur in bestimmten Gebieten verwirklicht. Sie bedeuteten damals eher eine strukturelle Entwicklungsmöglichkeit, die in der gesellschaftlichen Wirklichkeit umkämpft war. Mit der Zentrierung auf den Pachtbetrieb nimmt die *Theorie* auch in dieser Richtung Partei im aktuellen Konflikt. (4c) Man kann das vom Modell auf seine Weise stark gemachte Marktprinzip (Austausch) als eine Verkehrsform betrachten, wogegen zu Quesnays Zeiten in der gesellschaftlichen Wirklichkeit noch gar mancher Widerstand mobilisiert wurde. Es ist also umstandslos denkbar, dass ein Autor (anders als es bei Quesnay tatsächlich der Fall ist) mit seinen Hinweisen auf das Tausch nicht mehr vorhat, als eine Darstellung und Erklärung von Strukturen und Prozessen der gesellschaftlichen Wirklichkeit zu geben, dabei jedoch Sachverhalte in den Vordergrund des gesellschaftlichen Bewusstseins rückt, deren Durchsetzung in der Wirklichkeit u.U. von anderen Gruppierungen heftig bekämpft wird. Die rein tatsachenbezogene *Theorie* eines völlig unpolitischen Autors könnte allein von *daher* riesigen politischen Staub aufwirbeln. (4d) Quesnay liefert ein weiteres eindringliches Beispiel für das Erscheinen „äußerer" struktureller Gegebenheiten „innerhalb" der Semantik wissenschaftlicher Aussagesysteme, ohne dass diese Gegebenheiten ausdrücklicher Verhandlungsgegenstand, also ein explizites Thema der Theorie sein müssten. Man nehme etwa die doppelten Struktur der *sozialen Zeit* bei Quesnay, welche mit dem Tableau – unabhängig von den diesbezüglichen und unbekannten Absichten des Urhebers – aufscheint: Mit der Lehre vom Primat der Naturproduktivität und des *produit net* als agrarischem Surplus folgt der Reproduktionsprozess noch unmittelbar dem Takt landwirtschaftlicher Produktionen: Aussaat, Reife, Ernte, Bevorratung (Speicher), Re-Investition in Grund

und Boden (Neuaussaat). Mit den Austauschbeziehungen zwischen den *classes* gehorcht die Zyklik jedoch einem von der Natur emanzipierten Takt! Das Durchlaufen von Austauschstadien kostet gewiss (objektive) Zeit; aber der Rhythmus steht nicht länger in direkter Abhängigkeit von der Natur. Beide Strukturen sozialer Zeit haben sich mit Sicherheit in der damaligen Wirklichkeit überlagert. Beides kommt in Quesnays Tableau zum Vorschein.

(5) Auch eine Reihe der methodologischen Probleme, welche Ungleichheitstheorien bis auf den heutigen Tag beschäftigen, zeichnen sich schon mit Quesnays Klassenanalyse ab. Natürlich stellt sich das *Nominalismusproblem* für die physiokratische Klassentheorie besonders nachdrücklich. Stellen die *classes* rein gedankliche Klassifikationen dar oder entsprechen ihnen Gruppierungen in der gesellschaftlichen Wirklichkeit? Wieso nur drei Klassen und nicht mehr? Wie ist die Einordnung von Personen oder Gruppen in die eine und nicht in die andere Klasse zu legitimieren? Wie kontrolliert man den Zusammenhang zwischen Erkenntnisinteressen und Ebenen der Konkretion der Darstellung? Denn je nach den Untersuchungsabsichten wird man bei der Idealtypenbildung mehr oder weniger in das historische Detail gehen (müssen). Wie geht man mit den immer schon vorinterpretierten und oftmals anderen Erkenntniszielen zugeordneten statistischen Daten um, auf die man nicht verzichten kann? (Quesnay hatte in dieser Hinsicht mit ganz besonderen Schwierigkeiten zu kämpfen). Diese Liste einiger Methodenprobleme der Ungleichheitsforschung überhaupt liefert nur einen Ausschnitt, nicht einmal annähernd das gesamte Bild.

Teil B
Hauptdimensionen des surplustheoretischen Klassenbegriffs.

Es gibt nicht „den" Klassenbegriff der Sozialwissenschaften. Es gibt nur verschiedene Klassenbegriffe, deren inhaltliche Bestimmung eine Funktion all jener kontroversen Annahmen darstellt, unter deren Voraussetzung die jeweilige Theorie der Sozialstruktur aufgebaut und verwendet wird. Wir bleiben beim *surplustheoretischen* Klassenbegriff und orientieren uns daher an der Kernvorstellung, Klassenbildung sei die Funktion von Kämpfen verschiedener gesellschaftlicher Gruppierungen um das gesellschaftliche *Surplusprodukt*.[149] Beabsichtigt ist nichts mehr als die systematische Zusammenstellung einiger Prämissen, Grundbegriffe, Idealtypisierungen bzw. (didaktisch) vereinfachender Modellannahmen sowie von Theoremen (Folgerungen aus Voraussetzungen) der Surplustheorie –

so wie sie hier verstanden wird. Man muss damit leben, dass noch jeder Klassentheoretiker jedem anderen Klassentheoretiker die energische Vorhaltung gemacht hat, er sei überhaupt kein richtiger Klassentheoretiker, sondern sein Ansatz sei „revisionistisch" oder sonst was noch Teuflischeres. In wenigstens einem Punkt kann man allerdings so etwas wie Einhelligkeit der Standpunkte ausmachen: Auch Klassentheorien bestimmen soziale Diskrepanzen im Achsenkreuz der klassischen Dimensionen von *Reichtum, Ehre und Macht*. So gesehen kann man von der allgemeinsten Prämisse aller Klassentheorien als Variante von Ungleichheitstheorien ausgehen:

(§1) Prämisse: Auch Klassen als Erscheinungsform sozialer Diskrepanzen werden in den Ungleichheitsdimensionen *Reichtum, Ehre und Macht* erfasst und dargestellt.

(§2): Modellannahme: Es werden zur Vereinfachung nur zwei Gruppierungen angenommen, die um materielle Privilegien, Prestige und Durchsetzungschancen rangeln. Sie können im Anschluss an G. W. F. Hegel: „Herr und Knecht" genannt werden. Dahinter stehen jedoch historisch so verschiedenartige Gruppen wie etwa freier Stadtbürger und Blutadel, Grundherr und Leibeigener, Proletarier und Kapitalist. Dass es historisch keine Zivilisation gegeben hat, die nur aus zwei Klassen bestand, fällt nicht in den Bereich sensationeller Entdeckungen.

(§3): Grundbegriffe: Es wird ein Unterschied zwischen dem *gesellschaftlichen Mehrprodukt* und dem *gesellschaftlichen Surplusprodukt* gemacht! Das *Mehrprodukt* ist nicht gleich dem *Surplus*! Ein Mehrprodukt liegt vor, wenn der Ertrag einer Wirtschaftsperiode den der vorhergehenden überschreitet. (Natürlich spielen sich auch Prozesse der Stagnation oder der Schrumpfung des wirtschaftlichen Gesamtergebnisses ab). Demnach ist auch Mehrarbeit (z.B.) zum Zwecke des Erhalts und/oder der Erweiterung der Produktionsbedingungen nicht gleich Surplusarbeit! Kategorien wie Bruttosozialprodukt, Nettosozialprodukt und Wachstum (bzw. Stagnation und Rezession) zielen heutzutage in die gleiche Richtung. Wie immer auch der Kuchen (der gesellschaftliche Reichtum) sonst noch verteilt wird: Ein Surplusprodukt liegt erst dann vor, wenn es den Herren gelingt, das Mehrprodukt oder zumindest Teile des gesellschaftlichen Mehrprodukts zu *appropriieren*. An dieser Stelle sollte man sich des wesentlichen Unterschiedes zwischen den Vorgängen der *Aneignung* und den Prozessen der *Appropriation* von Gütern und Diensten erinnern. „Appropriation" bezieht sich auf die Chancen des Herrn, aufgrund der Verfügungsgewalt über Produktions- und Machtmittel sich des gesellschaftlichen Mehrprodukts oder Teile des gesellschaftlichen Mehrprodukts zu Lasten und zum Schaden des Knechtes zu bemächtigen. Anders ausgedrückt: Der *Surplus* entspricht dem vom Herrn appropriierten Teil des gesellschaftlichen Mehrprodukts. (Wenn kein Mehrprodukt entsteht, deckt sich der *Surplus* mit dem im Vergleich größeren Anteil des Herrn am gesellschaftlichen Gesamtprodukt, den er aufgrund seiner Machtposition einstreichen kann). Schauen Sie in die heutigen Zeitungen und lesen Sie was über Umverteilung von unten nach oben und den überproportional wachsenden Reichtum der ohnehin Reichen.

(§4) Modellannahme: Zur Vereinfachung wird angenommen, allein der Knecht leiste gesellschaftliche Arbeit, nur der Knecht bringe Produkte hervor und/oder leiste Dienste. Der Herr „genießt rein" – wie es bei Hegel heißt. Nach dieser kontrafaktischen Annahme ist der gesellschaftliche *Reichtum* ausschließlich das Resultat der Arbeitskraft des Knechtes.

(§5): Theorem: Unter den genannten Voraussetzungen ergibt sich die Unterteilung des Arbeitsaufwandes des Knechtes in *notwendige Arbeitszeit* und *Surplusarbeitszeit*. Denn der Knecht verausgabt einerseits Arbeitskraft in der Zeit, um sich und seine Familie am Leben zu erhalten (notwendige Arbeitszeit). Er ist jedoch über den Zeitabschnitt hinaus tätig, bis zu dem er arbeiten müsste, um sein Leben zu reproduzieren (die Mittel für seinen Lebensunterhalt und den seiner Familie zu beschaffen). Aufgrund seiner schwächeren Machtposition muss er *für den Herrn* arbeiten, mithin *Surplusarbeit* leisten. Die Ergebnisse der Surplusarbeit appropriiert der Herr aufgrund seiner starken gesellschaftlichen Position, nicht zuletzt aufgrund der Kontrolle, die er über die Produktionsmittel ausübt. Der *Surplus* entspricht so gesehen den appropriierten Ergebnissen der Surplusarbeitszeit des Knechtes. Die Appropriationschancen des Herrn können selbstverständlich durch den Glauben des Knechtes an die Legitimität des Herrenstatus stabilisiert sein.

(§6) Prämisse (und These): Die Grenzlinie zwischen notwendiger Arbeit und Surplusarbeit des Knechtes ist nicht völlig eindeutig und ein für allemal zu ziehen. Dieser Grenzbezirk unterliegt vor allem vielfältigen historischen Einflüssen. Er verändert sich zum Beispiel aufgrund der historischen Auffassungen darüber, worin die die zum Unterhalt des Knechtes unbedingt notwendigen Mittel für das Leben bestehen. Er verändert sich natürlich auch mit den Wandlungen des Systems der Bedürfnisse von Personen und Gruppen. Heutzutage wird zum Beispiel ein „Warenkorb" des 4-Personen-Arbeitnehmerhaushaltes statistisch berechnet, um das für einen „menschenwürdigen" Lebensunterhalt Notwendige zu bestimmen. Für Armut werden von europäischen Institutionen Grenzwerte festgelegt, die auf der Verrechnung verschiedener Indikatoren beruhen. Ein ganz grober, gleichwohl mitunter verwendeter Messwert für die Bundesrepublik legt diejenigen als „arm" fest, die weniger als 60% des durchschnittlichen Verdienstes aller Bürger zur Verfügung haben.

(§7). Theorem: Die Lage des Grenzbereiches zwischen notwendiger Arbeit und Surplusarbeit ist unter den vereinfachten Annahmen dieser Aufstellung nicht zuletzt eine Funktion der *Kämpfe* zwischen Herr und Knecht. Der Begriff des „Kampfes" soll sich hierbei ausdrücklich *nicht* auf den Aufstieg auf die Barrikaden, mithin auf gewaltförmige Auseinandersetzungen beschränken! „Kampf" wird vielmehr im Anschluss an einen der „Grundbegriffe der Soziologie" Max Webers verwendet:

> „*Kampf* soll eine soziale Beziehung insoweit heißen, als das Handeln an der Absicht der Durchsetzung des eignen Willens gegen Widerstand des oder der Partner orientiert ist."[150]

Dieser Definition entsprechend können „Kämpfe" im gesamten Spektrum zwischen zwei Extrempunkten auftreten: Am einen Pol steht der gewaltförmige soziale Konflikt (bei Hegel der „Kampf auf Leben und Tod" zwischen Herr und Knecht); er wird oftmals als „Antagonismus" bezeichnet. Am anderen Pol findet sich der friedliche Wettstreit. Der geregelte Wettbewerb und der friedliche Wettstreit stellen unter der Voraussetzung dieses so allgemein gefassten Begriffs also ebenfalls eine Form des „Kampfes" dar!

(§8). Prämisse: Die so breit und allgemein gefasste Kategorie des „Kampfes" ist gemeint, wenn vom *Kampf um das Surplusprodukt* als dem gesellschaftlichen Grundvorgang aller Klassenbildung ausgegangen wird. Allein schon die verschiedenen geschichtlichen Erscheinungsformen des Surplus (Grundrente im Unterschied zum Kapital beispielsweise) verbinden sich mit besonderen historischen Ausprägungen dieser Konflikte, die natürlich immer auch mit zeittypischen Ideensystemen und/oder Ideologien verwoben sind (man denke etwa an Religionskriege).

(§9). Schlüsselmetaphern: In sämtlichen Theorien der Wissenschaften stößt man auf charakteristische Metaphern. Eine die klassische Klassentheorie prägende Metapher ist die von Marx gewählte Gebäudeanalogie: Auf der *Basis* des Wirtschaftslebens erhebt sich ein kultureller *Überbau*. Es entsteht das Bild eines Fundamentes, worauf aufgestockt wird. Doch die ökonomische Basis des Kapitalismus wird von Marx letztlich als Reproduktionsprozess des Kapitals beschrieben. Darstellungen des ökonomischen Reproduktionsprozesses stützen sich auf die Figur des *Kreislaufes* als eine zweite charakteristische Metapher. Das Wort vom „Wirtschaftskreislauf" ist uns – auch unabhängig von Klassentheorien – umgangssprachlich völlig geläufig.

(§10): Das Basis-Überbau-Problem: Die meisten Theorien der Sozialstruktur arbeiten mit irgendeiner Unterscheidung zwischen gesellschaftlichem *Sein* und gesellschaftlichem *Bewusstsein*. Andere einschlägigen Begriffe für die gleiche Differenz sind: „Struktur und Kultur", „Sozialstruktur und Semantik (Sinn)", „Kulturelle Norm und materielles Substrat", „soziale Lage und gesellschaftliches Bewusstsein", „Sprachspiel und Lebensform", „Diskurs und Gesellschaft" u.a.m. Für Klassentheorien ist die Marxsche Unterscheidung zwischen dem ökonomischen Produktions- und Reproduktionsprozess als *Basis* und dem kulturellem *Überbau* charakteristisch. Zum Überbau (gesellschaftlichen Bewusstsein) gehören Religionen, Weltanschauungen, Rechts- und Moralsysteme, Technik, Kunst, kollektive Wissensbestände und Wissenschaften. Georg Simmel spricht dagegen von der „objektiven Kultur". Zum gesellschaftlichen Bewusstsein sind andererseits auch die persönlichen Einstellungen, Orientierungen, Wissensbestände, Werthaltungen, psychische Zustände und Prozesse der einzelnen Personen zu rechnen. Dem entspricht bei Simmel die „subjektive Kultur". Das *Problem* mit dem Verhältnis von Basis und Überbau steckt in der Frage danach, ob es eine charakteristische Gesamtkonstellation der vielfältigen Einzelbeziehungen gibt, die zwischen Komponenten der Basis und Bestandteilen des Überbaus empirisch bestehen. Ein „übergreifendes" Relationsmuster läge zum Beispiel dann vor, wenn alle Einzelbeziehungen dem Typus der *Kausalität* entsprächen. Eine beinharte marxistische Orthodoxie hat in der Tat lange mit dem Dogma gearbeitet, die Basis „bestimme" (determiniere) den Überbau. Der ökonomische Determinismus hat inzwischen abgewirtschaftet, womit sich das Problem verschärft, wie man einer eigensinnigen Relevanz des Überbaus Rechnung tragen und dennoch zugleich von einer „ökonomischen Basis" des sozialen Systems reden kann. Anders gefragt: Wie kann ein Teilbereich der Gesellschaft, der ökonomische Reproduktionsprozess, die *Basis* sein, wenn gleichzeitig Faktoren des Überbaus eine eigenständige Rolle, darunter sogar eigensinnige Wirkungsmöglichkeiten zugetraut werden muss? Ich kann dieses Problem hier nur erwähnen, nicht bearbeiten.[151]

(§11): Zu den Grundbegriffen „Klassenlage", „Klassenbewusstsein" und „Klassenhandeln": Für Surplustheorien bildet der „Kampf um das Surplusprodukt" den Kernvorgang jeder historischen Klassenformierung. Für den hier skizzierten Klassenbegriff sind einige zusätzliche unorthodoxe Prämissen kennzeichnend: „Klassenkampf" wird *nicht* mit dem entschlossenen Gang des Knechtes auf die

Barrikaden oder gar mit Gewaltmaßnahmen einer gesellschaftlichen Gruppierung gleichgesetzt (vgl. §7). Überdies wird die *materielle Lage* einer Gruppe nicht schlichtweg mit ihrer *Klassenlage* identifiziert. Denn die soziale Lage einer Gruppierung im System der gesellschaftlichen Arbeiten (im Produktionsprozess) bestimmt sich zunächst anhand womöglich für alle unabdingbarer Zwecktätigkeiten, die ihre Mitglieder im System der gesellschaftlichen Arbeiten verrichten. Theorem: Daraus, dass *verschiedene* Zwecktätigkeiten auf arbeitsteiligen Funktionsstellen verrichtet werden müssen, lässt sich nicht *direkt* auf das Vorhandensein eines Gefüges sozialer Ungleichheit(en) schließen. Soziale Unterschiede sind nicht gleich sozialen Ungleichheiten! Von daher sind natürlich auch materielle soziale Lagen nicht einfach gleich *Klassenlagen*.

Grundbegriff: Klassenlagen stellen gleichartige Funktionsstellen (Typen von Zwecktätigkeiten, Muster gesellschaftlicher Arbeit) innerhalb eines ökonomischen Reproduktionsprozesses dar, der durch die Appropriation des Surplus gekennzeichnet ist!

Grundbegriff: Es gibt zwar Wirkungen, die von der Basis auf den Überbau ausgeübt werden. Gewiss. Es gibt jedoch nicht „die Kausalität" als eine Art „Gesetz" der Determination des Überbaus durch die Basis. Deswegen macht es auch keinen Sinn, das *Klassenbewusstsein* als nichts denn die Wirkung ökonomischer „Faktoren" und „Interessen" zu begreifen. Ich denke, diese Position wird nur noch in ganz raren Fällen vertreten. Sie übt allenfalls noch eine Strohmannfunktion aus.

Theorem: Das *Klassenbewusstsein* im abstraktesten Sinn entspricht denjenigen Bestandteilen des kulturellen Überbaus, die bei Menschen in gleicher Klassenlage festzustellen sind und wodurch sie sich ggf. von den Bewusstseinsgehalten bei Menschen in anderen Lagen latent oder manifest unterscheiden. Kein Klassenbewusstsein ist homogen! Man muss überdies mit dem Thomas-Theorem rechnen, das da lautet: Wenn Menschen eine Situation als real definieren, dann ist sie real in ihren Konsequenzen. Wenn Menschen glauben, x sei der Fall, handeln sie anders als dann, wenn sie annehmen y sei der Fall! Hinzu kommt der erwähnte Befund: Kein Klassenbewusstsein ist im Sinne der *Monokausalität* von der Basis abhängig! Um zu einem flexibleren Klassenbegriff zu gelangen, muss man m.E. nicht einmal ein klares Bewusstsein der eigenen Klassenlage als notwendige Bedingung für die Existenz von Klassen anzusehen. Es genügt die Feststellung, dass Menschen in vergleichbarer Lage „familienähnlichen" Ideen anhängen. Sollten sich jedoch Ideen in *gar keinem* Zusammenhang (welchen Typus auch immer) mehr mit materiellen Lagen und Interessen ausweisen lassen, dann würde der Klassenbegriff in der Tat samt dem Basis-Überbau-Problem etwas blass aussehen. Das gilt aber genau so auch für Schicht- oder Milieutheorien.

Grundbegriff: Früher wäre man von vielen orthodoxen Klassentheoretikern für folgende unorthodoxen Ansichten gekreuzigt worden: *Klassenhandeln* ist alles andere als homogen. Klassenhandeln setzt nicht voraus, dass sich die Leute ihrer sozialen Lage als Gruppe voll bewusst sind und diese Lage mit direkt zielgerichteten und gemeinsamen Aktionen beeinflussen wollen. Klassenhandeln setzt schon gar nicht voraus, dass Menschen ständig auf die Barrikaden klettern. Klassenhandeln besteht in Kämpfen um das Surplusprodukt! Doch so wie der Begriff des „Kampfes" in diese Aufstellung eingepasst wurde, gibt es „Kämpfe" in den verschiedenartigsten Ausprägungen und mit ganz verschiedenen Graden der Intensität und des Bewusstseins. Das Kriterium bleiben die Konsequenzen von Aktionen von Menschen in vergleichbarer Klassenlage für die Entstehung und Appropriation des Surplusprodukts. Das Verhältnis von Klassenlage, Klassenbewusstsein und Klassenhandeln stellt selbst eine Variante des Basis-Überbau-Problems dar.

Teil C:
Zwei Beispiele.

Beispiel 5: Einige Verbindungslinien zu Marx` Klassenbegriff.[152]

Auch *den* Klassenbegriff von Marx gibt es nicht. Denn darüber, wie er zu verstehen sei, gehen die Meinungen ganz erheblich auseinander. Die vielen kontroversen Auskünfte im Detail abzuwägen, dazu fehlen hier Raum und Zeit. Ich beschränke mich stattdessen darauf, einige Verbindungslinien zwischen meinem Verständnis bestimmter Aussagen von Marx mit den im Teil B in der Form von §§ zusammengestellten Prämissen, Theoremen und Grundbegriffen zu ziehen.

Ad (§1): Den gesellschaftlichen Reichtum im Kapitalismus stellt Marx als eine „ungeheure Warensammlung" dar. Diese wiederum versteht sich als Resultat der Verausgabung der „gesellschaftlichen Gesamtarbeit(szeit)" im Produktionsprozess. Je mehr die Produktion für den Eigenbedarf und/oder für Herren, denen man *persönlich* unterworfen ist, historisch zurücktritt, je mehr sich also die Produktion für „Märkte" und damit für unbestimmt viele anonyme Andere ausbreitet, desto mehr tritt ein „Doppelcharakter" der menschlichen Arbeitskraft hervor: ihre Ergebnisse (das sind Produkte und Dienste) weisen einen Gebrauchswert und zugleich einen davon unterschiedenen Tauschwert (Marktwert) auf. Neben der Analyse des gesellschaftlichen Reichtums und seiner Ursprünge greift natürlich auch Marx auf die beiden anderen Hauptdimensionen von Ungleichheitstheorien zurück. Das „Prestige" rechnet er in erster Linie wohl zu den ideologischen Flausen, welche die Herren im Kopf haben. Ihre Macht ist jedoch sehr konkret. Sie hängt nach seiner Auffassung an der Verfügungsgewalt und/oder der Kontrolle über die Mittel der Produktion.

Ad (§2): Es zählt zu den eher schlechteren Scherzen der Marxkritik, er habe mit nichts mehr als einem „dichotomischen Zweiklassenmodell" gearbeitet. Gemeint ist das Produktionsverhältnis = Klassenverhältnis = Appropriationsverhältnis zwischen Lohnarbeitern und Kapitalisten in der modernen bürgerlichen Gesellschaft. Niemand bestreitet wohl im Ernst, dass die historische Entstehung all jener breiten Bevölkerungsgruppen, welche im Grunde nichts anderes als ihre Arbeitskraft gegen Lohn auf Arbeitsmärkten zu verkaufen haben, zu den (idealtypisierend bestimmten) Grundmerkmalen des Kapitalismus gehört. Um ihren Lebensunterhalt sichern zu können, müssen also die meisten Individuen ihre Arbeitskraft bis auf den heutigen Tag an die Besitzer und/oder Kontrolleure der Produktionsmittel (dazu zählen die im Betrieb eingesetzten Geräte und Technologien) verkaufen. Das Verhältnis von Lohnarbeitern und Kapitalisten ist für die moderne bürgerliche Gesellschaft so charakteristisch wie das Verhältnis von Grundherren und persönlich abhängigen (manchmal sogar leibeigenen) Knechten und Mägden in feudalen Agrargesellschaften. Doch aus diesem Befund folgt überhaupt nicht, dass es in der gesellschaftlichen Wirklichkeit der Moderne nur jeweils diese beiden Klassen gebe! Marx` längerfristige historische Prognose, dass die Mittelklassen zwischen den beiden Extremen zerrieben würden, hat sich allerdings nicht bestätigt.

Ad (§3): Der Unterschied zwischen gesellschaftlichem Überschuss (Mehrprodukt) und dem Surplus ist natürlich auch Marx geläufig. In seiner „Kritik des Gothaer Programms" (ursprünglich wurde dieser Text mit „Randglossen zum Programm der Deutschen Arbeiterpartei" überschrieben) befasst er sich beispielsweise mit dem „gesellschaftlichen Gesamtprodukt" sowie den „Abzügen" davon, die für die Sicherstellung allgemeiner Produktions- und Reproduktionsbedingungen der Gesamtgesellschaft vorzusehen sind. Dazu gehören beispielsweise „Reserve- oder Assekuranzfonds gegen Mißfälle", Aufwendungen für „Schulen, Gesundheitsvorrichtungen" u.a.m.[153] Aber Marx interessiert sich in erster Linie für denjenigen Teil der Produktions- und Leistungsüberschüsse, welcher von Herren *appropriiert* wird. Dieser nimmt nach seiner Auffassung im Kapitalismus die Erscheinungsform des *Mehrwertes* an. Der Wert eines Produktes ist für ihn eine Funktion der Verausgabung der Arbeitskraft in der Zeit, zusammen mit den in Produktionsmitteln (wie z.B. einer Maschine) aufgehobenen (Arbeits-)Wertgrößen, die in Kombination mit der Arbeitskraft auf die Erzeugnisse und Leistungen übertragen werden. („Abschreibungen" deuten heutzutage in eine vergleichbare Richtung). Natürlich werden auch Naturstoffe (z.B. Rohstoffe) als entscheidende Produktionsbedingungen berücksichtigt. Entscheidend ist, dass die Herren durch ihre Kontrolle der Produktionsmittel die Macht haben, die Knechte zu Mehrarbeit über den Zeitpunkt hinaus zu zwingen, an dem die letzteren den Gegenwert für ihre Arbeitskraft und den Erhalt ihrer Familie erzeugt haben.

Ad (§4): Die Marxsche Klassentheorie kennt nicht allein die Klasse der Lohnarbeiter und die Klasse der Kapitalisten. Ja, selbst ganz orthodoxe Marxisten haben sich auf ihre Weise beispielsweise mit dem sog. „Mittelklassenproblem" herumgeschlagen. Es handelt sich daher um nichts mehr als eine für einige Zwecke taugliche, für andere untaugliche Vereinfachung, wenn der Knecht mit dem malochenden Lohnarbeiter (Fabrikarbeiter der Moderne) und der Kapitalist mit den Profit raffenden Fabrikbetriebsherren gleichgesetzt werden. Wir können diese Vereinfachung zum Zwecke des ganz allgemeinen Überblicks dennoch verwenden. Sie legitimiert sich allein dadurch, dass nun einmal die weitaus meisten Menschen im modernen Kapitalismus ihren Unhalt durch Geldlöhne bestreiten müssen und selbst als „Ich-AG" nicht in der Charaktermaske des wahrhaft „Selbständigen" agieren können.

Ad (§5): Die Unterscheidung zwischen notwendiger Arbeitszeit und Surplusarbeitszeit hat Marx (nicht allein im 8. Kapitel des „Kapital") zum Dreh- und Angelpunkt seiner Klassenanalyse gemacht.

> „Einer seiner (des Arbeitstages – J.R.) Teile ist zwar bestimmt durch die zur beständigen Reproduktion des Arbeiters selbst erheischte Arbeitszeit, aber seine Gesamtgröße wechselt mit der Länge oder Dauer der Mehrarbeit."[154]

Dass der Kapitalist über die ökonomische und gesellschaftliche *Macht* verfügt, die Arbeitskräfte bis über den Zeitpunkt hinaus einzusetzen, zu dem sie ihre Unterhaltskosten reproduziert haben, macht für Marx – in abstraktester Perspektive – eben den Entstehungsgrund des Mehrwerts aus. Ohne Surplusarbeit(szeit) kein vermehrter Wert, der von den Betriebsherren appropriiert werden könnte. Selbstverständlich macht es Sinn, betriebliche Überschusswerte, die angesichts der Zwänge der Konkurrenz und dadurch „bei Strafe des Untergangs" (Marx) für Ersatz- und Erweiterungsinvestitionen des Betriebes verwendet werden (müssen), von betrieblichen Surpluswerten zu unterscheiden. Doch die überragende Bedeutung das kapitalistisch formbestimmten Surplus kann man – neben vielem Anderen – heute etwa an der Ausrichtung des gesamten Betriebsgeschehens auf die Maximierung des „shareholder-values" ablesen.

Ad (§6): Marx unterscheidet den absoluten vom relativen Mehrwert. Grob gesprochen ist der absolute Mehrwert eine Funktion der Länge des Arbeitstages der Arbeiter. Wie lange arbeitet der Arbeiter für sich (für die Sicherstellung des seinen Lebensstandard indizierenden „Warenkorbs"), wie lange für den „Arbeitgeber", dem er seine Zusatzarbeit gegen Lohn überlassen muss? Der relative Mehrwert hingegen wird durch das „Füllen der Poren des Arbeitstages" gesteigert. „Rationalisierungsmaßnahmen" der verschiedensten Art dienen diesem Zweck. Leerzeiten sollten ausgefüllt, Wartezeiten und Pausen möglichst kurz gehalten werden. Kurzum: Nur die Reproduktionskosten der Arbeit werden bezahlt. Surplusarbeit(szeit) bedeutet nach Marx` Lehre im Kern „unbezahlte Mehrarbeit" für den Herrn, die dieser aufgrund seiner Machtposition durchsetzen kann.

Ad (§7): Das Verhältnis von „notwendiger Arbeit(szeit)" und „Surplusarbeit(szeit)" ist nicht ein für allemal festlegt, sondern eine Funktion gesellschaftlicher Auseinandersetzungen zwischen den Klassen. Bei Marx bedeutet „Klassenkampf" bekanntlich in letzter Instanz einen Konflikt mit revolutionärem Potential. Dabei handelt es sich jedoch eher um historische Ausnahmesituationen wie im Falle des Bürgeraufstandes in der französischen Revolution, den Quesnay bestimmt nicht begrüßt hätte (s.o.). Den „Normalfall" bilden viel eher die alltäglichen, mehr oder minder intensiv ablaufenden, mehr oder minder folgenreichen Kollisionen materieller Interessen, die auf die Entstehungs- und Verwendung gesellschaftlicher Überschüsse, vor allem ihres Surplusanteils bezogen sind. Deswegen wurde oben die Anlehnung an den so breit gefassten Begriff des „Kampfes" bei Max Weber vorgeschlagen (s.o.).

Ad (§8): „Mehrwert" ist Marx` elementare Bezeichnung für den Surplus unter den historischen Rahmenbedingungen der kapitalistischen Produktionsweise. Jeder Klärungsversuch dieses Begriffs führt nicht nur zwangsläufig zum Marsch in die Sumpflandschaft der Auseinandersetzungen über „Wert" im Allgemeinen, sondern auch in das Minenfeld der äußerst umstrittenen und selbst bei Autoren, die nicht von Aversionen gegen Marx geplagt werden, sehr kontrovers interpretierten Lehre vom „Arbeitswert" und dessen Verhältnis zur verausgabten „Arbeitszeit".[155] Darauf kann hier nicht einmal im Ansatz eingegangen werden. So viel sei nur gesagt, dass – was die Zusammenhänge von Wert, Mehrwert und Zeit angeht – die wirklich orthodoxen Marxisten derzeit wohl am ehesten in

Arbeitgeberverbänden zu suchen und zu finden sind. Jedenfalls dann, wenn man registriert, wie viel Unternehmern und Managern an der Verlängerung der Arbeitszeit und der „Rationalisierung" (nicht selten: „Wegrationalisierung") von Arbeitsvollzügen in der Zeit (der „globalisierten Konkurrenz" wegen versteht sich), schließlich auch an der räumlichen „Flexibilität" der Arbeitskraft gelegen ist.

Ad (§9): Beeindruckt durch die Tafel von Francois Quesnay (s.o.) arbeitet auch Marx ausdrücklich mit *Kreislauffiguren*, um den spezifisch kapitalistischen Wirtschaftsprozesses darzustellen. Seine elementaren Kreislaufdarstellungen und -formeln differenziert er sukzessive aus. Er beginnt dazu im ersten Band des „Kapital" mit den ganz einfachen Zirkulationsschemata (I) W-G-W und (II) G-W-G`. Die Figur I beschreibt den Austausch von Waren gegen Geld und dieses Geldes gegen andere Waren. Wenn es dabei „gerecht" im Sinne von „fair" zuginge, würde Gleichwertiges gegen Gleichwertiges ausgetauscht (Äquivalenzprinzip). Beim Kreislauf II hingegen geht es um die „Verwertung des Wertes". D.h.: Geld wird in eine Warenproduktion investiert, die Profit (G`) abwerfen soll. Dieser ist entscheidend von der Schaffung von mehr Wert (Akkumulation) und Mehrwert abhängig. Ein erster Schritt zur Erweiterung der Formel II bei Marx sieht so aus:[156]

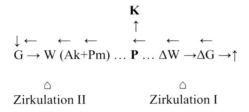

Ausgangsgangs- und Rückkehrpunkt des Kreislaufes ist der unmittelbare Produktionsprozess von Gütern und Diensten durch Lohnarbeit der Knechte = **P**. Im Kapitalismus findet er in Betrieben der verschiedensten Art und Größenordnung je nach dem Stand von Konzentration und Zentralisation der Kapitalien (z.B. in der Form von „global players") statt. Die Trennung von Betrieb und (privatem) Haushalt zählt zu den historischen Markenzeichen des modernen Kapitalismus. Betriebe versuchen, ihren Umsatz zu steigern, also mehr Produkte und Dienste als Waren für „die Märkte" hervorzubringen (ΔW). In den Waren „steckt" im idealen Falle ein über den Kosteneinsatz hinausreichender Wert. Die Waren und den Mehrwert tatsächlich zu Geld zu machen, das ist jedoch eine ganz andere Sache. So muss es beispielsweise Veranstaltungen und Zwecktätigkeiten geben, sie überhaupt erst einmal auf die Märkte zu bringen (Transport; Transportbetriebe). Dass die Waren und Dienste verkäuflich, verwertbar sind, dass die in sie investierte gesellschaftliche Arbeit sich *tatsächlich* verwerten lässt und damit wirklich als „gesellschaftsfähig" erweist, das ist nicht vorab garantiert! Das stellt sich erst im Nachherein (beim Verkauf) heraus. Aufgrund dieser Unsicherheit drohen ständig Verwertungsschwierigkeiten und Verwertungskrisen. Eine Form, dieses Systemproblem zu bearbeiten, besteht darin, spezielle Zwecktätigkeiten in Betrieben zusammenfassen, welche die „Vermarktung" sicherstellen sollen (Handelsbetriebe, Großhandelsbetriebe, Werbung etc.). Andere Betriebe sollen bei der Umwandlung von Waren in Geld helfen (Kreditinstitute, Versicherungen etc.). Die erste Zirkulationssphäre umfasst selbstverständlich die Sphäre des Verkaufens von Waren und Diensten auf Märkten (Austauschsphäre).[157] Ein Teil der Waren und Dienste landet beim Endverbraucher, wird konsumiert (K) und fällt insofern aus dem Kreislauf heraus. Ein anderer Teil des erzielten Erlöses wird reinvestiert. Das vorherrschende Ziel der Betriebsherren besteht in „Nettoinvestitionen", welche die Produktionsmöglichkeiten und damit die Chancen steigern, in einer neuen Runde des Kapitalkreislaufes einen höheren Profit zu erzielen. Marx spricht im Falle des Gelingens von „Akkumulation". Investitionen finden in der „Zirkulation II" statt. D.h.: Dort befinden sich diejenigen Betriebe, welche den Kauf und Verkauf von Investitionsgütern (Pm) und Arbeitskräften (Ak) an Hersteller betreiben und unterstützen. Man kann beispielsweise an Außenhandelsbetriebe denken, die Investitions- oder Konsumgüter einführen. Besonders wichtig ist selbstverständlich das „Finanzkapital", das Ensemble all jener Betriebe (Konzerne), welche mit der Finanzierung, Kreditierung und Versicherung von Aktivitäten in diesem Bereich oder mit der Finanzierung von Finanzierungen und Finanzspekulationen beschäftigt sind. Die Abkürzung von Zirkulationszeiten – eine der Strategien zur Ausfüllung der Poren des Arbeitstages – steigert die Mehrwertmasse. (Aktuell z.B. in der Form von Lieferungen „just in time").

Dieses etwas erweiterte Kreislaufschema differenziert Marx nicht zuletzt mit Hilfe der berühmten „Reproduktionsschemata" aus dem zweiten Band des „Kapital" weiter aus. Dort stellt er den komplexen Zusammenhang zwischen dem Kreislauf des Warenkapitals, des produktiven Kapitals sowie des Geldkapitals teilweise im Rückgriff auf Hegels Logik des Schließens dar. Doch schon das einfache Kreislaufschema G-W-G` erlaubt es, wenigstens zwei Grundbedeutungen des Marxschen Begriffs des *Kapitals* voneinander abzuheben. Der Ausdruck „das Kapital" bezieht sich (α) auf der einen Seite auf das unsere moderne Epoche prägende Produktions/Klassenverhältnis zwischen Lohnarbeitern und Kapitalisten, heute heißt das: Arbeitnehmern und Arbeitgebern.

„Auch das *Kapital* ist ein gesellschaftliches Produktionsverhältnis (wie das für den Feudalismus charakteristische Verhältnis von Feudalherr und Knecht – J.R.). *Es ist ein bürgerliches Produktionsverhältnis, ein Produktionsverhältnis der bürgerlichen Gesellschaft.*"[158]

Das Produktionsverhältnis von Lohnarbeit und Kapital ist insofern „epochenprägend", dass es sich nicht einfach nur als Verhältnis von klassischen Fabrikherren und proletarischen Handarbeitern bemerkbar macht, sondern in der großen Mehrzahl der Betriebe innerhalb der *ansonsten ganz verschiedenartigen Funktionsbereiche* des kapitalistischen Gesamtkreislaufes aufzufinden ist.

Auf der anderen Seite (β) ist „Kapital" auch nicht einfach mit einem Haufen Geld, mit Geldvermögen auf dem Konto gleich zu setzen. Geld als Kapital bedeutet Geld, das mehr Geld heckt: eben G – W – G`. (Marx: „Sich verwertender Wert").

Ad (§10): Den Gesamtkreislauf des Kapitals (= β) betrachte ich als den einen entscheidenden Teil dessen, was Marx die *gesellschaftliche Basis* nennt.[159] Mit jedem Zyklus wird nicht nur das Kapital (G`) reproduziert, sondern (mit welchen Modifikationen auch immer) auch das System ökonomischer Zwecktätigkeiten (Arbeit), das kernstrukturelle Produktionsverhältnis, das Gefüge der sozialen Beziehungen im Reproduktionsprozess, sowie eine Vielfalt besonderer Konstellationen von Reichtum, Macht und Ehre, die im Produktionsprozess vorzufinden sind. Sozialontologisch betrachtet stellt die Basis kein statisches Sein, sondern einen wirklichen *Prozess* dar! Dessen Ablauf ist zwar immer von der Existenz bestimmter „Ideen" (wie z.B. des Arbeitsethos der Beschäftigten) mit abhängig, lässt sich jedoch weder auf einen konsistent planenden Willen, noch restlos auf „Ideen" des Überbaus reduzieren. Im Gegenteil: Er weist sowohl eigenständige (emergente) Merkmale als auch eine eigensinnige Verlaufregelmäßigkeit zumindest in einem Zeitabschnitt auf. Verlaufsregelmäßigkeiten (z.B. in der Form des Durchgangs durch die gleichen Phasen) werden gern – etwas irreführend – als die spezifische „Logik" des Prozesses bezeichnet. Überdies gehen vom basalen Prozess ihm direkt zurechenbare (ungeplante) Wirkungen und Rückwirkungen auf Individuen und Gruppen aus.

Behauptungen wie diese sind grundsätzlich mit dem Basis-Überbau-Problem verwoben. Dieser Tatbestand wird sofort klar, wenn man – anders als ein wirklich orthodoxer Marxist – in der berühmten Formel von Marx, es sei nicht das Bewusstsein der Menschen, sondern umgekehrt ihr gesellschaftliches Sein, das ihr Bewusstsein „bestimmt", das Verbum „bestimmen" eben *nicht* mit „kausal unilinear determinieren" übersetzt. Damit traut man zwangsläufig dem Überbau eine eigenständige Rolle und „Logik" zu und muss sich ebenso zwangsläufig fragen: In welchem Sinne kann die „Basis" noch als „Basis" behandelt werden, wenn man dem Überbau eine eigenständige Funktion und Bedeutung zuschreibt? Diese Frage stellt sich nicht nur in der Tradition des Marxismus, sondern für all jene Autoren, welche mit irgendeiner Unterscheidung zwischen gesellschaftlichem Sein und gesellschaftlichem Bewusstsein arbeiten und dabei bestimmte Strukturen und Prozesse auf je spezifische Weise als „grundlegend" auszeichnen. Die Antwort, die ich bevorzuge, führte in die Gefilde der Hegelschen Logik, die wir hier weiträumig umgehen müssen.[160]

(Ad § 11): Zu den Schritten des „Absteigens" vom Abstrakten zum Konkreten (vgl. Hauptteil I/Modell 1/Teil A) bei Marx lässt sich die sukzessive Ergänzung und Erweiterung seiner Elementarfiguren des Kapitalkreislaufes rechnen. Dieser Weg der Konkretisierung eröffnet vielfältige Möglichkeiten, eine differenziertere Darstellung der Klassenstruktur des Kapitalismus zu liefern. Bleiben wir nur beim Schema mit den Zirkulationssphären I und II (s.o.): Allein in dessen Rahmen könnte man schon 4 und nicht bloß 2 Klassen lokalisieren: Die Lohnarbeiter und die Kapitalisten im Bereich der Produktion P, hinzu kommen „Zirkulationsagenten" – wie er sagt – in den Bereichen I und II (z.B. Gruppen von Beschäftigten in Handelsbetrieben). Mit der schrittweisen Ausweitung des Kreislaufschemas und der Berücksichtigung der inneren Inhomogenität der auf den höheren Abstraktionsniveaus als ziemlich einheitlich erscheinenden Klassen, kommt es (je nach dem für die jeweiligen Fragestellungen relevanten Grad der Detailgenauigkeit) zur Darstellung einer größeren Vielfalt von Klassen wie sie Marx beispielsweise in seiner Schrift: „Der achtzehnte Brumaire des Louis Bonaparte" berücksichtigt hat.

Das „dichotomische Zwei-Klassen-Schema" bei Marx ist ein Strohmann. Ganz anders sieht mit den Verbindungslinien zu den im § 11 erwähnten Grundbegriffen der Klassenanalyse aus. Sie lassen sich zwar ganz leicht auf Marx' Kreislauffiguren beziehen, verschärfen aber zugleich das Basis-Überbau-Problem als Problem:

1: Es erscheint sinnvoll, die *materielle Lage* einer Gruppe von ihrer *Klassenlage* zu unterscheiden – so wie Marx den *Produktions-* und Reproduktions*prozess* der materiellen Existenz der Menschen im Allgemeinen vom *Verwertungsprozess* als dessen historische Erscheinung in der Gegenwart des Kapitalismus abhebt. Die *materielle Lage* einer Gruppe wird durch das System ihrer Zwecktätigkeiten (Funktionsstellen) im basalen Reproduktionsprozess beschrieben. Unterschiedliche Zwecktätigkeiten sind nicht *per definitionem* gleich sozialen Ungleichheiten!

2: *Klassenlagen* bedeuten Stellungen (Funktionsstellen) in einem Reproduktionsprozess, der durch die Appropriation des Surplus charakterisiert ist! Kapitalistische Klassenlagen stellen Stellungen im *Verwertungsprozess des Kapitals* dar.

3: Das *Klassenbewusstsein* entspricht denjenigen Bestandteilen des kulturellen Überbaus (objektive Kultur), welche bei Menschen in gleicher Klassenlage festzustellen sind (subjektive Kultur) und wodurch sie sich u.U. von Bewusstseinsgehalten bei Menschen in anderer Lage selbst unterscheiden und/oder vom Beobachterstandpunkt aus unterscheiden lassen. Das Klassenbewusstsein ist alles andere als homogen und kann z.b. eigensinnig und eigenständig auf Merkmale der Basis einwirken.

4: Es lässt sich denken, dass das *Klassenhandeln* einem Typus von Aktionen entspricht, der sich Gruppen in einer bestimmten Klassenlage zurechnen lässt, wobei die empirische Vielfalt und Verschiedenheit der Aktionen den gemeinsamen Bezugspunkt des „Kampfes um das Surplusprodukt" aufweisen. „Kampf" wird in diesem Falle allerdings – anders als es in der marxistischen Tradition normalerweise der Brauch ist – im breiten Spektrum des § 8 der „Soziologischen Grundbegriffe" Max Webers buchstabiert!

Nochmals: Die unabdingbare Verhältnisbestimmung von Klassenlage, Klassenbewusstsein und Klassenhandeln setzt eines ganz bestimmt voraus: die Bearbeitung des *Basis-Überbau-Problems* im ungleichheitstheoretischen Achsenkreuz von *Reichtum, Ehre* und *Macht*![161]

Beispiel 6: Klasse, Stand und Partei bei Max Weber.

Das Schwergewicht und die Aktualität „des" Klassenbegriffs von Marx zeigen sich u.a. daran, dass kaum eine Theorie der Sozialstruktur auf irgendeine Auseinandersetzung damit verzichten kann. Nicht selten wird er in den Orkus des längst Überholten gekippt, um im Kontrast dazu die Entdeckung der neuesten sozialen Ungleichheiten prägnanter erscheinen zu lassen. „Jenseits von Klasse und Stand?", diese berüchtigte Frage von Ulrich Beck verlangt jedoch noch einen zusätzlichen Schritt.[162] Sie verlangt überdies die Verabschiedung von den Grundbegriffen der Ungleichheitstheorie Max Webers, damit selbstverständlich auch von dessen Klassenbegriff. Wie sieht dieser aus? Sucht man nach dem Dreh- und Angelpunkt des Weberschen Kategorie der „Klasse", dann findet man ihn beim Maß und der Art der vorhandenen oder fehlenden „Verfügungsgewalt" (Kontrolle) über Mittel, die dem Zweck des Lebensunterhaltes eines Individuums oder einer Gruppe dienlich sind. „Verfügungsgewalt" hängt eng mit dem

Machtbegriff zusammen: Es steht in meinem Vermögen (Können) und meiner Gewalt oder nicht, an bestimmte Mittel für die Existenzsicherung heranzukommen. Die tatsächliche Verfügungsgewalt über *Güter* als dingliche Mittel für den Lebensunterhalt im weitesten Sinne des Wortes bezeichnet Weber als *Besitz*. „Besitz" liest sich natürlich als ein eigentumstheoretischer Begriff, der somit in engstem Zusammenhang mit den Kategorien Reichtum (und Armut) steht. Mein (wie immer auch bescheidener) „Reichtum" drückt sich in den Gütern aus, die ich besitze oder an die ich wie immer auch mühselig herankommen kann. Das Individuum verfügt zudem auch (in verschiedenen Graden) über *Qualifikationen* (von angeborenen Talenten bis hin zu seinen durch Lernen erworbenen Fähig- und Fertigkeiten). *Güter* und *Qualifikationen* bedeuten also zwei Hauptgruppen von Mitteln, worüber ein Individuum im Interesse seines Lebensunterhaltes an sich Verfügungsgewalt ausüben kann. „Besitz" bedeutet eigentumstheoretisch „Haben", das *tatsächliche* Verfügen über Güter und Qualifikationen. Aber man muss an bestimmte Güter und Leistungen, auch an die Gelegenheiten zur Vermittlung bestimmter Fähigkeiten und Fertigkeiten, überhaupt erst einmal herankommen. Auf diesen schlichten praktischen Sachverhalt richtet sich schon in unserem Alltagssprachgebrauch der Begriff des *Erwerbs*. Ich erwerbe für meinen Lebensunterhalt wichtige Güter und Fertigkeiten, sie gehen in meinen Besitz (als tatsächliche Verfügungsgewalt) über. Weber denkt jedoch beim Erwerb vor allem an die historischen Besonderheiten einer Wirtschaftsordnung, worin der Lebensunterhalt zunehmend vom Kauf und Verkauf von Gütern und Diensten auf Märkten, also von ihrer „Verwertbarkeit" und „Verwertung" abhängt. Das ist natürlich im Kapitalismus zum allumfassenden Prinzip geworden. Man kann bei diesem Wirtschaftssystem geradezu von einer Universalisierung der Warenform der Güter und Dienste sprechen. Hinzu kommen solche Grundmerkmale des Kapitalismus wie die Trennung von Betrieb und Haushalt, die Entstehung der „formell freien Arbeit" – wie Weber die moderne Lohnarbeit nennt – sowie das rastlose Streben nach *Profit*. Diese historische Erscheinungsform des Surplus wird von Weber gleichsam buchhalterisch als Bilanzgewinn beschrieben:

> „Wo kapitalistischer Erwerb rational erstrebt wird, da ist das entsprechende Handeln orientiert an Kapital*rechnung*. Das heißt: es ist eingeordnet in eine planmäßige Verwendung von sachlichen oder persönlichen Nutzleistungen als Erwerbsmittel derart: dass der *bilanz*mäßig errechnete Schlussertrag der Einzelunternehmung an geldwertem Güterbesitz ... beim Rechnungsabschluss das >>Kapital<<: d.h. den *bilanz*mäßigen Schätzungswert der für den Erwerb durch Tausch verwendeten sachlichen Erwerbsmittel *übersteigen* (bei Dauerunternehmung also: *immer wieder* übersteigen) soll."[163]

Unter der Voraussetzung dieser Grundbegriffe und -annahmen hängen die Lebenschancen der Menschen in Gesellschaften, in denen sich die Abläufe und Institutionen einer Zirkulationssphäre (Austausch auf Märkten) durchsetzen und die Geldwirtschaft eine größere historische Bedeutung gewonnen hat, grundlegend von den Aussichten der Vermarktung von Besitztümern und Qualifikationen ab. Surplustheoretische Überlegungen kommen bei Weber u.a. dort zum Zuge, wo er Besitz als ausschließenden Besitz (exklusiven Besitz) beschreibt. Dieser kommt zum Beispiel durch Monopolbildung zustande (WuG 224). Er erwähnt überdies Privilegien in der Form von „Renten". Damit ist nicht die Pension, sondern letztlich das Privileg als appropriierter Überschussanteil, mithin als Surplus gemeint. Weber erwähnt u.a. das Beispiel der „Menschenrentner" und versteht darunter Sklavenhalter (ebd.)! Es ist also keineswegs unmöglich, den Begriff der *Klasse* bei Max Weber am Grundmechanismus der Klassenformierung, an den Kämpfen um das Surplusprodukt festzumachen. Er geht allerdings in erster Linie von der Analyse von *Klassenlagen* aus. Diese sieht er durch drei Arten von Lebenschancen bestimmt (WuG 223):[164]

- Chancen der Güterversorgung (Aussichten, an Güter und Dienste heranzukommen);
- Chancen der „äußeren Lebensstellung" (Aussichten auf eine bestimmte Stellung im System von Reichtum, Macht und Ehre ist m. E. eine mögliche Auslegung);
- Chancen des „inneren Lebensschicksals" (Das ließe sich ganz gut durch die Formierung von Sozialcharakteren, Habitus, Charaktermasken illustrieren).

Die Basis dieser Chancen, welche die konkrete Ausprägung einer Klassenlage sichtbar machen, besteht jedoch in der Verfügungsgewalt über Güter und Qualifikationen. Webers Definition von „Klasse" setzt die Kategorie der „Klassenlage" voraus, die jedoch ihrerseits in der Verfügungsgewalt über Besitztümer und Qualifikationen verankert ist.

In einem ersten Ansatz zur Definition ungleichheitstheoretischer Grundbegriffe unterscheidet Weber drei elementare Typen von Klassen:

1. *Besitzklassen:* Darunter versteht er Gruppierungen, deren Klassenlage in erster Linie durch Unterschiede des privilegierten oder unterprivilegierten Besitzes (tatsächliche Verfügung) bestimmt wird. Weber spricht in diesem Zusammenhang u.a. von „negativ privilegierten Besitzklassen" wie „Deklassierte", „Verschuldete", „Arme" (WuG 224).
2. *Erwerbsklassen:* Die Klassenlage dieser Gruppen wird nach Weber in erster Linie durch Verwertungschancen bestimmt. Er denkt dabei in erster Linie

an die Chancen der Marktverwertung von Gütern oder Leistungen und bezeichnet die Unternehmer als „positiv privilegierte Erwerbsklasse" (WuG 225).
3. *Soziale Klassen:* Abgesehen davon, dass Besitz- und Erwerbsklassen ja ihrerseits schon „soziale Klassen" in einem allgemeinen Sinn darstellen, zielt Weber mit diesem etwas irreführenden Begriff nicht auf Gruppen, sondern auf einen sozialen Prozess, auf den Prozess der *sozialen Mobilität*. Denn unter „sozialen Klassen" versteht er „die Gesamtheit derjenigen Klassenlagen ..., zwischen denen ein Wechsel a. persönlich, b. in der Generationenfolge leicht möglich ist und typisch stattzufinden pflegt" (ebd.).

Es gibt bei Weber in „Wirtschaft und Gesellschaft" noch einen zweiten, mit dem aus dem vierten Kapitel nicht völlig deckungsgleichen Vorschlag zur Einordnung des Klassenbegriffs in einen Kategorienapparat zur Untersuchung sozialer Diskrepanzen (WuG Kapitel 8; 657 ff.). Im achten Kapitel unterscheidet Weber beim Blick auf die „Machtverteilung innerhalb der Gemeinschaft" drei Grundphänomene:

a. Klassen;
b. Stände;
c. Parteien.

Nach meiner Auffassung macht es sehr viel Sinn, den Begriff „Machtverteilung" mit „Struktur sozialer Diskrepanzen" gleichzusetzen. Denn die Einteilung des gesamtgesellschaftlichen Ungleichheitssystems in *Klassen*, *Stände* und *Parteien* verläuft ja ziemlich genau parallel zu den Analysedimensionen *Reichtum*, *Ehre* und *Macht*.

Ad a: Klassen: Jetzt sind es bei Weber drei Hauptmerkmale, welche die sozialen Klassen charakterisieren. 1.) Es muss Faktoren geben, welche die Lebenschancen einer bestimmten Gruppe von Menschen auf eine vergleichbare Weise beeinflussen. 2.) Diese Faktoren sind von einem bestimmten Typ: Es handelt sich um Interessen an Güterbesitz und/oder Erwerb. „Interesse" bedeutet an dieser Stelle wohl so viel wie: Streben nach dem Besitz und/oder dem Erwerb von Gütern und Diensten für den (kulturell definierten) Lebensunterhalt. Damit wird der allgemeine Begriff des „Reichtums" als Ausdruck für die Gesamtheit der Güter und Dienste aufgenommen, zu der Individuen und Gruppen tatsächlichen oder potentiellen Zugang haben. 3.) Diese Besitz- und Erwerbsinteressen müssen unter den Rahmenbedingungen „des (Güter- und Arbeits-)*Markts*" wirksam werden (WuG 679). Das wird mitunter so gelesen, als stellten die Märkte *die* alleinige Bedingung für die Entstehung von Klassenlagen und Klassen dar. In der Tat scheint Weber an einer Stelle *Klassenlagen* mit *Marktlagen* gleichzusetzen:

> „Immer aber ist für den Klassenbegriff gemeinsam, dass die Art der Chancen auf dem *Markt* diejenige Instanz ist, welche die gemeinsame Bedingung des Schicksals des Einzelnen darstellt. >>Klassenlage<< ist in diesem Sinne letztlich >>Marktlage<<" (WuG 680).

Entnähme man dem, die Verfügungsgewalt über Dinge und Qualifikationen sowie der Kampf um das Surplusprodukt spielten bei Weber gar keine Rolle, dann handelte es sich um eine recht brachiale Lesart. Denn an anderer Stelle sagt Weber:

> „>>Besitz<< und >>Besitzlosigkeit<< sind ... die Grundkategorien aller Klassenlagen, einerlei, ob diese im Preiskampf oder im Konkurrenzkampf wirksam werden" (WuG 679).

Was alles an Begriffen wie „Besitz" oder „Besitzlosigkeit" hängt, habe ich schon eingangs angedeutet (s.o. Modell 1/B + Tafel 2). Und etwas später rückt Weber den Klassenbegriff sogar nahe an Marx Ausgangspunkt bei den Stellungen im Reproduktionsprozess heran:

> „>>Klassen<< gliedern sich nach den Beziehungen zur Produktion und zum Erwerb von Gütern ..." (WuG 688).

Die Stellung von Gruppen in der Zirkulationssphäre stellt offensichtlich *nicht* das alleinige Kriterium für die Bestimmung Klassenlagen und Klassen bei Max Weber dar!

Der historische Einzugbereich des Weberschen Klassenbegriffs schwankt ein wenig. Wenn es tatsächlich nur die Chancen auf entwickelten Märkten bzw. an „die an die Existenz des >>Markts<< gebunden(e)" ökonomische Interessen wären, „welche die >>Klasse<< schaffen", dann wären Sklaven nur im begrenzten Sinne des „Sklavenmarktes" Klassen (WuG 680). Wenn jedoch die Appropriation des Surplusprodukts den Grundmechanismus aller Klassenbildung darstellt (was bei Weber in Aussagen wie der mitschwingen könnte, Besitz und Besitzlosigkeit seien die Grundkategorien aller Klassenlagen), dann bilden Sklaven und Sklavenhalter sehr wohl Klassen, wenn auch in einer historisch ganz spezifischen Formbestimmung.

Weber betont mit Fug und Recht, dass das „Herauswachsen einer Vergesellschaftung oder selbst eines *Gemeinschafts*handelns aus der gemeinsamen Klassenlage" keineswegs mit historischer Notwendigkeit geschieht (WuG 681).

Das heißt: Eine jede Klasse *kann* der kollektive Träger eines in den verschiedensten konkreten Formen denkbaren „Klassenhandelns" sein, *muss* es jedoch keineswegs zwangsläufig sein. Dass ist ebenso eine empirische Frage wie die, in welchem Ausmaß Menschen „in gleicher Klassenlage auf so fühlbare Situationen, wie es die ökonomischen sind" mit Aktionen reagieren, die dem Durchschnitt ihrer Interessenausrichtung adäquat sind oder gar in einem *Gemeinschaftshandeln* ausmünden, das solchen Kriterien wie „Solidarität" genügt.

Ad b: Von den Klassen unterscheidet Weber „Stände" und „ständische Lagen". Bei Menschen in gleicher ständischer Lage hängt das Lebensschicksal von positiven oder negativen Einschätzung der „Ehre" ab, die sich meist an irgendwelchen Merkmalen der entsprechenden Gruppe wie ihre Sippenabstammung festmachen. Diese Einschätzungen sind mit *Diskriminierungen* oder *Bevorzugungen* verbunden. Auch Klassenlagen sind immer wieder zum Aufhänger für geringes oder hohes gesellschaftliches Ansehen geworden. Weber betont, dass die ständische Ehre nicht selten in einen Widerspruch mit „Prätensionen des nackten Besitzes" geraten kann.

> „Auch Besitzende und Besitzlose können dem gleichen Stand angehören und tun dies häufig und mit sehr fühlbaren Konsequenzen, so prekär diese >>Gleichheit<< der sozialen Einschätzung auf die Dauer auch werden mag" (WuG 683).

Ständische Ehre (Sozialprestige) verlangt von denjenigen, welche ein höheres Ansehen genießen wollen, eine bestimmten Stil der Lebensführung. Standards und Kriterien des sozialen Ansehens entscheiden nicht selten darüber, wer mit wem überhaupt etwas zu tun haben kann und darf. Es kommt beispielsweise zu geschlossen (exklusiven) Kreisen der feinen Leute, welche die feinen Unterschiede zu unfeinen anderen Menschen pflegen und sich ein gepflegtes *impression management* angelegen sein lassen, also kräftig darum bemüht sind, Eindrücke zu schinden.

Ad c: Als dritten Hauptbestandteil der Ungleichheitsstruktur einer Gesellschaft nennt Weber die *Parteien*. Darunter sind nicht einfach die politischen Massenparteien westlicher Demokratien zu verstehen. Denn Parteien kommen nach Weber überall da zum Vorschein, wo irgendeine kleine oder größere Gruppierung den Versuch unternimmt „Einfluss auf ein Gemeinschaftshandeln gleichviel welchen Inhalts" auszuüben. Also kann es Parteien ebenso gut „in einem geselligen >>Klub<< ... geben wie in einem >>Staat<<" (WuG 688). Parteien, so betont er ausdrücklich, sind „primär in der Sphäre der >>Macht<< zu Hause" (ebd.). Parteien stellen grundlegende Erscheinungsformen menschlicher *Verge-*

sellschaftung und keine *Gemeinschaften* dar. Denn parteimäßiges Handeln ist im Rahmen einer „rationale Ordnung" mit der Ausrichtung von Aktionen auf ausgezeichnete Ziele hin verbunden. Hinzu kommt ein „Apparat von Personen", welcher bei der Durchsetzung der Ziele helfen soll (WuG 689). Parteien können rein „sachliche" Ziele verfolgen, indem sie ein Programm materieller oder ideeller Zwecksetzungen zu verwirklichen versuchen. Sie können aber auch „persönliche" Ziele in der Form von Pfründen, Macht und Ansehen anstreben (WuG 688). Eine Partei ist demnach stets ein um Macht und Herrschaft kämpfendes Gebilde, das „daher selbst oft sehr straff, >>herrschaftlich<< zu sein pflegt" (WuG 689).

Soziale Diskrepanzen werden von den meisten Autoren im Achsenkreuz von Reichtum, Ehre und Macht lokalisiert. Es ist offensichtlich, dass die Unterscheidung zwischen *Klassen, Ständen* und *Parteien* auch bei Weber sehr weitgehend parallel zu der zwischen *Reichtum (Beisitz, Erwerb), Ehre (Prestige)* und *Macht* (sowie *Herrschaft*) verläuft. Sofort taucht die unvermeidliche Frage wieder auf, wie wohl Reichtum, Ehre und Macht, damit Klassen, Stände und Parteien grundsätzlich und/oder in einem konkreten historischen Fall miteinander zusammenhängen? Auf einem sehr hohen Abstraktionsniveau lassen sich die Umrisse einiger Typen von Antworten auf diese Frage nachzeichnen:

(1) *Der Ökonomismus*: Beinharte Spielarten des Histomat vertreten jene bekannte Art eines Determinismus. Im schlimmsten Fall wurzelt er in der These, der ökonomische Prozess mit seinem Antagonismus von Produktivkräften und Produktionsverhältnissen = Klassenverhältnissen bestimme kausal notwendig („gesetzmäßig") auch die Kulturwertideen der „Ehre" sowie das Handeln der „Parteien" (Machtgruppen und Herrschaftsordnungen). Weber hatte zu seinen Zeiten guten Grund, sich dagegen zu wenden (vgl. WuG 683). Heutzutage wird der Ökonomismus eher als ein Strohmann abgefackelt.

(2) *Die Kontingenzannahme:* Klasse, Stand und Partei werden von Weber gelegentlich so beschrieben, als verkörperten sie völlig unterschiedliche Erscheinungsformen sozialer Ungleichheit. So kenne beispielsweise „der Markt" kein Ansehen der Person; denn er werde von rein „sachlichen Interessen" beherrscht und wisse „nichts von >>Ehre<<" (WuG 687). Bei Ständen sei das genau umgekehrt. Ihre Existenz hänge von der Orientierung der Akteure an Normen des gesellschaftlichen Ansehens ab. Das bedeutet selbstverständlich nicht, es gäbe überhaupt keine empirischen Zusammenhänge zwischen Klasse, Stand und Partei. Doch diese vorfindlichen Zusammenhänge sind „kontingent". Das heißt: Sie lassen sich nach dieser Auffassung *nicht* als Menge von Einzelrelationen begreifen, für die eine umfassende Metastruktur als Rahmen angegeben werden kann.

Gäbe es eine solche „Metastruktur", dann würden sich (a) die vielfältigen konkreten Beziehungen zwischen Klasse, Stand und Partei zu einem grundlegenden Muster fügen, das (b) auf abstraktester Ebene eine für die Analyse sozialer Diskrepanzen durchweg verbindliche Konstellation von Reichtum, Ehre und Macht verkörperte. Das ist nach der Kontingenzthese nicht der Fall. Auf eine dem nahe kommende Weise sagt Weber beispielsweise, Stände seien im Gegensatz zu Klassen (als Formen der Vergesellschaftung ökonomischer Einzelinteressen) *Gemeinschaften*, „wenn auch oft solche von amorpher Art" (WuG 683).[165] Gleichwohl *kann* die Klassenlage, *muss* aber nicht zum Aufhänger für Hierarchien des gesellschaftlichen Prestiges werden (WuG 683).

(3) *Das Basis-Überbau-Problem:* Da ist es schon wieder! Verhältnisbestimmungen von gesellschaftlichem Sein und gesellschaftlichem Bewusstsein liefern genau eine solche „Metastruktur", die allerdings je nach theoretischem Kontext ganz verschieden aussehen kann. Bei Weber gibt es ebenfalls eine Reihe von Textstellen, wo er nicht-ökonomistische Metarelationen von „Kulturwertideen" des Überbaus zu einer ausdrücklich als solche bestimmten ökonomischen Basis voraussetzt! So zum Beispiel da, wo er mit aller Deutlichkeit schreibt:

> „Der indirekte Einfluss der unter dem Drucke >>materieller<< Interessen stehenden sozialen Beziehungen, Institutionen und Gruppierungen der Menschen erstreckt sich (oft unbewusst) auf alle Kulturgebiete ohne Ausnahme (!), in die feinsten Nuancierungen des ästhetischen und religiösen Empfindens hinein."[166]

(4) *Die Pluralismusthese.* Klassen werden als soziale Diskrepanzen auf gesamtgesellschaftlichem Niveau gesucht. Deswegen werden sie oft auch als „Großgruppen" bezeichnet. Man kann gerade in der deutschen Ungleichheitsforschung der jüngeren Vergangenheit des öfteren die These lesen, klassische Großgruppen wie Klassen erodierten inzwischen zugunsten einer bunten Vielfalt von Milieus mit ebenso vielfältigen Mentalitäten der Milieuinsassen wie Stilen ihrer Lebensführung. Insofern mache es gar keinen Sinn mehr, dass sich die allgemeine Ungleichheitstheorie mit sozialen Diskrepanzen befasst. Obendrein gebe es gar keine „ökonomische Basis", weil alle Teilsysteme der Gesellschaft in einer komplexen Gesellschaft gleich wichtig sind. Ja, man könne noch nicht einmal bei der Weberschen Dreifaltigkeit von Klasse, Stand und Partei als den letztendlich maßgebenden sozialen Gebilden stehen bleiben. Es gibt – so lehrt die in dieser Hinsicht international etwas eigenbrötlerisch erscheinende deutsche Soziologie der jüngeren Vergangenheit – vielfältige Ungleichheitsdimensionen, die gleich gültig sind, wenn nicht gleich gültig nebeneinander stehen.

Texte und Textstellen zur Illustration und Vertiefung dieser Grundgedanken

....

Wichtige Bezugstexte

K. Marx: „Das Kapital", Band 1 (MEW 23), Achtes Kapitel: „Der Arbeitstag", Abschnitt 1: Die Grenzen des Arbeitstages. MEW (Marx/Engels Werke).

K. Marx: „Das Kapital", Band 2 (MEW 24), Erstes Kapitel: „Der Kreislauf des Geldkapitals".

M. Weber: Wirtschaft und Gesellschaft. Grundriss der verstehenden Soziologie (Studienausgabe hrsg. v. J. Winckelmann), Köln/Berlin 1956, 1. Halbband, Viertes Kapitel: Stände und Klassen. WuG.

M. Weber: Wirtschaft und Gesellschaft, a.a.O.; 2. Halbband, Achtes Kapitel, § 6: Machtverteilung innerhalb der Gemeinschaft: Klassen, Stände, Parteien.

Problemstellungen Diskussionen

Differenzen und Übereinstimmungen zwischen „dem" Marxschen und „dem" Weberschen Klassenbegriff.

Vertiefender Kommentar

E. O. Wright: Class Counts. Comparative studies in class analysis, Cambridge 1997, Kapitel 1: Class Analysis.

J. Ritsert: Soziale Klassen, Münster 1998, Kapitel 3, S. 57-87.

Modell 11:
Soziale Schichten

Teil A
Dimensionen des Schichtbegriffes.

Dem Basis-Überbau-Problem – so wurde mehrfach betont – kann keine Theorie aus dem Wege gehen, die mit irgendeiner Variante der sozialontologischen Grundunterscheidung zwischen gesellschaftlichem *Sein* und gesellschaftlichem *Bewusstsein* arbeitet. Die Differenz zwischen „faktischer („objektiver") sozialer Lage" und dem „Alltagsbewusstsein dieser Lage" liefert nur eines von zahllosen Beispielen dafür. Damit stellt sich für all diese Theorien die zusätzliche Schlüsselfrage nach der Ausprägung und den Verwendungsmöglichkeiten einer „Metastruktur". Unter „Metastruktur" wurde ein Beziehungsgefüge verstanden, wonach sich die Vielfalt der verschiedenen Relationen ordnet, die zwischen Ideen des gesellschaftlichen Bewusstseins und den Faktoren des gesellschaftlichen Seins im Allgemeinen, bei Klassentheorien: zwischen der ökonomischen Basis und dem kulturellen Überbau im Besonderen bestehen. Anschlussfragen verbreiten sich wie ein Steppenbrand. So kommt sofort die folgende hoch: Legt *Kausalität* den Typus aller ansonsten inhaltlich ganz verschiedenen Beziehungen fest? (Wobei natürlich nicht zu bestreiten ist, dass es regelmäßige Wirkungen gibt, die von der Basis auf den Überbau ausgeübt werden). Oder: Können Faktoren des Überbaus (wie die Ehre) bei Gelegenheit nicht ein stärkeres Gewicht aufweisen als materielle Interessen, ja, *konstitutive* Funktion vor allem dann ausüben, wenn die Orientierung von Menschen an bestimmten Regeln die Bedingungen dafür ist, dass es eine bestimmte soziale Tatsache überhaupt gibt? Im Abseits steht der Kicker nur aufgrund des Regelwerks für das Fußballspiel. Gäbe es die Regeln der FIFA nicht, stünde er einfach blöd in der Gegend herum. Damit werden jedoch plötzlich Bestandteile des Überbaus zu einer Art „Basis" sozialer Phänomene"! Der Akzent verschiebt sich gleichsam vom Reichtum auf die Ehre. Wie kann dann überhaupt noch vorbehaltlos von einer *ökonomischen* Basis die Rede sein. Als konkretere Variante einer „Metastruktur" kann man bei Ungleichheitstheorien also stets ein Detailrelationen ordnendes Beziehungsgefüge zwischen Reichtum, Ehre und Macht ansehen.

Es sind einerseits theoretische Probleme wie diese, es sind andererseits ganz klar politische Motive, die beispielsweise hinter der Gleichsetzung der Klassentheorie mit dem dogmatischem Ökonomismus und Kasernenkommunismus stecken, und dann zu dem Projekt beigetragen haben, die Klassentheorie durch eine

Theorie der sozialen *Schichten* zu ersetzen. Deutliche Vorbehalte vor allem gegenüber der Marxschen Klassentheorie meldet unmittelbar nach dem 2. Weltkrieg Theodor Geiger (1891-1952) an. Seine Auffassung ist, Klassen als eine Erscheinungsform sozialer Diskrepanzen seien in der sozialen Wirklichkeit am Verschwinden. Die Klassengesellschaft sei eine Sache des 19. Jahrhunderts und befinde sich – so Th. Geiger – „im Schmelztiegel".[167] Der Klassenbegriff sei daher für Gegenwartsanalysen nicht länger mehr brauchbar. Nach Geiger kann man das daran ablesen, dass viele der Marxschen Vorhersagen nicht eingetreten sind: Weder kann von einer Verelendung der Massen in den westlichen Industrieländern die Rede sein, noch ist der alte Mittelstand ganz verschwunden. Ganz abgesehen davon, dass neue mittelständische Gruppierungen entstanden sind, für die seit Beginn des 20.Jhs. zunächst die Angestellten und Beamten charakteristisch sind. Gewiss, es stimmt, dass die überwältigende Mehrheit der Menschen sich inzwischen im Status des „Arbeitnehmers" wiederfindet. Doch die Gruppe dieser „Arbeitnehmer" ist so umfassend und zugleich in sich so heterogen, dass man sie nicht im klassischen Stil wie eine einheitliche Klasse oder Schicht behandeln kann. Auch die gesellschaftlichen Antagonismen lassen sich nicht mehr mit den Klassenkämpfen des 19. Jhs. vergleichen. Sie sind in der Form von Bargaining-Prozessen zwischen Gewerkschaften und Arbeitgeberverbänden institutionalisiert, ritualisiert und domestiziert worden. Von einem kämpferischen Klassenbewusstsein sozialer Gruppen kann schon gar nicht mehr die Rede sein – von gelegentlichen Streiks und Streikritualen abgesehen. Obendrein stellt sich die Frage, inwieweit man überhaupt noch von halbwegs homogenen Klassenmilieus oder der „Kultur" einer Klasse sprechen kann, wenn sich beispielsweise die Konsumgewohnheiten der Individuen weitgehend angeglichen haben. Geiger gilt seitdem als einer derjenigen, welche die Überzeugung verbreitet haben, Schichttheorien würden mit einer Reihe der Schwierigkeiten besser fertig, vor denen die Marxsche Klassentheorie steht.[168]

Schichttheorien setzen eine spezifische Schlüsselmetapher voraus: Nicht die Kreisläufe (der ökonomischen Reproduktion), sondern geologische Ablagerungen (vielleicht auch Sachertorten) liefern das elementare Bild, womit Schichttheorien und/oder Forschungsprojekte über soziale Stratifikation arbeiten. *Stratum* bedeutet im Latein eigentlich ein Polster, eine Satteldecke, jedoch auch damals schon geologische Lagen (Ablagerungen). Dementsprechend erscheinen gesellschaftliche Diskrepanzen als *strata*, die sich aus sozialen Positionen in der Gesellschaft und den damit verbundenen Erwartungen an das Handeln der Positionsinhaber zusammensetzen. Insoweit diese Positionen eine bestimmte Menge von gemeinsamen Merkmalen aufweisen, gelten sie als Anhaltspunkte für die Zuordnung einzelner Menschen zu einer *gleichen* – zumindest vergleichbaren – Lage. Genau so wie es die geologische Schlüsselmetapher der Schichtforschung vorgibt, werden die einzelnen sozialen Lagerungen in einem Verhältnis der Überordnung und Unterordnung zueinander dargestellt. Sie weisen also die Metastruktur einer *Hierarchie* auf. Dabei stellen die klassischen Stratifikationstheorien die Schichtstruktur einer Gesellschaft vorzugsweise als eine *Statushierarchie* dar. Die *status* wiederum bedeuten Stellungen des Einzelnen oder sozialer Gruppen innerhalb einer Hierarchie des *Ansehens*. Damit liegt der Hauptakzent von Schichttheorien auf der Ungleichheitsdimension der *Ehre*.

Bei näherem Hinsehen zeigt es sich, dass sich die verschiedenen schichttheoretischen Ansätze in einem breiten Spektrum zwischen zwei extremen Flügelpositionen bewegen: Am einen Endpunkt dieses Spektrums ist die folgende Definition angesiedelt, die Theodor Geiger für den Begriff der „Schicht" vorgeschlagen hat:

> „Jede *Schicht* besteht aus vielen Personen (Familien), die irgendein erkennbares Merkmal gemeinsam haben und als Träger dieses Merkmals einen gewissen Status in der Gesellschaft und im Verhältnis zu anderen Schichten einnehmen. Der Begriff des *Status* umfasst Lebensstandard, Chancen und Risiken, Glücksmöglichkeiten, aber auch Privilegien und Diskriminationen, Rang und öffentliches Ansehen."[169]

Zunächst fällt auf, dass der Begriff der Macht nicht erwähnt wird. Vielleicht steckt er in der Kategorie des „Ranges"? Mindestens so irritierend ist, dass die Definition daraus hinausläuft, den Begriff der „Schicht" deckungsgleich mit dem der „sozialen Ungleichheit" überhaupt zu verwenden. Es ist allein die geologische Metapher, die ihm eine besondere Note verleiht. Ansonsten tauchen alle Begriffe auf, die von Diskursen über soziale Ungleichheit überhaupt verwendet werden und die nichts aussagen, was für Schichttheorie charakteristisch wäre. „Schicht" wird von daher zum allumfassenden Begriff, der (vielleicht aus Gründen politischer Vorbehalte gegen den marxistischen Sozialismus?) für jede Form sozialer Ungleichheit steht.

Am anderen Ende des Spektrums wird „Schicht" ausschließlich in der Dimension der *Ehre* beschrieben. Dabei ergibt sich zusätzlicher Klärungsbedarf: Der Begriff des „Ansehens" sowie ihm wahlverwandte Kategorien wie „Ehre" oder „Prestige" werden entweder in sehr allgemeinen oder in eingeschränkteren Formen gebraucht. Bei allgemeiner Verwendung können sie so weit gefasst sein, dass damit sämtliche kulturellen Wertideen gemeint sind, auf deren Grundlage sozial relevante Unterschiede zum Aufhänger für Einteilungen nach höherem und niederem Ansehen werden. Bei eingeschränkterem Gebrauch der Kategorie des Prestiges wird die Hierarchisierung nur an einer empirischen Differenz oder nur an ganz bestimmten sozial bedeutsamen Unterschieden festgemacht, die entweder von Beobachtern oder den Akteuren selbst als gesellschaftlich besonders relevant gewichtet werden. So ist zum Beispiel für viele einschlägige Untersuchung der Schichtstruktur moderner kapitalistischer Gesellschaften eine Reduktion der Dimension der „Ehre" auf das Berufsprestige charakteristisch.

Zwischen den beiden Polen einer sehr allgemeinen und einer sehr speziellen Wortwahl bewegt sich auch der von Schichttheoretikern gern verwendete Begriff des sozialen „Status". *Status* kann ganz allgemein die Lage einer Gruppe auf *irgendeiner* Skala meinen, die *irgendwelche* Über- und Ordnungen markiert.[170] Das heißt: Überall da, wo sich die Stellung von Personen und Gruppen auf zumindest ordinalskalierten Stufenleitern einer Hierarchie lokalisieren lässt, läge demnach eine „Schichtung" vor. Damit wird der Begriff der „Schicht" wieder einmal auf eine nichtssagende Weise deckungsgleich mit einer eigentlich allgemeiner zu verstehenden Kategorie: *Schicht* deckt sich in diesem Falle mit *Hierarchie* überhaupt und beide Konzepte werden letztendlich mit der Kategorie der sozialen *Ungleichheit* gleichbedeutend verwendet. Der Begriff des „Status" wird jedoch auch (vielleicht etwas häufiger) im engeren Sinn der Stellung einer Person oder Gruppe innerhalb einer nach bestimmten Kriterien gebildeten Rangordnung des gesellschaftlichen Ansehens verwendet. Bei der Untersuchung des Stratifikationssystems der bürgerlichen Gesellschaft der Neuzeit meint „Status" daher meistens die Stellung von Personen und Gruppen auf den Stufen einer *B*erufsprestigehierarchie. Diese Skala des Ansehens, das bestimmte Berufe in der Gegenwart genießen, wird meist vom Aktorstandpunkt aus gebildet. Befragte sollen (ausgewählte) Berufe in eine Rangordnung ihres Prestiges bringen.

Einen Platz zwischen den beiden Extrempositionen der Gleichsetzung von „Schicht" mit „Ungleichheit" einerseits, der Auswahl einer einzelnen auf Ansehen reduzierten Skala andererseits, nehmen in der Schichtforschung diejenigen Ansätze ein, welche „Schichten" mit den methodischen Mitteln der Indexbildung abgrenzen wollen. Das schlichteste Beispiel dafür liefert der sog. „SEB-Index". S steht für den Schichtindikator „Schulbildung", E für den des „Einkommens" und B für „Beruf". Die Schulbildung wird mit einer Rangskala „gemessen", die weitgehend den Schulstufen bzw. den Schulabschlüssen entspricht. Jemand mit Realschulabschluss hat eine „höhere" Bildung genossen als jemand mit Hauptschulabschluss (Rangskala). Das Einkommen kann auf Rationalskalenniveau gemessen werden, da es gleich Null oder unter Null sein kann. Beim Berufsprestige wird nach signifikanten Übereinstimmungen repräsentativ ausgewählter Personen bei ihrer Einordnung von Berufen in eine Rangfolge gesucht. Aufgrund der „Messwerte", die sich für eine Person auf den drei Skalen (S, E und B) ergeben, wird ihr eine Indexzahl zugewiesen. (Hohes Einkommen, hohe Schulbildung, prestigeträchtiger Beruf gibt eine hohe Indexzahl). Indexzahlen die in einer Spannbreite zwischen a ... n liegen, entscheiden über die Schichtzugehörigkeit einer Person oder Gruppe. (Eine Spanne höchster Indexzahlen steckt den Bereich der Oberschicht ab usf.). Das allereinfachste Schichtmodell gliedert soziale Diskrepanzen in drei *strata*: Oberschicht, Mittelschicht und Unterschicht. Das ist ein Schema, das vor allem außerhalb des Wissenschaftsbetriebs beliebt ist. Wenn etwas über die soziale Mobilität in einer Gesellschaft ausgesagt werden soll, dann werden in den einfachen Fällen die Aufstiegs- oder Abstiegschancen eines Individuums in eine höhere oder niedere Schicht auf dem Hintergrund der Schichtzugehörigkeit der Herkunftsfamilie bestimmt. (Wobei dann oftmals der Beruf des Familienoberhauptes den Bezugspunkt bildet, was natürlich mit der Veränderung der Familienstruktur, Frauenarbeit etc. erhebliche „Messprobleme" aufwirft). Man könnte einen ganzen Rucksack mit ähnlichen wissenschaftstheoretischen Problemen der Schichttheorie packen. Ich erwähne nur zwei Beispiele:

(1) Das Problem der Homogenität teilt die Schichttheorie nicht allein mit der Klassentheorie:

- Ein *jeder* sozialwissenschaftlicher Ansatz, der Aussagen über eine Gruppe oder ein größeres Kollektiv machen will, tut dies unter der Voraussetzung bestimmter sozial relevanter Merkmale, die für die Zurechnung von Individuum zu diesem Kollektiv und nicht zu einem anderen maßgebend sind.
- Ein *jeder* sozialwissenschaftlicher Ansatz, dessen Aussagen sich auf Kollektive bezieht, setzt nicht nur sozialontologische Annahmen über die Daseinsweise von Gruppen überhaupt voraus, sondern hat natürlich auch damit zu rechnen, dass „Homogenität" nicht vollständige Übereinstimmung der Einzelnen in sämtlichen Eigenschaften, sondern bestenfalls so etwas wie die Wittgensteinsche „Familienähnlichkeit" oder „statistisch signifikante Häufung" bedeutet.[171]
- *Jede* auf Kollektive gerichtete Ungleichheitstheorie steht vor dem wissenschaftslogischen Problem, über die Zugehörigkeit von Elementen zu logischen Klassen entscheiden zu müssen, ohne über einen Zuordnungsalgorithmus zu verfügen, der garantieren würde, dass (z.B.) die Residualkategorie mit null Elementen besetzt ist. Nebenbei: Das gilt für jede Unterordnung von empirischen Einzelfällen unter abstraktere Kategorien.

(2) Das *Problem des methodologischen Artefaktes* stellt sich ebenfalls nicht nur für Schichttheorien. Denn *jede* auf Kollektive bezogene Theorie steht vor der Schwierigkeit, ihre Einteilungsvorschläge als wirklichkeitsbezogen und nicht bloß als methodische Artefakte auszuweisen, denen wenig bis gar nichts in der gesellschaftlichen Realität entspricht. Bei Schichtmodellen, ob sie nun mit einfachen Indices wie dem SEB-Index oder mit komplexeren Verrechnungsvorschlägen für Skalenwerte arbeiten, ist allerdings die Gefahr, dass sie reine Konstrukte

ohne ausweisbaren Realitätsbezug darstellen, vergleichsweise groß. Je schwächer die Korrelation zwischen errechneter Schichtzugehörigkeit als unabhängiger Variable und bestimmten Verhaltensmustern als abhängiger Variable ist, desto mehr Verdacht erregt ein Schichtmodell, nicht realitätsgerecht zu sein.

Teil B
Zwiebel- und Pyramidenforschung.

Im Verlauf der Jahre bis zum heutigen Zeitpunkt sind immer wieder Schichtmodelle in Umlauf gebracht worden, die – nicht nur historischer Veränderungen wegen – so gut wie nie deckungsgleich ausfallen.[172] Mit ihrer Hilfe soll die tatsächliche Schichtstruktur der Bundesrepublik Deutschland erfasst werden. Wenn wir die Metaphern anschauen, die bei jeder Theoriebildung unvermeidlich sind, dann ist – angesichts der sozialen Wirklichkeit – natürlich nicht damit zu rechnen, dass eine graphische Repräsentation der Schichtindexzahlen dem idealen und schmackhaften Bild einer Sachertorte vollkommen entspricht. Soziale Schichten lassen sich von den Besetzungszahlen der Größenklassen her betrachtet nicht fein säuberlich als gleich breite und gleichmäßig übereinandergelagerte *strata* mit Sahnehäubchen wiedergeben. In den 60er Jahren hat hierzulande beispielsweise K. M. Bolte ein Zwiebelmodell der sozialen Schichtung entwickelt (s.u. S. 234). Um ein Zwiebelmodell handelt es sich deswegen, weil die „Statuszonen" der Oberschicht und der „oberen Mitte" vergleichsweise schwach besetzt sind (2 bzw. 5 %), während es gleichzeitig einen Mittelstandsbauch gibt. Das heißt: Die Statuszonen der Mittelschichten („mittlere Mitte", „untere Mitte", „unterste Mitte", die schon in die obere Unterschicht übergeht) sind stark besetzt (> 70 %). Der dicke Mittelstandsbauch wird vor allem durch den „neuen Mittelstand" (z.B. Angestellte oder Dienstleister) und den alten Mittelstand (z.B. Handwerker) gefüllt. Aber auch Mitglieder der Arbeitereliten werden dazu gerechnet. Ganz unten mündet die Zwiebel dann wieder eine dünne Spitze aus. Das ist die Statuszone der „sozial Verachteten" (ca. 4 %), die heute „Prekariat" genannt werden. Andere Schichtmodelle sehen eher wie eine Pyramide oder wie ein Haus mit Giebeldach aus. So zum Beispiel die Darstellung, die Rainer Geißler für die Schichtstruktur der Bundesrepublik in den 80er Jahre gewählt hat (s. u. S. 234). Komplexere Modelle wie dieses arbeiten zwar weiterhin mit dem Bild horizontaler, einander überlagernder Gesteinsschichten, aber es werden zudem Positionen abgegrenzt, welche vertikal über die Grenzen der horizontalen *strata* hinausreichen. So können die Positionen von Mitgliedern der neuen Dienstleistungsschichten sich über die Grenzlinien von der unteren Unterschicht bis hin zu den Machteliten ausbreiten. Wie gesagt: Keine Einteilung und keine Schichtgraphik kommt ohne einen mehr oder minder kräftigen Schuss Nominalismus aus. „Nominalismus" bedeutet in diesem Falle: Die Erkenntnisinteressen des Forschers, das Moment der Beliebigkeit bei der Ziehung von Schichtgrenzen (und selbstverständlich auch Klassengrenzen!), die Schwierigkeiten, die einer automatischen Zuordnung einzelner Fälle zu einer bestimmten Schicht im Wege stehen …, wirken sich auf die spezifische Ausgestaltung der Modelle aus. Das versteht sich fast schon von selbst. Ich möchte jedoch die einschlägigen Schichtmodelle als Exempel für einige Probleme heranziehen, die sich bei der Verortung der Kategorie „Schicht" im ungleichheitstheoretischen Achsenkreuz von *Reichtum, Ehre und Macht* ergeben können. Es fällt beispielsweise auf, dass *Macht* als Ungleichheitsdimension in Schichttheorien und Schichtmodellen deswegen weitgehend in den Hintergrund treten kann, weil so ein so starker Akzent auf das *Ansehen* gesetzt wird. Gelegentlich werden allerdings bestimmte Gruppen in der Form von „Machteliten" als Sahnehäubchen an die Spitze des Schichtgefüges gesetzt.

> „Die Machtelite umfasst die Träger der gesellschaftlichen Macht, diejenigen Personen, die den größten Einfluss auf wichtige Entscheidungen ausüben, die – um soziale Macht mit einer Definition von *Geiger* (1964; 341) zu umschreiben – die größten Chancen haben, „andermenschliches Verhalten steuern zu können."[173]

Wie arbeiten Schichttheorien den *Reichtum,* damit die materielle Basis der Gesellschaft in ihre Konstruktionen ein? In welchem Verhältnis steht der ökonomische Reproduktionsprozess zur schichttheoretisch dominierenden Dimension des Prestiges? Wie der SEB-Index zeigt, legen Theorien, welche sich mit der Schichtstruktur moderner Gesellschaften befassen, das größte Gewicht auf das *Berufs*prestige. Dahinter steckt ein wahrlich sensationeller Befund: In Berufspositionen ausgeübte Arbeiten stellen für die Masse der Bevölkerung die Quelle des Geldeinkommens dar! Also lässt sich dem Beruf und Berufseinkommen der Schlüsselcharakter nicht absprechen.

> „Damit (mit angeblichen Bedeutungsverlusten von Besitz und Nicht-Besitz – J.R.) wurde der *Beruf* und nicht länger das Besitztum zur gesellschaftlichen Schlüsselposition und zur wichtigsten Statusdeterminante der Menschen."[174]

Das ist trotz allem eine äußerst merkwürdige Behauptung. Denn sie hat die These zur Voraussetzung, dass „Besitz und Nicht-Besitz" an gesellschaftlicher Bedeutung verloren hätten. So etwas lässt sich nur aufgrund eines extrem schwammigen Besitz- und Eigentumsbegriff sagen. Käme jemand auf den entschlossenen Gedanken, das decke sich mit der Behauptung, der Besitz und Nichtbesitz von Mitteln für den Lebensunterhalt und/einer qualifizierten Arbeitskraft habe seine Bedeutung für die Lebenschancen der Individuen verloren, dann wäre das barer Unsinn. Doch welche Arten von „Besitztum" (der Produktionsmittel?) ansonsten gemeint sind, weiß ich nicht.

Dem zuletzt angeführten Zitat zufolge gibt es eine oder mehrere „Statusdeterminanten". Dem Wortsinn nach könnten „Determinanten" als eine Menge gesellschaftlicher Faktoren verstanden werden, welche die Stellung eines Individuums „determinieren". Der *Beruf* in der modernen bürgerlichen Gesellschaft wird offensichtlich als grundlegende „Determinante" angesehen und damit als *basal* ausgezeichnet. Gibt es doch so etwas wie die ökonomische Basis?

> „In den Mittelpunkt des Interesses rückten damit auch die sozialen Ungleichheiten innerhalb *der* Dimensionen, die in Verbindung mit dem Beruf stehen, also in erster Linie Ungleichheiten des Einkommens und Vermögens, des Berufsprestiges und der Qualifikation."[175]

Und schon wieder liegt das Basis-Überbau- Problem auf dem Tisch herum. „In Verbindung mit dem Beruf stehen"? In „Verbindung" mit dem Beruf stehen auch das Prestige und der Status. Wenn „determinieren" nicht wie bei Ökonomisten als „gesetzmäßig kausal bewirken" zu behandeln ist, um welchen Relationstyp soll es sich dann bei dieser „Verbindung" handeln? Das lässt sich im vorliegenden Fall kaum ausmachen. Bei dem zitierten Autor findet sich überraschenderweise die These, dass die ökonomischen bzw. beruflichen „Stellungen als die wichtigsten „Determinanten sozialer Ungleichheit" sowohl für Klassen- als auch Schichtanalysen gelten können. Damit sind es tatsächlich die „objektiven" Lebensbedingungen, „die das Denken und Verhalten der Menschen prägen."[176] „Prägen" hört sich weniger streng, aber zugleich entschieden vager als „determinieren" an. Wie also sieht der Prägestock aus? Wie auch immer die Antworten lauten mögen – das Basis-Überbau-Problem ist auf jeden Fall wieder da!

Mitunter gehen Schichttheoretiker recht gelassen mit dem ähnlich gelagerten Problem um, wie wohl die verschiedenen „schichtbildenden" Faktoren untereinander zusammen hängen mögen, die von ihnen (warum?) als relevant ausgewählt und gewichtet wurden. Es gibt aber auch Schichttheorien, die (scheinbar) ohne jede Gewichtung irgendwelcher der zahlreichen Variablen auskommen, anhand deren sie kollektive Lagen beschreiben. Im Grenzfall schaut dann das Bild eines Gesellschaftssystems mit einer Tendenz zur totalen „Statusinkonsistenz" heraus. Denn „Statusinkonsistenz" bedeutet, dass ein Individuum auf einer Vielfalt von Dimensionen, welche soziale Ungleichheit beschreiben sollen, ganz verschiedene Positionen einnimmt – mal oben auf der jeweiligen Skala, mal in der Mitte, mal unten. Unter diesen Voraussetzungen kann dann auch dem Beruf und dem Geld in der Tat nicht länger mehr eine *basale* Bedeutung für die

Schichtstruktur zugesprochen werden! Im Extremfall würden sich die Positionen des Einzelnen im Rahmen dieses Bildes nach dem Zufallsprinzip über eine Fülle einzelner Skalen verteilen Dem entspräche die Fiktion der absoluten Statusinkonsistenz. Dann gäbe es *in extremis* nicht einmal irgendeine „Clusterbildung", als keine Klumpung von Skalenwerten in bestimmten Bereichen. Das Problem der Gewichtung der „Statusdeterminanten" wäre völlig verschwunden. Doch für Konstruktionen wie diese verschärft sich die Frage eher noch, ob der Befund einer so weit reichenden Statusinkonsistenz bloß methodischen Veranstaltungen oder tatsächlichen gesellschaftlichen Entwicklungen entspringt.

Teil C:
Zwei Beispiele.

Beispiel 7: Soziale Integration und Schichtung (Talcott Parsons).

Zu den verschiedenen Punkten, worin sich Klassentheorien von Schichttheorien unterscheiden, gehört die These von der Surplusappropriation als Grundmechanismus der Klassenbildung und damit zusammenhängend die Auffassung des Kapitalkreislaufes als *Basis* der Gesellschaft. Schichttheorien setzen demgegenüber des Öfteren den stärksten Akzent auf Kulturwertideen, also auf Sinnkomponenten (Ideen) des kulturellen Überbaus, vor allem auf das Prestige. Das gilt insbesondere für die nach dem zweiten Weltkrieg bis zu den 70 und 80er Jahren besonders einflussreiche Schule des „Funktionalismus", von der auch die sog. „funktionalistische Schichtungstheorie" entwickelt wurde. Hauptvertreter des Funktionalismus in der Soziologie ist damals Talcott Parsons (1902-1979). „Struktur", „Funktion" und „System" zählen zu den Schlüsselbegriffen seiner Theorie des sozialen Systems, die deswegen auch „Strukturfunktionalismus" genannt wird. Charakteristisch für seinen Ansatz ist der aus der Kulturanthropologie stammende Grundgedanke, dass die einzelnen Teile des gesellschaftlichen Ganzen (des sozialen Systems), bestimmte Strukturen und Prozesse, Institutionen und Organisationen, eine bestimmte „Funktion" bei der kybernetischen Stabilisierung von Systemparametern bzw. bei der Aufrechterhaltung von Teilsystemen, letzlich des Systems als Ganzem erfüllen. Diese Funktionen gilt es, zu erforschen. „Funktion" bedeutet dabei so viel wie den „Zweck", den eine bestimmte Einrichtung oder Praxis erfüllt. Manifest, nach Meinung der Beteiligten selbst, erfüllt der Regentanz der Hopis den Zweck, Regen herbeizuzaubern. Latent, für den kulturanthropologischen Beobachter, hat der Tanz die Funktion, die Gruppensolidarität zu bestätigen und zu stärken.[177] Die Aufdeckung einer Funktion kann der Erklärung eines problematischen Phänomens dienen. Wenn man etwas über den Zweck einer Institution wie den Regentanz herausgefunden hat, weiß man, *warum* sie unterhalten wird. Es handelt sich bei funktionalen um sog. „teleologische" Erklärungen. Und damit geht sofort der Ärger los! Es gibt in der Wissenschaftstheorie immer wieder einmal Auseinandersetzungen darüber, ob sich *teleologische Erklärungen* logisch klar von *Kausalerklärungen* unterscheiden lassen. Auch wenn die Grundstruktur kausaler Erklärungen ihrerseits ein kontroverses Thema für sich darstellt, so wird doch in vielen Fällen behauptet, teleologische Erklärungen unterschieden sich gar nicht von Kausalerklärungen. Gleichwohl versuchen andere Autoren unverdrossen, die eigenständige logische Struktur funktionaler Erklärungen herauszuarbeiten. Dabei sollen solche Schwierigkeiten wie die überwunden werden, dass eine Institution nicht nur *eine* Funktion erfüllen kann, dass es Funktionen für den Parametererhalt von Teilsystemen gibt, die ihrerseits Funktionen erfüllen, dass es – anders als bei einem Organismus – schwer ist, anzugeben, worin das „Überleben" des Ganzen einer Gesellschaft besteht usf. Niklas Luhmann hat beispielsweise versucht, den Parsonianischen „Strukturfunktionalismus" durch einen „Äquivalenzfunktionalismus" zu ersetzen. Für diese Position komme es nicht

> „ ... auf eine gesetzmäßige oder mehr oder minder wahrscheinliche Beziehung zwischen bestimmten Ursachen ... an, sondern auf die *Feststellung der funktionalen Äquivalenz mehrerer möglicher Ursachen unter dem Gesichtspunkt einer problematischen Wirkung.* ... Setzt man eine Wirkung als Bezugsproblem an, ordnet sich in Bezug darauf ein bestimmtes Ursachenfeld."[178]

Das heißt: Ein erklärungsbedürftiges Phänomen stiftet das Bezugsproblem und die funktionale Analyse besteht in der Untersuchung der Bandbreite der Ursachen, die es bewirkt haben oder in der Suche nach alternativen Ursachen, die es ebenfalls bewirken könnten.

Ein, wenn nicht *das* inhaltliche Grundproblem der Gesellschaftswissenschaft hat Talcott Parsons in seinem ersten großen Werk als „Hobbesian Problem of Order" hervorgehoben.[179] Damit spielt er natürlich auf das Hobbessche Bild des historischen Ausgangszustandes der Menschheit als ein Kampf aller Einzelnen auf Leben und Tod an. Wie kann eine Menge von Individuen, deren Handeln nicht nur vom reinen Selbstinteresse geleitet wird, sondern die auch grundsätzlich gewaltbereit sind, überhaupt einen gesellschaftlicher Zusammenhang herbeiführen und aufrechterhalten? Das ist das Problem der *sozialen Integration*. Simmel nimmt es in Form der Frage: „Wie ist Gesellschaft möglich?" auf. In einem bestimmten Blickwinkel auf die Philosophie auf Kant heißt es bei ihm auch: „Wie ist soziale Synthesis möglich?"[180] Niklas Luhmann fragt auf vergleichbare Weise: „Wie ist soziale Ordnung möglich?"[181] Parsons allgemeinste Antwort auf diese guten Fragen lautet: Nur wenn die Individuen ein System letzter Werte (*common value system*) tief verinnerlichen, also nicht nur taktisch beachten und respektieren, sei soziale Integration und die Zügelung der wilden Hobbesschen Umtriebe möglich. Deswegen läuft Parsons Ansatz auch unter der Überschrift: „Theorie der normativen Integration der Gesellschaft." Auf diesem Hintergrund vertritt er eine für alle funktionalistischen Schichtungstheorien kennzeichnende Auffassung:

> „Jedes stabile soziale System muss notwendig eine Reihe von Normen besitzen, durch die die Beziehungen der Über- und Unterordnung geregelt werden" (ST 208).

„Jedes stabile System muss notwendig ...", eine Formulierung, die offenkundig darauf hinaus läuft, dass die Normen, welche die Über- und Unterordnung von Positionen und Personen festlegen, in *jeder* menschlichen Gesellschaft auftreten *müssen*. Soziale Abstufung stellt demnach eine Konsequenz der Notwendigkeit der Synthesis des sozialen Systems durch Kulturwertideen dar. Mehr noch: Zur Integration einer jeden Gesellschaft gehört die *Institutionalisierung* allgemeiner Normen. Als „institutionalisiert" gelten Normen, wenn sie von möglichst vielen Individuen fest verinnerlicht werden und damit deren einzelnen Aktionen nicht nur eine bestimmte, sondern auch eine gemeinsame (*common*) Ausrichtung verleihen. Damit wird auch verständlich, wie es letztlich zu Hierarchien des Ansehens kommt: Abweichler, deren Handeln nicht den normativen Erwartungen entspricht, werden von den Normgetreuen negativ sanktioniert. Daraus geht zwangsläufig eine Ein- und Abstufung von Menschen je nach ihrer Bereitschaft hervor, den normativen Erwartungen zu entsprechen oder nicht. Von daher können auch Schichten in dem Maße als *institutionalisiert* gelten, in dem all jene einmal kulturell etablierten Regeln und Kriterien, welche eine Hierarchie des Ansehens abstecken, von den Individuen in Erziehungsprozessen fest verinnerlicht werden.

1940 hat Talcott Parsons einen „Ansatz zu einer analytischen Theorie der sozialen Schichtung" veröffentlicht, worin die Bedeutung (Funktion) der Schichtung im Bezugssystem des Problems sozialer Synthesis ausführlich erläutert wird (ST 180 ff.). Nochmals: Schichtung versteht sich als eine Hierarchie, derzufolge Menschen in bestimmten Zusammenhängen und nach bestimmten Kriterien als einander über und untergeordnet *eingeschätzt* werden. Die Differenzierung von Individuen und Gruppen nach einer derartigen Rangordnung geschieht kulturellen Normen gemäß, die eine unterschiedliche Behandlung je nach Graden der Ehre und des Ansehens bzw. Prestiges festlegen. Die Kernfrage einer Theorie der sozialen Schichtung besteht für Parsons damals darin,

„warum eine derartige differentielle Rangordnung als eine der Grunderscheinungen sozialer Systeme angesehen wird und in welcher Hinsicht sie von Bedeutung ist" (ST 180).

Parsons glaubt also, die historische Universalität von sozialer Schichtung nicht nur feststellen, sondern auch erklären zu können. Die Verkoppelung seines Arguments mit der Theorie der sozialen Integration durch *common values* lässt sich so zusammenfassen: In gewisser Hinsicht bedeutet Schichtung ein System der „moralischen Wertung" (*evaluation*) von Handlungen. Da – wie gesagt – ein System oberster Wertideen für Parsons *das* Prinzip sozialer Synthesis (sozialer Integration) darstellt, kann man nach seiner Auffassung leicht nachvollziehen, warum Schichtung als ein Differenzierungsprinzip von Gesellschaften auftreten muss. Denn soll es nicht zur Desintegration einer Gesellschaft kommen, müssen Wertideen von möglichst vielen einzelnen Personen verinnerlicht werden. Das wiederum beinhaltet, dass sie die Handlungen anderer auf eine mehr oder minder gleichsinnige Weise „moralisch" (wertend) einstufen und behandeln. Wer davon abweicht, muss mit Ärger und mit Abwertung seiner Person rechnen. Insofern stellt Differenzierung als Schichtung ein Merkmal einer jeden halbwegs integrierten Gesellschaft dar. Sie ist ein immanentes Merkmal der Integration des sozialen Systems selbst. Natürlich krankt dieses Argument daran, dass es über differentielle Wertungen, die in die zu verinnerlichenden allgemeinen Werte selbst schon eingebaut sind und „Ungleichheit" oder „Unrecht" in einem kritischen Sinn repräsentieren können, vergleichsweise wenig sagt. Die Kritik an Parsons zielte immer wieder auf die Gefahr von normativer Integration als bloßer Konformismus.

Trotz aller vorherrschenden Akzente auf Integration berücksichtigt die Theorie der normativen Integration der Gesellschaft auch soziale Konflikte. Denn die Wertideen des Überbaus stehen nach Parsons in einem ständigen Spannungsverhältnis zu den Eigeninteressen, wodurch die Einzelnen zu einer Reihe ihrer Handlungen motiviert werden. Insofern sind die integrierenden Kulturwertideen dem ausgesetzt, was Parsons schon in „The Structure of Social Action" ein *bombardment of interests* genannt und als zentrale Quelle des sozialen Wandels eingeschätzt hat. Aber seine integrationistische Perspektive setzt sich immer wieder durch. So zum Beispiel dann, wenn er betont, es sei gar nicht die Frage, ob institutionelles Verhalten eigennützig ist oder nicht. Denn jedes Individuum könne seinen eigennützigen Motiven nur nachgehen, wenn es

„zu einem bestimmten Maße der institutionalisierten Definition der Situation entspricht. Dies bedeutet aber wiederum, dass es weitgehend an der Schichtungsskala orientiert sein muss. Seine Motivierung ist nahezu mit Sicherheit darauf gerichtet, im Vergleich zu seinen Genossen >>Auszeichnung<< und Anerkennung zu finden" (ST 186).

Gerade um die Eigeninteressen durchzusetzen, können jene Wertideen, welche einer Schichtstruktur zugrunde liegen, „zu einem wichtigen, direkten Ziel des Handelns werden" (ebd.). Selbst in dieser Hinsicht behalten sie den Primat.

An einer Stelle macht Parsons einige nähere Angaben über sozial relevante Unterschiede, welche – natürlich wieder wertabhängig – für die Schichtenbildung maßgebend sind:

> „Der Status eines jeden Individuums im Schichtungssystem einer Gesellschaft kann als Resultante der gemeinsamen Wertungen betrachtet werden, nach denen ihm sein Status in ... sechs Punkten zuerkannt wird" (ST 189).

Diese sechs Punkte, sprich: sozial relevanten Unterschiede, durch deren Bewertung sich der *Status* eines Individuums im Schichtsystem der Gesellschaft ergibt, sehen bei Parsons so aus:

1. *Mitgliedschaft in einer Verwandtschaftsgruppe.* Verschiedene Personen nehmen in ihrer Familie vielleicht die gleiche Stellung, zum Beispiel die gleiche Beziehung zum *pater familias* ein. Aber – wie in der Adelskultur – kann die familiäre Herkunft über das Ansehen einer Person entscheiden.
2. *Persönliche Eigenschaften.* Das sind Unterschiede zwischen Individuen, die schichtungsrelevant werden, also in ihren Ausprägungen als „höher" oder „niedriger" bewertet werden können. Parsons nennt als Beispiele: Alter, Geschlecht, Aussehen, Intelligenz, Stärke u.a.m.
3. *Leistungen.* „Leistungen sind die als wertvoll erachteten Ergebnisse der Handlungen des Individuums. Sie können in materiellen Gegenständen verkörpert sein, müssen es aber nicht" (ST 188).
4. *Eigentum.* Alles worüber das Individuum verfügt, veräußerliche und unveräußerliche Dinge und Kompetenzen, zählt zum Eigentum. Daran machen sich Bewertungen fest.
5. *Autorität.* Darunter versteht Parsons das institutionalisierte Recht, Einfluss auf die Handlungen anderer auszuüben. Das gilt zum Beispiel für Amtsinhaber. Den Bezugspunkt dieses Rechts bildet wohl die tatsächliche Chance, das Handeln anderer zu beeinflussen. An sich kann „Einfluss" sowohl Beeindruckung durch Kompetenz als auch Manipulation und Repression bedeuten.
6. *Macht.* Es ist ausgesprochen symptomatisch für Parsons` Denken nicht nur zu dieser Zeit, dass er Macht als eine „Residualkategorie" bezeichnet!

Der Machtbegriff von Parsons weist zudem eine charakteristische Ambivalenz auf:

„Von Macht sprechen wir hier dann, wenn jemand auf nicht institutionell sanktionierte Weise Einfluss auf andere ausüben, Leistungen erzielen und sich Eigentum sichern kann" (ST 189).

Einflüsse und Einwirkungen auf andere, die *nicht* durch das geltende Normensystem legitimiert sind, sind also für Parsons Zeichen der Machtausübung. So weit so gut und dem üblichen Verständnis entsprechend. Aber das soll eine „Residualkategorie" sein, also eine Schublade, in die alles gestopft wird, was sonst nicht in das Schema passt? Was wird damit z.B. aus der für Surplustheorien sozialer Ungleichheit entscheidende Dimension der Chancen, aus einer Machtposition heraus Leistungen anderer wider deren Willen und Widerstand zu erzwingen und sich unverdiente Vorteile zu verschaffen? Als historisch randständig kann man diesen Vorgang gewiss nicht ansehen! Auch von daher konnte sich der ständige Vorwurf an Parsons nähren, seine Theorie impliziere eine Parteinahme für Integration als Anpassung an das Normensystem des jeweiligen *status quo* und zwar letztlich des *status quo* der amerikanischen Gesellschaft zu seiner Zeit.

Was immer von der zentralen These der normativen Integration der Gesellschaft durch allgemeine Wertideen ansonsten zu halten sein mag, es gibt in der Wirklichkeit natürlich durchweg Auf- und Abwertungen von Personen und Gruppen je nach dem Grad, in dem ihr Verhalten allgemein anerkannten Werten oder spezifischen Erwartungen entspricht oder nicht. Man schaue sich nur das jeweilige Rechtssystem an. Ideologie setzt sich jedoch durch, wenn die historischen Erscheinungsformen des Machtverhältnisses zwischen Herr und Knecht unter der Hand mit funktional notwendiger Schichtung gleichgesetzt werden. Dann sieht es – den Interessen der Herren bequem – am Ende gar nach der Ideologie aus, als müssten Unterwerfung und Unterdrückung unvermeidlich als „funktionales" Moment jeder Form der Vergesellschaftung auftreten! Von der Repressivität, die in den Kriterien zur Schichtung nach Ehre oder Prestige selbst stecken können, ganz abgesehen. Zu den klassischen Funktionen von „Ideologie" gehört ja bekanntlich, dass Reichtum, Macht und Privilegien des Herrn im Vergleich zu den bescheideneren Verhältnissen des Knechtes als gottgewollt und/oder naturgegeben, schließlich gar als „notwendig" verkündet werden.

Beispiel 8: Schichten als funktionales Element der Leistungsgesellschaft.

Im April 1945 veröffentlichten Kingsley Davis und Wilbert E. Moore in der *American Sociological Review* einen Aufsatz, der inzwischen als Klassiker der Schichttheorie gelten kann. Die beiden Autoren gehen davon aus, dass keine Gesellschaft „klassenlos" sein kann. Allerdings muss man daran erinnern, dass der amerikanische Ausdruck „class" nicht mit „Klasse", sondern mit „Schicht" zu übersetzen ist. Schichten bestehen aus sozialen Positionen, die von Individuen besetzt werden. Nur die allgemeinen Positionen mit „Prestigewert", nicht ihre einzelnen Inhaber bilden den Gegenstand der Untersuchung. Unter diesen Voraussetzungen sollen wie bei Parsons die „universalen Notwendigkeiten" geklärt werden, „die in jedem Sozialsystem Schichtung verursachen" (FST 347). Es gibt demnach Funktionsbedingungen eines jeden sozialen Systems, die zwangsläufig zu einer Schichtstruktur führen. Dass die soziale Schichtung notwendig durch funktionale Erfordernisse der Vergesellschaftung bedingt wird, hat nach Auffassung der beiden Autoren entscheidend damit zu tun, dass eine jede Gesellschaft in der Geschichte der Menschheit die Individuen in ihre Sozialstruktur eingliedern und mit der Motivation versehen muss, ihre Rolle in der jeweiligen Position zu spielen. Dazu muss sie einerseits „in den geeigneten Individuen zunächst einmal den Wunsch ... wecken, bestimmte Positionen einzunehmen." Andererseits muss sie die Individuen auch dazu bringen, „die mit den Positionen verbundenen Pflichten zu erfüllen" (FST 348). Entwickelte Wettbewerbsmechanismen unterstützen dabei eher diejenigen Motivationen, welche auf die *Erreichung* einer Position gerichtet sind, während ein wettbewerbsarmes System eher die zur *Erfüllung* der Pflichten in der jeweiligen Position notwendigen Motivationen anregt. Im Grunde bedarf jedoch „jedes System beider Typen von Motivation" (ebd.). Nimmt man einmal kontrafaktisch einen Zustand der Menschen an, in dem alle Verpflichtungen gleichermaßen angenehm für das Leben des Einzelnen sind, angenommen zudem, diese Pflichten wären gleichermaßen wichtig für die Integration und den Fortbestand der ganzen Gesellschaft, wenn schließlich die Pflichterfüllung auf den einzelnen Positionen von genau den gleichen Fähigkeiten und Talenten der Positionsinhaber abhinge, dann wäre es völlig gleichgültig, wer welche gesellschaftliche Stellung einnimmt. Doch in der historischen Wirklichkeit gibt es natürlich angenehmere und angenehmere Zwecktätigkeiten auf Positionen und die Begabungen dafür sind alles andere denn einheitlich:

> „So erweist es sich als unumgänglich, dass eine Gesellschaft erstens eine Art Belohnung haben muss, die sie als Anreiz verwenden kann, zweitens einen Modus braucht, um die Belohnungen unterschiedlich nach Positionen zu verteilen. Belohnungen und ihre Verteilung werden Bestandteil der sozialen Ordnung und verursachen so eine Schichtung" (ebd.).

Das kann man als die Schlüsselthese der gesamten Schichtungstheorie von Davis und Moore ansehen. Sie soll erklären, warum eine wie immer auch differenzierte Schichtung in jeder Gesellschaft vorhanden und warum sie für den Fortbestand einer Gesellschaft zweckdienlich, „funktional" ist.

Die Antwort auf die Frage nach den konkreteren Merkmalen einer Schichtstruktur hängt natürlich entscheidend von der Art der „Gratifikationen" ab, welche den Individuen zugeteilt werden müssen, damit sie ihre Pflichten auf den jeweiligen Positionen erfüllen. Davis und Moore teilen sie (a) in die Dinge ein, welche dem „Lebensunterhalt und der Bequemlichkeit" dienen. Hinzu kommt (b) alles, „was zur Unterhaltung und Zerstreuung beiträgt." Schließlich (c) sind auch jene Belohungen zu berücksichtigen, welche „die individuelle Selbstachtung und Entwicklung fördern" (FST 349. Derartige Belohnungen werden nicht von außen vergeben, sondern sind gleichsam in die Positionen selbst eingebaut. Sie gehören in der Form von Rechten (legitimen Ansprüchen) zu den immanenten Merkmalen einer sozialen Stellung. Es gibt aber auch nicht so zentrale Rechte, die mit einer Position verkoppelt sind, aber zum Beispiel symbolische Bedeutung im Sinne von Duftmarken der Zugehörigkeit haben.

Bis zu diesem Punkt scheint die Argumentation der Autoren vergleichsweise konsistent, vorausgesetzt, man teilt ihre Prämissen. Als auf eine charakteristische Weise zwiespältig erweist sich allerdings der Schlüsselbegriff der „Position": Die Positionsinhaber sollen zur Übernahme von tatsächlich erforderlichen Zwecktätigkeiten auf der Position motiviert werden. Diese „objektiven" Zwecktätigkeiten gehören also genau so zu den Merkmalen der sozialen Stellung wie die verschiedenartigen kulturellen Gratifikationen, die dem Positionsinhaber gewährt werden, damit er seine Pflichten erfüllt, also seine Rolle den normativen Erwartungen von Bezugsgruppen gemäß spielt. Die Beweisführung der beiden Autoren macht zudem einen eigentümlichen Sprung, wenn es um den Begriff der „sozialen Ungleichheit" geht.

> „Wenn Rechte und Vorrechte der verschiedenen Positionen in einer Gesellschaft ungleich sein müssen, muss die Gesellschaft geschichtet sein; Ungleichheit ist genau das, was mit dem Begriff Schichtung gemeint ist. Soziale Ungleichheit ist somit ein unbewusst entwickeltes Werkzeug, mit dessen Hilfe die Gesellschaft sicherstellt, dass die wichtigsten Positionen von den fähigsten Personen gewissenhaft ausgefüllt werden. Daher muss jede Gesellschaft, ob primitiv oder komplex, das Prestige und die Beurteilung verschiedener Personen unterschiedlich ausfallen lassen und somit ein gewisses Maß institutionalisierter Ungleichheit aufweisen" (ebd.).

Diese Überlegung wirft eine Reihe von Fragen auf: Zunächst einmal unterscheiden sich die Positionen in der Sozialstruktur – wie gesagt – nicht nur *normativ* aufgrund der kulturell definierten Rechte und Pflichten, die in sie eingebaut sind, sondern auch aufgrund der *faktischen* Zwecktätigkeiten, die dort verrichtet werden sollen. Die Motivationshilfen zur Erfüllung der Anforderungen auf einer Position werden „Gratifikationen" genannt. Da die Anforderungen auf den Funktionsstellen sowie die Talente der einzelnen Personen verschieden sind, müssen für komplexere Tätigkeiten höhere Anreize gegeben werden. Dadurch entsteht eine „Schichtung"! Die Positionen bilden den gewährten Gratifikationen („Rechten") entsprechend eine Hierarchie. Man könnte sich bei dieser Gelegenheit des alten Aristotelischen Gedankens erinnern, dass Verteilungsgerechtigkeit nicht unbedingt der Verteilung zu exakt gleichen Teilen entsprechen muss, Gleichheit nicht in der Tortengleichheit aufgeht. Seit Aristoteles gibt es ja den auch in modernen Darstellungen der Leistungsgesellschaft aufgehobenen Gedanken, dass eine geometrische Verteilung je nach der Erfüllung der Erfordernisse auf einer Position „gerecht" sein kann – vorausgesetzt allerdings, man kann die geometrischen Verteilungsgrundlagen (Meriten) ihrerseits als „vernünftig" ausweisen. Der Anschluss an *diese* Tradition scheint aber gar nicht der Zielsetzung von Davis und Moore zu entsprechen. Die beiden Autoren gehen vielmehr sofort zu einem Handstreich über. Denn sie setzen den Begriff der „Schichtung" umstandslos mit dem der „sozialen Ungleichheit" gleich. Nur aufgrund dieser unvermittelten Begriffsfestlegung ist die Aussage möglich, *soziale Ungleichheit* sei ein „Werkzeug", mit dessen Hilfe die Gesellschaft sicherstelle, dass die wichtigsten Positionen von den fähigsten Personen ausgefüllt werden. Diese „Schlussfolgerung" entspricht einem Enthymem; denn niemand, der Ungleichheit im Bezugsystem von „Herr und Knecht" interpretiert, käme auch nur im Ansatz auf die Idee, *so* verstandene soziale Ungleichheit als eine funktionale Notwendigkeit der Vergesellschaftung zu beschönigen. Denn er müsste dann solch` wundersame Verlautbarungen wie etwa die von sich geben, Repression und/oder der „Kampf auf Leben und Tod" stellten ein unumgängliches Mittel dafür dar, die Versorgung der Funktionsstellen im sozialen System mit Talenten sicherzustellen. Ich vermute, dass nicht einmal einer der rationalen Beutegreifer auf Märkten der Gegenwart sich zu dieser Ansicht vortasten würde.

Für Davis und Moore sind Art und Maß der gesellschaftlichen Ungleichheit natürlich in allen Gesellschaften zu allen Zeiten und an allen Orten nicht völlig gleich. Sie glauben jedoch, zwei „Faktoren" ausmachen zu können, die „den relativen Rang verschiedener Positionen festlegen" (FST 349).

a. Die Gesellschaft muss eigentlich nur dafür Sorge tragen, dass sich weniger wichtige Positionen beim Wettbewerb mit wichtigeren nicht durchsetzen können. Wenn es genügend Bewerber für eine wichtige Stelle gibt, können die Entlohnungen niedriger sein als bei Mangelerscheinungen – und umgekehrt.

b. Nahezu alle Positionen erfordern bestimmte Fertig- und Fähigkeiten von ihren (potentiellen) Inhabern. Begabung und/oder Ausbildung bauen die Kompetenzen des Individuums auf. In beiden Hinsichten treten normalerweise relative Knappheiten des Personals auf, welche die Höhe der Belohnung beeinflussen. „Sind die für eine Position erforderlichen Begabungen im Überfluss vorhanden und die Ausbildungsanforderungen gering, so hat die Art der Zulassung zur Position womöglich wenig mit den Positionspflichten zu tun. Es kann sogar eine rein zufällige Beziehung vorherrschen. Sind aber die nötigen Fertigkeiten wegen der Knappheit der betreffenden Begabung oder wegen der Ausbildungskosten >>Mangelware<<, dann muss die funktional bedeutsame Position eine Anziehungskraft besitzen, die sie im Wettbewerb mit anderen Positionen bestehen lässt. Das bedeutet praktisch, dass die Position im oberen Teil der sozialen Rangordnung zu stehen hat – sie muss hohes Prestige, hohes Einkommen, viel Freizeit und dergleichen verbürgen" (FST 350).

Historische Unterschiede zwischen der Schichtstruktur sozialer Systeme entstehen nicht nur aufgrund dieser beiden Bestimmungsgründe verschiedenartiger Belohnungen, sondern auch aufgrund der Art und Intensität der Tätigkeiten, die in den jeweiligen Positionen verrichtet werden müssen. Was in der einen Gesellschaft eine funktional bedeutsame Position darstellt, kann in der anderen von geringerer Bedeutung oder gar nicht vorhanden sein. Damit unterscheiden sich natürlich auch die relevanten Begabungen und Ausbildungsanforderungen an die Individuen.

Davis und Moore diskutieren daran anschließend den Zusammenhang zwischen sozialer Schichtung und den Funktionsbedingungen – Parsons spricht von *functional prerequisites* – einer jeden menschlichen Gesellschaft. Gelingende „Integration" stellt für den Strukturfunktionalismus eine der zentralen Funktionsbedingung sozialer Systeme dar, die nach dem Schlüsseltheorem von Talcott Parsons letztlich nur durch die Verinnerlichung allgemeiner Werte erfüllt werden kann. Davis und Moore sehen *Religion, Staat und Regierung, Reichtum, Eigentum und Arbeit* sowie *technisches Wissen* als Einrichtungen an, die in historisch verschiedenen Ausprägungen in jeder menschlichen Gesellschaft eine Funktion übernehmen müssen, die Konsequenzen für das Schichtungssystem hat. Um nur zwei Beispiele dafür zu zitieren:

1. „Durch Verehrung heiliger Objekte und der durch sie symbolisierten Wesen sowie durch die Anerkennung übernatürlicher Gesetze, die zugleich Verhaltensvorschriften darstellen, wird eine machtvolle Kontrolle über das Verhalten der Menschen ausgeübt; dies geschieht in Übereinstimmung mit den je-

weiligen letzten Werten und Zielen und so, dass die institutionelle Struktur erhalten bleibt." (FST 351). Nach der Kernvorstellung der beiden Autoren wird das Schichtsystem ja durch Belohnungen je nach der Konformität mit „Werten und Zielen" und der gesellschaftlichen Relevanz der in der Position zu verrichtenden Zwecktätigkeiten konstituiert. Diese Werte und Ziele entsprechen Parsons` *common values*.

2. „Zu jeder Position, die ihrem Inhaber den Lebensunterhalt sichert, gehört definitionsgemäß ein wirtschaftlicher Lohn. Aus diesem Grunde haben auch jene Positionen (zum Beispiel die religiösen oder politischen) einen ökonomischen Aspekt, deren Hauptfunktion nicht wirtschaftlicher Art ist" (FST 353). Damit begegnet uns wieder einmal ein ungewollter Rückgriff auf das Basis-Überbau-Schema: Auch die nicht-ökonomischen Positionen beinhalten nach dieser Formulierung einen ökonomischen Aspekt; sie sind mit der materiellen Basis allemal vermittelt. Der Zusammenhang mit dem Schichtsystem besteht für Davis und Moore darin, dass es für die Gesellschaft einfach ist, „ungleiche wirtschaftliche Erträge als wesentliches Kontroll- und Reizmittel einzusetzen: einmal bei der Besetzung der Positionen, dann aber auch bei der Überwachung der Leistung in diesen Positionen. Die Höhe des Wirtschaftsertrages wird somit ein wichtiger Index des sozialen Status" (FST 353 f.).

Wie bei vielen anderen Schichttheorien auch, schwankt der Ansatz von Davis und Moore zwischen dem einen Extrem, „Schichtung" mit sozialer Ungleichheit überhaupt gleichzusetzen und dem anderen, „Schicht" als Rangordnung von Positionen allein auf der Dimension der Ehre oder Prestiges abzutragen. (Im letzteren Fall, bei dem sie von „Prestigeabstufung" und „Prestigewert" sprechen, verkörpert „Ansehen" eigentlich nur eine Form der Belohnung unter anderen). Wo sich die Autoren zwischen diesen beiden Polen gerade bewegen, das ist mitunter schwer auszumachen. Funktionale Aussagen wie die, dass eine bestimmte Position für die Erfüllung bestimmter gesellschaftlicher Aufgaben oder die Bearbeitung von Bezugsproblemen relevanter ist als eine andere, stellen keine Aussagen über *Prestige*, sondern über gesellschaftliche Arbeit dar. Das gilt gleichermaßen für das Argument, komplexere Positionen, die profundere Talente und längere bzw. intensivere Ausbildung voraussetzen, müssten mit höheren Gratifikationen ausgestattet werden. Die Positionen, von denen Davis und Moore reden, werden also gar nicht eindeutig *nur* in Kategorien ihrer Rangordnung nach sozialem Ansehen erfasst, sondern immer auch als Stellungen beschrieben, in denen gesellschaftlich unterschiedlich relevante Zwecktätigkeiten zu erfüllen sind („Pflichten"). Zu der Beschreibung der Zwecktätigkeiten gehört natürlich auch das „technische Wissen".

Den Dreh- und Angelpunkt der Argumentation bildet immer wieder die These, es müssten differentielle Gratifikationen gewährt werden, um Menschen – wenn nicht gerade eine Überfluss an Angeboten ihrer Talente und/oder ihres Ausbildungsstandes herrscht – für die Erfüllung von Pflichten auf gesellschaftlich relevanten Positionen zu bewegen. Das entspricht natürlich ganz klar dem Gedanken, der hinter der aktuellen Idee der Leistungsgesellschaft steht. Höherer Lohn für bessere Leistung. Höhere Entlohnung für komplexere, bildungsaufwändige und von besonderen Talenten abhängige Berufstätigkeiten – so klingen uns vertraute Töne. Auf Entlohnung (als Einkommen), Bildung (Schulbildung) und Ansehen des Berufs als „Anreize" sind wir implizit immer wieder bei den Argumenten von Davis und Moore gestoßen – damit wären wir auch wieder bei den drei Hauptachsen der einschlägigen Schichtforschung angelangt (SEB-Index). Doch bei näherem Hinsehen zeigt es sich, dass sich auch die funktionalistische Schichtungstheorie nicht aus dem Rousseauschen Achsenkreuz von Reichtum, Macht und Ehre herauswinden kann. Denn schaut man sich vor allem den Katalog der Bezugsprobleme an, die nach Davis und Moore eine jede menschliche Gesellschaft bearbeiten muss, dann wird man unschwer jene drei Hauptdimensionen sozialer Ungleichheit wiederfinden: „Religion" liefert nur ein Beispiel für die das allgemeinere Problem einer jeden Gesellschaft, Kulturwertideen an die folgende Generation weiter reichen zu müssen, um fortdauern zu können. Davis und Moore diskutieren die Religion ebenso wie Parsons vorwiegend unter dem Gesichtspunkt, wie dadurch „die institutionelle Struktur erhalten bleibt." (FST 351). Das *Ansehen* der einzelnen Personen stellt in diesem Falle eine Funktion der Konformität oder Non-Konformität des Individuums gegenüber all jenen Normen dar, welche den funktionalen Rang einer sozialen Position festlegen. Die Rolle von Wertideen als Ideologie ist kein Thema dieser Schichtungstheorie.

Die Begriffe „Staat und Regierung" verweisen an sich auf Macht, Herrschaft und Herrschaftsverhältnisse. Doch auch hier herrscht die Perspektive auf normative Integration vor, wenn zum Beispiel gesagt wird: „Von innen gesehen, bestehen die Hauptfunktionen einer Regierung darin, als letzte Instanz die Durchsetzung der Normen zu überwachen, Entscheidungen über widerstreitende Interessen zu treffen, sowie die Gesamtplanung und -lenkung der Gesellschaft auszuüben" (ebd.).

Die dritte Hauptdimension des klassischen Ungleichheitsdiskurses, die Dimension des Reichtums und der darin implizierten eigentumstheoretischen Grundvorstellungen wird von Davis und Moore ausdrücklich herangezogen. Doch auch Reichtum und Eigentum werden von ihnen vorwiegend unter der Fragestellung diskutiert, inwieweit materielle Anreize die Menschen dazu bringen, den Bildungsaufwand für komplexe und funktional wichtige Positionen in der Sozialstruktur auf sich zu nehmen und ihnen auf der entsprechenden Stelle wirksame Stimuli für Leistung zu geben. Die vierte Dimension, die des technischen Wissens, steckt in der Beschreibung der Aufgaben, die in den einzelnen Positionen erfüllt werden müssen.

TAFEL 3

Schichtmodelle.

Boltes Zwiebel.

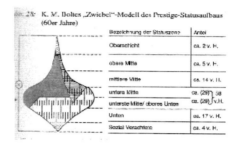

Geißlers Haus.

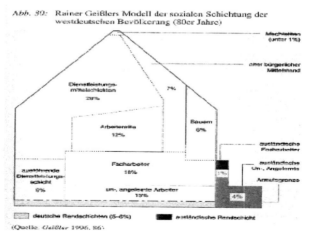

Quelle: St. Hradil: Soziale Ungleichheit in Deutschland, Wiesbaden 2005, S. 357 + 367.

Texte und Textstellen zur Illustration und Vertiefung dieser Grundgedanken

....

Wichtige Bezugstexte

T. Parsons: Soziologische Theorie (hrsg. v. D. Rüschemeyer), Ansatz zu einer analytischen Theorie der sozialebn Schichtung, Neuwied 1964, S. 180 ff. ST.

K. Davis/W.E. Moore: Einige Prinzipien der sozialen Schichtung (1945), in: H. Hartmann (Hrsg.): Moderne amerikanische Soziologie, Stuttgart 1973, S. 396 ff. FST.

St. Hradil: Soziale Ungleichheit in Deutschland, 8. Auflage, Wiesbaden 2005, S. 354-385.

Problemstellungen für Diskussionen

Welche Konstellationen der drei Grunddimensionen der Ungleichheitsforschung – *Reichtum, Macht und Ehre* – werden von Schichttheoretikern als „Metastruktur" verwendet? Wie gehen sie mit dem Basis-Überbau-Problem um?

Vertiefender Kommentar

J. Ritsert: Klassen und Schichten als soziale Diskrepanzen, Kapitel 5 und Datei HUK V der Vorlesung über „Herr und Knecht" (download).

J. Ritsert: Prestige in der geschichteten Leistungsgesellschaft, Kapitel 8 und Datei HUK VIII, der Vorlesung über „Herr und Knecht" (download).

Modell 12:
Streifzüge durchs Milieu.

Vorbemerkung

Am Ende von Modell 3 wurde die *Pluralismusthese* erwähnt. In ihrer etwas entschiedeneren und eindeutigeren Versionen müsste sie eigentlich in der Annahme münden, es mache überhaupt keinen Sinn mehr, nach Mustern *gesamtgesellschaftlicher* Ungleichheit, also nach sozialen Diskrepanzen zu suchen. Die innere Komplexität moderner Gesellschaften, so lautet in der Tat ein einschlägiges Argument, sei so sehr angewachsen, dass man nicht länger mehr von „dem" gesellschaftlichen Ganzen und seinen eigensinnigen Merkmalen sprechen könne. Ja, Theoretiker der Postmoderne verdammen geradezu den Mythos von der Totalität.[182] In einem anderen Sprachspiel lautet die gleiche Aussage: Das soziale System ist inzwischen in zahlreiche funktional gleichrangige Subsysteme und Subsysteme der Subsysteme ausdifferenziert.[183] Sieht man elegant über solche gegenwärtige Tendenzen wie die zur Globalisierung und Fragen wie die hinweg, was da eigentlich globalisiert wird, erscheint das gesellschaftliche Leben in den westlichen Industriegesellschaften bei einer Reihe von Autoren in der Tat als eine bunte Mannigfaltigkeit ganz verschiedenartiger Lebensumstände und „Stile der Lebensführung" (Weber). Das Alltagsleben spielt sich diesem Bild zufolge in den verschiedensten *Milieus* ab und wird nicht länger mehr durch ein umfassendes Schichtsystem, geschweige denn durch Klassenstrukturen und Klassenkulturen der Totalität strukturiert.

Teil A
Milieus und Lebensstile in der Alltagswelt.

Man kann die Pluralisierungsthese auch so buchstabieren: Die gesellschaftliche Lebenswelt ist in eine Vielfalt von *Milieus* zersprengt. Diesen Milieus entspricht eine ebenso heterogene Mannigfaltigkeit von *Lebensstilen* und *Mentalitäten* von Mitgliedern, die eher mit einem Kreis von Mitmenschen *Kontakte* unterhalten als mit einem anderen. Daher muss der Milieubegriff sowohl „Klasse" als auch „Schicht" als Grundbegriffe der Ungleichheitstheorie und Ungleichheitsforschung ersetzen. Diese Position hat bis vor Kurzem in der Bundesrepublik zahlreiche Anhänger gefunden, deren Überlegungen nicht allenthalben als sehr klar empfunden werden. Im Gegenteil: Auf eine Reihe in diese Richtung zielender

Theorien neuer sozialer Ungleichheit ist Habermas' griffige Formel von der „neuen Unübersichtlichkeit" angewandt worden. Man kann sich in der Tat oftmals nicht des Eindrucks erwehren, dass es ebenso viele Milieu- und Lebensstilbegriffe gibt, wie es Milieus und Lebensstile in der sozialen Wirklichkeit geben soll. Der Einzugsbereich des „Milieubegriffes" wird dabei gern *al gusto*, mal ganz allgemein, mal enger, mal ganz spezifisch und das alles meistens in einem Atemzuge abgesteckt:

- In der abstraktesten Fassung zielt „Milieu" wohl auf die „Umwelt", worin ein Individuum oder eine Gruppe lebt. Damit sind nicht nur die physikalischen und physischen Lebensbedingungen gemeint. Vielmehr wird alles das zum „Milieu" einer Gruppe gerechnet, was irgendwie von draußen auf die Akteure einwirkt oder zu ihren Lebensbedingungen sowie zu den Gegenständen ihrer Erfahrung, ihres Wissens, Bedenkens und Bewertens zu rechnen ist. Die Kategorie der „Lebenswelt" bei Husserl und Habermas scheint in die gleiche allgemeine Richtung zu zielen. Beim „Milieu" in diesem umfassenden Sinn werden oftmals ausdrücklich „subjektive" von „objektiven" Gegebenheiten unterschieden. Zu den „objektiven" Tatbeständen im Milieu zählen physikalische Existenzbedingungen (wie dann auch die Luft zum Atem, die verdammt verschmutzt sein kann), natürliche Ressourcen, Technologien, Formen der Arbeitsausübung und der Arbeitsorganisation, des tatsächlichen Einkommens, Besitzes und Eigentums. Zu den „subjektiven" Faktoren lassen sich Komponenten des kulturellen Überbaus wie Wissensbestände, tradierte Situationsdeutungen, Normen, Regeln und Kriterien des Denkens und Handelns, Ideensysteme der Religion, des Rechts und der Moral (und so noch eine Weile so fort) rechnen. Objektive Lebensumstände und Lebensbedingungen sind den Individuen und Gruppen biographisch vorgegeben und können massiv auf sie einwirken. Sie verkörpern faktische Möglichkeitsbedingungen oder Zerstörungspotentiale des individuellen Lebens und legen dem Einzelnen oftmals Schranken auf, die bis zu Zwängen gesteigert sein können. Kurzum: Im Milieubegriff kann also immer noch der alte Anspruch aufgehoben sein, doch noch etwas über „objektive" soziale Strukturen und Prozesse einerseits sowie über ihr Verhältnis zu „subjektiven" Bestimmungen andererseits auszusagen.
- In engeren, vor allem *zeitlich* engeren Grenzen bewegt sich der Milieubegriff, wenn er auf die besondere historische *Situation* eines Individuums oder einer Gruppe von Akteuren zielt. Denn darunter wird im Allgemeinen all das verstanden, was der Gegenwart nahe, wenn nicht *hier und jetzt* für die Lebenswelt der Akteure „subjektiv" und „objektiv" charakteristisch ist. „Objektiv" charakteristisch für die „aktuelle soziale Lage" eines Indivi-

duums ist beispielsweise seine Einkommenshöhe – gemessen z.B. am Durchschnittseinkommen der Gesamtbevölkerung. Wer – an einem groben Index gemessen – derzeit über weniger als 60% des Durchschnittseinkommens der Bevölkerung zur Verfügung hat, gilt als arm.

- Speziellere Varianten des Milieubegriffs nähern sich der einschlägigen Kategorie der „Subkultur" an. Subkulturen werden gern in drei Hauptdimensionen beschrieben: *Kontakte* (mit welchen Personen und Gruppen wird die Mehrzahl der sozialen Beziehungen unterhalten, gegen welche grenzt man sich als unfeine Leute ab?), *Mentalitäten* (dazu zählen Haltungen, Gewohnheiten, Anschauungen und Werthaltungen) sowie *Stile der Lebensführung* (Nach welchen Maximen wird das Alltagsleben gestaltet?). Dabei bezeichnet der Lebensstil gleichsam die Richtung, in die das Denken und Handeln von Personen aufgrund ihrer Einstellungen, Meinungen, Situationsdeutungen, Wissensbestände und normativen Orientierungen gelenkt wird. Ein *überpersönlicher Stil* der alltäglichen Lebensführung liegt dann vor, wenn die Entscheidungen, die ein Individuum fällt und die Maßnahmen, die es ergreift, also der Kurs seines gesamten Tuns und Lassens, dem einer Menge anderer Personen in den interessierenden Hinsichten zumindest ähnlich ist.
- Da Vieles in der gegenwärtigen Milieudiskussion der Markt- und Meinungsforschung entstammt, wird der Milieubegriff letztendlich auf „subjektive" Faktoren eingegrenzt. Dann werden die Stilprinzipien der alltagsweltlichen Lebensführung vor allem am Konsum- und Freizeitverhalten, an Entscheidungen über Bildung und Ausbildung, Erziehungsstrategien, Sparverhalten, Zeitmanagement, Beteiligung an Vereinen und Veranstaltungen etc. abgelesen. Unterschwellig wird die kulturistische Sozialontologie also bis in die Marktforschung hinein verlängert.

„Der" Stil einer Lebensführung stellt methodologisch betrachtet einen Idealtypus dar. Idealtypen sind in vielerlei Hinsichten das Ergebnis methodisch-konstruktiver Operationen. Doch er wird bei der Auswertung von Befragungsergebnissen dann als eine Möglichkeit behandelt, die soziale Wirklichkeit zu erfassen. Wenn die auf den Untersuchungsdimensionen *Kontakt,, Mentalität* und *Lebensstil* erhobenen Daten bei einer bestimmten Gruppe von Personen einen *vergleichbaren* Kurs der individuellen Lebensführung hinweisen, dann wird ein in der Wirklichkeit vorhandener Typus angenommen. Die konkreten Lebensäußerungen verschiedener Personen bilden in diesem Falle ein Muster, ein „Cluster" aufgrund der Nähe ihrer Messwerte auf den untersuchten Merkmalsdimensionen. Grundsätzlich gilt: Für einen statistisch ermittelten Cluster in der Form sich signifikant annähernder Messergebnisse verschiedener Personen auf den gleichen Messdimensionen, die ihr alltagsweltliches Fühlen, Denken, Tun und Lassen erfassen sollen, lässt sich alsdann ein Typenbegriff ausdenken – „Fast-Food-Esser" beispielsweise.

Bei einer Reihe von Autoren findet nicht nur eine Verschmelzung der Kategorien „Milieu" und „Lebensstil" statt, das Amalgam wird auch gern in Richtung auf den Kulturismus verschoben. Das heißt: „Milieus" erscheinen nun als ausschließlich *kulturell* bestimmte Muster der Lebensführung. „Stil" bezeichnet in diesem Falle gleichartige Formen der Lebensführung sowie Muster von Haltungen (Mentalitäten), die sich an Normen, Regeln und Kriterien des Überbaus bestimmter Gruppierungen (von Kontaktpersonen) orientieren.

> „So fassen ´soziale Milieus` Gruppen Gleichgesinnter zusammen, die gemeinsame Werthaltungen und Mentalitäten aufweisen und auch die Art gemeinsam haben, ihre Beziehungen zu Mitmenschen einzurichten und ihre Umwelt in ähnlicher Weise zu sehen und zu gestalten."[184]

Die eingangs erwähnten „objektiven" Bestimmungen, die den weiten Milieubegriff vom kulturistischen trennen, sind damit fast völlig im Hintergrund verschwunden. Ähnliches lässt sich auch an einer Definition von G. Schulze ablesen:

> „Soziale Milieus bilden sich in unserer Gesellschaft durch Beziehungswahl. Öffnung oder Abgrenzung in der Alltagsinteraktion, Angleichung oder Distanzierung von Persönlichkeiten und subjektiven Standpunkten, Gefühle von Vertrautheit oder Nähe, Akklamation des Passenden und Missbilligung von Stilbrüchen – all diese milieuerzeugenden Handlungstendenzen setzen voraus, das sich Menschen gegenseitig einordnen."[185]

Ein eindrucksvolles Vorbild für eine ganze Reihe von Forschungsprojekten, die von Sozialwissenschaftlern durchgeführt wurden und werden, welche sich mit „Milieus" beschäftigen, wird zweifellos durch P. Bourdieus Buch über „Die feinen Unterschiede. Kritik der gesellschaftlichen Urteilskraft" geliefert. Es hat eine ganze Reihe von Projekten angeregt, welche diesen Ansatz kritisch aufnehmen und ausbauen. Bourdieus Einfluss merkt man zum Beispiel der repräsentativen und umfangreichen Studie von Vester, v. Oertzen, Geiling, Hermann und Müller über „Soziale Milieus im gesellschaftlichen Strukturwandel" (Veröffentlicht: 2001) an. Zu den grundlegenden Unterscheidungen, womit die Autoren arbeiten, gehört die zwischen *sozialen Akteuren* und *sozialem Raum* mit seinen verschiedenen *Feldern* (SMS 16), worin sich die Akteure bewegen. Als „Akteure" werden nicht nur Gruppen, sondern auch „Milieus und Lager" bezeichnet. Akteure bewegen sich im sozialen Raum und in der historischen Zeit. Den Milieubegriff führen die Autoren zunächst im Anschluss an traditionelle Überlegungen wie zum Beispiel bei E. Durkheim ein:

> „Er (der Milieubegriff – J.R.) bezeichnet zunächst, im Sinne Emile Durkheims soziale Gruppen, die aufgrund gemeinsamer Beziehungen (der Verwandtschaft, der Nachbarschaft oder der Arbeit) einen >>Korpus moralischer Regeln<< entwickeln. Diese Regeln des sozialen Umgangs bilden sich auch, wie die großen Untersuchungen von Max Weber, Raymond Williams, Stuart Hall und Edward Thompson bestätigen in sozialen Klassen, Ständen und Schichten heraus" (SMS 16).

Diese Studie stellt also insofern eine Besonderheit dar, dass sie sich ausdrücklich und ausführlich mit dem Verhältnis von Milieus und sozialen Diskrepanzen in der Form von „Klassen, Ständen und Schichten" befasst. Implizit wird vor allem im Abschnitt „Theoretische Kontroversen: Auflösung oder Umwandlung der Klassengesellschaft" die Pluralisierungsthese samt der Parole vom Ende der Klassengesellschaft kritisch und detailliert überprüft (SMS 121 ff.). Auch Macht und Herrschaft werden – anders als bei kulturistisch angelegten Projekten der Milieuforschung – ausdrücklich einbezogen. Das zeigt sich gleich eingangs bei der Aufgliederung des sozialen Raumes in vier Achsen, die als Differenzierungsprinzipien der Gesamtgesellschaft zu verstehen sind:

1. Die *Arbeitsteilung* als Prinzip der horizontalen Gliederung.
2. Soziale Ungleichheit („soziale Über- und Unterordnung) und *Herrschaft*. Dies stellt natürlich eine Form *vertikaler Gliederung* dar.
3. Die relative Verselbständigung verschiedener *institutioneller Felder*. So gibt es beispielsweise das „Feld der gesellschaftspolitischen Bewegungen und ideologischen Lager (vgl. SMS 25).
4. Die praktischen Veränderungen der *Kräfte und Kräfteverhältnisse* zwischen Akteursgruppen im historischen Zeitablauf. (vgl. SMS 17).

Die Autoren beziehen Aspekte von Herrschaft und Politik ausdrücklich in ihre Untersuchung ein. In diesem Zusammenhang sprechen sie auch von „Milieus und gesellschaftspolitischen Lagern" (vgl. SMS 23 ff.). Durch die Ergänzung, Differenzierung und Ergänzung vielfältiger Untersuchungsdimensionen gelangt die Autorengruppe zu komplexen Darstellungen von Milieus mit ihren (auch politischen) Mentalitäten, Kontaktlinien und Stilen der Lebensführung. Dabei entstehen zum Beispiel Schaubilder, die teilweise die Dimensionen eines Labyrinths annehmen, durch das man nur schwer ohne Ariadnefaden durchkommt (vgl. etwa die Darstellung des Bourdieuschen Modells auf den Seiten SMS 46 und 47). Das Werk der Autorengruppe ist schlappe 600 Seiten stark. Es gibt also keine Chance eine knappe Zusammenfassung sämtlicher Perspektiven und Ergebnisse der Studie zu liefern. Ich möchte nur noch darauf aufmerksam machen, dass die Autoren auch dann subtil und vorsichtig vorgehen, wenn es um so etwas wie die ganz „neuen sozialen Ungleichheiten" geht, die in einigen postmodern Schriften zur Ungleichheitstheorie und -forschung in die Welt gesetzt werden. Bei diesen kann man im Prinzip gewiss so etwas wie eine neue Vollmundigkeit hinsichtlich des Umsturzes klassischer Stratifikationsprinzipien bestaunen, die sicherlich mit dem Niedergang postmoderner Stimmungen im Zusammenhang mit der jüngsten Wirtschaftskrise ebenfalls gedämpft wird. Doch auf der anderen Seite läuft natürlich auch in der Bundesrepublik nicht alles in traditionellen und konservierenden Bahnen ab. Das Projekt macht zum Beispiel auf „Mentalitäten neuer sozialer Milieus" aufmerksam (vgl. SMS 328 ff.). Deren Grundlage sind Verschiebungen von Einstellungen in der Generationenfolge. Bei den Jüngeren verschieben sich auf signifikante Weise Haltungen von „der Pflichterfüllung zum Hedonismus" sowie vom „Verzicht zur Selbstverwirklichung" (SMS 319-323). Die Mentalitäten, die bei Trägern der neuen sozialen Milieus festzustellen sind, werden im Rahmen einer Typologie erfasst, die sich auf Befragungsergebnissen aus Studien zu Beginn der 90er Jahre stützt. Diesen Ergebnissen kann man die Befragten im Hinblick auf ihre „Mentalitäten" in fünf Gruppen einteilen:

1. Die *Humanistisch-Aktiven,* die einer ausgeprägten Berufsethik und Normen der Professionalität und Leistungsorientierung folgen.
2. Die *ganzheitlichen Typen,* die nach einem Kompromiss zwischen alternativer Lebensführung und der realistischen Anerkennung der eigenen Grenzen suchen.
3. Die *Erfolgsorientierten.* Sie nehmen die soziale Ungleichheit zwar als unveränderliche Realität hin. Es soll jedoch – wenn möglich – in der Gesellschaft kooperativer zugehen. Die Chancen des beruflichen Erfolgs und der hedonistischen Freizeit werden genutzt. Man schwimmt im „Strom symbolischer Progressivität" (SMS 331).
4. Die *neuen Arbeiterinnen und Arbeiter.* Ihnen sind die Möglichkeiten der vielseitigen Selbstverwirklichung in Arbeit, Freizeit und Gemeinschaften sowie egalitäre und solidarische Werte zu wichtig, als dass sie darauf zugunsten eines permanenten sozialen Aufstiegs verzichten möchten.
5. Die *neuen traditionslosen Arbeiterinnen und Arbeiter.* Sie konzentrieren sich in erster Linie auf engere Kreise der Gemeinschaft und bemühen sich, in Familie und Arbeit der ständigen Gefahr „anomischer Destabilisierung" entgegenzuarbeiten (ebd.).

Auch in der Markt- und Meinungsforschung spielen Milieustudien und Milieutypologien eine immer größere Rolle. Denn die alten Einteilungen der Schichttheorie mit demographischen Variablen wie beim SEB-Index gelten als nicht hinlänglich geeignet, um Lebensstile insbesondere in der Form des Konsumverhaltens erfassen zu können. Nur mit Milieutypologien, die sich auf eine Vielfalt von Analysedimensionen stützen, lässt sich die Durchsichtigkeit des gläsernen Kunden erhöhen. Eine besondere Vorbildrolle nicht allein für die Marktforschung, sondern auch für Projekte der Sozialwissenschaften spielt der Ansatz, den die Heidelberger „Sinus Sociovision GmbH" entwickelt hat.[186] Markt- und Meinungsforschungsinstitute haben verständlicherweise etwas anderes zu tun, als sich mit gesellschaftstheoretischen Positionen auseinander zu setzen. Ihnen geht es in erster Linie um Einsichten in die Kontakte, Mentalitäten und Stile der Lebensführung sog. „Basis-Zielgruppen für das Marketing". Umso interessanter und bemerkenswerter ist, mit welchen gesellschaftstheoretischen Hintergrundannahmen auch solche eindeutigen praktischen Zwecken zugeordnete Studien arbeiten und arbeiten müssen. So liefert auch der Sinus-Ansatz einen klaren Beleg für all jene Tendenzen, die sich in Richtung auf das *kulturistische* Gesellschaftsverständnis verlaufen. Dementsprechend gehen in die Konstruktion der Sinus-Milieus vor allem fundamentale *Wertorientierungen* zusammen mit *Alltagseinstellungen* gegenüber Arbeit, Familie, Freizeit und Konsum ein. Die Milieus bauen sich mithin in erster Linie aus normativen Bindungen und kognitiven Attituden auf. *Kontakte* spielen ebenfalls eine wichtige Rolle, weil die Insassen der Milieus als Personen angesehen werden, die vergleichbare Einstellungen zum Leben, Lebensstile, Vorlieben und Abneigungen aufweisen. Allerdings soll auch der „sozialen Lage" der Menschen im Milieu Rechnung getragen werden. Diese wird dann verblüffenderweise im Rahmen einer der einfachsten Versionen der guten alten Schichttheorien beim „update" des Modells erfasst, das es erlaubt, die Bundesländer im Osten mit einzubeziehen. Die Milieus der Sinus-Studien werden in ein Tabellenschema mit Vorspalte und Kopfspalte eingetragen. In der Vorspalte der Tabelle soll die „soziale Lage" der Milieuinsassen erfasst werden, wobei – wie gesagt – auf ein ebenso traditionelles wie einfaches Schichtschema zurückgegriffen wird. (Die Einteilung lautet: Oberschicht/Obere Mittelschicht+Mittlere Mittelschicht+Untere Mittelschicht/Unterschicht). In der Kopf- bzw. Fußspalte der Tafel befindet sich eine „Werteachse". Sie gliedert sich in drei Grundmuster der Wertorientierung und der Einstellung gegenüber der sozialen Welt:

1. Traditionelle Werte: Pflichterfüllung, Ordnung.
2. Modernisierung I: Konsum-Hedonismus und Postmaterialismus.
3. Modernisierung II: Patchworking, Virtualisierung.

„Modernisierung" ist in diesem Falle nicht als sozialer Prozess zu verstehen, der beispielsweise zur Rationalisierung der Lebenswelt führt, sondern als Ausdruck für zunehmende postmoderne Werthaltungen bei Individuen zu lesen! Die Kreuztabellierung der beiden dreistufigen Dimensionen führt zu neun Zellen, in denen die entsprechenden Cluster in der Form von Typenbegriffen auftauchen. Die einzelnen Typen stecken allerdings nicht genau in einer Zelle, sondern einige von ihren Merkmalen tauchen auch in Nachbarzellen auf.

Der Eindruck, der sich schon bei der Schichttheorie ergab, verschärft sich bei diesem Beispiel noch: Herren und Knechte sind in all den Zeilen, Spalten und Zellen so gut wie nicht zu finden. Die herrschenden Ideen als Ideen der Herrschenden tauchen allenfalls in der Form von „Leitmilieus" bei der Beschreibung der Wertvorstellungen und Lebensstilen der Oberschicht – einschließlich der oberen Mittelschicht auf. Es geht nun mal um Marktforschung und nicht um Gesellschaftsanalyse! Ich möchte hier nicht die gesamten Milieutypen zusammenstellen, die sich aus Befunden über die Grundorientierungen (Mentalitäten), Lebensstile sowie die soziale Lage (Schichtzugehörigkeit) der befragten Personen ergeben.[187] Es reicht aus, anhand zweier Milieutypen zu dokumentieren, welche Daten zur Mentalität und zum Lebensstil erhoben werden:

> Aus dem gesellschaftlichen Leitmilieu stammen beispielsweise die „Etablierten" mit einem Anteil von 11.9% der Population. Ihren *Grundorientierungen* und ihrem Selbstverständnis nach stellen sie die *crème de la crème,* die gesellschaftliche Elite dar. Bewegt von Leistungsorientierung und Zielstrebigkeit, rücken sie auf der Karriereleiter letztlich in verantwortungsvolle Führungspositionen ein. Den Etablierten geht es (materiell) gut. Berufserfolg, hoher Lebensstandard, intaktes Familienleben bedeuten vorherrschende Ziele. Sie sind auch bereit, auf gesellschaftliche Veränderungen flexibel zu reagieren. Ihre Ethik wird von pragmatischen Ideen und dem Erfolgsstreben geprägt. Der *sozialen Lage* nach dominieren die mittleren Altergruppen ab 40 mit einem überdurchschnittlich hohen Bildungsniveau. Leitende Angestellte, höhere Beamte sowie Selbständige und Freiberufler stellen die am häufigsten vertretenen Berufspositionen dar. Zum *Lebensstil* in diesem Milieu gehören ein ausgeprägtes Status- und Exklusivitätsbewusstsein, demonstrativer Konsum, Qualitäts- und Markenbewusstsein, Kennerschaft und Stilgefühl, gelungene Verbindungen zwischen Tradition und Moderne, Gespür für die feinen sozialen Unterschiede, Teilnahme am kulturellen und politischen Leben, aktives Engagement in verschiedenen Bereichen. Ihr *Freizeitverhalten* konzentriert sich auf Gartenarbeit, Heimwerken, klassische Musik, Theater- und Konzertbesuche, Internetsurfen, Buchlektüre, Sport und Trimmen, Wandern, Besuch von Sportveranstaltungen.

> Von Typen eines *traditionellen Milieus* abgesehen schwimmen im danach untersuchten *Mainstreammilieu* die von Politikern und Marktforschern gleichermaßen umworbenen Mitglieder mittlerer Lagen der Gesellschaft – so zum Beispiel die zur *bürgerlichen Mitte* gehörenden Personen (17,4%). Von ihnen wird ein durch Leis-

tung, Zielstrebigkeit und Vorsorge gefestigter Status in der wohlsituierten Mitte angestrebt. Es gibt latente Ängste vor dem sozialen Abstieg. Ein erfülltes Leben verlangt beruflichen Erfolg (sichere Berufsstellung), privates Glück (in der Familie und im sozialen Umfeld), die Beachtung sozialer Normen und Konventionen. Es herrscht Anpassungsbereitschaft und das Sicherheitsstreben vor. Es gibt den Wunsch nach Schönheit und nach Ausgleich in der Gesellschaft. Es gibt Tendenzen zur Abschottung in Familie und Freundeskreis. Das Leben soll so angenehm wie möglich sein und man sollte sich leisten, was einem gefällt. Gleichzeitig sollte man aber flexibel, realistisch und bodenständig bleiben. Oftmals handelt es sich um Mehr-Personen-Haushalte mit einem kinderfreundlichen Milieu. Der Alterschwerpunkt liegt bei 30 bis 55 Jahren. Qualifizierte mittlere Bildungsabschlüsse herrschen vor. Bei den Berufspositionen dominieren einfache und mittlere Angestellte, Beamte und Facharbeiter. Es gibt einen vergleichsweise hohen Anteil von Beschäftigten im öffentlichen Dienst. Mittlere Einkommensklassen sind typisch. Dem Lebensstil entspricht das vernunftbetontes Streben nach einem Ausgleich zwischen Arbeit und Freizeit sowie von persönlichen Interessen und familialen Ansprüchen. Wellness-Orientierung, Wunsch nach Lebensqualität, Komfort und Genuss prägen die Erwartungen. Es gibt das Selbstbewusstsein als Verbraucher in der Charaktermaske des „Smart-Shoppers". Das ästhetische Empfinden reicht von konventionell bis modern. Es gibt eine Schwäche für modische Design-Produkte einerseits, für rustikal-natürliche Ästhetik andererseits. Die wesentlichen Konsuminteressen richten sich auf ein gut ausgestattetes, gemütliches Heim und ein gepflegtes Outfit. Für Auto, Urlaub, Freizeit, Ernährung und die Kinder wird Geld in die Hand genommen. Zu den Freizeitaktivitäten: gehören Brett- und Gesellschaftsspiele, Heimwerken und Basteln, Gartenarbeit, Handarbeiten, deutsche Schlager und Evergreens.

Die Aufstellung wird durch die Darstellung neuer Milieus komplettiert, die unter dem Oberbegriff „hedonistische Milieus" versammelt sind. Sie decken sich in einigen Hinsichten mit den von Vester *et altera* registrierten Veränderungen der Milieustruktur der Bundesrepublik in der Generationenfolge.

Teil B
„Der Begriff Unterschicht ist diskriminierend und falsch."[188]

Einige Soziologen mögen sich zwar in das postmoderne Milieu zurückgezogen haben, die meisten Zeitungen und Fernsehsender in der Bundesrepublik sind jedoch in der jüngsten Zeit zu dem Befund vorgedrungen, dass es doch noch irgendwelche soziale Diskrepanzen mit einer ganzen Fülle für die Betroffenen unangenehmer Konsequenzen gibt. Von daher geht mit der Wiederentdeckung der Unterschicht eine Art Wiederauferstehung der schichttheoretischen Terminologie einher. Mit der Klassentheorie und klassentheoretischen Begriffe sieht das etwas anders aus. Zwar werden inzwischen sogar Begriffe wie „Turbokapitalismus" (E. Luttwak) oder gar „Superkapitalismus" (R. Reich) als keineswegs unanständig akzeptiert und diskutiert, aber in vielen Fällen scheint es sich um das Bild eines „Kapitalismus ohne Klassen" zu handeln – wie es U. Beck das früher einmal ausgemalt hat. Das hätten auch des Marxismus unverdächtige Klassiker wie Max Weber oder Werner Sombart als eine schlichte *contradictio in adjecto* empfunden. Doch der Klassendiskurs wird – aus durchaus nicht völlig unverständlichen Gründen – noch so sehr mit folgenreichen Irrwegen und doktrinären Lehren des ehemals „real existierenden Sozialismus" gleichgesetzt, dass sofort der gewohnheitsmäßige Verdacht irgendwelcher Sympathien für den Kasernenkommunismus mobilisiert wird. Verblüffend ist allerdings, dass vor kurzer Zeit selbst gegen den *Begriff* der Unterschicht der Verdacht der semantischen Umweltverschmutzung angemeldet wurde. Das kann man sehr gut an dem Zitat ablesen, das als Zwischenüberschrift über den Teil B dieses Modells gewählte wurde. Es entstammt der „Frankfurter Rundschau" vom Dienstag, dem 17. Oktober 2006. Ich weiß es nicht, aber es könnte gut sein, dass der Urheber der Aussage in der FR schlicht und einfach den Begriff der „underdogs" mit dem der „Unterschicht" verwechselt hat. Zweifellos werden Unterschichten unserer Gesellschaft in mancherlei Hinsichten diskriminiert, aber das Wort „Unterschicht" muss nicht automatisch als ein diskriminierendes Unwort ausbuchstabiert werden. Es könnte die Unterschicht ja tatsächlich geben. Doch mit einigem Erstaunen konnte man schon zuvor in der Zeitung lesen, dass ein Vorsitzender der SPD eine motivationsarme, nicht integrierte und resignierte „Unterschicht" tadelt, während sich sein Parteigenosse und damaliger Vizekanzler mindestens so energisch wie der Vorsitzende des paritätischen Wohlfahrtverbandes gegen die Wahl des verdächtigen Wortes „Unterschicht" wendet. Aber vielleicht geht es in all diesen Fällen nur darum, die *semantische* Abwertung von Bevölkerungsgruppen bloß zu stellen, die zugleich *faktische* Benachteiligungen ertragen müssen? Es gibt natürlich zahllose Vokabeln in der Geschichte des menschlichen Nachdenkens über gesellschaftliche Gleichheit und Ungleichheit, denen man die semantische Abwertung von Bevölkerungsgruppen unmittelbar ansieht. Zu zum Beispiel dem Ausdruck „Lumpenproletariat", den auch Marx mit aller Geringschätzung verwendet. Das ist schon zu den Zeiten der ganz alten Römer nicht anders. Die *proletarii* sind ja nicht nur *faktisch* arm, sondern stellen auch das Gros der *normativ* Verachteten in der Adelskultur Roms dar. Die Entwicklung des Begriffs der *proletarii* zu Worten wie „Povel", „Pöbel" und „vulgärer Prolet" legt dafür Zeugnis ab. Auch bei der lateinischen Vokabel *plebs* vermischen sich die Bedeutungsfelder von „Volk" und „gemeines Volk". In der jüngeren Zeit ist ein neuer

Begriff für die Leute ganz unten aufgekommen: *Prekariat.* Auch da steckt wieder das Latein mit einer Mischung von Rolle eines Bittstellers mit der Unsicherheit seiner Situation dahinter. Natürlich stellt auch „Prekariat" einen jener Ausdrücke dar, welche einige Politiker, die über das verfügen, was Hegel das „glückliche Bewusstsein" nennt, für bedenkliches Soziologendeutsch halten. Auf eine kritische und folgenreiche Wendung dieses Begriffs stößt man vor allem bei Pierre Bourdieu in seinem Vortrag „Prekariat ist überall" (PR 96 ff.).

> „Es ist deutlich geworden, dass Prekarität heutzutage allgegenwärtig ist. Im privaten, aber auch im öffentlichen Sektor, wo sich die Zahl der befristeten Beschäftigungsverhältnisse und Teilzeitstellen vervielfacht hat; in den Industrieunternehmen, aber auch in den Einrichtungen der Produktion und Verbreitung von Kultur, dem Bildungswesen, dem Journalismus, den Medien usw." (PR 96).

Es handelt sich um Menschen, für die das Kommende so sehr im Ungewissen bleibt, dass ihnen jede Hoffnung und jeder Glauben an die Zukunft abgeht. Diejenigen von ihnen, welche wie Paul Lafargue, der Schwiegersohn von Karl Marx, tatsächlich ein Naturrecht auf Faulheit reklamieren und im Sinne der Politik „gefordert" statt „gefördert" werden sollen, machen nach allen Zahlen nur einen vergleichsweise geringen Anteil dieser Gruppierung aus. Inzwischen setzt sich in der Öffentlichkeit sogar die Ansicht nachhaltiger und nicht bloß rhetorisch durch, dass es an Plätzen für Arbeitswillige auch aus diesem Milieu fehlen könnte und die Großindustrie Arbeitsplätze eher der kurzfristigen Gewinnperspektive wegen als aufgrund längerfristiger Planung vernichtet. Ins Prekariat können inzwischen sogar Menschen absinken, die das vor kurzem noch nicht für möglich gehalten hätten. Für Bourdieu stellt das Prekariat eine Art moderner Reservearmee dar:

> „Die Existenz einer beträchtlichen Reservearmee, die man aufgrund der Überproduktion von Diplomen längst nicht mehr nur auf den untersten Qualifikationsstufen findet, flösst jedem Arbeitnehmer das Gefühl ein, dass er keineswegs unersetzbar ist und seine Arbeit, seine Stelle gewissermaßen ein Privileg darstellt, freilich ein zerbrechliches und bedrohtes Privileg ... Die objektive Unsicherheit bewirkt eine allgemeine subjektive Unsicherheit, welche heutzutage mitten in einer hoch entwickelten Volkswirtschaft sämtliche Arbeitnehmer, einschließlich derjenigen unter ihnen in Mitleidenschaft zieht, die gar nicht oder noch nicht direkt von ihr betroffen sind" (PR 97).

Arbeitslose des Prekariats lassen sich kaum politisch mobilisieren, weil es ihnen zwangsläufig an Zukunftsperspektive mangelt. Anfällig können sie allerdings für Versuche zur Politisierung des Ressentiments sein, wie sie einige Wahlkämpfer für sinnvoll halten. Bourdieu spricht zudem von „Prekarisierungsstrategien", die sich beispielsweise in den Zwängen zur „Flexibilisierung" der Arbeitskraft ausdrückt. Heinz Bude hat in seinem Buch über „Die Ausgeschlossenen. Das Ende vom Traum einer gerechten Gesellschaft" (2008) eine vorzügliche Analyse dieser auch „untere Unterschicht" genannten Gruppierung vorgelegt. Sie verlieren den „Anschluss an den Mainstream unserer Gesellschaft" (DA 9):

> „Sie laufen mit, aber sie haben keine Adresse in der kollektiven Selbstauffassung unseres Gemeinwesens ... Hier leben Menschen, die sich daran gewöhnt haben, wenig zu besitzen, wenig zu tun und wenig zu erwarten" (DA 9+DA 10).

Das Prekariat steht, was Einkommen, Ansehen und Einfluss angeht, in der gesellschaftlichen Hierarchie ganz unten. Gleichzeitig wird es besonders scharfen Diskriminierungen ausgesetzt, auf die Max Webers Begriff der „Schließung" besonders gut passt:

> „Eine soziale Beziehung ... soll nach außen >>*offen*<< heißen, wenn und insoweit die Teilnahme an dem an ihrem Sinngehalt orientierten gegenseitigen sozialen Handeln, welche sie konstituiert, nach ihren geltenden Ordnungen niemand verwehrt wird. der dazu tatsächlich in der Lage und geneigt ist. Dagegen nach außen >>*geschlossen*<< dann, insoweit und in dem Grade, als ihr Sinngehalt oder ihre geltenden Ordnungen die Teilnahme ausschließen oder beschränken oder an Bedingungen knüpfen." (Weber: Soziologische Grundbegriffe § 10; vgl. auch Hauptteil I der Vorlesung, Modell 3, S. 73 f.).

Damit wird eine in zwei Richtungen gehende *Exklusivität* beschrieben: Auf der einen Seite stehen mehr oder minder feinen Leute, die unter sich bleiben wollen und daher die Teilnahme an ihren sozialen Beziehungen ausschließen, beschränken oder an Zugangsbedingungen knüpfen. Inzwischen drängt sogar der Plebs in die Golf-Clubs. Auf der anderen Seite stehen diejenigen, welche aufgrund der Wirkung der verschiedensten Zwänge von der Teilnahme an den meisten für ansehnlich gehalten Milieus ausgeschlossen werden. So gesehen betrifft der Prozess der sozialen Exklusion von Gruppen wie das Prekariat „die Frage nach dem verweigerten oder zugestandenen Platz im Gesamtgefüge der Gesellschaft" (DA 14). Zu den Mitgliedern des Prekariats zählen „Kinder, die in Verhältnissen aufwachsen, wo es keinen Zoobesuch, keinen Musikunterricht und nicht für Fußballschuhe reicht, junge Leute ohne Hauptschulabschluss, die sich mit Gelegenheitsjobs zufrieden geben müssen, Frauen und Männer im mittleren Alter die >>freigesetzt<< worden sind und keine Aussicht auf Wiederbeschäftigung haben, Scheinselbständige und Projektmitarbeiter ohne soziale Rechte und politische Stimme, Minijobber und Hartz-IV-Aufstocker, denen es kaum zum Leben reicht, Kunden der Bundesagentur der Arbeit, die in einer Maßnahmekarriere verloren gegangen sind, und verschämte Leute, die sich in ihre Zweizimmerwohnung zurückgezogen haben" (DA 20) – viele alleinerziehende Mütter und Frauen mit schmaler Rente nicht zu vergessen! Für sie alle ist es nach Bourdieu kennzeichnend, dass sie keine Initiativen zur Gestaltung ihres Lebens mehr entfalten (können) und keine Perspektive für ihre Zukunft sehen. Angesichts dieser Beispiele ist es offensichtlich, dass der prekäre Status auch Mitglieder von „höheren" Schichten erreichen kann. Dementsprechend nehmen die Ansteckungs- und Abstiegsängste in der bürgerlichen Mitte zu.

Eines lehrt der Blick in die Gazetten oder in das Fernsehen der jüngsten Zeit auf jeden Fall: Der Kulturismus der Milieutheoretiker hatte sich zwischenzeitlich einen politischen Rang erkämpft. Denn eine zeitlang tobte ein parteipolitischer Kampf um die Wahl der rechten oder linken Worte: „Unterschicht", „Randgruppen", „Prekariat", „Arme". Man war sich nicht sicher: Sind das zutreffende, politisch korrekte oder politisch anstößige Begriffe? Die Bundesregierung gibt allerdings „Armuts- und Reichtumsberichte" heraus, deren zweiter die Überschrift „Lebenslagen in Deutschland" trägt. Letztendlich kann man doch nicht übersehen, dass es *wirklich* veränderte oder tatsächlich neue Formen von Armut, Diskriminierung, Benachteiligung, Übervorteilung gibt. Ach, wenn nur die Änderung der Worte die Probleme bei der Behandlung der Sachen lösen würde. Der Hauptgeschäftsführer des deutschen paritätischen Wohlfahrtsverbandes hat in der FR vorgeschlagen, statt „Unterschicht" das kunstvolle Wort „Armutsbevölkerung" zu benutzen. Die Armut in der reichen Bundesrepublik gewinnt immer mehr an Aufmerksamkeit. Ja, Vorabinformationen aus dem neuen Armutsbericht der Bundesrepublik (2008) haben sogar zum jüngsten Koalitionskrach beigetragen. Die Diskussion über das denn doch wohl bestehende „Unterschichtenproblem" ist eng mit den Auseinandersetzungen über „Armut in der Wohlstandsgesellschaft" verwoben. „Armut" wird inzwischen vorwiegend an einem europaweit gebräuchlichen Index gemessen. Bei 60% des monatlichen durchschnittlichen „Nettoäquivalenzeinkommens" (die Maßzahl ist der Median) wird in der EU die „Armutsgrenze" gezogen. Das „Nettoäquivalenzeinkommen" stellt eine statistische Größe dar, die sich auf das Pro-Kopf-Einkommen von Personen im Haushalt bezieht. Es wird – ähnlich dem „Warenkorb" – aufgrund von Bedarfsannahmen berechnet. Im Jahre 2002 sah dieser Indikator für die Bundesrepublik so aus:

60 % vom Pro-Kopf-Einkommen von 1217 €, also 730, 20 € gelten im Westen als Armutsgrenze. Für die neuen Bundesländer ergibt sich ein Wert von 604 €.

Wer unter diesen Grenzwerten – wie es bei Hartz IV-Empfängern der Fall ist – liegt, gilt als „arm". Der Anteil der armen Personen in der Bundesrepublik lag 1998 schon bei 13, 5% und nimmt weiter zu.

Zu nimmt auch der Anteil der reichsten Personen am Gesamtvermögen. Der Armutsbericht der Regierung kommt dabei zu dem wahrscheinlich nur begrenzt überraschenden Befund, „dass das Armutsrisiko in erheblichem Umfang mit Arbeitslosigkeit korrespondiert", soll heißen: korreliert.[189] Das Armutsrisiko, die Wahrscheinlichkeit, unterhalb der Armutsgrenze zu landen, betrug 1998 für die Gesamtbevölkerung der Bundesrepublik 12,1 %. Für 2004 lautet diese Zahl 13,5%. Dass sie bei den Arbeitslosen bis in die Höhe von 33,1 bzw. 40,9% steigt, ist ebenso leicht nachzuvollziehen wie der unveränderte Wert von 35,4% bei Alleinerziehenden. Natürlich beschränken sich die Befunde und Diskussion auf die unteren Etagen der Hierarchien von Reichtum, Macht und Ehre bzw. der Konstellation, in der diese Hauptdimensionen der Ungleichheitsforschung in der Gegenwart stehen. Es gibt immer wieder neue Anläufe, die Ungleichheitsstruktur der Bundesrepublik auf allen Etagen darzustellen. Die Markt- und Meinungsforschungsinstitute sind daran nicht nur im Interesse weiterer Durchsichtigkeit des gläsernen Kunden interessiert.

Einen neuen Anstoß erhielt die laufende Diskussion in allerjüngster Zeit beispielsweise durch das Infas-Institut, das ein Forschungsprojekt im Auftrag der gewerkschaftsnahen Friedrich-Ebert-Stiftung durchgeführt hat.[190] Auch dieses Projekt stützt sich auf eine Milieu-Typologie, deren Akzent wie immer in diesen Fällen auf den Einschätzungen und Werthaltungen repräsentativ Befragter liegt. Grob zusammengefasst sehen die Milieutypen so aus:

1. *Leistungsindividualisten* verfügen über ein hohes Haushaltsnettoeinkommen und sind Gegner staatlicher Regulierungsmaßnahmen. Der Anteil an FDP-Wählern ist hoch. Ihre Quote beträgt in den westlichen Bundesländern 10%, in den östlichen 15%.
2. *Etablierte Leistungsträger* rekrutieren sich vor allem aus den Berufsgruppen der leitenden Angestellten und Facharbeiter. Sie verfügen über das höchste Haushaltseinkommen. Bei ihnen dominieren die CDU-Wähler. Besetzungszahlen: 17% West, 7% Ost.
3. *Kritische Bildungseliten:* Dazu gehören viele Beamte. Es herrscht das grossstädtische Milieu vor. Hoher Grad der beruflichen Mobilität. 9% findet man im Westen, 8% im Osten der Republik.
4. *Engagiertes Bürgertum:* Die freien Berufe und der öffentliche Dienst sind in diesem Falle stark vertreten. Hoher Frauenanteil. Es handelt sich um eine gesellschaftlich engagierte Gruppierung. 11% West, 6% Ost.

5. *Zufriedene Aufsteiger:* Sie weisen überwiegend eine einfache Schulbildung auf. Charakteristisch ist die höchste berufliche und finanzielle Zufriedenheit. 14% West, 8% Ost.
6. *Bedrohte Arbeitnehmermitte:* Hier gibt es die Angst, den Lebensstandard nicht länger halten zu können. Sie fühlen sich vom Staat allein gelassen. Ausgeprägte SPD-Orientierung. 15% West, 18% Ost.
7. *Selbstgenügsame Traditionalisten:* Sie verfügen über die einfache Schulbildung und leben eher im ländlichen Raum. Rege Kirchgänger. 12% West, 10% Ost.
8. *Autoritätsorientierte Geringqualifizierte:* Darunter befinden sich viele Rentner, Arbeitslose und Ungelernte. Sie pflegen eine große Distanz zu Politik und Politikern. 7% West, 5% Ost.
9. *Abhängiges Prekariat:* Diese Gruppe weist den höchsten Anteil an Arbeitslosen mit der größten beruflichen und finanziellen Unsicherheit auf. Ihre Lage ist prekär. Unter ihnen finden sich viele Protestwähler. 4% West, 25% Ost – so viel zu den „blühenden Landschaften."

Hier wird offensichtlich eine Hierarchisierung der Milieus angenommen, wobei sich „Prekariat" inzwischen offensichtlich als Standardbegriff für die unterste Stufe etabliert hat.

Ich muss mich bei der Einschätzung dieses Modells vorsichtig ausdrücken, weil die theoretischen Entscheidungen und methodischen Schritte dieser Studie augenblicklich noch nicht in allen Details zugängig sind. Doch eines fällt auf: Das von der Friedrich-Ebert-Stiftung angeregt Infas-Projekt ist – wie es bei so vielen Milieutheoretikern der Fall ist – ebenfalls stark „kulturistisch" ausgerichtet. Es stellt primär auf Einstellungen, Wertideen und Einschätzungen der Befragten ab. Unter dem nämlichen Eindruck schreibt Kurt Pries in der „Frankfurter Rundschau" vom 17.10.2006 dazu:

> „Wie hingegen dieses Bewusstsein nach der Lehre des Altmeisters Karl Marx durch Sein bestimmt sein mag, liegt außerhalb des Horizonts der Erhebung."[191]

Herr und Knecht haben sich, so sieht es aus, endgültig in die „Phänomenologie des *Geistes*" zurückgezogen, obwohl in der Studie von „politischen Typen in Deutschland" die Rede ist. Hinzu kommt, dass der erste Blick auf die Einteilungsprinzipien der Milieus, so wie sie in den Zeitungen veröffentlicht werden, den Eindruck eines reinen Konglomerats erweckt. Die Merkmalsdimensionen, die über Zugehörigkeit und Nichtzugehörigkeit zu einem Milieu entscheiden, werden ziemlich bunt gemischt. Greifen wir zur Illustration nur das Beispiel der „Autoritätsorientierten Geringqualifizierten" heraus. Was steckt eigentlich in diesen Begriffen theoretisch und semantisch drin? Handelt es sich um den (wie immer auch historisch transformierten) autoritären Charakter wie ihn Adorno und andere untersucht haben? Bedeutet „Autoritätsorientierung" am Ende doch so etwas wie die Haltung des Knechtes, der die Übermacht des Herrn nicht nur erduldet, sondern die Legende akzeptiert, sie sei von Gott so gewollt worden wie sie ist? Berücksichtigen solche kulturistischen Schemata auf ihre Weise also vielleicht doch das Phänomen des Legitimitätsglaubens der Knechte? „Geringqualifizierte" – Darin steckt natürlich, wie an anderen Stellen auch, die Ausbildungsvariable. In welchem theoretischen Kontext ist sie zu lesen? Vielleicht in einer Variante wie bei der von Davis und Moore? Denn die Höherqualifizierten, auch das merkt man verschiedenen anderen Typen an, stehen *höher*, weil sie ihre Leistung erbringen und für ihren Bildungsaufwand entsprechend belohnt werden müssen? Theoretisch, so darf man wohl sagen, dominiert bei diesen Ansätzen am Ende wohl doch die neue postmoderne Unübersichtlichkeit. Auf jeden Fall dominiert der Kulturismus.

Politisch könnte man sich von Herzen wünschen, seine Zuspitzung zu der inzwischen wieder im Abklingen befindlichen Position eines wirklich radikalen Konstruktivismus wäre haltbar. Für diesen ist alles, was der Fall ist, in und durch Sprache der Fall. Alles – so könnte man die Position zynisch zuspitzen – was in den Medien besprochen wird, ist gleich der sozialen Wirklichkeit. Man braucht nur – wie der ehemalige Vizekanzler empfahl – die Besprechungen von Begriffen wie „Unterschicht" aus den Sprachspielen heraus zu werfen und Lebensformen der Unterklasse, der Unterschicht, des Prekariats, der neuen Armen etc. verschwinden von selbst. Schön wäre es, es liefe tatsächlich so! In diese Richtung wurde und wird jedoch tatsächlich theoretisch gedacht! Schon 1975 trifft beispielsweise der englische Sozialpsychologe Rom Harré folgende dem klassischen Thomas-Theorem korrespondierende Feststellung:

> „Nun geht meine Behauptung dahin, dass Klassen nur insofern existieren, als sie als existierend gedacht werden …"[192]

Es ginge uns praktisch besser, wäre Politik tatsächlich nur eine Frage der Sprachbereinigung.

Texte und Textstellen zur Illustration und Vertiefung dieser Grundgedanken

....

Wichtige Bezugstexte

M. Vester, P. v. Oertzen, H. Geiling, Th. Hermann und D. Müller: Soziale Milieus im gesellschaftlichen Strukturwandel. Zwischen Integration und Ausgrenzung, Frankfurt/M 2001, S. 23-64 und S. 121-210.

P. Bourdieu: Gegenfeuer. Wortmeldungen im Dienste des Widerstandes gegen die neoliberale Invasion (Artikel: Prekarität ist überall), Konstanz 1998, S. 96 ff. PR.

H. Bude: Die Ausgeschlossenen. Das Ende vom Traum einer gerechten Gesellschaft, München 2008, Kapitel 1, S. 9 ff. DA

Problemstellungen für die Diskussionen

Der Milieubegriff zwischen Ökonomismus und Kulturismus?

Vertiefender Kommentar

St. Hradil: Soziale Ungleichheit in Deutschland, 8. Auflage, Wiesbaden 2005, S. 422 ff.

Ergänzend:
Arbeitsgemeinschaft Fernsehforschung: Die Sinus-Milieus® im Fernsehpanel. Das gesamtdeutsche Modell, Frankfurt/M 2002. SIN.

Modell 13:
Der Geist und die ökonomischen Interessen.

Teil A
Interessen, Subkulturen und Milieus.

Wenn man auf die Geschichte der (westdeutschen) Soziologie nach dem Zweiten Weltkrieg zurückblickt und sich ihre Auffassungen über die Struktur und die Entwicklung sozialer Ungleichheit anschaut, dann gibt es eine Reihe von Auffälligkeiten. Auffällig ist die oftmalige Nähe von Theorien und Forschungsprojekten der Soziologie als Gegenwartsgesellschaft zum Geist der jeweiligen Zeit, womit sie sich beschäftigen. Ein Beispiel unter vielen anderen liefert etwa G. Schulzes Buch zur Erlebnisgesellschaft. Das ist eine mit Milieutypologien operierende Studie, deren Text nur auf dem damaligen Höhepunkt der Konjunktur und der annähernden Vollbeschäftigen geschrieben und veröffentlicht werden konnte (1992). Als alsbald die Konjunktur einbrach und sich das unangenehme Erlebnis der Arbeitslosigkeit immer mehr ausbreitete, erlitt die „Erlebnisgesellschaft" das Schicksal vieler anderer modischer Typenbegriffe für die Gesamtgesellschaft. Er wurde von anderen, dem veränderten Zeitgeist bequemeren ersetzt. Nicht anders verhält es sich mit einigen strammen Anmerkungen zur Entwicklung sozialer Ungleichheiten in der Bundesrepublik, die nicht allein von Milieutheoretikern stammen. Sie erwecken zu den gegenwärtigen Zeiten, wo sich nicht nur sog. „Alt-Linke" kaum noch der Vermutung erwehren können, der Kapitalismus sei samt einer Reihe seiner selbstdestruktiven Potentiale historisch immer noch da, ein wenig den Eindruck soziologischer Merkwürdigkeiten. Das kann man an professionellen Urteilen über die Bedeutung materieller Interessen ablesen. Folgende kleine Auswahl von Verlautbarungen zum Problem der lebensweltlichen Bedeutung von Arbeit, Beruf und Geldeinkommen durch abhängige Arbeit reicht zur Begründung des Eindrucks der Merkwürdigkeit vielleicht aus:

- Schon 1980 schreibt R. Dahrendorf einen Aufsatz mit dem Titel „Im Entschwinden der Arbeitsgesellschaft. Wandlungen der sozialen Konstruktion des menschlichen Lebens."[193] Soll das heißen, die Arbeit verliere ihre basale Bedeutung in der Lebenswelt?
- In der Tat notiert Claus Offe kurze Zeit darauf: „Diese *Dezentrierung* der Arbeit gegenüber anderen Lebensbezügen, ihre Verdrängung an den Rand der Biographie (!), ist eine von vielen Zeitdiagnostikern konstatierte, wenn auch höchst gegensätzlich bewertete Erscheinung."[194] Der Eindruck ent-

steht, bei den Menschen der Alltagswelt sei ein „Verlust der subjektiven Valenz und Zentralität der Arbeit" festzustellen.[195] Für diese Diskussion ist der Typenbegriff „Arbeitsgesellschaft" charakteristisch, um deren Krise es dabei vor allem geht.[196]

- In anderen Fällen wird eine Veränderung der Arbeit zu einer etwas hoffnungsfroh bestimmten „Tätigkeit" in der „Tätigkeitsgesellschaft" (R. Dahrendorf) vorausgesagt. G. Willke beschreibt sie so: „Im Konzept der >>Tätigkeitsgesellschaft<< ist die Vermutung enthalten, dass die industriell geprägte Arbeitsgesellschaft – erst wenig über 200 Jahre alt – >>das Arbeitskleid<< schon wieder auszieht und dass der Bereich der Erwerbsarbeit drastisch zurückgehen wird zugunsten von Tätigkeiten, welche die alte Trennung von >>Arbeit, Leben und Lernen<< tendenziell aufheben. Stärker als Erwerbsarbeit ist Tätigkeit durch Autonomie und Sinn bestimmt."[197]
- 1992 schreibt G. Schulze jedoch kurz und bündig: „Immer weniger prägt der Beruf das Leben, immer weniger sagt er etwas darüber aus, was die Menschheit am Leben interessiert."[198] Zieht die „Spaßgesellschaft" herauf?
- Jüngst (2004), auf dem Hintergrund der Erfahrungen mit den Wirtschaftskrisen und der hohen Arbeitslosigkeit zu Beginn des neuen Jahrtausends zieht beispielsweise J. Rifkin andere und entschieden pessimistischere Konsequenzen aus der immer neu gewendeten These von der *Dezentrierung der Arbeit*. „Arbeit ist die Grundlage aller menschlichen Zivilisation ... Jetzt wird zum ersten Mal in der Geschichte die menschliche Arbeitskraft aus dem Produktionssektor verbannt. In weniger als einem Jahrzehnt wird die industrielle >>Massenbeschäftigung<< in allen entwickelten Ländern der Vergangenheit angehören. Eine neue und leistungsfähigere Generation von Computer- und Informationstechnologien verändert die Arbeitswelt und macht zahllose Menschen arbeits- oder gar brotlos."[199]

Die Pluralismusthese und das Theorem von der Dezentrierung der Arbeitskraft hängen eng zusammen. Hält man sich an die schärfsten Varianten der Pluralismusthese, dann ist die gesellschaftliche Totalität in der Postmoderne in eine Vielfalt von Subsystemen, Milieus, Provinzen der Lebenswelt zersprengt, die eher horizontal (Gleichrangigkeit, gleiche Relevanz) als vertikal gelagert sind. Folgt man den schärferen Versionen der Dezentrierungsthese der Arbeit, dann macht es keinen Sinn mehr, der Verausgabung menschlicher Arbeitskraft im Reproduktionsprozess den Status einer materiellen *Basis* der Gesellschaft zuzuerkennen. Es zeichnet sich insgesamt in dieser Diskussion eine Tendenz ab, soziale Diskrepanzen durch den soziologischen Diskurs zum Verschwinden zu bringen. Doch auf der anderen Seite bringt es wenig bis gar nichts, dies alles nur als einen durch neue Unübersichtlichkeit gekrönten Sonderweg postmodernisierter soziologischer Denkweisen in der Bundesrepublik abzutun. Nicht nur, dass man den frühen Spielarten der These von der Dezentrierung der Arbeit politisch motivierte und theoretisch durchaus einleuchtende Wendungen gegen den deterministischen Denkstil des Ökonomismus anmerkt, sondern es werden auch auf bemerkenswerte Weise Probleme in Angriff genommen, denen sich weder klassische Klassentheorien noch die Schichttheorien entziehen konnten. Wenn man soziale Diskrepanzen (in welcher Ausprägung auch immer) weiterhin als Segmente der Wirklichkeit der Gesamtgesellschaft ansieht, dann muss man sich auf dem Boden von Klassen- und Schichttheorien natürlich ebenfalls fragen, welche Rolle solche *allgemeinen* Strukturierungen und Segmentierungen in der alltäglichen Lebenswelt, meinetwegen: „im Milieu" bestimmter Individuen und Gruppen spielen. Auf der anderen Seite kommen selbst die radikalsten Fassungen der Pluralismusthese nicht um Hintergrundannahmen über Merkmale der Gesamtgesellschaft herum. Unterschwellig enthalten sie zum Beispiel Antworten auf die Frage, welche *gemeinsamen* Merkmale den vielfältigen Milieus „der gegenwärtigen Gesellschaft" zukommen. Kein Ansatz der Ungleichheitstheorie und Ungleichheitsforschung kann zudem die vielfältigen wissenschaftslogischen Schwierigkeiten umgehen, die sich auftun, wenn man dem Verhältnis systemischer Strukturen und Prozesse zu der Lebenswelt der Subjekte wirklich in die Details hinein nachgehen will. Wie wird also das Schlüsselproblem einer theoretisch, logisch und empirisch angemessenen Verhältnisbestimmung von Individuum, Institution und Gesellschaft bearbeitet? (vgl. Hauptteil I dieser Vorlesungen). Um wenigstens grob anzudeuten, welche Strategien der Bearbeitung gewählt werden, stelle ich „Interesse" und „Milieu" einander als Vermittlungskategorien gegenüber. Unter „Vermittlungskategorien" verstehe ich in diesem Falle Grundbegriffe, welche gleichsam die Nahtstelle zwischen System und Subjekt bezeichnen. Im ersten Hauptteil der Vorlesung wurde der *Sozialcharakter* als Ensemble von Eindrücken beschrieben, welche das gesellschaftlich *Allgemeine* im Inneren, in der Seele des *einzelnen* Subjekts hinterlässt. Jener *weiter* gefasste Begriff des *Milieus* (s.o.) scheint am ehesten für den Versuch geeignet, eine Brücke zwischen objektiven Strukturen, Prozessen und Lebensbedingungen hin zu äußeren Handlungen zu schlagen, die von der subjektiven Innenwelt des Erlebens, Fühlens und Denkens (mit) abhängen. Die Auskünfte über „Gesellschaft" als ganze sind bei Milieutheoretikern im Allgemeinen leider sehr sparsam bis äußerst spärlich, aber es wäre zumindest *an sich* möglich, Annahmen der allgemeinen Gesellschaftstheorie in das „Milieu" alltagsweltlicher Lebensäußerungen von Individuen und Gruppen hinein zu „operationalisieren". Bei Klassentheorien mit ihrer Annahme von der Wirklichkeit und Wirksamkeit des gesellschaftlichen Ganzen – so meine ich – kann der Begriff des *Interesses* genau diese Funktion übernehmen; dann jedenfalls, wenn man „Interesse" weder mit „Aufmerksamkeit" noch mit „Eigennutz" gleich setzt, noch als einen singulären Kausalfaktor behandelt. Stattdessen wird folgende (im Vergleich zu früheren Varianten für die gegenwärtigen Absichten abgewandelte) Definition vorgeschlagen:

> „Eine Handlung oder eine Handlungsstrategie (Maxime) ist *im Interesse* einer Person oder einer Gruppe, wenn diese Aktion oder Strategie – die Motive, Mentalitäten und Zielsetzungen des (der) Handelnden gegeben! – die „objektive" Stellung der Person in einer historischen Konstellation von Reichtum, Ehre und Macht (Beobachterstandpunkt) an ihren eigenen Motiven, Mentalitäten und Zielsetzungen gemessen (Aktorstandpunkt) *verbessert* oder wenigstens auf dem gleichen Niveau hält wie bisher."[200]

Nicht anders als im Falle der Nationalökonomen, wenn sie die „Präferenzen" der Akteure als gegeben annehmen, werden die Motive, Bewusstseinsinhalte und Zwecksetzungen der Akteure (zunächst!) empirisch so aufgenommen, wie sie sich in der aktuellen Situation feststellen lassen. Der Handlungskurs wird – das ist sowohl vom Aktorstandpunkt („subjektiv") als auch vom Beobachterstandpunkt („objektiv") aus möglich – bewertet. Er wird daraufhin bewertet, ob er die gesellschaftliche *Lage* des Individuums oder der Gruppe verbessert oder wenigstens auf dem gleichen Niveau hält wie bisher. Die Maßstäbe für diese Bewertung werden (zunächst!) der feststellbaren Ideenwelt der untersuchten Individuen selbst entnommen. Insofern sind diese Maßstäbe „subjektiv". Den Hauptmaßstab liefert (zunächst!) mal wieder die Zweckrationalität. Die Maximen der Akteure können zweckrational klug geplant sein, müssen es aber nicht. Denn den Interessen bequeme Erfolge können sich auf den verschiedensten Wegen einstellen. Die Motive können eigennützig sein, müssen es aber nicht. Das Individuum kann daran „interessiert" sein, das Optimum aus seiner Situation herauszuschlagen, muss es aber nicht. Die Interessenanalyse ist so gesehen nicht auf die Rigidität nationalökonomischer Theorien rationaler Wahlhandlungen festgelegt.

Bei Beschreibungen der *Lage* einer Person sind zwei Standpunkte zu unterscheiden: Natürlich haben die Akteure selbst mehr oder minder differenzierte Meinungen darüber, wo sie in ihrer Gesellschaft, auch: wo sie im historischen System von Reichtum, Macht und Ehre stehen. Sie bewerten diese Lage überdies selbst. Doch wenn in der wissenschaftlichen Literatur von der „objektiven" sozialen Stellung einer Person die Rede ist, wird meistens auf eine Theorie (wie etwa die Klassentheorie) zurückgegriffen, welche – über das Bewusstsein der Akteure selbst hinausgehend – mit dem Anspruch verbunden ist, ein zutreffendes (in diesem Sinne „objektives"!) Bild der historisch vorfindlichen Konstellation von Reichtum, Macht und Ehre zu liefern. Dementsprechend spezifizieren Klassentheorien die materielle Lage eines Individuums als seine durch bestimmte Zwecktätigkeiten charakterisierte Stellung in einem Reproduktionsprozess der

Gesellschaft, der durch die Entstehung und Appropriation des Surplus (oder von Surplusanteilen) geprägt ist. Im *materiellen Interesse* von Akteuren wären demnach Handlungen, die sich unmittelbar auf die Verbesserung oder Stabilisierung ihrer Stellung im ökonomischen Reproduktionsprozess und damit auf ihre Zwecktätigkeiten für den Lebensunterhalt beziehen. Die Darstellung der Verbindungslinien zwischen den subjektiven Lebensäußerungen des Individuums und seiner materiellen Lage hängt von der jeweiligen Auslegung des Basis-Überbau-Schemas ab.

Zu den Differenzen, die sich beim Vergleich der Interessenanalyse mit den Grundannahmen von Spiel- und Entscheidungstheorien auftun, zählt der Versuch zur Begründung und Anwendung von Normen eines *objektiven Interesses* einer kritischen Theorie der Gesellschaft. Das „objektive Interesse" überschreitet die wertenden Urteile über den klug und geschickt angestrebten Erfolg einer Handlung. Es wird mithin mehr beansprucht als nur das Urteil darüber, ob ein Akteur tatsächlich in dem Grade „erfolgreich" ist, wie sich seine Aktion als zweckdienlich zur Verbesserung oder der Stabilisierung seiner Lage erweist (Zweckrationalität). Die Kritik des subjektiven Interesses erhebt also den weitergehenden Anspruch, auf Wertmaßstäbe zurückgreifen zu können, die etwas über die Vernünftigkeit beispielsweise der Motive, Anschauungen und Zielsetzungen der Akteure selbst zu sagen erlauben – so wie der kategorische Imperativ Kants ein kritisches Urteil über Handlungen ermöglich soll, die zwar „vernünftig" im engeren Sinne von „zweckrational" sind, aber damit noch lange nicht „sittlich" sein müssen (vgl. Hauptteil I).

Von Schichttheoretikern werden stattdessen gelegentlich Begriffe wie „schichttypische Subkulturen" als Brückenkonzepte verwendet, welche die gleichen Leistungen bei der Operationalisierung abstrakter Begriffe von Theorien der Sozialstruktur erbringen sollen wie „das Interesse" in der Klassentheorie.[201] „Subkultur" ist allerdings ein Begriff, bei dem in zahlreichen Fällen von einem Schuss Widerstand ihrer Mitglieder gegen die Normen der umfassenderen Kultur ausgegangen wird. Zumindest wird ein besonderer Akzent auf ihre Abweichung von gesellschaftlich umfassenderen Wertideen ausgegangen. Beispielsweise die Subkultur der „Hooligans" ist sich in dieser Hinsicht der öffentlichen Aufmerksamkeit sicher. Viele Schichttheoretiker greifen auch gern auf den Milieubegriff statt auf den der Subkultur zurück, um die Brücken von der Systemebene zur Subjektebene zu schlagen.

Teil B
Geist und Interesse.

Ein kleines Beispiel im Anschluss an Max Weber.

Bei Max Weber findet sich in seinem Aufsatz über „Die >>Objektivität<< sozialwissenschaftlicher und sozialpolitischer Erkenntnis" eine kurze Passage, anhand deren sich ein allererster Eindruck davon gewinnen lässt, wie das Verhältnis von *materiellen Interessen* und *geistigen Lebensäußerungen* konkret gedacht werden kann, wenn man – wie Weber – vom naiven Ökonomismus wenig bis gar nichts hält und dennoch an der Einsicht in die *basale* Rolle der Wirtschaft in der Gesellschaft festhält. Weber befasst sich in dieser Passage zunächst mit *Erkenntnisinteressen*. Damit wird ein weiterer Bedeutungshorizont des vielschichtigen Interessebegriffs eröffnet. Erkenntnisinteressen sind Perspektiven, welche die Aufmerksamkeit der wissenschaftlichen Theoriebildung und Forschung auf *diesen* und nicht einen *anderen* Untersuchungsgegenstand (Thema), zugleich auf *diese* und keine *anderen* Merkmalsdimensionen des Untersuchungsgegenstandes ausrichten. Jede Erkenntnis kann nur unter einem Interesse operieren; denn selbst in einem engen Spezialgebiet kann nicht *alles* zum Thema und nicht *alles,* was der Fall ist, erfasst, beschrieben und analysiert werden. Abstraktion und damit Selektion ist unvermeidlich! Die Erkenntnisinteressen, welche die Perspektiven, also die Auswahl des bestimmten Gegenstandes sowie der untersuchungsrelevanten Merkmalsdimensionen anleiten, sind nach Weber in allgemeinen Wertideen der Kultur verankert (Kulturwertideen). Diese Normen entscheiden darüber, was wissenschaftliche Aufmerksamkeit in einer Forschergemeinschaft verdient, relevant ist oder nicht.[202] So auch dann, wenn sich die Schweinwerfer unseres Erkenntnisinteresses auf „sozial-ökonomische Vorgänge" (Weber) richten. Deren Existenz hängt von *grundlegenden* Bedingungen des menschlichen Lebens in der historischen Wirklichkeit ab:

> „Dass unsere physische Existenz ebenso wie die Befriedigung unserer idealsten Bedürfnisse überall auf die quantitative Begrenztheit und qualitative Unzulänglichkeit der dafür benötigten Mittel stößt, dass es zu ihrer Befriedigung der planvollen Vorsorge und der Arbeit, des Kampfes mit der Natur und der Vergesellschaftung mit Menschen bedarf, das ist, möglichst unpräzis ausgedrückt, der grundlegende Tatbestand, an den sich alle jene Erscheinungen knüpfen, die wir im weitesten Sinne als >>sozial-ökonomische<< bezeichnen" (OSSE 161).

Das ist offensichtlich eine – wie Weber so schön sagt: „möglichst unpräzise" – Aussage über die *ökonomische Basis* der *wirklichen* Existenz der Menschen.

Sozio-ökonomische Phänomene, Aktionen, Vorgänge und Ereignisse, werden durch diese Formulierungen als von grundlegender Bedeutung für das wirkliche Leben ausgezeichnet. Andererseits sagt er jedoch, die Eigenschaft eines Vorgangs als wirtschaftlich-gesellschaftliches Phänomen hinge von der „Richtung unseres Erkenntnis*interesses*" ab. Wäre das nur so zu lesen, dass die Relevanz sozio-ökonomische Phänomene allein von der Richtung unseres Erkenntnisinteresses und somit von den dahinter stehenden Kulturwertideen abhängig ist, dann könnte logisch am Ende eine streng kulturistische Position herausschauen.[203] Die Erkenntnisinteressen sowie die hinter ihnen stehenden Kulturwertideen steuern auch die Idealtypenbildung und der Idealtypus stellt das Ergebnis methodischer Schritte dar, aus chaotischen Eindrücken und Ereignissen ein systematisches „Gedankenbild" (Weber) zu *konstruieren*. Die Frage offen lassend, ob und wie diese beiden Standpunkte zu vereinbaren sind, Weber wirft in diesem Zusammenhang das Problem auf, wie rein wirtschaftliche mit anderen Phänomenen zusammenhängen. Rein wirtschaftliche Vorgänge oder Institutionen sind solche, die „*bewusst* zu ökonomischen Zwecken geschaffen wurden oder benutzt werden" (OSSE 162). Davon unterscheiden sich zum Beispiel Vorgänge des religiösen Lebens, die „uns nicht oder doch sicherlich nicht in erster Linie unter dem Gesichtspunkt ihrer ökonomischen Bedeutung und um dieser willen interessieren" (ebd.). Gleichwohl können auch von religiösen Phänomenen Wirkungen auf das Wirtschaftsleben ausgehen. Einen solchen Zusammenhang hat ja Weber in seiner berühmten Studie über die „Protestantische Ethik und den Geist des Kapitalismus" ausgelotet. Nicht-ökonomische Erscheinungen, von denen bestimmte Wirkungen auf das Wirtschaftsleben ausgehen, nennt Weber im Unterschied zu (1) den rein wirtschaftlichen Phänomenen (2) *ökonomisch relevante Erscheinungen*. Der übergreifende Relationstyp, der hierbei zwischen (z.B.) religiösen Wertideen und ökonomischen Sachverhalten angenommen wird, entspricht offensichtlich dem der *Kausalität* („Wirkung"). Für Weber gibt es darüber hinaus Phänomene, deren möglichen ökonomischen Wirkungen – wie etwa im Falle des „künstlerischen Geschmacks einer Zeit" (ebd.) – uns nicht sonderlich interessieren, die jedoch in bestimmten Hinsichten von ökonomischen Motiven mehr oder minder nachhaltig beeinflusst sein können. Sie können also ihrerseits

> „im Einzelfalle in gewissen bedeutsamen Seiten ihrer Eigenart durch ökonomische Motive, also z.B. in unserem Fall etwa durch die Art der sozialen Gliederung des künstlerisch interessierten Publikums mehr oder minder stark mit *beeinflusst*" sein (ebd.).

Weber bezeichnet sie (3) als „ökonomisch *bedingte* Erscheinungen". Während von den ökonomisch relevanten Erscheinungen Wirkungen auf wirtschaftliche Phänomene ausgehen, gehen bei den ökonomisch bedingten Erscheinungen Wirkungen aus der Wirtschaftssphäre auf gesellschaftliche Phänomene aus, die an sich wirtschaftlich völlig irrelevant und gesellschaftlich eigensinnig sind.

> „Jener Komplex menschlicher Beziehungen, Normen und normbestimmter Verhältnisse, die wir >>Staat<< ist beispielsweise bezüglich der staatlichen Finanzwirtschaft eine >>wirtschaftliche Erscheinung<<; – insofern er gesetzgeberisch oder sonst auf das Wirtschaftsleben einwirkt (und zwar auch da, wo ganz andere als ökonomische Gesichtspunkte sein Verhalten bewusst bestimmen), ist er >>ökonomisch relevant<<; – sofern endlich sein Verhalten und seine Eigenart auch in anderen als in seinen >>wirtschaftlichen<< Beziehungen durch ökonomische Motive mitbestimmt wird, ist er >>ökonomisch bedingt<< (OSSE 162).

In seinem Objektivitätsaufsatz greift Weber auf das heute noch so genannte und verwendete Knappheitsaxiom als entscheidendes Kriterium für die Bestimmung rein ökonomischer Phänomene zurück.

> „Spezifisch ökonomische Motive … werden überall da wirksam, wo die Befriedigung eines noch so immateriellen Bedürfnisses an die Verwendung *begrenzter* äußerer Mittel gebunden ist" (OSSE 163).

In dieser Formulierung steckt natürlich wieder mal die Norm der Zweckrationalität. Es geht beim Wirtschaften nach diesem Verständnis darum, knappe Mittel so überlegt einzusetzen, dass die gegebenen Bedürfnisse, letztlich: gesetzte Zwecke im Allgemeinen erreicht, wenn nicht gar auf die bestmögliche Weise erreicht werden. Im Anschluss an diese Definition – und nur darauf kommt es hier an – wählt Max Weber eine Formulierung, die außerordentlich interessant ist. Beim Blick auf den gesellschaftlichen Einfluss „ökonomischer Motive", man kann wohl auch sagen „ökonomischer Interessen", stellt Weber mit aller Klarheit und Entschiedenheit fest:

> „Ihre Wucht (= die Wucht ökonomischer Interessen – J.R.) hat deshalb nicht nur die Form der Befriedigung, sondern auch den Inhalt von Kulturbedürfnissen auch der innerlichsten Art mitbestimmt und umgestaltet. Der indirekte Einfluss, der unter dem Drucke >>materieller<< Interessen stehenden sozialen Beziehungen, Institutionen und Gruppierungen der Menschen, erstreckt sich (oft unbewusst) auf alle Kulturgebiete ohne Ausnahme, bis in die feinsten Nuancierungen des ästhetischen und religiösen Empfindens hinein" (OSSE 163).

Es geht um die „Wucht", also den nachhaltigen Einfluss ökonomischer Interessen. Ökonomische Interessen sind offensichtlich nicht gleich Erkenntnisinteressen! Sie bewegen uns als Akteure praktisch in der gesellschaftlichen Wirklichkeit. Zum Interessebegriff (wie er oben definiert wurde) gehört die ausdrückliche

Berücksichtigung der Bedürfnisse der Individuen – samt ihren Haltungen, Auffassungen und Wertideen (s.o.). Weber erweitert an der zitierten Stelle den Begriff des Bedürfnisses über Fragen des unmittelbaren Lebensunterhaltes hinaus bis hin zu den subtilsten Kulturbedürfnissen wie z.B. den ästhetischen. Er vertritt zugleich die These, die Wucht der ökonomischen Interessen beeinflusse nicht nur die *Form*, in der Kulturbedürfnisse befriedigt werden, sondern lasse sich auch an ihrem *Inhalt* ablesen. Und dieser Einfluss erstrecke sich (oft unbewusst) auf *alle* Kulturphänomene *ohne Ausnahme*! Dass er die seismischen Wellen ökonomischer Interessen tatsächlich bis in die Inhalte von Kulturwertideen hinein verfolgt, belegt auch seine abschließenden Formulierung, das alles könne man noch den „feinsten Nuancierungen", in diesem Sinne autonomsten und eigensinnigsten Phänomenen des „ästhetischen und religiösen Empfindens" anmerken. Womöglich hätte Weber der Aussage zugestimmt, die Wucht der ökonomischen Interessen erstrecke sich nicht nur bis *in* die subtilsten Erscheinungsformen des ästhetischen und religiösen *Empfindens,* sondern bis in die ästhetischen und religiösen *Produktionen und Inhalte selbst* hinein?

Auch wenn die Aussagen Webers über die Grundrelation zwischen Ideen und geistigen Phänomenen weiterhin auf den Typus der *Kausalität* konzentriert sind, scheint sich dennoch eine vierte Kategorie sozio-ökonomischer Phänomene abzuzeichnen. Ich nenne sie (4) *ökonomisch vermittelte Phänomene*. Denn es wird – über äußerliche Kausalrelationen hinausgehend – ein innerer (gleichsam implikativer) Zusammenhang zwischen eigensinnigen kulturellen Inhalten und äußeren ökonomischen Interessen angenommen. Das ist ein erster Schritt in Richtung auf eine nicht vom Kausalismus allein abhängigen Verhältnisbestimmung zwischen Basis und Überbau. Es ist ein Schritt in die Richtung, die zuvor schon anhand der *praktischen Implikationen* des ökonomischen Kreislaufmodelles von Francois Quesnay angedeutet wurde (vgl. o. Modell 3; Teil A).

Texte und Textstellen zur Illustration und Vertiefung dieser Grundgedanken

....

Wichtige Bezugstexte

J. Ritsert: >>Problem<< und >>Interesse<<. Lexikalische Stichworte zu einem vielgebrauchten Begriffspaar, in ders.: Gesellschaft. Einführung in den Grundbegriff der Soziologie, Frankfurt/M 1988, S. 320 ff.

M. Weber: Die >>Objektivität<< sozialwissenschaftlicher und sozialpolitischer Erkenntnis, in ders.: Gesammelte Aufsätze zur Wissenschaftslehre, Tübingen 1922 ff. (UTB-Ausgabe), S. 161-163. OSSE.

Problemstellungen für die Diskussion

Gibt es praktische Implikationen in Theorien?

Kommentar

J. Ritsert: Ideologie. Theoreme und Probleme der Wissenssoziologie, Münster 2002, S. 56-71 (insbes. Abschnitt 3.2.4.).

Anhang

Inklusion und Exklusion in der Systemtheorie.

„Prekariat" ist ein Begriff, der eine Gruppierung bezeichnen soll, die von vielen Lebensmöglichkeiten und Lebensäußerungen in der Gesellschaft *ausgeschlossenen* wird, obwohl die meisten ihrer Mitglieder an sich den Zugang zu exklusiven Lebenssphären begehren. Die Mechanismen und Strategien der „Schließung" (Weber) als Ausschließung sind vielfältiger Natur. Anhand der Systemtheorie lässt sich in Ergänzung der bisherigen Informationen recht gut zeigen, wie nicht nur das Erkenntnisinteresse, sondern auch das wissenschaftliche Sprachspiel einer Forschergemeinschaft die Perspektive auf Erscheinungsformen sozialer Ungleichheit (in der Form von Exklusivität) beeinflussen kann. Heraus schauen oftmals Überlegungen, die recht gut vergleichbar sind mit dem, was andere Autoren in einem anderen theoretischen Kontext und Sprachspiel zum nämlichen Thema sagen oder gesagt haben. Die Ankündigungen an der Akademie können sich allerdings lautstärker anhören:

> „Die Soziologie der Inklusion und Exklusion ist eine theoretische und begriffliche Neuentwicklung in der Sozialwissenschaft der letzten dreißig bis vierzig Jahre" (IEW 1).

Auf Deutsch heißt das: Die Begriffe „Inklusion" und „Exklusion" sind in der letzten Zeit zu Schlüsselbegriffen der Untersuchung von Phänomen sozialer Ungleichheit gediehen, für die sich auch die *Systemtheorie* (als eine der Denkweisen der Soziologie) zunehmend interessiert. Auch sie kümmert sich inzwischen also verstärkt um das Problem der „Form der Beteiligung und Berücksichtigung von Personen in Sozialsystemen" (ebd.). Der besondere Stil der Systemtheoretiker, gesellschaftliche Prozesse des Einschlusses oder des Ausschlusses zu diskutieren, hängt selbstverständlich von den besonderen Prämissen und Grundbegriffen dieses spezifischen Ansatzes ab. Das ist überall so. Zu den spezifischen und charakteristischen Absichten systemtheoretischer Theoriebildung gehört die Vermeidung eines der schlimmsten Fehler, die man in der Soziologie bei der Bearbeitung des Verhältnisses von Inklusion und Exklusion machen kann. Er besteht darin, die menschlichen Individuen als *Elemente* sozialer Systeme zu behandeln. Lebendige Individuen als „psychische Systeme" gehören zur *Umwelt* sozialer Systeme und gehen niemals als „ganzer Mensch" (Luhmann) in ein anderes System, auch nicht in das soziale System ein! Mit dem Körper altert man beispielsweise in dem von Parsons so genannten „naturalen System" so vor sich hin. Bei allen Systemen, so lautet eine weitere Prämisse dieser Denkweise, hängt der Erfolg einer dauerhafteren Systembildung von der Herstellung und Aufrechterhaltung einer Grenze zu ihrer Umwelt ab. Überdies sind psychische und soziale Systeme darauf hin zu untersuchen, auf welche Weise sie sich selbst reproduzieren, auf welchen Wegen und mit welchen Mitteln sie mithin einen autopoietischen Prozess (einen Prozess des Sichselbstwiederherstellens) – bei allem nötigen Input aus der Umwelt und Output in die Umwelt – sicherstellen. Sie müssen nicht zuletzt mit der Komplexität ihrer Umwelt zurechtkommen. Sie müssen diese Komplexität reduzieren, indem sie aus der unendlichen Fülle der Möglichkeiten des Agierens und Reagierens (des Umgehens mit der Umwelt) nur einige für die Systembildung auswählen und auf Dauer stellen. Die Steigerung der eigenen Komplexität des jeweiligen Systems, die Erhöhung der Binnenkomplexität nicht zuletzt durch die Ausdifferenzierung von Teilsystemen (Subsystemen), stellt einen Vorgang dar, wodurch Systeme mit ihrer lästigen Umwelt besser zurande kommen. Die Steigerung der Binnenkomplexität eines Systems kann allerdings ihrerseits zu einem inneren Problem der „Anschlussfähigkeit" bei der „Kommunikation" der Teilsysteme untereinander werden, so dass dafür Mechanismen und Medien zur Reduktion der inneren Komplexität ausgebildet werden müssen. Im Originalton hört sich das beispielsweise so an:

> „Sie (Systeme – J.R.) konstituieren und erhalten sich durch Erzeugung und Erhaltung einer Differenz zur Umwelt, und sie benutzen ihre Grenzen zur Regulierung dieser Differenz. Ohne Differenz zur Umwelt gäbe es nicht einmal Selbstreferenz, denn Differenz ist Funktionsprämisse selbstreferentieller Operationen" (SoS 35) – „Die Differenz System/Umwelt kommt zweimal vor: als *durch* das System *produzierter* Unterschied und als *im* System *beobachteter* Unterschied" (GdG 45).

Das System produziert Grenzen zur Umwelt und stellt zugleich Operationen zu ihrer Beobachtung (Selbstbeobachtung) zur Verfügung. Das alles mag man mit den Mitteln außerhalb dieses Sprachgebrauchs noch als vergleichsweise eingängig und „anschlussfähig" beobachten können. Doch um systemtheoretische Texte in der Soziologie genauer zu verstehen, muss man letztlich ein ausgesprochen ungewohntes Sprachspiel lernen. Dessen Verständnis wird dadurch zusätzlich erschwert, dass es bei der Lektüre systemtheoretischer Texte und Theoreme – selbstverständlich nicht nur bei diesen!! – wirklich nicht leicht ist, sich im einzelnen Fall zwischen zwei grundsätzlichen Möglichkeiten zu entscheiden: Handelt es sich um Aussagen, die man genau so gut mit den Mitteln der Umgangssprache ohne Informationsverlust formulieren könnte, die jedoch in einen Jargon gegossen werden müssen, weil er den fachlichen Sprecher in eine Wissenschaftlergemeinde einreiht und ihn als kompetentes Mitglied seiner Zunft ausweist? Diese Rauchzeichen der Dazugehörigkeit (Inklusion) gehören zum Menschlich-

Allzumenschlichen an der Akademie, dem sich *niemand* entziehen kann![204] Oder handelt es sich um eine Fachsprache, die mitunter unabdingbar ist, um Einsichten zu formulieren, die unser „normales" Verständnis überfordern? Mit diesen beiden Möglichkeiten hat jede um Nachvollziehbarkeit bemühte Lektüre zu rechnen. Erfreulicherweise gibt es Texte, die der Systemtheorie ganz eindeutig verpflichtet sind, zu deren Verständnis dennoch keine besonderen Sprachkurse erforderlich sind. Was die Kategorien „Inklusion und Exklusion" angeht, liefert ein Aufsatz von Karsten Malowitz ein löbliches Beispiel für nachvollziehbar geschriebene Systemtheorie. Doch bei dieser Gelegenheit fallen einem allerdings alsbald die beachtlichen und beachtenswerten Parallelen zu alteuropäischen Theoremen auf. Denn die *logische* Operation des Einschlusses, die nur durch Ausschlüsse möglich ist – und umgekehrt – wurde schon in der Antike von Platon näher betrachtet. Baruch Spinoza ist derjenige Philosoph, welcher sie später auf eine vielzitierte lateinische Formel gebracht hat:

Omnis determinatio est negatio.[205] Die Kehrseite der gleichen Medaille ist unbedingt zu berücksichtigen: *Omnis negatio est determinatio.*

Man macht sich keiner Übertreibung schuldig, wenn man behauptet, diese beiden Sätze faßten eine Grundoperation *allen* menschlichen Denkens und Sprechens zusammen. Es geht um das *Bestimmen* (determinatio), um das Bestimmen vor allem in Sinn der Feststellung von Merkmalen eines Sachverhaltes. Dann stellt man etwa fest: Sokrates ist sterblich! Bestimmen bedeutet in gewisser Hinsicht das Ziehen einer Grenze. Denn implizit wird beim Bestimmen durchweg etwas gegen Anderes *abgegrenzt*. Irgendwelche Merkmale gehören zu einem Sachverhalt (Einschluss), machen seine Eigenheiten aus, während ihm unendlich viele Merkmale gar nicht zukommen bzw. abgesprochen werden (Ausschluss). Man denkt also zwangsläufig bei jeder Feststellung (mindestens implizit) an eine Fülle von Eigenschaften, die der Gegenstand *nicht* hat, wenn man behauptet, ihm kämen ganz bestimmte Merkmale zu. Damit hat man die gezogene Grenze zugleich immer schon überschritten![206] Wenn wir einen Hund sehen, wissen wir mit erstaunlicher Sicherheit, dass er zum Beispiel *nicht* flugtüchtig ist; denn fliegende Hunde sind keine Hunde der Gattung *canis lupus*. Also: Jede Bestimmung klappt nur durch den gleichzeitigen Vollzug einer *Negation*. (Omnis determinatio est negatio). Und wenn man einem Sachverhalt ausdrücklich bestimmte Eigenschaften *aberkennt*, dann schreibt man ihm logisch zwangsläufig bestimmte andere *zu*. (Omnis negatio est determinatio).

„Als Gegenbegriff kommt dem Begriff der Exklusion somit die Funktion zu, daran zu erinnern, dass Inklusion ohne gleichzeitige Exklusion nicht sinnvoll zu denken, geschweige denn gesellschaftlich zu realisieren ist" (NST 56).

Wie wahr! Wie wahr! Wie lange schon Thema in Diskursen der Logik, die diese Operation bei der Untersuchung dieser Operation immer schon selbst verwenden müssen![207] Es gibt zu all dem wahrscheinlich nicht zufällig passgenaue Formulierungen bei Niklas Luhmann. Man nehme beispielsweise seinen Begriff der „Operation":

> „Operationen sind, um die Terminologie von Spencer Brown zu benutzen, wenn sie Beobachtungen sind, unterscheidende Bezeichnungen. Sie bezeichnen die eine Seite einer Unterscheidung unter der Voraussetzung, dass es eine andere gibt. Die theoriebildende Provokation des Formbegriffs (im Unterschied zum Variablenbegriff) beruht darauf, dass er postuliert, dass durch das Zustandekommen einer Operation immer etwas ausgeschlossen wird – zunächst rein faktisch, sodann aber für einen Beobachter, der über die Fähigkeit der Unterscheidung verfügt, logisch notwendig" (EI 226).

Noch klarer treten die unterschwelligen Verbindungslinien bei der Luhmannschen Definition von *gesellschaftlicher* Inklusion und Exklusion hervor. Nun geht es nicht um sprachlogische, sondern um wirkliche gesellschaftliche Phänomene. Aber auch dabei taucht der uralteuropäische Platonisch-Spinozistische Grundsatz fast unverändert wieder auf (was unvermeidlich und alles andere als schlimm ist!):

> „Mit den Modi der Inklusion beschreibt die Gesellschaft das, was sie als Teilnahmebedingung setzt bzw. als Teilnahmebedingung in Aussicht stellt. Exklusion ist demgegenüber das, was unmarkiert bleibt, wenn diese Bedingungen bzw. Chancen formuliert werden. Sie ergibt sich gleichsam aus der Operation der Selbstbeschreibung als Nebeneffekt – so wie jede Fixierung einer Identität etwas außer Acht lässt, was nicht dazugehört" (EI 244).

Die Einsicht von K. Malowitz und N. Luhmann, dass Inklusion ohne die gleichzeitige Exklusion sich „nicht sinnvoll zu denken", ja mehr noch, dass sich ohne diese Konstellation *gar nichts* bestimmen und damit unterscheiden lässt, ist also nicht nur ausgesprochen stichhaltig, sondern wird schon ein paar Jährchen vor den Entdeckungen der „neueren Systemtheorie" scharfsinnig diskutiert.[208]

Das eigentliche systemtheoretische Interesse an den Begriffen „Inklusion" und „Exklusion" scheint sich an einigen *sozialwissenschaftlich* relevanten Anschlussfragestellungen fest zu machen: Was heißt es beispielsweise, die Operation des Einschließens und Ausschließens seien „gesellschaftlich zu realisieren"? Wer oder was schließt in diesem Falle wen oder was ein oder aus? Wir folgen dem Vorschlag, uns bei der Beschäftigung mit derartigen Fragen auf das Beispiel der „Beteiligung und Berücksichtigung von Personen in Sozialsystemen" (Stichweh) zu beschränken. Diese Vorgehensweise klingt natürlich nach der von der klassischen Sozialphilosophie überlieferten Verhältnisbestimmung von Individuum und Gesellschaft (vgl. Hauptteil I dieser Vorlesung). In ein systemtheoretisches Sprachspiel übersetzt hört sich das klassische Thema allerdings ein wenig anders an:

> „Im Anschluss an die Systemtheorie gehen wir davon aus, dass mit den beiden Begriffen Inklusion und Exklusion die Art und Weise bezeichnet wird, in der Sozialsysteme sich auf ihre personale Umwelt beziehen" (IEW 2).

Die dabei zu beobachtenden Operationen der Einschließung und der Ausschließung sollen „insbesondere zu den Konsequenzen bestimmter Formen der Differenzierung" ins Verhältnis gesetzt werden, „die sich im Laufe der gesellschaftlichen Evolution herausgebildet haben" (EI 229). Zu diesem Zwecke werden die verschiedenen Formen der inneren Differenzierung der Sozialstruktur, die im Verlauf der Entwicklungsgeschichte menschlicher Vergesellschaftung entstanden sind, in die Gestalt von drei Typenbegriffen gebracht, die wachsende Grade der Binnenkomplexität von Gesellschaften bezeichnen sollen (EI 229 f. + NST 56 ff.):

1. Segmentäre Gesellschaften.
2. Stratifizierte Gesellschaften.
3. Funktional differenzierte Gesellschaften.

Für alle drei Typen lautet die Schlüsselfrage: Wie haben die in verschiedenen Graden differenzierten Gesellschaften den Einschluss „des Individuums in das soziale Leben" sicher gestellt und wie sehen die damit unvermeidlicherweise einhergehenden Operationen des Ausschließens aus? (NST 57).

Ad 1: Bei *segmentären Gesellschaften* erfolgt die Inklusion durch die Zuordnung des einzelnen Menschen zu bestimmten Segmenten der Gesellschaft. Ihre Elementarform ist die Familie, die in Clans eingebettet ist. Ein festes und tradiertes Regelsystem sichert den Einschluss, ohne dass es normalerweise schon ein abstraktes System rechtlich fixierter Regeln für Mitgliedschaft gibt. Ausschlüsse aus einem Segment (Verbannung etc.) sind meistens lebensgefährlich. Die Parallelen dieses Konzept zu Durkheims Lehre von der „mechanischen Solidarität" liegen auf der Hand.[209] Historisch bezieht sich das alles natürlich auf frühe Stammesgesellschaften.

Ad 2: In *stratifizierten Gesellschaften* bestimmt sich die Zugehörigkeit zur Gesellschaft hingegen durch die Mitgliedschaft des Individuums in Großgruppen wie Kaste, Stand, Klasse oder Schicht. Durch den Einschluss in diese traditionsbestimmten Kollektive erhält das Individuum seinen Stand der Ehre, seinen *Status*. Segmentäre Gesellschaften sind eher gleichgeordnet. In stratifizierten Gesellschaften etablieren sich demgegenüber Hierarchien der materiellen Lebenschancen und des Ansehens. Ausschlüsse werden weiterhin über die Familienzugehörigkeit reguliert. Der Ausschluss aus der Familie bedeutet zugleich auch den Verlust von sozialem Status. Als ausgeschlossene Gruppierungen, gleichsam als „Prekariat" sind Vaganten, Bettler, Deserteure, amtlose Kleriker symptomatisch. Diese Beschreibung bezieht sich natürlich in erster Linie auf die mittelalterliche Ständegesellschaft.

Ad 3: *Funktionale Differenzierung* stellt das Markenzeichen der Moderne dar. Beim heute vorherrschenden funktional differenzierten Gesellschaftstyp verlaufen die „Teilsystemgrenzen nun nicht mehr an Lokalitäten oder Verwandtschaftsbeziehungen wie in segmentär differenzierten Gesellschaften, aber auch nicht mehr an relativ durchlässigen Schichten wie in der stratifizierten Gesellschaft …, sondern an exklusiven, nicht gegeneinander ersetzbaren Funktionen" entlang (NST 58). Das heißt: Die Gesellschaft kann sich nur durch die Operationen einer Fülle von Teilsystemen erhalten, die innerhalb des sozialen Systems im Verhältnis von System und Umwelt zueinander stehen. Sie sind auf jeweils eigene und eigensinnige Bezugsprobleme ausgerichtet und reproduzieren sich durch je besondere Mechanismen, Medien und Codes. Die Gesellschaft verlangt daher vom Individuum das Management seines Lebens in einer Fülle verschiedenartiger Teilsysteme. „Inklusionsrelevant" werden daher die spezifischen Rollen, welche der Einzelne in den verschiedenen Subsystemen zu spielen hat („Multiinklusion"). Die Frage, „*wer man ist,* (wird) in funktional differenzierten Gesellschaft nicht mehr durch die Zugehörigkeit zu einem der Teilsysteme beantwortet, sondern an die Personen selbst delegiert …" (ST 58 f.). Jeder muss sich seine Biographie durch das ständige Jonglieren mit seinen Rollen innerhalb einer ganzen Fülle von Subsystemen selbst zurechtbasteln. Status, subjektive Identität und Einschluss werden kaum noch durch traditionelle Normen, Regeln und Kriterien stabilisiert und gesichert. Kollektive Bindungen lockern sich (Individualisierung). Einerseits steigern sich dadurch die Handlungsmöglichkeiten und Optionen des Individuums, andererseits droht die Möglichkeit, dass sich „Exklusionseffekte" aufgrund der „Mehrfachabhängigkeit" einer Person von einer Vielfalt von Funktionssystems aufschaukeln (GdG 631). Wenn eine Person aus bedeutsamen Funktionssystemen ausgeschlossen wird, dann sinken oftmals ihre Chancen der Inklusion in andere. Verschärft wird diese Problematik nach Luhmann noch dadurch, dass die moderne Gesellschaft Inklusion gar nicht mehr kraft ihrer

Existenz als übergreifende Einheit regulieren kann. Sie muss dies den ausdifferenzierten Funktionssystemen selbst überlassen. Zum Beispiel

> „die Familienbildung bleibt ganz der Familienbildung überlassen: ob und wen man heiratet, entscheidet sich im Entschluss zu heiraten … Die Teilnahme am Wirtschaftssystem regelt sich über Eigentum und Einkommen, die Teilnahme am Erziehungssystem über Schule, Schulzeugnisse und Schulabschlüsse – und zum Beispiel nicht über den Heiligen Geist (er heißt in diesem Falle Begabung)" (EI 232).

In der funktional differenzierten Gesellschaft der Moderne sind charakteristische Ideen im Umlauf, die der „Selbstbeschreibung" dieses Gesellschaftstypus dienen. Sie haben vor allem die Funktion, die Zukunftsunsicherheit des Einzelnen sowie die gravierenden Probleme, die sich aus der Notwendigkeit des Agierens in einer Fülle von verschiedenartigen Subsystemen ergeben, zu überdecken und zu überspielen. (Das kennen wir doch von den Milieuakrobaten her – s.o. Teil I). Früher hätte man derartige verschleiernde Ideensysteme „Ideologien" genannt, bei Luhmann heißen sie „semantische Korrelate" (zur Struktur funktionaler Differenzierung).

> „Eine funktional differenzierte Gesellschaft ist in der Lage, extreme Ungleichheiten in der Verteilung öffentlicher und privater Güter zu erzeugen und zu tolerieren, aber von der Semantik dieser Gesellschaft steht dieser Effekt unter zwei Beschränkungen: dass er nur temporär gesehen wird und sich rasch ändern kann; und dass er auf die einzelnen Funktionsbereiche beschränkt wird und zwischen ihnen Interdependenzunterbrechungen eingerichtet sind" (EI 234).

Extreme Ungleichheiten bei der Verteilung öffentlicher Güter müssen mithin als tragbar sowie im Zeitablauf überwindbar *erscheinen*, soll sich kein gesellschaftlicher Sprengstoff anhäufen. Was soll es aber heißen, dass zwischen den einzelnen Funktionsbereichen „Interdepenzunterbrechungen" eingerichtet sind? Auf Altdeutsch könnte man auf diese Frage vielleicht so antworten: Bestimmte Ideen, „semantische Korrelate", erzeugen beispielsweise den liberalistisch schönen Schein, obwohl man über viel Geld zu verfüge, hätte man eigentlich keine sonderlich erhöhten Chancen zur Einflussnahme im Bereich des Rechtssystems oder des politischen Systems. Diese Legende weist allerdings keine allzu große Durchschlagskraft auf. So resigniert sind die Leute auch wieder nicht. Oder sie sagt zumindest, das dürfe eigentlich nicht so sein, könne jedoch vor allem bei hinlänglicher Geduld im Zeitablauf korrigiert werden.[210]

Das „Postulat der Vollinklusion" stellt für Anhänger der „neuen Systemtheorie" einen Kernbestandteil „semantischer Korrelate" der funktional differenzierten Gesellschaft dar (IEW 5). In zugespitzter Form kann man es als die Forderung lesen, kein Individuum dürfe aus irgendeinem liebenswerten Subsystem ausgeschlossen werden, der Zugang dazu müsse an sich jedem Einzelnen offen stehen. Der „American Dream"? Da sind Systemtheoretiker skeptisch. Besonders skeptisch stehen sie der Vorstellung gegenüber, man könne den Integrationsproblemen einer durch ihre immer feinkörniger werdende Binnengliederung so überkomplex gewordenen Gesellschaft wie der modernen „vor allem auf dem Wege der Mobilisierung gemeinschaftsstiftender sozio-moralischer Ressourcen … begegnen" (NST 55). Kommunitaristen vertreten diese Ideen in der Gegenwart dennoch energisch. Für Systemtheoretiker ist hingegen eine Annäherung an das „Ideal einer in normativer Hinsicht vollständig integrierten Bürgerschaft" – was immer da „vollständig" heißen mag – trotz seiner „allgemeinen Akzeptanz" für die funktional differenzierten Moderne nicht denkbar. Auch dem Pathos einfacher Modernisierungsmodelle kann man daher nicht länger glauben:

> „Die (heute bereits klassischen) Modernisierungstheorien scheinen sich auf die Leistungsfähigkeit der Funktionssysteme zu verlassen, wobei man die Hoffnung hat, dass sich wirtschaftliche Entwicklung, politische Demokratisierung, Positivierung und Durchsetzung des Rechts, Intensivierung der wissenschaftlichen Forschung in relativ kurzer Zeit und *zugleich* weltweit realisieren lassen" (EI 235).

Diese Hoffnung trügt! Den gemeinschaftsstiftenden „sozio-moralischen Ressourcen" fehlt – anders als es sich viele Klassiker der Sozialphilosophie (etwa in der Form von Normen der Gerechtigkeit) vorgestellt haben – nach der Lehre der Systemtheorie die Kraft, bei der Mobilisierung von Widerständen gegen „dissoziierende Tendenzen" in der gegenwärtigen Gesellschaft zu helfen (NST 55). Wie ist dann aber mit all jenen Krisenpotentialen umzugehen, welche die funktional differenzierte Gesellschaft offensichtlich hervorbringt? Luhmann kann sich jedenfalls Krisen in der Form vorstellen, dass die „Eigendynamik der Funktionssysteme zu einer wechselseitigen Überlastung" führt und die Risiken der Exklusion anwachsen (EI 235). In vormodernen Gesellschaften gab es einige vergleichsweise klare Möglichkeiten und Mechanismen, mit der Exklusion umzugehen:

> „In älteren Gesellschaftsformationen konnte die Exklusion aus einem Teilsystem weitestgehend dadurch aufgefangen werden, dass sie zur Inklusion in ein anderes führte. Exklusion aus der Gesellschaft schlechthin war entsprechend ein marginales Phänomen" (EI 241).

In funktional differenzierten Gesellschaften ist nach Luhmann eine „Auffangregelung dieser Art nicht möglich, weil sie überhaupt nicht mehr vorsehen, dass Individuen, wenn nicht dem einen, dann einem anderen Teilsystem angehören.

Es gibt keine ausschließende Teilsysteminklusion mehr" (ebd.). Welche genaueren Formen nimmt die Exklusion also in funktional differenzierten Gesellschaften an? Luhmann will interessanterweise weder die „Existenz von Klassenunterschieden" bestreiten (!!), noch die sozialen und seelischen Folgen leugnen, die eine ins Extrem getriebene Individualisierung für die einzelnen Menschen haben kann (EI 234). Es hat sich überdies weithin herumgesprochen, dass in verschiedenen Regionen der Weltgesellschaft der Gegenwart, gerade in den USA, aber auch bei uns!, „erhebliche Teile der Bevölkerung ihr Leben unter den Bedingungen der Exklusion fristen" (EI 242). Bei der Erwähnung dieser Beispiele muss sich „Exklusion" auf Ausschließung in der Form Diskriminierung, Reduzierung der Lebenschancen, sozialer Verachtung beziehen! Verblüffenderweise hält Luhmann die Beschreibung der Lage auf diese Weise ausgeschlossener Gruppierungen in Kategorien der Klassenanalyse und/oder der Individualisierungsthese dennoch eher für verharmlosend als erhellend! (ebd.). Denn mit der Veränderung der aktuellen Formen der Inklusion gewinne das gesamte Verhältnis von Inklusion und Exklusion eine völlig neue Bedeutung. Inwiefern? Was sich *nicht* ändert, sind die Grundüberlegungen, welche in die Prämissen der Systemtheorie eingehen: Nach wie vor gilt, dass die einzelnen Subjekte als „psychische Systeme" zur Umwelt der Gesellschaft gehören, in diesem Sinne also in einem Verhältnis des Ausschlusses zum autopoietischen sozialen System stehen, in dessen einzelne Funktionssysteme sie zugleich mit bestimmten Seiten ihrer Existenz eingeschlossen sind. Das ist allerdings ein Bild, das schon Georg Simmel bei seiner Lehre von den „sozialen Apriorien" gezeichnet hat, obwohl ihn Luhmann für einen Vertreter der entsetzlichen These hält, das Individuum sei Element des sozialen Systems und nicht ein wenn auch wesentlicher Teil seiner Umwelt. (Ganz ohne lebendige Subjekte wär`s natürlich nichts mit der Autopoiesis des sozialen Systems). Wie dem auch sein mag: Was sich nach Luhmann wirklich ändert, sind die mit der jeweiligen Form der Inklusion gegebenen „Bedingungen der Zugehörigkeit" und damit auch die Konsequenzen des Ausgeschlossenseins. Heute ist es nach seiner Ansicht so, dass die Inklusion der Person in ein Funktionssystem, die Art seiner Beteiligung an einem anderen nur in geringem Maße festlegt! Im Hinblick auf die Frage nach dem Einschluss in verschiedene Subsysteme kommt es somit zu „einer erheblichen *Lockerung der Integration*", d.h.: des Zusammenhangs der differenzierten Subsysteme untereinander.

> „Man kann aus dem Kontakt mit Partnern funktionssysteminterne, nicht aber funktionssystemexterne Rückschlüsse ziehen" EI 242).

Die Beziehungen zwischen den Funktionssystemen fluktuieren und können „nicht mehr gesamtgesellschaftlich festgelegt werden" (ebd.). Das ist die systemtheoretische Variante der bekannten Pluralisierungsthese. Es macht nach all dem überhaupt keinen Sinn mehr, von einer „gesellschaftlichen Totalität" im Stile der Tradition von Hegel über Marx bis hin zu Adorno auszugehen. Denn es herrscht „Interdependenzunterbrechung" zwischen den Subsystemen und der Mythos der „Vollinklusion" des Subjekts hat seine Substanz verloren. Im Exklusionsbereich, sagt Luhmann, zeichnet sich jedoch genau das entgegengesetzte Bild ab: „Hier ist die Gesellschaft hochintegriert" (ebd.). Das soll heißen: Der *Ausschluss* aus einem Funktionssystem zieht gleichsam automatisch den Ausschluss aus anderen nach sich. Wahrscheinlich zielt der Autor an dieser Stelle auf so etwas wie Eingeschlossensein in eine Vielfalt von ausgeschlossenen Lebensbereichen aufgrund bestimmter (grundlegender?) Ausschlüsse – oder so ähnlich. Ausgeschlossen wovon? Von Reichtum, Ehre, Macht, von Chancen zur Beobachtung des Funktionssystems (Wissen)?? Ein einfaches Beispiel Luhmanns soll diese Problematik wahrscheinlich erhellen:

> „Wer keinen Ausweis hat, ist von Sozialleistungen ausgeschlossen, kann nicht wählen, kann nicht legal heiraten. Wirtschaftliche Not erzeugt eine hohe Indifferenz gegenüber dem Rechtscode rechtmäßig/rechtswidrig (was als Indifferenz interpretiert werden muss und nicht etwa als Präferenz für Kriminalität)" (EI 242 f.).

Das klingt verwunderlich! Wenn`s doch bei der Exklusion wirklich nur um solche bescheidenen Fälle wie diese ginge! Dramatischer ist die sich abzeichnende Tendenz zur verstärkten „Interdependenz" in einer Gesellschaft, bei der zugleich eine zunehmende „Dissoziierung" beobachtet wird. Es gibt doch noch „Interdependenz" in dem Sinne allerdings, dass die Exklusion aus einem System die Chancen erhöht, aus zahlreichen anderen ebenfalls ausgeschlossen zu werden! Unter den Bedingungen der funktional differenzierten Gesellschaft zeichnet sich mithin so etwas wie Inklusion mit loser Integration der Einschlussbereiche und Exklusion mit fester Integration der Ausschlussbereiche ab. Diese Art der systemimmanenten Gegenläufigkeit wurde früher mal z.B. „endogene Krise" genannt. Was bedeutet es beispielsweise für das Wirtschaftssystem, fragt Luhmann, „wenn große Teile der Bevölkerung (wie so offenkundig in der Weltgesellschaft der Gegenwart – J.R.) von Marktteilnahme ausgeschlossen sind, sich aber auch nicht mehr subsistenzwirtschaftlich selbst ernähren können, so dass sichtbar wird, dass die Wirtschaft nicht in der Lage ist, ausreichend Nahrung dorthin zu bringen, wo sie benötigt wird?" (EI 244). Außerhalb der Systemtheorie wird so etwas beispielsweise als „Elend der dritten Welt" diskutiert. Luhmann ist allerdings der Meinung, ein Kollaps der ausdifferenzierten Funktionssysteme stehe nicht vor der Tür. Dazu sei ihre Autopoiesis, ihre Kraft zur Reproduktion zu robust. Doch mit einer immer stärkeren Ausprägung der *Differenz* zwischen Inklusion und Exklusion sei im Verlauf der Weiterentwicklung der funktional differenzierten Gesellschaft der Gegenwart durchaus zu rechnen.

„Gegenüber dem heute als dominant beachteten ökologischen Problem mag hier ein Trend beginnen, der mindestens die gleiche Aufmerksamkeit verdient und mindestens gleiche Ratlosigkeit erzeugt" (ebd.).

Dieser Tendenz wird also mindestens die gleiche Sprengkraft zugetraut wie der Umweltkrise. Neue Systemtheoretiker beginnen sich von daher zunehmend zu fragen, wie die von ihnen „kontraproduktive Differenzierungsprozesse" genannten Krisen überhaupt bei Systemen entstehen können, die „ihren eigenen Rationalitätskriterien entsprechend funktionieren", also effizient sind und dennoch „auf lange Sicht ihre eigenen Bestandsbedingungen gefährden" (NST 64). Obwohl das soziale System und seine Subsysteme den Kriterien unbedingter Effizienz genügen, setzen sie dennoch Krisenpotentiale frei. Davon hat man doch irgendetwas schon bei Marx und Weber gelesen. Kein Wunder daher, dass sich die neuen Systemtheoretiker inzwischen die eigentlich ketzerische Frage stellen, ob man nicht doch „die bisher weitgehend unverbunden nebeneinander herlaufenden theoretischen Ansätze einer Soziologie der sozialen Ungleichheit und einer Soziologie der funktionalen Differenzierung einander anzunähern ..." könne (ebd.). Aber sollen dabei Effizienz oder Ineffizienz von Funktionssystemen die einzigen Gütekriterien für ihre „Qualität" hergeben? Bemisst sich gelingende oder misslingende „Integration" ausschließlich am Grad der „wechselseitige(n) Einschränkung von Freiheitsgraden von strukturell gekoppelten Systemen" (Luhmann) oder darüber hinaus an den Freiheitsspielräumen der Subjekte sowie an den Chancen ihrer Selbständigkeit? Wenn ja: Soll damit das alteuropäische Nachdenken über Klassen, Schichten, alte und neue soziale Ungleichheiten tatsächlich wieder Gewicht gewinnen? Denn selbst Luhmann hat letztendlich betont, es ginge ihm nicht darum, „Klassenunterschiede", wohl gemerkt: *Klassenunterschiede* zu leugnen (EI 234). Man darauf gespannt sein, wie die Vorschläge zur Annäherung der nebeneinander her laufenden Diskurse der Soziologie der sozialen Ungleichheit und der neuen Systemtheorie aussehen werden. Eine weitergehende Klärung der Begriff *Inklusion* und *Exklusion* würde da vielleicht ein wenig helfen. Denn ihre Verwendung durch Systemtheoretiker verteilt sich allem Anschein nach über recht verschiedene Ebenen der Bedeutung. Sie lassen sich grob so zusammenfassen:

- Die Bestimmung von Sachverhalten und ihrer Merkmale (elementare Prädikation) stellt eine Grundoperation allen Denkens und Sprechens dar. Diese

Operation setzt die (logische) Gleichzeitigkeit von Einschluss und Ausschluss voraus.
- Einschluss und Ausschluss können auch als wirkliche soziale Vorgänge verstanden werden. Wer wird in einen Lebenskreis aufgenommen, wer wird ausgeschlossen? Allgemeiner, auf Systemebene, kann ein System seinen Bestand in der Zeit (Identität; das Zusammengeschlossensein mit sich selbst) nur sichern, wenn es sich gegen seine Umwelt abgrenzt (Ausschluss). Überdies schließen Systeme und Subsysteme die Individuen als „psychisches System" mit einigen Seiten ihrer Existenz ein, mit anderen aus. Das Grundmuster dieser Operationen entspricht der *determinatio* und *negatio* – wie immer dieses Prinzip auch im Detail ausgefächert werden mag.
- „Funktionale Differenzierung" liest sich als ein allgemeinerer Begriff denn „Arbeitsteilung". Letzterer kann dem Subsystem der Wirtschaft vorbehalten bleiben. Doch in beiden Fällen gilt: Der Tatbestand, dem einen Sektor der Arbeitsteilung und nicht dem anderen, dem einen Funktionskreis und nicht dem anderen anzugehören, bedeutet einen Ausschluss, der Einschlüsse voraussetzt – und umgekehrt. Doch daraus folgt überhaupt nicht logisch zwangsläufig, dass die so bestimmten Ausschlüsse als Symptome *sozialer Ungleichheit* – etwa als Effekte von Strategien von Kollektiven anzusehen sind, die sich auf Reichtum, Ehre und/oder Macht stützen, um ihre Vorteile im System sozialer Ungleichheit zu sichern. Es bedeutet auch nicht notwendigerweise, dass Ausschlüsse nichts anderes denn als Effekte des „stummen Zwangs der Verhältnisse" anzusehen sind. Ein solches normatives Urteil muss sich selbstverständlich auf bestimmte Standards der Kritik stützen.
- Auch bei einigen neuen Systemtheoretikern stößt man auf einen Zusammenhang zwischen Kritik und Krise. Gesellschaftliche Krisen entstehen nach dieser Denkweise nicht zuletzt dadurch, dass „kontraproduktive Differenzierungsprozesse" im Sinne einer schrittweisen „Lockerung der Integration" zunehmen. Gelingende Inklusion wird immer exklusiver und Exklusion schließt immer mehr Subsysteme ein. Die sich „dissoziierenden" Subsysteme genügen in diesem Falle jedoch nicht länger einschränkungslos ihrem eigenen Rationalitätskriterium, dem der *Effizienz* (der erfolgreichen Bearbeitung von Systemproblemen). Es ergibt sich eine Art negativer Selbstbeziehung.
- Krisen entstehen aber auch dadurch, dass die Exklusion von Personen aus einem Funktionskreis die Wahrscheinlichkeiten erhöhen kann, dass sie auch aus anderen ausgeschlossen zu werden. Nicht nur, dass nun plötzlich die Individuen zu einem Thema der Theorie der differenzierten Systeme werden, der Begriff der Exklusion nähert sich dabei unter der Hand Konzepten der

alteuropäischen Ungleichheitstheorie wie zum Beispiel Webers Begriff der *Schließung* an.

- Auf welcher normativen Grundlage werden dann aber die Urteile über das Schicksal der Subjekte im Widerstreit von Inklusion und Exklusion als zwei Operationsweisen der Funktionsbereiche gefällt, deren Differenz sich verschärft? Auf welcher Grundlage werden sie gefällt, wenn zum Beispiel das Elend in Ländern der dritten Welt in das Sprachspiel der Systemtheorie umgegossen wird? Auf Gerechtigkeitsvorstellungen oder andere „sozio-moralische" Kriterien dürfte dabei eigentlich nicht zurück gegriffen werden (ST 55). Ist daher *alles* am Maßstab der unbedingten Effizienz zu messen, der zweifellos ein Prinzip der „Selbstbeschreibung" (früher hieß das mal: des „Selbstverständnisses") der Gegenwartsgesellschaft darstellt? Oder ist der Versuch, den Anschluss an Theorien sozialer Ungleichheit zu gewinnen, tatsächlich ernst gemeint? Dann bekommt man es jedoch oftmals mit deren gleichsam Kantianischen Tendenz zu tun, auf Normen zurück zu greifen, welche die „Autonomie des Subjekts" der unbedingten Effizienz überordnen. Systemtheoretiker müssten sich dann unter Umständen eben jenes Maßstabes der „Subjektgerechtigkeit" der Systeme bedienen, den Luhmann stets als alteuropäisch verseucht zurückgewiesen hat. Wer sich für diese Fragen interessiert, muss die Antwort abwarten.

Literaturhinweise zum Anhang

N. Luhmann: Soziale Systeme. Grundriss einer allgemeinen Theorie, Frankfurt/M 1984. SoS.
N. Luhmann: Die Gesellschaft der Gesellschaft, Frankfurt/M 1997. GdG.
N. Luhmann: Inklusion und Exklusion, in ders.: Soziologische Aufklärung 6: Die Soziologie und der Mensch, Wiesbaden 2005. EI.
K. Malowitz: Die neuere Systemtheorie und das Konzept der sozialen Exklusion, in: Berliner Debatte, Initial, 13. Jh. (2002), Heft 1, S. 55 ff. NST
R. Stichweh: Inklusion und Exklusion in der Weltgesellschaft. Am Beispiel der Schule und des Erziehungssystems. (Auf der Home-Page des Autors/Universität Luzern).

Hauptteil III
Modernisierung.

Modell 14:
Das Werden der Moderne.

Teil A.
Die Moderne und der historische Fortschritt.

Manche Grundbegriffe der Sozialwissenschaften haben es nicht nur in sich, sondern nahezu *alles* in sich. Sie werden so allgemein gehalten und so allumfassend verwendet, dass sich darin nicht nur ganz verschiedenartige, sondern an sich auch völlig gegensätzliche Informationen und Annahmen verlaufen. Bei ihrem Gebrauch kann man also nie so ganz falsch liegen. Der Verzicht auf Präzision stiftet aus diesem Grunde kaum den Verdacht, man gebe etwas Leichtgewichtiges von sich. Die Anderen, welche solche dehnungsfähigen Begriffe hören oder etwas darüber lesen, können sich ja ihrerseits alles Mögliche, vor allem das dabei denken, was sie selbst für den „eigentlichen" Gehalt solcher Auskunftsmittel halten. „Die Moderne" wird man in das Sortiment von Kategorien dieses Kalibers einreihen dürfen. Obendrein ist dieser Begriff politisch völlig unverdächtig. Er kann keinen Vorbehalten ausgesetzt werden, unter denen vor allem der Typenbegriff „Kapitalismus" steht. D.h.: Wer „Moderne" sagt, braucht nicht kritisch vom „Kapitalismus" zu reden und erspart sich damit den stumpfsinnigen, aber einschlägigen Verdacht, er hätte noch irgendetwas für den abgestorbenen Kasernenkommunismus oder gar für den Massenmörder Stalin übrig. Es versteht sich daher von selbst, dass der Ausdruck „modern" weiterhin modern, will sagen: zeitgemäß und wohlgefällig klingt. Peter Wehling zählt zu denjenigen, welche den Begriff der Moderne und Theorien über Modernisierungsprozesse nicht nur wegen ihrer Unbestimmtheit, sondern darüber hinaus wegen ihrer Funktion als „Sozialmythos" kritisiert haben. Den Begriff des „Sozialmythos" hat er von Herbert Schnädelbach übernommen. Nach dessen Auffassung handelt es sich bei Sozialmythen um Erzählstrukturen, die deswegen „mythisch" sind, weil sie

> „ja nicht die Geschichte selbst (erzählen), sondern etwas, was sie (= die Geschichte – J.R.) verständlich machen und in ihrem Ablauf erklären soll, was Prognosen meist ausdrücklich einschließt – die immer noch wahre Hintergrundgeschichte" wird versprochen.[211]

Aufgrund seiner Unverbindlichkeit und Unbestimmtheit erzählt ein Sozialmythos gleichsam reibungslos zustimmungsfähige, wenn auch kaum überprüfbare Geschichten über geschichtliches Geschehen. Zum Begriff der „Moderne" als Kategorie eines geschichtsphilosophischen Sozialmythos kommt schließlich noch seine ausgewiesene Alltagstauglichkeit hinzu. Diese besteht darin, dass

> „jeder ihn verwendet, dass jeder ungefähr, aber nicht ganz, dasselbe darunter versteht, dass folglich jeder weiß, was gemeint ist; dass folglich kaum einer definiert – definieren kann – was er meint" (MS 14).

Sozialmythen fassen auf diesen Wegen vielfältige und komplexe Handlungen, Ereignisse und Prozesse zu einer eingängigen Geschichte über die Geschichte so zusammen, dass sich viele Laien und Fachleute ihrer scheinbar wie einer Selbstverständlichkeit bedienen können und wissen, wo es lang geht.

Misst man ihn an seinen modernen Funktionen als Sozialmythos, dann erweist sich die Herkunft des Begriffs der „Moderne" als vergleichsweise harmlos. Als seine Geburtsstätte gilt vor allem die berühmte „Querelles des Anciens et des Modernes". „Querelle" bedeutet „Streit". Dieser Streit zwischen den Antiken und den Modernen spielt sich gegen Ende des 17. Jahrhunderts im Bereich der schönen Künste ab. Die Streitfrage lautete, welche Kunstform die ästhetisch wohlgefälligere sei: Die der Zeitgenossen oder die der Alten aus der Antike. Den Teilnehmern an dieser Auseinandersetzung stellten sich dabei wenige philosophische Probleme mit dem Eigenschaftswort „modern" in den Weg. Denn sie hatten bei ihren Streitgesprächen mit Sicherheit die lateinische Vokabel *modernus* im Kopf, die schlicht und einfach mit „gegenwärtig" zu übersetzen ist. Auf diese Wortbedeutung greifen auch wir heute noch alltagssprachlich zurück, wenn wir etwas als „modern" ausloben. Es erscheint damit als zeitgemäß, als den gegenwärtigen Zeiten mit ihren Lebensstilen gerecht werdend. Bei tiefsinnigen Marketing-Denkern der Moderne als Jetztzeit heißt das normalerweise: etwas ist „in" und nicht „out". „Modern" im lateinischen Sinne ist einfach das „Hier und Jetzt". Das muss überhaupt nicht zwangsläufig bedeuten, dass die gegenwärtige Epoche als besser oder aufgeklärter erlebt wird als ein vorhergehendes Zeitalter (MS 60). Wenn Historiker Europas die Neuzeit in groben Zügen vom Mittelalter und von der Antike abheben, dann braucht dahinter nicht mehr als die Verwendung historisch weit gespannter Typenbegriffe für bestimmte Abschnitte der europäischen Geschichte zu stehen.[212] Im Zeitalter der Aufklärung findet allerdings eine begriffliche Verkoppelung des Eigenschaftswortes „modern" mit den normativen Prinzipien von Fortschritt und Aufklärung statt. Man merkt sie unserem gegenwärtigen Sprachgebrauch weiterhin deutlich an. Die Verbindung mit Fortschrittsideen kann so weit führen, dass all das als „modern" erscheint, was in Bewegung und veränderlich ist, was vorantreibt, ungebunden, zukunftsoffen und zielstrebig auf Verbesserungen ausgerichtet ist. Diese Zusammenhänge kann man nicht zuletzt auch an fachsoziologischen Modernisierungstheorien ablesen. „Modernisierung" versteht sich dabei als ein sozialgeschichtlicher Prozess, der zuerst in Europa – angestoßen insbesondere durch die „industrielle Revolution" in England – zum Übergang des Typus der Agrargesellschaft in den Typus einer Industriegesellschaft geführt hat. Er wird von den Vereinigten Staaten aufgenommen und dort so sehr verstärkt, dass es nach dem Zweiten Weltkrieg eine Reihe von Modernisierungstheoretikern gibt, denen ihre Kritiker entgegenhalten, sie hätten „Modernisierung" schlicht mit „Amerikanisierung" gleichgesetzt. In der Tat wird zu diesen Zeiten oftmals davon ausgegangen, die Entwicklungspfade der unterentwickelten Gesellschaften müssten zwangsläufig im „westlichen Modell" und damit in einer kapitalistischen Weltgesellschaft ausmünden. In der Tat: Die heute heiß diskutierte Globalisierung hat in anderen Spielarten in der Neuzeit immer schon stattgefunden. „Modernisierung" hatte immer schon viel mit der Ausbreitung von strukturellen und kulturellen Prinzipien der kapitalistischen Gesellschaft in die entlegendsten Ecken der Welt, auch in die einsamsten Ecken und Winkel der Seele der einzelnen Person zu tun gehabt.

Wenn man all diese eher ideologischen Hintergründe der Kategorie der „Modernisierung" einklammert, lässt sie sich – harmloser – als Sammelbegriff für verschiedene gesellschaftliche Großtendenzen seit der Ablösung der klassischen Agrargesellschaften durch die neuzeitliche Industriegesellschaft entziffern. Diese Tendenzen werden fast durchweg im Rahmen von Fortschritts- und damit Steigerungsmodellen beschrieben.

Die Verkoppelung von „Modernisierung" mit dem Gedanken an Neuerung und Verbesserung ist uns allen geläufig. Fortschritt erscheint dabei nicht selten als zielgerichteter historischer Prozess. Das Geschichtsbild eines gradlinigen und unaufhaltsamen Fortschritts „der Menschheit" oder „der Gesellschaft" durch die Steigerung der Produktivkräfte (Wachstum) und/oder vernünftige politische Reformmaßnahmen stellt eine Utopie dar. Es liefert keinen sehr realistischen Eindruck vom tatsächlichen geschichtlichen Geschehen. Da gibt es mindestens genau so oft Zäsuren und Rückfälle, Umbrüche und Rückschritte, Krisen und Katastrophen, katastrophale politische Entscheidungen, die einen Rückfall in die Barbarei beschleunigen eingeschlossen. Andererseits bestreitet niemand, den ich kenne, dass es in der Neuzeit eine ganz Reihe von Prozessen gegeben hat, bei denen ein Fortschritt in irgendeiner interessierenden Dimension zu erkennen ist.

Es gibt im Wirtschaftssystem derzeit tatsächlich wieder Wachstum. Der Rahmen, worin solche normalerweise positiv bewerteten, also fortschreitenden Tendenzen wie das wirtschaftliche Wachstum dargestellt werden, wird von *Steigerungsmodellen* der Geschichtsbetrachtung abgesteckt.[213] Der Steigerung sind verschiedene und gar mannigfaltige gesellschaftliche Variablen fähig: Die wachsende Menge der Güter und der Dienste, woraus sich das Bruttosozialprodukt zusammen setzt, liefert nur *ein* Beispiel unter vielen anderen. Die Inflation als rasante Preissteigerung zeigt zwar ebenfalls die *Steigerung* einer Variablen (des Preisniveaus) an, sie erregt aber entschieden weniger Entzücken – ausgenommen bei denjenigen, welche davon profitieren. Es gibt den besonderen Typus *teleologischer* Steigerungsmodelle. Der Fortschritt erscheint dann als eine Tendenz, bei manchen Autoren sogar als ein Quasi-Naturgesetz, wobei eine Entwicklung in Richtung auf ein ausgezeichnetes Ziel (*telos*) angenommen wird. Beispiel: Aufgrund der intensiven Forschung steigen die Chancen, die angestrebten Heilungserfolge für eine bestimmte Krankheit zu erzielen – wenn auch gewiss nicht zwangsläufig oder quasi gesetzmäßig. Kurz: Solche Geschichtsbilder unterscheiden sich je nach Art und Menge der Variablen voneinander, bei denen eine Steigerung zu erkennen ist oder angenommen wird. Teleologische Steigerungsmodelle unterscheiden sich selbstverständlich auch aufgrund der Merkmale, die dem angezielten Endzustand zugeschrieben werden oder differieren je nach der Utopie, der sich der historische Ablauf trotz aller Unerreichbarkeit jener ortlosen Welt annähern soll.[214] Die Vorstellung einer von sämtlichen Erscheinungsformen sozialer Ungleichheit befreiten Gesellschaft taucht mitunter als eine solche Utopie auf.

Steigerungsmodelle betrachten mithin die Fülle der wirklichen geschichtlichen Ereignisse und Zusammenhänge in einer charakteristischen Perspektive: Wie viel Umwege, Stagnationsphasen und Rückschläge es in der historischen Realität auch immer geben mag, in der Geschichte sei gleichwohl der Grundzug einer aufsteigenden Linie zu erkennen. Auf den Gang des Geschehens ließen sich mithin solche Steigerungsvokabeln wie „mehr", „besser", „vernünftiger", „liberaler" etc. anwenden. Es gibt z.B. immer mehr von x – immer mehr Waren in der Warentauschgesellschaft. Bei historischen Rückschlägen werden selbstverständlich negative Vorzeichen vor die komparativen Begriffe der entsprechenden Variablen gesetzt (schrumpfendes Sozialprodukt).

Man findet in der Moderne durchaus Auffassungen von der Moderne, bei denen die übliche Verzahnung von „Modernisierung" und „Fortschritt" *nicht* vorherrscht. Manche Autoren malen sich Modernisierung gar nicht als Vorankommen, sondern eher als Passage aus. So zum Beispiel der französische Dichter Charles Baudelaire (1821-1867) im Hinblick auf die Kunst:

„Die Modernität ist das Vorübergehende, das Entschwindende, das Zufällige, ist die Hälfte der Kunst, deren andere Hälfte das Ewige und Unabänderliche ist."[215]

Die Kunst entwickelt sich nach der Auffassung von Baudelaire aus dem Spannungsverhältnis zwischen dem Modernen und dem Zeitbeständigen. Dabei erscheint das Moderne als Zufälligkeit, Entschwinden und Vorübergehen und nicht – wie wir es gewohnt sind – als die Speerspitze eines fortschrittlichen Prozesses. Es entsteht das Bild einer neutralen Passage in irgendeinen *anderen* Zustand und nicht des Übergangs in eine *noch* bessere Zukunft. Allerdings nimmt Baudelaire an der zitierten Stelle so etwas wie das „Ewige" und „Unabänderliche" vielleicht von der Art der Platonischen Ideen an. Modernere Modernisierungsbegriffe sehen dagegen alles in einem ständigen gesellschaftlichen Fluss der Veränderung und Verbesserung. Wir erfreuen uns doch alle z.B. der ständigen Veränderung von PC-Technologien mit ihren Verbesserungen. Oder etwa nicht?

So einzigartig wie uns Steigerungsmodelle als Mitglieder der Moderne heute erscheinen mögen, sind sie gar nicht. Es gibt ganz andere Schlüsselmetaphern, die den Rahmen anderer Geschichtsbilder abstecken und sich deutlich von Steigerungsmodellen unterscheiden. Um nur ein Beispiel für eine berühmte Alternative zu Steigerungsmodellen zu nennen, erwähne ich das *zyklische Geschichtsbild*. Es wird auch *Zyklenmodell* genannt. Zu Beginn des 20. Jhs., zu den Zeiten der Weimarer Republik, wurde mit dem Buch von Oswald Spengler (1880-1936): „Der Untergang des Abendlandes" ein äußerst einflussreiches Zyklenmodell verbreitet.[216] Spengler geht von einer Gesetzmäßigkeit – er sagt „Logik" – der Universalgeschichte aus, die es ihm angeblich gestattet, historische Prognosen zu liefern. Diese „Logik" der Geschichte entwickelt er in Analogie zur Biologie:

„Ich sehe in der Weltgeschichte das Bild eines wunderbaren Werdens und Vergehens organischer Formen"[217]

Um ein Fortschrittsmodell handelt es sich wahrlich nicht! Im Gegenteil: Für Spengler ist die abendländische Moderne in die Phase des Welkens und Absterbens eingetreten. Dieses Stadium bezeichnet er als das der *Zivilisation*, wobei „Zivilisation" keine Steigerung gesitteter Lebensformen, keine Prozesse der Verfeinerung der Sitten und des Gewohnten beispielsweise, sondern ein unausweichliches Untergangsstadium einer vorher aufgeblühten *Kultur* meint. Als Symptom für diesen Niedergang gilt ihm u.a. die Urbanisierung. Er beschreibt die Grosstädter als „neue Nomaden" oder sogar als Parasiten. Dem Ungeist der damaligen Zeit entsprechend erscheinen ihm die Städter als „reine, traditionslose, in formlos fluktuierender Masse auftretende Tatmenschen". Sie seien von einer „tiefen Abneigung gegen das Bauerntum" beseelt, für dessen buchstäbliche

Bodenständigkeit Spengler seine Vorlieben hegt.[218] Was immer man inzwischen von Spenglers Phantasien halten mag, die Ursprünge seines Zyklenmodelles liegen bei dem Philosophen Friedrich Nietzsche (1844-1900). Für Nietzsche ist die Verlaufsgestalt der Geschichte die des Zyklus, des Kreislaufes:

> „Alles geht, alles kommt zurück; ewig läuft das Jahr des Seins. Alles bricht, alles wird neu gefügt: ewig baut sich das gleiche Haus des Seins. Alles scheidet, alles grüßt sich wieder; ewig bleibt sich treu der Ring des Seins. In jedem Nu beginnt das Sein; um jedes Hier rollt sich die Kugel dort. Die Mitte ist überall. Krumm ist der Pfad der Ewigkeit."[219]

Man sollte derartige Metaphern und Rahmenannahmen zu Darstellung historischer Vorgänge beileibe nicht unterschätzen! In einer gewissen Hinsicht sind Geschichtsbilder unvermeidlich! Die Vorstellung, dass es „die Geschichte" nicht gebe, sondern beispielsweise nur eine Abfolge völlig heterogener Einzelereignisse, von denen wir uns überhaupt erst einen Begriff machen müssen, stellt selbst ein Geschichtsbild dar! Mehr noch: Die Vorstellung von „der Geschichte" ist in bestimmten Hinsichten selbst ein historisches Produkt. Denn die uns Modernen inzwischen höchst geläufige Vorstellung einer „Universalgeschichte der Menschheit" bzw. der „Weltgeschichte" (Historie) ist selbst ein Produkt des Aufklärungsprozesses in der Moderne. Vorher dachte kaum jemand an „die" Geschichte „der" Menschheit oder gar an möglicherweise zu entdeckenden „Entwicklungsgesetze" der Historie in Analogie zu den Gesetzen der Naturwissenschaften. Geschichtsschreibung (Historik) gab es natürlich schon in den Zeiten davor. Sie gab es jedoch vor allem in Form der *historia rerum gestarum,* als Erzählung geschehenen Geschehens mithin, dessen Hauptakteure Götter, Helden, Heerführer, Heilige etc. und nicht „die Geschichte" als Universalprozess waren.

Die Unterschiede zwischen den verschiedenen Geschichtsbildern haben entscheidend damit zu tun, dass niemand eine vollständige Beschreibung aller Ereignisse und Aktionen auch nur in einem ganz kurzen Zeitraum abliefern kann. Es kann keinen idealen Chronisten geben, der wirklich *jedes* Phänomen und seine Merkmale festhalten könnte, das in einem noch so kleinen Zeitabschnitt aufgetreten ist. Also kann es immer nur einen selektiven Blick auf die „unendliche Mannigfaltigkeit des Weltgeschehens" (Weber) geben. Und die zu den Hintergrundannahmen der Geschichtsbetrachtung gehörenden Geschichtsbilder stellen einen der Faktoren dar, welche gleichsam den Scheinwerfer lenken, den man *zwangsläufig* auf die nie vollständig zu überschauende Vielfalt der einzelnen historischen Ereignisse, Aktionen sowie ihrer Merkmale und Beziehungen richten muss. Dieser Scheinwerfer blendet mit Notwendigkeit viel mehr aus, als er jemals erhellen kann. Hinzu kommt, dass sich die Akteure der Gegenwart ihre jeweilige Vergangenheit im Lichte aktueller Probleme aneignen (müssen). Auch aus diesem Grunde gibt es eine Mannigfaltigkeit von Auffassungen darüber, was wohl „die Moderne" ausmache. Überdies wird ihre Geschichte ständig neu geschrieben. Denn so paradox das klingen mag, auch die Vergangenheit unterliegt bestimmten Veränderungen. Niemand konnte die tatsächlich vorhanden „romantischen" Züge in Musikstücken der Klassik ausdrücklich feststellen und diskutieren, bevor sich nicht die Stilprinzipien der Romantik herausgebildet hatten und bewusst verhandelt wurden. Die Vorstellungen von der Moderne ändern sich daher nicht nur aufgrund der Entdeckung neuer Dokumente der Forschung, sondern auch aufgrund der Selektivität der Perspektiven, denen sich der Blick von der Gegenwart zurück in die Vergangenheit nicht entziehen kann.

Die Verbindung „der" Moderne mit „dem" Fortschritt ist also weder in der Realität noch im Gedanken so selbstverständlich, wie sie uns Modernen oftmals erscheint. Genau so wenig wie der Begriff der Moderne selbst. Denn für die Moderne als Neuzeit werden auch noch andere Typenbegriffe als zusammenfassende Ausdrücke für die Phase der Entwicklung nach Aufklärung, industrieller und französischer Revolution, Industrialisierung etc. eingesetzt. „Bürgerliche Gesellschaft" liefert ein geläufiges Beispiel dafür. Manche trauen sich sogar wieder, „Kapitalismus" zu sagen. Damit steht man sofort beidfüssig in der unvermeidlichen Streitzone zwischen Modernisierungstheorien auf der einen und Theorien der kapitalistischen Entwicklung auf der anderen Seite. Dennoch kann man in den kontroversen Theorien über Modernisierung und kapitalistische Entwicklung auf eine Reihe von Aussagen stoßen, die auf einverständige Weise einige Haupttendenzen der bürgerlichen Gesellschaft beschrieben. Diese Tendenzaussagen stellen wesentliche Bestandteile des undurchsichtigen Modernisierungskonzeptes dar, woran man sich einigermaßen festhalten kann.

Teil B
Komponenten des Modernisierungsprozesses.

Wenn „Modernisierung" als Kategorie der Fachwissenschaften Soziologie oder Sozialgeschichte verwendet wird, dann wird in zahlreichen Fällen an eine Reihe von charakteristischen Einzelvorgängen gedacht, woraus sich der Modernisierungsprozess als ganzer zusammensetzt. Die folgenden wird man mit einiger Aussicht auf breitere Zustimmung dazu rechnen können:

(1) Bei „Modernisierung" denkt man fast automatisch an *Industrialisierung.* Zu den normalerweise positiv bewerteten Markenzeichen des Prozesses der Industrialisierung wiederum gehören der ständige Fortschritt industrieller Technolo-

gien und die Erzeugung von Massengütern. Dem entspricht das Konzept der Steigerung der technischen Produktivkräfte bei Marx, wobei er nicht nur technische Apparaturen, sondern auch die menschliche Arbeit und deren Organisation zu den Produktivkräften zählt.

(2) Mit der gleichen Selbstverständlichkeit wird „Modernisierung" als immer weiter gehende „Verwissenschaftlichung der Zivilisation" gedeutet. Immer mehr unseres Vorrats an (natur-)wissenschaftlichem Wissen und immer neue Erfindungen werden in Technologien umgesetzt, wovon die Steigerung der Produktivkräfte ganz entscheidend abhängt. Doch es findet nicht nur die Umsetzung von bewährten und innovativen Erkenntnissen der Naturwissenschaften in Technik statt, sondern auch humanwissenschaftliches Wissen wird immer nachhaltiger zur Regulierung der symbolischen Interaktion zwischen den Menschen, nicht zuletzt zu ihrer Kontrolle und Disziplinierung verwendet. Derzeit wird in der Öffentlichkeit und Wissenschaft gern der Typenbegriff „Wissensgesellschaft" gebraucht, um den aktuell erreichten Entwicklungsstand der Moderne zu charakterisieren. Es gilt ja als sinnfällig, dass immer mehr Arbeitskräfte im Bereich der „Wissensproduktion" gebraucht werden und dass ein immer höherer Anteil des Bruttosozialprodukts vom Erfolg der Wissensarbeit und Wissensentwicklung abhängig geworden ist. Die bundesoffizielle Statistik bezeichnet Bildung als „organisierte Wissensvermittlung". 1970 werden von den 27,8 Mrd. DM des Bildungsbudgets 458 DM pro Einwohner aufgewendet. 1980 sind es 1254 DM und 1986 beträgt der Aufwand 1463 DM.[220] Das ist eine Verdreifachung innerhalb von 16 Jahren. Doch inzwischen kann man in dem Periodikum des Bundestages „Das Parlament" (2006; Nr. 47) lesen:

> „Deutschland investiert weniger in Bildung als die meisten anderen Industrieländer. Obwohl die Summen in den letzten Jahren gestiegen sind, lag der Anteil der Bildungsausgaben am Bruttosozialprodukt im Jahr 2004 nur bei 5,3% und damit unter dem OECD-Durchschnitt von 5,9%."

Aber was ist Wissen? Eine kleine Zwischenbemerkung zum Wissensbegriff:

Zum *individuellen* Wissen gehören zweifellos unsere aus dem Gedächtnis mittels Sprache abrufbaren Erfahrungen und Kenntnisse über Sachverhalte. Wir schöpfen aus einem zerebral gespeicherten Vorrat von Informationen über Gegebenheiten und ihre Merkmale, über Zusammenhänge zwischen Dingen und Ereignissen, über Ursachen und Wirkungen, über den Ablauf von Prozessen ...

Zum Wissen gehört zudem unsere Regelkunde. Wir wissen etwas über Normen, Regeln und Kriterien lokaler und überregionaler Sitten und Gebräuche. Wir kennen z.b. Prinzipien und Gebote des Rechts und der Moral.

Zum Wissen des Einzelnen gehören selbstverständlich praktische Kenntnisse möglicher Umgangsformen mit Dingen und/oder anderen Personen. Sie stellen Dispositionen zum Handeln dar.

All diese Wissensinhalte sind aus dem Gedächtnis abrufbar und in diesem Sinne „bewusst". An sich können wir sehr viel mehr aus dem Gedächtnis herauskramen, als wir in einer konkreten Situation in Anspruch nehmen müssen. Wir verfügen über ein mehr oder minder breites Hintergrundwissen.

Diese einfachen Merkmalsangaben zum Wissensbegriff entsprechen weitgehend unserem alltagssprachlichen Verständnis von „Wissen" als System von Erinnerungen, Erfahrungen, Vorstellungen, Fähigkeiten und Fertigkeiten, die wir uns an sich *bewusst* machen und *bewusst* in der Praxis einsetzen könnten. Aber vielleicht gibt es auch unbewusstes Wissen? So zum Beispiel in der Form jener Dispositionen zum Handeln, welche wir uns gar nicht vergegenwärtigen können, worüber wir aber dennoch verfügen? Man könnte Wissen obendrein so weit fassen, dass sich die gattungsgeschichtlichen Erfahrungen, die sich in bestimmten Sektoren des Hirns niedergeschlagen haben, ebenfalls einzubeziehen sind.

Doch was wäre ein Individuum ohne die Masse *kollektiver* Wissensbestände, die den Kern jeder tradierten menschlichen Kultur darstellen? Durch mündliche Erzählungen, Schriften, Artefakte und Medien (von der Papyrusrolle bis zur Computerdatei) wurden sie zu einem Archiv der Menschengattung angehäuft, das den nachfolgenden Generationen überliefert wird. Die Weitergabe und Entgegennahme geschieht nicht kontinuierlich, auch nicht zwangsläufig kumulativ. Jede neue Generation eignet sich das kulturell überlieferte Wissen selektiv im Lichte aktueller Aufgaben und Probleme an, so dass sich die Bestände des Archivs ständig langsamer oder schneller, schrittweise oder einschneidend verändern. Die den Generationen als Bestandteil ihrer überlieferten Kultur vorgegebenen Wissensinhalte kann man auf die verschiedensten Weisen anordnen. Ebenso allgemein wie einleuchtend ist z.B. der Vorschlag von Marx, die überlieferten Wissensbestände in drei große Klassen einzuteilen: Die Menschen, sagt er, machen sich Vorstellungen (a) über ihr Verhältnis zur Natur, (b) über ihr Verhältnis untereinander, also über ihre sozialen Beziehungen, schließlich (c) über ihre eigene Beschaffenheit, mithin über ihr eigenes Wesen.

Ein so verstandenes Wissen gab es natürlich immer schon in der Geschichte der Menschheit und es spielte immer schon eine große Rolle. Für die Moderne gilt jedoch die immer rasanter werdende Entwicklung und Erneuerung des theoretischen Wissens der forschenden Naturwissenschaften und seine gleichermaßen rasante Umsetzung in Technologien als Charakteristikum, das zur entscheidenden Bedingung des ökonomischen Wachstums in der bürgerlichen Gesellschaft gediehen ist. „Forschung und Entwicklung" lautet das bekannte Etikett für die Jagd nach Innovationen, weil die Entwicklung technisch verwertbaren Wissens zu einer immer entscheidenderen Bedingung für Wachstum in der bürgerlichen Gesellschaft und die weltweite „Eroberung von globalisierten Märkten" wird. Deswegen registrieren Autoren wie A. Touraine oder Nico Stehr an der Moderne eine Phase des Umbruchs. Stehr notiert die Tendenz, dass die *Herstellung* von materiellen Gütern nicht nur in zunehmendem Maße von der *Erbringung* von Dienstleistungen übertroffen werde, sondern dass die *Hervorbringung* und Verbreitung von symbolischem Wissensmaterial (Daten und Information) zügig in Richtung auf den Mittelpunkt des Wirtschaftens rücke. Die Mehrzahl der wirtschaftlichen Aktivitäten falle nicht mehr in den Bereich der materiellen Produktion, sondern in den der Reproduktion und der Erweiterung des Wissens, also des kulturellen Überbaus.

> „Eine weitgehend >>materiell<< orientierte und gesteuerte Wirtschaft entwickelt sich graduell zu einer >>symbolischen<< oder wissensfundierten >>monetären<< Ökonomie."[221]

Kritiker der Moderne als „Wissensgesellschaft" wie Heinz Steinert machen auf mögliche ideologische Funktionen dieser Kategorie und ihre innere Parteinahme für herrschende Interessen aufmerksam.[222]

(3) Die „Kommerzialisierung" gilt ebenfalls als ein entscheidender Teilprozess des Modernisierungsvorganges im Allgemeinen. Immer mehr Güter und Leistungen werden auf Märkte geworfen. Ehemals freie Güter wie Luft und Wasser werden – wie die Nationalökonomen sagen – „eingepreist", marktgängig gemacht. Alles Mögliche und Unmögliche wird auf dem Markt gegen Geld verwertbar oder kann spätestens bei E-Bay verschroddelt werden. Theodor W. Adorno beschreibt den Vorgang der Kommerzialisierung als *Universalisierung der Warenform*:

> „Der totale Zusammenhang (der bürgerlichen Gesellschaft – J.R.) hat die Gestalt, dass alle dem Tauschgesetz sich unterwerfen müssen, wenn sie nicht zugrunde gehen wollen."[223]

Man kann es auch so sehen: Die Maximen und Funktionsbedingungen kapitalistischer Wirtschaftsführung und Wirtschaftsgesinnung erfassen immer mehr Sphären der Lebenswelt und der Lebensstile von immer mehr Menschen. Prinzipien des Kapitalismus breiten sich über den Globus aus. Nicht zuletzt dadurch zeichnet sich derzeit Modernisierung als *Globalisierung* aus.

(4) Modernisierung, so wurde schon beim Hinweis auf den Typenbegriff „Wissensgesellschaft" angedeutet, setzt nach einem weit verbreiteten Verständnis die ständige Überprüfung und Verbesserung vorhandener Wissensbestände voraus. Nicht zuletzt sollen sie schneller und effizienter vermittelt, verbreitet und in die Praxis umgesetzt werden. Es müssen nicht nur an der Universität ständig neue Vorzüglichkeitsklumpen (*excellence cluster*) geformt werden. Hinter der Rasanz der Wissensveränderung und Wissenserweiterung steht zudem der von „Konkurrenzmärkten" ausgehende Druck in Richtung auf ständige *Innovationen* – in welche kontroversen Richtungen sie dann auch immer gehen mögen. Wer angesichts der Marktentwicklungen schläft, den spuckt der moderne Modernisierungsprozess in seiner Formbestimmung als Globalisierung gnadenlos aus.

(5) Einen besonders breiten Raum bei der Diskussion über Modernisierung nimmt der Teilprozess der „Rationalisierung" ein. „Ratio" ist der lateinische Begriff für „Vernunft". Zu den Hoffnungen vieler Moderner gehört Fortschritt auch in der Gestalt einer unaufhaltsamen Ausbreitung der Vernunft als Aufklärung. Die Vertreter der abendländischen Aufklärung zielten anfangs, im Zeitraum der Entstehung und Durchsetzung aufklärerischer Ideen und Maßnahmen, nicht zuletzt auf die Befreiung der Vernunft vom Kirchenbann. Im Einklang damit befreit sich die Philosophie an den Akademien zunehmend von ihrer Rolle als Magd der Theologie. Für Kant besteht die Aufklärung im „Ausgang des Menschen aus seiner selbst verschuldeten Unmündigkeit" und als selbstverschuldet kann diese Unmündigkeit gelten, wenn und insoweit Menschen keinen Mut aufbringen, sich ihres eigenen Verstandes zu bedienen.[224]

(6) Modernisierung als „Rationalisierung" bedeutet nicht zuletzt auch gesteigerte Berechenbarkeit des Geschehens. Dem entspricht eine Tendenz zur Formalisierung, wie man sie etwa an der Entwicklung des formalen Rechts ablesen kann, Modernisierung als Formalisierung und Mathematisierung soll in erster Linie der Steigerung der *Effizienz* in allen möglichen und unmöglichen Bereichen dienen. Alles muss kalkulierbarer werden. Zeit darf nicht nutzlos verbracht werden.

(7) Als charakteristisch für die Moderne gilt zu all dem die immer feinkörniger werdende Arbeitsteilung. Die Funktionen, welche die einzelnen Menschen in der modernen Arbeitswelt verrichten müssen, werden immer spezieller. Damit wird zugleich jeder Einzelne von den Leistungen immer mehr anonymer Anderer immer abhängiger. Doch die Tendenz zur Zerlegung von Zwecktätigkeiten wie wir sie als Rationalisierung der Arbeitswelt kennen, spielt sich nicht nur im Bereich der Wirtschaft ab. Schon Herbert Spencer (1820-1903) unterscheidet *Differenzierung* und *Integration* als zwei grundsätzliche Entwicklungslinien der Mo-

derne. Die fortschreitende Binnengliederung (Differenzierung) der verschiedensten Lebensbereiche und Lebensäußerungen geht mit einer zunehmenden Abhängigkeit der Menschen voneinander, also mit einem immer enger werdenden Verbund (Integration) einher. Systemtheoretiker sprechen statt der „Arbeitsteilung" allgemeiner von „funktionaler Differenzierung" des sozialen Systems in verschiedene Subsysteme, wodurch die Leistungs- und Anpassungsfähigkeit des Systems der Moderne erhöht werde – solange es sich nicht völlig „auseinanderdifferenziert" wie Luhmann am Rande notiert.

(8) Modernisierung hat oftmals *Enttraditionalisierung* im Gefolge (vgl. MS 117 ff.). Der unaufhaltsame Fortschritt löst die Menschen ständig aus gewohnten Lebenszusammenhängen heraus, löst geltende Normen und Sitten auf, erschüttert bislang alltagsweltlich als selbstverständlich Geltendes und mutet den Einzelnen eine ständige Veränderungen ihrer Mentalitäten und Lebensstile zu. Gegenwärtige Forderungen nach „Flexibilisierung" der Arbeitskraft stehen in dieser Tradition der ständigen Enttraditionalisierung.

Allein schon diesem Katalog von Motiven lässt sich ein Grundzug der Argumentation entnehmen, womit viele Vorstellungen von der Moderne und ihrem Werden imprägniert sind: Die Hauptlinie der Modernisierung stellt sich als ein aus komplexen Teilvorgängen zusammengesetzter Prozess der *Rationalisierung* der verschiedensten Lebensbereiche dar. Von daher verschränken sich in der klassischen Forschrittsidee oftmals Ansichten wie die, dass die Menschen immer mündiger werden, dass ihr Wissen immer umfangreicher und systematischer wird, dass die Regeln der Verwaltung und Justiz durch Formalisierung immer folgerichtiger und berechenbarer werden, dass immer ökonomischer gewirtschaftet wird, dass die Techniken ständig perfektioniert werden, kurzum: dass die *Effizienz* von Denken, Handeln und Abläufen in allen individuellen und gesellschaftlichen Lebensbereichen gesteigert wird. Hinter all diesen erträumten Teilprozessen der Rationalisierung steht die Hoffnung auf die Ausbreitung jener Grundnorm menschlichen Handelns: *der Norm der Zweckrationalität.* „Vernünftiger" denken und handeln heißt dann, zielstrebiger und konsequenter erfolgsorientiert vorzugehen. Als „vernünftiger" kann eine Gesellschaft unter diesen Voraussetzungen gelten, je mehr sie in der Lage ist, *effizient* mit Systemproblemen fertig zu werden und Effizienz in allen Sektoren des gesellschaftlichen Lebens zu steigern.

Eine Reihe der soziologischen Klassiker des 19. Jh. und beginnenden 20. Jhs. (Weber, Sombart, Simmel beispielsweise) beschreiben die Moderne als Ausdruck eines Epochenbruches. Die bürgerliche Gesellschaft der Neuzeit ist in vielen Hinsichten ganz anders verfasst als die „traditionalen Gesellschaften" der historischen Zeiten davor. Das machen einschlägige Gegenüberstellungen wie die zwischen „Industriegesellschaften" und „Agrargesellschaften" deutlich. Die Industriegesellschaft gehört der noch nicht so langen Epoche der bürgerlichen Gesellschaft bzw. des Kapitalismus an. In dem Typenbegriff „Agrargesellschaft" werden indessen allgemeinste Merkmale von Gesellschaften zusammengefasst, die schon seit Jahrtausenden bei ansonsten räumlich und zeitlich weit auseinanderliegenden Formen der Vergesellschaftung festzustellen sind. Dazu gehört die entscheidende Rolle, die Grund und Boden als Produktionsmittel spielen, die umfassende Bedeutung der Landarbeit als Bedingung des Lebensunterhaltes der breiten Masse, der langsame Wandel der Techniken zur Bodenbearbeitung, der Forst- und Fischwirtschaft, des Bergbaus, die Rolle der Grundrente als Surplusprodukt, die Adelskämpfe um Territorien, der Traditionalismus der Lebensstile etc. Zu Max Webers Zeiten stößt man auf eine weit verbreitete Art und Weise, jenen Epochenbruch zwischen Agrargesellschaften und Industriegesellschaft, Mittelalter und Neuzeit, Kapitalismus und Feudalismus, bürgerliche Gesellschaft und ancien régime, Moderne und Vormoderne usf. zu rahmen. Diese allgemeine Formel für den Übergang in die Neuzeit lautet: *From status to contract.*[225] Sie soll vor allem auf den Umstand aufmerksam machen, dass die Ordnung der Gesellschaft nach den Prinzipien ständischer Ehre (*status*) von einem sozialen System abgelöst wird, das auf Vertragsbeziehungen (*contract*) aufgebaut ist. Unter den Verträgen spielen die Arbeits- und Güterkaufverträge eine herausragende Rolle. Etwas von dieser abstrakten Unterscheidung spiegelt sich in Ferdinand Tönnies` (1855-1936) viel zitiertem Begriffspaar „Gemeinschaft" und „Gesellschaft" wider.

> „In Gemeinschaft mit den Seinen befindet man sich von Geburt an, mit allem Wohl und Wehe daran gebunden."

Demgegenüber, sagt Tönnies an gleicher Stelle, geht man „in die Gesellschaft wie in die Fremde."[226] Die Akzente liegen bei der Gemeinschaft eher auf *Integration* als auf dem *Konflikt,* nicht einmal in seiner Erscheinungsform als friedliche Konkurrenz. In der modernen Markt*gesellschaft* arrangieren sich die Menschen hingegen nüchtern kalkulierend miteinander oder nicht. Formale – durch Sanktion und einige moralische Grundorientierungen (wie Vertragstreue) gestützte – Verträge stellen ein entscheidendes Prinzip der Vergesellschaftung dar. In zahllosen Fällen leistet keiner etwas für einen anderen, ohne eine Gegenleistung zu erwarten. Der (ökonomische) *Tausch* bildet insofern den Elementartypus gesellschaftlicher Beziehungen. Gerade im Tausch binden die Parteien ihren Willen zu ihrem gegenseitigen Vorteil durch einen latenten oder manifesten *Vertrag.* Gesellschaftliche Verhältnisse bedeuten also letztlich wohl bedachte vertragliche Übereinkünfte. Insofern trifft die Formel *from status to contract* durchaus den Kern des Epochenbruches.

Peter Wehling meldet jedoch erhebliche Vorbehalte gegen die klassische Formel „from status to contract" an (MS 117 ff.):

> „Diese inhaltsleere Dichotomie war jedoch nicht nur für die entwicklungstheoretischen Modernisierungskonzepte konstitutiv; an ihr konkretisierte sich nach 1945 auch das Selbstbewusstsein der westlich-kapitalistischen Industriegesellschaften als >>modern<< und >>rational<<. Es erneuerte sich die für die bürgerliche Gesellschaft des 19. Jahrhunderts grundlegende und von den soziologischen Klassikern formulierte Abgrenzung zu alten, traditionsgebundenen >>Gemeinschaften<<. In der Konfrontation mit den >>zurückgebliebenen<<, >>unterentwickelten<< konnten sich die westlichen Gesellschaften als Endpunkt einer sozialen Evolution begreifen, welche die nicht-westlichen Gesellschaften erst nachholen müssten" (MS 118).

Die empirische Sozialforschung hat sich nach 1945 ebenfalls daran gemacht, „Entwicklung" und „Unterentwicklung" – gemessen an den Fortschritten der westlichen Industriegesellschaften und ihrem wachsenden Lebensstandard – auszuloten. Oftmals wird der Modernisierungsgrad ganzer Gesellschaften an bestimmten Variablen abgelesen, worin sich die oben zusammengestellten Hauptdimensionen des Begriffs der Moderne ebenfalls widerspiegeln. Skalenwerte von Variabeln wie den zuvor genannten werden beispielsweise zu einem Modernisierungsindex verrechnet. Gemessen werden vor allem Grade der wirtschaftlichen Leistung (Produktivität; Wachstum des Sozialprodukts), Trends zur Verstädterung (Urbanisierung), Grade der Alphabetisierung, das Ausmaß des Zugangs zu Kommunikations- und Informationsmedien, Art und Ausmaß politischer Beteiligungsrechte, Zugang zu Bildungseinrichtungen und Bildungsstufen u.a.m. Werden die Werte, welche die Bevölkerung auf derartigen Skalen erreicht, zusammengefasst, dann verfügt man über einen Modernisierungsindex, der den Entwicklungsstand und die Entwicklungsrichtung einer historischen Gesellschaft anzeigen soll. Die Bundeszentrale für politische Bildung (Website bpb) definiert soziale Indikatoren als „Maßzahlen, mit deren Hilfe *Lebensqualität* in der Bevölkerung aufgezeigt und beurteilt" werden soll. Es geht darum, so grobe statistische Indices wie das Pro-Kopf-Einkommen der Bevölkerung durch subtilere Messungen von Lebensqualität z.B. im Bereich der Umwelt (Energieverbrauch, Mengen von Müll und Sondermüll etc.), der Gesundheit (Ärztedichte, Säuglingssterblichkeit etc.), der Bildung (PISA lässt erneut grüssen) und in anderen Bereichen zu differenzieren. Die ökonomischen und politischen Strategien, die eine „Steigerung der Lebensqualität" versprechen und mit Hilfe von Zahlen wie diesen bewertet und gerechtfertigt werden, sind heiß umstritten.

Teil C:
Zwei Beispiele

Beispiel 9: Modernisierung als Rationalisierung des Lebens (Weber)

In einem Vortrag aus dem Jahre 1919, der Studenten zu einer angemessenen Einschätzung des Verhältnisses von Wissenschaft, akademischem Beruf und politischer Parteinahme verhelfen sollte, hat Max Weber einige folgenreiche Thesen über Struktur und Entwicklung der Moderne skizziert. Der entsprechende Aufsatz wird vom Herausgeber des Weberschen Werkes einmal mit „Vom inneren Beruf zur Wissenschaft" zum anderen mit „Wissenschaft als Beruf" überschrieben.[227] Die darin gegebene und in anderen seiner Schriften gelieferte Darstellung des historischen Trends der Modernisierung hat wahrlich einen äußerst nachhaltigen Eindruck hinterlassen. Die oben im Teil B zusammengestellten Komponenten, die in der Zunft vergleichsweise einverständig als Grundmerkmale dieses historischen Prozesses verhandelt werden, tauchen schon bei ihm allesamt auf. Allerdings ist es in Webers Schriften der *Kapitalismus* statt „die Moderne" oder die „Industriegesellschaft" etc., der als derjenige historische Typus der Vergesellschaftung angesehen wird, worin sich all die verschiedenen Teilprozesse abspielen, woraus sich der „Modernisierung" genannte Gesamtablauf zusammensetzt. Die Beschreibung der Startphase der kapitalistischen Entwicklung greift auf Merkmalsbestimmungen zurück, die man in der einen oder anderen Form auch bei vielen anderen Kapitalismustheoretikern wiederfindet. So stehen für ihn am Anfang der Entwicklung des Kapitalismus als Industriegesellschaft beispielsweise solche Ereignisse wie die Entstehung der „formell freien Arbeit", also der von ihrem Sitz auf Grund und Boden oftmals gewaltsam „befreiten" und auf Märkten „frei" zu verkaufenden Lohnarbeit, die Trennung von Betrieb (Arbeits- bzw. Produktionsstätte) und Haushalt (Sphäre des Privatlebens und des „Verbrauchers") oder die rationale Kapitalrechnung (als Gewinn- und Verlustrechnung) und andere Merkmale mehr.[228] Modernisierung betrachtet Weber vor allem als *Rationalisierung der Lebenswelt*, deren Anfänge im Abendland zu suchen sind („okzidentale Rationalisierung").

> „Allein: die historische Eigenart der kapitalistischen Epoche, und damit auch die Bedeutung der Grenznutzlehre (wie jeder ökonomischen Werttheorie) für das Verständnis dieser Epoche, beruht darauf, dass – während man nicht mit Unrecht die Wirtschaftsgeschichte mancher Epoche der Vergangenheit als >>Geschichte der *Un*wirtschaftlichkeit<< bezeichnet hat – unter den heutigen Lebensbedingungen jene Annäherung der Wirklichkeit an die theoretischen Sätze (der Ökonomie – J.R.) eine *stetig zunehmende,* das Schicksal immer breiterer Schichten der Menschheit in sich

verstrickende, gewesen ist und, soweit abzusehen, noch immer weiter sein wird ...".[229]

An dieser Stelle bedeutet „Rationalisierung" so viel wie „Steigerung des *wirtschaftlichen* Denkens und Handelns". Das wiederum heißt: Die gut überlegten Verwendungsmöglichkeiten von Mitteln zur Herstellung von Produkten und zur Erbringung von Leistungen werden technisch immer erfolgreicher und bilanzmäßig immer ertragreicher (d.h. auch: kostenärmer) in die Praxis umgesetzt. Allgemeiner betrachtet bedeutet „Rationalisierung" die Durchsetzung und Verbreitung der Vernunft (als Zweckrationalität) in alle Bereiche des individuellen und gesellschaftlichen Lebens hinein.

„Ökonomie der Zeit, darein löst sich schließlich alle Ökonomie auf."[230]

So kann man die Vorgänge ebenfalls betrachten. Denn Rationalisierung bedeutet immer auch Zeitersparnis („Zeit ist Geld") und Beschleunigung. Die Bewirtschaftung und genauere Kalkulation von Zeiterfordernissen betrifft dabei nicht allein die Abläufe in Industriebetrieben, worin „Leerzeit" vermieden und „just in time" geliefert werden soll. Sie tangiert zudem den Lebensrhythmus der Individuen, der immer hektischer wird. Genaue Zeitplanung ist inzwischen für die Einzelnen zu einem Lebenserfordernis in verschiedenen Bereichen seiner Alltagsgestaltung geworden.

Zu den Rationalisierungsstrategien im Wirtschaftssystem hat vom Anfang an die Arbeitsteilung gehört – wie das berühmte Stecknadelbeispiel von A. Smith lehrt. Weber argumentiert in seinem Aufsatz über Wissenschaft als Beruf, auch die Wissenschaft könne sich dem Prinzip der immer weiter geführten Arbeitsteilung nicht entziehen. Schon zu seiner Zeit sei festzustellen,

„dass die Wissenschaft in ein Stadium der Spezialisierung eingetreten ist, wie es früher unbekannt war, und dass dies in alle Zukunft so bleiben wird …Eine wirkliche und tüchtige Leistung ist heute stets: eine spezialistische Leistung" (WaB 588).

Obendrein müsse sich jeder Wissenschaftler damit abfinden, dass die Erkenntnisse und sein Wissen, worüber er verfügt, aufgrund des immer schnelleren Fortschrittes der Wissenschaften durch Arbeitsteilung immer zügiger veralten. Ist das Fachidiotentum des Einzelnen der Preis, der für diese Steigerung des gesamten gesellschaftlichen Wissensvorrates gezahlt werden muss? Weber meint, Arbeitsteilung als Spezialisierung im Wissenschaftsbetrieb wäre für alle Zukunft unvermeidlich. Gegen die Stichhaltigkeit dieser Prognose sprechen verschiedene Entwicklungslinien des wissenschaftlichen Wissens gerade in der jüngeren Vergangenheit. Denn es sieht in verschiedenen Bereichen der naturwissenschaftlichen Forschung so aus, als ob es spezialisierter Kenntnisse aus *verschiedenen* Wissensbereichen bedürfe, um erfolgreich arbeiten zu können. Man denke nur an die Arbeiten zur Entwicklung der künstlichen Intelligenz. In der Tat: Bei der KI-Entwicklung hat man wenig Aussichten, wenn man nicht über wenn auch *spezielle* Kenntnisse in Computertechnologie, Mathematik, Informatik, Logik und Sprachphilosophie verfügt. Sicher ist es allerdings, dass Rationalisierung als „Intellektualisierung" unter anderem auch die Beschleunigung und Intensivierung der Kopfarbeit bei der Verbesserung wissenschaftlichen Wissens bedeutet. Von dessen praktischer Umsetzung hängt auch für Weber der gesellschaftliche Fortschritt maßgeblich ab. Genau genommen stellt der Fortschritt der Wissenschaften einen Bruchteil, den „wichtigsten Bruchteil, jenes Intellektualisierungsprozesses dar, dem wir seit Jahrtausenden unterliegen ..." (WaB 593).

Unterliegen wir schon seit Jahrtausenden einem Intellektualisierungsprozess? Nach Webers Meinung: Ja! Dieser Vorgang ist nach seiner Ansicht offensichtlich nicht auf die Moderne beschränkt! „Intellektualisierung" in diesem historisch allgemeinen Sinn nimmt damit eindeutig einen geschichtsphilosophischen Rang ein, der weit hinter die Neuzeit zurückreicht. „Intellektualisierung" im Allgemeinen versteht er als „Entzauberung der Welt". Und diese Erscheinungsform von Aufklärung reicht insoweit und in dem Maße weit in die Geschichte der Menschen zurück, wie es ihnen gelungen ist, sich vom Bann unfassbarer Naturgewalten, Götter, Geister und Dämonen, aber auch von Unterdrückung durch Herrengewalten und vom selbsterzeugte Zwangscharakter ihrer eigenen gesellschaftlichen Verhältnisse zu befreien. Die Moderne hat mithin weder das Prinzip der Zweckrationalität, noch die Aufklärung als solche gepachtet. Gleichwohl stellen die Rationalisierung als tiefgreifende Ausbreitung des Prinzips der *Zweckrationalität* (als Norm *und* als Struktur von Handlungen, Organisationen, Verfahren und Abläufen) sowie die Intellektualisierung insbesondere in der Form der Verwissenschaftlichung der verschiedensten Lebenssphären ein Markenzeichen der Neuzeit dar. Das gilt insbesondere für Aufklärung als Säkularisierung, als Befreiung von Gesinnungen, des Denken und Handelns von Individuen aus dem Kirchenbann. Doch die verwissenschaftlichte und säkularisierte Aufklärung der Moderne hat für Weber keineswegs die Konsequenz, dass die Menschen alles gradlinig zunehmend mit klarerem Verstand durchschauten und praktisch in den Griff bekämen. Im Gegenteil: Wer von uns Alltagsmenschen verfügt schon über all die Informationen, die notwendig sind, um erklären zu können, wie alle möglichen technische Geräte funktionieren? „Wie der Wilde es macht, um seiner täglichen Nahrung zu kommen, und welche Institutionen ihm dabei dienen, das weiß er" (WaB 594). Er hat vielleicht noch nichts von der Norm der Zweckrationalität gehört, aber sie in seiner Lebenswelt anzuwenden, darauf versteht er sich besser als – in manchen Hinsichten – unsereins. Moderne Menschen stützen sich vielmehr auf den weltlichen Glauben daran,

> „dass man, wenn man *nur wollte,* es jederzeit erfahren *könnte,* dass es also prinzipiell keine geheimnisvollen, unberechenbaren Mächte gebe, die da hineinspielen, dass man vielmehr alle Dinge – im Prinzip – durch *Berechnung beherrschen* könne" (ebd.).

Darin besteht Intellektualisierung in der Neuzeit. Die Formulierung: „durch Berechnung beherrschen" verweist auf die Annahme der Kalkulierbarkeit praktischer Erfolge (Effizienzorientierung), wobei sich der Erfolg an der gelingenden, wenn nicht gar an der bestmöglichen Koordination von Mitteln und Zwecken (unter den Rahmenbedingungen der jeweiligen Situation) bemisst. Ganz allgemein betrachtet stellt sich der historische Prozess der „okzidentalen Rationalisierung" für Weber als ein Vorgang der Steigerung des Typus zweckrationalen Denkens und Handelns innerhalb aller möglichen und unmöglichen gesellschaftlichen Bereiche dar – vom individuellen Arbeitsvollzug über das Recht und die Verwaltung bis in die Partitur eines einzelnen Musikstückes hinein.[231] Rationalisierung und Intellektualisierung markieren „das Schicksal unserer Zeit" (WaB 612). Effektive Technologien, Kalkulationen und Formalisierungen (nicht zuletzt formalisierte, wenn nicht mathematisierte Wissensbestände, Verfahren und Einrichtungen) werden zu Funktionsbedingungen von Wirtschaft und Gesellschaft. Deswegen gehört der „objektive" und „sachlich" denkende Fachmensch zu den symptomatischen Charaktermasken unserer Zeit. Das gilt auch für die Wissenschaft:

> „Dass Wissenschaft heute ein *fachlich* betriebener >>Beruf<< ist im Dienste der Selbstbesinnung und der Erkenntnis tatsächlicher Zusammenhänge und nicht eine Heilsgüter und Offenbarungen spendende Gandengabe von Sehern und Propheten oder ein Bestandteil des Nachdenkens von Weisen und Philosophen über den *Sinn* der Welt, – das freilich ist eine unentrinnbare Gegebenheit unserer historischen Situation, aus der wir, wenn wir uns selbst treu bleiben, nicht herauskommen können" (WaB 609).

Als einer der Prototypen des Fachmenschen in der rationalisierten Neuzeit, dem sachlich ein Vorgehen geboten ist, das konsequent regelhaft und an klaren Regeln orientiert sein sollte, begegnet uns der Beamte beispielsweise in der Verwaltungsbürokratie. Bekanntlich hat Max Weber die „legale Herrschaft" als einen Idealtypus „komponiert", der die Grundform legitimer Herrschaft in der Moderne erfassen soll.[232] Webers Bürokratietheorie ist auf die vielfältigsten und verschiedensten Weisen interpretiert und kommentiert worden. Doch um deren

Einzelheiten geht es hier überhaupt nicht, sondern nur um die Umrisse einer gesellschaftskritischen Argumentationsfigur, die man in anderen Fassungen auch bei einer Reihe anderer Autoren finden oder wiederfinden kann. Die *Ökonomie der Zeit* – etwa in der Form gezielter Zeitersparnis beim Einsatz von Ressourcen, Arbeitskraft und Technologien – stellt ein entscheidendes Prinzip der Rationalisierung der Produktion und Leistungserbringung in kapitalistischen Betrieben dar. Die *Bürokratisierung* hingegen bedeutet eine der maßgebenden Antriebskräfte, wenn nicht *den* entscheidenden Faktor der Rationalisierung kapitalistischer Herrschaft.

> „Der entscheidende Grund für das Vordringen der bürokratischen Organisation war von jeher ihre rein *technische* Überlegenheit über jede andere Form. Ein voll entwickelter bürokratischer Mechanismus verhält sich zu diesen genau wie eine Maschine zu den nicht mechanischen Arten der Gütererzeugung. Präzision, Schnelligkeit, Eindeutigkeit, Aktenkundigkeit, Kontinuierlichkeit, Diskretion, Einheitlichkeit, straffe Unterordnung, Ersparnisse an Reibungen (Zeit! – J.R.), sachlichen und persönlichen Kosten sind bei streng bürokratischer, speziell: monokratischer Verwaltung durch geschulte Einzelbeamte gegenüber allen kollegialen oder ehren- und nebenamtlichen Formen auf das Optimum gesteigert" (WuG 716).

Im idealen Falle würden die Fachmenschen in der bürokratischen Ordnung von Politik, Justiz, Verwaltung oder Industriebetrieben rein sachlich, objektiv, „ohne Ansehen der Person" arbeiten (WuG 717+735). Bei der legalen Herrschaft würde man Personen nicht aufgrund ihres Machtstatus oder Charismas, auch nicht aufgrund von Gewohnheiten gehorchen, sondern aufgrund eines Systems von Regeln, woran sich der Idee nach auch die Herren zu halten haben. Doch der abendländisch-neuzeitliche Zug zur Rationalisierung, die Ausbreitung von Vernunft als Zweckrationalität wird vom Gegenzug einer ständig drohenden „Verdinglichung" begleitet – um ein passendes Wort von Marx zu verwenden:

Weber hat in seinem Aufsatz über die „protestantische Ethik und den Geist des Kapitalismus" gezeigt, welche Rolle religiöse Glaubenssysteme und durch sie angeregte und geförderte Motivationen, Haltungen und Gesinnungen bei der Herausbildung und Stabilisierung des kapitalistischen Wirtschaftssystems spielten. Aber ab einer gewissen Phase, so betont er, entsteht jedoch jener

> „mächtige() Kosmos der modernen, an die technischen und ökonomischen Voraussetzungen maschineller Produktion gebundenen, Wirtschaftsordnung ..., der heute den Lebensstil aller einzelnen, die in dies Triebwerk hineingeboren werden – *nicht* nur der direkt ökonomisch Erwerbstätigen – mit überwältigendem Zwange bestimmt und vielleicht bestimmen wird, bis der letzte Zentner fossilen Brennstoffs verglüht ist."[233]

In diesem „Kosmos" unterliegen die Lebensäußerungen der Menschen dem stummen Zwang etablierter Verhältnisse, die beispielsweise in der Form der „Gesetze des Marktes" die Macht (eines letztlich doch selbstgemachten) Schicksals verkörpern, dem man ebenso ausgeliefert ist wie den zahllosen ungeplanten Nebenfolgen sorgfältig geplanter Handlungen. Letztlich, so befürchtet Weber, wächst sich auch die Bürokratie zu einem „stahlharten Gehäuse" aus, das die Autonomie der Subjekte untergräbt. Übrig bleiben die Charaktermasken des „Fachmenschen ohne Geist" und des „Genussmenschen ohne Herz."[234] Weber fragt sich daher:

> „Wie ist es angesichts dieser Übermacht der Tendenz zur Bürokratisierung *überhaupt noch möglich, irgendwelche* Reste einer in *irgend*einem Sinn >individualistischen< Bewegungsfreiheit zu retten?"[235]

Es entsteht das elementare Bild einer historischen Tendenz, die aus sich heraus eine sie gefährdende Gegentendenz erzeugt. Die abendländische Rationalisierung befreit die Individuen vom Bann überweltlicher Geister und Schritt für Schritt aus der materiellen Lebensnot. Die Verhältnisse, auch die Formen der Machtausübung werden berechenbarer und kontrollierbare. Doch diese Befreiung setzt zugleich Kräfte frei, welche die Autonomie des Individuums als Subjekt bedrohen.

Beispiel 10: Die einfache und die reflexive Moderne (Beck).

Es gibt Autoren, für die all die oben beschriebenen Tendenzen zwar in unserer Gegenwart nicht völlig verschwunden sind, jedoch zunehmend von anderen überlagert werden, welche womöglich auf einen ganz neuen Typus der Vergesellschaftung hinweisen. Ulrich Beck ist einer der prominentesten Soziologen, dessen Schriften von dieser Annahme ausgehen. Er glaubt, eine Zäsur innerhalb der Entwicklung der Moderne selbst erkennen zu können, wodurch die „einfache Moderne" von einer ganz neuen abgelöst wird. Eine Reihe der Merkmale, die er für die „einfache Moderne" angibt, entsprechen den oben zusammengestellten.

- Der Fortschrittsglaube der klassischen Aufklärung kommt mit ihren von Beck so genannten „Linearitätsmodellen", also mit mehr oder minder gradlinigen Steigerungsmodellen zum Vorschein (EP 97).
- Der Motor des sozialen Wandels besteht in der Steigerung von *zweckrationalen* Aktionen und damit auch *effizienten* Strukturen und Prozessen. Mo-

dernisierung bedeutet Zweckrationalisierung, Optimierung des Einsatzes von Mitteln für vorgegebene Ziele und Zwecke (EP 97 + EP 74).
- Rational abgewogene Entscheidungen, Rechenhaftigkeit, Kalkulierbarkeit, also Formalisierung im weitesten Sinne des Wortes ist und bleibt auch für Beck ein Markenzeichen der klassischen Moderne (EP 100).
- Ökonomische Effizienz wird zum Paradigma für Rationalität und in erster Linie die Industrie liefert die Schlüssel für immer weiteres Wachstum. „Einfache Modernisierungssoziologie überhöht die *industrielle* zu der *modernen* Gesellschaft schlechthin" (ebd.).
- Zuerst – wie bei Hegel, Marx, Spencer, Durkheim oder Simmel – wird die *Teilung der Arbeit* als das entscheidende Prinzip der Segmentierung der Gesamtgesellschaft dargestellt. Es erweitert sich jedoch (nicht nur bei Systemtheoretikern) zum *Prinzip der funktionalen Differenzierung* des sozialen Systems als Markenzeichen der Moderne und ihrer Entwicklung. „Es spalten sich im Zuge tiefgreifender Erschütterungen das Politische vom Wirtschaftlichen, das Wissenschaftliche vom Politischen usw. ab. All diese ausdifferenzierten Teilsysteme entwickeln und entfalten ihre eigenen >>Sachgesetzlichkeiten<< – ihren >>binären Code<< (Luhmann)" (EP 73).
- Die Auflösung traditionaler Verhältnisse, die einschneidende Veränderung der Lebensverhältnisse breiter Gruppen von Menschen wird zu einem ständigen Erlebnis (ebd.).
- In der Moderne als Industriegesellschaft sind die „Lebenslagen und Lebensverläufe" noch „in *Klassen* sozial organisiert und soziologisch abbildbar" (EP 72). Der Beruf als Stellung im materiellen Reproduktionsprozess der Gesellschaft spielt eine Schlüsselrolle für das Lebensschicksal des Einzelnen. Diese Klassenlage „bedingt, wie und wo jemand lebt, welche Konsum- und Freizeitgewohnheiten er oder sie hat, welche politischen Anschauungen, Bindungen usw. erwartet werden können" (ebd.).
- In der einfachen Moderne sind die politischen Lager „rechts" und „links" vergleichsweise klar und einfach zu verorten. An deren Stelle treten jedoch zunehmend andere politische Achsen und Polaritäten.

Beck ist der Meinung, im Entwicklungsprozess der Moderne zeichne sich inzwischen ein klarer *Strukturbruch* ab. Für ihn entsteht vor den notorisch blinden Augen der meisten Genossen seiner soziologischen Zunft

> „schlicht und einfach eine *andere* Gesellschaft, eine *andere* Moderne, die vielleicht keinen Deut besser in irgendeinem Sinne dieses Wortes ist, eben >>nur<< anders ..." (EP 66).

„Anders" kann zumindest zweierlei heißen: (a) Eine bestehende Gesellschaftsformation (ob sie nun als „Moderne", „bürgerliche Gesellschaft" oder „Kapitalismus" buchstabiert wird) verändert sich mehr oder minder einschneidend. Sie tritt in ein neues Entwicklungsstadium ein. (b) Es entsteht eine ganz andere Gesellschaft. Die „industrielle Gesellschaftsform" wird durch eine ganz andere Moderne abgelöst (EP 71). Beck hat einiges für neue Vollmundigkeit in der Soziologie übrig. Er hat schon in seinen früheren Schriften in der Tat die These vertreten, wir schlitterten in eine völlig *neue* Gesellschaft, zu deren Beschreibung es nicht ausreicht, die Post abgehen zu lassen. D.h.: Typenbegriffe wie beispielsweise „Postindustrielle Gesellschaft" oder „Postfordismus" seien nicht geeignet, das genuin Neue zu erfassen. Seinen Fachkollegen lässt er zudem die sanfte Herablassung unseres branchenüblichen Blindenführergestus angedeihen. Auch Begriffe wie „Spätkapitalismus" liefern nach seiner Auffassung nichts mehr als eine Verlängerung „der dünnen Suppe der Gesellschaftstheorie", weil das Fach einfach nicht in der Lage sei, zu sehen, wo es wirklich lang geht.[236] Den ansonsten fehlenden Blick für den ganz neuen am Horizont auftauchenden Gesellschaftstyp und damit auch auf eine völlig andere Moderne – er sagt auch „Gegenmoderne" (vgl. EP 101 f.) – soll sein allseits bekanntes Konzept der „Risikogesellschaft" liefern. Die Gegenmoderne sei gedanklich so schwer zu bestimmen, „weil die Uhren in den zentralen Begriffen still gestellt sind" (EP 61).

> „Die Industriegesellschaft, die bürgerliche Gesellschaftsordnung und insbesondere der Vorsorge- und Sozialstaat stehen unter dem Anspruch, menschliche Lebenszusammenhänge zweckrational kontrollierbar, herstellbar, verfügbar, (individuell und rechtlich) zurechenbar zu machen. Dagegen führen in der Risikogesellschaft wiederum Neben- und Spätfolgen eben dieses Kontrollanspruches in das überwunden geglaubte Reich des Ungewissen, der Mehrdeutigkeiten, kurz: der eigenen Fremdheit zurück" (EP 49).

Unkalkulierbare und durch keine Versicherung abzudeckende Risiken wie die, welche aus der Ausplünderung natürlichen Ressourcen, der angeblich so sicheren Kernenergie mit ihrem Atommüllproblem, aus dem industriegesellschaftlich provozierten Klimawandel usf. hervorgehen, führen zu Risiken, Gefährdungen und Gefährdungslagen, die am Ende nicht einmal diejenigen auslassen, welche von ihrer Hervorbringung profitieren.

> „Auf eine Formel gebracht: *Not ist hierarchisch; Smog ist demokratisch*", weil er ohne Ansehen der Person alle belastet.[237]

Es geht hier jedoch nicht darum, die Hauptdimensionen des Begriffs der „Risikogesellschaft" auszuloten, sondern nur darum, einige Merkmalsbestimmungen der „Gegenmoderne" durch U. Beck zusammenzustellen. Wie soll die in der Risikogesellschaft verankerte „Gegenmoderne" aussehen?

- Beck nennt die andere Moderne auch „reflexive Moderne". Dabei seien „Reflexion" und „Reflexivität" nicht zu verwechseln (EP 37 f.). Reflexion hat einiges mit Bedenken und Nachdenklichkeit zu tun. Reflexivität bedeutet von hause aus eigentlich Selbstbezüglichkeit im Allgemeinen. Beck denkt jedoch in erster Linie an Potentiale und Prozesse der *Selbstgefährdung*. Der klassische Modernisierungsprozess setzt Risiken in der Form von ungeplanten Nebenfolgen an sich planvoller Handlungen frei, die – weil die Menschen so weiter machen und so weiter denken wie in der einfachen Moderne – ihre gesellschaftliche Existenz, wenn nicht ihr physisches Überleben bedrohen. Die auf dem Weg der Immer-Weiter-Modernisierung im alten Stil entstehenden Risiken häufen sich an, werden jedoch weiterhin so wie früher auch beispielsweise mit Strategien der Steigerung des ökonomischen Wachstums bearbeitet – wenn überhaupt. „Moderne Gesellschaften werden also mit den Grundlagen und Grenzen ihres eigenen Modells konfrontiert, gerade in dem Maße, in dem sie sich *nicht* ändern, ihre Folgen nicht reflektieren, eine Politik des industriellen Weiter-So betreiben" (EP 38).
- Man könnte auch von „destruktiver Selbstbezüglichkeit" reden; denn in dem Maße wie die Prinzipien der einfachen Moderne bedenkenlos gesteigert werden, gefährden sie ihre eigenen Bestands- und Entwicklungsbedingungen. „*Reflexive Modernisierung* soll heißen: eine Veränderung der Industriegesellschaft, die sich im Zuge *normaler,* verselbständigter Modernisierungen *un*geplant und schleichend vollzieht und die bei konstanter, intakter politischer und wirtschaftlicher Ordnung auf dreierlei zielt: eine *Radikalisierung* der Moderne, die die Prämissen und Konturen der *Industriegesellschaft auflöst* und Wege in *andere Modernen* – oder *Gegenmodernen* – eröffnet" (EP 67).
- Während die Ausbreitung von Prinzipien der *Zweckrationalität* in alle Bereiche des individuellen Lebens und gesellschaftlicher Institutionen und Abläufe hinein zur Dynamik der klassischen Moderne gehört, liefert die Abwägung von *Nebenfolgen, Gefahren und Risiken*, die gerade *wegen* des Postulats der unbedingten Effizienz entstehen, der reflexiven Moderne die entscheidenden Anstöße für ihre Entwicklung.
- Diese Entwicklung signalisiert nicht den unaufhaltsamen Fortschritt durch immer mehr Technik, immer weiter gesteigertes betriebswirtschaftliches

Denken, Globalisierung des Marktprinzips, sondern setzt durch mangelnde Reflexion immer mehr Gefährdungspotentiale frei. Der *„Absolutismus der industriellen Modernisierung selbst"* (EP 58) höhlt seine Grundlagen Schritt für Schritt selbst aus.

- Das Fazit lautet also: „Weitermodernisierung hebt die Grundlagen industriegesellschaftlicher Modernisierung auf" (EP 80).

Ulrich Beck pflegt eine beneidenswerte Toleranz, wenn es um Verstöße gegen das aristotelische Prinzip der Widerspruchsfreiheit von Aussagensystemen geht. Zu den meisten seiner Sätze könnte man – wenn einem danach wäre – immer auch Gegen-Sätze in der gleichen Schrift, wenn nicht im gleichen Kapitel herausklauben. Vielleicht ist dies der Preis, der für pointierte Thesen zu zahlen ist? Um nur zwei für die folgenden Modelle relevante Beispiele dafür heranzuziehen: Der Typenbegriff „Risikogesellschaft" wird (u.a.) energisch vom Typenbegriff „Kapitalismus" abgegrenzt. Aber gleichzeitig heißt es, die „Verbreitung und die Vermarktung der Risiken (breche) keineswegs mit der kapitalistischen Entwicklungslogik", sondern hebe sie vielmehr auf eine neue Stufe. Oder: Was hat man von der Aussage zu halten, „der sozialstaatlich und demokratisch gebändigte Kapitalismus gerät aus den Fugen"? (EP 58). Löst die Risikogesellschaft dadurch den Kapitalismus ab? Oder tut sich der Strukturbruch zwischen Industriegesellschaft und Risikogesellschaft *innerhalb* der kapitalistischen Entwicklungslogik auf? Da helfen solche Vokabeln wie „Kapitalismus ohne Klassen" (als Merkmal der Risikogesellschaft?) auch nicht viel weiter. Es gibt genug völlig undogmatische Leute, die darin eine *contradictio in adjecto* sehen.

Becks Untersuchung von Selbstgefährdungspotentialen der klassischen Moderne arbeitet im Kern mit einer Argumentationsfigur, deren Wurzeln man schon bei Hegel und Marx suchen und finden kann. Es handelt sich um das erwähnte Motiv der negativen Selbstbezüglichkeit. Ein Prozess läuft so ab, dass er seine eigenen Bestands- und Ablaufbedingungen durch die Art seines Ablaufes, seine „Logik" selbst, immer auch bedroht. Wenn etwas immer so weiter geht wie bisher und dabei immer krisenträchtiger wird, dann treibt es am Ende gar – wie die Kategorie des Seins am Anfang der Hegelschen Logik, die in das Nichts übergeht – in Richtung auf die Selbstzerstörung, mindestens in Richtung auf den „Strukturbruch". Bei Marx ist im gleichen Stil von der Reproduktion des Kapitalismus durch seine Antagonismen und bedrohlichen Krisen hindurch die Rede. Bei Beck klingt der nämliche Ton so: „Ein Aufbrauchen der Grundlagen und Ressourcen industrieller Modernisierung durch industrielle Modernisierung findet statt ..." (EP 59). Kein Wunder also, dass das Werk Max Webers sowie die „Dialektik der Aufklärung" von Horkheimer und Adorno als wichtige Quellen seiner Vorstellungen von der „reflexiven Moderne" hervorhebt (vgl. EP 62, 66 und 107). Von der „Dialektik der Aufklärung" grenzt er sich jedoch dadurch ab, dass er auf einschneidende Unterschiede hinweist, die sein Ansatz im Vergleich dazu trotzdem zustande bringe. Er gehe beispielsweise nicht – wie die beiden Frankfurter – von einer „gradlinigen Steigerung des Verdammenswerten" aus und beschreibe den Geist der reflexiven Moderne als „Nichtaufklärung". Denn die Brisanz der Risiken in der Risikogesellschaft werde dadurch verschärft, dass sich alles Geschehen, wenn es ungeplant, unbegriffen bleibt bzw. nur in Kategorien alter modernistischer Theorie und Praxis begriffen und behandelt wird, bis zum Durchbruch einer ganz „anderen Moderne" zuspitzt.

Trotzdem sollten wir uns die inhaltliche und logische Struktur der Argumentationsfigur der destruktiven Selbstbezüglichkeit anhand ihrer prominenten und folgenreichen Fassung bei Horkheimer und Adorno etwas näher anschauen. So weit ist nun auch Ulrich Beck – wie so viele andere Paradigmawandler – nicht von den geschichtsphilosophischen Annahmen bei Weber bzw. Horkheimer und Adorno entfernt.

Texte und Textstellen zur Illustration und Vertiefung dieser Grundgedanken

....

Wichtige Bezugstexte

Peter Wehling: Die Moderne als Sozialmythos. Zur Kritik sozialwissenschaftlicher Modernisierungstheorien, Frankfurt/M 1992, 1. Kapitel. (MS).
Max Weber: Wissenschaft als Beruf, in ders.: Gesammelte Aufsätze zur Wissenschaftslehre, Tübingen 1922, S. 582 ff. (WaB).
Webers Hauptwerk: „Wirtschaft und Gesellschaft. Grundriss der verstehenden Soziologie", 2 Halbbände (hrsg. v. J. Winckelmann), Köln/Berlin 1956 wird als WuG zitiert.
U. Beck: Die Erfindung des Politischen. Zu einer Theorie der reflexiven Modernisierung, Frankfurt/M 1993, S. 57-69 und S. 96-98. (EP).

Problemstellungen für die Diskussion

Der Fortschritt der Rationalisierung und das Anwachsen der Selbstgefährdungspotentiale.

Kommentar

J. Ritsert: Gesellschaft. Ein unergründlicher Grundbegriff der Soziologie, Frankfurt/New York, S. 141 ff.

Modell 15:
Individuierung, Entsubjektivierung und die Dialektik der Aufklärung.

Teil A
Über die Regression in der Progression.

„Die Dialektik der Aufklärung verweist uns also nachdrücklich darauf, den Fortschritt der Naturbeherrschung und damit verbunden der politischen und gesellschaftlichen Herrschaftstechniken, samt der von allen erforderten Selbstbeherrschung genau zu bilanzieren. Dass Fortschritt der Produktivkraft zugleich Fortschritt der Destruktivkraft ist, wird in der Geschichte der Waffen und der Kriegsführung am deutlichsten sichtbar."[238]

Seit Menschen sich magische, mythische, religiöse oder andere Gedanken darüber gemacht haben, wo sie hergekommen sind und wie es mit ihnen in den nächsten oder in späteren Zeiten weitergehen könnte, gibt es Geschichtsphilosophie. Jedenfalls „Geschichtsphilosophie" in dem allerallgemeinsten Sinn, dass eine zusammenhängende Geschichte über die eigene Existenz im Verlauf der Zeiten weitererzählt wird. So verstanden, stellen elementare Schöpfungsmythen oder Erzählungen über die Taten der Ahnen eines Clans zumindest Vorformen einer weit gefassten „Geschichtsphilosophie" dar. Dazu rechnen auch die elementaren Bilder, deren sich selbst die komplexesten Erzählungen über das Sein des Menschen in der Zeit bedienen (müssen). So charakterisiert den naiven Fortschrittsglauben im Extremfall die Metapher einer geraden Linie, die zwangsläufig in einem Heilsziel ausmünden muss. Ein anderes bekanntes Bild begegnet uns mit dem Sündenfall und der Aussicht, vielleicht doch dereinst ins Paradies zurückkehren zu können. Das Bild, das Max Weber vom abendländischen Zug zur Rationalisierung als *Progression* zeichnet, verkoppelt diese mit dem Gegenzug einer durch die konsequente Steigerung der Vernunft selbst bedingten *Regression*. Es ergibt sich die Darstellungsfigur der „destruktiven Selbstbezüglichkeit". Sie lässt sich an einer Reihe von Entwicklungslinien der Moderne ablesen. So gehört die Etablierung legitimer (rationaler) Herrschaftsausübung in der Form der Bürokratie zum Grundzug der Rationalisierung der modernen Welt. Die

Justiz und die Verwaltung werden etwas berechenbarer. Doch die Bürokratie zeichnet sich zugleich durch die Tendenz aus, zu einem „stahlharten Gehäuse der Hörigkeit" zu erstarren. Auf eine vergleichbare Gedankenfigur greifen auch Horkheimer und Adorno in ihrer „Dialektik der Aufklärung" zurück. Doch bevor sie in groben Zügen umrissen werden kann, sind einige Klärungen im Vorfeld unvermeidlich. Nicht zuletzt einer Reihe einschlägiger Vorbehalte gegenüber diesem Buch wegen. So kann man vor allem auf eine inzwischen ritualisierte Kritik an diesem einflussreichen Text reinfallen, wenn man sich die verschiedenen Bedeutungsschichten der Begriffe „Aufklärung" und „Vernunft" nicht etwas genauer anschaut. Viele Vorbehalte laufen in dem Vorwurf zusammen, die beiden Autoren hätten sich eines ziemlich tumben „performativen Selbstwiderspruchs" schuldig gemacht. Dieser bestünde darin, dass sie mit den Mitteln einer radikalen Vernunftkritik nachweisen wollen, dass die endgültige Zerstörung der Vernunft in der Moderne unvermeidlich ist – und das hieße ja: die rationalen Voraussetzungen ihrer *eigenen* als zutreffend in Anspruch genommenen „rationalen" Kritik müssten sich ebenfalls auflösen.

Für unsere Zwecke ist es schon hilfreich genug, dem Unterschied zwischen einem universalgeschichtlich allgemeinen und einem spezielleren, auf die Entwicklung der bürgerlichen Gesellschaft bezogenen Begriff der „Aufklärung" Rechnung zu tragen. Horkheimer und Adorno beginnen ihre Ausführungen zum Begriff der Aufklärung in der „Dialektik der Aufklärung" mit dem Satz:

> „Seit je hat Aufklärung im umfassendsten Sinn fortschreitenden Denkens das Ziel verfolgt, von den Menschen die Furcht zu nehmen und sie als Herren einzusetzen" (DdA 13).

Der Begriff der Aufklärung im „umfassendsten Sinn" bezieht sich damit offensichtlich (a) auf einen Prozess der Durchsetzung von Vernunftbestimmungen, der sehr weit in die Geschichte der Menschheit zurückreicht. Durch schrittweise Aufklärung soll den Menschen die Furcht vor Geistern, Göttern und Dämonen genommen und sollen sie als Herren ihres Geschicks eingesetzt werden. Sie bemühen sich darum, Naturkräfte zu kontrollieren und sie nicht als die blanke Übermacht des Unbegriffenen zu erleben und zu dämonisieren. Das entspricht weitgehend der Weberschen Idee der „Entzauberung der Welt" (s.o.) und zielt auf einen gleichsam universalgeschichtlichen Vorgang. Hingegen bezieht sich der Begriff der Aufklärung in einem (b) historisch spezifischen Sinn auch bei den beiden Autoren auf „les lumières", auf die abendländische Aufklärung im Zuge der Entstehung und Durchsetzung der modernen bürgerlichen Gesellschaft. Man tut gut daran, auf diesen Unterschied zu achten, wenn Horkheimer und Adorno den Begriff der Aufklärung verwenden. Zusätzlich dazu bekommt man einiges zu tun, wenn man sich klarmachen will, was sie wohl unter „der Vernunft" verstanden haben, deren Steigerung nicht nur die modernen Aufklärer versprechen. Nicht nur das: Wie viel „Einheit der Vernunft" gibt es überhaupt in der „Vielzahl ihrer Stimmen"? Für die Skizze einer möglichen Antwort auf diese sehr gute von Jürgen Habermas aufgeworfene Frage wähle ich eine Formel für „Vernunftprädikationen" und nicht das Substantiv „die Vernunft" wie bei Horkheimer und Adorno. Denn „die Vernunft" in der Form eines Übersubjektes als absoluter Geist etwa, letztlich – wie schon bei Aristoteles – als Gott ist von der Aufklärung selbst im Zuge der Säkularisierung des Glaubens und Denkens demontiert worden. „Die Vernunft" ist keine einheitliche Person, geschweige denn eine feste Substanz. Prädikationen weisen die logische Form einer Eigenschaftszuschreibung auf: Fx, lies: x hat die Eigenschaft F. Eine Vernunftprädikation schreibt einem Sachverhalt x die Eigenschaft „vernünftig" (R) zu oder erkennt sie ihm ab ($\neg$R). Die einfachste Formel lautet also: Rx (oder $\neg$Rx). Die Vielzahl der Stimmen der Vernunft ergibt sich schlicht und einfach dadurch, dass an die Prädikatstelle R zahlreiche verschiedene Fälle eingesetzt werden können. Das Gleiche gilt für die Subjektvariable x: Es kommen ganz verschiedene Sachverhalte in Frage, denen die Eigenschaft „rational" zu- oder aberkannt werden kann. Für das Verständnis der Vernunftprädikationen in der „Dialektik der Aufklärung" halte ich folgende Grundunterscheidung für hilfreich: die Grundunterscheidung zwischen

a. Gesellschaftlichen Rationalitäten und
b. Linguistischen Rationalitäten.

Ad a: Bei *gesellschaftlichen Rationalitäten* werden soziale Phänomene an der Variablenstelle x der elementaren Rationalitätsformel Rx eingesetzt. Es gibt eine ganze Spannbreite gesellschaftlicher Sachverhalte, die dafür in Frage kommen. Sie reicht von der Einzelheit des Individuums bis hin zur Allgemeinheit der Gesellschaft als ganzer. Dementsprechend können einzelne Akte und Akteure in der Gesellschaft als typisierte Träger der Eigenschaft „vernünftig" angesehen werden. Insoweit der einzelne Handelnde als Person in den Fokus der Beurteilung nach den Kriterien „vernünftig" oder „unvernünftig" gerät, kann man von (1) *Aktorrationalität* sprechen. Wenn es um die Bewertung der einzelnen Handlungen solcher Akteure geht, dann dreht sich alles (2) um die *Handlungsrationalität*. Aber auch Beziehungen zwischen den Handlungen von Akteuren, ihre „Interaktionen" bewerten wir im Alltag ständig als „vernünftig" oder „unvernünftig". Wir beurteilen also die (3) *Interaktionsrationalität*. Auch wenn die logische Möglichkeit von Vernunfturteilen über (4) gesellschaftliche Gebilde wie Institutionen und Organisationen oder gar mit dem Blick auf (5) die ganze Gesellschaft weiterhin umstritten ist, fällen wir solche Urteile alltagssprachlich ständig. Wir beurteilen also sowohl die *institutionelle Rationalität* (=4) als auch die mögliche *Systemrationalität* (=5) als ein Merkmal ganzer Gesellschaften. Beim Sortiment der Prädikate R, die sich dem jeweiligen x zuschreiben lassen, ist die Vielfalt der Möglichkeiten schon in der Alltagssprache noch größer. Der einzelne Akteur kann einem als „vernünftig" im Sinne von besonnen, zielstrebig, planvoll und was sonst nicht noch alles vorkommen. Irgendeine seiner Handlungen kann autonom, zweckdienlich, wohl begründet sein – und sich in diesem Sinne als „vernünftig" erweisen oder nicht. Eine Sequenz von Interaktionen kann „erfolgreich", eine Institution „reflexiv" (= autonomiefördernd) sein – auch diese Fälle passen an die Variablenstelle R der Vernunftprädikation. Und lesen wir nicht ständig in der Zeitung, dass eine ganze Gesellschaft das Prädikat „unvernünftig" im Sinne beispielsweise von „ungerecht" verdient? Und so weiter und so noch ziemlich lange fort.

Ad b: *Linguistische Rationalitäten:* An der Variablenstelle x können auch sprachliche Gebilde der verschiedensten Art eingesetzt werden: Begriffe (rationaler Begriff), Sätze (rationale Satzfunktion), Aussagengehalte (rationale Proposition), Methoden (methodologische Vernunft), Sprechakte (Sprechaktrationalität), Sprachspiele (vernünftige Rede), Verbindungen von Sätzen und Aussagen zu spezifischen Diskursen (Diskursrationalität) bis hin zu komplexen wissenschaftlichen Theorien (theoretische Rationalität). Das Sortiment der Rationalitätsprädikate, die einem jeden dieser sprachlichem Momente alltags- und/oder wissenschaftssprachlich zugerechnet werden kann, ist wiederum außerordentlich breit: Begriffe sollten *beispielsweise* klar und trennscharf, Sätze logisch regelrecht verknüpft, Aussagen inhaltlich verständlich, Methoden intersubjektiv verbindlich, Sprechhandlungen erfolgreich, Sprachspiele rational argumentativ aufgebaut, Theorien widerspruchsfrei, gut überprüfbar, empirisch gehaltvoll, erklärungs- und prognosekräftig usf. sein. Und das ist nur eine kleine Auswahl aus der Fülle des Geläufigen!

Es stehen hier nicht annähernd genug Gigabyte zur Verfügung, um die Fülle der Bedeutungsmöglichkeiten all dieser Begriffe im Detail auszuloten und zu begründen. Darum geht es auch gar nicht! Für das genauere Verständnis des Vernunftbegriffs in der „Dialektik der Aufklärung" reicht es aus, die waagrechte Achse „gesellschaftliche Rationalität/linguistische Rationalität" mit der senkrechten Achse „subjektive Vernunft/objektive Vernunft" gleichsam zu einem Cartesianischen Koordinatensystem zu kreuzen: Ganz formal bestimmt, betrifft die „subjektive Vernunft" die *Einzelheit* und die „objektive Vernunft" die *Allgemeinheit*. Das heißt: Bei der „subjektiven Vernunft" geht es um die Anwendbarkeit des Prädikates „rational" auf *Individuen* (Personen, ihre einzelnen Handlungen und konkrete empirische Interaktionsmuster) sowie *einzelne* linguistische Gebilde (einzelne Sätze, Aussagen, Sprechakte). Bei der „objektiven Vernunft" geht es einerseits um allgemeine *gesellschaftliche* Verhältnisse und überindividuelle Ordnungen wie Institutionen, soziale Prozesse, soziale Gebilde bis hin zur gesellschaftlichen Totalität, andererseits um *allgemeine Sprach*gebilde wie Diskurse, Sprachspiele, Systeme verpflichtender Sprachregelungen, letztlich um „die Sprache" überhaupt. In dieses Achsenkreuz trage ich die berühmte Horkheimersche Unterscheidung zwischen *subjektiver und objektiver Vernunft* ein:

> „Sie (die subjektive Vernunft – J.R.) hat es vor allem mit dem Verhältnis von Zwecken und Mitteln zu tun, mit der Angemessenheit von Verfahrensweisen an Ziele, die als solche mehr oder minder hingenommen werden, ohne im Allgemeinen ihrerseits der vernünftigen Rechtfertigung unterworfen zu werden."
>
> Dem opponiert der objektive Vernunftbegriff in der Form der „Ansicht, Vernunft walte nicht bloß im Bewusstsein der Individuen, sondern die Frage nach Vernunft und Unvernunft sei auch auf das objektive Sein anwendbar, auf die Beziehung zwischen den einzelnen Menschen wie der sozialen Klassen, auf gesellschaftliche Institutionen, ja, auf die außermenschliche Natur."[239]

Horkheimers Grundunterscheidung bezieht sich offensichtlich auf die *gesellschaftliche* Rationalität und die „subjektive Vernunft" wird geradenwegs mit der *Zweckrationalität* gleichgesetzt. Im Zentrum der alltagssprachlich üblichen Verwendungsweisen des Eigenschaftswortes „vernünftig" stehen in der Tat oftmals Subjekte, ihre Handlungen und/oder ihre Interaktionen in Gruppen, insoweit sie sich als zweckrational beurteilen lassen. Als „vernünftig" gelten von daher Aktionen und/oder Personen dann, wenn sie die Mittel in einer Situation strategisch so einsetzen, dass sie ihre Ziele und Zwecke erreichen, wenn nicht gar auf die bestmöglichste Weise erreichen. Im Unterschied dazu lässt sich „objektive Vernunft" sozialontologisch als ein Begriff lesen, der sich auf überindividuelle (den Individuen vorgegebene, ihnen wie eine zweite Natur, nach Horkheimer: wie „objektives Sein" begegnende) Institutionen, Organisationen, soziale Prozesse, letztlich auf das gesellschaftliche Ganze bezieht. „Zweckrationalität" gibt es bei dieser Art gesellschaftlicher Phänomene vor allem als „institutionelle" oder „systemische Rationalität" oder „Irrationalität". In diesem Fall werden kollektiven Gebilden nicht zuletzt bestimmte Zielparameter – zum Beispiel „Vollbeschäftigung" als ein Zustand des gesamten Wirtschaftssystems – oder Problemzustände zugeschrieben, die nicht allein durch gezielte Aktionen von Einzelnen oder Gruppen erreichbar sind, sondern deren erfolgreiche Bearbeitung ihrerseits von der Effizienz (Problemlösungskapazität) „überindividueller" Prozesse oder Mechanismen abhängig ist. Das ist wohl gemeint, wenn Horkheimer sagt, für den objektiven Vernunftbegriff sei die Ansicht charakteristisch, die Prädikate „vernünftig„ oder „unvernünftig" ließen sich nicht nur dem Bewusstsein (und den Aktionen) des Individuums zuschreiben, sondern seien auch auf soziale Gebilde, ja sogar auf die „außermenschliche Natur" anwendbar. Darüber, ob diese Ausdehnung ins Allgemeine möglich und sinnvoll sei, wird gestritten. Doch unabhängig davon kann bis zu diesem Punkt der Argumentation von einer „Dialektik der Aufklärung" als „destruktive Selbstbezüglichkeit" der Vernunft noch keineswegs die Rede sein!

Die Kritik an Tendenzen der Selbstzerstörung „der Vernunft" vertraut auf die Fähigkeit „der Vernunft", ein vernünftiges Werturteil über sich selbst abgeben zu können. Es liegt – so pauschal betrachtet – „Reflexivität", Selbstbezüglichkeit im Allgemeinen vor. Nur: Welche Erscheinungsform „der Vernunft" wird da auf dem Boden welcher Erscheinungsform von „Vernunft" kritisiert bzw. welche konkreten Erscheinungsformen „der Vernunft" werden einer Selbstkritik unterzogen?[240] Um die Wege drastisch abzukürzen, setzen wir – mit Horkheimer – die „subjektive Vernunft" einmal schlicht und einfach mit der Norm der „Zweckrationalität" bzw. mit wirklichen Aktionen und Abläufen gleich, die dem Bild der erfolgreichen Koordination von Mitteln mit Zwecken mehr oder minder nahe kommen (Effizienz). Unter dieser Voraussetzung kann man bei der Selbstkritik der Vernunft auf mindestens zwei Wegen wandeln:

(1.) Man konstruiert – wie Max Weber – den Idealtypus eines lupenrein zweckrationalen Vorgehens oder Geschehens und vergleicht ihn mit den tatsächlichen Gegebenheiten. Die wirklichen Ereignisse sind in der überwiegenden Mehrzahl mehr oder minder weit von der idealtypisch zugespitzten Norm entfernt. Es kann mithin eine Kritik an *Graden der Effizienz* bzw. an Erscheinungsformen von *Ineffizienz* geübt werden. Zweckrationalität (Effizienz) erscheint somit als die *oberste* Norm aller Vernunfturteile, auch der Urteile über Rationalität beim praktischen Vorgehen. Damit wäre *Zweckrationalität* das Prinzip der Einheit der Vernunft in der Vielzahl ihrer Stimmen.

(2.) Das entspricht nun überhaupt nicht dem Vorgehen von Horkheimer und Adorno! Eines der Hauptwerke Max Horkheimers trägt den Titel: „Kritik der instrumentellen Vernunft". Das ist ein durchaus passender Übersetzungsvorschlag für die ursprüngliche Überschrift. „Eclipse of Reason", den Alfred Schmidt gemacht hat. Das Buch hätte im Deutschen allerdings auch „Die Abschattung der Vernunft" heißen können, weil Eklipsen die Abschattung eines Gestirns durch ein anderes bedeuten. An dieser Stelle kann ich jedoch nicht weiter machen, ohne Kritik am kritischen Schlüsselbegriff Horkheimers, am Begriff der „instrumentellen Vernunft" anzumelden: In der Schrift von Max Horkheimer sieht es meistens so aus, als setze er „instrumentelle Vernunft" mit „Zweckrationalität" gleich und demonstriere dann – zusammen mit Adorno – die Selbstzerstörungspotentiale rein zweckrationaler Aktionen und Vorgänge. Wenn dies tatsächlich (wie bei Weber) der Grundgedanke sein sollte, dann halte ich ihn für etwas irreführend. Denn Adorno und Horkheimer haben an zahllosen Stellen ihres Gesamtwerks die fundamentale Bedeutung des *principium sese conservare*, des Prinzips der Selbsterhaltung als Motivationsbasis individuellen Handelns hervorgehoben. Das bedeutet jedoch: Der erfolgversprechende Einsatz von Mitteln im Interesse der Erreichung elementarer und/oder komplexer Ziele und Zwecke (unter den Rahmenbedingungen der Situation) stellt – man denke nur an die Sicherstellung der Existenz durch Arbeit – eine materielle Existenzbedingung der Menschheit dar! Zweckrationalität im Allgemeinen ist als eine Basisnorm der individuellen Lebensführung anzusehen! Unter der *instrumentellen Vernunft* kann man hingegen Erscheinungsformen von *Verkehrungen* des Prinzips der Zweckrationalität bzw. Effizienz verstehen! Die elementaren Voraussetzungen dieser Verkehrung lassen sich an einer Grundfigur des modernen Denkens ablesen: Wir sind es nicht nur wissenschaftssprachlich gewohnt, Aussagen über den Vernunftstatus von Zielen und Zwecken von Aussagen über die Vernünftigkeit des Mitteleinsatzes zu trennen. Logikern, Technikern, Moralphilosophen, Ökonomen, Bürokraten, Rationalisierungsstrategen und anderen effizienzorientierten Wesen erscheint es als eine Selbstverständlichkeit, dass wir über die Tauglichkeit von Mitteln für Zwecken (unter den gegebenen Rahmenbedingungen) zuverlässig befinden können. Wenn ein Mittel zum Zweck tauglich ist, dann kann die Aktion, die es entsprechend einsetzt nicht nur als „rational" *bewertet* werden, sie *ist* für den Beobachter rational (zweckrational). Äußerst umstritten hingegen ist die Möglichkeit, Urteile über den Vernunftstatus letztinstanzlicher Ziele und Zwecke selbst zu fällen, sie gar als ihrerseits vernünftig oder unvernünftig kritisieren zu können. Eine sehr einflussreiche und viel diskutierte Position hat Max Weber zu dieser Problematik eingenommen. Man findet bei ihm die folgenreiche These, die allgemeinsten Zielsetzungen (beispielsweise für ihr politisches Vorgehen), worüber sich Menschen streiten, seien in letzter Instanz gar keinem Vernunfturteil mehr zugänglich. Man kann sich nur für oder gegen letzte Wertideen entscheiden und – wenn man sich politisch zu engagieren bereit ist – sich in das Getümmel der Kämpfe um ihre Durchsetzung stürzen. Eine derartige Dichotomisierung von Zielen und Zwecken wie sie für das moderne Denken und Handeln kennzeichnend ist, wäre allerdings Aristoteles zu seiner Zeit als ebenso unsinnig wie unsittlich vorgekommen. Eine Reduktion der Vernunft auf Fragen der technischen Geschicklichkeit des Mitteleinsatzes bzw. instrumentelltaktischer Klugheitsregeln beim Umgang mit anderen Menschen hat er deswegen als völlig irrational und unsittlich angesehen, weil für ihn allein *legitime*, und das heißt: an ihrerseits vernünftige (sittliche) Zielsetzungen gekoppelte Mittel in der jeweiligen Handlungssituation eingesetzt werden dürfen. So gesehen kann der Einsatz der Mittel völlig effizient sein und dennoch scharfer Kritik unterzogen werden, weil er mit unvernünftigen Zielsetzungen verwoben ist. Ein solches Urteil setzt allerdings eine Vorstellung von Vernunft voraus, die nicht in Effizienz aufgeht, sondern dieser sogar übergeordnet ist. Horkheimer spricht in diesem Zusammenhang ebenfalls von „objektiver Vernunft".

Wenn es tatsächlich Kriterien „objektiver Vernunft" gibt, dann lässt sich eine jede Verkehrung von Zweckrationalität in *instrumentelle Vernunft* kritisieren. Ein Beispiel für Aktionen nach den Stilprinzipien instrumenteller Vernunft liefert die Form der Herrschaftsausübung, die in dem Versuch besteht, andere Menschen aus Eigensucht zu manipulieren oder gar mit Gewalt unter den eigenen Willen zu beugen. Dass solche Kriterien „objektiver Vernunft" denkbar sind und in gesellschaftskritischen Urteilen Verwendung finden können, wurde im Hauptteil I (Modell 1/Teil A) im Anschluss an den kategorischen Imperativ von Immanuel Kant skizziert. *Objektive Vernunft* entspricht in diesem Falle dem Prinzip wechselseitig anerkannter Autonomie (Willensfreiheit des Subjekts) und geht nach diesem Verständnis *nicht* im normativen Prinzip der Zweckrationalität auf. Die Regression im Fortschritt der Moderne besteht unter den genannten Voraussetzungen darin, dass die Effizienz und Effizienzorientierung in den verschiedensten Lebenssphären *gesteigert* und gerade dadurch Prinzipien der objektiven Vernunft *bedroht* und *zerstört* werden. Adornos Kritik der Entsubjektivierung der Menschen in der Moderne liefert ein eindringliches Beispiel für diese Denkfigur.

Teil B
Individuierung und Entsubjektivierung.

Wie in der Ethik von Kant oder Hegel wird das menschliche Individuum auch für Adorno erst dann zu einem *Subjekt,* wenn es das Vermögen der Reflexion, jene miteinander verwobenen Fähigkeiten des Wissens um sich selbst (Selbstbewusstsein) und der Selbstbestimmung Handlungen in Anspruch nimmt (freier Wille; Autonomie). Bei Freud gilt „das Ich" als Träger dieser Kompetenzen. In der Alltagssprache weist das Personalpronomen der ersten Person Singular ebenfalls unterschwellig auf die Reflexion hin. Ja, ich weiß, dass ich und sonst niemand Anderes dieses Ereignis veranlasst oder verschuldet habe. Das Personalpronomen der ersten Person Singular hebt zudem diese eine, einzigartige Person heraus, die mit keiner anderen (auch nicht im Falle eineiiger Zwillinge!) in jeder

Hinsicht identisch sein kann. Das heißt, Reflexion kommt in folgenden Erscheinungsformen zum Zuge.

a. Wenn der (die) Einzelne ein bestimmtes Wissen über Sachverhalte für sich in Anspruch nimmt – „Ich weiß, dass x die Eigenschaft F hat" –, dann entspricht dem unsere Fähigkeit des Wissens um Sachverhalte (*Bewusstsein*).
b. Wenn die Einzelperson von sich als dieser Bestimmten etwas weiß – „Ich und sonst niemand anderes habe das erlebt" –, dann entspricht dies dem *Selbstbewusstsein*.
c. Wenn der (die) Einzelne weiß, dass er (sie) eine Handlung aus eigenem Entschluss vollziehen will oder vollzogen hat, wodurch das Subjekt für deren Folgen verantwortlich wird, dann reklamiert er (sie) die Fähigkeit der *Selbstbestimmung*. (Autonomie).

Ob alle diese Reklamationen berechtigt sind, daran melden sog. „Deterministen" erhebliche Zweifel an. Für sie sind alle unsere Lebensäußerungen bestimmt. Wir werden nicht einmal partiell, das wir sind, durch selbstverantwortliche Selbstbestimmung. Doch auch die strengsten Deterministen nehmen mit aller Gelassenheit die Fähigkeit der Ur-Teilung in Anspruch. D.h.: Wer „Ich bin nichts als ein determiniertes Wesen", wer Ich damit im Sinne des Selbstbewusstseins in Anspruch nimmt, macht immer schon einen Unterschied zwischen sich und allem Anderem, zwischen sich und dem Nicht-Ich als Inbegriff von anderen Gegebenheiten wie Festkörpern oder anderen Menschen.[241] Umgekehrt kann man ohne Gegenstandsbewusstsein kein Wissen um sich selbst haben; denn sonst verfügte man tatsächlich nicht über mehr als das, was Freud mit Blick auf das Kleinstkind ein „ozeanisches Gefühl" nennt. Statt des Ich oder Selbst gäbe es dann nur eine strukturlose Ausbreitung der Gefühle, die keinen Unterschied macht bzw. machen kann. Doch kein einzelner Mensch kann einen völlig selbständigen Stand einnehmen. Begriffe wie „Selbständigkeit" oder „das Selbst" weisen auf alles andere denn die *völlige* Unabhängigkeit von allem und jedem hin (absolute Autonomie). Anders ausgedrückt: „Selbstbewusstsein" bedeutet kein *uneingeschränktes* Wissen um sich und die eigenen psychischen Regungen. Nicht nur Freud und die Freudianer wissen beispielsweise um die immanenten Einwirkungen auf das Seelenleben des Einzelnen, die vom „Unbewussten" ausgehen und/oder um die Restriktionen, die das Über-Ich als in gesellschaftlicher Allgemeinheit (z.B. von Normen) verankerte Kontrollinstanz, als Gewissen, ebenfalls immanent auf das Fühlen, Denken und Handeln des Einzelnen ausübt. Auch die „Selbstbestimmung" als Ausdruck für das Verfügen des Individuums über einen freien Willen, ist nicht so zu verstehen, dass sich die Autonomie des Subjekts ungehindert und uneingeschränkt bilden und äußern könnte. Wir stoßen ständig und allenthalben auf Erscheinungsformen innerer und äußerer Heteronomie. Bei den äußerlichen Hindernissen, worauf der freie Willens stößt, lassen sich grob zwei große empirische Klassen unterscheiden: „Bedingungen" und „Zwänge" – die Spiel- und Entscheidungstheoretiker der Gegenwart sprechen von „conditions and constraints". *Vernünftige* äußere Lebensbedingungen erhalten und fördern die Selbständigkeit des Subjekts, Zwänge hingegen sind Ausdruck der verschiedenen Repressionen, denen der freie Wille unterliegt, insbesondere sind sie Ausdruck der Repressionen durch Macht und Herrschaft.

Rückerinnerungen an Informationen wie diese (s. Teil I) reichen schon aus, um die beiden gegenläufigen geschichtlichen Trends umreißen zu können, welche destruktiver Selbstbezüglichkeit als „Dialektik von Individuierung und Entsubjektivierung" bei Horkheimer und Adorno zugrunde liegen:

- Im Begriff der *Individuierung* werden all jene vielfältigen Prozesse und Teilprozesse zusammengefasst, welche zur Bildung autonomer Subjektivität, also zur Entwicklung und Beständigkeit der Reflexion in ihren historisch verschiedenartigen Chancen und Ausprägungen beitragen.
- Der Begriff *Entsubjektivierung* bezeichnet demgegenüber die genau gegenläufige Tendenz. Denn er umfasst die vielfältigen historischen Erscheinungsformen all jener gesellschaftlichen Ereignisse, Maßnahmen, Institutionen und Abläufe, deren Einwirkungen autonome Subjektivität untergraben, wenn nicht zerstören.

In welchen entsetzlichen Formen sich Entsubjektivierung in der geschichtlichen Wirklichkeit der aufgeklärten Moderne durchsetzen kann, das hat Adorno an der Nazi-Herrschaft abgelesen:

> „Der Verlust an Freiheitsbewusstsein hat die Tendenz, in unmittelbaren Schrecken überzugehen, in Auschwitz gründlich bewährt ... Der Begriff des autonomen Subjekts wird von der Realität kassiert, – umgekehrt wären Freiheit und Autonomie noch substantiell gewesen, hätte Auschwitz nicht passieren können" (LGF 14).

Dass die Entsubjektivierungsthese den lebensgeschichtlichen Erfahrungen Adornos mit einem extrem repressiven und autoritären Staat geschuldet ist, wird von niemandem bestritten. Doch viele seiner Kritiker halten ihm darüber hinausgehend vor, seine gesamte kritische Theorie bewege sich im Horizont eines historisch viel weiter ausgreifenden Kulturpessimismus. Dieser münde in einem völlig einseitigen negativen Bild von den schrumpfenden Aussichten aus, worüber die autonome Subjektivität im Zuge der Modernisierung des Spätkapitalismus auch nach dem Zweiten Weltkrieg verfüge. Adorno erwecke den durchgängigen Eindruck, dass es – wie er selbst sagt – „im anonymen Getriebe auf den Einzelnen" gar nicht „mehr ankommt", weil sich eine Praxis durchgesetzt habe, die z.B. einen „frei und autonom Handelnden voraussetzt, der nicht länger mehr existiert."[242] Der autonom handelnde Mensch existiert nicht länger! Unter solch schwarzen Perspektiven auf eine völlig eingeebnete Reflexion könne Adorno bei seinem Blick auf die spätkapitalistische Gesellschaft tatsächlich nichts mehr als das Bild einer immer weiter fortschreitenden Entsubjektivierung der Subjekte erkennen:

> „Je gründlicher aber das Individuum einbüßt, was einmal sein Selbstbewusstsein (= Reflexion – J.R.) hieß, desto mehr steigt Depersonalisierung (= Entsubjektivierung – J.R.) an" (ND 276).

Dementsprechend wird ihm nachgesagt, er konstruiere nichts mehr als ein Marionettenmodell des Individuums in der Moderne. Denn wie soll man Aussagen wie die verstehen, die da lautet, im „totalen Funktionszusammenhang, welcher der Form der Individuation bedarf" und sie mit individualistischen Ideologien preist, würden „die Individuen zu bloßen Ausführungsorganen relegiert" (ND 336)? Arbeitet Adorno tatsächlich mit dem Bild eines Individuums in der modernen Gesellschaft, das wie eine Marionette an den Fäden gesellschaftlicher Zwänge und Herrschaftsapparate zappelt?

Der Aphorismus 147 der „Minima Moralia" spitzt diese Konturen sogar noch ein Stück weiter zu. Dort wird „der Individuierte" nicht nur als „bloßer Agent des Wertgesetzes" (der Kapitalkreisläufe) in der als Spätkapitalismus verstandenen Moderne beschrieben, sondern damit verbindet sich sogar – ähnlich wie weiland bei Louis Althusser – die Vorstellung, das Ich sei gar kein Ausdruck von Selbständigkeit des Subjekts mehr, sondern bedeute ein Selbstmissverständnis, das die Gesellschaft den Einzelnen einpflanzt, damit sie um so besser funktionieren.

> „Noch, wo die Menschen am ehesten frei von der Gesellschaft sich fühlen, in der Stärke ihres Ichs, sind sie zugleich deren Agenten: das Ichprinzip ist ihnen von der Gesellschaft eingepflanzt, und sie honoriert es, obwohl sie es eindämmt" (ND 292).

Jetzt scheint das Individuum tatsächlich zu einem „Knotenpunkt konventioneller Reaktionen und Funktionsweisen" zusammenzuschrumpfen (DdA 41).

Dieser finstere, aber letztlich falsche Eindruck kann dadurch entstehen, dass Adorno seine Geschichtsbetrachtung zweifellos auf die Tendenz zur Entsubjektivierung der Subjekte konzentriert, wie sie sich vor seinen Augen in modernen Gesellschaften abspielt. Dieser negative Zug der modernen Zeiten ist für ihn eng mit dem Prozess der Universalisierung der Warenform, mit der Durchdringung

sämtlicher sozialen Tatsachen durch das Tauschprinzip, heute heißt es: durch
„die Gesetze des Marktes" verwoben:

> „Der Prozess der Verselbständigung des Individuums, Funktion der Tauschgesellschaft, terminiert in dessen Abschaffung durch Integration" (ND 259).

„Verselbständigung des Individuums" bedeutet dabei wohl so viel wie die Vereinzelung des Einzelnen, „Integration" meint hingegen die Anpassung noch seiner sublimsten Lebensäußerungen an Marktgesetzlichkeiten, eine Integration, die ihm von individualistischen Ideologien obendrein noch als Ausdruck seiner Freiwilligkeit verkauft wird. So weit zu den schiefen Konturen von Adorno als „Kulturpessimist".

Schief sind sie allein schon deswegen, weil es höchst verwunderlich wäre, wenn ein Dialektiker vom seinem Rang bei einem rein deterministischen Unterwerfungsmodell des Subjekts und der These von der vollständigen Entsubjektivierung der Subjekte stehen bliebe. Das Gegenteil ist natürlich der Fall: Wer mit Blick auf die „Minima Moralia" *Aphorismus 147* sagt, muss zum Beispiel auch *Aphorismus 97* sagen. Dessen Schlusssatz lautet:

> „Wenn heute die Spur des Menschlichen einzig am Individuum als dem untergehenden zu haften scheint, so mahnt sie, jener Fatalität ein Ende zu machen, welche die Menschen individuiert, einzig um sie in ihrer Vereinzelung vollkommen brechen zu können. Das bewahrende Prinzip ist allein noch in seinem Gegenteil aufgehoben" (MM Aph. 97).

Aussagen wie diese bringen die *beiden* gegenläufigen Motive zusammen: (1.) Die Autonomie des Individuums wird vom Untergang bedroht.[243] Den Prozess der *Entsubjektivierung* sieht Adorno zweifellos als die in der Geschichte vorherrschende Tendenz an. Doch gleichzeitig hängt für ihn (2.) die „Spur des Menschlichen" weiterhin „einzig am Individuum" als Subjekt, mithin an gelingender *Individuierung*! Sie wird, daran lässt Adorno gewiss keinen Zweifel, selbst noch in den späteren Phasen der kapitalistischen Entwicklung immer wieder von Selbstgefährdungspotentialen als Tendenzen zur Zerstörung des Selbst überlagert. Deswegen erfährt man über die Grundlagen der Adornoschen Gesellschaftskritik eher etwas auf seinen *indirekten* Wegen, nicht zuletzt auf dem Weg der Analyse und Kritik all jener repressiven Aktionen und Vorgänge, welche den Effekt der Entsubjektivierung in der gesellschaftlichen Wirklichkeit hervorrufen. Auf welchen normativen Grundlagen er diese Negativität der gesellschaftlichen Entwicklungen registriert und kritisiert, auch dazu gibt es bei ihm direktere Auskünfte, die dem Pessimisten-Klischee widersprechen. So zum Beispiel in seinen „Marginalien zu Theorie und Praxis", vor allem aber in seiner Vorlesung zur

„Lehre von der Geschichte und der Freiheit" (1964/65). Dort hat er den Tiefengrund seiner Gesellschaftskritik gezielt auf einen klaren Begriff gebracht: Von Humanität kann nicht ohne die gelingende Individuation der Menschen zum Subjekt, also nicht ohne die Reflexion und die gesamten institutionellen, letztlich gesamtgesellschaftlichen Bedingungen ihrer Bildung sowie ihres Bestandes die Rede sein![244] Würde Adorno mit seiner Diagnose der nach-faschistischen Zeit tatsächlich bei so drastischen Diagnosen wie an jener berüchtigten Stelle der „Dialektik der Aufklärung" stehen bleiben, wo er und Horkheimer behaupten, die Erfahrungswelt der Individuen nähere sich „tendenziell wieder der der Lurche" an, dann gäbe es für die Idee der Humanität überhaupt keine Möglichkeit des Anschlusses an die gesellschaftliche Wirklichkeit. Es würde ihr jedweder Unterstützung durch Ereignisse, Handlungen und Abläufe in der gesellschaftlichen Realität ermangeln, so dass auch normative Begriffe wie „vernünftige", „gerechte" oder „versöhnte" Gesellschaft schlicht als substanzlose Utopie in der Luft hingen (DdA 50). Adorno sucht und sieht stattdessen immer auch *wirkliche* und *wirksame* Anschlussstellen für die kritische Idee der Humanität und damit für Individuierungschancen zum Subjekt. Er nennt diese Anschlussstellen „Chiffren". Es handelt sich bei ihnen um Spuren des freien Willens unter den jeweiligen Bedingungen und Zwängen der gesellschaftlichen Wirklichkeit. Seine Prämisse ist und bleibt auf jeden Fall:

> „Was sich jedoch in den Menschen, aus ihren Reflexen und gegen diese, objektiviert hat, Charakter oder Wille" stellt das „potentielle Organ der Freiheit" dar (ND 216).

Adorno geht bestimmt nicht davon aus, dass das „Organ der Freiheit" inzwischen vollständig amputiert wäre – und das nicht einmal in den „Minima Moralia".

Die „Dialektik der Aufklärung" setzt sich aus einer Fülle von Aussagen über historische Tendenzen und Gegentendenzen zusammen. Die geschichtsphilosophische Kernvorstellung, die den Rahmen für die Einzeluntersuchungen dieser Dialektik bei Horkheimer und Adorno absteckt, entspricht – auf dem abstraktesten Niveau betrachtet – ähnlich wie bei Max Weber dem Konzept einer endogen bedingten Verschränkung der Progression mit Tendenzen zur Regression. Adornos Dialektik von Individuierung und Entsubjektivierung stellt einen Schritt zur Konkretisierung der allgemeinsten geschichtsphilosophischen Grundannahmen der kritischen Theorie dar. Man kann sie in der Form zweier Mengen von Überlegungen nochmals zusammenfassen: Am einen Pol findet man all diejenigen Aussagen, welche sich auf die historischen Erscheinungsformen von Repression und deren Effekt der *Entsubjektivierung* oder – wie Adorno auch sagt – der „Depersonalisierung" der Subjekte beziehen. Aber selbst ein gesellschaftskritisches Bild, demzufolge sich die Chancen des Subjekts zur Gewinnung von Selbständigkeit *vollständig* zugunsten eines Marionettendaseins der Subjektivität verflüchtigten, könnte nicht ohne die Pinselstriche eines Gegenbildes ausgemalt werden. Daher finden sich am anderen Pol all jene Aussagen, welche das Prinzip der *Individuierung* erwähnen und ausführen. Dazu gehört die empirische Untersuchung der „Chiffren" anerkannter Selbständigkeit in der jeweiligen historischen Wirklichkeit. Denn man muss mit Hegel – so betont Adorno ausdrücklich – anerkennen,

> „dass ein abstraktes Ideal, das mit dem Weltlauf selber gar nichts zu tun hat, für das also die Bedingungen der Verwirklichung nicht in dem Weltlauf selber herangereift sind, ohnmächtig und nichtig ist" (LGF 99).[245]

Adornos Kritik der vielfältigen *empirischen* Tendenzen zur Entsubjektivierung der Subjekte in der Geschichte im Allgemeinen, im Spätkapitalismus im Besonderen wurzelt also in der normativen Vorstellung einer gelingender Individuierung der Einzelnen zu Subjekten, ohne dass er damit eine reine Idee entworfen hätte, die sich auf gar nichts mehr in der historischen Wirklichkeit stützen könnte. Im Gegenteil: Zu Adornos Gesellschaftsbegriff und zu seiner Geschichtsphilosophie gehört die Annahme, eine *jede* Form der Vergesellschaftung der Menschen sei ohne Spuren gelingender Individuierung, sei ohne historisch formbestimmte Chiffren von individueller Freiheit und Spontaneität, gar nicht möglich. „Ohne allen Gedanken an Freiheit wäre organisierte Gesellschaft theoretisch kaum zu begründen" und praktisch nicht zu gestalten (ND 219).

> „Das heißt, dass ohne diesen Begriff von Freiheit so etwas wie ein Zusammenleben, ein friedliches Zusammenleben der Menschen gar nicht gedacht werden kann; dass aber auf der anderen Seite eben diese Freiheit selber im Reich der Faktizität nicht (in unverstümmelten Formen – J.R.) vorgefunden werden kann" (LGF 244).[246]

Der Zug zur Regression in der Progression kommt für Adorno also mit den wechselnden Formen zum Vorschein, in denen sich der konstitutive Vorgang der Individuierung der Menschen zum Subjekt mit dem entgegengesetzten Prozess ihrer Entsubjektivierung im Verlauf der Geschichte verknotet. Für ihn überlagern allerdings Repressivität und ideologisch legitimierte Herrschaft im Gesamtverlauf der Geschichte die Chancen der Reflexion immer wieder in einem solchen Ausmaß, dass man den positiven Möglichkeiten und Erscheinungsformen eines humanen Leben eben nur als „Chiffren" und das heißt: nur vermittelt über die *Kritik* der vorherrschenden Negativität in der Form von Manipulation, Herrschaft und Unterdrückung nachspüren kann.

Das vollständige Bild von Adornos Geschichtsphilosophie sieht doch deutlich anders als es die Vorbehalte gegen seinen „schwarzes Denken" vermuten lassen. „Wob bleibt denn das Positive, Herr Adorno", wurde er einmal vom *Spiegel* gefragt. „Ja, wo bleibt es denn?" war seine ingeniöse Antwort. Er selbst hat das Gesamtbild seiner Geschichtsphilosophie an einer charakteristischen Stelle einmal so gerahmt:

> „Je konkreter Anthropologie auftritt, desto trügerischer wird sie, gleichgültig gegen das am Menschen, was gar nicht in ihm als dem Subjekt gründet, sondern in dem Prozess der Entsubjektivierung, der seit unvordenklichen Zeiten parallel mit der geschichtlichen Formation des Subjekts" (ND 129).

Welche der beiden Tendenzen sich jeweils in der jeweiligen geschichtlichen Situation durchsetzt, mehr der Prozess der Individuierung einerseits, mehr der Vorgang der Entsubjektivierung als Konsequenz von Repression des autonomen Willens durch Macht, Herrschaft und Zwangsverhältnisse andererseits, wie sich diese beiden Abläufe konkret zueinander verhalten, das ist keine Frage der Geschichtsphilosophie mehr, sondern eine der konkreten Praxis der Menschen in ihrer Zeit selbst. Für kritische Theoretiker ist und bleibt sie ein Schlüsselthema kritischer Theoriebildung sowie einer Reihe ihrer mit den Mitteln empirischer Sozialforschung durchgeführten Studien.

Fazit: Auch bei Adorno gründet die Kritik an den Tendenzen zur Entsubjektivierung der Subjekte in jener Tiefenschicht von Grundnormen der politischen Philosophie, die Horkheimer im Begriff der „objektiven Vernunft" zusammenziehen wollte. Aber Adorno gibt diesem normativen Konzept eine besondere Wendung. Nach meiner Auffassung, die sich durch ein intensiveres Studium von Adornos Vorlesung „Zur Lehre von der Geschichte und der Freiheit" sehr gut untermauern ließe, stützt er sich – im Anschluss an Hegel – letztlich auf das Konzept *konkreter Freiheit*.

> Wir verdanken nach Adorno Hegel die Einsicht, wie sehr „Freiheit, die uns so erscheint, als ob es lediglich eine Qualität der Subjektivität wäre, als ob über ihre Möglichkeit im subjektiven Bereich allein befunden und geurteilt werden könnte; wie sehr diese Freiheit von den Objekten abhängt, wie weit wir überhaupt fähig sind, durch das was wir als subjektiv formal Freie tun, die übermächtig strukturierte institutionelle Wirklichkeit zu bestimmen" (LGF 282).

„Konkrete Freiheit" bezeichnet in der Tat die Selbständigkeit des Einzelnen, insoweit dessen Autonomie (und damit seine Würde) von allen anderen Subjekten geachtet wird, deren Autonomie er in Interaktionen seinerseits als gleichrangig anerkennt. Überdies gehören Art und Grad der Stützung und Unterstützung individueller Autonomie durch reflexive Institutionen sowie autonomiefördernde gesamtgesellschaftliche Strukturen und Prozesse zum Begriff der „konkreten Freiheit".

> „Frei dürfte man jede Handlung nennen, die durchsichtig bezogen ist auf die Freiheit des Ganzen" (LGF 370).

Für Adorno kann daher von

> „einer Freiheit der Gattung oder einer Freiheit der Gesellschaft auch nicht die Rede sein ..., wenn diese Freiheit nicht als Freiheit der Individuen innerhalb der Gesellschaft sich realisiert. Das Individuum ist gewissermaßen der Prüfstein der Freiheit" (LGF 247).

Eine ergänzende Notiz: „Ich", „Selbst", „Subjekt" – das alles sind Begriffe, die das Individuum als den Träger der Reflexion bezeichnen. Adorno als Dialektiker sieht natürlich, dass das Ich *kein* völlig unberührbares und gesellschaftlich unberührtes Prinzip der Selbstständigkeit darstellt, sondern nicht bloß von außen bedingt, sondern auch *von innen immanenten* von heteronomen gesellschaftlichen Faktoren durchsetzt ist, ohne dass der Einzelne damit faktisch und darstellungslogisch zu nichts als einer bloßen Marionette gesellschaftlicher Zwänge „relegiert" werden müsste. Gedanken wie diese folgen der für Adorno verbindlichen Struktur der Vermittlungslogik. Diese geht davon aus, dass Merkmale eines Pols *im* jeweils anderen *enthalten* sind. Gleichzeitig verschwindet der Unterschied und/oder Gegensatz zwischen den beiden Polen trotz dieses Implikationsverhältnisses *nicht*. Sie bleiben gleichwohl als gegensätzliche Bestimmungen bestehen.

> „Was sich jedoch in den Menschen, aus ihren Reflexen und gegen diese, objektiviert hat, Charakter oder Wille, das potentielle Organ der Freiheit, untergräbt auch diese ...Identität des Selbst und Selbstentfremdung begleiten einander von Anbeginn ..." (LGF 216).

Teil C:
Zwei Beispiele:

Beispiel 11: Einige Thesen Georg Simmels zur Entwicklung des Geldes.

Es gibt eine Reihe wahrhaft einschneidender Differenzen zwischen der Philosophie und Soziologie Georg Simmels auf der einen Seite, der kritischen Theorie Theodor W. Adornos auf der anderen. Doch darin, dass das Tauschprinzip, also das Prinzip des (vertraglich geregelten) Austauschs von Waren gegen Geld und Geld gegen Waren auf Märkten den entscheidenden Mechanismus aller Vergesellschaftung in der Moderne darstellt, darin stimmen die beiden Autoren zunächst überein. Beide stimmen überdies mit Aristoteles überein, der den Tausch schon zu den frühen Zeiten des griechischen Altertums als entscheidendes Prinzip menschlicher Vergesellschaftung behandelt. Seine vergesellschaftende Funktion ist also sowohl für Simmel als auch für Adorno *nicht* ausschließlich auf die Marktwirtschaften der Moderne beschränkt:

Aristoteles: „Denn ohne Austausch gäbe es keine Gemeinschaft, ohne Gleichheit keinen Austausch und ohne Messbarkeit (des Wertes – J.R.) keine Gleichheit."
„Auf der Gegenseitigkeit (des Tauschens – J.R.) beruht ihr (der Mitglieder einer Gesellschaft – J.R.) Zusammenhalt."[247]

Simmel: „Man muss sich hier klar machen, dass die Mehrzahl der Beziehungen von Menschen untereinander als Tausch gelten kann".
„Jede Wechselwirkung (zwischen Menschen – J.R.) aber ist als ein Tausch zu betrachten: jede Unterhaltung, jede Liebe (auch wo sie mit andersartigen Gefühlen erwidert wird), jedes Spiel, jedes Sichanblicken" (PdG 59).

Adorno: „Das, was die Gesellschaft eigentlich zu einem Gesellschaftlichen macht, wodurch sie im spezifischen Sinn sowohl begrifflich konstituiert wird, wie auch real konstituiert wird, das ist das Tauschverhältnis, das virtuell alle Menschen, die an diesem Begriff von Gesellschaft teilhaben, zusammenschließt."[248]

Alle drei Zitate heben den *Tausch* eindeutig als geschichtlich weit zurückreichendes Prinzip menschlicher Vergesellschaftung hervor. Insbesondere von Simmel wird der Tauschbegriff dabei so allgemein gefasst, dass er eine jede

Form des Gebens und Nehmens, also nicht nur den *ökonomischen* Austausch bezeichnet! Wir sind es zu unserer Zeit allerdings gewohnt, unter Tauschvorgängen das „Marktgeschehen", also den Kauf und Verkauf von Waren und Dienstleistungen gegen Geld – wenn`s geht: mit Gewinn – zu verstehen. Damit tun sich sofort alle bis auf den heutigen Tag einschlägigen Probleme mit stichhaltigen Aussagen über den Zusammenhang des Tauschens mit „Produktion", „Wert", „Geld" und „Preis" auf. Doch hier geht es allein um die These, der Tausch sei als das (ein?) Prinzip der sozialen Synthesis bzw. der gesellschaftlichen Integration anzusehen. Adorno ist meilenweit davon entfernt, Vergesellschaftung durch Tausch als einen harmonischen und harmonisierenden Prozess anzusehen. Ganz im Gegenteil: Er vertritt vielmehr auf dem Hintergrund seiner Entsubjektivierungsthese die kritische Auffassung:

> „Das Gesetz, nach dem die Fatalität der Menschheit abrollt, ist das des Tausches." (SoS 209).

Letztlich ist aber auch ihm der Doppelcharakter des Tauschprozesses geläufig: Einerseits stellt der Tausch eine entscheidende Bedingung für die verbesserte Verteilung arbeitsteilig erzeugter Güter und erbrachter Dienste sowie die immer bessere Befriedigung immer weiter differenzierter Bedürfnisse dar. Das ist eine positive Funktion. Andererseits schreibt ihm Adorno ein selbstzerstörerisches Potential, ein Potential zur Zerstörung des Selbst vor allem in der universalisierten Warentauschgesellschaft des Spätkapitalismus zu. Darin besteht eine seiner negativen Funktionen.

> „Der totale Zusammenhang (der Gesellschaft – J.R.) hat die Gestalt, dass alle dem Tauschgesetz sich unterwerfen müssen, wenn sie nicht zugrunde gehen wollen, ob sie subjektiv von einem >>Profitmotiv<< geleitet werden oder nicht" (SoS 14).

Die in der Moderne lebenden Individuen sind gezwungen, sich bei Strafe des Untergangs den „Gesetzen des Marktes" anzupassen, die ihnen oftmals wie schicksalhafte Mächte vorkommen, welche ihnen ihr Lebensschicksal hart diktieren. An einigen Stellen schärft Adorno diese These noch weiter zu. Dann entsteht erneut der falsche Eindruck, als mündeten diese Gesetzmäßigkeiten für ihn in der vollständigen Einebnung von autonomer Subjektivität, also in dem aus, was Herbert Marcuse den „eindimensionalen Menschen" genannt hat.

Bei Simmel liegen die Akzente im Vergleich dazu auf der Kehrseite der gleichen Medaille. Er befasst sich mit dem Tausch als allgemeines Geben und Nehmen und/oder als spezieller Händewechsel von Waren gegen Geld und betrachtet ihn in erster Linie unter dem Gesichtspunkt, wie sich die Chancen der Individuierung zum Subjekt durch die Entwicklung der Tauschverhältnisse *er-*

höhen. Denkt man an Tauschbeziehungen auf Märkten, dann verdient natürlich die Rolle des Geldes eine besondere Beachtung. Denn die Entwicklung der Tauschrelationen wird entscheidend von der Entwicklung des Geldes als Tauschmedium, Recheneinheit und Wertaufbewahrungsmittel beeinflusst.[249] In seiner „Philosophie des Geldes" (1907) schildert Simmel ausführlich, wie sich das Geld im Verlauf der Geschichte entwickelt und wie die Entfaltung der Geldwirtschaft das Denken und Handeln des Einzelnen – auch seine Individuierungschancen beeinflusst hat: Ein auffälliger Grundzug in der gesamten historischen Entwicklung des Geldes besteht für Simmel darin, dass der

> „physische Gegenwert des Geldäquivalents immer entbehrlicher wird, so dass Geld nicht mehr um seines stofflichen Wertes, sondern mehr und mehr um seiner reinen Funktionen willen begehrt wird (PdG 165).

In der Moderne wird es allen Marktgängern endgültig klar, dass die Funktionen des Geldes, Wert zu messen, zu übertragen und aufzubewahren, gar nicht vom Eigenwert des Geldstoffes abhängig sind. Das ist die Grundthese von der Entstofflichung des Geldes im Verlauf der Geschichte. Am Anfang waren die Geldfunktionen an von allen begehrten Gütern festgemacht. „Pecunia" heißt im Latein beispielsweise „das Vieh". Unser Wort „pekuniär" leitet sich von der Funktion des Viehs als Geld her. Andere stofflich konkrete Erscheinungsformen von Geld als Medium mit Eigenwert (Substanzwert) waren Kaurimuscheln oder Fische, dann natürlich vor allem Edelmetalle wie Gold und Silber. Gerade Gold und Silber wurden immer auch wegen ihres Metallwertes bzw. als Schatz wertgeschätzt. Die Entwicklung des Geldmaterials zeigt im Verlauf der Jahrtausende jedoch eine stete Tendenz zur „Entstofflichung" des Geldes. Das Geld löst sich immer mehr von seiner stofflichen Grundlage (in der Erscheinungsform allgemein nachgefragter Gebrauchswerte) ab und kreiselt allenfalls noch in der materiellen Gestalt von Papier und billigem Münzmetall. Heutzutage ist die Entstofflichung nahezu vollendet. Geld läuft immer mehr in der Form elektronischer Buchungen und Übertragungen, also in der Form von Bits und Bytes um.

Simmel bettet seine eindrucksvolle Darstellung der Geldentwicklung als Entstofflichung in eine – wie er sagt – „tief gelegene Kulturtendenz" überhaupt ein. Diese besteht in der zunehmenden Manipulation von Symbolen anstatt der unmittelbaren Bearbeitung von Stoffen.

> „Man kann die verschiedenen Kulturschichten danach charakterisieren, inwieweit und an welchen Punkten sie zu den Gegenständen ihrer Interessen ein unmittelbares Verhältnis haben, und wo andrerseits sie sich der Vermittlung durch Symbole bedienen ... ob Käufe, Zusagen, Verträge durch einfache Verlautbarungen ihres Inhalts vollzogen werden, oder ob sie durch ein äußeres Symbol feierlicher Handlungen erst

legalisiert und zuverlässig gemacht werden; ob das theoretische Erkennen sich unmittelbar an die sinnliche Wirklichkeit wendet, oder ob sich mit der Vertretung derselben durch allgemeine Begriffe und metaphysische oder mythologische Sinnbilder zu tun macht – das gehört zu den tiefgreifendsten Unterschieden der Lebensrichtungen" (PdG 165 f.).

Der Wert des Geldes geht in der Moderne immer mehr in den Funktionen auf, die dieses Medium erfüllt; es wird zum Funktionswert ohne Substanzwert. Damit tritt auch sein Charakter all Symbol hervor. Es steht wie ein ganz allgemeines Zeichen für die Menge der Waren und Dienste und ihre Bewegung beim Austausch. Das Geld wird vor allem in *der* Hinsicht zu einem „Symbol", dass es eine „bloße Anweisung" auf zahllos zunächst unbestimmte andere Werte darstellt.

„Erst in dem Maß, in dem die Substanz zurücktritt, wird das Geld wirklich Geld ..." (PdG 246).

Der Vorgang der Entstofflichung des Geldes lässt sich in Analogie zu einem Abstraktionsprozess darstellen, bei dem die Bildung von allgemeineren Begriffen vom zunehmenden Absehen von konkreteren Merkmalen abhängt. Daher spricht Simmel auch von einer zunehmenden „Vergeistigung" des Geldes.

„Denn das Wesen des Geistes ist, der Vielheit die Form der Einheit zu gewähren." (ebd.).

In Tat kann das Geld als ganz allgemeiner, gleichsam als ein abstrakter Anspruch auf unbestimmt (abstrakt) Vieles in der Welt von Waren begriffen werden, in einer Welt von Waren, die arbeitsteilig hergestellt wurden. Die meisten „Marktpartner" bleiben beim Austausch in der größten Zahl der Fälle ihrerseits „abstrakt", d.h.: unbestimmt, anonym. Kurzum: Das Geld wird zu einem symbolartig *abstrakten* (= entstofflichten) *Medium*, das vor seiner konkreten Verwendung eine abstrakte (= unbestimmte) Anweisung auf eine Vielfalt von Produkten und Diensten überhaupt verkörpert.[250]

Durch die Manipulation von Symbolen anstelle des Zugriffs auf die Sachen selbst ergibt sich nach Simmel eine Art „Kraftersparnis". In der Moderne, sagt er, zeigt es sich, dass

„das immer wirkungsvoller werdende Prinzip der Ersparnis an Kräften und Substanzen ... zu immer ausgedehnteren Vertretungen und Symbolen (führt), welche mit demjenigen, was sie vertreten, gar keine inhaltliche Verwandtschaft haben; so dass es durchaus in derselben Richtung liegt, wenn die Operationen mit Werten sich an einem Symbol vollziehen, das mehr und mehr die materielle Beziehung zu den definitiven Realitäten eines Gebietes einbüßt und *bloß* Symbol wird" (PdG 171).

Die ja auch von Weber registrierte „prinzipielle Wendung der Kultur zur Intellektualität" in der Moderne mit ihrer Idee der grundsätzlichen Berechenbarkeit der Dinge und Verhältnisse bis hin zum unendlichen und sich ständig ausbreitenden Strom der Daten und Symbole geht für Simmel nicht zuletzt

> „mit dem Durchdringen der Geldwirtschaft Hand in Hand; wie denn auch innerhalb des Handelsgebietes, insbesondere wo reine Geldgeschäfte in Frage stehen, zweifellos der Intellekt im Besitz der Souveränität ist" (ebd.).[251]

Wo da die Ursache, wo die Wirkungen liegen, bedeutet eine wunderschöne Frage für sich. Gelegentlich stellt Simmel sogar einen *direkten* Zusammenhang zwischen der Formierung *abstrakter Begriffe* und dem Geld als allgemeines Medium fest, das den Zugang zu unbestimmt Vielem eröffnet:

> „Was man die Tragik der menschlichen Begriffsbildung nennen könnte: dass der höhere Begriff die Weise, mit der er eine wachsende Anzahl von Einzelheiten umfasst, mit wachsender Leere an Inhalt bezahlen muss, gewinnt im Gelde sein vollkommen praktisches Gegenbild, d.h. die Daseinsform, deren Seiten Allgemeingültigkeit und Inhaltslosigkeit sind, ist im Geld zu einer realen Macht geworden, deren Verhältnis zu aller Entgegengesetztheit der Verkehrsobjekte und ihrer seelischen Umgebung gleichmäßig als Dienen wie als Herrschen zu deuten ist" (PdG 281).

Dementsprechend notiert er: In Zeiten, in denen das Geld mehr und mehr zum reinen Symbol wird, dessen Eigenwert gleichgültig wird, ist parallel dazu eine deutliche Steigerung der intellektuellen, abstrahierenden Fähigkeiten vieler Menschen festzustellen (PdG 171)! Aber nicht nur die Fähigkeiten der Individuen zu abstraktem Denken und Handeln werden auf diesen Wegen *gesteigert*. Eine weitere geschichtsphilosophische Grundthese von Simmel lautet, auch die Freiheitsspielräume für den Einzelnen würden dadurch maßgeblich *erweitert*.

Beispiel 12: Über die zunehmende Individuierung und das Auseinandertreten von subjektiver und objektiver Kultur in der Moderne.

Wie vor ihm schon Hegel, Marx und später dann Adorno macht Simmel auf den evidenten Sachverhalt aufmerksam, dass der Besitz von Geld die *Möglichkeit* eröffnet, eine Vielfalt von Beziehungen zu Dingen und anderen Menschen herzustellen. Einerseits wird die Abhängigkeit der Menschen voneinander umso größer, je höher der Grad der Arbeitsteilung und der allgemeinen Differenzierung der Lebenssphären in einer Gesellschaft ist. Andererseits trägt man mit dem Geld eine Mannigfaltigkeit *möglicher* Beziehungen zu anderen Personen und

Sachen mit sich in der Tasche herum. So man Geld hat, eröffnen sich vielfältige verschiedene Verhaltensspielräume für den Umgang mit Dingen und Menschen. Deswegen schenkt Simmel einem möglichen *positiven* Effekt der historischen Ausdehnung des Geldverkehrs (cash nexus) seine besondere Aufmerksamkeit. Ihn interessiert vor allem diese potentielle Eröffnung und Erweiterung von Handlungsfreiräumen für das Individuum aufgrund des Besitzes des abstrakten Mediums Geld. Nach seiner Auffassung kann man Liberalisierungstendenzen in elementaren Formen schon in früheren historischen Zeiten erkennen:

> „Der Grundherr, der ein Quantum Bier oder Geflügel oder Honig von seinem Bauern fordern darf, legt dadurch die Tätigkeit desselben in einer bestimmten Richtung fest; sobald er nur Geldzins erhebt, ist der Bauer insoweit völlig frei, ob er Bienenzucht, Viehzucht oder was sonst treiben will" (PdG 378).

Ein wesentlicher Zug der geschichtlichen Entwicklung besteht somit darin, dass der einzelne Mensch zwar durch die fortschreitende Arbeitsteilung und Differenzierung immer mehr von den Leistungen anderer Menschen abhängig wird, dass er dadurch aber zugleich von *spezifischen* Einflüssen und der Machtstellung *konkreter* anderer Individuen und Gruppen unabhängiger werden kann. In einem wie immer auch engen Rahmen kann das Individuum womöglich über Einzelheiten seiner Tätigkeiten und seines Lebensstiles unter Umständen doch etwas freier, d.h.: unabhängig vom direkten Einfluss bestimmter Personen oder Gruppen entscheiden als zuvor.[252] Dadurch, dass das Geld erweiterte Beziehungen mit einer Mannigfaltigkeit von Menschen ermöglicht und uns zugleich aus direkten persönlichen Abhängigkeiten herauslöst, verkörpert es in der Tat „das genaue Äquivalent für sachliche Leistungen" statt direkter persönlicher Abhängigkeiten. Aber genau deswegen erweist es sich als problematisch, wenn es um das Konkrete, Individuelle, Persönliche und Spezifische geht (PdG 404). Da schlagen seine Funktionen in ihr Gegenteil um; denn es ist und bleibt ein abstraktes und abstraktifizierendes Medium. Ansonsten bildet es nach Simmel für das „unterschiedsempfindliche Bewusstsein" die entscheidende materielle Grundlage für die „herausdifferenzierte Persönlichkeit und ihre Freiheit" (ebd.). Geld reguliert abstrakte Beziehungen. Als Universalschlüssel für den Zugang zu Waren bewirkt es beim Austauschprozess, dass auch beim Anbieter von Waren die persönliche Rücksicht auf einen ganz bestimmten lokalen Abnehmer – auch wenn konkreter bestimmte Merkmale der Käufer wie etwa ihre „Zahlungsfähigkeit" weiterhin Rücksicht zu beachten sind – ein Stück weit hinter die Rücksicht auf den Kunden im Allgemeinen zurücktritt. Schon die frühen Erscheinungsformen des institutionalisierten Handels stellen daher für Simmel eine „große Erhebung über die ursprüngliche undifferenzierte Subjektivität des Menschen dar" (PdG 600). Daher kann man das Geld auch als das Medium sachlicher, in diesem Sinne „objektiver" Beziehungen zwischen den Subjekten ansehen.[253]

Das ist jedoch nur die eine, die positive Seite der Medaille. Denn so sehr das Geld die Impulse und Neigungen der einzelnen Person in überpersönliche und sachliche Verfahrensweisen überführt, so sehr ist es auch „die Pflanzstätte des wirtschaftlichen Individualismus und Egoismus". Es stellt es das Individuum auf sich selbst und seine persönlichen Interessen (vgl. PdG 602). Denn das Geld

> „indem es zwischen den Menschen und die Dinge tritt, (ermöglicht – J.R.) jenem eine sozusagen abstrakte Existenz, ein Freisein von unmittelbaren Rücksichten auf die Dinge und von unmittelbarer Beziehungen, ohne das es zu gewissen Entwicklungschancen unserer Innerlichkeit nicht käme" (PdG 652).

Das Geld bedingt überdies eine Distanzierung zwischen uns und unseren spezifischen Zwecken. Denn es wird zum Mittel aller Mittel, zum reinen Medium für abstrakte Beziehungen zu Anderen und Anderem, das mit keinem spezifischen Zweck mehr koordiniert ist (vgl. PdG 676).[254] Es wird überdies zum Motor und Ausdruck der sachlichen Rechenhaftigkeit der modernen Kultur; denn das „messende, rechnerisch exakte Wesen der Neuzeit ist die reinste Ausgestaltung ihres Intellektualismus" (PdG 613). Der Intellektualismus wird also von Simmel durchweg als eine Denkform dargestellt, die mit der Entwicklung der Geldwirtschaft in einem engen Zusammenhang steht.

> „Die Exaktheit, Schärfe, Genauigkeit in den ökonomischen Beziehungen des Lebens, die natürlich auch auf seine anderweitigen Inhalte abfärbt, hält mit der Ausbreitung des Geldwesens Schritt – freilich nicht zur Förderung des großen Stils in der Lebensführung. Erst die Geldwirtschaft hat in das praktische Leben – und wer weiß, ob nicht auch in das theoretische – das Ideal zahlenmäßiger Berechenbarkeit gebracht" (PdG 614).

Adornos Geschichtsphilosophie setzt einen besonderen Akzent auf die Untersuchung des Prozesses der Entsubjektivierung der Subjekte in der Geschichte. Simmel konzentriert sich – umgekehrt – vor allem auf die durch die Entwicklung der Geldwirtschaft zunehmenden Chancen der Individuierung zum Subjekt und zur Aufklärung als „Intellektualisierung" des Lebens. Gleichzeitig hat das Geld „unvergleichlich mehr Verknüpfungen zwischen den Menschen" gestiftet, „als sie je in den von den Assoziations-Romantikern gerühmtesten Zeiten des Feudalverbandes oder der gewillkürten Einung bestanden" (GmK 82). Auch das Reflexionspotential des Einzelnen kann gesteigert werden, indem sich das Individuum nicht einfach seinen Impulsen überlässt, sondern zum Vorgehen mit „reiner Sachlichkeit" und Überlegung angestoßen und befähigt wird (vgl. PdG 386). Aber auch das Webersche „Gehäuse der Hörigkeit" zeichnet sich ab. Denn die Moderne charakterisiert nach Simmel ein ausgeprägter Zug zur „Objektivierung" menschlicher Beziehungen. Das Individuum stößt immer wieder auf die „gewachsene Objektivität des wirtschaftlichen Kosmos, seine überpersönliche Selbständigkeit im Verhältnis zum konsumierenden Subjekt, mit dem er ursprünglich verwachsen war" (PdG 634).255 Zu dieser „Objektivierung" und „Versachlichung" gehören gesamtgesellschaftliche Strukturen und Prozesse, die das individuelle Leben tragen und insofern unverzichtbar sind. Dass dabei jedoch mit keiner gradlinigen Progression zu rechnen ist, das hat natürlich auch Simmel gewusst.

> Die Moderne „hat einerseits die Persönlichkeit auf sich selbst gestellt und ihr eine unvergleichliche innere und äußere Bewegungsfreiheit gegeben; sie hat dafür andererseits den sachlichen Lebensinhalten eine ebenso unvergleichliche Objektivität verliehen: in der Technik, den Organisationen jeder Art, den Betrieben und Berufen gelangen mehr und mehr de eigenen Gesetze der Dinge zur Herrschaft und befreien sie von der Färbung der Einzelpersönlichkeiten ..." (GmK 78).

Er sieht auf der anderen Seite also auch, dass der sich in der Moderne radikal beschleunigende Zug zur Formalisierung und Mathematisierung selbstzerstörerische Potentiale freisetzen kann. Wie im Falle von Adorno muss man dabei „Objektivierung" von „Verdinglichung" unterscheiden! „Objektivierte" Bedingungen können autonomiefördernd sein, „verdinglichte" Beziehung enthalten das Potential zur Entsubjektivierung der Subjekte. Soziale Gebilde wie zum Beispiel Institutionen und Organisationen ebenso wie regelmäßige Ereigniszusammenhänge in der Form sozialer Prozesse treten im zweiten Falle ihren Urhebern in der Gestalt sachlicher Gewalten gegenüber, von denen starre Zwänge von Art der Naturgewalten ausgehen – obwohl sie letztlich ihrer eigenen kollektiven Praxis entstammen:

> „Wie wir einerseits die Sklaven des Produktionsprozesses geworden sind, so andererseits die Sklaven der Produkte: d.h. was uns die Natur vermöge der Technik von außen liefert, ist durch tausend Gewöhnungen, tausend Zerstreuungen, tausend Bedürfnisse äußerlicher Art über das Sich-Selbst-Gehören, über die geistige Zentripetalität des Lebens Herr geworden" (PdG 674).

Nicht nur in der „Philosophie des Geldes", in verschiedenen anderen Schriften setzt Simmel sich immer wieder mit dem Prozess der „Objektivierung" als einem Schlüsselthema der Geschichtsphilosophie auseinander:

> „Nur unter zweckbewussten Wesen allerdings können die höheren sozialen Gebilde entstehen; allein sie entstehen sozusagen *neben* dem Zweckbewusstsein der einzelnen, durch eine Formierung, die in diesem selbst nicht liegt" (GPh 24).

Für die gesteigerte „Objektivierung" ist – je weiter die Differenzierung der Gesellschaften im Allgemeinen, die Teilung der Arbeit im Besonderen fortgeschritten sind – das „Auseinandertreten der „subjektiven und der objektiven Kultur" charakteristisch: Zur wachsenden Kultur gehört die Steigerung der Reflexion, d.h.: ein erweitertes Bewusstsein, welches die bewusste Absicht an die Stelle des Instinkts sowie die Überlegung an die Stelle der „Preisgegebenheit an mechanische Einflüsse, Gefühlsreaktionen" und „stumpfer Ergebenheit" setzt (GPh 22). Insoweit nimmt Simmel – ähnlich wie Hegel – einen geschichtlichen Fortschritt „im Bewusstsein der Freiheit" an (WW 12; 32). Kultur stellt für ihn im Kern eine Steigerung und Überschreitung von Kräften und Möglichkeiten der Natur dar. Der Apfel, der der Triebkraft des Baumes entstammt, ist „Natur", das veredelte Gartenobst ist „kultiviert". Am Ende steht es in einer „Kulturlandschaft" herum (SoK 96).

> „Die materiellen Kulturgüter: Möbel und Kulturpflanzen, Kunstwerke und Maschinen, Geräte und Bücher, in denen natürliche Stoffe zu ihrer zwar möglichen, durch ihre eigenen Kräfte aber nie verwirklichten Formen entwickelt werden, sind unser eigenes, durch Idee entfaltetes Wollen und Fühlen, das die Entwicklungsmöglichkeiten der Dinge, soweit sie auf seinem Wege liegen, in sich einbezieht" (ebd.).

Wir kultivieren die natürlichen Dinge und Abläufe, indem wir ihr „Wertmaß über das durch ihren natürlichen Mechanismus uns geleistete hinaus steigern" – und in diesem Prozess kultivieren wir uns unter Umständen selbst (ebd.). Kultur im Allgemeinen erscheint als Inbegriff all unserer Möglichkeiten, unser Leben über die unmittelbaren Einflüsse und das jeweilige Maß der inneren und äußeren Natur zu erheben. Die transnaturale Entfaltung von Naturkräften gehört also zum Wesen der menschlichen Kultur (vgl. SoK 97). Diesem *allgemeinen* Kulturbegriff stellt Simmel nun ein *besonderes* Spannungsverhältnis innerhalb der Kultur der Moderne entgegen (ebd.). Es besteht darin, dass all die Sachen und Abläufe, die unser individuelles Leben tragen und bestimmen, die „Geräte, Verkehrsmittel, die Produkte der Wissenschaft, der Technik, der Kunst" immer komplexer und „kultivierter" geworden sind, während die Kultur des einzelnen Menschen damit nicht Schritt halten kann, sondern oftmals sogar zurück schreitet. Man denke nur daran, „dass die Maschine so viel geistvoller geworden ist als der Arbeiter" (SoK 98). Im Bereich des Wissens muss man feststellen, dass noch die kenntnis- und geistreichsten Menschen mit immer mehr Vorstellungen, Aussagen, Begriffen und Modellen arbeiten müssen, deren genauen Sinn sie wirklich nicht hinlänglich allein durcharbeiten können, sondern einfach auf- und hinnehmen müssen. Unser individuelles Leben wird von immer mehr „objektiven" Gegebenheiten abhängig, wobei wir den „Geist", der bei ihrer Herstellung arbeitsteilig investiert wurde, nicht einmal ansatzweise durchschauen oder gar rekonstruieren können. Parallel dazu speisen sich unsere individuellen Wissensbestände aus Systemen signifikanter Symbole, wovon der „individuelle Geist ... nur ein Minimum auszunutzen pflegt" (ebd.). Es tut sich mithin eine Diskrepanz zwischen subjektiver und objektiver Kultur auf, die sich nach Simmels Eindruck ständig ausdehnt.

> „Täglich und von allen Seiten her wird der Schatz jener (der objektiven Kultur – J.R.) vermehrt, aber nur wie aus weiter Entfernung ihr folgend und in einer nur wenig zu steigernder Beschleunigung kann der individuelle Geist die Formen und Inhalte seiner Bildung erweitern" (ebd.).

Wie ist die sich erweiternde Diskrepanz zwischen subjektiver und objektiver Kultur in der Moderne zu erklären? Es ist offensichtlich, dass sich der kulturelle Überbau historisch zu einem objektiven Geist vergegenständlich hat, den kein einzelner Mensch auch nur im Ansatz ausschöpfen kann. Der Traum klassischer Aufklärer wie Diderot oder d`Alembert, eine Enzyklopädie des menschlichen Wissens zu schreiben, lässt sich ebenso wenig realisieren wie der Traum eines Historikers von der lückenlosen Chronik.

> „Diese verdichtete Geistesarbeit der Kulturgemeinschaft verhält sich also zu ihrer Lebendigkeit in den individuellen Geistern wie die weite Fülle der Möglichkeit zu der Begrenzung der Wirklichkeit" (SoK 99).

Da die Inhalte der Kultur nicht mehr unmittelbar mit unserem alltäglichen Denken und Handeln verbunden sind, treten auch sie uns wie sachliche Gebote oder Bedingungen gegenüber.[256] Es versteht sich nahezu von selbst, dass Simmel bei der Beschreibung und Analyse dieser historischen Gegebenheiten auf den Hegelschen Begriff des „objektiven Geistes" zurück greift (vgl. SoK 102 f.). Er thematisiert sogar so etwas wie eine „Vermittlung" von subjektivem und objektivem Geist; denn die „Kulturbedeutung" der einzelnen Bestandteile des objektiven Geistes bemesse sich trotz allem daran, inwieweit sie „zu Entwicklungsmomenten der Individuen werden" (SoK 104). Mehr noch, die Lebensstile der Einzelnen oder von Gruppen hängen im Kern von dem „Verhältnis ab, in dem die objektiv gewordene Kultur zu der Kultur der Subjekte steht" (ebd.). Bei ganz einfachen Kulturen sind objektive und subjektive Kultur fast deckungsgleich; je weiter die Kultivierung der Menschheit voranschreitet, desto geringer und sektoraler werden jedoch die Entsprechungen zwischen objektiven Kulturmöglichkeiten und der Wirklichkeit der individuell erlebten und gelebten Kultur. Je spezialisierter der Einzelbeitrag der Individuen an Überindividuellem ist, desto gegenständlicher tritt der objektive Geist bzw. das System sozialer Gebilde ihnen gegenüber.

Auch im Zusammenhang mit der Entfaltung dieser geschichtsphilosophischen Grundthese tauchen bei Simmel immer wieder verdinglichungskritische Motive auf. Dafür zeugt etwa sein Beispiel des modernen Lohnarbeiters, bei dem sich die eigene Arbeit vom Arbeiter trennt, weil und indem sie zur Ware und der Arbeiter mehr und mehr zum „Teilarbeiter" (Marx) wird. Und die Arbeitsteilung setzt sich selbstverständlich auch in den Wissenschaften durch:

> „Die ungeheure Arbeitsteilung z.B. in der Wissenschaft bewirkt es, dass nur äußerst wenige Forscher sich die Vorbedingungen ihrer Arbeit selbst beschaffen können; unzählige Tatsachen und Methoden muss man einfach als objektives Material von außen aufnehmen, ein geistiges Eigentum anderer, an dem sich die eigene Arbeit vollzieht" (SoK 108).

„Objektiv" ist an Stellen wie dieser wohl als „vorgegebenes Material" zu verstehen, das man *be*arbeitet und sich nicht selbst *er*arbeitet hat. Im 19. Jahrhundert jagte im Bereich der Technik noch eine persönliche Erfindung von umwälzender Bedeutung die andere.

> „Je undifferenzierter der Wissenschaftsbetrieb noch war, je mehr der Forscher alle Voraussetzungen und Materialien seiner Arbeit persönlich erarbeiten musste, desto weniger bestand für ihn der Gegensatz seiner subjektiven Leistung und einer Welt objektiv feststehender wissenschaftlicher Gegebenheiten" (SoK 109).

Kurzum: Sowohl für den einzelnen Hand- als auch den Kopfarbeiter erhalten die Ergebnisse der gesellschaftlichen Gesamtarbeit im dem Grade den Charakter „von dem Produzenten unabhängiger Tatsachen" (ebd.), je mehr Ergebnisse der Arbeit anderer in dem Arbeitsergebnis aufgehoben sind. Dem Fabrikarbeiter tritt bekanntlich die Maschinerie, auf die ein sehr großer Teil der ehemals persönlichen Zwecktätigkeiten übergegangen ist, als „autonome Macht" gegenüber, die ihm zum Ausführungsorgan „einer sachlich vorgeschriebenen Leistung" umformt (SoK 112). Aufgrund all dieser Gegebenheiten muss die überwältigende Mehrheit der Arbeitsprodukte und Dienste den Charakter einer Ware annehmen, die auf Märkten zu Geld zu machen ist und ihrerseits dem Einzelnen wie eine „objektive Gegebenheit" begegnet, an „die er von außen herantritt und die ihr Dasein und Sosein ihm gleichsam als etwas Autonomes gegenüberstellt (SoK 111). Simmel ist der Meinung, aus all diesen Gründen entstünde in der Moderne „das Gefühl, von den Äußerlichkeiten erdrückt zu werden" (SoK 113 f.). Der Teilung der Arbeit im ökonomischen Unterbau entspricht die Differenzierung der Kulturinhalte des Überbaus. Ein Ausdruck davon ist die Mannigfaltigkeit der „Stile, mit denen die täglich anschaubaren Objekte uns entgegentreten – vom Häuserbau bis zu Buchausstattungen, von Bildwerken bis zu Gartenanlagen und

Zimmereinrichtungen, in denen Renaissance und Japonismus, Barock und Empire, Präraffaelitum und realistische Zweckmäßigkeit sich nebeneinander anbauen" (SoK 116). Wir haben deswegen in der Kultur der Moderne gelernt, uns in einer verwirrenden Mannigfaltigkeit von Lebenserfahrungen und Stilen der Lebensäußerung zu bewegen (SoK 117). Auch dieser Sachverhalt konfrontiert uns erneut mit dem Spannungsverhältnis zwischen Individuierung und Objektivierung.

> „Erst eine Mehrheit der gebotenen Stile wird den einzelnen (Stil – J.R.) von seinem Inhalt lösen, derart, dass seiner Selbständigkeit und von uns unabhängigen Bedeutsamkeit unsere Freiheit, ihn oder einen anderen zu wählen, gegenübersteht" (ebd.).

Sämtliche Tendenzen zur Teilung der Arbeit in der Basis und zur Differenzierung unserer Lebensstile als Momente eines immer „objektiver" werdenden kulturellen Überbaus stehen nach Simmel hinter dem für die Moderne charakterisierenden Befund, dass „die kulturelle Steigerung der Individuen hinter der der Dinge – greifbarer wie funktioneller wie geistiger – merkbar zurückbleiben kann" (SoK 118). Es ist nicht die Teilung der körperlichen und geistigen Arbeit allein, es ist die Differenzierung der Lebensäußerungen und Lebensmöglichkeiten insgesamt, welche diese Gegenläufigkeit hervorruft.

> „Die Differenzierung treibt die subjektive und die objektive Kultur immer weiter auseinander, derart indes, dass in dieser Gegenbewegung die letztere als das eigentlich Bewegte erscheint, während die erstere eine erhebliche Stabilität besitzt ..." (SoK 123).

Arbeitsteilung und Differenzierung bedeuten für Simmel jedoch „Abkömmlinge der Geldwirtschaft" (SoK 124).

Der Vergleich von Simmel mit Adorno hat gezeigt: Simmel geht nicht von einem in der Geschichte vorherrschenden Zug der Entsubjektivierung aus, um nach den „Chiffren" von Freiheit zu suchen, die es auch nach Adorno gleichwohl geben muss, wenn sich Gesellschaft überhaupt noch reproduzieren soll. Er setzt vielmehr bei den Chancen der Individualisierung und Selbständigkeit an, die sich mit Tausch und Geldwirtschaft durchaus eröffnen können und historisch eröffnet haben. Während man die Dialektik von Entsubjektivierung und Individuierung als das Schlüsselthema der Geschichtsphilosophie Adornos bezeichnen kann, wobei für ihn allenfalls phasenweise von einem Fortschritt „im Bewusstsein der Freiheit" im Hegelschen Sinne die Rede sein kann, geht Simmels Philosophie der Geschichte von einem Spannungsverhältnis zwischen Individualisierung und Objektivierung aus. „Objektivierung" wird dabei eher mit der Entstehung überindividueller gesellschaftlicher Gebilde, Strukturen und Prozesse in Verbindung gebracht denn vorrangig als Ausdruck von Entfremdung und Verdinglichung kritisiert. Dennoch ist Verdinglichung kein kritisches Thema, das Simmel fremd gewesen wäre!

Fortschreitende „Individualisierung" in Simmels Geschichtsbild ist im Allgemeinen nicht einschränkungslos mit Adornos Konzept der „Individuierung" gleichzusetzen. Die freiheitstheoretischen Bedeutungsschichten beider Begriffe sind *nicht* schlechthin deckungsgleich. „Individuierung" bei Adorno zielt eher auf individuelle Autonomie, mithin auf Prozesse der Förderung oder Einschränkung der Willensfreiheit des einzelnen Subjekts, „Individualisierung" bei Simmel zielt im Allgemeinen auf die Erweiterung von Handlungsspielräumen und die Mehrung von Optionen:

Texte und Textstellen zur Illustration und Vertiefung dieser Grundgedanken

....

Wichtige Bezugstexte*

M. Horkheimer/Th. W. Adorno: Dialektik der Aufklärung, Amsterdam 1947, DdA.
Theodor W. Adorno: Negative Dialektik, Frankfurt/M 1966. ND.
Theodor W. Adorno: Soziologische Schriften I, Frankfurt/M 1972. SoS.
Theodor W. Adorno: Zur Lehre von der Geschichte und von der Freiheit, Frankfurt/M 2001, LGF.
Georg Simmel: Philosophie des Geldes, Frankfurt/M 1989, PdG.
Georg Simmel: Die Arbeitsteilung als Ursache für das Auseinandertreten der subjektiven und der objektiven Kultur, in: ders.: Schriften zur Soziologie, Frankfurt/M 1983, S. 95 ff. SoK.
Georg Simmel: Die Probleme der Geschichtsphilosophie, München und Leipzig 1922, GPh.

Problemstellungen für die Diskussion

Die Gegenläufigkeit von Progression und Regression in der Geschichtsphilosophie von Theodor W. Adorno und Georg Simmel – ein Vergleich.

Kommentar

J. Ritsert: Dimensionen des Vernunftbegriffs in der „Dialektik der Aufklärung". Datei „Ratio" auf der Home-Page www.ritsert-online.de.

Zu diesem Modell wurden ganze Bücher als Bezugspunkt angeführt. Es geht jedoch um die angeführten Zitate.

Modell 16:
Auf dem Weg in die Postmoderne und wieder heraus.

Teil A
Über einige Merkmale postmodernen Denkens.

Wir haben schon gesehen: Die „reflexive Moderne" von Ulrich Beck stellt eine Art „Postmoderne" dar. Denn es soll sich dabei ja um eine neue Erscheinungsform des Modernisierungsprozesses handeln, die „nach" (post) der klassischen, der einfachen Moderne am Werden ist. Es gab bis vor Kurzem ein sich verbreiterndes Sortiment von Schriften zur Philosophie, Soziologie und Werken in der Sphäre der „schönen Künste", die sich als Beiträge zur Analyse und Weiterentwicklung der „Postmoderne" verstanden. Nun ist gerade in der Soziologie schon vorher die Post abgegangen. Zum Beleg reicht eine spärliche Auswahl von Typenbegriffen wie etwa „postindustrielle Gesellschaft", „Postfordismus", „Post-Strukturalismus" aus. Mit dem Wort „Postmoderne" verhält es sich allerdings wie mit dem Wurstbrät. Es ist alles drin, aber nur wenige können genau sagen, was denn so alles. In der Architektur beispielsweise gilt die Postmoderne als eine Gegenbewegung gegen den funktionalen Stil „moderner" Bauten. Viele Gebäude weisen als Zweckbauten einen ziemlich eintönigen Charakter auf, den man etwa im Frankfurter Bankenviertel bewundern kann. Dass es auch anders geht, könnte man beim Anblick verschiedener Hochhäusern vermuten, die in Rotterdam errichtet wurden und vergleichbaren Zwecken dienen. Für den spezifisch postmodernen Baustil scheint allerdings ein ausgesprochen freizügiger Pluralismus der verwendeten Stilprinzipien kennzeichnend zu sein. Alle historisch überlieferten Stile können zitiert und Eigenheime mit Giebelchen und Erkerchen verziert werden. An diese Vorgehensweise machen sich die einschlägigen Eklektizismusvorwürfe gegen postmoderne Kunst und Architektur fest. Auch die bildende Kunst und die Musik sollen sich in der Postmoderne für eine pluralistische Ästhetik öffnen. Darüber hinaus wird ausdrücklich Popularität der Werke angestrebt. Besonders energisch wird schließlich die „Dekonstruktion" verfestigter Stile, auch erstarrter Denkstile und Sprachspiele gefordert, die einen Ausschließlichkeitsanspruch auf zeitlose Geltung erheben. Was die Philosophie und die Sozialwissenschaften angeht, kann man auf einige (wenn auch ausgewählte) Markenzeichen des postmodernen Denkens hinweisen. Etwa auf die folgenden:[257]

- Postmodernes Denken richtet sich gegen die klassische, mindestens bis zu Sokrates und Platon zurückreichende Unterscheidung zwischen *Wesen* und *Erscheinung*. Wir gehen ja im Alltag weiterhin mit aller Selbstverständlichkeit davon aus, wir könnten die wesentlichen von den zufälligen Eigenschaften eines Sachverhaltes unterscheiden. Der aufrechte Gang stellt ein wesentliches (substantielles) Merkmal der Gattung *homo sapiens* das, der mittlere Ohrenabstand ein eher randständiges und zufälliges (akzidentielles). Doch viele Postmoderne verlangen, dass wir uns von Platon verabschieden. Es gebe nun einmal keine Möglichkeit mehr, durch die trügerischen Eindrücke unserer Sinne (Erscheinungen) hindurch in die Welt des wahren, wesentlichen und ewigen Seins (bei Platon: In die Ideenwelt) abzutauchen. Es gibt keinen Tiefengrund hinter der Oberfläche dessen, was wir erfahren. Im Einklang damit hat sich schon Friedrich Nietzsche über die „philosophische Hinterwelt" lustig gemacht.
- Zur Meisterschaft des postmodernen Denkens gehört das souveräne Jonglieren mit Ambivalenzen. So erwecken etwa manche Sätze der postmodernen Philosophie den Eindruck, wir könnten uns nicht auf materielle Sachverhalte in der Welt „unabhängig von uns" beziehen. Die Ambivalenz besteht in diesem Falle darin, dass man wählen kann zwischen der (spätestens sei Kant einleuchtenden) Behauptung, wir hätten keinen *direkten* Kontakt zu Sachverhalten außerhalb unserer Empfindungen, Wahrnehmungen, Denkprozesse und/oder Sprachspiele. Es gibt keine *intentio recta*. Die andere Alternative mündet in die postmodern entschlossene Behauptung aus: Es gibt überhaupt keinen Kontakt zu materiellen Dingen. Denn Sprache bezieht sich immer nur auf Sprache, Zeichen immer nur auf Zeichen. „Alles ist Text" (J. Derrida).
- In der Soziologie ist die „Pluralisierungsthese" für postmodernes Denken charakteristisch. Die soziale Welt besteht aus einer immensen Vielfalt von Sprachspielen, die zugleich praktische Lebensformen der Menschen *sind*. Diese Sprachspiele erweisen sich im Verhältnis zueinander als „inkommensurabel", d.h.: sie sind im Extremfall nicht ineinander übersetzbar.
- Die Vorstellung von einem gesellschaftlichen Ganzen, von einer „gesellschaftlichen Totalität" wie das bei den Hegelianern heißt, ist eine metaphysische Illusion. Es gibt keine Totalitäten! Es gibt nur die heterogene Vielfalt einzelner textbedingter Lebensformen und Lebensstile (in der Moderne). Deswegen gibt es auch nicht „das" physische oder „das" soziale Sein. „Gesellschaft" als ganze stellt nichts als ein Konstrukt auf der Grundlage mannigfaltiger, miteinander nicht zu vereinbarender Sprachspiele dar.
- Man kann das auch so ausdrücken: Es gibt für postmoderne Denker keine Einheitsprinzipien, welche die Mannigfaltigkeit der Sprachspiel/Lebensfor-

men zusammenhalten, „übergreifen" könnten – wie es bei Hegel heißt. Es gibt keine „Totalitäten" – F. Lyotard bezeichnet das Denken im Totalitätsbezug gelegentlich sogar als grundsätzlich totalitär.

- Der postmodernen Denker zeigt sich ob eines einfachen Fehlschlusses völlig unbekümmert. Für mich sieht er so aus: Einmal angenommen, die These, Sprache bezöge sich immer nur auf Sprache, ein Text bekomme es immer nur mit einem Text zu tun, sei stichhaltig. Angenommen auch, es sei kein Zufall, dass sich auch postmoderne Denker bei ihrem Schreiben und Sprechen an die Regeln der überlieferten Logik halten. Dann müsste sie eigentlich ein auf der Hand liegender Fehlschluss stören: Daraus, dass wir Gegebenheiten in der Tat immer nur durch die Medien unserer Beeindruckung und unseres Ausdrucks, nicht zuletzt also durch die Sprache erfahren und bedenken können, folgt *logisch überhaupt nicht*, dass alles Sein *gleich* Sprache wäre. Das Problem verschwindet natürlich im Handstreich, wenn man Text und Sein *per definitionem* gleich setzt. Dann stellt jedoch die Aussage „Alles Sein ist Text" schlicht und einfach eine Tautologie dar. Aber das stört in der Tat kaum einen echten Postmodernen. Denn die Logik der Schlussfolgerung beruht für ihn auf Prinzipien des strengen Vernunftgebrauchs. Aber Rationalität und Funktionalismus sind doch Markenzeichen eben jener Moderne, welche überwunden werden soll.
- Zu beneiden sind postmoderne Denker in einem Punkt: Sie haben immer recht, weil sie bei Hase und Igel den Igel spielen. Im Extremfall halten sie sich nämlich an die von dem Wissenschaftstheoretiker P. K. Feyerabend aufgestellte (und oftmals missverstandene) Maxime: „Anything goes."[258] Es gibt nicht die eine und universelle Logik, die uns Sicherheit auf festeren Standpunkten verleihen könnte. Es gibt eigentlich keine Wahrheit, die man mehren könnte. Alle Sprachspiele sind gleich nahe zu Gott, wobei die Durchsetzung eines Sprachspiels eine Frage der Überredungs- und nicht der argumentativen Überzeugungskunst darstellt. Postmodernismus mündet in der Tat oftmals in den Kultur- und/oder Aussagenrelativismus aus. Der Tatbestand allerdings, dass es verschiedene gleichrangige Perspektiven auf den nämlichen Sachverhalt geben kann – Karl Mannheims „Perspektivismus" – hat weder etwas mit Relativismus, noch mit dem postmodernen Denken zu tun!

Diese groben Hinweise müssen als Information über Merkmale des postmodernen Denkens ausreichen. Denn statt den unmöglichen Versuch zu wagen, im Detail herauszuarbeiten, was denn wirklich unter „Postmoderne" und „postmodernem Denken" zu verstehen sei, möchte ich einige Konsequenzen dieser Modeerscheinung für das Thema „das Subjekt in der Moderne" skizzieren. Es handelt sich um Motive, die in anderer Form schon beim Auftritt des „Multiplex-Ich" eine entscheidende Rolle gespielt haben (vgl. Hauptteil I).

Teil B
Über die Zerstreuung des Ich in alle Winde der Postmoderne.

„Habitus" (der Plural verlangt ein ganz langes uuu... = ū) ist ein Begriff, den vor allem Pierre Bourdieu (1930-2002) dem des Sozialcharakters vorzieht.[259] *Habitus* bedeutet im Latein ursprünglich so viel wie das äußere Erscheinungsbild einer Person, wozu ihre Kleidung und ihre Manieren gehören. Aber auch das Befinden, die Stimmung und der Lebensstil des Einzelnen werden von den Römern mitunter als „habitus" bezeichnet. Insoweit Gesinnungen, Haltungen und Einstellungen in den Begriff des Habitus aufgenommen werden, kann er logisch wie ein Dispositionsbegriff behandelt werden.[260] Dispositionsbegriffe bezeichnen eine (im Augenblick noch nicht) verwirklichte *Möglichkeit* der Aktion oder Reaktion. Der Zucker in der Dose stellt ein Granulat dar, *an sich* ist er jedoch in Wasser löslich. Er enthält in seinem gewohnten Aggregatzustand das Potential zu dieser bestimmten Reaktion. Also lässt sich der Habitus – ähnlich wie bei Mead (Hauptteil I; Modell 3) – auch als Reaktionspotential von Menschen auf bestimmte Anzeichen in sozialen Situationen eines bestimmten Typs verstehen. Jemand fährt einen dicken Mercedes als Ego-Prothese herum und macht damit seine Exklusivität dem gemeinen Volk gegenüber deutlich, das die Strassen mit irgendwelchen japanischen Keksdosen bevölkert. Bourdieu interessieren vor allem die feinen Unterschiede, welche die Leute Tag für Tag managen, um sich von anderen abzuheben und abzugrenzen.

In seinen Untersuchungen zu den Habitūs der Menschen spielt der Begriff des „Kapitals" eine herausragende Rolle. Er bestimmt maßgeblich die Aussagen über den Zusammenhang zwischen sozialen Feldern und Habitūs. Man kann Bourdieus kapitaltheoretische Überlegungen zu einem Modell zusammenziehen, das – syntaktisch – die Struktur eines Reproduktions*kreislaufes* aufweist. Dieser sieht in einer kurzen Zusammenfassung so aus:

a. *Erste Phase*: Hinter den mehr oder minder feinen Unterschieden, welche die Mitglieder bestimmter Gruppierungen Tag für Tag machen und aufrechterhalten, stehen soziale Diskrepanzen. Denn strukturelle Ungleichheit analysiert Bourdieu im Rahmen seiner Version der Marxschen Klassentheorie sowie unter der Voraussetzung der Rolle, die verschiedene Arten von *Kapi*-

talien in der Gesellschaft spielen.[261] Gelegentlich scheint auch er „Kapital" ganz allgemein mit der Möglichkeit gleichzusetzen, Macht zur Förderung des eigenen Vorteils auszuüben. Ansonsten versteht sich „Kapital" bei ihm wohl als Menge gesellschaftlicher Ressourcen, deren Einsatz zu Überschüssen führen kann, die verteilt und/oder von einzelnen Gruppen zum Nachteil anderer appropriiert werden können. Dabei wird ausdrücklich nicht nur an *materielle* Produkte wie Produktionsmittel oder an Geldkapital gedacht! Kapital als Vermögen (*facultas*) schließt bei Bourdieu auch Kompetenzen ein, die von Individuen in Sozialisationsprozessen erworben werden können, darüber hinaus verhaltenslenkende Normen und Regeln, sowie allgemeine Wissensbestände und Fertigkeiten, die als Kultur tradiert werden, Dieses breite Spektrum teilt er in drei Kapitalarten auf: (1) Das *ökonomische Kapital*. Darunter versteht er Güter und Leistungen, die sich auf Märkten zu (mehr) Geld machen lassen. Der Überschuss entspricht in diesem Falle dem wirtschaftlichen Profit. (2) Das *soziale Kapital*. Eine Person verfügt nach Bourdieu über soziales Kapital, wenn sie aus dem Interaktionszusammenhang mit einer bestimmten Gruppe im Vergleich mit anderen Personen einen „Gewinn" z.B. in der Form gesellschaftlicher Akzeptanz und sozialen Prestiges einstreichen kann. Wer aus einer „guten Familie" stammt, genießt bei verschiedenen Gelegenheiten Vorteile. „Gewinn" meint in diesem Falle wohl „Privileg durch höheres Ansehen". (3) Das *kulturelle Kapital*. Dieser Kapitaltyp findet das besondere Interesse von Bourdieu. Es gibt ihn nach seiner Auffassung in der Form (3a) des *inkorporierten Kapitals*. Dazu gehören vor allem die kulturellen Wissensbestände, Normen, Kriterien und Regeln, die im Verlauf von Bildungs- und Ausbildungsprozessen von den einzelnen Menschen verinnerlicht werden (müssen). Das (3b) *objektivierte Kapital* setzt sich aus all jenen Formen und Inhalten der geistigen Produktion zusammen, welche in Wort, Schrift sowie als Artefakte (z.B. als Kunstwerke) historisch übertragen werden. Seine Aneignung durch den Einzelnen in Bildungsprozessen setzt bei diesem ein inkorporiertes Kapital immer schon voraus. (3c) Das *institutionelle Kapital* schließlich dient der gesellschaftlich allgemeinen Akzeptanz des inkorporierten Kapitals, das sich die einzelne Person angeeignet hat. Diese Institutionalisierung geschieht vor allem durch Titel und Zeugnisse. Beim kulturellen Kapital scheint der „Gewinn" ebenfalls dem jeweiligen Mehrwert an gesellschaftlichem Ansehen und tatsächlichem Einfluss zu entsprechen, den es herbeiführt. Die erste Phase des Bourdieuschen Reproduktionsmodells beschreibt also gesellschaftliche Kapitalien im sozialen Feld, die von den Individuen und Gruppen in ihrer jeweiligen Klassenlage angeeignet und eingesetzt werden (müssen). Diese Lage wird in Kategorien beschrieben, die der Analyse einer Gesellschaft als ganzer dienen und betrifft allgemeine gesellschaftliche Existenzbedingungen ebenso wie strukturelle Zwänge.

b. Die *zweite Phase* des Kreislaufs besteht in der Formierung der Habitūs im Zuge der Aneignung von Kapitalien. Damit steht ein Habitus an der Nahtstelle zwischen Individuum und Gesellschaft. Er bildet sich unter den Bedingungen und Zwängen der Klassenlage in der Sozialstruktur als Disposition des Individuums heraus, die Gegebenheiten einer Situation so und nicht anders zu *erleben,* zu *bewerten* und/oder zu *behandeln*. Habitūs stellen Potentiale (Kompetenzen) zu einer Praxis (Performanz) dar. Die im Habitus begründeten Muster des Erlebens, der Bewertung und der Handlungsbereitschaft bleiben zu einem erheblichen Teil vor- und unbewusst. Das Bewusstsein von ihrer geschichtlich-gesellschaftlichen Herkunft ist zudem begrenzt. Man kann anhand von Habitūs Reaktionspotentiale auf vielfältige Anzeichen und Auslöser in der Situation rekonstruieren. In diesem Grundbegriff verschränken sich also die meisten der Eigenschaften des Individuums, die andere Autoren bei der Beschreibung einzelner Züge des *Sozialcharakters* erwähnen – vorausgesetzt man schränkt den Einzugsbereich des Habitusbegriffs nicht auf das äußere Erscheinungsbild und die beobachtbaren Manieren einer Person ein. Habitus bedeutet auch bei Bourdieu oftmals einen Ausdruck für die *Bestimmung* der Psyche. Denn er beschreibt seine Entstehung an vielen Stellen ausdrücklich kausalanalytisch, als *Wirkung* von Funktionsgesetzen im sozialen Raum. Doch an anderen Stellen setzt sich auch bei ihm der eher dialektische Gedanke durch, dass diese Erscheinungsformen des Bestimmtseins des Individuums durchaus auch Momente seines Gegenteils, also der Selbstbestimmung *implizieren*. Dann ist beispielsweise von den aktiven, erfinderischen und schöpferischen Seiten eines Habitus die Rede.[262]

c. Das Prinzip der *Selbstbestimmung,* das die Ich-Identität auszeichnet, kommt in der Tat in der *dritten Phase* des Kreislaufmodells noch deutlicher zum Vorschein. In dieser geht es um die alltägliche Praxis der Menschen sowie um den Sinn, woran diese orientiert ist. Im Zentrum des Interesses bleiben die feinen Unterschiede, die wir alle aufgrund unserer Orientierung an Kapitalien als Sinnreservoirs Tag für Tag managen. Doch nicht auf die Details dieser speziellen Lehre kommt es hier an, sondern auf die *aktive* Rolle der Alltagsagenten bei der Verwendung ideeller und materieller Ressourcen als „Kapital". Die Aneignung des kulturellen Kapitals – um nur von dieser zu reden – bedingt nicht einfach die Aktionen und Reaktionen des Einzelnen gleichsam reflexartig, sondern kultureller Sinn muss von den Handelnden allemal interpretiert und bei einer Reihe von Gelegenheiten überlegt angewendet werden. In jeder schlichten alltagsweltlichen Interaktion steckt –

wie die soziologische Schule des Interaktionismus im Anschluss an G. H. Mead ausdrücklich lehrt – daher stets ein Potential zur wie immer auch geringfügigen Veränderung des Sinnes, woran die Handlungen der Beteiligten orientiert sind. Es handelt sich mithin um ein Potential zur Sinn- und Bedeutungsveränderung durch „spontane" Interpretationsleistungen und Aktivitäten. Damit schließt sich aber auch der Bogen des Kreislaufmodelles durch die Rückkehr zu den sozialstrukturellen Bedingungen der individuellen Existenz der ersten Phase. Denn insoweit sich Veränderung der Kapitalien durch ihren alltagsweltlichen Einsatz ergeben, bewirken sie nicht nur die Aufrechterhaltung und Wiederherstellung des gesellschaftlich existierenden Kapitalstocks (des gesellschaftlichen Sinnreservoirs) während seines Gebrauchs, sondern auch dessen wie immer auch geringfügige Transformation. Damit verändern sich aber auch die gesellschaftlichen Formationsbedingungen von Habitus. Infolgedessen finden – ähnlich den Konsequenzen einer veränderten Konstellation von I und Me bei Mead – Veränderungen des Verhältnisses von Habitus und Spontaneität sowie Rearrangements der davon abhängigen sozialen Beziehungen zu anderen Menschen statt und so weiter im Kreislauf der Reproduktion der Kapitalien.

Das klingt nun gewiss nach allem anderen denn nach postmodernem Denken und ist ihm in der Tat nicht zuzurechnen. Aber die Bourdieuschen Begriffe, Thesen und Studien haben bei zahlreichen postmodernen Sozialtheoretikern einen solchen Eindruck hinterlassen, dass man sie auch in *diesem* Zusammenhang erwähnen muss. Denn streicht man die von manchen als marxistisch empfundenen klassentheoretischen Überlegungen Bourdieus heraus und schraubt man die Ansprüche an eine allgemeine Kapitaltheorie noch weiter herunter als bei ihm selbst, dann bleibt die für postmodernisiertes Denken charakteristische Konstellation einer bunten Vielfalt von Habitūs in ebenso vielfältigen Milieus übrig.

„Soziale Milieus seien ... definiert als Personengruppen, die sich durch gruppenspezifische Existenzformen und erhöhte Binnenkommunikation voneinander abheben."[263]

Das klingt ein wenig so als wären soziale Milieus *gleich* einer Personengruppe, während wir alltagssprachlich eher davon ausgehen, dass damit die soziale Umwelt oder die soziale Situation („Existenzform") gemeint ist, *worin* sich eine Personengruppe befindet. Wie in der Alltagssprache soll es auch im Folgenden gehalten werden. Das entscheidende Kriterium scheint dabei die Dichte der Beziehungen innerhalb der Gruppe zu sein. Die Leute in einem bestimmten Milieu bekommen es mehr miteinander als mit Mitgliedern anderer Gruppen zu tun und teilen zugleich bestimmte Existenzformen (Lebensbedingungen wie zum Beispiel das Einkommen in einer bestimmten Größenklasse). Sie teilen natürlich auch den Habitus oder bestimmte Habitūs.

> „Zentral ist der Begriff des *Milieus*. Er bezeichnet zunächst, im Sinne Emile Durkheims, soziale Gruppen, die aufgrund gemeinsamer Beziehungen (der Verwandtschaft, der Nachbarschaft oder der Arbeit), einen >>Korpus moralischer Regeln<< entwickeln. Diese Regeln des sozialen Umgangs bilden sich auch ... in sozialen Klassen, Ständen und Schichten heraus. Sie verfestigen sich zu *Traditionslinien der Mentalität,* d.h. der inneren Einstellungen zur Welt (Geiger), oder, umfassender, des Habitus (Bourdieu), d.h. der ganzen körperlichen wie mentalen, inneren wie äußeren >>Haltung<< eines Menschen."[264]

Kein Sozialcharakter ist einheitlich im Sinne von „völlig homogen". Seine innere Widersprüchlichkeit und Zerrissenheit ließe sich von daher in der Form von Gegensätzen selbst wieder in sich inhomogener Habitūs darstellen. Doch mit der genauen Einsicht in die bunte Vielfalt der Milieus und Habitūs in modernen Gesellschaften ist weder logisch noch empirisch eine Vorentscheidung über die Struktur des Systems sozialer Ungleichheit gefallen (vgl. Hauptteil II). Ganz verschiedene Milieus und Habitūs gab es auch schon im Ständesystem des Mittelalters. Die Frage ist vielmehr: Ist in der Postmoderne das gesellschaftliche Ganze tatsächlich völlig in eine bunte Mannigfaltigkeit heterogener Milieus zersprengt? Danach sieht es letztlich nicht aus! Denn auch von zahlreichen postmodernisierten Autoren wird das Studium der verschiedenen Milieus mit aller Selbstverständlichkeit unter der *Voraussetzung* theoretischer Annahmen über die Verfassung der Gesamtgesellschaft (die Zersplitterungsthese selbst stellt ja wohl keine Aussage über ein *bestimmtes* Milieu dar!) und nicht zuletzt über das Schicksal „der Moderne" betrieben, bei der die Post abgeht.

Wie sieht eine postmoderne Person im Lichte dieser Überlegungen aus und wie ist ihre Rolle als Subjekt einzuschätzen? Auch in diesem Punkt pflegen sich die Vorschläge je nach dem akademischen Milieu, worin sie gemacht werden, ganz erheblich voneinander zu unterscheiden. Herrman Veith beispielsweise beschreibt den postmodernen Menschen (u.a.) als Person mit „polyzentrischer Identität" (SMM 305 ff.). Dass sich in der funktional differenzierten Gesellschaft der Gegenwart die Zahl der Milieus vervielfältigt hat, womit der Einzelne bei seinen Strategien der Lebensführung zurande kommen muss, ist unstritten. Eine Konsequenz, die daraus gezogen wird, lautet, dass „mit dem potentiellen Zuwachs sozialer Handlungsmöglichkeiten eine Steigerung des Bewusstseins ein individuelles Selbst zu sein, verbunden ist" (SMM 305). Dies wiederum kann mindestens zweierlei heißen: (a) Der *Individualismus* als Kernlegende des kulturellen und politischen Zeitgeistes breitet sich aus. (b) Die *Reflexion* des Individuums (jene Einheit der Kompetenzen des Selbstbewusstseins und der Selbstbestimmung) wird gestärkt. Doch die zweite Variante steht im strikten *Gegensatz* zu den üblichen Darstellungen des postmodernen Sozialcharakters! Denn bei dessen Beschreibung geht selbst H. Veith wie viele andere von der „Konstruktion eines nicht mehr identitätsfixierten Selbst", wie er sagt: von einem „multiplexen" oder „polyreferentiellen Selbst" aus (SMM 306). Hier wird – seinerseits im postmodernen Stil? – erneut recht freizügig mit der einschlägigen Logik des Schließens umgegangen. Denn aus dem völlig unstrittigen Befund, dass die Individuen der Gegenwart „zur flexiblen Kommunikation ... in ständig wechselnden Bezugssystemen" genötigt sind, folgt logisch ohne Zwischenglieder der Ableitung überhaupt nicht, dass sich die Einheit ihrer Ich-Identität (ihr Ich, ihr Selbst) mit dem Wechsel der Milieus schlechthin verflüchtigen müsse. Es könnte ja geradezu ein Zeichen von Ich-Stärke sein, diese vielfältigen Bezüge erfolgreich managen zu können. Bei postmodernen Darstellungen des „nicht mehr identitätsfixierten Selbst" entsteht jedoch eher der Eindruck einer Ich-Identität, die sich in alle aus den verschiedenen Milieus wehenden Winden zerstreut hat. Damit würde die Tendenz zur Entsubjektivierung zu einem keiner Kritik würdigen Normalzustand in der liebenswerten Jetztzeit erhoben.

> „In postmodernen Gesellschaften sind soziale Beziehungen nicht nur auf Präsenz und Kontinuität, sondern auch wechselnde Aktivitäten und Unterbrechungen angelegt. In dem Maße, wie sich das Spektrum gesellschaftlicher Kontakte erweitert, verliert das Selbst die Sicherheit der Einheit. Stattdessen wird die mannigfaltige Bezogenheit auf Andere zum Ausgangspunkt selbstreflexiv angelegter Vergewisserungen. Konzepte wie >>Identität<< und >>Wahrheit<< lösen sich unter dem Eindruck der Polyreferentialität auf" (SMM 309).

Die Ich-Identität löst sich (nur nicht bei den Beobachtern dieses Vorgangs) auf? Diese die Logik kühn in alle Winde zerstreuende Argumentation regt zu verwunderten Nachfragen an: Warum soll das Selbst die „Sicherheit der Einheit", also die Kompetenz der Reflexion verlieren, wenn sich das „Spektrum gesellschaftlicher Kontakte" erweitert? Simmel sagt dazu genau das Gegenteil. Handelt es sich um eine empirische Behauptung oder um eine theoretische Vermutung? Zweifellos gibt es eine erstaunlich breite Übereinstimmung postmoderner Denker in dem Punkt, dass die Zerstreuung des Ich *genau wegen der Pluralisierung der Milieus und Lebensstile* stattfindet. Es deutet also vieles auf eine Grundvermutung hin, die Identität löse sich *wegen* der „Polyreferentialität", mithin unter dem Einfluss der vielfältigen Orientierungsansprüche in den verschiedenartigen Milieus auf. (Wobei ich mir allerdings die Ansicht durchgehen lasse, es verhalte sich dabei genau so wie bei der Pluralität der TV-Kanäle, deren es gar mannigfaltige gibt, welche das Immergleiche anbieten). Auch wenn man die These vertritt, diese Zerstreuung finde historisch-empirisch tatsächlich statt, hängt die Einschätzung des Phänomens natürlich immer auch von ethisch-politischen Maßstäben der jeweiligen Theoretiker ab. Man kann sogar energisch für „Polyreferentialität" eintreten, weil die „Erweiterung gesellschaftlicher Kontakte" für sich genommen ebenso gut einen Grund dafür liefern kann, dass das Ich seinerseits an Flexibilität gewinnt und seine Funktionen facettenreicher ausfallen (Simmel). Und dass die Bezogenheit auf andere zum Anstoß für Selbstreflexion wird, das ist eine *allgemeine* Grundannahme, die genau so gut im Interaktionsmodell von Mead steckt und wahrlich nicht bloß auf Effekte postmoderner Lebenslagen zurückzuführen ist. Der Begriff der „multiplen Identität" könnte aber auch in die entgegengesetzte Richtung zielen: Mit der „sozialen Identität" könnte rein sprachlich auch der *Sozialcharakter,* nicht die *Ich-Identität* (die Reflexion) gemeint sein! Der postmoderne Sozialcharakter kann sich selbstverständlich aus einer ganzen Reihe zeitgenössischer Habitūs zusammen setzen, so wie sie Hermann Veith in einer seiner Tabellen auflistet (SMM 315). Dieser zufolge ist der „Multiplex-Sozialcharakter" des postmodernen Menschen in der *kognitiven Dimension* „relativistisch", „pragmatisch", „polyzentriert" „ästhetisch", in der *normativen Dimension* „informativ", „tolerant", „fit", „spielerisch", in der *affektiven Dimension* „empfindsam", „flexibel", „zweifelnd", „phantasierend", in der *motivationalen Dimension* schließlich „technologisch", „strategisch", „expressiv" und „explorativ" (SMM 315). Wie passend oder unpassend diese Liste auch immer sein mag: Der Autor betont ausdrücklich, die Menschen seien im postmodernen Alltagsleben „weiterhin gezwungen, als individuelle Akteure Verantwortung für ihr Handeln zu übernehmen, so dass zumindest in der gelebten Erfahrung die Einheit des Selbst", also die Reflexion doch weiterhin vorkommt (SMM 315f.)! Verantwortung kann nur ein selbstbestimmt Handelnder übernehmen. Irgendwie werden auch postmoderne Denker das klassische Ich-Prinzip nicht los, das sie anderen absprechen!

Teil C:
Ein Beispiel.

Beispiel 13: Postmaterialismus.

Eine genaue, sorgfältige und detailreiche Untersuchung der Postmoderne als *Postmaterialismus* hat Robert Inglehart 1990 durchgeführt. Mit Hilfe eines Fragebogens, der in 43 Staaten dieser Welt eingesetzt wurde, sollten Probleme und Tendenzen des ökonomischen, kulturellen und politischen Wandels geklärt werden. Die Grundannahme von Inglehart lautet, in allen drei Dimensionen, also in den Bereichen von Ökonomie, Kultur und Politik, seien Trends zu erkennen, die auf einen langfristigen und durchgängigen Wandel in den untersuchten Gesellschaften hindeuten. Inglehart geht davon aus, dass sich bei der Entwicklung dieser Gesellschaften längerfristige Trends abzeichnen, die eine Reihe gemeinsamer Merkmale aufweisen. Das beginne schon mit dem klassischen Prozess der Modernisierung. Dieser zöge

> „wahrscheinlich bestimmt Veränderungen nach sich, die die weitere Entwicklung beeinflussen. Industrialisierung z.B. führt wahrscheinlich in jeder Gesellschaft, die diesen Prozess durchläuft zu einer verstärkten Urbanisierung, zunehmenden beruflicher Spezialisierung und einem höheren Niveau an Schulbildung" (MoP 18).

Im überlieferten Begriff der „Modernisierung" laufen auch bei ihm die bekannten Einzeltrends zusammen: Dazu gehören Industrialisierung, Urbanisierung, sinkende Geburtenraten, Massenbildung berufliche Spezialisierung, Bürokratisierung und Massenkommunikation mittels generalisierter Medien. Im *politischen* Bereich gibt es beispielsweise steigende Chancen für die Teilhabe der Massen an Wahlen sowie an Abläufen in politischen Institutionen. *Kulturell* wird das Leistungsprinzip hochgehalten, *ökonomisch* steigt der Wohlstand. Inglehart wendet sich jedoch entschieden gegen die klassische Auffassung, Modernisierungsprozesse verliefen linear nach dem Muster eines gradlinigen Fortschritts. Auch bei der Modernisierung gibt es selbstverständlich Krisen, Brüche, Rückschläge. Es gibt für ihn auch keine gesetzmäßigen, geschweige denn deterministischen Zusammenhänge zwischen ökonomischer, kultureller und politischer Entwicklung. Wohl aber nimmt er an, dass sich beim Blick auf den Zusammenhang zwischen diesen drei gleichrangig bedeutsamen „Systemen" charakteristische Entwicklungsmuster feststellen lassen (MoP 22). Ganz entschieden lehnt er dagegen die zu Zeiten des kalten Krieges etwa an den Thesen der Entwicklungssoziologie von Talcott Parsons abzulesende Tendenz ab, „Modernisierung" schlicht und einfach mit „Verwestlichung" der Welt gleich zu setzen. Das ist ein Motiv, das derzeit bei der Diskussion über „Globalisierung" wieder eine gewisse Rolle spielt. Ebenso nachdrücklich weist er die in zahlreichen politischen Äußerungen auftauchende Annahme zurück, Modernisierung münde zwangsläufig in einer zunehmenden Demokratisierung der gesellschaftlichen Verhältnisse aus.

Den Begriff der „Postmoderne" hält Inglehart einerseits wegen der Beliebigkeit seiner Bedeutungen zwar für wenig brauchbar (MoP 24), macht aber andererseits von dieser Kategorie deswegen regen Gebrauch, weil sie mit der These verkoppelt ist,

„dass sich sozialer Wandel über zweckgerichtete Rationalität, die für den Modernisierungsprozess wesentlich war, hinaus vollzogen und nun eine völlig andere Richtung eingeschlagen hat" (MoP 27).

Das ist eine interessante Bemerkung: Der Prozess der Zweckrationalisierung als Effizienzsteigerung bildet nach selten einhelliger Auffassung vieler Interpreten den Kern aller Neuerungsvorgänge in der Moderne. Er ergreift das Verhältnis der Menschen zur Natur durch Technik, die Beziehungen zwischen den Individuen untereinander, die innere Ordnung von Subsystemen (wie etwa das Rechts- oder Verwaltungssystem) und er setzt sich als Leistungs- und Effizienzorientierung als Kernbestandteil kultureller Wertideen fest. Für Inglehart zeichnet sich aber ein Prozess ab, der über die dominierende Orientierung an Zweckrationalität „hinaus führt" und eine „völlig andere Richtung" der Entwicklung einschlägt! Gemeint ist ein neues Muster *kultureller* Entwicklung, das Inglehart als „postmoderne kulturelle Verschiebung" bezeichnet. Denn er glaubt, aufgrund seines Forschungsprojektes feststellen zu können, dass die heutige Kultur „völlig anders (ist) als die vor ein oder zwei Generationen" (MoP 35). Diese Aussage bezieht sich offensichtlich nicht auf einen *Sozialstrukturbruch*, sondern auf einen *Kulturbruch*, mithin auf die Durchsetzung (im Vergleich zur Moderne) völlig neuer kultureller Normierungen und Orientierungen im Überbau. Seine Kulturbruchthese läuft somit in der Annahme zusammen, die heutige Kultur sei „völlig anders" als die vor ein oder zwei Generationen. Dabei hätten sich auch die Mentalitäten der Menschen gravierend verändert:

> „In der Weltanschauung der Menschen haben tiefverwurzelte Veränderungen stattgefunden, die ein aufgeschlossenes Publikum für postmoderne Ideen empfänglich werden ließen" (ebd.).

Wenn das Publikum für postmoderne Ideen empfänglich wird und diese womöglich in zeitbeständigeren Formen verinnerlicht, dann formieren sich neue Habitūs und damit ein neuer Sozialcharakter.

Dass Inglehart bei all seinen Thesen noch Phasen des wachsenden oder wenigstens gesicherten Wohlstandes für die breite Masse im Kapitalismus vor Augen hat, belegen so starke Behauptungen wie die, das menschliche Verhalten werde „auf diesem neuen, postmodernen Pfad weniger stark durch wirtschaftliche Rationalität" und Vorteilsabwägungen bestimmt als früher (MoP 38). Zudem werde statt der vergleichsweise bereitwilligen Einordnung des Individuums in hierarchische Organisationen zunehmend die Vielfalt der Milieus und Lebensstile anerkannt und ausgelebt. Doch im Zentrum der gesamten Untersuchungen Ingleharts steht die folgende Forschungshypothese über die Formierung eines neuen Sozialcharakters:

„In der Postmodernisierung ersetzt eine neue Weltanschauung langsam die Einstellungen, die die Industriegesellschaften seit der industriellen Revolution beherrscht haben. Sie reflektiert eine Verschiebung der Erwartungshaltungen, die Menschen an ihr Leben stellen. Sie verändert die grundlegenden Normen, die im Bereich der Politik, Arbeit, Religion, Familie und des Sexualverhaltens Gültigkeit haben" (MoP 18).

Mit dem kulturellen Wertewandel im Allgemeinen setzt sich eine „durchgreifende Verschiebung der Grundwerte" durch (MoP 14). Die Grundtendenz dieser Verschiebung – diesen Eindruck entnimmt er seinen Forschungsdaten – besteht in der Transformation von *materialistischen*, an Erfolg und Ertrag orientierten Werten in *postmaterialistische*. Damit geht Formierung eines postmodernen Sozialcharakters nach dem Niedergang der Moderne einher:

„In der Postmodernisierung ersetzt eine neue Weltanschauung langsam die Einstellungen, die die Industriegesellschaften seit der industriellen Revolution beherrscht haben. Sie reflektiert eine Verschiebung der Erwartungshaltungen, die Menschen an ihr Leben stellen. Sie verändert die grundlegenden Normen, die im Bereich der Politik, Arbeit, Religion, Familie und des Sexualverhaltens Gültigkeit haben" (MoP 18).

Materialistische Wertideen und Überzeugungssysteme sind für Verhältnisse charakteristisch, worin noch Mängel bei der Versorgung breiter Bevölkerungsschichten mit Gütern und Diensten herrschen. Unter solchen Voraussetzungen stoße man auf folgende Habitūs: Eine Politik der Inflationsbekämpfung und der Förderung des Wachstums durch eine starke und weiter zu stärkende „Wirtschaft" findet breite Zustimmung. Leistungsorientierungen und Leistungsmotivationen genießen allgemeine Wertschätzung. Im politischen Bereich wird eine starke Armee begrüßt und Forderungen nach entschlossener Verbrechensbekämpfung sowie Recht und Ordnung werden mit Nachdruck erhoben. Es gebe eine Tendenz zur Unterstützung einer klaren, entschlossenen und starken politischen Führung. Die klassische Familie als heterosexuelle Paarbeziehung mit der Pflicht zur Kindererziehung werde immer noch als Grundpfeiler der Gesellschaft angesehen. In der Religion werde weiterhin an eine höhere Macht geglaubt, während für die Ethik Prinzipientreue als maßgebende Orientierung gilt. Es gebe den Glauben an absolute und universelle Normen, die in unser Denken und Handeln binden sollten. Zu den Habitūs einer Gruppe gehören natürlich nicht nur unbewusste und vorbewusste Einstellungen, sondern auch Vorurteile. Materialistische Wertorientierungen beinhalten nach Inglehart daher auch Fremdenfeindlichkeit und Fundamentalismus. Solche Wertideen sind natürlich immer noch im Umlauf.

Doch die *materialistischen* werden nach Inglehart zunehmend von *postmaterialistischen* Werten abgelöst. Denn dem Vergleich der Ergebnisse seiner Forschungen in 43 Ländern auf diesem Globus könne die Tendenz zur Entstehung neuer Werthaltungen entnommen werden, die mit den alten materialistischen signifikant brechen und dabei die Entstehung ganz neuer Habitūs also auch eines neuen (postmodernen) Sozialcharakters bewirken. Folgende Merkmale kennzeichnen nach Inglehart die postmaterialistische Mentalität: Von der Politik werden mehr Mitspracherechte und besserer Schutz der freien Rede verlangt. Ökologische Motive setzen sich teilweise gegen die Prinzipien der Wachstumsorientierung durch und machen sich beispielsweise in der Forderung nach schöneren Städten und Landschaften geltend. Oftmals wird mehr Humanität in der Form nachhaltig respektierter Menschenrechte gefordert und politische Profis sollen sich mehr um realisierbare politische Ideen als um die Durchsetzung von Interessen kümmern. Wünsche nach einer höheren Lebensqualität, die sich nicht nur an der Versorgung mit Gütern und Diensten bemisst, verbinden sich mit Gefühlen höherer Sicherheit. Vor allem das ausgeprägte Interesse an Selbstverwirklichung und Lebensqualität verschmilzt mit dem Wunsch nach höherem subjektivem Wohlbefinden. Letztlich gewinnt das Ziel der individuellen Selbstverwirklichung die höchste Priorität. Religiöse Bindungen schwächen sich ab und ethische Prinzipien werden nicht mehr rigoristisch eingefordert, sondern ihre Angemessenheit an die Besonderheiten der Situation wird reflektiert. Die rein instrumentelle Haltung gegenüber Dingen und Personen schwächt sich zugunsten von Fragen nach dem Sinn und Zweck des Lebens ab (MoP 67). Nach Ingleharts Auffassung ist auch bei den postmaterialistischen Habituskomponenten eine Steigerung bestimmter Variablen zu erkennen: Modernisierung, so sagt er, steigert das „ökonomische und politische Potential einer Gesellschaft" (MoP 15), die Wertideen der Postmoderne zeichnen sich demgegenüber durch Gefühle höherer Sicherheit, vor allem durch das ausgeprägtere Interesse an Selbstverwirklichung und Lebensqualität aus. Man stößt bei Ingleharts Beschreibung der postmodernen Kulturwertideen sofort auch auf die einschlägige *Pluralisierungsthese*, auf die These mithin, die Welt der sozialen Diskrepanzen löse sich zugunsten einer bunten Vielfalt von eher vertikal gegliederten Milieus und Lebensstilen auf.

Fazit: Ingleharts Vermutung lautet letztendlich, überall auf der Welt fände zurzeit (Ende der 80er, Beginn der 90er Jahre) ein wirklich einschneidender Wertewandel, eine „durchgreifende Verschiebung der Grundwerte" von materialistischen zu postmaterialistischen Wertideen statt (MoP 14). Diesen Befund sieht er durch seine *empirische Forschung* als gut bestätigt an. Doch Ingleharts *theoretischer* Ansatz lässt eine Reihe von Fragen zur Theorie der Sozialstruktur und des sozialstrukturellen Wandels weitgehend offen. Weit offen stehen Fragen wie die: Gehören die postmaterialistischen Wertideen tatsächlich zu einem neuen Vergesellschaftungstypus, der den Namen „Postmoderne" als unbeholfener Begriff für eine „ganz andere Moderne" tatsächlich verdient? (Strukturbruchthese). Oder haben wir es mit einem neuen Entwicklungsschub des Kapitalismus zu tun, der jetzt – im Zuge von Globalisierungskrisen – trotz aller Endzeitrhetorik von rechts oder links wieder einmal in ein neues Stadium eingetreten ist? Wie verhalten sich die Typenbegriffe „die Moderne" und „die Postmoderne" zum Typenbegriff „der Kapitalismus"? Bringt die Postmoderne tatsächlich einen ganz neuen Menschenschlag hervor? Legt sie der Charakterbildung der Menschen wirklich radikal veränderte Bedingungen und Zwänge auf? Aber vielleicht ist sogar der postmaterialistische Habitus schon wieder überholt? Vielleicht sind es während und nach der ökonomische Krise zu Beginn des neuen Milleniums eher die Habitūs jener Charaktere, welche ihre Interessen hemdsärmelig auf Märkten durchsetzen und die Rhetorik des Marktradikalismus pflegen, in denen sich der betriebswirtschaftliche Geist der neuen Zeiten idealtypisch niederschlägt?

Texte und Textstellen zur Illustration und Vertiefung dieser Grundgedanken

....

Wichtige Bezugstexte

H. Veith: Das Selbstverständnis des modernen Menschen. Theorien des vergesellschafteten Individuums im 20. Jahrhundert, Frankfurt/New York 2003, S. 306-310. SMM.
Ronald Inglehart: Modernisierung und Postmodernisierung. Kultureller, wirtschaftlicher und politischer Wandel in 43 Gesellschaften, Frankfurt/New York 1998, S. 11-53. MoP.

Problemstellungen für die Diskussion

Moderner und postmoderner Habitus – Differenzen und Übereinstimmungen?
Die Stellung der Ich-Identität in postmodernen Diskursen.

Kommentar

J. Ritsert: Einführung in die Logik der Sozialwissenschaften, 2. Auflage, Münster 2003, Kapitel 7: Exempla 1, S. 283 ff.

Modell 17:
Die Resurrektion des Kapitalismus in der gegenwärtigen Gesellschaftskritik.

Vorbemerkung

„Risikogesellschaft", „Erlebnisgesellschaft", „Industriegesellschaft", „Wissensgesellschaft", „Dienstleistungsgesellschaft", „postindustrielle Gesellschaft", „Postmoderne" ..., ständig werden von Sozialwissenschaftlern neue Typenbegriffe in die Welt gesetzt, welche „ganz neue" Formationsprinzipien „der" Gesellschaft anzeigen sollen. Das hat natürlich sehr viel mit Fanfarenstößen und Marketingstrategien auf dem Jahrmarkt akademischer Eitelkeiten sowie mit dem unvermeidlichen Innovationspathos an den Universitäten zu tun. Ernster genommen: Welcher neue Lebenszusammenhang soll da vor unseren Augen entstehen? Ein wirklich ganz neuer Typus der Vergesellschaftung? Dann müsste man allerdings mit irgendeiner Erscheinungsform von „Post-Kapitalismus" rechnen, wenn man weiter davon ausgehen darf, dass „der Kapitalismus" nicht einfach eine phantasievolle Erfindung von Karl Marx, Max Weber, Werner Sombart und anderen Klassikern darstellt. Den Problemen mit der Kapitalismusanalyse wird oftmals dadurch ausgewichen, dass man „Moderne" sagt und eine „reflexive Moderne", eine „Postmoderne" oder sonst einen Vergesellschaftungstypus entdeckt, der sich nach dem ersten Modernisierungsschub durchsetzt, den all diese Klassiker auf ihre Weise zutreffend registriert haben. Oder handelt es sich doch um wirkliche und einschneidende Veränderungen, die immer noch unter den Rahmenbedingungen eines dynamischen und anpassungsfähigen Kapitalismus stattfinden? Mir stehen – so muss ich bekennen – keine Mittel zur Verfügung, in dieser Streitzone eine eindeutige Grenzlinie zwischen bloßem Innovationspathos und Einsichten in irgendein Potential zur gravierenden Neuformierung der Gesamtgesellschaft zu ziehen. Den Geburtshelfern für neue Typenbegriffe auch nicht. Was allerdings mit einiger Sicherheit zu registrieren ist, dass die „Postmoderne" schon seit einiger Zeit dabei ist, das gleiche Schicksal zu erleiden wie z.B. die „Erlebnisgesellschaft" von G. Schulze. In beiden Kategorien laufen Inhalte des entschwebenden Geistes einer Zeit zusammen, die noch von Erfahrungen mit dem prosperierenden Wohlfahrtsstaat geprägt ist. Das scheint der Effekt eines Vorganges zu sein, den Max Weber so beschrieben hat:

„Das Licht der großen Kulturprobleme ist weiter gezogen. Dann rüstet sich auch die Wissenschaft, ihren Standort und ihren Begriffsapparat zu wechseln und aus der Höhe des Gedankens auf den Strom des Geschehens zu blicken."[265]

Miteinander verwandte Kategorien wie „Postmoderne" oder „Erlebnisgesellschaft" oder gar „Spaßgesellschaft" treten im Zuge der Wandlungen des Zeitgeistes mehr und mehr von der Bühne ab. Damit ist jedoch die Frage noch lange nicht vom Tisch, ob wir es derzeit mit einschneidenden Veränderungen des Gesellschaftstyp „Kapitalismus" oder tatsächlich mit dem Entwicklungspotential zu etwas ganz Anderem zu tun haben –, ob dieses nun als „besser" zu bewerten ist oder nicht. Eines kann man in jedem Fall mit Entschiedenheit feststellen: In der Gegenwart des ersten Jahrzehnts des 21. Jhs. ist es zu einer Resurrektion des Kapitalismusbegriffs und der Kapitalismuskritik in der sog. „breiteren" Öffentlichkeit gekommen. Die Realität von Wirtschaftskrisen, die Heuschreckenschwärme auf den Finanzmärkten, die Tendenzen zu einer Gesellschaft, für die alsbald der Typenbegriff „Zwei-Drittel-Gesellschaft" erfunden wurde, die sich verbreitende Schere zwischen Arm und Reich, die Misère mit dem Bildungs- und Ausbildungssystem in den Räumen des schiefen Turms von PISA, die individuellen Gestehungskosten von kollektiven Deregulierungsmaßnahmen, die Schwäche der Gewerkschaftsbewegung, die Ausdehnung von Niedriglohnsektoren, die Folgen des Outsourcing, der Edelmut der Betriebswirtschaftslehre als Leitwissenschaft der Zeit ... und einiges mehr, wofür dann so gern „die Globalisierung" als anonyme Macht des weltweiten ökonomischen Schicksals verantwortlich gemacht wird, haben bei einer ganzen Fülle unverdächtiger Zeitzeugen einen Verdacht erweckt: Der Kapitalismus ist nicht nur als weiterhin vorhanden anzunehmen, sondern man kann sich sogar eine Kapitalismuskritik zuzutrauen – auch wenn an die Stelle des Begriffs „Kapitalismus" nicht selten die Kategorie „Neo-Liberalismus" eingesetzt wird. Damit sinken allerdings viele der mit kategorialem Gebrüll eingeführten neuen Typenbegriffe zu Ausdrücken für veränderte Phasen des Kapitalismus herab. Veränderungen dieser Art können andererseits tatsächlich so einschneidend sein, dass man große Worte dafür finden kann. Doch niemand wird in diesem gesamten Feld den totalen Durchblick reklamieren. Daher können wir hier nur drei kurze Beispiele dafür liefern, in welche Richtungen die neue Kritik des Kapitalismus oder die Kritik des neuen Kapitalismus zielt.

Teil A:
Einige Beispiele.

Beispiel 14: Der flexible Mensch in der Kultur des neuen Kapitalismus.

Auch Richard Sennett (geb. 1943) hat wie so viele andere Sozialwissenschaftlerinnen und Sozialwissenschaftler den Eindruck, dass am Ende des 20. Jhs. und zu Beginn des 21. Jhs. ganz andere Zeiten angebrochen sind. Doch er versteht sie nicht als Heraufziehen der Postmoderne oder irgendeiner anderen Post-Gesellschaft, sondern spricht von der Kultur eines allerdings auf einschneidende Weise erneuerten Kapitalismus. Es geht ihm vor allem um die Auswirkungen, welche diese neue Runde in der Entwicklung des Kapitalismus der Gegenwart „auf den persönlichen Charakter" von Zeitgenossen mit sich bringt. Wie sehen zeitgenössische Charaktermasken (vgl. Hauptteil I), also die diejenigen Habitūs des Sozialcharakters aus, welche sich den vielfältigen von der Arbeitswelt ausgehenden Eindrücken, Einflüssen und Zwängen verdanken? Im neuen, dem „flexiblen Kapitalismus" liegen nach Sennett die entscheidenden Akzente auf der Flexibilität der einzelnen Person. Das kennen wir aus der Presse, wenn von den Leuten Anpassung an „flexiblere Arbeitszeiten" und eine höhere regionale Mobilität erwartet wird als sie im wohlfahrtsstaatlichen Kapitalismus üblich waren.

> „Starre Formen der Bürokratie stehen unter Beschuss, ebenso die Übel blinder Routine. Von den Arbeitnehmern wird verlangt, sich flexibler zu verhalten, offen für kurzfristige Veränderungen zu sein, ständig Risiken einzugehen und weniger abhängig von Regeln und förmlichen Prozeduren zu werden" (FM 10).

Das klingt an der Oberfläche zunächst ganz positiv, nämlich wie ein Plädoyer für die Erweiterung und Ausnutzung individueller Handlungsspielräume. Man muss sein Leben selbst in die Hand nehmen, weil z.B. lebenslange und gradlinige Berufskarrieren kaum noch zu erwarten sind. Doch stattdessen türmt der flexible Kapitalismus hohe Hürden vor dem selbstbestimmten Leben auf und „verschiebt Angestellte immer wieder abrupt von einem Arbeitsbereich in einen anderen" (ebd.). Dem sind die Arbeitenden weitgehend ohnmächtig ausgeliefert – vor allem dann, wenn immer mehr Arbeitsplätze abgebaut werden. Die Auswirkungen dieser Prozesse auf den Sozialcharakter des Menschen sind erheblich. Denn man muss sich nach Sennett inzwischen Fragen wie die folgende stellen:

> „Wie können Loyalitäten und Verpflichtungen in Institutionen aufrecht erhalten werden, die ständig zerbrechen oder immer wieder umstrukturiert werden?" (FM 12).

Wie soll der Einzelne damit zurechtkommen, dass die Politik des schnellen *Shareholder-Values* in den Großbetrieben sowie die *Kurzfristigkeit* beruflicher Perspektiven zum Markenzeichen des flexiblen Kapitalismus überhaupt geworden sind? Wie kann ein Mensch überhaupt noch zu und in einer Berufstätigkeit motiviert werden, wenn seine Verschiebung irgendwo hin, wenn nicht seine Entsorgung als Kostenfaktor demnächst ansteht?[266] „Flexibilität" weist darüber hinaus auf beachtliche Veränderungen der klassischen Industriebürokratie hin. Die Hierarchien der Befehlswege in den Betrieben sollen flacher und durch Netzwerke ersetzt werden, was ja durch die Computertechnologie in erheblichem Ausmaß erleichtert wird. Zahllose Managementtheorien gehen bekanntlich davon aus, Netzwerke seien einschneidenden Veränderungen gegenüber viel offener als das längst überholte Stab-Linien-System des klassischen Bürokratieverständnisses von Max Weber oder die Betriebsorganisation in der Phase des Fordismus (FM 60). Überdies ermöglicht die Computertechnologie die vergleichsweise schnelle Umstellung von Produktionsabläufen und damit die flexible Anpassung an eine veränderte Nachfrage. Für die Formierung von Habitūs hat die Zentrierung auf Kurzfristigkeit die Folge, dass solche alten Betriebstugenden am Arbeitsplatz wie Vertrauen, Loyalität und Solidarität – insoweit sie über bloß förmliche Kollegialität als Fußtritt mit Filzpantoffeln hinausreichen – kaum noch Verbindlichkeit gewinnen können oder sich wenigstens lohnen.

„Distanz und oberflächliche Kooperationsbereitschaft sind ein besserer Panzer im Kampf mit den gegenwärtig herrschenden Bedingungen als ein Verhalten, das auf Loyalität und Dienstbereitschaft beruht" (FM 29).

Strukturen und Prozesse wie diese beeinflussen nicht nur den Sozialcharakter, sondern auch die Ich-Identität im Inneren. Denn die Frage ist, wie sich in einer derart auf Kurzfristigkeit hin angelegten Gesellschaft langfristige Ziele überhaupt noch anstreben lassen, wie sie sich früher der klassische Bürger mit seinem „starken Ich" und in der jüngeren Vergangenheit vielleicht der eine oder andere Manager der „Deutschland AG" für sein Unternehmen gesteckt hat?

„Wie sind dauerhafte soziale Beziehungen aufrechtzuerhalten? Wie kann ein Mensch in einer Gesellschaft, die aus Episoden und Fragmenten besteht, seine Identität und Lebensgeschichte zu einer Erzählung bündeln?" (FM 31).

Unter diesen Rahmenbedingungen, so argumentiert Sennett, stellt das auf Kurzfristigkeit angelegte soziale System der Gegenwart zunehmend all jene Charakterzüge in Frage, welche die Menschen „aneinander binden und dem Einzelnen ein stabiles Selbstgefühl vermitteln" (FM 31). Offensichtlich registriert auch er genau wie Adorno eine Tendenz zur *Entsubjektivierung* der Subjekte und rückt sie in das Zentrum seiner kritischen Perspektiven auf die gegenwärtige Gesellschaft. Doch gleichzeitig lassen die Siegertypen der Gegenwart nach seiner Auffassung durchaus noch so etwas wie eine zeitgerechte Ausprägung von „Charakterstärke" bzw. „Ichstärke" erkennen: Flexible Menschen seien fähig, mit der Pluralität der Lebensformen und Lebensstile ebenso zurecht zu kommen wie mit dem Verlust langfristiger Bindungen und Lebensperspektiven, sogar mit dem Schwinden der Aussichten auf eine gradlinige Karriere. Der flexible Mensch versteht es, mit vielen Möglichkeiten der Lebensführung zu jonglieren und seine Identität z.B. im Rahmen einer „Bastelbiographie" (U. Beck u.a.) aufrechterhalten.

> „Die Fähigkeit, sich von der eigenen Vergangenheit zu lösen und Fragmentierung zu akzeptieren, ist der herausragende Charakterzug der flexiblen Persönlichkeit, wie sie in Davos an den Menschen abzulesen ist, die im neuen Kapitalismus wirklich zu Hause sind. Doch diese Eigenschaften kennzeichnen die Sieger. Auf den Charakter jener, die keine Macht haben, wirkt sich das neue Regime ganz anders aus" (FM 80).

Für zahlreiche „kleine Leute" als Verlierer sieht das in der Tat alles anders aus. Sie hegen beispielsweise die wohl begründete Angst, dass all ihre Erfahrungen und Leistungen aus der Vergangenheit im Berufsleben nichts mehr zählen.

> „Das neue Regime respektiert in der Tat nicht, dass der pure Ablauf der Zeit, der zur Ansammlung von Kenntnissen notwendig ist, einer Person Stellung und Rechte verleiht – Wert im greifbaren Sinn; sie bewertet solche auf dem Ablauf der Zeit beruhenden Ansprüche als ein weiteres Übel des alten bürokratischen Systems, in dem die Rechte des Dienstalters die Unternehmen lähmten. Im neuen Regime zählen nur unmittelbare Fähigkeiten" (FM 128).

Damit geht eine neue Art der *Entwürdigung* der Subjekte einher. Die Erfahrungen der einzelnen Person zählen so gut wie nichts mehr. Erfahrung lässt sich zudem nicht länger mehr in gesellschaftliches Ansehen des Subjekts umsetzen (FM 129). Damit wird ihnen eine entscheidende Möglichkeit entzogen, ein positives Selbstwertgefühl zu entwickeln.

Dem Erscheinungsbild des „flexiblen Menschen" kann man Merkmale einer eigentümlichen Doppelbödigkeit des postmodernen Ich entnehmen: Auf der einen Seite registrieren postmoderne Interpreten – meist zustimmend – eine Art Zerstreuung des Ich in alle Winde, die in der sozialen Welt der Gegenwart aus den vielfältigen Ecken der Windrose wehen (s.o.).

> „Postmoderne Auffassungen des Ich ... betonen Bruch und Konflikt, aber nicht die Kommunikation zwischen den fragmentierten Teilen des Ich" (FM 198).

Damit geht der Verlust der Verlässlichkeit des Einzelnen einher. Denn um verlässlich für andere sein zu können, muss das Individuum zum Beispiel das Gefühl haben, von anderen gebraucht zu werden. Dieses Gefühl kann heute, „wo Menschen behandelt werden, als wären sie problemlos ersetzbar und überflüssig", kaum noch aufkommen (FM 201) Die bedeutsamen Anderen verlieren ihre dauerhafte Bedeutsamkeit für die Akteure (FM 202). Gleichgültigkeit und Apathie bedeuten einschlägige Reaktionen auf derartige Gegebenheiten, weil die eigene Glaubwürdigkeit dadurch untergraben wird.

Auf der anderen Seite könnte „Flexibilität des Ich", aber auch die Auflösung jener bürokratisch verhärteten Strenge des Ich anzeigen, welche sich beispielsweise im Falle eindimensionaler Orientierungen am Realitätsprinzip und unbedingter Effizienz oder gar beim autoritären Charakter als Ich-Schwäche geäußert hat und weiterhin äußert. „Flexibilität" ist also auch als Gegenbegriff zu einem starren, auf die Gebote instrumenteller Vernunft fixierten Ich denkbar:

> „Nicht etwa die haben das feste Ich, die unreflektiert nach außen schlagen, nach außen sich betätigen und nach außen ihre Interessen verfolgen, sondern die, die von der Situation so unabhängig sind, dass sie dabei ihrer eigenen Relativität, der Relativität ihrer eigenen Zwecke und Interessen innewerden. Gerade in dieser Negation des eigenen unmittelbaren Interesses, des eigenen Subjekts, besteht das, was ich mit Festigkeit des Ich meine."[267]

Etwas dieser Art könnte auch Sennett gemeint haben, wenn er an die Unterscheidung erinnert, welche einige französische Philosophen zur Erläuterung der *Reflexion* heranziehen. Sie heben eine Differenz zwischen dem *mantient de soi*, der Aufrechterhaltung der Ich-Identität und der *constance de soi*, der Treue zu sich selbst hervor, die früher „Selbstachtung" genannt wurde (FM 200).

> „Die erste erhält die eigene Identität aufrecht, die zweite beschwört Tugenden wie Selbstkritik und Ehrlichkeit gegen sich selbst und die eigenen Schwächen" (ebd.).

„Constance de soi" bedeutet also mehr als nur die konsequente Verfolgung von Zielen mit allen zugängigen Mitteln.

In einem von der „Frankfurter Rundschau" abgedruckten Vortrag bringt Sennett das klassische Thema „Individuum und Gesellschaft" in die dem Lauf der gegenwärtigen Zeiten angemessene Form einer Verhältnisbestimmung des flexibilisierten Menschen zum globalisierten Kapitalismus. Unter „Globalisierung" versteht er nicht nur die Ausbreitung von Ware-Geld-Beziehungen und Kapitalverhältnissen in die letzten Ecken und Winkel dieses Globus. Dazu gehören für ihn auch einschneidende Veränderungen von sozialen Institutionen und (bürokratischen) Organisationen, die zu den Funktionsbedingungen des Kapitalismus zu rechnen sind. Nicht zuletzt sind auch die Veränderungen sozialstaatlicher Einrichtungen und Regelungen zu berücksichtigen. Er stellt dabei das „angloamerikanische Modell" dem „rheinischen Kapitalismus" gegenüber, der mit der Adenauer-Ära in Deutschland auftrat und wohlfahrtsstaatliche Elemente stärker betonte als das beim Modell der Angelsachsen der Fall ist. Doch beide müssten mit dem Niedergang jenes Typus rationaler bürokratischer Organisation rechnen, welchen Max Weber so eindringlich untersucht hat. Ein System, das Befehle von der dünnen Spitze über zahlreiche Instanzen an die breite Masse von Befehlsempfängern weiterreicht, sei nicht mehr zeitgemäß. Es könne vor allem nicht im globalen Maßstab funktionieren. An die Stelle der klassischen Bürokratie „ist in bestimmten Branchen, vorwiegend solchen im Dienstleistungssektor, die flexibler und internationaler agieren müssen, ein anderer Unternehmenstyp" getreten, „der Webers altes hierarchisches System ausgehöhlt hat" (EG). Mit den kürzeren und beschleunigten Befehlswegen können Betriebe nun schneller auf Marktveränderungen reagieren als je zuvor. Mit diesen und einer Reihe schon erwähnter Tendenzen entsteht gleichwohl ein neues „Gehäuse der Hörigkeit". Denn wie im Falle der unpersönlichen bürokratischen Abläufe seien für die Dienstleistungen nur noch rein funktionale Beziehungen entscheidend, die schnelle Umsätze garantieren müssen. Die kühl berechnende Geschäftsmäßigkeit bilde den Kern des sog. „Kundendienstes".

Die Tendenz, alles (der Ideologie, bestimmt nicht einer in dieser Hinsicht reibungslos funktionierenden Praxis nach – J.R.) in flacheren, von vermittelnden Zwischeninstanzen befreiten Organisationen abzuwickeln und dadurch schnellere und flexiblere Abläufe zu garantieren, setzt sich allenthalben durch. Alles wird austauschbar, auch der Mitarbeiterstamm.

> „Die Wegrationalisierung der mittleren Ebene führt zur Zerstörung der menschlichen Ressourcen, die ein Unternehmen Konjunkturkrisen überstehen lassen. Das gilt nun genau so für die Rationalisierung des Wohlfahrtsstaates. Sie schwächt die staatlichen Institutionen. Der Verlust an Loyalität, über die sie bisher verfügen, wirkt sich politisch noch fataler aus als in der Privatwirtschaft" (EG).

Beim neue Gehäuse der Hörigkeit greift Herrschaft unvermittelt, ohne vermittelnde Instanzen direkt auf den Einzelnen zu, was den Fatalismus und die Abhängigkeitsgefühle der Individuen steigern muss. Vor allem immer weniger junge Menschen können langfristige Lebensperspektiven entwickeln. Sennett zieht das Fazit:

> „Erwähnenswert sind sozialpsychologisch vor allem drei Folgelasten: die geringe Identifikation mit der Institution, der wachsende Fatalismus des Einzelnen und die Schwächung der Fähigkeit zu rationalem Verhalten" (EG).

Der wirklich intensiv postmodernisierte Denker wird kritischen Erwägungen wie diesen womöglich entgegen halten, eine derartige Kulturkritik hinge letztlich doch noch an längst überholten Idealen der Aufklärung (an „großen abendländischen Erzählungen") wie dem Rationalismus sowie an Vorstellungen von der Ich-Stärke des *homo faber*. Er wird stattdesen all diejenigen Genossen seiner Zunft preisen, welche aus der Vielfalt der kurzfristigen, so unendlich vielfältigen und unvergleichlich verschiedenartigen Erlebnissen, Beziehungen und Handlungsstilen ein Leben zu basteln verstehen. Es ist und bleibt jedoch die Frage, wo dann das in alle Winde zerstreute Ich abgeblieben ist.

Beispiel 15: Turbokapitalismus.

Aus den verschiedenartigen Schriften der jüngeren Kapitalismuskritik hat nicht zuletzt die Vokabel „Turbokapitalismus" Eingang in die „seriöse Presse" und sogar in den Jargon mancher Politiker gefunden.

> „Der Kapitalismus der neunziger Jahre unterscheidet sich vollkommen von dem der vorangegangenen Dekaden. Deshalb habe ich das Wort Turbokapitalismus erfunden. Es bezeichnet den vollkommen deregulierten, völlig entfesselten Markt, ohne alle schützenden Barrieren. Reichtum schafft der Turbokapitalismus, weil für ihn nur eins zählt: Effizienz."[268]

Von daher kann macht es guten Sinn, diesen Typ der Kapitalismuskritik zum Projekt einer „Kritik der unbedingten Effizienz" hinzu zu rechnen. Die Parallelen zur Kritik der abendländischen Rationalisierung als Bürokratisierung oder zur Dialektik der Aufklärung bei Horkheimer und Adorno liegen ebenfalls auf der Hand. Der „Turbo" beim Turbokapitalismus soll nicht allein für schnellere Umsätze sorgen.

> „Seine Anhänger drängen darauf, dass private Unternehmen von staatlicher Regulierung befreit werden und ohne Kontrolle der Gewerkschaften, unbehindert von sentimentalen Bedenken über das Schicksal der Angestellten oder der Gemeinschaft, unbehindert von Zollschranken oder von Investitionsbeschränkungen agieren und einer möglichst geringen Abgabenlast ausgesetzt sind" (TK 63).

Luttwak ist gegenüber der Ansicht, der neue Kapitalismus zeichne sich durch den Bedeutungsverlust des Nationalstaates zugunsten der globalisierten Wirtschaft aus, etwas skeptischer als andere Autoren.

> „Für die Privatwirtschaft ist das Gerede über Globalisierung das beste Mittel um im eigenen Land Sympathien im Kampf gegen besonders restriktive Gesetze und Behörden zu erringen" (TK 249).

Die meisten Interessen werden immer noch im nationalstaatlichen Rahmen sowie mit der Zielrichtung auf nationalstaatliche Institutionen wie Parteien und ihre Abgeordnete artikuliert und durchgesetzt. Der Turbokapitalismus hat einiges mit der von dem österreichischen Nationalökonomen Joseph Schumpeter (1883-1950) so genannten „schöpferischen Zerstörung" zu tun. Gemeint sind immer schneller herbeigeführte kulturelle und technische Änderungen durch Innovationen, welche im idealen Falle die Produktivität rasant steigern.

> „Die vom freien Wettbewerb vorangetriebene schöpferische Zerstörung veralteter Kenntnisse, Gewerbe, Firmen und ganzer Branchen erstreckt sich heute nicht mehr über ein oder zwei Generationen, sondern über Jahre, oft nur über sehr wenige Jahre" (TK 94).

In der Tat: Diese in immer kürzeren Abständen erfolgenden Umwälzungen überfordern „auf eine brutale Art und Weise die Anpassungsfähigkeit des Individuums, der Familien und sonstigen Gemeinschaften" (ebd.). Charakteristisch für den Turbokapitalismus ist auch das überproportionale Anwachsen des Finanzsektors im Vergleich zu den Sektoren der Produktion von Rohstoffen, Halbfertigfabrikaten und Endprodukten.

Luttwak hat die Verhältnisse in den USA vor Augen. Für diese ist nach seiner Auffassung der weiterhin einflussreiche Geist der protestantischen Ethik des Calvinismus kennzeichnend (TK 48). Diesen Geist beschreibt Luttwak anhand dreier vereinfachter Regeln:

Regel 1 betrifft die Großverdiener und besagt, dass angehäufter Reichtum nicht im Sinne des Urchristentums verwerflich, sondern ein Zeichen der göttlichen Gunst darstellt.

Regel 2 gilt für die große Masse der Arbeitnehmer und „Wirtschaftsverlierer". Misserfolg erscheint den Betroffenen nicht als die Konsequenz ungerechter Verhältnisse oder als schlichtes Pech, sondern wurzelt in Gottes Ungnade und Zorn. Den Ausgeplünderten erscheint ihr Schicksal als selbstverschuldet, obwohl beispielsweise 1996 das jährliche Durchschnittseinkommen des reichsten Fünftels aller Haushalte in den USA nahezu zwanzigmal höher war als das des ärmsten Fünftels.

Regel 3 gilt für die Nichtcalvinisten unter den Verlierern. „Wer Regel Nummer zwei nicht akzeptiert und nicht von Schuldgefühlen gelähmt wird, aber nicht über den entsprechenden Bildungsgrad verfügt, um seinem Ärger auf legale Weise Ausdruck zu verschaffen, landet meistens im Gefängnis" (TK 55). Im Jahre 1980 kamen in den USA auf einen amerikanischen Staatsbürger im Gefängnis 480 Männer, Frauen und Kinder, 1995 lag das Verhältnis schon bei 1 zu 189 (TK 106).

Den „Turbo" zu zünden sichert beim Auto eine höhere Beschleunigung. Die Zeit, in der man von Null auf Hundert ist, wird kürzer. „Zeit" stellt in der Tat ein entscheidendes Problem für den Turbokapitalismus dar. In seinen „Grundrissen zur Kritik der politischen Ökonomie", dem Rohentwurf zu seinem Hauptwerk über das Kapital, schreibt Marx:

„Ökonomie der Zeit, darein löst sich schließlich alle Ökonomie auf."[269]

Das Wort „Ökonomie" stammt aus dem Griechischen und bedeutet soviel wie „Lehre vom Haushalt". Ursprünglich ist damit der *oikos,* der agrarische Familienhaushalt als Produktionszelle des antiken Wirtschaftssystems gemeint. Doch davon sind unsere modernen Vorstellungen von der Bewirtschaftung eines Haushaltes durch sparsames Verhalten ökonomisch und vom kulturellen Selbstverständnis her sehr weit entfernt. Der moderne Haushalt (ob Familie oder Single) versteht sich mit aller Selbstverständlichkeit als *Privathaushalt.* Darin findet kaum noch Produktion für den Eigenbedarf, sondern ein mehr oder minder geordnetes „Privatleben" statt. Max Weber hat die institutionelle Trennung von Produktionsbetrieb und Privathaushalt als eines der historischen Grundmerkmale des Kapitalismus herausgestrichen. In der Tat gehen fast alle aktuellen nationalökonomischen Lehrbücher in ihrem Elementarteil von einem zweipoligen Modell der Wirtschaftsströme aus, die zwischen Betrieb und Haushalt hin- und herfliessen. Es handelt sich um ein Zweistromland: (a) Es gibt den Warenstrom: Die Privathaushalte bieten Arbeitskraft als Ware an, die Betriebe stellen unter Einsatz von Arbeitskraft und Technik Waren (Rohstoffe, Halbfabrikate, Produktionsmittel) her, wobei eine Teilmenge dieser Waren als Konsumgüter zu den Endverbrauchern im Hauhalt fließt. (b) Die Geldströme fließen in die entgegengesetzte Richtung: Für die Arbeitskraft gelangen Löhne von den Betrieben an die Haushalte zurück, für die gelieferten Produkte müssen von den letzteren Geldpreise an Verkäufer gezahlt werden. Das Lehrbuch geht zudem davon aus, dass die Betriebe ihren Gewinn maximieren (G-W-G`) und die Verbraucher ihren Nutzen. Das stiftet dummerweise höchst gegensätzliche Interessen bei den Akteuren.

Ich erinnere an derart Altbekanntes nur deswegen, weil schon in diesen einfachsten Kreislaufbestimmungen Probleme des Haushaltens als *Bewirtschaftung verfügbarer Zeit* stecken. Die Abkürzung von Zirkulationszeiten der Ware etwa verspricht höheren Gewinn. Lieferung just in time ist das Alpha und Omega der Logistik usf. Kurz: Alle Ökonomie ist Ökonomie der Zeit. Zeit ist Geld. Was aber ist „die Zeit"? Um diese Frage ernsthaft anzugehen, müsste man äußerst tiefsinnige Texte der Philosophie, Physik, Geschichte und Kulturwissenschaften studieren. Als magerer Ersatz für nähere Angaben müssen Notizen zu drei Hauptachsen des Zeitbegriffes ausreichen:[270]

Zwischeninformation zum Zeitbegriff:

(1) Zeit als *Geschichtlichkeit* wird von uns im Rahmen der Relation >>zukünftig – gegenwärtig – vergangen<< erfahren. Diese Relationierung ist „flüssig". D.h.: Ein in der Zukunft mögliches oder zu erwartendes Ereignis tritt (u.U.) in der Gegenwart tatsächlich ein und sinkt von da aus immer weiter in die Vergangenheit zurück. Man muss auch sehen, sagt der katholische Kirchenvater Augustinus, dass umgekehrt „alles Vergangene vom Zukünftigen verdrängt wird und alles Zukünftige aus dem Vergangenen folgt und alles Vergangene und Zukünftige von dem, was immer gegenwärtig ist, geschaffen wird und seinen Ausgang nimmt?"[271]

(2) Bei Zeit als *Chronologie* wird das Geschehen in der Abfolge >>früher als – gleichzeitig mit – später als<< erfahren. Die Ereignisse sind auf dieser Achse *fixiert*. Wenn ein ganz bestimmtes Ereignis x definitiv später eingetreten ist als y, dann kann ihr Verhältnis logisch nicht umgedreht werden. Das zeigt sich an einem wichtigen Aspekt der Kausalrelation: Wir gehen im Allgemeinen davon aus, dass die Wirkung zeitlich nicht *vor* der Ursache auftreten kann. Die Reihe (1) impliziert die Reihe (2); dennoch sind sie logisch nicht identisch!

(3) Zeit als *Uhrzeit*. Deren Basis besteht aus *Periodizitäten*, also regelmäßig wiederkehrenden Ereignissen oder Zuständen. Die Spannbreite reicht von Naturzyklen (Gang der Gestirne; Jahreszeiten) über regelmäßige Schwingungen eines mechanischen Pendels bis hin zu den Schwingungen des Caesium-Atoms oder anderer atomarer Prozesse, auf deren Grundlage moderne Präzisionsuhren geeicht werden.

Das Streben nach einem *effektiven*, Gewinne sichernden *Zeitmanagement* stellt für all jene Autoren ein Markenzeichen der Gegenwartsgesellschaft dar, welche den Typenbegriff „Turbokapitalismus" bei ihrer Kulturkritik verwenden. „Rationalisierungsstrategien" beispielsweise in der Form von Abkürzungen des Zeitaufwandes für Handgriffe, als Ausfüllung von Leerzeiten oder als Beschleunigung des Fließbandes gab es natürlich schon früh im Verlauf der kapitalistischen Entwicklung. Aber gegenwärtig werden – nicht zuletzt aufgrund des Einsatzes von Computer-Technologien – neue, beispiellose Anstöße zur Erhöhung der Geschwindigkeit von sozialen Prozessen und individuellen Handlungen gegeben. Der Turbokapitalismus eröffnet aufgrund der Informationstechnologien für die Nutznießer des Geschehens traumhafte (für andere Beteiligte eher traumatische) Möglichkeiten, Zeitabschnitte zwischen Ereignissen abzukürzen (Zeitreihe 2), Ziele, die ja eine Zukunftsgröße darstellen, schneller zu erreichen (Zeitreihe 1) sowie die Lebensrhythmen zahlloser Menschen manipulierten Periodizitäten zu unterwerfen, die sich mit der „Eigenzeit" (dem individuell selbstbestimmten Zeitmanagement) nicht vereinbaren lassen (Zeitachse 3).

> „Wenn die Eigenzeiten und Rhythmen, die Körper und Psyche innewohnen, ignoriert werden, wenn uns unsere Umwelt also Gewalt antut, kann dies katastrophal enden: In Fesseln kann nicht gehandelt werden."[272]

Dass Hektik und Stress in einem engen Zusammenhang mit körperlichen und seelischen Erkrankungen stehen, bestreiten heute nur noch extrem schlichte Gemüter. *Beschleunigung* und *Intensivierung* stellen zwei entscheidende krankmachende Nachbrenner des Turbokapitalismus dar.

Ad Beschleunigung: Strategien der Beschleunigung zielen auf lineare und/oder zyklische Prozesse. Die Zeitabstände zwischen relevanten Ereignissen sollen verkürzt, die Umlaufgeschwindigkeiten von Kreisläufen erhöht werden. Um nur ein Beispiel zu nennen: Selbst wenn mit der am Ende eines Zyklus von Produktion, Distribution und nach Abzug des Konsumanteils erfolgender Reinvestition immer der gleiche Ertrag erzielt würde, steigert die Erhöhung der Umlaufgeschwindigkeit von Waren und Geld den *Gesamtertrag* in einem Zeitraum. Dementsprechend gehört auch die Abstimmung verschiedener Wirtschaftszyklen, die eine unterschiedliche Temporalstruktur aufweisen, zu den Schlüsselproblemen des Haushaltens mit der Zeit im Turbokapitalismus. Diverse Warenzyklen müssen untereinander sowie mit Geldströmen abgestimmt werden.[273] Ressourcenmärkte (Rohstoffmärkte) sind vergleichsweise langsam. Zudem stößt das Zeitmanagement der Arbeitskraft – trotz aller teilweise brutal erzwungen „Flexibilisierung" – immer noch an physische und kulturelle Schranken. Die Gütermärkte in der Umlaufbahn der Verteilung sind und werden schneller – die logistische Parole „Lieferung just in time" bedeutet nur *ein* Symptom unter anderen. Am schnellsten sind jedoch die Kapital-, sprich: Finanzmärkte. „Es dauert bekanntlich nur Sekunden, um gigantische Summen rund um den Globus zu dirigieren" (TK 134).

Ad Intensivierung: Strategien der Intensivierung stellen nicht nur darauf ab, „vergeudete Zeit" zu sparen und „Leerzeiten" mit effektiven Abläufen und Aktionen zu füllen, sondern auch die Eigenzeiten der Individuen dem beschleunigten Geschehen so weit wie möglich anzupassen. Für die gut bürgerliche Gesinnung war der Müßiggang aller Laster Anfang. Heute wird weniger der Hang zur Muße, als die angeblich mangelnde Flexibilität zum Zielpunkt knochenharter Strategien der Intensivierung. Ziel ist es, die optimale Relation zwischen der notwendigen Arbeitszeit sowie der Maschinenlaufzeit einerseits, dem Auf und Ab des betrieblichen Umsatzes andererseits herzustellen. Die „atmende Fabrik" beispielsweise soll Menschen je nach dem Stand der Erträge ein- und ausatmen. Zeitarbeit stellt bekanntlich eine Mischung zwischen niedriger Entlohnung und Verfügung über Arbeitskraft „just in time" dar. Insgesamt geht es bei der Intensivierung um das, was Marx das „Ausfüllen der Poren des Arbeitstages" genannt hat. Traumhaft für jeden Turbokapitalisten wäre es, wenn die Maschinen 24 Stunden am Tag laufen würden und hoch qualifizierte Arbeitskräfte unter den Voraussetzungen einer Hochkonjunktur wenigstens zum 8-Stunden-Tag in der 6-Tage-Woche zurückkehrten, gegen den die Arbeiter des Fabriksystems zu Beginn des 19. Jhs. kämpften.

Konsequent betriebene Strategien der Beschleunigung und Intensivierung setzen mindestens in dem elementaren Sinn Selbstzerstörungspotentiale des Turbokapitalismus frei, dass die Systemzeit (die Zeitstruktur der ökonomischen sowie anderer überindividueller Abläufe) die „Eigenzeit" des Individuums mit krankmachenden Effekten aushöhlt. F. Reheis spricht in diesem Zusammenhang von „Beschleunigungsfallen", in die wir alle ständig tappen.

> „Charakteristisch für die genannten Belastungen ist, dass sie leicht zu Teufelskreisen führen: Je mehr die äußere Belastung wächst, desto mehr schwinden die inneren Kräfte, mit deren Hilfe sie bewältigt werden könnte."[274]

Der für viele Menschen leidvoll zu ertragende Zwang, sich an die Maximen von Beschleunigung und Intensivierung anzupassen, wird durch die Kernlegende unserer Zeit, durch die Parole von den unvermeidlichen „Sachzwängen" noch ideologisch überhöht. Es ist pfiffigen Ideologen ganz gut gelungen, den Leuten weis zu machen, Abläufe, die an sich das Resultat einer Praxis zahlloser Menschen darstellen (wobei obendrein die einen mehr von den „Sachzwängen" profitieren als andere), nähmen den Rang von Quasi-Naturgesetzen der Gesellschaft ein. Am Ende erscheint dann auch der von Luttwak beschriebene Effekt, dass es im Turbokapitalismus viele Verlierer mit einer verunsicherten Existenz und vergleichsweise wenige Gewinner mit immer größeren Vorsprüngen gibt, als das Ergebnis unabwendbarer Gesetzmäßigkeiten. Dennoch kann man auf einige Lebenswelten und Lebensstile innerhalb des Turbokapitalismus stoßen, die von seinen Strategien des Zeitmanagements nicht völlig durchdrungen sind. Das Hauptbeispiel, das immer wieder herangezogen wird, liefert die sog. „Dualwirtschaft". Zu dieser gehört die Zielsetzung, fremdbestimmte Arbeit so weit wie irgend möglich durch selbstbestimmte zu ersetzen. Ohne hier in weitere Details zu gehen, möge man nur einmal überlegen, was geschähe, wenn sämtliche ehrenamtlich Tätige in der BRD schlagartig die Arbeit niederlegten. Jedenfalls ist der Anteil des sog. „non-profit-sectors" an der Ökonomie westlicher Länder eben sowenig zu unterschätzen wie die ständigen Versuche von *Attac*, die rasanten internationalen Finanzströme durch Maßnahmen wie die Tobin-Steuer abzubremsen. Weitere recht ungewohnte Beispiele liefern auch die Genießer der „Slow-Food"-Bewegung mit mehr als 70000 Mitgliedern in 42 Ländern oder der „Verein zur Verzögerung der Zeit" (Tempus) aus Österreich, der sich auf etwa 1000 Mitglieder in Österreich, Deutschland und der Schweiz stützen kann. Man kann sich also durchaus etwas einfallen lassen, was von den scheinbaren Naturgewalten der „Sachzwänge" abweicht und dennoch weder etwas mit „Romantik" (aber was ist eigentlich gegen romantische Gefühle einzuwenden?), noch mit „Ökonomie"- oder „Technikfeindlichkeit" zu tun hat. Geleitet werden solche Suchtrupps nach kritischen Alternativen von Normen, die über die unbedingte Effizienz hinausreichen. Moderne Kapitalismuskritik bemüht sich um eine Kritik der unbedingten Effizienz angesichts der gleichzeitigen Unverzichtbarkeit effizienten Handelns.

Beispiel 16: Würde und Preis – Fragwürdige Warenformen.

Aristoteles in der griechischen, Cicero in der römischen Antike reklamieren Prinzipien einer substantiellen Sittlichkeit (*honestas*), welche den Präferenzen des individuellen Glücks- bzw. Nutzenstrebens (*utilitas*) übergeordnet sind. In der Neuzeit wird diese Grundproblematik (unter anderem) am Spannungsverhältnis zwischen *Würde und Preis* festgemacht. Um diese beiden Pole kreisen nach meiner Auffassung auch eine ganze Reihe ansonsten sehr verschiedenartiger Beiträge zur Kapitalismuskritik der Gegenwart. Die Rolle, die sie in der Entstehungsphase der bürgerlichen Gesellschaft spielen, kann man kurz und gut durch eine Gegenüberstellung von Aussagen des Thomas Hobbes (1588-1679) auf der einen und von Immanuel Kant (1724-1804) auf der gegensätzlichen anderen Seite zusammenfassen.

Worin besteht die Würde des Menschen? Nach Hobbes hängt sie von seiner *Macht* ab. Das letzte Mittel der Machtanwendung und des Machtstrebens ist jedoch die „nackte", d.h.: von keinen Normen, schon gar keinen sittlichen Normen gezügelte *Gewaltanwendung,* wie sie nach Hobbes für den Naturzustand (Ausgangszustand) der Menschheitsentwicklung charakteristisch ist. So weit, so bekannt. Doch an einer Stelle findet bei Hobbes eine erstaunliche Transformation des Machtbegriffs statt, die sich auch bei gegenwärtigen Theoretikern der Sozialstruktur und der Macht wiederfinden lässt:

> „Die *Macht eines Menschen* besteht, allgemein genommen, in seinen gegenwärtigen Mitteln zur Erlangung eines zukünftigen anscheinenden Guts ..."[275]

Der Machtbegriff hat an dieser Stelle einen unterschwelligen Bedeutungswandel erfahren! „Macht" wird nun unter der Hand mit *jedweder* menschlichen Fähigkeit, also mit allen Erscheinungsformen von Können und Kompetenz gleichgesetzt – was in der Tat dem lateinischen Begriff der *facultas* (dem Vermögen als Können) entspricht. Jemand verfügt nach diesem höchst allgemeinen Verständnis über „Macht", wenn er *fähig* ist, seine vorhandenen Mittel so einzusetzen, dass er seine Ziele sofort oder in Kürze erreicht. Zweckrationalität stellt mithin den normativen Kern von *Macht als Kompetenz* dar. Unter der Voraussetzung *dieses* Machtbegriffs bestimmt nun Hobbes das Verhältnis von Würde und Preis so:

> „Die *Geltung* oder der *Wert* eines Menschen ist wie der aller anderen Dinge sein Preis. Das heißt, er richtet sich danach, wie viel man für die Benutzung seiner Macht bezahlen würde und ist deshalb nicht absolut, sondern von dem Bedarf und der Einschätzung eines andern abhängig."[276]

Damit werden *utilitas* und *honestas* deckungsgleich! Anders ausgedrückt: Die Frage, was ein Mensch wert ist, was „seinen Wert" im Sinne von „Würde" ausmacht, wird gleichsam in Kategorien der Nationalökonomie mit ihrer Nutzen-, Kosten- und Preistheorie beantwortet! Der Wert eines jeden Dinges ist eine Funktion von Angebot und Nachfrage, also letztlich gleich dem sich daraus ergebenden Preis in der jeweiligen Währung. Die Würde (Geltung) eines Menschen ist *gleich* ihrem Preis! Dem nachgefragten Gut entspricht bei dieser Preisfrage die *Macht* einer Person – die Macht im Sinne ihrer Fähig- und Fertigkeiten. Je begehrter das Leistungsvermögen einer Person ist, desto mehr sind andere bereit, dafür zu zahlen und desto höher ist ihre „Geltung" – jetzt aber als *gesell-*

schaftlichen Ansehen und nicht als Würde im moralischen Sinn verstanden! An der Nachfrage nach ihrer „Macht" bemisst sich die Wertschätzung einer Person.

Gegen Positionen wie die von Thomas Hobbes richtet sich die Kritik von Pflichtethikern wie Immanuel Kant. Sittlichkeit ist für sie gerade *nicht* gleich Nützlichkeit! Das Verhältnis beider Pole zueinander sieht gerade nach den Prinzipien der Kantischen Ethik viel komplizierter aus. Es wurde gleich eingangs im Hauptteil I (Modell 1/Teil A) skizziert. Den Dreh- und Angelpunkt der entsprechenden Darstellung bildete die Anerkennungsformel des kategorischen Imperativs.

> „Handle so, dass du die Menschheit sowohl in deiner Person, als in der Person eines jeden anderen, jederzeit zugleich als Zweck, niemals bloß als Mittel brauchest."[277]

Diese Formel gebietet, man solle die anderen Subjekte nicht einfach nur wie ein Mittel für die eigenen Zwecke, nicht bloß wie Dinge oder Sperrgut, sondern immer zugleich als Selbstzweck, als „Zwecke an sich selbst" behandeln. (Nicht-Instrumentalisierungsgebot!). Jede Repression des freien Willens anderer, deren Extremform die ungezügelte Gewaltandrohung und -anwendung ist, jede Form der Ausbeutung, Manipulation und Mediatisierung widerspricht dem Sittengesetz. Andere Subjekte als Zweck an sich selbst anzuerkennen, bedeutet, ihren freien Willen zu achten und zu unterstützen. Darin besteht zugleich die Anerkennung der *Würde* des anderen Subjekts! Denn *Freiheit* (Autonomie) stellt nach Kant den Grund aller Menschenwürde dar:

> „*Autonomie* ist ... der Grund der Würde der menschlichen und jeder vernünftigen Natur."
> „Die *Autonomie* des Willens ist das alleinige Prinzip aller moralischen Gesetze und der ihnen gemäßen Pflichten."[278]

„Autonomie" ist anders zu verstehen als die „Freiheit der Willkür" (Kant) im Sinne der Spielräume und Chancen, die wir haben, um zweckrational und nutzenorientiert unter den vorhanden Mitteln auszuwählen, sowie eine Entscheidung für die eine Strategie oder die andere, für das eine Ziel oder das andere mit Aussicht auf Erfolg treffen zu können. „Autonomie" bedeutet vielmehr die zur Reflexion gehörende Fähigkeit, sich selbst zu bestimmten Handlungen bestimmen zu können, seinem Handeln und seinem Lebenslauf selbst einen bestimmten Kurs zu stecken, „ein Gesetz" geben zu können (Selbstbestimmung, Spontaneität). Der autonome Wille bedarf jedoch der wechselseitigen Anerkennung, der Förderung und Achtung durch ihrerseits selbständige Andere. Alles, was sich auf die Präferenzen, auf die Neigungen und Bedürfnisse von Akteuren bezieht, sagt Kant, hat einen *Marktpreis*. Das darf man wohl so lesen, dass irgendwelche Güter oder persönlichen Leistungen einen (an unseren Neigungen gemessenen) *Nutzen* stiften oder dass unsere Bedürfnisse durch den Bezug von Waren befriedigt werden müssen, die wir auf Märkten kaufen. Als Bezugspunkt der Preisbildung gelten auch bei ihm wie bei den Nationalökonomen die Präferenzen und Interessen, die hinter Angebot und Nachfrage stehen. So haben beispielsweise Talente, „Geschicklichkeit und Fleiß im Arbeiten", einen Marktpreis.[279] Was dagegen, sagt Kant, „über allen Preis erhaben ist, mithin kein Äquivalent verstattet, hat Würde."[280] Der Begriff der Würde verweist – im Gegensatz zu Hobbes – in diesem Falle offensichtlich auf eine *sittliche* Sphäre jenseits des Nutzenprinzips, jenseits von Tausch, Märkten, Waren- und Geldverkehr hin. Es handelt sich um den Bereich der *Sittlichkeit als wechselseitig anerkannte Autonomie!*

Es gibt eine Fluchtlinie der neuen Kapitalismuskritik, bei der die Reduktion der menschlichen Würde auf Preisverhältnisse in der Tat die Angriffsfläche bildet. Sie erinnert ein wenig auch an ein spezielles, zur Geschichte der abendländischen Sozialphilosophie gehörendes Konzept: an das Konzept der „unveräußerlichen Güter".

> „*Unveräußerlich* sind ... diejenigen Güter, oder vielmehr substantielle Bestimmungen, sowie das Recht an sie *unverjährbar,* welche meine eigenste Person und das allgemeine Wesen meines Selbstbewusstseins ausmachen, wie meine Persönlichkeit, überhaupt meine allgemeine Willensfreiheit, Sittlichkeit, Religion."[281]

Aufgrund unseres gegenwärtigen Sprachgebrauchs denken wir bei „unveräußerlichen Gütern" vorab eher an Sondermüll oder an Ladenhüter. „Unveräußerlich" hört sich für uns normalerweise wie „unverkäuflich" an. Man kann zwar auch seine Haut zu Markte tragen, die klassische Sozialphilosophie ging jedoch davon aus, dass es bestimmte Güter gibt, bei denen es dem Wesen des Menschen, der Moral und/oder dem Recht widerspricht, wenn sie auf den Markt gebracht und versilbert werden. Von daher werden sie als „unveräußerliche Güter" bezeichnet. Für Kant und Hegel bestehen sie in all jenen vom einzelnen Menschen gleichsam unablösbaren Eigenschaften, welche seine Würde als Subjekt ausmachen. Unwürdig – so haben wir gesehen – ist jedoch jede Unterdrückung des freien Willens des Einzelnen.

> „Die *Persönlichkeit* z.B. kann ich nicht als etwas mir Äußerliches ansehen; denn insofern einer seine Persönlichkeit aufgegeben hat, so hat er sich zur Sache gemacht. Aber eine solche Veräußerung wäre null und nichtig."[282]

Null und nichtig ist demnach die Verdinglichung der eigenen Person. Man könnte zunächst versucht sein, die „unveräußerlichen Güter" der klassischen Sozialphilosophie mit den „freien Gütern" der Nationalökonomie zu vergleichen. Unter

„freien Gütern" werden Produkte und Leistungen verstanden, die in einem solchen Überfluss vorhanden sind, dass sie nicht zu vermarkten sind. Sie stehen allen Menschen gleichsam frei zur Verfügung und können deswegen keinen Preis auf Märkten erzielen. Lange Zeit war es – jedenfalls in bestimmten Gebieten – selbstverständlich, Luft und Wasser zu den freien Gütern zu zählen. Das hat sich inzwischen drastisch geändert. In der Politik und in der Nationalökonomie ist eine ausführliche Diskussion über die notwendige „Einpreisung" (ehemals) freier Güter wie Luft und Wasser ausgebrochen. Unverschmutzte Luft und gesundes Wasser sind so knapp geworden, dass die bei ihrer Sicherstellung anfallenden Kosten zu decken sind. „Einpreisung" bedeutet daher so viel wie die Strategie, ein ehemals freies Gut aufgrund seiner Knappheit marktgängig zu machen. Es verursacht Kosten und muss daher einen hinlänglichen, anständigen oder – wie bei den Stromoligopolen – einen „unanständigen" Preis auf Märkten erzielen. Unter den Rahmenbedingungen der bestehenden Produktionsverhältnisse geht es bei der Strategie, ehemals freien Gütern die Warenform zu verleihen, sie einzupreisen, natürlich immer auch, wenn nicht in erster Linie um Gewinn oder die Mehrung von „shareholder values". Bei „unveräußerlichen Gütern" stiftet jedoch nicht der Grad der Knappheit eines Dinges, Produktes oder einer Leistung das Ausgangsproblem, sondern die verletzte *Würde des Subjekts* bildet den Dreh- und Angelpunkt kritischer Einschätzungen. Die Würde des Subjekts ist nicht einzupreisen; für sie gibt es – wie wir von Kant gehört haben – kein Äquivalent, das an ihre Stelle treten könnte. Die klassische Sozialphilosophie hat daher bis hin zu Kant, Fichte und Hegel bei „unveräußerlichen Gütern" vorwiegend an Sachverhalte gedacht, die der Warenform *grundsätzlich* entzogen sind oder entzogen sein sollten. Im Extremfall werden unveräußerliche und marktgängige Güter einander wie zwei völlig getrennte (strikt disjunkte) Gegebenheiten gegenübergestellt. Das ist jedoch keine kritische Perspektive mehr, die auf unsere Gegenwart passen würde. Nicht nur der heiß diskutierten „Globalisierung" wegen hat ein großer historischer Trend der Neuzeit inzwischen einen Kulminationspunkt erreicht, ein Trend, den Klassiker wie Marx, Simmel oder Adorno als den Zug zur „Universalisierung der Warenform" bezeichnen. Es gibt eigentlich nichts mehr, was nicht zur Ware gemacht werden könnte oder gemacht worden ist. Man kann diese geschichtliche Tendenz zur – wie es auch heißt – umfassenden „Kommodifizierung" anhand einer Vielfalt von Teilvorgängen beschreiben. In der Tradition der kritischen Theorie der Gesellschaft lassen sich die folgenden vier Beispiele für „Kommodifizierung" heranziehen:

- *Kommodifizierung 1:* Sie besteht in der Verallgemeinerung der Marktrhetorik – nicht nur bei Neo-Liberalen. Es handelt sich um ein bei Laien und Wissenschaftlern der Gegenwart verbreitetes Sprachspiel. Alles wird in Kategorien von Nutzen und Kosten, Wert und Marktpreis begriffen, dargestellt und bewertet: „Ein breites Verständnis von Kommodifizierung umgreift Marktrhetorik. Durch die Marktrhetorik, den Diskurs der Kommodifizierung stellt man sich menschliche Eigenschaften (Merkmale von Personen) als fungible Besitztümer (als Eigentum der Person) vor. Man betrachtet menschliche Interaktionen als ʹVerkäufeʹ mit ʹPreisenʹ selbst da, wo kein Geld im buchstäblichen Sinn die Hände wechselt. Privateigentum plus frei geschlossene Verträge decken den gesamten Bereich gewollter menschlicher Interaktionen ab." (CM). Für diese Sichtweise gibt es nichts, was man nicht als Ware betrachten und behandeln könnte, die auf irgendeinem Markt zu Geld zu machen ist. Das erinnert natürlich sehr an Marxʹ Lehre vom „Warenfetisch". Den Menschen erscheinen ihre eigenen sozialen Beziehungen als eine Funktion von Ware-Geld-Relationen und nicht umgekehrt.

- *Kommodifizierung 2.* Auch dieses Muster der Universalisierung der Warenform ist mit dem Warenfetisch eng verwandt. Es geht um ein *quid pro quo* – was so viel heißt wie: etwas steht an einer Stelle, wo eigentlich etwas anderes stehen müsste. Etwas rückt an die zweite Stelle, obwohl es nach bestimmten Kriterien an der ersten stehen müsste. Bei der *Kommodifizierung 2* handelt es sich um die Annahme einer Rangverkehrung von *Gebrauchswert* und *Tauschwert.* In der universalisierten Warentauschgesellschaft interessiert die Hersteller von Produkten und die Erbringer von Dienstleistungen an erster Stelle die Vermarktung, also der Preis, den man erzielen kann (Tauschwert). Da den Käufern die Qualität der Dienste und Erzeugnisse wahrlich nicht gleichgültig sein kann, müssen die Produzenten an *zweiter* Stelle immer auch auf den Gebrauchswert ihrer Produkte achten (Qualitätsmanagement; Qualitätskontrollen). Während für den nörgeligen „Endverbraucher" der Gebrauchswert des Fabrikats z.B. in der Form seiner technisch einwandfreien Zweckdienlichkeit eine große Rolle spielt – auch wenn obendrein der Preis stimmen muss – ist die Gebrauchswertseite der Produkte beim Hersteller oder Verkäufer eher Mittel zum Zweck besserer Vermarktung und Gewinnsteigerung. Wenn man annimmt, beim Wirtschaften käme es vorrangig auf Brauchbarkeit und Nützlichkeit an, dann zeichnet sich die bestehende Wirklichkeit durch ein *quid pro quo* aus, das für einige Autoren äußerst unangenehme Konsequenzen haben kann. Theodor W. Adorno beispielsweise registriert dabei eine Verkehrung des Bewusstseins, wobei die Menschen am Ende gar um die Gebrauchswerte betrogen werden. „Je unerbittlicher das Prinzip des Tauschwertes die Menschen um die Gebrauchswerte bringt, umso dichter vermummt sich der Tauschwert selbst als Gegenstand des Genusses."[283] Der Tauschwert wird letztlich so behandelt, als sei er selbst der Gebrauchswert. Man kann dieses Phänomen beispielsweise am sog. „Kaufrausch" studieren, wo der Tauschwert selbst zum Gegenstand eines entfremdeten Genusses wird. Der Gebrauchswert schrumpft bestenfalls zu einem Accessoire zusammen.

- *Kommodifizierung 3:* Es gibt Tendenzen zur Ausbreitung der Warenform, die sich nicht auf das Bewusstsein von Individuen und Gruppen, sondern auf überindividuelle Abläufe in der gesellschaftlichen Wirklichkeit beziehen. Es geht um wirkliche soziale Prozesse, in deren Verlauf Sachverhalte zur Ware werden, die bislang noch keinen Warencharakter aufwiesen oder nur am Rande von der „Marktgesetzlichkeit" erfasst wurden. Das klassische historische Beispiel dafür liefert natürlich das Zur-Ware-Werden der menschlichen Arbeitskraft, die Entstehung der Lohnarbeit und der Arbeitsmärkte in der Frühphase der Entwicklung der bürgerlichen Gesellschaft. Es gab zwar auch schon vorher Tagelöhner und Landarbeiter. Aber erst im Kapitalismus wird die Arbeitskraft in einem wirklich großen Umfang zu einer Ware, die auf Märkten verkauft werden muss. Die gerade in der Gegenwart zunehmende „Einpreisung" ehemals „freier Güter" liefert ein weiteres beachtenswertes Beispiel. Man erinnere sich nur an das frühere Gefasel vom „unerschöpflichen Fischreichtum der Weltmeere."
- *Kommodifizierung 4:* Sie spielt sich im Bereich des ökonomischen Reproduktionsprozesses ab. Es gab von Anfang an in der bürgerlichen Gesellschaft die Tendenz zu einer immer feinkörnigeren Teilung der gesellschaftlichen Arbeit. Jeder Einzelne arbeitet im Grunde nicht einfach für sich, sondern für unbestimmt viele andere. Wer von uns weiß denn schon genau, in welchem Ausmaß dem nachgefragten Produkt welche hoch spezialisierten oder – umgekehrt – auf die einfachste Handhabung reduzierte Teilarbeiten welcher konkreten Menschen zugrunde liegen? In der modernen bürgerlichen Gesellschaft als „Marktwirtschaft" kommt kaum noch irgendjemand ohne die Vermittlung des Tauschprozesses und damit des Geldverkehrs (des Marktes) an die für seine Lebensführung notwendigen Güter und Dienste heran. „Kommodifizierung" bedeutet nun wie beispielsweise bei Marx oder Adorno die *objektive,* sich in der gesellschaftlichen Wirklichkeit durchsetzende historische Tendenz, dass es kaum noch ein Ereignis oder eine Aktion gibt, die von der Waren-, Geld- und Preisform unberührt bleibe. „Der totale Zusammenhang hat die Gestalt, dass alle dem Tauschgesetz sich unterwerfen müssen, wenn sie nicht zugrunde gehen wollen (ganz) gleichgültig, ob sie subjektiv von einem (sogenannten) ′Profitmotiv` (beherrscht) werden oder (ob das nicht der Fall ist)."[284] Diejenigen, welche am meisten von dieser Tendenz profitieren, sprechen eher von gleichsam naturwüchsigen „Sachgesetzlichkeit" als von einer historischen Tendenz, hinter der die Praxis unzähliger Menschen steht.

Diese Art der Kritik an der Universalisierung der Warenform hat nichts mit „Sozialromantik" zu tun. Natürlich setzt sie nicht die völlig unsinnige These voraus, der Zusammenhang so komplexer Gesellschaften wie die des Kapitalismus ließe sich ohne abstrakte Mechanismen wie sie der Tauschprozess verkörpert oder ohne generalisierte Medien wie Geld herstellen. Darum geht es überhaupt nicht. Es geht vielmehr um diejenigen Prozesse der „Kommodifizierung", welche den Effekt einer Entwürdigung der Subjekte aufweisen. Sie haben in der Gegenwart umfassenden Charakter angenommen. Die Veräußerung unveräußerlicher Güter findet Tag für Tag im großen Stile statt. Gleichzeitig macht es nach meiner Auffassung heute keinen Sinn mehr, das Verhältnis von Würde und Preis als *Gegensatz* zwischen veräußerlichen und unveräußerlichen Gütern zu behandeln. Im Gegenteil: Die politische Brisanz besteht in der in immer größerem Maßstab stattfindenden Veräußerung unveräußerlicher Güter. Sie gehört zu den Paradoxien unserer Zeit. Inzwischen gibt es wohl keine Reservate mehr für unveräußerliche Güter im Sinne der klassischen Sozialphilosophie.

Margaret Jane Radin hat die Praxis der Veräußerung des Unveräußerlichen in ihrem Buch „Contested Commodities" genauer untersucht. „Contested Commodities" übersetze ich etwas freizügig mit „fragwürdige Warenform." Frau Radin denkt – ähnlich wie Hegel – insbesondere an Eigenschaften, die fest zum menschlichen Individuum als Subjekt gehören, aber gleichwohl vermarktet werden. Der entscheidende Punkt bei „fragwürdigen Warenformen" besteht jedoch weiterhin darin, dass sie ihren Preis auf Märkten faktisch nur durch die Entwürdigung von Subjekten erzielen können. So gesehen ist der Verkauf von Talenten als Dienstleistungen auf dem Arbeitsmarkt selbstverständlich nicht verwerflich, wohl aber zum Beispiel der Frauen- und Kinderhandel, der ja seit geraumer Zeit in großem Umfang auch in den sog. „hoch entwickelten Gesellschaften" stattfindet. Die Universalisierung der Warenform spart in den „durchkapitalisierten Gesellschaften" (Adorno) letztlich keine Lebensäußerung mehr aus. Parallel dazu wird die Menge der „entwürdigenden Warenformen" immer größer. M. J. Radin untersucht eine ganze Fülle von Beispielen, woran sich dieser Zug der gegenwärtigen Zeiten ablesen lässt: Organhandel, Kinderhandel, Frauenhandel, Menschenhandel durch Schlepperbanden, Korruption in Chefetagen, Drogenhandel usf. Adorno vertritt die Auffassung, mit der Universalisierung der Warenform ginge ein hohes Selbstgefährdungspotential der Gegenwartsgesellschaften einher. Es offenbart sich in einer Vielfalt von Aktionen und Abläufen, die den Effekt einer Reduktion der Würde auf den Preis hervorrufen. Würde die Gesellschaft, argumentiert Adorno, tatsächlich einschränkungslos von Nutzenorientierungen und dem Prinzip der Zweckrationalität beherrscht, dann würde ein erhebliches Krisenpotential freigesetzt – auch und gerade im Bereich der auf Nutzen und Zweckrationalität gegründeten ökonomischen Interessen selbst:

> „Werden die einzelnen Menschen, indem sie auf nichts achten als den je eigenen Vorteil, der Beschränkung, Dummheit und Nichtigkeit überantwortet; scheitert vollends eine Gesellschaft, die nur durch das universale Moment des partikularen Vorteils zusammengehalten wird und lebt, an der Konsequenz ihres Motivs, so sind das keine metaphorisch dialektischen Redeweisen für simple Aussagen über Tatsächliches."[285]

Das heißt: Ein einschränkungslos auf die Maximen der *utilitas* gegründete Gesellschaft gefährdet durch die Universalisierung dieses Prinzips ihren eigenen Fortbestand, obwohl dieser andererseits nicht ohne effektive Handlungen und ohne Effizienzkriterien gesichert werden kann. An der Veräußerung der unveräußerlichen Güter lässt sich diese Doppelbödigkeit immer wieder ablesen: Auf der einen Seite spielt sich die Veräußerung des Unveräußerlichen in unserer Gesellschaft in immer größerem Maßstab ab. Es wird immer mehr Geld damit gemacht. Warum, so könnte man zynisch fragen, regt sich die Öffentlichkeit über die Korruptionspraxis der Firma Siemens auf? Ohne die Zahlung von Bestechungsgeldern wird selbst eine „Weltfirma" vom globalisierten Markt gefegt. Doch viele Zeitgenossen empfinden solche „Argumente" tatsächlich noch als Zynismus. Mehr noch: Von den normativen Orientierungen vieler Alltagsmenschen aus betrachtet, sind die Verhältnisse doch wohl immer noch so, dass sich eine erstaunlich große Zahl von Mitbürgern angesichts der vielfältigen Praktiken zur Veräußerungen des Unveräußerlichen empört und Maßnahmen dagegen unterstützt. Widerstände etwa gegen die Marktlogik des Baby- und Organhandels verweisen daher nach M. J. Radin auf jenen Doppelcharakter, welchen das Verhältnis von Würde und Preis inzwischen angenommen hat. Sie zeigen

> „wie unsere Kultur hartnäckig darauf besteht, die Person als einen moralischen Akteur, als ein Subjekt zu betrachten, das von einer Welt der Dinge unterschieden ist, aber wie zur gleichen Zeit unsere Kultur (die Personen – J.R.) kommodifiziert und verdinglicht" (CC 131).

Hartnäckig sperrt sich ein immer noch beachtlicher Teil des öffentlichen Bewusstseins ähnlich wie schon verschiedene Autoren aus der Antike (natürlich unter ganz anderen ökonomischen und kulturellen Existenzbedingungen) gegen die Reduktion der Würde des Subjekts auf den Preis. Die Verhältnisse sind offensichtlich noch nicht ganz so weit gediehen, wie es neo-liberale Marktrhetoriker gern hätten.

Um zum Schluss zwei Beispiele für den Standpunkt der Gegenseite, für Marktrhetoriker mit eingepreistem Denken zu geben, referiere ich zunächst einmal im Anschluss an M. J. Radin die Stellungnahme eines amerikanischen Richters namens Posner zum Babyhandel. Dieser Jurist macht sich so seine Gedanken über „die Möglichkeit, einige versuchsweise und umkehrbare Schritte auf einen freien Babymarkt zu machen, um versuchsweise die sozialen Kosten und Vorteile der Anwendung des Markts in diesem Bereich zu bestimmen" (CC 238). So ganz traut der Richter dem Frieden allerdings nicht. Er verwendet salvatorische Klauseln wie „versuchsweise" und „umkehrbar". Ein zweites Beispiel kann man dem deutschen Fernsehen entnehmen. Auf der Website des Fernsehsenders 3 sat fand sich vor einiger Zeit zum Stichwort „Organhandel" u.a. folgende Verlautbarung des Konstanzer Wirtschaftswissenschaftlers Prof. Dr. Friedrich Breyer:

> „Wir sehen, dass auf den meisten Märkten Knappheit beseitigt wird, indem Preise gezahlt werden, die so hoch sind, dass es sich für den Anbieter lohnt, das Gut herzugeben. In diesem Falle denke ich an Menschen, die bereit sind, für sagen wir mal 100 000 Euro auf eine ihrer Nieren zu verzichten. Von der wissen wir ja, dass sie medizinisch sowieso überflüssig ist." Es sei daher „legitim, dass jemand eine Niere verkauft, um sich eine Existenz aufzubauen oder um sich etwas leisten zu können, was er sich mit dem normalen Einkommen nicht leisten kann."

Tausche Niere gegen Mercedes! Im Extremfall wird die Würde des Subjekts zu einer reinen Preisfrage. Ob das ein starker oder ein schwacher Trost ist, weiß ich nicht: aber noch behandelt keine der Verfassungen demokratischer Nationen die Unantastbarkeit der Würde des Menschen als eine reine Kosten- oder Nutzenfrage.

Schlusswort: Diese drei Muster der Kapitalismuskritik stellen nur eine kleine Auswahl aus einem breiteren Spektrum dar. Erst jüngst (2008) ist ein amerikanisches Buch mit dem dröhnenden Titel: „Superkapitalismus. Wie die Wirtschaft unsere Demokratie untergräbt", erschienen. Es ist aber sehr bedeutsam und empfehlenswert. Denn es zeigt nicht nur – wie die zuvor kommentierten Ansätze – auf welche Weise der Kapitalismus in seiner gegenwärtigen Verfassung die Reflexion des Subjekts untergräbt, sondern die demokratische Ordnung des Zusammenlebens bedroht – vor allem aber, welchen Anteil wir selbst als Verbraucher daran haben:

> „Sie und ich sind Komplizen. Als Verbraucher und Anleger halten wir die Welt am Laufen (und verlangen niedrige Preise und hohe Zinsen von den Märkten – J.R.). Märkte gehen besser auf unsere Wünsche ein als je zuvor. Jeder von uns hat zwei Herzen in der Brust, doch das Herz des (demokratisch engagierten – J.R.) Bürgers schlägt nur noch schwach. Der Superkapitalismus hat gesiegt, der *demokratische Kapitalismus hat verloren*" (S. 133 f.).

Texte und Textstellen zur Illustration und Vertiefung dieser Grundgedanken

....

Wichtige Bezugstexte

R. Sennett: Der flexible Mensch. Die Kultur des neuen Kapitalismus, Darmstadt 1998, S. 9-38. FM.
E. Luttwak: Turbokapitalismus. Gewinner und Verlierer der Globalisierung, Hamburg/Wien 199, S. 21-59. TK.
R. Sennett: Das neue „eherne Gehäuse". Die Globalisierung, die neue Marktwirtschaft und der fatale Versuch, ihre Werte und Organisationsformen auf Sozialsysteme zu übertragen, in: Frankfurter Rundschau v. 2.9.2003, Seite 7. EG.
M. J. Radin: Contested Comodities. The Trouble with Trade in Sex, Children, Body Parts and other Things, London 1996, S. 1-45. TK.

Problemstellungen für die Diskussion

Wie wird das Spannungsfeld von Würde und Preis in neueren Ansätzen zur Kapitalismuskritik behandelt?

Kommentar:

J. Ritsert: Sozialphilosophie und Gesellschaftstheorie, Münster 2004, S. 231 ff.

Anhang:
Einige Hauptdimensionen des Kapitalismusbegriffs.

Liest man Texte zur neueren Kapitalismuskritik, dann fällt auf: Entweder gehen die Autoren davon aus, dass alle Welt weiß, was die Hauptmerkmale „des" Kapitalismus sind oder dass die Merkmale, die z.B. den „Turbokapitalismus" beschreiben sollen, zur Typisierung dieser Produktionsweise auf ihrem aktuellen historischen Stand ausreichen. Mit anderen Worten: Es ist nicht immer klar, ob für die Autoren Merkmalsangaben, die den Kapitalismus durchgängig charakterisieren, verschwunden oder noch ausschlaggebend sind. Da „der" Kapitalismus derzeit wieder entdeckt wird, stelle ich zur Erinnerung einige klassische und einschlägige Angaben zu seinen allgemeinsten Merkmalen zusammen.

1. Merkmal: Gewinn- und Profitstreben.

Wir sind es von der Alltagssprache her gewohnt, unter „Kapital" in erster Linie ein Geldvermögen zu verstehen. Es überrascht uns auch nicht sonderlich, wenn jemand sagt, für den Kapitalismus sei das Profitstreben charakteristisch. Etwas überraschender klingt es schon, wenn Max Weber mit Entschiedenheit darauf hinweist, dass „das >>Streben nach Gewinn<<, nach Geldgewinn, nach möglichst hohem Geldgewinn ... an sich gar nichts mit Kapitalismus zu schaffen hat" (PE 4). Vorteilsstreben und rücksichtslose Versuche, sich zu bereichern, gab und gibt es in allen Ländern und in allen Epochen zuvor. „Schrankenloseste Erwerbsgier ist nicht im mindesten gleich Kapitalismus, noch weniger gleich dessen >>Geist<<" (ebd.). Versteht man überdies – auch dies anders als wir es gewohnt sind – unter einer „Unternehmung" nicht einen modernen Industriebetrieb, sondern mit Werner Sombart ganz allgemein einen jeden Versuch zur „Verwirklichung eines weitsichtigen Plans, zu dessen Durchführung es des andauernden Zusammenwirkens mehrerer Personen unter einem einheitlichen Willen bedarf", dann stellen etwa Pizarros oder Cortez' Feldzüge in Südamerika „Unternehmungen" dar. Es handelt sich dabei im Kern um Raubzüge im Interesse der Bereicherung der Beteiligten mit Gold. Für den Kapitalismus und für kapitalistische Unternehmungen im engeren Sinn des Wortes stellt das rastlose Streben nach Gewinn in der modernen Erscheinungsform des *Profits* natürlich ein hervorstechendes Merkmal dar. Anders als zu den Zeiten zuvor geht es nicht um das Anhäufen und Horten von Gold-, Schmuck- und Münzschätzen (Marx spricht von der vormodernen Charaktermaske des „Schatzbildners"), sondern darum, im vergleichsweise friedlichen Wettbewerb auf Märkten aus der eingesetzten Geldmenge ständig noch mehr Geld, eben *Profit* herauszuschlagen. Deswegen ruht für Max Weber ein kapitalistischer Wirtschaftsakt auf der „Erwartung von Gewinn durch Ausnützung von *Tausch*-Chancen", also „auf (formell) *friedlichen* Erwerbschancen" (ebd.).

2. Merkmal: Kapital als Bilanzgewinn.

Für Weber liegt ein spezifisch *kapitalistisches* Erwerbsstreben überall da vor, wo das Handeln der Marktgänger an einer genauen „Kapitalrechnung" orientiert ist.

> „Das heißt: es (das Handeln – J.R.) ist eingeordnet in eine planmäßige Verwendung von sachlichen oder persönlichen Nutzleistungen als Erwerbsmittel derart: dass der *bilanz*mäßig errechnete Schlussertrag der Einzelunternehmung an geldwertem Güterbesitz ... beim Rechnungsabschluss das >>Kapital<<, d.h. den *bilanz*mäßigen Schätzungswert der für den Erwerb durch Tausch verwendeten sachlichen Erwerbsmittel *übersteigen* (bei der Dauerunternehmung also: *immer wieder* übersteigen) soll" (PE 5).

Es geht – kurz und bündig gesagt – um eine möglichst genaue Gewinn- und Verlustrechnung mit positiver Bilanz. An sich tritt der Handel, also der vergleichsweise friedliche Kauf und Verkauf von Waren auf Märkten, wobei die Händler sich einen Gewinn versprechen, schon in den frühesten menschlichen Zivilisationen auf. Die Gewinne im mittelalterlichen Fernhandel mit ostindischen Gewürzen konnten bei günstiger Passage sogar gewaltig sein. Im Kapitalismus wird die exakte Kapitalrechnung als *Geld*rechnung sowie der dauerhafte Bilanzgewinn jedoch zu einer Bestands- und Erfolgsbedingung einer jeden Unternehmung. Bei Marx entspricht dem seine elementarste Darstellungsfigur für den Kapitalkreislauf: G – W – G`. Geld wird zur Ware gemacht, die Ware soll jedoch so vermarktet werden, dass mehr Geld dabei herausspringt, das dann in die Erweiterung des Kreislaufes reinvestiert werden kann – und so ständig fort, wenn einem nicht die Konkurrenz auffressen soll. In den Zeiten davor entsprachen die wirtschaftlichen Vorgänge oftmals eher der Figur W – G – W. Die Ware wird auf Märkten zu Geld gemacht, um sich dafür andere Waren kaufen zu können.

3. Merkmal: Das Kapital als institutionelle Tatsache.

Auch mehr oder minder einfache Ertragsberechnungen gab es im Prinzip schon früh in der Geschichte der Zivilisationen – man denke nur an bestimmte Tontafeln der Babylonier. Der Kapitalismus hat die Rechenhaftigkeit der ökonomischen Abläufe jedoch auf eine unvergleichliche Weise gesteigert. Dennoch muss eine entscheidende historische Bedingung hinzukommen, damit die spezifisch kapitalistische Erscheinungsform der beiden zuvor genannten Merkmale deutlich wird. Anders als bei den schon früh in der Geschichte auftauchenden Tagelöhnern muss die freie – und das heißt meistens: die von ihrer Bindung an Grund und Boden oftmals gewaltsam „befreite" – Lohnarbeit zu einem Massenphänomen der Sozialstruktur geworden sein. „ ... der Okzident kennt in der *Neuzeit* ... eine ganz andere und nirgends sonst auf der Erde entwickelte Art des Kapitalismus: die rational-kapitalistische Organisation von (formell) *freier Arbeit*" (PE 7). Was Weber „formell freie Arbeit" nennt, heißt bei Marx „Lohnarbeit". Die Lohnarbeiter verfügen letztlich über keinen anderen Besitz als ihre Arbeitskraft. Freigesetzt aus ihren tradierten Lebenszusammenhängen müssen sie ihre zur Ware gewordene Arbeitskraft an die Privateigentümer oder Kontrolleure von Produktionsmittel auf Arbeitsmärkten verkaufen. Heutzutage gibt es mildere Worte für dieses Phänomen: Arbeitnehmer und Arbeitgeber. Zu beachten ist, dass Marx das Wort „Kapital" oftmals auch für das Kapitalverhältnis selbst, also für das kernstrukturelle gesellschaftliche Produktionsverhältnis zwischen Lohnarbeitern und Kapitalisten verwendet. Er beschreibt es – wenn wir Kategorien der modernen Wissenschaftstheorie heranziehen – als *institutionelle Tatsache*. Das heißt: Bei einer „institutionellen Tatsache" handelt es sich um ein gesellschaftliches Phänomen, dessen Eigenheiten sich nur dann angemessen begreifen lassen, wenn man auf Informationen über den gesamten institutionellen Kontext zurückgreifen kann, worin es Funktion und Bedeutung hat. Einen bunt bedruckten Zettel kann man nur als „Scheck" erkennen und behandeln, wenn man etwas über die Institutionen des modernen Bankensystems sowie die Geldbewegungen weiß, worin er zirkuliert. Genau dem entsprechend schreibt Marx:

> „Ein Neger ist ein Neger. In bestimmten (gesellschaftlich-institutionellen – J.R.) Verhältnissen wird er erst zum Sklaven. Eine Baumwollspinnmaschine ist eine Maschine zum Baumwollspinnen. Nur in bestimmten Verhältnissen wird sie zu *Kapital*. Aus diesen Verhältnissen heraus gerissen, ist sie so wenig Kapital, wie Gold an und für sich *Geld* oder der Zucker der Zuckpreis ist" (MEW 6; 407).

Es sind besondere gesellschaftlichen Verhältnisse, welche vergleichsweise harmlose Dinge zum Kapital machen. Maschinen werden erst dann zu „Kapital", wenn sich das Produktionsverhältnis von Lohnarbeitern und Kapitalisten, formell freier Arbeit und Gruppen, welche die Produktionsmittel kontrollieren, herausgebildet hat. Wegen des Besitzes und der Kontrolle der Produktionsmittel durch eine gesellschaftliche Gruppe bezeichnet Marx das Kapitalverhältnis auch als ein *Eigentumsverhältnis*. Damit tauchen sofort all die notorischen Probleme mit

Kategorien wie „Aneignung", „Besitz" und „Eigentum" auf, die ich im Teil II angedeutet habe.

4. Merkmal: Die institutionelle Trennung von Betrieb und Haushalt.

Natürlich ist das historische Auftreten der formell freien Arbeit nicht das einzige sozialstrukturelle Grundmerkmal, das den Kapitalismus auszeichnet. Von nämlichem Rang ist zum Beispiel die institutionelle Trennung von Betrieb und Haushalt in der Moderne. In den verschiedenen historischen Erscheinungsformen von Agrargesellschaften, welche die Weltgeschichte über Jahrtausende hinweg prägten, ist die Arbeitstätte meistens gleich der Wohn- und Konsumstätte der Arbeitenden. Die Griechen sprechen vom *oikos*, dem durch Grundbesitz, Grundherrschaft und Landwirtschaft geprägten Familienhaushalt. Ihm stand der aufgrund seiner herausragenden Macht- und Rechtsstellung heutzutage auch *Oikos-Despot* genannte *pater familias* vor. (Der Latifundienbesitzer wohnt natürlich oft in der Stadt und überlässt einem Verwalter oder Pächter die Bearbeitung seines Bodens). Vom *oikos* kommt unser Wort *Ökonomie* für das Wirtschaften und Haushalten insgesamt her. Auch bei den Handwerkern findet man früher oftmals die Einheit von Behausung und Werkstatt. Das ändert sich mit dem Aufkommen des Fabrikwesens der Moderne immer mehr. Es kommt schließlich zur institutionellen Trennung von Betrieb und Privathaushalt:

> „Die moderne rationale Organisation des kapitalistischen Betriebs wäre nicht möglich gewesen ohne zwei weitere wichtige Entwicklungselemente: die *Trennung von Haushalt und Betrieb*, welche das heutige Wirtschaftsleben schlechthin beherrscht und damit eng zusammenhängend, die rationale *Buchführung*" (PE 8).

Aus diesem Grund wählt Weber auch das Wort vom „bürgerlichen Betriebskapitalismus" (PE 10). Das Profitstreben im Betriebskapitalismus unterscheidet sich vom Gewinnstreben all jener Abenteurer wie Cortez, vom Gewinnstreben großer Handelshäuser wie das der Fugger und der Welser, natürlich auch von militärischen Beutezügen kriegerischer Gesellschaften. Der Betriebskapitalismus „mit seiner rationalen Organisation der *freien Arbeit*" stellt ein historisch neues Phänomen dar (ebd.).

5. Merkmal: Rationalisierung.

Die „rationale" Buchführung und der „rationale" Einsatz der formell freien Arbeit bilden einen wesentlichen Teil einer für den modernen Betriebskapitalismus charakteristischen Gesamttendenz. Wir kennen sie als zunehmende Rationalisierung der verschiedensten Lebensbereiche und Lebensäußerungen. Das Eigenschaftswort „rational" deckt sich in diesem Zusammenhang mit dem Prädikat „zweckrational": Zweckrational ist eine Handlung, wenn die Strategien zur Koordination vorhandener Mittel mit den gegebenen Zielen und Zwecken unter den Rahmenbedingungen der gegebenen Situation absehbar zum Erfolg, wenn nicht zum bestmöglichen Erfolg führen (Teil I). Rationalisierung bedeutet – so gesehen – geistig die gesteigerte Kalkulierbarkeit (Weber: „Rechenhaftigkeit") des Vorgehens und praktisch die Effizienzsteigerung von Maßnahmen. „Wo kapitalistischer Erwerb rational erstrebt wird, da ist das entsprechende Handeln orientiert an Kapital*rechnung*" und – so betont Weber – „eine exakte Kalkulation: die Grundlage alles anderen, ist eben nur auf dem Boden formell *freier* Arbeit möglich" (PE 4 f. und PE 9). Die Rationalisierung der formell freien Arbeit versteht sich als ständige Effizienz- und Produktivitätssteigerung von Zwecktätigkeiten, ohne die kein Wachstum – Marx sagt: keine „Akkumulation des Kapitals" – möglich wäre. Nicht, dass der Kapitalismus die Zweckrationalität des Handelns und die Effizienz von Abläufen erfunden hätte. Ohne erfolgreichen Mitteleinsatz zur Erreichung von Zielen, nicht zuletzt zur Befriedigung von Bedürfnissen, konnte kein Mensch auf diesem Globus jemals sein Leben erhalten. Doch im Kapitalismus setzt sich Tendenz zur Steigerung der zweckrationalen Organisation von Handlungen, Institutionen und gesellschaftlichen Abläufen in allen Lebensbereichen – im Recht, in der Verwaltung, bis hin zur Musik durch. Formalisierung, Mathematisierung, Digitalisierung stellen syntaktische Erscheinungsformen dieses Vorganges dar. Zur Rationalisierung gehört nicht zuletzt die *Verwissenschaftlichung* der kapitalistischen Zivilisation. Eine entscheidende Rolle spielt dabei natürlich die ständige Steigerung des naturwissenschaftlichen, in Technik umgesetzten Wissens als Bedingung von Produktivitätssteigerung in den Betrieben. Aber auch dieses Phänomen ist in einen breiteren kulturellen Kontext eingebettet: Ein Mensch in der Kultur des Kapitalismus ist „hineingestellt in die fortwährende Anreicherung der Zivilisation mit Gedanken, Wissen, Problemen", so dass er vielleicht „lebensmüde", aber nicht „lebensgesättigt" werden kann.[286] Der wissenschaftliche Fortschritt im Kapitalismus stellt für Weber den wichtigsten Teil des gesamten weltgeschichtlichen Prozesses der Aufklärung, er sagt: des „Intellektualisierungsprozesses" dar, „dem wir seit Jahrtausenden unterliegen". „Intellektualisierung" bedeutet „Entzauberung der Welt" im Sinne vermehrter Möglichkeiten der Einsicht in ihre Zusammenhänge. Da ist aber nach Weber nicht zwangsläufig so zu verstehen, dass der Einzelne über ständig umfassendere Kenntnisse über seine komplexe Lebenswelt verfügte:

„Die zunehmende Intellektualisierung und Rationalisierung bedeutet also *nicht* eine zunehmende allgemeine Kenntnis der Lebensbedingungen, unter denen man steht. Sondern sie bedeutet etwas anderes: das Wissen davon oder den Glauben daran, dass man, wenn man *nur wollte*, es jederzeit erfahren *könnte,* dass es also prinzipiell keine geheimnisvollen unberechenbaren Mächte gebe, die da hineinspielen, dass man vielmehr alle Dinge – im Prinzip – durch *Berechnung beherrschen* könne. Das aber bedeutet: die Entzauberung der Welt. Nicht mehr, wie der Wilde, für den es solche Mächte gab, muss man zu magischen Mitteln greifen, um die Geister zu beherrschen oder zu erbitten. Sondern technische Mittel und Berechnung leisten das. Dies vor allem bedeutet die Intellektualisierung als solche."[287]

6. Merkmal: Wirtschaftsgesinnungen.

Kein Wirtschaftssystem kann sich durchsetzen und in der Zeit bestehen, wenn sich bei einer signifikanten Zahl von Menschen keine Einstellungen, Anschauungen und Handlungen finden lassen, die dieses System fördern oder – wie Weber es ausdrückt – der jeweiligen „Form" (Struktur) des Wirtschaftens (der jeweiligen „Produktionsweise" in Marx` Terminologie) *sinnadäquat* sind. Weber und Sombart sprechen in diesem Zusammenhang – wie viele ihrer Zeitgenossen – vom „Geist", in dem eine Wirtschaft geführt und aufrechterhalten wird. Dementsprechend befasst sich Weber in einer berühmten Studie mit dem Einfluss, den die Ethik des asketischen Protestantismus auf den „Geist des Kapitalismus" in den frühen Phasen seiner Entstehung in Europa ausübte. Einige der Besonderheiten des kapitalistischen Geistes kommen sehr eingängig mit der Hilfe von Sombarts Gegenüberstellung von mittelalterlichen Wirtschaftsgesinnungen und kapitalistischen Wirtschaftsorientierungen zum Vorschein: Die vorkapitalistische (im wesentliche mittelalterliche) Wirtschaftsgesinnung zeichnet sich nach Sombart (1.) durch die Vorherrschaft des *Bedarfsprinzips* aus. Das Wirtschaften richtet sich am *Bedarf* als derjenigen Menge von Gütern und Leistungen aus, welche die einzelnen Menschen und Gruppen nach überlieferten Vorstellungen und Normen zur materiellen Reproduktion ihres Lebens bedürfen. (2.) Es herrscht die Idee der *standesgemäßen Nahrung* vor. Der Bedarf, der „im Lauf der Zeit innerhalb der einzelnen sozialen Gruppen eine bestimmte Größe und Art angenommen hat, die nun als fest angesehen wird", bestimmt das für die Ausgabenwirtschaft Erforderliche.[288] Es geht um die Sicherstellung eines traditionsbestimmt *standesgemäßen Lebensunterhaltes.* (3.) Dem korrespondiert die *Idee der Nahrung*. Sie wurzelt unter anderem in der bei europäischen Stammesgesellschaften verbreiteten Vorstellung, einer Bauernfamilie müsse so viel Grund und Boden bzw. so viel Anteile am Gemeindeland (Allmende) zur Verfügung stehen, dass ihr (kulturell definierter) Lebensunterhalt sichergestellt ist. Von vergleichbarer, jedoch allgemeinerer Natur ist die ins spätrömische Rechtsverständnis eingelassene Idee des *suum cuique tribue,* jedem müsse das Seine, das für seinen Lebensunterhalt Notwendige zuteil werden.[289] (4.) Das Arbeitsethos mittelalterlicher Menschen ist vom Lob des rastlosen Schaffens sowie des Gelderwerbes um des Gelderwerbes willen weit entfernt. Ihre Arbeitsbedingungen waren natürlich sehr hart und unterlagen harten Repressionen durch die Herren. Die „Poren des Arbeitstages" (Marx) waren jedoch nicht so eng ausgefüllt wie heutzutage. Feiern, Feste und Pausen gehörten zur Alltagskultur. Maximen wie „Zeit ist Geld" und „je mehr Leistung, desto mehr Geldeinkommen" wären dem damaligen Alltagsverstand als abwegig, wenn nicht unmoralisch vorgekommen. (5.) Im Mittelalter wurde – so argumentiert Sombart – weitgehend „empirisch und traditionalistisch" gewirtschaftet. Das heißt: Man verrichtete Zwecktätigkeiten so, wie es der Überlieferung entspricht, „so wie man gelernt hat, so wie man es gewohnt ist."[290] Es herrscht die Macht der Gewohnheit – auch beim Wirtschaften und bestimmt nicht die Maximierungsregel des modernen nationalökonomischen Lehrbuches.

Dem stellt Sombart den neuen Geist des Kapitalismus gegenüber: Es ist der Geist der Aufklärung, „ein Geist der Irdischheit und Weltlichkeit", ein antitraditionalistischer Geist der Hinterfragung und Veränderungsbereitschaft hinsichtlich des Gegebenen, der nicht einfach auf das Althergebrachte vertraut. Es handelt sich um den faustischen Geist der Unruhe und Unrast, der über Schranken hinausdrängt und sich von „dumpf eingelebten Sitten" (Weber) frei zu machen versucht. Wirtschaftlich setzt sich die Jagd nach Geld und immer mehr Geld durch. Geld wird zum Universalschlüssel für sämtliche Lebenschancen sowie für die Lebensführung des Einzelnen. Auch der abstrakte Prozess der Selbstverwertung des Wertes (G – W – G`) drängt immer weiter über seine Grenzen hinaus. Wachstum wird zum Fetisch. Wenn die exakte, nüchtern die Effizienz von Entscheidungen abwägende, sachlich und zweckgerecht den Erfolg kalkulierende Haltung als „Bürgergeist" zu verstehen ist, wenn zudem die Bereitschaft zum riskanten Einsatz von Geld und Leistungsvermögen auf Märkten als „Unternehmergeist" angesehen werden kann, dann besteht der kapitalistische Geist – so Sombart – in der Verschmelzung von Bürgergeist mit dem modernen Unternehmergeist.

7. Merkmal: „Cash Nexus" oder: Die Universalisierung der Warenform.

Georg Simmel vertritt die Meinung, „dass die Mehrzahl der Beziehungen zwischen Menschen untereinander als Tausch gelten kann" (PdG 59). Allerdings fasst er den Begriff des „Tausches" in diesem Falle so weit, dass damit eine jede

Form der Wechselwirkung zwischen Menschen als „Tausch" erscheinen muss. Durch diese Ausdehnung seines Inhaltes scheint der Tauschbegriff auf ein universelles, ein allgemein-menschliches Phänomen hinaus zu laufen. Alltagssprachlich ist uns jedoch ein engerer Tauschbegriff geläufig. Wir verstehen unter „Tausch" vorwiegend den Händewechsel von Waren (Gütern und Dienstleistungen) auf Märkten gegen Geld. Geld stellt mehr als ein reines Tauschmittel dar, das Transaktionen auf Märkten erleichtert! Georg Simmel beschreibt es in seiner „Philosophie des Geldes" ähnlich wie Marx als ein Medium, in dem gleichsam das abstrakte Potential von Beziehungen zu allen möglichen Dingen und unbestimmt anderen Menschen in einer Gesellschaft gespeichert ist, in einer Gesellschaft, worin das Leben des Individuums immer abhängiger von funktionierenden Märkten wird. Gleichzeitig befreit es jedoch die Einzelnen ein Stück weit aus direkten Abhängigkeiten von Sachen sowie von konkreten Personen.

> „Von wie vielen >>Lieferanten<< allein ist dagegen der geldwirtschaftliche Mensch abhängig! Aber von dem einzelnen, bestimmten derselben ist er unvergleichlich unabhängiger und wechselt leicht und beliebig oft mit ihm" (PdG 396).

Die eine – wenn man so will: positive – Seite des Cashnexus besteht also darin, dass das Geld, „indem es zwischen den Menschen und die Dinge tritt, jenem eine sozusagen abstrakte Existenz, ein Freisein von den unmittelbaren Rücksichten auf die Dinge (sowie Personen – J.R.) und von unmittelbarer Beziehung zu ihnen (ermöglicht) …" (PdG 652). Die andere Seite besteht darin, dass wir von immer mehr in ihren persönlichen Eigenschaften und Eigenheiten uns *unbekannten* Menschen immer abhängiger werden. Nichts verbindet uns mit ihnen „als das in Geld ausdrückbare Interesse", der Markt, der überdies wie die anonyme Macht des Schicksals erlebt wird. (PdG 396). Es gibt heutzutage kaum noch ein Phänomen, das nicht die Form einer Ware annehmen und vermarktet werden könnte. Das gilt nicht nur für die ehemals „freien Güter" der Nationalökonomie (wie die inzwischen knappen und „eingepreisten" Güter Luft und Wasser), sondern auch für das, was in der klassischen Sozialphilosophie als „unveräußerliches Gut" behandelt wurde. Bei „unveräußerlichen Gütern" gehen – auch heute noch – viele Menschen und Justizbehörden davon aus, es sei unmoralisch und rechtswidrig, wenn sie auf Märkte gebracht werden. Krimineller Menschenhandel in der Form des Frauenhandels oder des Kinderhandels liefern jedoch einschlägige Beispiele für die gleichwohl ständig stattfindende Veräußerung unveräußerlicher Güter. Die Warenform lässt kaum noch irgendeine Lebensäußerung aus; sie ist im Kapitalismus universell geworden (s. auch PdG 212 ff.). Kurzum: Der Besitz von Geld in der universellen Tauschgesellschaft bedeutet wie schon für Hegel, Marx und Simmel eine Disposition zu einer immensen Menge erfreulicher und unerfreulicher sozialer Beziehungen zu meistens anonym bleibenden anderen Menschen.

> „Kurz, das Geld ist Ausdruck und Mittel der Beziehung, des Aufeinanderangewiesenseins der Menschen, ihrer Relativität, die die Befriedigung der Wünsche des einen immer vom anderen wechselseitig abhängen lässt ..." (PdG 179).

8. Eine ergänzende Frage: Wie kommt Kapital zustande? – Zwei kontroverse Antworten als Beispiel.

Es gibt viele verschiedene Ansätze, die erklären sollen, wie Kapital entsteht und wie es ursprünglich in die Hände bestimmter Leute gelangt ist (Marx: Problem der „ursprünglichen Akkumulation"). Max Weber untersucht den Zusammenhang zwischen protestantischer Ethik und Einstellungen wie diejenigen, welche den Beruf als Pflicht und die Sparsamkeit als eine Tugend erscheinen lassen. Werner Sombart stellt einen Zusammenhang zwischen verschwenderischem Luxuskonsum im Spätfeudalismus und frühkapitalistischen Strukturen und Prozessen her.[291] Um deutlich zu machen, wie verschiedenartig, wenn nicht gegensätzlich solche Erklärungsansätze ausfallen können, werden hier nur zwei andere Beispiele kurz erwähnt, die einander wirklich schlechthin entgegengesetzt sind:

(1) Ein idyllische Bild der Kapitalentstehung, dessen Grundgedanken jedoch auch heute noch im nationalökonomischen Theoriespiel sind, hat Wilhelm Roscher 1874 in seiner „Geschichte der National-Oekonomik in Deutschland" gezeichnet.[292] Er schlägt vor, sich ein Fischervolk auszumalen, das ohne Privateigentum und Kapitalstock existiert. Diese Urfischer und Urjäger leben nackt in Höhlen und ernähren sich von Fischen, die nach der Ebbe in Uferlachen zurückbleiben. Sie werden mit der Hand gefangen. Die Fänger sollen gleichermaßen leistungsfähig sein und jeder von ihnen soll pro Tag 3 Fische einsammeln. Diese 3 Fische entsprechen auch ihrem täglichen Verbrauch, so dass nichts übrig bleibt. Allerdings taucht plötzlich ein besonders pfiffiger Fischer auf. Der beschränkt seinen Verbrauch 100 Tage lang auf 2 Fische täglich, konserviert die anderen und bildet so einen Vorrat von 100 Fischen. Diesen Vorrat benutzt er 50 Tage lang, um seine gesamte Arbeitskraft und Arbeitszeit auf die Realisierung eines genialen Einfalls, auf die Verwirklichung seiner Erfindung eines Fischerbootes und eines Fangnetzes zu verwenden. Boot und Netz werden damit zu *Kapital*. Mit Hilfe seines Kapitals fängt er nun 30 Fische täglich. Den Grundgedanken dieser schlichten Geschichte wird man auch heute noch in manchen Erläuterung zum Kapitalbegriff wiederfinden: Denn als Basis und Voraussetzung

der Kapitalbildung erscheint das Sparen im Sinne des Konsumverzichts. Dadurch werden das Einschlagen eines „Produktionsumweges" sowie ein „Abwarten" auf ein gesteigertes Produktionsergebnis möglich. „Kapital" deckt sich in diesem Falle weitgehend mit dem, was Marx unter einem „technischen Produktionsmittel" versteht. Es wird damit als eine universelle Produktionsbedingung und nicht als eine institutionelle Tatsache behandelt.

(2) Ein entschieden weniger idyllisches Bild zeichnet Karl Marx im berühmten 24. Kapitel des ersten Bandes von „Das Kapital" (MEW 23). Darin geht es um die Frage der sog. „ursprünglichen Akkumulation", also um jenes Problem der Anhäufung von Kapital, welches der Roschersche Urfischer durch Konsumverzicht und Sparen löste. Marx' Zentralfragestellung bezieht sich jedoch darauf, wie das *Kapitalverhältnis,* das Klassenverhältnis von Lohnarbeitern und Kapitalisten in der Frühphase der bürgerlichen Gesellschaft in die europäische Welt gekommen ist und wie technische Produktionsmittel wie die Baumwollspinnmaschine von reinen Gerätschaften zu *Kapital* in den Händen von Warenproduzenten geworden sind. Er behandelt „Kapital" als historisch-institutionelle Tatsache und nicht als universelles Produktionsmittel! Im Zentrum seiner Antwort auf die Frage nach der ursprünglichen Akkumulation steht der Hinweis auf die Rolle, die Macht, Gewalt und Enteignung beim Vorgang der Kapitalbildung nicht zuletzt in England gespielt haben. Der Arbeiter als unmittelbarer Produzent konnte und musste über seine eigene Person und Arbeitskraft erst „frei" verfügen, nachdem er „aufgehört hatte, an die Scholle gefesselt und einer andern Person leibeigen und hörig zu sein" (MEW 23; 742). Diese Befreiung von den Fesseln des Feudalsystems weist aber zugleich gewaltsame Züge auf. Durch die Vertreibung von Bauern vom Grund und Boden, durch die Einhegung von Allmenden, weil die Grundherren die Areale beispielsweise als Schafsweide monopolisieren wollte, um Wolle für die Textilindustrie herzustellen, treten Menschenmassen auf, die nichts als ihre Arbeitskraft zu verkaufen haben.

> „ ... große Menschenmassen (werden) plötzlich und gewaltsam von ihren Lebensmitteln losgerissen und als vogelfreie Proletarier auf den Arbeitsmarkt geschleudert ..." (MEW 23; 744).

Die Geldbesitzer und Grundherren verfolgen nun immer mehr das moderne Interesse, Geld zu mehr Geld auf Märkten zu machen und Kapitalherren treten zunehmend als die Besitzer von Fabriken auf, welche die Manufaktur und das alte Verlagssystem ablösen. Sie beschäftigen einige der „freien" Lohnarbeiter als Arbeitskräfte (Arbeitnehmer), während zahlreiche andere beispielsweise in die Armenhäuser oder zum Vagabundieren getrieben werden. Die historische Entstehung des modernen Kapitalverhältnisses und des Kapitals als institutionelle Tatsache stellt demnach alles andere als eine Idylle dar.

PE = Max Weber: Die protestantisch Ethik und der Geist des Kapitalismus.
PdG = Georg Simmel: Philosophie des Geldes.

Ein persönliches Nachwort: Mit dieser Zusammenfassung von Informationen, die ich in meinen Lehrveranstaltungen ab 2004 gegeben habe, beende ich meine weit hinter diesen Zeitpunkt zurückreichenden Bemühungen, einer „Soziologie ohne Gesellschaft" (Adorno) entgegen zu arbeiten. Ich bedanke mich bei allen Mitarbeiterinnen und Mitarbeitern, insbesondere Tutorinnen und Tutoren, die mich bei diesem Unternehmen tatkräftig unterstützt haben.

Die Standardwerke von Klassikern und anderen Autoren wurden im Text mit einem signum zitiert. Diese abkürzenden Buchstaben und die Angaben zu den entsprechenden Büchern oder Aufsätze befinden sich jeweils im Anhang zu einem jeden Modell. Diese Anhänge tragen die Überschrift: „Texte und Textstellen zur Illustration und Vertiefung dieser Grundgedanken." Die dort gemachten Angaben werden hier nicht noch einmal zusammengestellt.

Literaturverzeichnis

AG Soziologie: Denkweisen und Grundbegriffe der Soziologie, 15. Auflage, Frankfurt/New York 2004.
Th. W. Adorno: Drei Studien zu Hegel, Frankfurt/M 1963.
Th. W. Adorno, E. Frenkel-Brunswik, Daniel J. Levinson und R. Nevitt: Studien zum autoritären Charakter (The Authoritarian Personality/1949/50), Frankfurt/M 1973.
Th. W. Adorno: Dissonanzen. Musik in der verwalteten Welt, Göttingen 1956.
Th. W. Adorno: Marginalien zu Theorie und Praxis, in ders.: Stichworte. Kritische Modelle 2, Frankfurt/M 1969.
Th. W. Adorno: Philosophische Terminologie, Band 1, Frankfurt/M 1973,
Th. W. Adorno: Negative Dialektik, Frankfurt/M 1975.
Th. W. Adorno: Soziologische Schriften I, Frankfurt/M 1979.
Th. W. Adorno: Einleitung in die Soziologie (Vorlesung von 1968), Frankfurt/M 1993.
Th. W. Adorno: Zur Lehre von der Geschichte und von der Freiheit, Frankfurt/M 2001.
AGF: Arbeitsgemeinschaft für Fernsehforschung: Die Sinus-Milieus® im Fernsehpanel, Frankfurt/M 2002.
W. d`Avis: Formalismus, Signatur unseres Zeitalters?. Die Herausforderung der Humanwissenschaften durch die Computerwissenschaften, Studientexte zur Sozialwissenschaft 9, Frankfurt/M 1989.
M. Altmeyer: Das Ende der Amöbensage lässt auf sich warten. Primärer Narzissmus oder primäre Intersubjektivität – bloß erkenntnistheoretisch ein Widerspruch?, in: *Psyche*, Heft 6 (2001).
L. Althusser: Marxismus und Ideologie, Westberlin, 1973.
Aristoteles: Nikomachische Ethik.
A. Augustinus: Bekenntnisse, Stuttgart 1950.
U. Beck: Jenseits von Klasse und Stand? Soziale Ungleichheit, gesellschaftliche Individualisierungsprozesse und die Entstehung neuer sozialer Formationen und Identitäten, in: R. Kreckel (Hg.).: Soziale Ungleichheiten, Sonderband 2 der Zeitschrift „Soziale Welt", Göttingen 1983, S. 35 ff.
U. Beck: Risikogesellschaft. Auf dem Weg in eine andere Moderne, Frankfurt/M 1986.
E. Becker/J. Ritsert: Drei Beiträge zur fröhlichen Wissenschaft, Studientexte zur Sozialwissenschaft, Sonderband 1, Frankfurt/M 1984.

J. Benjamin: Die Fesseln der Liebe. Psychoanalyse, Feminismus und das Problem der Macht, Frankfurt/M 1990.
P. Bourdieu: Ökonomisches Kapital, kulturelles Kapital, soziales Kapital, in: R. Kreckel (Hsg.): Soziale Ungleichheiten, in: Soziale Welt, Sonderband 2, Göttingen 1983.
P. Bourdieu: Die feinen Unterschiede. Kritik der gesellschaftlichen Urteilskraft, Frankfurt/M 1985.
P. Bourdieu: Der soziale Sinn. Kritik der theoretischen Vernunft, Frankfurt/M 1987.
P. Bourdieu: Die Regeln der Kunst, Frankfurt/M 1999
Ch. Brenner: Grundzüge der Psychoanalyse, Frankfurt/M 1967.
M. Brocker: Arbeit und Eigentum. Der Paradigmenwechsel in der neuzeitlichen Eigentumstheorie, Darmstadt 1992.
G. S. Brown: Laws of Form (Dt.: Gesetze der Form), Lübeck 1997).
Brüchert/Resch (Hrsg.): Zwischen Herrschaft und Befreiung. Kulturelle, politische und wissenschaftliche Strategien. Festschrift für H. Steinert, Münster 2002.
N. Burzan: Soziale Ungleichheit. Eine Einführung, Wiesbaden 2005.
M. T. Cicero: Vom pflichtgemäßen Handeln (*de officiis*), Stuttgart 1976.
R. Dahrendorf: Gesellschaft und Freiheit. Zur soziologischen Analyse der Gegenwart, München 1962.
R. Dahrendorf: Im Entschwinden der Arbeitsgesellschaft. Wandlungen der sozialen Konstruktion des menschlichen Lebens, in: Merkur 34 (1980), S. 749-760.
C. Daniel: Theorien der Subjektivität. Einführung in die Soziologie des Individuums, Frankfurt/New York 1981.
R. Descartes: Abhandlung über die Methode des richtigen Vernunftgebrauchs, Stuttgart 1961.
R. Descartes: Regeln zur Ausrichtung der Erkenntniskraft, Hamburg 1973.
E. Durkheim: Über soziale Arbeitsteilung, Frankfurt/M 1988 (2. Aufl.).
E. Durkheim: Die Regeln der soziologischen Methode, Frankfurt/M 1984.
U. Eco: Kant und das Schnabeltier, München 2000.
J. G. Fichte: Grundlage des Naturrechts, Hamburg 1979.
M. Foucault: Archäologie des Wissens, Frankfurt/M 1973.
A. Freud: Das Ich und die Abwehrmechanismen (1936), München 1964.
D. Frisby: Fragmente der Moderne. Georg Simmel – Siegfried Kracauer – Walter Benjamin, Rheda-Wiedenbrück, 1989.
E. Fromm: Psychoanalyse und Ethik (1947).
H. Garfinkel: Studies in Ethnomethodology, Englewood Cliffs, 1967.
Th. Geiger: Die Klassengesellschaft im Schmelztiegel, Köln/Hagen 1949.
Th. Geiger: Theorien der sozialen Schichtung, in ders.: Arbeiten zur Soziologie, Neuwied/Berlin 1962.
R. Geißler: Die Sozialstruktur Deutschlands. Ein Studienbuch zur Entwicklung im geteilten und vereinten Deutschland, Opladen 1992.
E. Goffman: Rahmen-Analyse. Ein Versuch über die Organisation von Alltagserfahrungen, Frankfurt/M 1974.
E. Goffman: Wir alle spielen Theater. Selbstdarstellung im Alltag, 20. Aufl., München 2002.
A. Gouldner: Die westliche Soziologie in der Krise, 2 Bände, Reinbek b. Hamburg 1978.

B. Güntzberg: Die Gesellschafts- und Staatslehre der Physiokraten, 1907
J. Habermas: Erkenntnis und Interesse, Frankfurt/M 1973.
J. Habermas: Der philosophische Diskurs der Moderne, Frankfurt/M 1985.
I. Hacking: Was heißt >soziale Konstruktion<? Zur Konjunktur einer Kampfvokabel in den Wissenschaften, Frankfurt/M 1999.
Hafeneger/Henkenborg/Scherr (Hrsg.): Pädagogik der Anerkennung. Grundlagen, Konzept, Praxisfelder, Schwalbach/Ts 2002.
Hall/Fagen: Definition des Systems, in: K. H. Tjaden (Hg.): Soziale Systeme – Materialien zur Dokumentation und Kritik soziologischer Ideologie, Neuwied 1971.
R. Harré: Gesellschaftliche Ikonen und Bilder von der Welt, in: H. Strasser/K. D. Knorr (Hg.): Wissenschaftssteuerung. Soziale Prozesse und Wissenschaftsentwicklung, Frankfurt/M 1976.
G. W. F. Hegel: Phänomenologie des Geistes, Hamburg 1952,
P. B. Hill: Rational-Choice-Theorie, Bielefeld 2002
Th. Hobbes: Leviathan oder Stoff, Form und Gewalt eines bürgerlichen und kirchlichen Staates (hrsg. v. I. Fetscher, Neuwied und Berlin 1966.
D. R. Hofstadter: Metamagikum. Kann sich in einer Welt voller Egoisten kooperatives Verhalten entwickeln? In: Spektrum der Wissenschaft, August 1983.
P.H. d'Holbach: System der Natur, Berlin 1960.
M. Horkheimer: Kritik der instrumentellen Vernunft, Frankfurt/M 1974.
Horkheimer/Adorno: Sociologica II. Reden und Vorträge, Frankfurt/M 1962.
St. Hradil: Soziale Ungleichheit in Deutschland, 8. Auflage, Wiesbaden, 2005.
Infas Institut: „Gesellschaft im Reformprozess", Juli 2006. Vgl. FR vom 17.10.2006, Seite 2.
I. Kant: Metaphysik der Sitten, Werke, Band IV, Darmstadt1960.
I. Kant: Idee zu einer allgemeinen Geschichte in weltbürgerlicher Absicht, in Werke VI, Darmstadt 1960.
I. Kant: Beantwortung der Frage: Was ist Aufklärung?, Werke VI, Darmstadt 1964.
S. Karsz: Theorie und Politik. Louis Althusser, Frankfurt/Berlin/Wien 1974.
M. Klein: Gesammelte Schriften (Hrsg. v. R. Cycon und H. Erb), Stuttgart-Bad-Cannstadt 1995 (Band II: Die Psychoanalyse des Kindes).
Knoll/Ritsert: Das Prinzip der Dialektik. Studien über strikte Antinomie und kritische Theorie, Münster 2006.
R. Kreckel: Klassentheorie am Ende der Klassengesellschaft, in: P. A. Berger/M. Vester (Hrsg.): Alte Ungleichheiten. Neue Spaltungen, Opladen 1998.
Lebenslagen in Deutschland. Der 2. Armuts- und Reichtumsbericht der Bundesregierung – Kurzfassung –, Stand April 2005.
G. Lenski: Macht und Privileg. Eine Theorie der Stratifikation", Frankfurt/M 1973.
N. Luhmann: Soziologische Aufklärung 1, Köln und Opladen 1970.
N. Luhmann: Gesellschaftsstruktur und Semantik. Studien zur Wissenssoziologie der modernen Gesellschaft, Frankfurt/M 1981.
N. Luhmann: Soziale Systeme. Grundriss einer allgemeinen Theorie, Frankfurt/M 1984.
E. Luttwak: Turbokapitalismus. Gewinner und Verlierer der Globalisierung, München 1999 und Interview mit E. Luttwak in „Die Zeit" 50 (1999).

K. Marx: Grundrisse zur Kritik der politischen Ökonomie (Rohentwurf), Frankfurt/M o.J.
Marx/Engels: Ausgewählte Schriften, Berlin 1963.
K. Marx: Kritik des Gothaer Programms, MEW 19.
K. Marx: Das Kapital, Band 1 (MEW 23),
G. H. Mead: Philosophie der Sozialität. Aufsätze zur Erkenntnisanthropologie, Frankfurt a. M. 1969.
G. H. Mead: The Philosophy of the Present (Ed. A. E. Murphy), Chicago and London 1980.
Mehan/Wood: The Reality of Ethnomethodology, New York/London/Sydney/Toronto 1975.
F. Nietzsche: Also sprach Zarathustra, in: Werke in drei Bänden, München 1955, Bd. 2.
C. Offe: >>Arbeitsgesellschaft<<. Strukturprobleme und Zukunftsperspektiven, Frankfurt/New York 1984.
T. Parsons: The Structure of Social Action. A Study in Social Theory with Special Reference to a Group of Recent European Writers (1937), Glencoe Ill. 1962.
T. Parsons: A Paradigm of the Human Condition, in ders.: Action Theory and the Human Condition, New York 1987.
M. Pauen: Illusion Freiheit? Mögliche und unmögliche Konsequenzen der Hirnforschung, Frankfurt/M 2004.
F. Petry: Der soziale Gehalt der Marxschen Werttheorie (1915), Bonn 1984.
Platon: Sämtliche Werke, Band II, Hamburg 1957.
D. Rae: Equalities, Cambridge and London 1989.
F. Reheis: Entschleunigung. Abschied vom Turbokapitalismus, München 2006.
J. Rifkin : Das Ende der Arbeit und ihre Zukunft. Neue Konzepte für das 21. Jahrhundert, Frankfurt/New York 2004.
W. Roscher: Geschichte der Nationalökonomie in Deutschland, Nachdruck 1992.
J. J. Rousseau: Contrat Social (diverse Editionen).
J. J. Rousseau: Diskurs über die Ungleichheit (Edition Meier), Paderborn/München/Wien/Zürich 1984.
J. R. Searle: Geist, Sprache und Gesellschaft, Frankfurt/M 2001.
J.R. Searle: Freiheit und Neurobiologie, Frankfurt/M 2004.
H. Sée: Französische Wirtschaftsgeschichte, 1. Band, Jena 1930.
R. Sennett: Der flexible Mensch. Die Kultur des neuen Kapitalismus, Darmstadt 1998.
P. Sheehy: Sparing Space. The Synchronic Identity of Social Groups, in: Philosophy of the Social Sciences, Vol. 36, Nr. 2 (2006), S. 131 ff.
G. Simmel: Philosophie des Geldes, Frankfurt/M 1989.
Sokal/Bricmont: Eleganter Unsinn. Wie die Denker der Postmoderne die Wissenschaften missbrauchen, München 1999.
W. Sombart: Liebe, Luxus und Kapitalismus. Über die Entstehung der modernen Welt aus dem Geist der Verschwendung, Berlin 1983.
W. Sombart: Der Bourgeois – Zur Geistesgeschichte des modernen Wirtschaftsmenschen (1913), Reinbek b. Hamburg 1988.

O. Spengler: Der Untergang des Abendlandes, Umrisse einer Morphologie der Weltgeschichte, 2 Bände, München 1922.
B. Spinoza: Epistula 59.
Statistisches Bundesamt (Hrsg.): Datenreport. Zahlen und Fakten über die Bundesrepublik Deutschland 1989, sowie Datenreport 2006. Über www.destatis.de zugängig.
Stanko/Ritsert: Zeit als Kategorie der Sozialwissenschaften. Münster 1994.
N. Stehr: Wissen und Wirtschaften. Die gesellschaftlichen Grundlagen der modernen Ökonomie, Frankfurt/M 2001.
H. Steinert: Zur Bestimmung des Gegenstandsbereichs der Sozialwissenschaften, in: W. Glatzer (Hg.): Ansichten der Gesellschaft. Ansicht der Gesellschaft. Frankfurter Beiträge zur Soziologie und Politikwissenschaft, Opladen 1999.
H. Steinert: Das Verhängnis der Gesellschaft und das Glück der Erkenntnis. *Dialektik der Aufklärung* als Forschungsprogramm, Münster 2007.
D. N. Stern: Die Lebenserfahrung des Säuglings, Stuttgart 1992.
Stone/Smith/Murphy: The Competent Infant: Research and Commentary, New York 1973.
B. Schmidt: Postmoderne – Strategien des Vergessens, Darmstadt und Neuwied 1986.
H. Schnädelbach: Die Aktualität der *Dialektik der Aufklärung,* in: H. Kunnemann, H. de Vries (Hg.): Die Aktualität der >Dialektik der Aufklärung< Frankfurt/New York 1989.
U. Schneider:Hauptgeschäftsführer des Deutschen Paritätischen Wohlfahrtsverbandes, in der Frankfurter Rundschau vom 17.10.2006, S. 2
R. Schüßler: Kooperation unter Egoisten: vier Dilemmata, München 1990.
A. Schütz: Gesammelte Aufsätze, Band 1, den Haag 1972.
R. Schützeichel: Sinn als Grundbegriff bei Niklas Luhmann, Frankfurt/M 2003.
G. Schulze: Die Erlebnisgesellschaft. Kultursoziologie der Gegenwart, Frankfurt/New York 1992.
F. Tönnies: Gemeinschaft und Gesellschaft, Diverse Neuauflagen. (z.B. Darmstadt 2005).
M. Vester et alt.: Soziale Milieus im gesellschaftlichen Strukturwandel. Zwischen Integration und Ausgrenzung, Frankfurt/M 2001.
M. Walzer: Sphären der Gerechtigkeit. Ein Plädoyer für Pluralität und Gerechtigkeit, Frankfurt/New York 1992.
M. Weber: Die protestantische Ethik und der Geist des Kapitalismus, in ders.: Gesammelte Aufsätze zur Religionssoziologie I, Tübingen 1922 ff..
M. Weber: Gesammelte Aufsätze zur Wissenschaftslehre, Tübingen 1922 ff.
M. Weber: Gesammelte politische Schriften (hrsg. v. J. Winckelmann), Tübingen 1971.
J. Whitebook: Die Grenzen des >intersubjective turn<. Eine Erwiderung auf Axel Honneth, in: *Psyche,* Heft 3 (2003), S. 253 f.
G. Willke: Die Zukunft unserer Arbeit, Frankfurt/New York 1999.
D. W. Winnicott: Reifungsprozesse und fördernde Umwelt, München 1974.
E. O. Wright: Class Counts. Comparative studies in class analysis (Cambridge 1997).
G. Ziebura: Frankreich 1789-1870. Entstehung einer bürgerlichen Gesellschaftsformation, Frankfurt/New York 1979.

Anmerkungen zum Teil I.

[1] Zur Vertiefung des Verständnisses sozialwissenschaftlicher Grundbegriffe vgl. AG Soziologie: Denkweisen und Grundbegriffe der Soziologie, 15. Auflage, Frankfurt/New York 2004.

[2] Zu Hauptdimensionen des Freiheitsbegriffes vgl. J. Ritsert: Bestimmung und Selbstbestimmung. Zur Idee der Freiheit, Hamburg 2007, S. 7-21.

[3] Vgl. J. Ritsert, a.a.O.; S. 26-28.

[4] J.R. Searle: Freiheit und Neurobiologie, Frankfurt/M 2004, S. 41.

[5] Standardwerke, die im Folgenden immer wieder zitiert werden, erhalten ein *signum*.

[6] Kants Begriff des „Gesetzes" in diesem Zusammenhang (vgl. GMS 41) ist schwierig. Ich kann ihn hier nicht vertiefen. Vgl. auch GMS 55.

[7] Vgl zum Folgenden auch J. Ritsert: Bestimmung und Selbstbestimmung, a.a.O.; S. 48 ff. und ders.: „Was ist Kommunitarismus?", Manuskript Frankfurt/M 1995 (Download von der home-page ist möglich).

[8] Die viel diskutierten Grenzfälle, wo der Test nicht funktioniert, lasse ich hier unbehandelt.

[9] M. Horkheimer: Kritik der instrumentellen Vernunft, Frankfurt/M 1974, S. 15.

[10] Ebd.

[11] Zum „Rousseau-Problem" s. J. Ritsert: Bestimmung und Selbstbestimmung, a.a.O.; S. 21-24. und 109-111.

[12] Vgl. K. Marx: Grundrisse zur Kritik der politischen Ökonomie (Rohentwurf), Frankfurt/M o.J. , S. 21 ff.

[13] R. Descartes: Regeln zur Ausrichtung der Erkenntniskraft, Hamburg 1973. (Regula Quinta).

[14] R. Descartes: Abhandlung über die Methode des richtigen Vernunftgebrauchs, Stuttgart 1961, S. 19.

[15] K. Marx: Grundrisse, a.a.O.; S. 6.

[16] A.a.O.; S. 22.

[17] Der Ausdruck „zweite Natur" stammt von G. W. F. Hegel. In seinen „Grundlinien der Philosophie des Rechts" heißt es im § 4, ein ideales Rechtssystem sei das „Reich der verwirklichten Freiheit, die Welt des Geistes aus ihm selbst hervorgebracht, als eine zweite Natur …"

[18] Vgl. dazu J. Ritsert: Bestimmung und Selbstbestimmung, a.a.O.; S. 92 ff.

[19] Th. W. Adorno: Zur Lehre von der Geschichte und von der Freiheit, Frankfurt/M 2001, S. 247.

[20] Th. W. Adorno: Soziologische Schriften I, Frankfurt/M 1979, S. 67.

[21] E. Fromm: Psychoanalyse und Ethik, Stuttgart/Konstanz 1954, S. 35

[22] Ebd.

[23] A.a.O.; S. 36.

[24] Ebd.

[25] „Thanatos" ist der griechische Gott des Todes, „Hypnos", der Schlaf, sein Zwillingsbruder.

[26] J. Whitebook: Die Grenzen des >intersubjective turn<. Eine Erwiderung auf Axel Honneth, in: *Psyche,* Heft 3 (2003), S. 253 f.
[27] So z.B. M. Klein: Gesammelte Schriften (Hrsg. v. R. Cycon und H. Erb), Stuttgart-Bad-Cannstadt 1995 (Band II: Die Psychoanalyse des Kindes). D. N. Stern: Die Lebenserfahrung des Säuglings, Stuttgart 1992. L. J. Stone/H.T Smith/L.B. Murphy: The Competent Infant: Research and Commentary, New York 1973. D. W. Winnicott: Reifungsprozesse und fördernde Umwelt, München 1974.
[28] M. Altmeyer: Das Ende der Amöbensage lässt auf sich warten. Primärer Narzissmus oder primäre Intersubjektivität – bloß erkenntnistheoretisch ein Widerspruch?, in: *Psyche,* Heft 6 (2001).
[29] Zur Kritik an Freuds Lehre vom primären Narzissmus vgl. auch J. Benjamin: Die Fesseln der Liebe. Psychoanalyse, Feminismus und das Problem der Macht, Frankfurt/M 1990.
[30] Vgl. dazu J. Habermas: Erkenntnis und Interesse, Frankfurt/M 1973, S. 262 ff.
[31] A. Freud: Das Ich und die Abwehrmechanismen (1936), München 1964.
[32] Ch. Brenner: Grundzüge der Psychoanalyse, Frankfurt/M 1967, S. 29.
[33] A.a.O.; S. 107 und 108.
[34] Th. W. Adorno, E. Frenkel-Brunswik, Daniel J. Levinson und R. Nevitt: Studien zum autoritären Charakter (The Authoritarian Personality/1949/50), Frankfurt/M 1973, Vgl dazu ausführlicher J. Ritsert: Vorlesung über „Sozialcharaktere in der Geschichte der bürgerlichen Gesellschaft", Datei Socar VI (Internetseite: www.ritsert-online.de),
[35] Der englische Originaltitel lautet: Mind, Self and Society. From the standpoint of a social behaviourist (1934).
[36] Vgl. dazu das Schema auf der Seite 90 von J. Ritsert: Soziologie des Individuums. Eine Einführung, Darmstadt 2001.
[37] G. H. Mead: The Philosophy of the Present (Ed. A. E. Murphy), Chicago and London 1980, S. 69.
[38] Vgl. dazu J. Ritsert: Sozialphilosophie und Gesellschaftstheorie, Münster 2004, S. 37 ff.
[39] G. H. Mead: Philosophie der Sozialität. Aufsätze zur Erkenntnisanthropologie, Frankfurt a. M. 1969, S. 106.
[40] A.a.O.; S. 299.
[41] Man kann sagen, das „Me" entspräche teilweise dem „Über-Ich" von Freud; denn Komponenten des Gewissens gehören dazu. Aber das „Me" fasst letztlich all das zusammen, was sich dem Individuum unter gesellschaftlichen Bedingungen und Zwängen seelisch eingeprägt hat. Mead spricht auch vom „sozialen Selbst" oder der „sozialen Identität" (vgl. GA I; 241 ff.).
[42] J. G. Fichte: Grundlage des Naturrechts, Hamburg 1979, S. 69.
[43] Vgl. dazu J. Ritsert: Soziologie des Individuums, a.a.O.; S. 104-109 sowie ders.: Bestimmung und Selbstbestimmung, a.a.O.; S. 29 ff.
[44] Voraussetzung dafür ist eine Auseinandersetzung mit der Kantischen Freiheitsantinomie. Dazu J. Ritsert: Kleines Lehrbuch der Dialektik, Darmstadt 1997, S. 63-73.

[45] Ich verändere die teilweise abenteuerliche Übersetzung von GIG. Wo der Übersetzer auf nur begrenzt witzige Weise „das ICH" für das „Me" einsetzt, schreibe ich „Sozialcharakter". Wo er „das Ich" erwähnt, ist die Ich-Identität, also die Reflexion gemeint.

[46] Vgl. J. Ritsert: Bestimmung und Selbstbestimmung, a.a.O.; S. 37 ff. Vgl. auch die Auseinandersetzung mit der gegenwärtigen Skepsis hinsichtlich der Existenz eines freien Willens des Menschen, die einige Hirnphysiologen entschlossen nähren. S. z.B.: M. Pauen: Illusion Freiheit? Mögliche und unmögliche Konsequenzen der Hirnforschung, Frankfurt/M 2004.

[47] Interessant in philosophischer Hinsicht ist beispielsweise seine Schrift: The Philosophy of the Present (ed. A. E. Murphy), Chicago and London 1980 (1932).

[48] In Hegels berühmter Parabel von „Herr und Knecht" entspricht dem der „Kampf auf Leben und Tod", der wiederum an Hobbes Lehre vom „Krieg aller gegen alle" im Ausgangszustand der Menschheit erinnert. Vgl. dazu J. Ritsert: Asymmetrische und reine Anerkennung. Notizen zu Hegels Parabel über 'Herr und Knecht`, in Hafeneger/Henkenborg/Scherr (Hrsg.): Pädagogik der Anerkennung. Grundlagen, Konzept, Praxisfelder, Schwalbach/Ts 2002, S. 80 ff.

[49] Vgl. I. Kant: Idee zu einer allgemeinen Geschichte in weltbürgerlicher Absicht, in Werke VI, S. 33 ff.

[50] M. Weber: Wirtschaft und Gesellschaft. Grundriss der verstehenden Soziologie (1922). Von diesem Werk gibt es verschiedene Ausgaben. Ich zitiere die Studienausgabe (hrsg. v. J. Winckelmann), 2 Halbbände, Köln/Berlin 1956, gebe jedoch zur leichteren Orientierung Kapitel und §§ an.

[51] Die soziologischen Grundbegriffe gibt es auch in gesonderten Ausgaben; z.B. Stuttgart 1984.

[52] Max Weber hat in seinem programmatischen Aufsatz über: „Die >>Objektivität<< sozialwissenschaftlicher und sozialpolitischer Erkenntnis" (in ders: Gesammelte Aufsätze zur Wissenschaftslehre, Tübingen 192 ff., S. 209 f.) den Begriff „Wert" als das Schmerzenskind der Sozialwissenschaften bezeichnet. Der Sinnbegriff steht dem in nichts nach, zumal Werte als Sinnkomponenten angesehen werden können.

[53] Der Logiker Gottlob Frege (1848-1925) hat die Einsicht vermittelt, dass Begriffe und Aussagen den gleichen Umfang, aber verschiedenen Inhalt haben können. Die Sätze „il pleut" und „es regnet" sind als fremdsprachliche Aussagen intensional verschieden, beziehen sich jedoch auf das gleich Ereignis.

[54] Vgl WuG S. 4.

[55] Dieser Typus kommt bei Weber im Original an vierter Stelle. Aus noch zu nennenden Gründen gruppiere ich hier um.

[56] „Legitimus" bedeutet im Latein „gesetzmäßig" oder „rechtmäßig", aber auch „schicklich" und „gehörig".

[57] Vgl. dazu J. J. Rousseau: Contrat Social I/III.

[58] F. Tönnies: Gemeinschaft und Gesellschaft, Diverse Neuauflagen. (Etwa Darmstadt 2005).

[59] Dem entspricht das wertrationale Handeln bei Weber.

[60] Zu diesem Spektrum vgl. WuG S. 28.

⁶¹ Vgl. WuG 680. Vgl. auch J. Ritsert: Soziale Klassen, Münster 1998, S. 77 ff.
⁶² A. Gouldner: Die westliche Soziologie in der Krise, 2 Bände, Reinbek b. Hamburg 1974, S. 210.
⁶³ Wegen der besonderen Bedeutung des äußerst interpretationsbedürftigen Begriffs der sozialen *Struktur* wird der Ansatz von Parsons und einiger Kulturanthropologen auch als „Strukturfunktionalismus" bezeichnet.
⁶⁴ Die gebräuchliche Unterscheidung zwischen latenter und manifester Funktion stammt von Robert K. Merton (1910-2003), einem ebenfalls sehr einflussreichen Vertreter des Funktionalismus.
⁶⁵ Dem entspricht die sog. Standarddefinition von „System" durch Hall und Fagen, die „System" als eine „Menge von Objekten zusammen mit Beziehungen zwischen diesen Objekten und zwischen ihren Merkmalen" festlegen. A. D. Hall/D. E. Fagen: Definition des Systems, in: K. H. Tjaden (Hg.): Soziale Systeme – Materialien zur Dokumentation und Kritik soziologischer Ideologie, Neuwied 1971, S. 94.
⁶⁶ N. Luhmann: Soziale System. Grundriss einer allgemeinen Theorie, Frankfurt/M 1984, S. 22. Das darauf folgende Zitat findet sich auf Seite 23.
⁶⁷ Am Ursprung seiner Überlegungen stehen seine sog. „pattern variables" (Unübersetzbar; denn „Mustervariablen" klingt ausgesprochen bescheuert). Sie stellen eine Form von Handlungsdilemmata dar, vor das nach seiner Auffassung ein jedes Handeln von Menschen gestellt sei. Vgl dazu E. Becker/J. Ritsert: Drei Beiträge zur fröhlichen Wissenschaft, Studientexte zur Sozialwissenschaft, Sonderband 1, Frankfurt/M 1984, S. 104 f.
⁶⁸ Vgl. Becker/Ritsert, a.a.O., S. 110.
⁶⁹ Charakteristisch für diesen Anspruch ist vor allem die Schrift von T. Parsons: A Paradigm of the Human Condition, in ders.: Action Theory and the Human Condition, New York 1987.
⁷⁰ T. Parsons: The Structure of Social Action. A Study in Social Theory with Special Reference to a Group of Recent European Writers (1937), Glencoe Ill. 1962.
⁷¹ D. R. Hofstadter: Metamagikum. Kann sich in einer Welt voller Egoisten kooperatives Verhalten entwickeln? In: Spektrum der Wissenschaft, August 1983.Vgl. auch R. Schüßler: Kooperation unter Egoisten: vier Dilemmata, München 1990.
⁷² N. Luhmann: Wie ist soziale Ordnung möglich? In ders.: Gesellschaftsstruktur und Semantik. Studien zur Wissenssoziologie der modernen Gesellschaft, Frankfurt/M 1981, S. 195.
⁷³ H. Steinert: Zur Bestimmung des Gegenstandsbereichs der Sozialwissenschaften, in: W. Glatzer (Hg.): Ansichten der Gesellschaft. Frankfurter Beiträge zur Soziologie und Politikwissenschaft, Opladen 1999, S. 66. Vgl auch O. Brüchert/Chr. Resch (Hrsg.): Zwischen Herrschaft und Befreiung. Kulturelle, politische und wissenschaftliche Strategien. Festschrift für H. Steinert. (Vgl. die Einleitung von O. Brüchert und Chr. Resch, S. 10 ff.), Münster 2002.
⁷⁴ A. Gouldner, a.a.O.; S. 306. Einflussreich war auch die Parsons-Kritik von R. Dahrendorf: Gesellschaft und Freiheit. Zur soziologischen Analyse der Gegenwart, München 1962, insbes. Kap. 3, S. 49 ff.

[75] Deswegen hat R. Dahrendorf in den 60er Jahren den Vorschlag gemacht, die Integrationstheorie der Gesellschaft durch eine Konflikttheorie zu ergänzen. Vgl. R. Dahrendorf: Pfade aus Utopia. Zu einer Neuorientierung der soziologischen Analyse, in ders.: Gesellschaft und Freiheit, a.a.O.; S. 85 ff.

[76] Vgl. dazu vor allem Simmels *„Exkurs über das Problem: Wie ist Gesellschaft möglich?*, in ders.: Soziologie, a.a.O.; S. 42 ff.

[77] Vgl. R. Schützeichel: Sinn als Grundbegriff bei Niklas Luhmann, Frankfurt/M 2003.

[78] Vgl. Dazu Becker/Ritsert: Drei Beiträge zur fröhlichen Wissenschaft, a.a.O.; S. 107.

[79] „Die Differenz System/Umwelt kommt zweimal vor: als *durch* das System *produzierter* Unterschied und als im System *beobachteter* Unterschied" (GdG 45).

[80] An einer Stelle kann man angesichts seiner Beurteilung eines bestimmten theoretischen Anfangspunkte den Stoßseufzer von Luhmann vernehmen: „ … schlimmer noch: er legt die Theorie zu konkret fest" (GuS 246).

[81] Vgl. dazu GdG 396 ff.

[82] Vgl. N. Luhmann: Funktion und Kausalität, in ders.: Soziologische Aufklärung, Opladen 1970, S. 9 ff. I

[83] Platon: Sämtliche Werke, Band II, (Symposion), Hamburg 1957, S. 236 f.

[84] P. B. Hill: Rational-Choice-Theorie, Bielefeld 2002, S. 546.

[85] E. Goffman: Wir alle spielen Theater. Selbstdarstellung im Alltag, 20. Aufl., München 2002.

[86] E. Goffman: Rahmen-Analyse. Ein Versuch über die Organisation von Alltagserfahrungen, Frankfurt/M 1974, S. 274.

[87] Th. W. Adorno: Negative Dialektik, Frankfurt/M 1975, S. 217.

[88] „Die These, die hier vertreten werden soll, besagt, dass die Instanz, die Rollenerwartungen und Sanktionen bestimmt, sich in dem Ausschnitt der in Bezug der in Bezugsgruppen geltenden Normen und Sanktionen finden lässt, der sich auf durch diese Gruppen lokalisierte Positionen und Rollen bezieht" (HS 34).

[89] Dahrendorf stellt zudem Verbindungslinien zu Kants Lehre vom empirischen und intelligiblen Charakter her (vgl. HS 64).

[90] Vgl. dazu C, Daniel: Theorien der Subjektivität. Einführung in die Soziologie des Individuums, Frankfurt/New York 1981, S. 213 ff.

[91] M. Foucault: Archäologie des Wissens, Frankfurt/m 1973, S. 139.

[92] A.a.O.; S. 136.

[93] S. Karsz: Theorie und Politik. Louis Althusser, Frankfurt/Berlin/Wien 1974, S. 289.

[94] Althusser macht einen Unterschied zwischen dem repressiven Staatsapparat, der mit den Mitteln der Staatsgewalt operiert und den ideologischen Staatsapparaten, die „auf der Grundlage der Ideologie 'arbeiten." L. Althusser: Marxismus und Ideologie, Westberlin, 1973, S. 130. (Fettdruck im Original).

[95] Vgl. a.a.O.; S. 146.

[96] A.a.O.; S. 156 ff. Zitat (fett im Orig.) S. 157.

[97] Th. W. Adorno: Zur Lehre von der Geschichte und von der Freiheit, Frankfurt/M 2001, S. 247.

[98] A.a.O.; S. 370.

[99] G. Schulze: Die Erlebnisgesellschaft. Kultursoziologie der Gegenwart, Frankfurt/New York 1992.
[100] A.a.O.; S. 35.
[101] A.a.O.; S. 174. Vgl. auch die Aussage: „Soziale Milieus bilden sich in unserer Gesellschaft durch Beziehungswahl. Öffnung oder Abgrenzung in der Alltagsinteraktion, Angleichung oder Distanzierung von Persönlichkeiten und subjektiven Standpunkten, Gefühle von Vertrautheit oder Nähe, Akklamation des Passenden und Missbilligung von Stilbrüchen – all diese milieuerzeugenden Handlungstendenzen setzen voraus, das sich Menschen gegenseitig einordnen." A.a.O.; S. 277.
[102] M. Vester: Soziale Milieus im gesellschaftlichen Strukturwandel. Zwischen Integration und Ausgrenzung, Frankfurt/M 2001, S. 16.
[103] G. Simmel: Philosophie des Geldes, Frankfurt/M 1989, S. 378. Vom H. Veith wird die Simmel-These so gefasst: „Unabhängig davon, ob Individualisierungsprozesse unter der Perspektive funktionaler Differenzierung oder struktureller Pluralisierung, abnehmender Gemeinschaftsbindung oder fortschreitender Optionalisierung (was ist das? – J.R.) beschrieben werden, erscheint mindestens der Befund unstrittig, dass mit dem potentiellen Zuwachs sozialer Handlungsmöglichkeit eine Steigerung des Bewusstseins, ein individuelles Selbst zu sein, verbunden ist" (SMM 305).
[104] A.a.O.; S. 396.
[105] R. Sennett: Der flexible Mensch. Die Kultur des neuen Kapitalismus, Darmstadt 1998, S. 80.
[106] E. Durkheim: Die Regeln der soziologischen Methode, Frankfurt/M 1984, S. 115.
[107] Zum Überblick s. J. Ritsert: Gesellschaft. Ein unergründlicher Grundbegriff der Soziologie, a.a.O.; S. 49 ff.
[108] Vgl. J. R. Searle: Geist, Sprache und Gesellschaft, Frankfurt/M 2001, S. 174 ff.
[109] Das Projekt der Zurückverfolgung sozialer Tatsachen bis in die Tatsachen des individuellen Bewusstseinslebens unternimmt Alfred Schütz (1899-1959).
Vgl. A. Schütz: Gesammelte Aufsätze, Band 1, den Haag 1972, S. 9.
[110] I. Hacking: Was heißt >soziale Konstruktion<? Zur Konjunktur einer Kampfvokabel in den Wissenschaften, Frankfurt/M 199, S. 46. Hacking kritisiert diesen Standpunkt.
[111] U. Eco: Kant und das Schnabeltier, München 2000, S. 62.
[112] Dagegen A. Sokal und Jean Bricmont: Eleganter Unsinn. Wie die Denker der Postmoderne die Wissenschaften (gemeint sind die Naturwissenschaften – J.R.) missbrauchen, München 1999, S. 117.
[113] Es gehört zur Ironie der Ethnomethodologen, von der sie sich nach außen hin freihalten wollen, in der Forschung ihr sog. „breeching experiments" einzusetzen. Um herauszufinden, welche stillschweigenden Regeln in einer sozialen Situation am Werke sind, verstoßen sie gegen den gewohnten Regelkanon der Nichteinmischung. Sie irritieren natürlich die Ansprechpartner und provozieren sie zu erhellenden Reaktionen. „Wie geht`s Dir?" – „Was geht es Dich an, wie es mir geht". Da wird gegen ein Grußritual verstoßen, um zu sehen, was da alles im Sprachspiel ist.
[114] H. Garfinkel: Studies in Ethnomethodology, Englewood Cliffs, 1967, S. 7.

[115] H. Mehan and H. Wood: The Reality of Ethnomethodology, New York/London/Sydney/Toronto 1975. Vgl. insbesondere das Kapitel 2: "Five Features of Reality", a.a.O.; S. 8 ff.

[116] Den Hinweis auf diesen Zusammenhang verdanke ich dem Dramaturgen Carl Georg Hegemann.

[117] Das bekannteste Buch Bourdieus ist zweifellos: Die feinen Unterschiede. Kritik der gesellschaftlichen Urteilskraft, Frankfurt/M 1985.

[118] Vgl. AGF (Arbeitsgemeinschaft für Fernsehforschung): Die Sinus-Milieus® im Fernsehpanel, Frankfurt/M 2002.

[119] Bourdieu definiert den Habitus ausdrücklich als „System dauerhafter und übertragbarer Dispositionen". P. Bourdieu: Der soziale Sinn. Kritik der theoretischen Vernunft, Frankfurt/M 1987, S. 98.

[120] Einen Überblick über seine Kapitaltheorie gibt P. Bourdieu in: Ökonomisches Kapital, kulturelles Kapital, soziales Kapital, in: R. Kreckel (Hsg.): Soziale Ungleichheiten, in: Soziale Welt, Sonderband 2, Göttingen 1983, S. 183 ff.

[121] P. Bourdieu: Die Regeln der Kunst, Frankfurt/M 1999, S. 286.

Anmerkungen zum Teil II:

[122] Vgl. dazu z.B. J. Ritsert: Anerkennung als Prinzip der Gesellschaftskritik. Über die Wurzeln bei Kant, Fichte und Hegel, Frankfurt/M 2007. www.ritsert-online.de.

[123] Vgl. dazu auch J. Ritsert: Gerechtigkeit und Gleichheit, Münster 1997, S. 60 ff.

[124] D. Rae: Equalities, Cambridge and London 1989; M. Walzer: Sphären der Gerechtigkeit. Ein Plädoyer für Pluralität und Gerechtigkeit, Frankfurt/New York 1992.

[125] D. Rae: Equalities, Harvard 1981.

[126] M. Walzer: Sphären der Gerechtigkeit. Ein Plädoyer für Pluralität und Gleichheit, Frankfurt/New York 1992, S. 15.

[127] Einem Gerücht zufolge hat die Benennung *nikomachische* Ethik etwas mit dem Namen eines Sohnes oder eines anderen Verwandten von Aristoteles zu tun.

[128] Randglossen zum Programm der Deutschen Arbeiterpartei (Kritik des Gothaer Programms).

[129] St. Hradil: Soziale Ungleichheit in Deutschland, 8. Auflage, Wiesbaden, 2005, S. 31.

[130] M. Weber: Wirtschaft und Gesellschaft, Tübingen 1956, Erstes Kapitel: Soziologische Grundbegriffe, § 16.

[131] Ebd.

[132] J. J. Rousseau: Diskurs über die Ungleichheit (Edition Meier), Paderborn/München/Wie/Zürich 1984, S. 67.

[133] Dieser Sprachgebrauch stimmt natürlich insofern nicht mit unserer Alltagssprache ganz überein, dass zum Beispiel Diebstahl als „Aneignung" fremder Besitztümer bezeichnet wird.

[134] *Proprius* bedeutet im Latein eigentlich nichts mehr als die ausschließliche Zugehörigkeit, aber z.B. auch Wesenszüge von Sachverhalten.

¹³⁵ P.H. d'Holbach: System der Natur, Berlin 1960, S. 443 f.

¹³⁶ Man könnte sich sogar zumuten, die heilige Kuh des „Privateigentums" ein Stück weit von der Mitte des Eises wegzuziehen. Wer hat etwas gegen „Privateigentum" im Sinne von Chancen der Aneignung des Lebensnotwendigen, von persönlichem Besitz, anerkanntem Eigentum, das institutionell abgesichert ist? Ideologen müssen Aufwand betreiben, um die übliche Gleichsetzung von „Privateigentum" mit dem „*exklusiven* Besitz" etc. von Herren zu rechtfertigen und zu verschleiern.

¹³⁷ Die „Ulpian-Formeln" stellen einen darauf zielenden Gebotskatalog dar, der von Domitius Ulpianus (170-228) aus der Antike stammt und dem noch Kant eine hervorragende Bedeutung für die „Metaphysik der Sitten" beimisst. (a) *Honeste Vive!* Lebe ehrenhaft und bleibe ein rechtschaffener Mensch. Rechtliche Ehrbarkeit (*honestas iuridica*) besteht nach Kant darin, den eigenen Wert im Verhältnis zu anderen zu bewahren und deren Menschenwürde zu achten. (b) *Neminem Laede!* Füge niemandem Schaden zu. „Laesio" bedeutet eine Praxis zu Lasten und zum Schaden anderer. (c) *Suum cuique tribue!* Das liest sich fast wie ein antikes „Sozialstaatsprinzip". Denn es wird auf eine eigentumstheoretisch relevante Weise gefordert, dass jedermann „des Seinen" (*suum*) sicher sein kann. Damit sind wohl in Übereinstimmung mit dem Prinzip der Selbsterhaltung Zustände gemeint, worin sich jeder Einzelne wenigstens das für seinen Lebensunterhalt Notwendige aneignen kann.

¹³⁸ Vgl. dazu dass übersichtliche und informative Buch von M. Brocker: Arbeit und Eigentum. Der Paradigmenwechsel in der neuzeitlichen Eigentumstheorie, Darmstadt 1992.

¹³⁹ „Es gibt aber von Natur keinerlei Privateigentum, sondern entweder aufgrund weit zurückliegender Inbesitznahme ... oder aufgrund eines Sieges ..." M. T. Cicero: Vom pflichtgemäßen Handeln (*de officiis*), Stuttgart 1976, S. 21 f.

¹⁴⁰ I. Kant: Metaphysik der Sitten, Werke, Band IV, a.a.O.; S. 369 (A 78).

¹⁴¹ Dem entspricht das *suum internum* bei Hugo Grotius. Vgl. dazu J. Ritsert: Soziale Diskrepanzen. Konzepte und Kategorien einer Theorie sozialer Ungleichheit, Teil I: Genesis, Studientexte zur Sozialwissenschaft, Band 8/IFrankfurt/M 1994, S. 80 ff.

¹⁴² Bei Rousseau gibt es durchaus auch Anspielungen auf die Arbeitstheorie des Eigentums: „Aber von dem Augenblick an, da ein Mensch die Hilfe eines anderen nötig hatte, sobald man bemerkte, dass es für den einzelnen nützlich war, Vorräte für zwei zu haben, verschwand die Gleichheit, das Eigentum kam auf, die Arbeit wurde notwendig und die weiten Wälder verwandelten sich in lachende Felder, die mit dem Schweiß der Menschen getränkt werden mussten und in denen man bald die Sklaverei und das Elend sprießen und mit den Ernten wachsen sah." J. J. Rousseau: Diskurs II (Ed. Schmidt), S. 195 f.

¹⁴³ Die Darstellung im Teil A dieses Kapitels deckt sich weitgehend mit meinem Aufsatz: J. Ritsert: Francois Quesnay. Historische Wurzeln des reproduktionstheoretischen Klassenbegriffs, Seminarmaterialien 6, Frankfurt/M 1987. Download: www.ritsert-online.de.

¹⁴⁴ S. dazu auch G. Ziebura: Frankreich 1789-1870. Entstehung einer bürgerlichen Gesellschaftsformation, Franklfurt/New York 1979, S. 25 ff.

¹⁴⁵ B. Güntzberg: Die Gesellschafts- und Staatslehre der Physiokraten, 1907 (S. 18)

¹⁴⁶ K. Marx: MEW 26.1.; S. 319.

[147] „Hauptsächlich ist es die Größe des Besitzes, die die verschiedenen Klassen (= Fraktionen; J. R.) der Bauernschaft bestimmt. Die Mehrzahl der Landleute hat nicht genug Grund und Boden, um ausschließlich von der Bewirtschaftung ihres Besitzes leben zu können. Solche, die über einige Mittel verfügen, werden Pächter oder Halbmeier; die weniger Vermöglichen fristen ihr Dasein als Tagelöhner oder Dienstboten." (H. Sée: Französische Wirtschaftsgeschichte, 1. Band, Jena 1930, S. 156).

[148] Sée, a.a.O., S. 270

[149] Vgl. dazu auch J. Ritsert: Vorlesung über Herr und Knecht. Hintergrundannahmen sozialwissenschaftlicher Ungleichheitstheorien im Lichte einer klassischen Parabel, Kapitel 4: Appropriation des Surplusprodukts. Datei HUKIV.2006.doc sowie Tableau VI in der Datei HUK-Tableaus.doc Download: www.ritsert-online.de

[150] M. Weber: Wirtschaft und Gesellschaft. Grundriss der verstehenden Soziologie, Tübingen 1956, „Soziologische Grundbegriffe" § 8.

[151] Zu einem Bearbeitungsvorschlag vgl. J. Ritsert: Ideologie. Theoreme und Probleme der Wissenssoziologie, Münster 2002, S. 73 ff.

[152] Vgl. dazu J. Ritsert: Soziale Klassen, Münster 1998, S. 58-77.

[153] K. Marx: Kritik des Gothaer Programms, MEW 19, S. 19.

[154] K. Marx: Das Kapital, Band 1 (MEW 23), Anfang des Kapitels 11.

[155] Hier lassen sich nach meiner Auffassung durchaus in jüngerer Zeit Fortschritte hinsichtlich der *Klärung* ehemals als unantastbar angesehener, schwieriger Begriffe und Thesen registrieren. Besonders überzeugend kommen wir all diejenigen Interpretationsversuche vor, welche sich bis zu Franz Petrys frühem Entwurf einer qualitativen Wertanalyse im Anschluss an Marx zurückverfolgen lassen. Vgl. F. Petry: Der soziale Gehalt der Marxschen Werttheorie (1915), Bonn 1984. Arbeiten, die in diese Richtung gehen, liegen vor allem von H. G. Backhaus, H. Reichelt, M. Postone und M. Heinrich vor.

[156] Vg. K. Marx: Das Kapital, Band 2 (MEW 24). Erster Abschnitt mit dem Titel „Die Metamorphosen das Kapitals und ihr Kreislauf."

[157] Vgl. K. Marx: Grundrisse zur Kritik der politischen Ökonomie (Rohentwurf), Frankfurt/M o.J., S. 433.

[158] Marx/Engels: Ausgewählte Schriften, Berlin 1963, S. 77.

[159] Meines Erachtens ist ein zweite wichtige Komponente zu diesem Prozess der ökonomischen Reproduktion der Gesellschaft hinzunehmen: die Reproduktion der Gattung im Generationen- und Geschlechterverhältnis. Dementsprechend sagt Marx, der Sachverhalt, „dass die Menschen, die ihr eignes Leben täglich neu machen, anfangen, andre Menschen zu machen, sich fortzupflanzen – das Verhältnis zwischen Mann und Weib, Eltern und Kindern, die *Familie*" bedeute neben der Produktion von Mitteln zur Befriedigung der Bedürfnisse, der Veränderung und Vervielfältigung der Bedürfnisse im Verlauf der Geschichte der Veranstaltungen zu ihrer Befriedigung eine Bedingung der menschlichen Existenz. MEW 3; S. 29.

[160] Vgl. J. Ritsert Ideologie, a.a.O.; S. 75 ff. sowie J. Ritsert: Dialektische Argumentationsfiguren in Philosophie und Soziologie. Hegels Logik und die Sozialwissenschaften, Münster 2008.

[161] Natürlich gibt eine Reihe Ansätzen von Problemlösungen. Um nur drei recht verschiedene zu nennen: Den Ansatz von G. Lenski in seinem Buch „Macht und Privileg. Eine Theorie der Stratifikation" (Frankfurt/M 1973) oder E. O. Wright: Class Counts. Comparative studies in class analysis (Cambridge 1997). Die subtilste logische Bearbeitung des Problems finde ich weiterhin in der Ideologietheorie Th. W. Adornos. (Vgl. dazu J. Ritsert: Ideologie, a.a.O.; S. 73-99).

[162] Vgl. U. Beck: Jenseits von Klasse und Stand? Soziale Ungleichheit, gesellschaftliche Individualisierungsprozesse und die Entstehung neuer sozialer Formationen und Identitäten, in: R. Kreckel (Hg.).: Soziale Ungleichheiten, Sonderband 2 der Zeitschrift „Soziale Welt", Göttingen 1983, S. 35 ff.

[163] M. Weber: Die protestantische Ethik und der Geist des Kapitalismus, Vorbemerkung, in ders.: Gesammelte Aufsätze zur Religionssoziologie I, Tübingen 1922 ff., S. 5.

[164] „Chance" ist ein Begriff, den Weber des Öfteren verwendet. Gemeint sind 1. Tatsächlich vorhandene Gelegenheiten, ein Ziel zu erreichen, 2. Möglichkeiten der Zielverwirklichung. 3. Wahrscheinlichkeiten der Zielerreichung.

[165] Zum Unterschied zwischen Vergesellschaftung und Vergemeinschaftung bei Max Weber vgl. Hauptteil I, Modell 4, Teil B, S. 68 ff.

[166] M. Weber: Gesammelte Aufsätze zur Wissenschaftslehre, Tübingen 1922 ff.; S. 163.

[167] Th. Geiger: Die Klassengesellschaft im Schmelztiegel, Köln/Hagen 1949. Vgl. auch R. Geißler: Die Sozialstruktur Deutschlands. Ein Studienbuch zur Entwicklung im geteilten und vereinten Deutschland, Opladen 1992, S. 63 ff.

[168] R. Kreckel nennt drei Gründe für die Verabschiedung der Klassentheorie: „1. Weder die Menschen im Alltag noch die sie vertretenden Politiker oder die sie beredenden Medien finden heute die Klassenrhetorik besonders plausibel. 2. Für die Sozialwissenschaft ist die Klassenstruktur nicht mehr die dominante Struktur moderner Gesellschaften, sondern bestenfalls eine unter mehreren. 3. Der Klassenkonflikt ist nicht per se der Schlüssel für das konflikttheoretische Verständnis moderner gesellschaftlicher Verhältnisse." R. Kreckel: Klassentheorie am Ende der Klassengesellschaft, in: P. A. Berger/M. Vester (Hrsg.): Alte Ungleichheiten. Neue Spaltungen, Opladen 1998, S. 33. Zu beachten ist überdies, dass *class* im Amerikanischen so viel wie *Schicht* im Deutschen bedeutet.

[169] Th. Geiger: Theorien der sozialen Schichtung, in ders.: Arbeiten zur Soziologie, Neuwied/Berlin 1962, S, 186. Vgl auch N. Burzan: Soziale Ungleichheit. Eine Einführung, Wiesbaden 2005, S. 26 ff.

[170] „Die bessere oder schlechtere Stellung eines Menschen im Oben und Unten einer Dimension sozialer Ungleichheit wird üblicherweise als „*Status*" bezeichnet. In der neueren Literatur zur Ungleichheitssoziologie wird dieser Begriff auf alle Dimensionen sozialer Ungleichheit angewendet." St. Hradil: Soziale Ungleichheit in Deutschland, a.a.O.; S. 33.

[171] Zum sozialontologischen Problem der „Daseinsweise" von Gruppen, vgl. erst jüngst wieder: P. Sheehy: Sparing Space. The Synchronic Identity of Social Groups, in: Philosophy of the Social Sciences, Vol. 36, Nr. 2 (2006), S. 131 ff.

[172] Einen klaren Überblick liefert z.B. R. Geißler: Die Sozialstruktur Deutschlands. Eine Studie zur Entwicklung im geteilten und vereinten Deutschland, Opladen 1992, S. 72 ff.

Neuere Zahlen finden sich bei St. Hradil: Soziale Ungleichheit in Deutschland, 8. Auflage, Wiesbaden 2005, S. 362 ff.
[173] R. Geißler, a.a.O.; S. 81.
[174] St. Hradil, a.a.O.; S. 40.
[175] Ebd.
[176] A.a.O.; S. 42 f.
[177] Die Unterscheidung zwischen latenten und manifesten Funktionen hat R. K. Merton in die Diskussion eingebracht.
[178] N. Luhmann: Funktion und Kausalität, in ders.: Soziologische Aufklärung, Köln und Opladen 1970, S. 14 und 17 (Herv. i. Org.).
[179] T. Parsons: The Structure of Social Action. A Study in Social Theory with Special Reference to a Group of Recent European Writers, Glencoe, 1961.
[180] Vgl. G. Simmel: Exkurs über das Problem: Wie ist Gesellschaft möglich?, in ders.: Schriften zur Soziologie (hrsg. V. H.-J. Daheim und O. Rammstedt), Frankfurt/M 1983, S. 275 ff.
[181] N. Luhmann: Sozialstruktur und Semantik. Studien zur Wissenssoziologie der modernen Gesellschaft, Band 2, S. 195 ff.
[182] So zum Beispiel J.F. Lyotard.
[183] Z.B. bei Niklas Luhmann als Systemtheoretiker gibt es trotz seiner charakteristischen These von der „funktionalen Differenzierung der Moderne" durchaus noch „die Gesellschaft der Gesellschaft"!
[184] St. Hradil: Soziale Ungleichheit in Deutschland, a.a.O.; S. 45 (Org. kurs.).
[185] G. Schulze. Die Erlebnisgesellschaft. Kultursoziologie der Gegenwart, Frankfurt/New York 1992, S. 277.
[186] www.sinus-milieus.de
[187] Vgl. dazu den ausführlicheren Überblick bei St. Hradil: Soziale Ungleichheit in Deutschland, a.a.O.; S. 427 ff.
[188] Stellungnahme von Ulrich Schneider, Hauptgeschäftsführer des Deutschen Paritätischen Wohlfahrtsverbandes, in der Frankfurter Rundschau vom 17.10.2006, S. 2
[189] Lebenslagen in Deutschland. Der 2. Armuts- und Reichtumsbericht der Bundesregierung – Kurzfassung –, Stand April 2005, S. 7.
[190] Infas Institut: „Gesellschaft im Reformprozess", Juli 2006. Vgl. FR vom 17.10.2006, Seite 2.
[191] FR, a.a.O.
[192] R. Harré: Gesellschaftliche Ikonen und Bilder von der Welt, in: H. Strasser/K. D. Knorr (Hg.): Wissenschaftssteuerung. Soziale Prozesse und Wissenschaftsentwicklung, Frankfurt/M 1976, S. 42.
[193] R. Dahrendorf: Im Entschwinden der Arbeitsgesellschaft. Wandlungen der sozialen Konstruktion des menschlichen Lebens, in: Merkur 34, S. 749-760.
[194] C. Offe: Arbeit als soziologische Schlüsselkategorie, in ders.: >>Arbeitsgesellschaft<<. Strukturprobleme und Zukunftsperspektiven, Frankfurt/New York 1984, S. 28.
[195] Ebd.

[196] Zu einem neueren Überblick über diese Diskussion vgl. G. Willke: Die Zukunft unserer Arbeit, Frankfurt/New York 1999.
[197] G. Willke, a.a.O.; S. 36 f.
[198] G. Schulze: Die Erlebnisgesellschaft, a.a.O.; S. 194.
[199] J. Rifkin : Das Ende der Arbeit und ihre Zukunft. Neue Konzepte für das 21. Jahrhundert, Frankfurt/New York 2004, S. 55.
[200] Vgl. J. Ritsert: Anhang: >>Problem<< und >>Interesse<<. Lexikalische Stichworte zu einem vielgebrauchten Begriffspaar, in ders.: Gesellschaft. Einführung in den Grundbegriff der Soziologie, Frankfurt/New York 1988, S. 320 ff. Ich habe diese letztlich auf Brian Barry zurückgehende Definition in der Folge je nach dem Argumentszusammenhang modifiziert, in dem sie gebraucht wurde. Das gilt auch für die Formulierung oben, welche die Brücke zu den Hauptachsen von Ungleichheitstheorien schlagen soll.
[201] Vgl. R. Geißler. Die Sozialstruktur Deutschlands, a.a.O.; S. 61 ff.
[202] Vgl. dazu ausführlicher J. Ritsert: Einführung in die Logik der Sozialwissenschaften, 2. Auflage, Münster 2003, S. 28 ff.
[203] Über das schwierige Verhältnis von Nominalismus und Realismus kann ich hier keine weiteren Ausführungen machen. Vgl. dazu J. Ritsert: Einführung in die Logik der Sozialwissenschaft, a.a.O., S. 31 ff.
[204] Hätte ein praktizierender Lehrer die Beschreibung des Verhältnisses von „Inklusion und Exklusion in der Weltgesellschaft" anhand des Beispieles von Schule und Erziehungssystem durch R. Stichweh nicht auch selbst liefern können, ohne den systemtheoretischen Jargon zu kennen?
[205] B. Spinoza: Epistula 59.
[206] An dieser Stelle drängt sich ein anderer berühmter Satz eines anderen berühmten Philosophen auf: „Als Schranke, Mangel (Grenze – J.R.) wird etwas nur gewusst, ja empfunden, indem zugleich darüber *hinaus* ist." G. W. F. Hegel: Enzyklopädie der philosophischen Wissenschaften im Grundrisse § 60.
[207] Es klingt sicherlich bedeutender, wenn man an dieser Stelle den Begriff „re-entry" von Spencer Brown für diese Art der Selbstbezüglichkeit verwendet. Für Spencer Brown hegt N. Luhmann eine besondere explizite Wertschätzung, für Hegel eine gut versteckte.
[208] Luhmann und viele Anhänger des radikalen Konstruktivismus werden allerdings sagen, dies sei ein viel zu einfaches Bild. Die Frage, was es heißt, eine Unterscheidung zu machen, habe erst George Spencer Brown: Laws of Form (Dt.: Gesetze der Form, Lübeck 1997) wirklich exakt bearbeitet. Spencer Brown wird der Satz nachgesagt, die Grundoperation der „Laws of Form" beziehe ich auf das, „was das Ding ist, was es nicht ist, und die Grenze dazwischen." (S. dazu N. Luhmann: EI 228). Es gibt geradezu Glaubenskriege zwischen seinen Anhängern und seinen Gegnern, ob Spencer Brown wirklich die völlig andere und unvorhergedachte Theorie des Unterscheidens geliefert habe. In diesen Clinch begeben wir uns natürlich nicht. Die Abweichungen der tatsächlichen Formulierungen bei den hier herangezogenen Sozialwissenschaftlern vom Platonisch-Spinozistischen Grundsatz sind gewiss nicht revolutionär.
[209] Vgl. E. Durkheim: Über soziale Arbeitsteilung, Frankfurt/M 1988 (2. Aufl.), S. 95 ff.

[210] Das erinnert sehr stark an den Gerechtigkeitsbegriff, den M. Walzer in: Sphären der Gerechtigkeit. Ein Plädoyer für Pluralität und Gleichheit, Frankfurt/New York 1992 entwickelt hat.
[211] H. Schnädelbach: Die Aktualität der *Dialektik der Aufklärung,* in: H. Kunnemann, H. de Vries (Hg.): Die Aktualität der >Dialektik der Aufklärung< Frankfurt/New York 1989, S. 19.
[212] Die Entdeckung der >>Neuen Welt<< sowie Renaissance und Reformation – diese drei Großereignisse um 1500 – bilden die Epochenschwellen zwischen Neuzeit und Mittelalter." J. Habermas: Der philosophische Diskurs der Moderne, Frankfurt/M 1985, S. 13.
[213] Vgl. J. Ritsert: Gesellschaft. Ein unergründlicher Grundbegriff der Soziologie, a.a.O.; S. 134 ff.
[214] Utopos heißt so viel wie „ohne Ort".
[215] Vgl. dazu D. Frisby: Fragmente der Moderne. Georg Simmel – Siegfried Kracauer – Walter Benjamin, Rheda-Wiedenbrück, 1989, S. 22 ff.
[216] O. Spengler: Der Untergang des Abendlandes, Umrisse einer Morphologie der Weltgeschichte, 2 Bände, München 1922.
[217] A.a.O.; S. 29.
[218] A.a.O.; S. 45.
[219] F. Nietzsche: Also sprach Zarathustra, in: Werke in drei Bänden, München 1955, Bd. 2, S. 463.
[220] Quellen: Statistisches Bundesamt (Hrsg.): Datenreport. Zahlen und Fakten über die Bundesrepublik Deutschland 1989, S. 75 und 216. sowie Datenreport 2006 (S. 216), der über www.destatis.de zugängig ist.
[221] N. Stehr: Wissen und Wirtschaften. Die gesellschaftlichen Grundlagen der modernen Ökonomie, Frankfurt/M 2001, S. 29.
[222] Vgl. dazu H. Steinert: Das Verhängnis der Gesellschaft und das Glück der Erkenntnis. *Dialektik der Aufklärung* als Forschungsprogramm, Münster 2007.
[223] Th. W. Adorno: Soziologische Schriften I, Frankfurt/M 1979, S. 14.
[224] I. Kant: Beantwortung der Frage: Was ist Aufklärung?, in I. Kant: Werke in sechs Bänden (hrsg. v. W. Weischedel), Darmstadt 1964, Band VI, S. 53 ff.
[225] Sie wird Henry Maine mit seinem Buch „Ancient Law" (London 1907) zugeschrieben.
[226] F. Tönnies: Gemeinschaft und Gesellschaft. Grundbegriffe der reinen Soziologie, Darmstadt 1979, S. 3.
[227] Die Überschrift „Vom inneren Beruf zur Wissenschaft" findet sich in der Ausgabe M. Weber: Soziologie. Weltgeschichtliche Analysen. Politik (hrsg. v. J. Winckelmann), Stuttgart 1956, der Titel „Wissenschaft als Beruf" in der Standardausgabe M. Weber: Gesammelte Aufsätze zur Wissenschaftslehre, Tübingen 1922 ff.
[228] Einen klaren Überblick über die Hauptmerkmale des Kapitalismus nach seinem Verständnis gibt Weber in seiner „Vorbemerkung" zu seiner berühmten Studie über „Die Protestantische Ethik und der Geist des Kapitalismus" in ders.: Gesammelte Aufsätze zur Religionssoziologie I, Tübingen 1920 ff., S. 1 – 16.
[229] M. Weber: Die Grenznutzlehre und das >>psychophysische Grundgesetz<<, in ders.: Gesammelte Aufsätze zur Wissenschaftslehre, a.a.O.; S. 395.

²³⁰ Marx: Grundrisse der Kritik der politischen Ökonomie (Rohentwurf), Frankfurt/M o.J. S. 89.
²³¹ Weber hat sich auch mit Prozessen der „Rationalisierung" der abendländischen Musik beschäftigt.
²³² Zu den drei reinen Typen der Herrschaft von Max Weber vgl. Hauptteil I, Modell 4, S. 69. Zentrale Argumente Webers finden sich im zweiten Abschnitt des Kapitals des neunten Kapitels von „Wirtschaft und Gesellschaft". Er trägt die Überschrift „Wesen, Voraussetzung und Entfaltung der bürokratischen Herrschaft" (WuG 703 ff.).
²³³ M. Weber: Die protestantische Ethik und der Geist des Kapitalismus, in ders.: Gesammelte Aufsätze zur Wissenschaftslehre, Tübingen 1922 ff., S. 203.
²³⁴ A.a.O.; S. 204. Das Wort vom „stahlharten Gehäuse" findet sich auf der Seite 203.
²³⁵ M. Weber: Gesammelte politische Schriften (hrsg. v. J. Winckelmann), Tübingen 1971, S. 333.
²³⁶ Vgl. U. Beck: Risikogesellschaft. Auf dem Weg in eine andere Moderne, Frankfurt/M 1986, S. 28.
²³⁷ Vgl. U. Beck: Die Risikogesellschaft, a.a.O.; S. 48.
²³⁸ H. Steinert: Das Verhängnis der Gesellschaft und das Glück der Erkenntnis. *Dialektik der Aufklärung* als Forschungsprogramm, Münster 2007, S. 215 ff. und 239 ff.
²³⁹ Max Horkheimer: Zum Begriff der Vernunft, in: M. Horkheimer/Th. W. Adorno: Sociologica II. Reden und Vorträge, Frankfurt/M 1962, S. 193 f. In der „Kritik der instrumentellen Vernunft" heißt es, „subjektive Vernunft" erscheine als „subjektives Vermögen des Geistes" wie es vor allem durch das „abstrakte Funktionieren des Denkmechanismus" beispielsweise beim Formalismus oder der Rechenhaftigkeit der Überlegung dokumentiert wird. Vgl. M. Horkheimer: Kritik der instrumentellen Vernunft, Frankfurt/M 1974, S. 15 f. „Der Begriff objektive Vernunft zeigt so (in der Antike – J.R.) auf der einen Seite als sein Wesen eine der Wirklichkeit innewohnende Struktur an, die von sich aus eine bestimmte praktische oder theoretische Verhaltensweise in jedem bestimmten Fall erheischt." A.a.O.; S. 22.
²⁴⁰ In Kategorien der Vernunftprädikation gefasst müsste die Formulierung eigentlich so lauten: Wie sind welche Vernunftprädikationen über Vernunftprädikationen möglich? Welche Kriterien steuern dabei die Kritik?
²⁴¹ Terminologisch könnte man den „Geist" einer Person als Einheit von Bewusstsein, Selbstbewusstsein und Selbstbestimmungsfähigkeit bezeichnen, Den Begriff der „Reflexion" habe ich der Einheit von Selbstbewusstsein und Selbstbestimmung vorbehalten, weil darin ein Moment der Beziehung auf sich (Selbstbeziehung, Reflexivität) steckt. Doch es gilt: Ohne Selbstbewusstsein kein Gegenstandsbewusstsein, ohne Gegenstandsbewusstsein (die Unterscheidungsfähigkeit von Ich und Nicht-Ich) kein Selbstbewusstsein.
²⁴² Th. W. Adorno: Marginalien zu Theorie und Praxis, in ders.: Stichworte. Kritische Modelle 2, Frankfurt/M 1969, a.a.O.; S. 181.
²⁴³ Woran Adorno bei solchen heute als übertrieben pessimistisch gescholtenen Anmerkungen in den „Minima Moralia" denkt, macht ein Satz aus der „Zueignung" auf der Seite 8 deutlich: „Es (das Subjekt – J.R.) meint seiner Autonomie noch sicher zu sein, aber die

Nichtigkeit, die das Konzentrationslager den Subjekten demonstriert, ereilt bereits die Form von Subjektivität", das Autonomieprinzip selbst.

[244] Vgl. dazu Th. W. Adorno: Marginalien zu Theorie und Praxis, in ders.: Stichworte. Kritische Modelle 2, Frankfurt/M 1969, S. 174. Vgl. auch ausführlicher H. Knoll/J. Ritsert: Das Prinzip der Dialektik. Studien über strikte Antinomie und kritische Theorie, Münster 2006, S. 107 ff.

[245] Deswegen halte ich die Formulierung Adornos, die Freiheit könne im „Reich der Faktizität nicht vorgefunden werden" (a.a.O.; S. 244), nicht für den Ausdruck irgendeiner „Dialektik", sondern für einen Widerspruch zu seinen eigentlichen Behauptungen.

[246] Georg Simmel drückt den gleichen Gedanken so aus: „ … dass der Einzelne mit gewissen Seiten nicht Element der Gesellschaft ist, bildet die positive Bedingung dafür, dass er es mit anderen Seines Wesens ist; die Art seines Vergesellschaftet-Seins ist bestimmt oder mitbestimmt durch die Art seines Nicht-Vergesellschaftet-Seins." G. Simmel: Soziologie. Untersuchungen über die Grundlagen der Vergesellschaftung, Berlin 1958, S. 26.

[247] Aristoteles: Nikomachische Ethik, Kapitel 8.

[248] Th. W. Adorno: Einleitung in die Soziologie (Vorlesung von 1968), Frankfurt/M 1993, S. 61. Adorno versteht also den Tauschprozess – wie Marx – als das >>innere Band<< im Zusammenhang der Gesellschaft (a.a.O.; S. 61).

[249] Über die diese drei Funktionen als Grundmerkmal des Geldes sind sich alle Autoren von Marx über Simmel bis hin zu den modernen Nationalökonomen einig. Aber diese Funktionsbeschreibung bedeutet alles andere denn eine systematische Wertformanalyse. Diese geht dem Zusammenhang zwischen gesellschaftlicher Produktion. Gesellschaftlichen Beziehungen, Wertentstehung, Preis, Geld und Geldvermehrung nach.

[250] Der in der bürgerlichen Gesellschaft sich immer reiner ausprägende Funktionswert des Geldes ermöglicht seinerseits die Bearbeitung *konkreter gesellschaftlicher Bezugsprobleme*. So dient es vor allem der Bearbeitung des *konkreten* Systemproblems, wie eine Gesellschaft zusammenhalten kann, in der – nicht zuletzt aufgrund von einschneidenden Rückwirkungen des Geldverkehrs selbst – die Beziehungen der Menschen immer „abstrakter" (anonymer) werden.

Anmerkungen zum Teil III.

[251] Vgl. auch W. d`Avis: Formalismus, Signatur unseres Zeitalters?. Die Herausforderung der Humanwissenschaften durch die Computerwissenschaften, Studientexte zur Sozialwissenschaft 9, Frankfurt/M 1989.

[252] Diesen Befund hat auch Marx gemacht: „Der unmittelbaren Zwangsarbeit steht der Reichtum nicht als Kapital gegenüber, sondern als *Herrschaftsverhältnis* …" K. Marx: Grundrisse der Kritik der politischen Ökonomie, Frankfurt/M o.J. S. 232.

[253] „Die Bemerkung auf Kassenscheinen, dass der Wert derselben dem Einlieferer >>ohne Legitimationsprüfung<< ausgezahlt wird, ist bezeichnend für die absolute Objektivität, mit der in Geldsachen verfahren wird"
(PdG 601).

[254] Das Geld „hat inhaltlich gar keine Beziehungen zu dem einzelnen Zweck, zu dessen Erlangung es uns verhilft. Es steht völlig indifferent über den Objekten, da es von ihnen noch durch das Moment des Tausches geschieden ist ... Das Geld in seinen vollkommenen Formen ist das absolute Mittel" (PdG 264).

[255] „Oberhalb der einzelnen Inhalte unseres Bewusstseins: der Vorstellungen, Willensimpulse, Gefühle, steht ein Bezirk von Objekten, mit deren Bewusstsein der Gedanke mitschwebt, sie hätten eine dauernde, sachliche, jenseits aller Singularität und Zufälligkeit ihres Vorgestelltwerdens stehende Gültigkeit" (PdG 407).

[256] Simmel sagt an einer Stelle, obwohl unsere praktische Existenz aufgrund der Diskrepanz zwischen subjektiver und objektiver Kultur „unzulänglich und fragmentarisch" ist, erhielte sie gleichwohl „eine gewisse Bedeutsamkeit und Zusammenhang" dadurch, dass sie die „Teilverwirklichung einer Ganzheit" darstellt (SoK 101).

[257] Vgl. dazu auch B. Schmidt: Postmoderne – Strategien des Vergessens, Darmstadt und Neuwied 1986, S. 9 ff.

[258] Dass die postmodernistische Auslegungen der Feyerabendschen Thesen meistens irreführend sind, habe ich an anderer Stelle zu zeigen versucht. Vgl. J. Ritsert: Einführung in die Logik der Sozialwissenschaften, 2. Auflage, Münster 2003, S. 210 ff.

[259] Das bekannteste Buch Bourdieus ist zweifellos: Die feinen Unterschiede. Kritik der gesellschaftlichen Urteilskraft, Frankfurt/M 1985.

[260] Bourdieu definiert den Habitus ausdrücklich als „System dauerhafter und übertragbarer Dispositionen". P. Bourdieu: Der soziale Sinn. Kritik der theoretischen Vernunft, Frankfurt/M 1987, S. 98.

[261] Einen Überblick über seine Kapitaltheorie gibt P. Bourdieu in: Ökonomisches Kapital, kulturelles Kapital, soziales Kapital, in: R. Kreckel (Hsg.): Soziale Ungleichheiten, in: Soziale Welt, Sonderband 2, Göttingen 1983, S. 183 ff.

[262] Vgl. P. Bourdieu: Die Regeln der Kunst, Frankfurt/M 1999, S. 286.

[263] G. Schulze: Die Erlebnisgesellschaft. Kultursoziologie der Gegenwart, Frankfurt/New York 1992, S. 174.

[264] M. Vester et altera: Soziale Milieus im gesellschaftlichen Strukturwandel. Zwischen Integration und Ausgrenzung, Frankfurt/M 2001.

[265] M. Weber: Die >>Objektivität<< sozialwissenschaftlicher und sozialpolitischer Erkenntnis, in ders.: Gesammelte Aufsätze zur Wissenschaftslehre, Tübingen 1922 ff., S. 214.

[266] „Heute muss ein junger Amerikaner mit mindestens zweijährigem Studium damit rechnen, in vierzig Arbeitsjahren wenigstens elfmal die Stelle zu wechseln und dabei seine Kenntnisbasis wenigstens dreimal auszutauschen" (FM 25).

[267] Th. W. Adorno: Philosophische Terminologie, Band 1, Frankfurt/M 1973, S, 207.

[268] Interview mit E. Luttwak in „Die Zeit" 50 (1999). Vgl. vor allem: E. Luttwak: Turbokapitalismus. Gewinner und Verlierer der Globalisierung, München 1999. E. Luttwak ist von Hause aus Theoretiker militärischer und anderer Formen strategischen Handelns.

[269] K. Marx: Grundrisse zur Kritik der politische Ökonomie (Rohentwurf(, Frankfurt/M o.J. S. 89.

[270] Vgl. dazu L. Stanko/J. Ritsert: Zeit als Kategorie der Sozialwissenschaften. Münster 1994, S. 35 ff.
[271] A. Augustinus: Bekenntnisse, Stuttgart 1950, S. 330 (Buch XI; 11).
[272] F. Reheis: Entschleunigung. Abschied vom Turbokapitalismus, München 2006, S. 161.
[273] Vgl. Reheis, a.a.O.; S. 173 ff.
[274] F. Reheis: a.a.O.; S. 52.
[275] Th. Hobbes: Leviathan oder Stoff, Form und Gewalt eines bürgerlichen und kirchlichen Staates (hrsg. v. I. Fetscher, Neuwied und Berlin 12966, S. 66. A. Giddens und M. Mann zählen zu den Gesellschaftstheoretikern der Neuzeit, bei denen sich – ebenfalls unter der Hand – der politische Machtbegriff in den auf Kompetenzen zielenden Machtbegriff verwandelt.
[276] Th. Hobbes, a.a.O.; S. 67.
[277] I. Kant: Grundlegung ..., a.a.O.; S. 61. Beim Hinweis auf die eigene Person geht es um sog. „Pflichten gegenüber sich selbst."
[278] A.a.O.; S. 69 und 144.
[279] A.a.O.; S. 68.
[280] Ebd.
[281] G. W. F. Hegel: Rechtsphilosophie, a.a.O.; § 66.
[282] G. W. F. Hegel: WW 4; S. 238.
[283] Th. W. Adorno: Dissonanzen. Musik in der verwalteten Welt, Göttingen 1956, S. 20.
[284] Th. W. Adorno: Einleitung in die Soziologie, a.a.O.; S. 61.
[285] Th. W. Adorno: Drei Studien zu Hegel, Frankfurt/M 1963, S. 96.
[286] M. Weber: Wissenschaft als Beruf. In ders.: Gesammelte Aufsätze zur Wissenschaftslehre, Tübingen 1922 ff., Zitat S. 593.
[287] A.a.O.; S. 594. Werner Sombart beschreibt den „wirtschaftlichen Rationalismus" der Neuzeit nicht viel anders als Weber. Dazu gehören die „Planmäßigkeit der Wirtschaftsführung", die Steigerung des Prinzips der Effizienz (Zweckrationalität) sowie die „Rechnungsmäßigkeit" der wirtschaftlichen Betriebsführung. Vgl. W. Sombart: Der moderne Kapitalismus, Reprint der Ausgabe von 1916, Drei Bände in sechs Teilbänden, München 1987, I, S. 320).
[288] A.a.O.; I/18.
[289] Es handelt sich um eine der drei *praecepta* des römischen Juristen Domitius Ulpianus (170-223). Die beiden anderen heißen *neminem laedere* (Niemandem ist ein Schaden zuzufügen) und *honeste vive* (lebe tugendhaft).
[290] W. Sombart: Der Bourgeois – Zur Geistesgeschichte des modernen Wirtschaftsmenschen (1913), Reinbek b. Hamburg 1988.
[291] Vgl. W. Sombart: Liebe, Luxus und Kapitalismus. Über die Entstehung der modernen Welt aus dem Geist der Verschwendung, Berlin 1983.
[292] W. Roscher: Geschichte der National-Ökonomik in Deutschland, Nachdruck 1992.

Das Grundlagenwerk für alle Soziologie-Interessierte

> in überarbeiteter Neuauflage!

Das **Lexikon zur Soziologie** ist das umfassendste Nachschlagewerk für die sozialwissenschaftliche Fachsprache. Für die 4. Auflage wurde das Werk völlig neu bearbeitet und durch Aufnahme zahlreicher neuer Stichwortartikel erheblich erweitert.

Das **Lexikon zur Soziologie** bietet aktuelle, zuverlässige Erklärungen von Begriffen aus der Soziologie sowie aus Sozialphilosophie, Politikwissenschaft und Politischer Ökonomie, Sozialpsychologie, Psychoanalyse und allgemeiner Psychologie, Anthropologie und Verhaltensforschung, Wissenschaftstheorie und Statistik.

Werner Fuchs-Heinritz /
Rüdiger Lautmann /
Otthein Rammstedt /
Hanns Wienold (Hrsg.)
Lexikon zur Soziologie
4., grundl. überarb. Aufl.
2007. 748 S. Geb. EUR 39,90
ISBN 978-3-531-15573-9

Erhältlich im Buchhandel oder beim Verlag.
Änderungen vorbehalten.
Stand: Juli 2008.

Die Herausgeber:

Dr. Werner Fuchs-Heinritz ist Professor für Soziologie an der FernUniversität Hagen.

Dr. Rüdiger Lautmann ist Professor an der Universität Bremen und Leiter des Instituts für Sicherheits- und Präventionsforschung (ISIP) in Hamburg.

Dr. Otthein Rammstedt ist Professor für Soziologie an der Universität Bielefeld.

Dr. Hanns Wienold ist Professor für Soziologie an der Universität Münster.

www.vs-verlag.de

VS VERLAG FÜR SOZIALWISSENSCHAFTEN

Abraham-Lincoln-Straße 46
65189 Wiesbaden
Tel. 0611.7878-722
Fax 0611.7878-400

Printed by Books on Demand, Germany